《中华思想史研究集刊》编委会◎编

中华思想史研究集刊

【第4集】

中国社会科学出版社

图书在版编目（CIP）数据

中华思想史研究集刊．第4集／《中华思想史研究集刊》编委会编．
—北京：中国社会科学出版社，2020．12
ISBN 978－7－5203－7096－7

Ⅰ．①中…　Ⅱ．①中…　Ⅲ．①思想史—中国—丛刊　Ⅳ．①B2－55

中国版本图书馆CIP数据核字（2020）第164085号

出 版 人　赵剑英
责任编辑　孙　萍
责任校对　赵雪姣
责任印制　王　超

出　　版　中国社会科学出版社
社　　址　北京鼓楼西大街甲158号
邮　　编　100720
网　　址　http://www.csspw.cn
发 行 部　010－84083685
门 市 部　010－84029450
经　　销　新华书店及其他书店

印刷装订　北京君升印刷有限公司
版　　次　2020年12月第1版
印　　次　2020年12月第1次印刷

开　　本　710×1000　1/16
印　　张　30
插　　页　2
字　　数　492千字
定　　价　118.00元

《中华思想史研究集刊》编委会

目　录

思想与评论

代 序

立足中国特色社会主义新时代
科学探索中华思想的发展阶段与演变规律

王伟光

（全国政协民族和宗教委员会主任、《中华思想通史》编委会主任）

在纪念改革开放40周年之际，第四届中华思想史高峰论坛在美丽的海滨城市——海口隆重开幕了。我谨代表《中华思想通史》编委会，向与会专家、学者表示热烈的欢迎；向为会议提供宝贵支持的海南师范大学，以及在会议筹办中付出辛勤努力的工作人员，表示衷心的感谢！

本届论坛的主题是“中华思想发展的阶段与规律”，希望大家立足中国特色社会主义新时代，为探索中华思想的发展阶段与演变规律深入交流，展开思想交锋，取得新的学术成果。

下面，我谈三点意见，供大家参考。

一　深刻认识中国特色社会主义新时代在人类社会发展史及中华思想史上的重大意义

有什么样的时代，就会产生什么样的时代主题，就会产生什么样的时代人物，解答历史提出的时代课题，产生代表时代前进方向的先进思想。回顾人类思想史，一切划时代的思想都在于它回应了当时时代最迫切的问题。正如马克思所说："问题是时代的格言，是表现时代自己内心状态的最实际的呼声。"①编撰中华思想通史，创建中华思想史当代中国马克思主义学派，从事这样一件学术创新的大事情，应当对所处的时代有清晰的定位，时代、时代问题、主流意识形态，这是研究思想史必须搞清楚的三个关键词。唯物史观大的"历史时代"和在该时代大的历史框架下的中国特色社会主义新时代，为我们梳理、总结、概括中华思想通史提供了宏大的时代背景和时代条件。

马克思主义唯物史观关于广义时代的概念，是从生产力所决定的生产关系出发，以社会经济形态为标准对大的历史时代的判定。马克思、恩格斯按照唯物史观关于社会形态演变理论，根据"经济的社会形态"的根本性质来划分历史时代，把历史时代划分为原始社会、奴隶社会、封建社会、资本主义社会等时代，现在正在经过无产阶级专政的社会主义社会过渡，将来进入消灭阶级剥削、压迫与阶级斗争的新时代，即进入共产主义社会时代。唯物史观的社会形态演变规律理论告诉我们，人类社会经过原始社会、奴隶社会、封建社会、资本主义社会等时代，最终经过社会主义社会过渡而将进步到共产主义社会时代，这是人类社会发展的一般规律。其中有跨越、有特例、有阐发，但就整个人类历史发展的普遍性和必然性来说，各个国家、各个民族、各个地区在社会形态演变进程的历史，古今中外、概莫能外、普遍如此。

《共产党宣言》明确指出，我们的时代，即"资产阶级的时代"。从时代的根本性质和大的历史进程来看，目前仍然处于马克思主义经典作家所揭示的资本主义社会形态占统治地位的历史时代。从全球范围来讲，现在仍然是资本主义社会形态占主导地位的历史时代，而这个时代又是经过社会主义社会过渡，逐步最终取代资本主义社会而进入共产主义社会的历史时代。

习近平同志指出："中国特色社会主义进入新时代，在中华人民共和国发展史上、中华民族发展史上具有重大意义，在世界社会主义发展史上、人

① 《马克思恩格斯全集》第1卷，人民出版社1995年版，第203页。

类社会发展史上也具有重大意义。"[①] 编撰中华思想史，创建中华思想史当代中国马克思主义学派，不仅要从大的"历史时代"背景下来考量，也要从大的"历史时代"条件下中国特色社会主义新时代的背景下来考量，要从国际和国内两个历史视角出发来认识。只有站在马克思主义唯物史观关于"历史时代"的广阔视野中，站在中国特色社会主义进入新时代的特定角度上，将两种时代结合起来，才能真正理解中国特色社会主义进入新时代的伟大意义。也只有深刻理解新时代的伟大意义，才能牢牢把握中华思想的过去、现在和未来，才能充分认清源远流长的中华思想通史的历史意义，才能深刻理解编撰中华思想史的当下价值和深久影响。

中国特色社会主义进入新时代，意味着科学社会主义在21世纪的中国焕发出强大生机活力。在习近平新时代中国特色社会主义思想指引下，中国共产党以顽强的战略定力，牢牢坚持科学社会主义基本原则，坚定不移地走中国特色社会主义道路，经受住了社会主义低潮的考验，西方敌对势力搞"颜色革命"的考验，资本主义世界经济危机的考验，抵制了西方所鼓吹的"普世价值""宪政民主""民主社会主义"等错误思潮，有力地打破了所谓的"共产主义失败论""历史终结论"，有力地回击了"社会主义低潮综合征"，不断战胜腐朽落后的资产阶级意识形态，发展了社会主义意识形态。

如果说20世纪是社会主义拯救了中国，那么21世纪则是中国救了社会主义。正是中国在21世纪扛起了社会主义大旗，以新时代的伟大成就和伟大目标再次证明了科学社会主义的正确性和社会主义制度的优越性，为科学社会主义注入了新的原创性成果。正如十月革命在20世纪初开辟了人类历史和世界社会主义发展新纪元一样，中国特色社会主义新时代在21世纪初揭开了世界社会主义运动走出低谷走向复苏发展的新局面，将为人类思想文明创造新的辉煌。

马克思晚年研究东方社会，研究非资本主义发展道路，提出落后国家可以不经过资本主义制度的"卡夫丁峡谷"，走出一条非资本主义的发展道

---

① 习近平：《决胜全面建成小康社会 夺取新时代中国特色社会主义伟大胜利——在中国共产党第十九次全国代表大会上的报告》，人民出版社2017年版，第12页。

路，即落后国家可以不经过资本主义制度的苦难，而通过社会主义制度实现现代化，这就是著名的“跨越卡夫丁峡谷”的设想。中国特色社会主义的成功发展使这个设想成为现实，为落后国家实现现代化和赶超世界先进国家提供了新希望、新选择、新方案、新思想，人们进一步看到了经由社会主义而进入共产主义的历史必然曙光。俄国十月革命的例证，中国特色社会主义的例证，说明了马克思晚年关于非资本主义道路的设想要成为现实需要满足一定的历史条件，在基本的客观条件已经具备时，主观条件就成为关键。

如何开辟出一条新路，既实现快速发展又保持社会稳定，既对外开放吸收世界先进文明又保持自身的独立自主，既同发达资本主义国家在竞争中合作又不成为他们的附庸，既与外国先进思想文化融合发展又坚持自己的文化自信、思想自信，成为世界上发展中国家共同追索的重大问题。中国特色社会主义成功地破解了这个难题。它把市场经济与社会主义制度、经济快速发展与保持社会稳定、对外开放与独立自主、世界先进思想与本国优秀传统思想有机地结合起来，开辟了一条在改革开放中实现社会主义现代化的新路，实现了从站起来、富起来，到强起来的历史性跨越。中国特色社会主义的成功发展表明，中国作为一个曾经相对落后的半殖民地半封建国家，不经过资本主义制度的折磨，走出一条非资本主义的中国特色社会主义道路，一跃成为世界第二大经济体，极大地拓展了发展中国家通向现代化的途径，给世界上那些既希望加快发展又希望保持自身独立的国家和民族提供了新选择，为解决人类问题贡献了中国智慧、中国思想和中国方案。

二　以唯物史观为指导，系统掌握马克思主义思想方法和工作方法，坚持思想史研究的正确方向

当前，中华民族正处于伟大复兴的历史节点上，处于夺取中国特色社会主义伟大胜利的关键时期。打造具有鲜明中国特色、中国风格、中国气派的中华思想史研究创新体系，必须坚持正确的政治方向和学术导向，这是中华思想史研究出成果、出人才、出影响力的根本保证。

马克思主义是当代中国理论学术的旗帜和灵魂。“坚持以马克思主义为

指导，是当代中国哲学社会科学区别于其他哲学社会科学的根本标志，必须旗帜鲜明加以坚持。”① 在思想史研究领域，坚持正确的政治方向和学术导向，就必须坚持马克思主义的指导地位，而坚持以马克思主义为指导，最重要、最紧迫的就是始终高扬唯物史观旗帜，坚持以唯物史观为指导。

思想是行动的先导，理论是研究的指南。唯物史观是当代中国史学的旗帜和灵魂，也是中华思想史学科的本旨和指南。唯物史观的创立是人类思想史上的一场伟大革命，赋予了人类正确认识社会及历史的唯一科学的世界观和方法论。它把唯心主义从社会历史领域中彻底地清除出去，从而彻底地解决了历史观乃至历史学领域唯心主义占统治地位的状况。如果没有马克思创立唯物史观，人们对社会生活及其历史的认识还会在黑暗中摸索。正如列宁所言：“过去在历史观和政治观方面占支配地位的那种混乱和随意性，被一种极其完整严密的科学理论所代替……它把伟大的认识工具给了人类。”② 运用唯物史观开展中华思想史研究，“若排云雾而顿见太清，若登泰山而所视廓如”③；背离了唯物史观，则似“以折锥探地而浅地，以屋漏窥天而小天”④。研究编撰中华思想史，创建中国思想史马克思主义当代学派，离开唯物史观的指导，就会流于表面，变成一纸空言，甚至走向反面。

以唯物史观为指导，就必须学会运用唯物史观立场、观点、方法，即马克思主义思想方法和工作方法，指导中华思想史的研究、编撰和学科建设工作。学会运用社会存在决定社会意识、经济基础决定上层建筑的基本原则，站在人民的立场上，掌握唯物的、辩证的、实践的、历史的、生产的、阶级的、群众的观点，运用经济的、阶级的、利益的分析方法观察、研究、分析、梳理、集成、总结思想史，全面占有纷繁复杂的史料，去伪存真、去粗取精，梳理出一条明晰的中华思想发展脉络和主线，提炼出中华思想最精华的核心内核和基因密码。

创建中华思想史当代中国马克思主义学派，撰写一部经得起时间、历史

① 习近平：《在哲学社会科学工作座谈会上的讲话》，人民出版社 2016 年版，第 8 页。

② 《列宁选集》第 2 卷，人民出版社 2012 年版，第 311 页。

③ 《六祖坛经》，契嵩本。

④ 同上。

和人民检验的扛鼎之作，是巩固马克思主义在意识形态领域指导地位的重要举措，也是一项光荣的学术创新工程。我们来自各个不同的研究机构、不同的学科、不同的专业，为了一个共同的目标走到一起。只有掌握马克思主义的思想方法和工作方法，建立共同的语境，才能够确保能讲到一起，能写到一起。撰写《通史》的过程就是运用马克思主义的思想方法和工作方法展开对中华思想史上的人物、流派及其论点的研究分析，从而得出科学、正确的结论的过程。在中华思想史研究领域，坚持马克思主义思想方法和工作方法，说到底就是要坚持唯物史观指导，坚持唯物史观的基本立场、方法和观点，坚持唯物史观的思想方法和工作方法。

马克思主义哲学，即辩证唯物主义和历史唯物主义，就是马克思主义世界观方法论，就是马克思主义立场、观点、方法。将辩证唯物主义和历史唯物主义用在对世界、对问题的思考认识上，叫作思想方法，将世界观方法论用在解决实际问题上，叫作工作方法。马克思主义的思想方法和工作方法是马克思主义世界观和方法论的具体化、实践化。毛泽东同志说："马克思主义有几门学问：马克思主义的哲学，马克思主义的经济学，马克思主义的社会主义——阶级斗争学说，但基础的东西是马克思主义哲学。这个东西没有学通，我们就没有共同的语言，没有共同的方法，扯了许多皮，还扯不清楚。有了辩证唯物论的思想，就省得许多事，也少犯许多错误。"[①] 马克思主义的思想方法和工作方法是我们观察问题、认识问题、分析问题的共同语言和思想武器。运用马克思主义的思想方法和工作方法于中华思想史研究，就有了共同语言，才能统一思想、统一认识、统一方法。

毛泽东同志指出，要造就"一个又有集中又有民主，又有纪律又有自由，又有统一意志、又有个人心情舒畅、生动活泼，那样一种政治局面"。[②] 对《通史》项目而言，《中华思想通史绪论·导论》是集体智慧的结晶，经过反复研究与修改，对研究编撰中华思想史的指导思想、时代价值、阶段划分、特色要点等重大问题，形成了比较一致的看法。以《导论》统一认识，

① 《毛泽东文集》第 6 卷，人民出版社 1999 年版，第 396 页。

② 中共中央文献研究室编：《建国以来重要文献选编》第 10 册，中央文献出版社 1994 年版，第 485 页。

有益于造就既有集中统一又有生动活泼的研究氛围。编撰上下几千年的中华思想通史，思想不统一，认识不统一，观点不统一，语言不统一，各吹各的号，各鸣各的调，甚至互相“打架”，就会失败。统一认识，统一观点，统一语言，是编好思想史的重要基础。

三　牢牢把握中华思想史的发展脉络、精神实质和未来走向，科学探索中华思想的发展阶段与演变规律

恩格斯指出：“历史从哪里开始，思想进程也应当从哪里开始。”[①] 人类思想的发展是人类社会发展的反映、体现和缩影，社会发展的逻辑和思想发展的逻辑大体上是一致的，社会史发展到哪一步，思想史就发展到哪一步，每一个思想史上的重要概念和范畴，都有当时历史时代条件的特定内涵。

唯物史观提出了“经济的社会形态”或“社会经济形态”概念，建构了社会形态演变一般规律的理论。从社会存在出发看思想，就要坚持运用马克思主义关于社会形态的分期理论，科学划分思想史的分期。社会历史分期与思想史分期大体是一致的。根据马克思主义，人类社会历经原始社会、奴隶社会、封建社会、资本主义社会，经由社会主义社会必然发展到共产主义社会的社会形态演变规律理论，与我国历史发展大体上的原始社会、奴隶社会、封建社会、半殖民地半封建社会和社会主义初级阶段的发展顺序相一致，中华思想史大体分为“五大历史时代、四大转型时期、三个大历史段”。

“五大历史时代”为中国原始社会思想史时代、中国奴隶社会思想史时代、中国封建社会思想史时代、中国半殖民地半封建社会思想史时代、中国社会主义初级阶段思想史时代。“四个转型时期”是指中国不同社会形态变化之间的思想史转型期：夏王朝的建立标志着中国原始社会的结束和奴隶社会的开端，是奴隶社会代替原始社会的思想史转型时期；春秋战国是奴隶社会逐步解体和封建社会逐步形成、封建社会代替奴隶社会的思想史转型时

① 《马克思恩格斯文集》第2卷，人民出版社2009年版，第603页。

期；鸦片战争后，我国进入半殖民地半封建社会，是由封建社会向社会主义初级阶段的思想史转型时期；中华人民共和国成立，经过短暂的国民经济恢复和向社会主义过渡，进入社会主义社会初级阶段，这是向未来社会主义高级阶段发展的思想史转型时期。“三个大历史段”即从原始社会早期到封建社会晚期，到1840年爆发的鸦片战争为止是中华古代思想历史段；从1840年爆发的鸦片战争至1949年中华人民共和国成立之前是中华古代传统思想向中华现代思想转折的中华近代思想历史段；从1949年中华人民共和国成立至今是中华现代思想历史段。

迄今为止的中华思想发展历史，大致经历了“萌生”“形成”“发展”“转型”和“繁荣”等阶段，这与中华思想史“五大历史时代”“四个转型时期”和“三个大历史段”是一致的。概括来讲，原始社会及向奴隶社会过渡的原始社会晚期是中华思想的“萌生”或“起源”阶段；奴隶社会及向封建社会过渡的春秋战国时期是中华思想的形成阶段；封建社会是中华思想的发展阶段；半殖民地半封建社会是中华思想的转型阶段；中华人民共和国成立到现在是中华思想的繁荣阶段。

编撰中华思想史要注意把所有的思想史转型期上移到上一个社会形态时代来写。通过社会形态演变来考察思想史的演变，可以看到原始社会向奴隶社会转型过程中，最重要的是产生了私有制，从而产生了私有观念、家庭观念、王权观念、国家观念、阶级（等级）观念等与私有制出现相关的思想。从公有观念、集体观念转变到私有观念、家天下观念、王权观念、国家观念、阶级（等级）观念，是因为经济基础、社会生产和生活方式发生了根本变化。奴隶社会的知识分子将私有观念、王权观念、国家观念、阶级（等级）观念概括为反映奴隶社会严格等级制度，即反映阶级对立制度的“礼”的思想体系。“礼”的思想体系是私有制的奴隶社会制度的反映，是奴隶制社会阶级关系、社会关系的反映，反映了当时奴隶主统治阶级的主流意识形态。中国社会发展到今天，每一个历史节点的转变都是惊心动魄的，要把几个主要的节点写清楚，要把主要节点上思想产生、转变背后的生产力、生产关系、经济基础、政治的上层建筑都发生了哪些变化，与之相关的社会形态发生了哪些变化写清楚，思想的转变就呼之欲出了。例如，把春秋战国之交奴隶社会到封建社会的社会转型、结构变化写清楚，对诸子百家思想产生的根基就交代清楚了，有的思想主张推动社会前进，有的思想主张维持现状，有的思想主张有所作为，有的思想主张无为而治，有的思想主张折中主义，有的思想主张逃避主义，就会看得很清楚。

人的本质是社会关系的总和。研究社会史就要研究人与人的社会关系史。研究思想，研究思想史，就要研究思想关系史。人类思想不是一个一个孤立的、毫无联系的单个的思想，而是互相联系的人的思想。研究思想不是单纯就思想而研究思想，而是要研究思想关系，研究思想不是单独研究哪个人物、哪个流派、哪个观点，要从社会关系看思想关系，要研究人物间的、流派间的、观点间的由社会关系所决定的思想关系。思想关系不是从思想上寻找，而是从社会关系中寻找，从物质关系中寻找。

一定要坚持从社会形态的马克思主义分期的视域出发考察人类思想史，同时考量每个历史时代中华思想史的主流意识形态及其对立面的意识形态，即占统治地位的统治阶级的思想及其对立面的思想。这是马克思主义史学学派和其他史学流派的重要区别。从不同类型社会形态的性质和状况的深层次出发，揭示出思想的时代本质和特点，展现思想变迁与社会发展之间的内在逻辑，拷问思想是怎样反映社会存在的，对社会发展又起到了怎样的作用。

《通史》项目已经开展四年多了，要完成这样一个艰巨的、庞大的人文社会科学工程，书写一部经得起历史与实践检验，代表中华思想史当代马克思主义学派学术水准的精品力作，必须凭借坚忍不拔的毅力，拿出头悬梁、锥刺股的精神，不断统一思想，统一认识，统一语言，统一写法，将《通史》项目推进到底。当前，通史项目已经进入攻坚克难，并逐步收获成果的新阶段。经过项目成员的协同努力，《绪论》已接近定稿，资料长编电子版出版工作已经启动，各编正本提纲正逐卷交付讨论修改。这是所有项目成员共同努力所取得的成果。

伟大的时代催生伟大的精神产品。中国特色社会主义伟大实践不断激发理论创新、学术创造的活力，为思想史研究打开了世界性的宏阔视野，奠定了中国思想走向世界的理论与现实根基。思想是时代的精华，学派是思想的结晶。中华思想史研究要适应时代需要，不断回应重大时代关切，不断提出有客观依据、经得起实践和历史检验的原创性思想和学术观点，推出具有时代思想高度、代表国家学术水准的思想史研究成果。在与国际学术平等对话的过程中，努力塑造和形成思想史研究的中国学派，为打造具有中国特色、中国风格、中国气派的哲学社会科学学术创新体系和话语体系做出自己的独特贡献。

（本文系作者2018年12月28日在第四届中华思想史高峰论坛开幕式上的学术报告）

学派专论

中国近代思想史的历史分期

郑大华

（中国历史研究院近代史研究所）

摘要： 相较于政治史，思想史的连续性更强，且二者之研究对象不同，故在中国近代史的研究中，不宜以政治史分期代替思想史分期。围绕着民族独立和社会进步两大时代主题的中国近代思想史，可大致分为三个时期。第一个时期是从鸦片战争前后的嘉道年间到1915年《新青年》创刊前，主要针对“要不要学习西方”和“如何学习西方”的问题。第二个时期从1915年《新青年》创刊到1931年九一八事变前，民主和科学开始成为近代中国思想和文化的核心价值。第三个时期从1931年九一八事变到1949年中华人民共和国成立，主要为中国人民反对日本帝国主义侵略服务。

关键词： 中国近代思想史　历史分期　经世思潮　新文化运动　九一八事变

长期以来受革命史观的影响，政治或政治史统帅一切，无论是思想史、经济史，还是学术史、文化史，以及其他一些什么史，都是以政治史的分期为分期，如1840年是中国近代政治史的开端，也是其他一切中国近代史分支学科的开端；1919年的五四运动是中国旧民主主义革命和新民主主义革命的分界，同样也是其他一切中国近代史分支学科的分界。这是就大的分期而言。从小的时段分期来看，传统的中国近代政治史有所谓的“三大高潮，八大事件”，其他的中国近代史分支学科也基本上是按“三大高潮，八大事件”的框架划分时段。不可否认，中国近代政治史与其他中国近代史的分支学科关系密切，其他中国近代史的分支学科受中国近代政治史的影响很大，可以说中国近代政治史的演变和发展制约着其他中国近代史分支学科的演变和发展，但中国近代政治史毕竟不等同于其他中国近代史的分支学科，其他中国近代史的分支学科有自己发展变化的内在理路及其历程。因此，其他中国近代史的分支学科的分期并不一定完全等同于中国近代政治史的分期。就作为中国近代史分支学科的中国近代思想史来讲，笔者是不赞成以政治史的分期为分期的。因为思想史的最大特点是其发展的连续性，无论古今中外，莫不如是。相比较而言，政治史的连续性就不如思想史的连续性那么明显，那么强烈。如辛亥革命推翻了清王朝，建立起了中华民国，从政治上来讲，清王朝的统治终结了，开辟了新的时代纪元，但从思想史来看，不少人的思想可能还停留在 1911 年以前，思想并没有随着中华民国的建立发生翻天覆地的变化。这是笔者不赞成以政治史分期代替思想史分期的第一个理由。

笔者不赞成以政治史分期代替思想史分期的第二个理由也是最主要的理由是，思想史和政治史各有自己特定的研究对象，有自己研究的内涵和外延。就中国近代思想史而言，它研究的主要是不同时期的中国人从他们所代表的阶级、阶层或政治集团和势力的利益出发，围绕中国近代社会所面临的两大时代主题，即民族独立和社会进步所提出的思想、观念和主张，以及这些思想、观念和主张提出后对社会产生过哪些影响，是通过什么途径对社会产生影响的，并总结其经验和教训，找出规律性的东西；而中国近代政治史研究的则是不同时期的中国人从他们所代表的阶级、阶层或政治集团和势力的利益出发，围绕中国近代社会所面临的民族独立和社会进步这两大时代主题所进行的政治斗争和制度建构，以及这些斗争和建构对社会产生过那些影响，并总结其经验和教训，找出规律性的东西。所以某一人物或某一事件在政治史上有其重要的地位，甚至是划时代的大事件，但在思想史上的地位可能就不那么重要。比如袁世凯，人们无论对他如何评价，是肯定他，还是否定他，但都不得不承认他是中国近代政治史上的一个重要人物，人们书写清末民初这段政治史时，就不可能不写他，甚至要重点写他，但袁世凯在中国近代思想史上就很难说是重要人物了，人们书写清末民初这段思想史时，就不会重点写他，甚至可以不写他。晚清的最高统治者慈禧亦然。书写晚清政治史，当然少不了她，因为她不仅是辛酉政变和戊戌政变的主角，而且是洋务运动、戊戌变法、义和团运动和清末新政的操纵者、反对者或主持者，是历次对外战争的最终决策人。但她不是一个有思想的统治者，在思想史上没有她的一席之地。反之，像魏源、龚自珍、包世臣、王韬、马建忠、何启、胡礼垣、郑观应、陈炽、严复、鲁迅、周作人、冯友兰乃至胡适、梁漱溟、张君劢、张东荪这样的思想家，他们在中国近代政治史上可以说毫无地位可言或者地位不是很重要，但他们在中国近代思想史上的重要性则不可否认，书写中国近代政治史可以不书写他们或不重点书写他们，但书写中国近代思想史他们一定是重点书写的对象。一些事件也是如此。如 1919 年的五四运动，在中国近代政治史上它是旧民主主义革命和新民主主义革命的分界线，但在中国近代思想史上它就不具有分界线的重要意义。与五四运动相反，1915 年兴起的新文化运动，其在思想史上的地位比它在政治史上的地位就重要得多，在政治上它无足轻重，但在思想史上它有着标志性的重要地位。再如，1927 年南京国民政府的成立，在政治史上当然是重大的历史事件，它标志着北洋军阀统治的结束和国民党统治的开始，这也是国内所有的政治史著作都以它为历史分期的重要原因，但如果把它作为中国近代思想史的分期，就不如 1931 年的九一八事变更合适，因为九一八事变对中国近代思想史发展的影响更大。如此等等。既然中国近代思想史和中国近代政治史的研究对象不一样，其分期也就不可能完全一样。总之，笔者不赞成以中国近代政治史的分期代替中国近代思想史的分期，中国近代思想史的分期应该具有思想史的特点，反映思想史演变、发展的内在理路及其历程。

依据思想史自身演化的内在理路及其历程，笔者认为中国近代思想史大致可以分为三个大的时期。第一个时期是从鸦片战争前后的嘉道年间到 1915 年《新青年》创刊前，这一时期民族独立和社会进步这两大时代主题主要表现为“要不要学习西方”和“如何学习西方”的问题。第二个时期从 1915 年《新青年》创刊到 1931 年九一八事变前，这一时期民族独立和社会进步这两大时代主题主要表现为民主和科学开始成为近代中国思想和文化的核心价值。第三个时期从 1931 年九一八事变到 1949 年中华人民共和国成立，这一时期民族独立和社会进步这两大时代主题主要表现为中国人民反对日本帝国主义侵略的斗争。下面就这三个时期谈谈自己的看法，不当之处，欢迎批评指正。

一

众所周知，中国学术界一般都以1840年的鸦片战争为标志，将此前的历史称为古代史，此后的历史称为近代史，也就是说1840年的鸦片战争成了中国古代史和中国近代史的分界线。与此相一致，1840年的鸦片战争也成了中国近代思想史和中国古代思想史的分界线，国内出版的几乎所有中国近代思想史著作，包括近年来出版的几部有影响的中国近代思想史著作，都是从1840年的鸦片战争开始写起的，或者至多只是对鸦片战争之前魏源、龚自珍等人的思想作一简略的追述。最近有学者对此提出了批评，认为这是一种典型的外因决定论的历史观。笔者以为，以1840年的鸦片战争为中国古代思想史和中国近代思想史的分界线的确值得重新思考。原因有三：第一，历史的发展，尤其是思想史的发展有其连续性，以某一重大事件为标志把它分为前后两个性质不同的历史时期，这虽然便利了学者们的研究，却割断了思想上的联系，使前一时期的思想成了无终之果，而后一时期的思想则成了无源之水，思想的连续性被人为地中断了。第二，以1840年鸦片战争为中国古代思想史和中国近代思想史的分界线，如有的学者指出的那样，的确具有外因决定论之嫌，这种观点只看到1840年鸦片战争引起的中国思想向近代的转型，而没有进一步探讨西方挑战所以能引起中国思想向近代转型的原因，忽略了1840年鸦片战争之前中国社会内部所孕育的一些新的社会和思想因素，尤其是经世思潮的复兴。如果没有这些新的社会和思想因素，没有经世思潮的复兴对乾嘉考据学风束缚的突破，西方挑战引起的可能是另一类型的反应，即不是中国思想向近代的转型，而是固守传统。第三，中国近代思想史研究的主要是近代中国人围绕民族独立与社会进步这两大任务而提出的各种思想、观念和主张及其争论，而民族独立和社会进步这两大任务虽然是1840年鸦片战争之后才正式提出来的，但追根溯源，它们都可以追溯到鸦片战争之前。众所周知，鸦片战争的起因是中国的禁烟，而中国之所以禁烟，是由于英国大量向中国非法输入鸦片，给中国人民的身心健康和社会经济造成了巨大危害。对于这种危害，早在鸦片战争之前，以包世臣、林则徐、黄爵滋、龚自珍为代表的经世思想家和具有经世思想的官员就进行过揭露，也正是在他们的要求和推动下，中国的禁烟运动才开展得轰轰烈烈。至于社会进步，也早在鸦片战争之前，龚自珍、魏源、包世臣等人就对清王朝衰世下的种种黑暗现实和君主专制统治进行过揭露和批判，提出过“更法”和改革主张，尤其是包世臣和魏源提出的漕运和盐法改革，已注意到商人的利益和作用，并提出了“农商并重”的新思想，在19世纪50年代末60年代初洪仁玕提出《资政新篇》、冯桂芬写出《校邠庐抗议》之前，在这两个方面都还没有人能超越他们。

鉴于上述这些认识，笔者主张以整个嘉道年间而不是1840年的鸦片战争为中国近代思想史的逻辑起点。因为嘉道年间复兴的经世思潮使中国传统思想具备了向近代转型的可能性，而发生于此时的鸦片战争，又给经世思潮注入了新的内容，从而使这种可能性成为现实。正是在嘉道年间，中国传统思想开始迈出了向近代转型的第一步，并对晚清思想产生过重大而深远的影响。这主要体现在以下几个方面。

第一，批判社会现实，倡导“更法”和改革。嘉道经世思潮的一个重要内容是批判社会现实，倡导“更法”和改革。以龚自珍、魏源、包世臣为代表的经世思想家对社会存在的种种弊端和黑暗现象进行过无情的揭露和批判，并把批判的矛头对准了君主专制统治。在批判社会现实的同时，他们还大力倡导更法和改革，就漕运、盐法、河工、币制、农政、科举等改革提出了一系列的具体主张。尽管就基本价值取向而言，无论是对社会现实的批判，还是倡导的“更法”和改革，龚自珍们都没有完全超越出传统思想的范围，指导他们思想的理论依然是儒家经典，包括《易经》的变易观和《孟子》的民本思想，但在“日之将夕，悲风骤至”，“万马齐喑究可哀”的时代，他们“讥切时政，诋排专制”，“指天画地，规天下大计”，不仅在当时具有振聋发聩的思想解放意义，而且也开启了晚清议论时政、抨击时弊、要求改革的风气，后来的一切进步思想家都或多或少地接受过他们的影响，其社会批判思想和“更法”改革思想，“对于鸦片战争后一切谋求富国强兵救亡图存的思想家来说，尤其是对于戊戌时期的维新派来说，是起了极为重要的启蒙作用的”①。梁启超在《清代学术概论》中谈到龚自珍时便承认他

① 丁伟志、陈崧：《中西体用之间》，中国社会科学出版社1995年版，第17页。

们那一代“新学家”，“大率人人皆经过崇拜龚氏之一时期，初读定庵文集，若受电然”。所以，“晚清思想之解放，自珍确与有功焉”[1]。

第二，“开眼看世界”，“师夷之长技以制夷”。嘉道经世思潮的另一重要内容是“开眼看世界”，“师夷之长夷以制夷”。以林则徐尤其是魏源为代表的经世思想家和具有经世思想的官员受第一次鸦片战争的刺激，将嘉道年间复兴的经世思潮发展到了一个新的更高的阶段，即于鸦片战争后纷纷开眼看世界，并提出了“师夷之长技以制夷”的主张，从而开启了了解西方、向西方学习的新潮流，这股新潮流曾支配晚清社会和思想界达几十年之久。王韬就曾说过：“师长一说，（魏源）实倡先声。”[2] 尽管后来随着人们对西方文化的了解和认识的不断进步，人们对“夷之长技”之内容的认识也有所不同，概而言之，在甲午战争之前，先是认识到西方的船坚炮利和养兵练兵之法比中国先进，又认识到西方的声光电化等科学技术以及机器制造和经营管理也比中国先进，于是有了洋务思潮和洋务运动的兴起；到了甲午战争后，面对日益严重的民族危机，以康有为、梁启超为代表的资产阶级改良派认识到，“要救国，必须维新；要维新，必须学外国”，学日本，并把学外国、学日本的内容锁定在“兴民权”“设议院”上，据此发动了一场变法运动；再到了20世纪初，以孙中山为代表的资产阶级革命派同样认识到，“要拒外人，须要先学外人的长处”，而他们所认识的“外人的长处”，除船坚炮利、西艺西学外，也不外是西方的民权思想和政治制度，和维新派不同的是，维新派主张君主立宪，而他们则主张民主共和，发动了辛亥革命。但无论洋务派也好，康、梁维新派也好，孙中山革命派也好，他们对“夷之长技”的认识都不过是对魏源提出的“师夷之长技以制夷”之主张的继承和发展，直接或间接地接受过魏源“师夷之长技以制夷”之主张的影响。《海国图志》从1844年初刊行50卷本到1902年，不到60年间，连续刊刻9次，一直是广大爱国人士喜好的读物。就目前发现的资料来看，左宗棠、曾国藩、冯桂芬、王韬、康有为、梁启超等人都阅读过该书。冯桂芬在他的《校邠庐抗议》一书中虽然对魏源在《海国图志》中提出的“以夷攻夷，以夷

---

① 梁启超：《清代学术概论》，《饮冰室合集》第8册，中华书局1989年版，第54页

② 王韬：《扶桑游记》，湖南人民出版社1982年版，第202页。

款夷”的主张提出了批评，说那不过是战国时期的纵横家之言，但对魏源的“师夷之长技夷以制夷”的思想则评价甚高，认为“独‘师夷之长技以制夷’一语为得之”。他本人也在继承和发展魏源的“师夷之长技夷以制夷”思想的基础上，提出了“制洋器”“采西学”的主张。作为洋务运动主要领导人之一的左宗棠就曾明确声明，他在“福建设局造轮船”，“陇中用华匠制枪炮”，就是实行“魏子所谓师其长技以制之”之说（左宗棠：《〈海国图志〉序》）。康有为等萌发维新思想，也直接受到过《海国图志》和《瀛寰志略》等书的启蒙。据其日记记载，1879 年前后，康有为曾多次阅读过《海国图志》和《瀛寰志略》等书。就是到了 1924 年，梁启超在《中国近三百年学术史》中谈到《海国图志》一书，尤其是“师夷之长技以制夷”之主张的影响时还写道：“其论实支配百年来之人心，直至今日犹未脱离净尽，则其在历史上关系，不得谓细也”。此为精当之论。

第三，强调学以致用，倡导一种重视现实问题的新学风。嘉道经世思潮的又一重要内容是强调学以致用，倡导一种面向现实、讲求功利、研究和解决当下一些重大社会问题的新学风。正是这种新学风，推动着以龚自珍、包世臣为代表的一些经世思想家，于鸦片战争之前，面对日益严重的社会危机，主张社会改革，重视对一些关系国计民生的重大问题如称为“三大政”的“漕、盐、河”的研究，并提出了自己的改革方案，有些方案在具有经世思想的封疆大吏陶澍、贺长龄等人的支持下被付诸实践，取得了一定的成效。也正是这种新学风，继续推动着以林则徐、魏源为代表的一些经世思想家和具有经世思想的官员，于鸦片战争后，在国难当头、西方列强的入侵成为举国振动的第一件大事时，“率先把他们注意的重点，从国内问题转到中国和外国的关系问题上去，‘创榛辟莽，前驱先路’，开创了研究‘夷情’、研究洋务、研究西学为特色的时代新文化”[①]，从而给嘉、道之际复兴的经世思潮注入了新的内容。这便是林则徐、魏源等人的了解夷情，“开眼看世界”和“师夷之长技以制夷”主张的提出。嘉道经世思潮所开启的这种新学风对晚清思想界和学术界的影响极大，它不仅继续推动着洋务派和维新思想家研究和解决他们的时代所面临的主要社会问

① 丁伟志、陈崧：《中西体用之间》，第 16 页。

题，从而有洋务运动和戊戌变法的发生，而且也继续推动着鸦片战争后的一些思想家对中西文化及其关系进行新的思考，推动着经世之学对西学的接纳。比如戊戌变法前后编辑的几部《皇朝经世文续编》（主要有1888年印成的葛士浚的《皇朝经世文续编》，1897年印成的盛康的《皇朝经世文续编》和1898年辑成的陈忠倚的《皇朝经世文三编》），虽然在体例和卷数上与魏源助贺长龄编辑的《皇朝经世文编》变化不是很大，但内容上则大量辑录了有关西学的文章，甚至将传教士李佳白、林乐知和李提摩太等人的文章也收录了进去。1897年梁启超手定的《湖南时务学堂学约》规定："居今日而言经世，与唐宋以来之言经世者又稍异。必深通六经制作之精意，证以周秦诸子及西人公理公法之书以为之经，以求治天下之理；必博观历朝掌故沿革得失，证以泰西希腊罗马诸古史以为之纬，以求古人治天下之法；必细察今日天下郡国利病，知其积弱之由，及其可以图强之道，证以西国近史宪法章程之书，及各国报章以为之用，以求治今日之天下所当有事，夫然后可以言经世"。将西学纳入经世之学，这是中国思想或学术从传统向近代转换的重要标志。因此，经世思潮所开启的这种面向现实，讲求功利，研究和解决当下一些重大的社会问题的新学风，可以说为中国思想从传统向近代的转换起了重要的桥梁作用。

嘉道之后，先是发生了中国历史上规模最大、时间最长的农民起义——太平天国起义，接着是以"制洋器""采西学"为主要内容的洋务运动的兴起。作为一次旧式的农民起义，太平天国沉重地打击了清王朝的统治，并把中国传统的平等思想推到了极致。同时，它对西方新式武器的采用，尤其是洪仁玕《资政新篇》的提出，又使它具有了一些不同于旧式农民起义的思想内容。而兴起于19世纪六七十年代的洋务运动，就性质而言，是对魏源提出的"师夷之长技"思想的继承、发展和实践。洋务运动时期，以曾国藩、李鸿章、左宗棠为代表的洋务派与倭仁为代表的顽固派围绕要不要"采西学""制洋器"，亦即"要不要学习西方"问题展开了激烈论争。顽固派用陈腐的"夷夏之辨"观念看待西学，认为西方近代的机器生产和科学技术都不过是败坏人心的"奇技淫巧"，如果学习它们就有"以夷变夏"的危害，更何况"夷人"是中国的仇敌，洋务派公然"奉夷人为师"，这是一种"上亏国体，下失人心"的可耻行为，因此他们反对变革，亦就是反对向西方学习。而洋务派则冲破了传统的“夷夏之辨”的束缚，肯定西方近代的机器生产和科学技术的先进性和实用性，并明确表示学习它们是势在必行，中国要想在激烈的竞争中生存下去，就必须变革，亦就是必向西方学习。当然由于历史和阶级的局限性，洋务派所要学的西学仅限于近代的机器生产和科学技术，而对于西方的政治制度他们和顽固派一样持的也是反对的态度。

中日甲午战争以及由此而造成的中国割地赔款，是中国近代史上的又一次巨大灾难。这场灾难不仅使早已存在的民族危机变得日益严重，同时也成了中华民族觉醒的起点。用梁启超的话说：“唤起吾国四千年之大梦，实自甲午一役始也。”正是从甲午战争开始，中国近代思想史的发展进入了一个新阶段。在此之前，我们所谓的学习西方，主要是学习西方的器物文明。但北洋海军在甲午战争中的覆灭，则标志着以“制洋器”“采西学”为主要内容的洋务运动的破产，而洋务运动的破产则说明学习西方，不能仅仅只学习西方的器物文明，还必须学习西方的制度文明。于是中国向西方学习从学习西方的器物文明开始进入学习西方的制度文明的时期。与此同时，曾风靡西方的达尔文的进化论和天赋人权、社会契约等民权平等思想开始传入中国，并成了人们要求社会变革的理论依据和批判君主专制的思想武器。在此之前，人们要求变革的理论依据是传统的“穷则变，变则通，通则久”的“变易观”，人们批判君主专制的思想武器是传统的“民重君轻”“水则载舟，水则覆舟”的“民本观”。在西方，宣传弱肉强食、优胜劣汰的达尔文的进化论，是为西方殖民主义者侵略、掠夺和征服社会发展相对落后的其他民族服务的，但在甲午战后的中国，它则唤起了中华民族的觉醒，强化了中华民族的自我认同，正是在甲午战争后的19世纪末尤其是20世纪初，中国近代的民族主义开始形成。而近代民族主义的主要内容，便是建立近代的民族国家。在建立近代民族国家的问题上，当时存在着两种不同的方案：一是以孙中山为代表的革命派提出的建立资产阶级民主共和国的方案，一是以梁启超为代表的立宪派提出的建立资产阶级君主立宪国的方案。其结果，革命派提出的方案虽然战胜了立宪派提出的方案，资产阶级民主共和国在形式上建立了起来，但在实质上，封建专制主义依然存在，旧的政治、经济和社会制度并没有发生根本的变化。

二

辛亥革命的失败，不能不引起思想界的反思，于是有1915年兴起的新文化运动的发生，中国近代思想史的发展也因此而进入一个新的时期，即民主和科学开始成为近代中国思想和文化的核心价值的时期。

中国人追求民主与科学并非始自五四新文化运动。鸦片战争结束不久，作为近代中国第一批开眼看世界的先进人物，魏源、徐继畬、梁廷枏、姚莹等人在他们的各自的著作中，就以赞赏的态度介绍过西方的民主制度，说它有中国传说中的“三代政治”之“遗意”。魏源还提出过“师夷之长技以制夷”的主张，而他所说的“夷之长技”，“一、战舰；二、火器；三、养兵、练兵之法”。洋务运动期间，介绍西方议会政治、民主政治的著作逐渐增多，同时人们也已认识到学习西方声光电化等科学技术的必要，以王韬、郑观应为代表的一些洋务知识分子或早期维新思想家还主张以西方的“君民共主”制度取代中国的君主专制制度。戊戌维新时期，维新派主张“兴民权”，“设议院”，实行君主立宪，不仅着力宣传过西方资产阶级的自由、平等、民权思想，而且也对科学知识、科学方法进行过提倡和介绍，特别是严复的“以自由为体，以民主为用”思想的提出，在近代中国人追求民主的历程中具有十分重要的意义。进入20世纪后，由于辛亥革命的作用，民主思想得到进一步传播，科学的重要性也为越来越多的人所认识。

中国人追求民主与科学虽不始于五四新文化运动，但从五四新文化运动开始，中国人才将民主与科学作为近代新文化的核心观念或基本价值加以追求和崇尚。在此之前，人们主要是把民主与科学作为一种实现国家富强和救亡图存的工具或手段追求的。如以王韬、郑观应为代表一些洋务知识分子或早期维新思想家之所以要求变中国的君主专制制度为西方的君民共主制度，是因为在他们看来，西方的君民共主制度能使上下相通，君民一心，这是西方所以富强的根本原因；中国的君主专制制度则是上下不通，君民隔阂，中国所以贫弱的根本原因也就在此。因此，中国要实现富强，抵御外侮，就必须改弦更张。用郑观应的话说：中国“苟欲安内攘外，君国子民，持公法以保太平之局，其必自设立议院始矣”。甲午战争后以康有为、梁启超为代表的维新派之所以主张兴民权，是因为他们认识到，“民权兴则国权立，民权灭则国权亡”，西方富强的原因，就在于西方实行的是民主制度，“人人有自主之权”，中国所以贫弱，也就在于中国实行的是封建专制制度，“收人人自立之权，而归诸一人”。既然有无民权，是西方富强、中国贫弱的根源，那么，中国要救亡图存，实现富强，其不二法门自然是“兴民权”。20世纪初以孙中山为代表的革命派主张建立资产阶级共和国的理由，同样是清朝的封建专制使中国贫弱，而资产阶级共和国能使中国实现富强。正因为追求民主和科学的目的是国家富强和救亡图存，人们在接受或宣传、介绍西方的民主理论和学说时，往往有所选择，而选择的标准则是看某一理论或学说是否对国家富强和救亡图存有利。这就影响了对西方民主思想的完整理解和系统接纳。如个性解放和个人自由，这是西方非常重要的民主思想，有人甚至说它们是民主政治的基石，但在此之前，它们则没有得到应有的重视，除严复、梁启超等个别人外，几乎没有其他思想家宣传、介绍过它们。因为这些思想家从国家富强和救亡图存这一目的出发，认为当时中国最需要的不是个性解放和个人自由，而是中华民族的解放和国家的独立自由，为了中华民族的解放和国家的独立自由，他们（如孙中山）甚至要求限制个人的自由。即使是严复和梁启超，他们在宣传、介绍西方自由主义思想时，也往往从国家富强和救亡图存的需要出发，对其内容进行过修正。

将民主与科学作为近代新文化的核心观念或基本价值加以追求和崇尚，这是五四新文化运动最伟大的历史功绩。1915年9月，陈独秀在标志五四新文化运动兴起的《青年杂志》（从第二卷起改称《新青年》）创刊号上发表《敬告青年》一文，就向国人疾呼：“国人而欲脱蒙昧时代，羞为浅化之民，则急起直追，当以科学与人权并重。”不久，他在《〈新青年〉罪案之答辩书》中又生动地将民主与科学称为“德先生”与“赛先生”，并明确表示，“西洋人因为拥护德、赛两先生，闹了多少事，流了多少血，德、赛两先生才渐渐从黑暗中把他们救出来，引到光明世界。我们现在只认定只有这两位先生，可以救治中国政治上道德上学术上思想上一切的黑暗。若因为拥护这两位先生，一切政府的压迫，社会的攻击笑骂，就是断头流血，都不推辞。”这样，民主与科学就成了五四新文化的两面旗帜。

五四新文化运动将民主与科学作为近代新文化的核心观念或基本价值加

以追求和崇尚，这不仅体现在它以民主与科学为自己的旗帜上，也体现在它对民主与科学的认识和理解上。就五四新文化运动对民主的认识和理解来看，首先，民主是一种个人独立自主的观念。陈独秀在《敬告青年》一文中称欧洲历史为“解放历史”，而所谓“解放云者，脱离夫奴隶之羁绊，以完其自主自由之人格之谓也。”那么，怎样才算“完其自主自由之人格”呢？据陈氏的解释，要有“人间百行，皆以自我为中心”的自我意识；“纵横一世，独立不羁”的自主精神；不迷信，不盲从，敢于怀疑的独立思考；勇于进取，敢担干系的负责态度。一句话，“我有手足，自谋温饱；我有口舌，自陈好恶；我有心思，自崇所信；绝不认他人之越俎”，“一切操行，一切权利，一切信仰，唯有听命个自固有之智能”。胡适又称这种个人独立自主的观念为“健全的个人主义”。其次，民主贯穿于社会各个方面，体现了平等自由的精神。李大钊在《劳动教育问题》一文中曾指出：“现代生活的种种方面都带有 Democracy 的颜色，都沿着 Democracy 的轨辙。政治上有他，经济上也有他；社会上有他，伦理上也有他；教育上有他，宗教上也有他；乃至文学上、艺术上，凡在人类生活中占一部位的东西，靡有不受他支配的。简单一句话，Democracy 就是现代唯一权威，现在的时代就是 Democracy 的时代。”五四时期的另一位思想家谭平山在《国民道德教育改造论》一文中也强调：“今日时代思想的根本特质，就是民治主义，今日所谓民治主义的根本概念，就是平等自由两大观念。”至于五四新文化运动所认识和理解的科学，不仅仅是科学技术或科学思想，而更是一种广义上的世界观和方法论，一种与迷信、盲从、愚昧相对立的崇尚实证的理性精神。陈独秀在《敬告青年》中解释科学道：“科学者何？吾人对于事物之概念，综合客观之现象，诉之主观之理性，而不矛盾之谓也。”不久，他又在《新文化运动是什么》一文中写道：“我们中国人向来不认识自然科学以外的学问……向来不认识中国底学问有应受科学洗礼的必要。我们要改去从前的错误，不但应该提倡自然科学，并且研究、说明一切学问（国故也包含在内），都应该严守科学方法，才免得昏天黑地乌烟瘴气的妄想、胡说。”

正因为五四新文化运动是将民主与科学作为近代新文化的核心观念或基本价值加以追求和崇尚的，再加上这种追求和崇尚又与对封建专制主义、迷信愚昧思想以及旧伦理、旧道德乃至整个传统文化的批判与反思联系在一起，因而它极大地促进了人们的思想解放，推动了思想文化的变革。同时，民主与科学从此也逐渐深入人心，并开始成为一种社会意识或价值观念。具体表现在以下几个方面。

第一，追求民主、崇尚科学的运动和思潮继续向前发展。五四运动后，民主运动大致沿着两条轨迹向前发展：一是共产党发动和领导的人民民主运动，二是资产阶级自由主义者发动和领导的资产阶级民主运动，如20年代末胡适、罗隆基等人发动的“人权运动”，30年代中宋庆龄、蔡元培发起成立的“人权保障同盟”和“赔偿冤狱运动”，抗战时期的两次民主宪政运动，抗战胜利后民主党派主张的第三条道路和民主建国运动等。与此相一致，民主思潮的发展也分两个方向，共产党及其支持者认为，传统的资产阶级民主具有虚伪性，它虽标榜代表全体人民，但实际上代表的只是有产阶级自己，只有无产阶级领导下的新型的社会主义民主，才能真正代表广大劳动人民的利益和要求。而资产阶级自由主义者则坚持传统的资产阶级的民主理想，坚持以选举为核心、以议会为形式的西方民主制度。在科学方面，如经久不衰的“科学救国思潮”，30年代初至抗战全面爆发前夕的“科学化运动”，同时期的“新社会科学运动”等。

第二，民主与科学的追求和崇尚开始贯穿于社会的各个方面。比如，在教育方面，平民主义教育运动的兴起和发展，“启发式”“个性化”教育方法的提倡和推广，科学知识、科学实验课程的设置和重视等；在学术研究方面，主张学术独立，要求思想自由，反对政治干预学术，提倡用科学方法整理“国故”，注重调查研究和理论与实际的结合等；在文学艺术方面，揭露和鞭挞封建专制主义与愚昧主义（如“启蒙主题文学”），追求文学形式的多样与自由，主张大胆地表现和张扬个性，以及30年代兴起的“大众语运动”等；在新闻出版方面，主张新闻出版自由，反对稿件送审和报刊书籍检查制度等。总之，五四新文化运动后社会的各个方面，都渗透着中国人对民主与科学的追求与崇尚。

第三，再没有人敢公开非难和反对民主与科学。由于民主与科学开始逐渐深入人心，并开始成为一种社会意识或价值观念，因此，再没有人敢跳出来公开非难和反对民主与科学。无论北洋军阀也好，国民党蒋介石也好，虽然实行的都是专制独裁，但他们在表面上还不得不保留中华民国的

“共和”招牌，他们所制定的宪法［如1923年北洋军阀颁布的《中华民国宪法》、1946年国民党颁布的《中华民国宪法》或宪草（1936国民党颁布的“五五宪草”）］也不得不承认人民应享有种种民主自由的权利，而且每当他们的统治出现危机时，往往以许诺实行所谓民主或还政于民作为挽救危机的一种手段。三四十年代受国际政治思潮的影响，有些人鼓吹过法西斯主义，也发生过民主与独裁的论战，但法西斯主义的鼓吹者和独裁论的主张者，大都只是强调中国现在还不具备实行民主的环境和条件，或者说在当时实行法西斯主义或所谓新式独裁比实行民主更能应付国际国内的挑战，而很少有人从价值上否认民主，认为民主不如法西斯主义或所谓新式独裁。至于科学，虽然在五四运动前后，出现过对唯科学主义思潮的批判，并因此而引发过1923年的“科学与人生观论战”，但对科学本身则没有人敢冒天下之大不韪予以非难。就是批判唯科学主义的人，他们在批判唯科学主义的同时，也再三声明，他们并不反对科学。如梁启超在《欧游心影录》中宣布欧洲人的科学万能之梦已经破产，但同时他又自注道：“读者切勿误会，因此菲薄科学，我绝不承认科学破产，不过也不承认科学万能罢了。”有些人搞复古倒退，甚至搞封建迷信，也要打科学的幌子，这样才有它的市场，才有人上当受骗。五四前后出现的宣扬鬼神的“灵学会”，为了达到欺骗群众的目的，就给自己披上了一件科学的外装，声称灵学“实为凡百科学之冠”。

当然，我们说经过五四新文化运动的宣传和提倡，民主与科学开始逐渐深入人心，并开始成为一种社会意识或价值观念，这是与五四新文化运动前的情况比较而言的。就五四新文化运动后的情况来看，不民主或反民主、不科学或反科学的现象不仅存在，而且还十分严重，如政治上的专制独裁，思想上的封建迷信，学术上的政治干预，等等。也正因为严重存在着不民主或反民主、不科学或反科学的现象，也才会有民主与科学运动和思潮在五四新文化运动后的不断高涨，我们也才用“逐渐”和“开始”这样的限制词来描绘民主与科学在五四新文化运动后“深入人心”和“成为一种社会意识或价值观念”的状况，因为“逐渐”则意味着有一个过程，“开始”表明的是刚刚起步，如果用哲学术语来表示，它们还都处在“量变”的过程之中，远未达到“质变”。实际上直到今天，民主与科学在中国还没有完成它“深入人心”和“成为一种社会意识或价值观念”的“量变”过程，不民主或反民主、不科学或反科学的现象依然存在。要完成这个“量变”过程，中国人任重而道远，可能还需要付出几代人的艰苦努力。

三

对于九一八事变，长期以来学术界关注的是它对中国政治、经济、军事和社会矛盾的影响，而很少关注它对中国思想的影响，实际上九一八事变对中国思想的影响很大，具有历史分期的标志性意义。首先从社会思潮的演变来看。民族主义思潮是中国近代最主要的社会思潮之一。而民族主义的理论，就经历过从清末民初的“民族建国”，到五四时期的“民族自决”，再到九一八事变后的“民族复兴”的建构过程，“民族复兴”之所以会成为九一八事变后民族主义的理论建构，原因就在于九一八事变所引发的中华民族危机的日益加深。[①] 自由主义是近代中国又一主要的社会思潮，但自由主义在九一八事变之前和之后发生了明显变化，不仅一些自由主义者如蒋廷黻、钱端升、丁文江等人从九一八事变之前的主张民主，到九一八事变之后的主张专制或新式独裁，就是九一八事变后仍坚持民主的胡适、罗隆基等人，其主张民主的理由也发了生位移。九一八事变之前，胡适、罗隆基等人曾发起过一场人权运动。在人权运动中，胡适、罗隆基等人批评国民党的一党专制，要求国民党制定约法、实行民主的目的是保障人权和个人自由。九一八事变之后，胡适、罗隆基等人之所以主张民主，是由于他们认为，民主更适合于中国，能使中国达于统一和民族国家的现代化，解决当前国家所面对的严重危机。主张民主的胡道维就一再强调：“惟民主政治始能培养民族的粘贴性，惟民族粘贴性始能产生团结而统一国家。”[②] 由此可见，胡适等人反对专制或独裁，并不是由于专制或独裁不利于个人自由，而是由于专制或独裁不能实现国家的统一或富强；他们主张民主，也不是由于民主有利于个人

① 参见郑大华《论中国近代民族主义的理论建构及其过程》，《华东师范大学学报》（哲学社会科学版）2010 年第 5 期。

② 胡道维：《中国的歧路》，《国闻周报》1935 年 2 月 25 日第 12 卷第 6 期。

自由，而是由于民主能实现国家的统一或富强。这也就是说，是国家的统一或富强，而不是个人的自由，是他们思考和提出问题的出发点。就此而言，尽管胡适、罗隆基等人和蒋廷黻等人的主张不同，并为此展开过激烈争论，但他们思考和提出问题的出发点则都是国家的统一或富强。换言之，能否实现国家的统一或富强，是他们主张采纳什么政治制度或不主张采纳什么政治制度的唯一标准。胡适、罗隆基等人主张民主的理由在九一八事变前和九一八事变后之所以会发位移，原因就在于九一八事变前，虽然日本不断在东三省和京津地区制造事端，为其日后的侵略中国寻找借口，但它还没有公开对中国进行军事侵略，因而中华民族与日本帝国主义之间的矛盾还不是那时社会的最主要矛盾，那时社会的最主要矛盾是国民党及其政权与人民大众之间的矛盾，尤其是南京国民政府建立后国民党的一党独裁以及打着训政的旗号对人民自由权利的肆意践踏，引起了自由主义知识分子的强烈不满。然而到了九一八事变后，日本帝国主义的军事侵略，使中华民族第一次真正感受到了生死存亡的严重危机，并且随着危机的不断加深，中华民族与日本帝国主义之间的矛盾逐渐取代了国民党及其政权与人民大众之间的矛盾而成了社会的最主要矛盾，包括自由主义知识分子在内的中国人民的民族主义激情也因此而急剧地高涨起来，如何救亡图存已成为国人首先必须思考和解决的一个问题。正如迈克尔·弗里登所说："民族主义只有在短暂的时段内变得极为重要，即在民族建构、征服、外部威胁、领土争议或内部受到敌对族群或文化群体的主宰等危机时，民族主义才显得极为重要。"① 和自由主义一样，文化保守主义同样是中国近代的一种主要社会思潮，九一八事变之前，尽管先后出现了清末以章太炎为代表的"国粹派"和五四时期以梁启超、梁漱溟为代表的"东方文化派"，但总的来看，其时认同传统、反对西化的文化保守主义是一种背时之论，整个的社会趋向是向西方学习，从洋务时期的学习西方的器物文明，到戊戌辛亥时期的学习西方的制度文明，再到五四时期的学习西方的精神文明，除"国粹派"和"东方文化派"等少数知识精英人物外，绝大多数人拥抱的是西方文化和西方文明，这也是五四时期的"东

① ［英］安东尼·史密斯：《民族主义：理论，意识形态，历史》，叶江译，上海人民出版社 2006 年版，第24 页。

西文化之争”尤其是“科学与人生观之争”中，“东方文化派”尤其是“玄学派”虽然在学理上占优，却得不到大多数人的认同、最终败下阵来的重要原因。然而到了九一八事变后，情况则发生了变化，因民族危机的加深，社会需要通过大力表彰和弘扬中国传统文化来树立起国民对民族、国家的自信心和凝聚力，于是，原来属于背时之论的文化保守主义这时则成了顺时之论，大力发掘和弘扬中国传统文化，批判西化和历史虚无主义成了一种学术风尚。由此我们也可理解，为什么现代新儒学发端于五四时期，但作为一种学派形成和发展则是在九一八事变之后的三四十年代。

与此相联系，九一八事变后日益严重的民族危机，引发了学术界对兴起于五四时期的“整理国故”运动的反思，认为那种为了“捉妖”“打鬼”的“整理国故”，不利于民族自尊心、自信心和自豪感的树立，于是开始从“整理国故”转向“国故整理”，即通过对中国传统学术和文化的发掘、阐释和弘扬，来增强民族的自尊心、自信心和自豪感，以抵御日本的侵略，建设民族新文化，从而实现中华民族的伟大复兴。[①] 因此九一八事变后，学术界兴起了一股研究中国文化和历史的热潮。以文化研究为例，据不完全统计，民国时期出版的有关文化和中国文化史著作大约50种，其中大部分出版于九一八事变后。正如有的研究者指出的那样，“以文化史振奋民族精神”，提高民族的自信力，这是九一八事变后“许多学者研究文化史的目的”[②]。王德华的《中国文化史要略》出版于30年代中。他在该书的“叙例”中就这样写道：“中国人应当了解中国文化，则无疑问，否则，吾族艰难奋斗、努力创造之历史，无由明了，而吾人之民族意识，即无由发生，民族精神即无由振起。……兹者国脉益危，不言复兴则已，言复兴，则非着重文化教育，振起民族精神不可。本书之作，意即在此。”张君劢于九一八事变不久即著《中华民族文化之过去与今后之发展》一文，重点论述了中国文化的特点以及对世界文化的贡献。他指出，除了指南针、火药、造纸术、丝、茶、瓷器等这些为西人所津津乐道的东西外，中国文化在宗教、社会、

① 参见郑大华《从“整理国故”到“国故整理”——九一八后中国学术研究的新趋向》，《史学史研究》2017年第2期。

② 周积明：《本世纪上半叶中国文化史研究的特点》，《光明日报》1997年10月14日，“史学版”。

学术和美术方面也具有自己的特点，并取得了举世公认的成绩，如浩繁的史籍，为他国所罕见，美术、文学被西方人视为神品。尤其值得中国人骄傲的是，“中华文化之生命，较他族独长。与吾族先后继起之其他文化民族，已墓木高拱矣，而吾华族犹巍然独存”。他并就此与古印度、古希腊、古埃及、古罗马文化进行了一番比较，以说明中国文化历久长存的原因。他指出，中国人“人种语言之纯一，文事武功之双方发展，文化根基之深厚，均有独到之处。虽云理智稍逊于希腊，然亦非全不发达，其性情又宽厚而能特久，且善于蕴蓄实力，以图卷土重来，此殆吾族所以历四千余年之久而犹存与”。我们决不可因今日中国的失败，而否认历史上中国文化所取得的成绩。实际上，与古代各民族相比，中国民族“不特无逊，且时有过之”①。1932 年 9 月 1 日创刊的《复兴月刊》发表的第一篇文章《中华民族之复兴与世界之关系》，在谈到中国文化对世界的贡献时指出：“我五千年之文化，五千年之历史，危而不亡，颠而不倾，固自有精湛之特性，而非其他民族所能企及者”。具体而言，文章认为，中华民族及其文化有四个方面非其他民族及其文化所能企及的特性：（一）爱好和平，反对战争，作为中国文化代表的孔（子）老（子）学说，以不争为原则；（二）敢于反抗外来侵略，富有民族气节；（三）有很强的文化同化力，对于各种文化能兼容并包；（四）勤生节用，极富生产力，曾创造出灿烂的古代文明。②

如果说文化史研究的目的是“以文化史振奋民族精神”，提高民族的自信力的话，那么，研究历史的目的则是为了宣传民族主义思想，直接服从或服务于反对日本侵略斗争的需要。比如，五四时期疑古学派的代表人物顾颉刚在日本帝国主义侵略东三省、策划成立伪满洲国之后，即提出要加强中国民族史与地理学的研究，并与谭其骧、冯家升、史念海等人发起成立“禹贡学会”，出版《禹贡》半月刊。顾颉刚还创办过一份颇有影响力的通俗杂志——《大众知识》，辟有论文、传记、漫谈、文艺、书评等栏目，其中“传记”所介绍的人物里有优秀传统文化的代表孔子，出使西域沦落匈奴不改节的苏武，出使西域开创丝绸之路的张骞，威震匈奴的李广，平定安史之

① 参见张君劢《明日之中国文化》，商务印书馆 1936 年版，第 148—157 页。

② 寰澄：《中华民族之复兴与世界之关系》，《复兴月刊》1932 年 9 月 1 日，第 1 卷第 1 期。

乱的战将郭子仪，等等，这些历史人物多表现出优秀的民族气节与中华民族的优秀传统。他还亲自撰文，发表《石敬瑭和赵德钧》《赵延寿和杜重威》等文章，利用历史上汉奸的丑恶罪行讽刺当时投降者的行为。和顾颉刚相似，作为现代科学主义史学的代表人物，傅斯年一向反对"学以致用"的提法。然而，九一八事变后日甚一日的民族危机，使他的学术思想为之一变，决心以自己的学术研究为反对日本的侵略服务。为了驳斥日本人所散布的"满蒙在历史上非支那领土"之谬论，他邀集史学同人合撰《东北史纲》一书，并亲撰第一卷。在"卷首"引言中，他用大量的确凿史实，揭露日本人称"东北"为"满洲"的险恶用心。他指出，"满洲"一词，"既非本地名，又非政治区域名"，它是随着列强在中国划分势力范围而通行起来的，其中"南满""北满""东满"等名词，"尤为专图侵略或瓜分中国而造之名词，毫无民族的、地理的、政治的、经济的根据"。因此，"东北"不能称为"满洲"。他还通过对东北自远古以来历史文化的考证得出结论："人种的、历史的、地理的，皆足以证明东北在远古即是中国之一体"，"东北之为中国，与江苏、福建之为中国又无二致也"，自古就是中国的领土，所谓"满蒙在历史上非支那领土"之谬论，只是"名白以黑，指鹿为马"的妄说，根本不值一驳。[①] 傅斯年撰写的《东北史纲》第一卷是研究"古代之东北"，主要叙述上古至隋代以前东北地区的民族分布、民族迁徙、区域关系、地理沿革等。尽管该书存在着这样或那样的问题或不足，但它的学术价值尤其是它的政治意义得到了学术界的充分肯定。该书出版后，由著名学者李济将其主要部分译成英文送交当时正在中国考察的国际联盟李顿调查团。从李顿调查团后来提交给国联的报告看，他们虽然偏袒日本对东北的侵略，但也承认东北"为中国之一部，此为中国和各国共认之事实"。无可否认，调查团得出上述结论的依据是多方面的，但傅斯年等人所著的《东北史纲》也起了一定作用。北京大学历史系教授朱希祖，面对九一八事变后日益严重的民族危机，痛感国难深重，于是重新研究南明史乘，以发扬民族精神。为了揭发日寇以华制华阴谋和汉奸们为虎作伥、卖国求荣的恶行，他又钩稽两宋史料，先后撰成《伪楚录辑补》6 卷、《伪齐录校补》4 卷、《伪齐国志长

① 傅斯年：《中国史纲》第 1 卷，中央研究院历史与语言研究所 1932 年版，第 3 页。

编》16卷，借古喻今，以昭告国人。另一位史学家柳诒徵同样激于民族大义，于九一八事变后印行《嘉靖东南平倭通录》《俞大猷正气堂集》《郑开阳杂著》《任环山海漫谈》《三朝辽事实录》《经略复国要编》《经武七书》等书，或为了说明东北蒙古自古代以来就是中国不可分割的一部分，或整理历史上抗击异族入侵的民族英雄事迹，借以激发国人的爱国守土热情。[①] 著名史学家钱穆的《中国近三百年学术史》写于九一八事变后，他在书中"特'严夷夏之防'"，高扬以天下为己任的宋学传统，大力表彰明末清初诸儒的民族气节和操行，希望人们能加以继承和发扬。后来成为中国马克思主义史学"五老"之一的范文澜，于华北事变后开始偏离他长期信奉的正统汉学家的治学道路，而尝试以自己的史学作品来唤醒国人的民族意识，1935年12月到1936年间，他编写出《大丈夫》一书，热情歌颂历史上那些用"血和生命"保卫中华民族根本利益的英雄人物。他在书前的《凡例》中写道："本书志在叙述古人，发扬汉族声威，抗拒夷狄侵凌的事迹，所以历史上尽多堪作模范的伟人，因限于体例，概以省略。""每当外敌侵入中国的时候，总有许多忠臣义士，用各种方式参加民族间悲壮的斗争。有的事迹流传下来，有的连姓名都湮没了。他们拼出血和生命，去保证民族的生存，是永远应该崇敬的。本书所举二十余人，史是取其声名最著，做个代表的意思，读者千万不要忘了其余无数的忠义人。"该书1936年7月由上海开明书店出版后，受到热烈欢迎，成为教育读者尤其是广大青年积极爱国、投身抗日运动的好材料，至1940年10月印行了四版。

1937年七七事变后，中国进入全面抗战时期，各阶级、阶层和各种政治势力结成了广泛的民族统一战线，与日本帝国主义进行着殊死的斗争，当然在统一战线内部矛盾和斗争也始终存在。抗战胜利后，建立一个什么样的国家，又成了人们必须思考和解决的问题，各种政治力量和各种思想流派都提出了他们的主张和方案，结果是中国共产党人的主张和方案取得了胜利。1949年中华人民共和国的成立，改变了中国自1840年以来的半殖民地半封建社会的性质，中国历史从此告别了近代，迈入了当代。与此相一致，此后的思想史叫作中国当代思想史。

---

① 田亮：《抗战时期史学研究》，人民出版社2005年版，第243、282页。

中国近代思想史的分期，是仁者见仁、智者见智的问题。笔者把中国近代思想史分为三个时期，主要依据的是笔者对中国近代思想史演化之内在理路及其历程的理解。当然这种理解正确与否可以讨论。但我要强调的是：无论中国近代思想史如何分期，它都应该具有思想史的特点，反映思想史演变和发展的内在理路及其历程，而不能以中国近代政治史的分期来代替中国近代思想史的分期。

郭沫若在思想史研究上的成就和贡献*

王启发

（中国历史研究院古代史研究所）

摘要：作为20世纪中国马克思主义史学家之一的郭沫若，不仅在中国古代社会史的研究上有着极具影响力的成就和贡献，而且在古代思想史的研究上也有着丰厚的研究著述和突出的理论贡献。郭沫若的思想史研究，一方面集中考察了中国思想历史源头性的发展与变迁，对上古时代的思想史有着细致的梳理和论述；另一方面对春秋战国时代及后世思想上的学派、思想人物的学说和主张，则有着或批判或弘扬的研究与论证。这些研究，不仅体现了郭沫若的史学成就和思想贡献，也为后来研究者提供了推进中国古代思想史研究很有价值的借鉴和参考。对郭沫若在思想史研究上的学术历程和成就与贡献做学术史的梳理和考察，在今天思想史研究中也就是十分必要和有多重意义的工作。

关键词：郭沫若　思想史研究　学术贡献

在20世纪学术史上，作为马克思主义历史学家而在思想史研究中有所成就和贡献的，郭沫若可以说是一位突出的代表，他不仅与侯外庐、杜国庠等同时代的学者之间有着志同道合的深厚友谊，在学术上也是秉承了百家争鸣的宗旨。从一个早年即从文学的角度来抒发思想情怀的史家，到一个保持着文学思维和语言并善于运用考证和思索的思想史家，同时坚定地从唯物史

---

* 此文原刊于《晋阳学刊》2018年第5期，在这里内容有所删节。

观和马克思主义的立场，从历史研究拓展到思想史研究的跨领域，在总结和批判古代思想文化中倡导有时代价值的优秀传统，成为包括郭沫若在内的一批史学家的神圣使命。

为学界熟知的是，在郭沫若自20世纪30年代开始先后结集出版的《中国古代社会研究》《十批判书》《青铜时代》《奴隶制时代》《史学论集》《历史人物》等几部著作中，分别汇集了他写作时间跨度在三十年以上的关于中国古代思想史研究的篇章。还有在1988年出版的《郭沫若佚文集》（上下册）当中，也有一些论述思想史的文章。由此我们可以了解到，郭沫若正是在对中国古代社会进行研究的同时，不断地进行着古代思想史方面的研究。从时间先后来说，郭沫若对思想史的研究也有着一个从初涉到展开的发展过程。所呈现的则是郭沫若成为一个马克思主义史学家后，自觉地运用唯物史观研究中国古代社会和古代思想的学术历程，以及所取得的学术成就和所做出的学术贡献。

一　学术种子的初播及对思想史书写的尝试

作为文学家的郭沫若和后来成为史学家的郭沫若的出现，既可以说是民国时代学术与文化发展的一种风貌的体现，也与郭沫若早年所受教育和他后来学术兴趣的拓展，以及想要在学术方面解决的问题有着密切的关系。

在《十批判书》的最后有一篇《后记》，副题为《我怎样写〈青铜时代〉和〈十批判书〉》，写于1945年5月5日。其中郭沫若回顾了他自己早年对学问兴趣的养成和后来留学日本之后获得近代学术启蒙的经历，特别讲述了作为他思想史研究的起点和篇章著述展开上的阶段性历程。

郭沫若生于1892年11月16日，他从四五岁起接受传统的旧式教育，以每天必读四书五经而得到文化熏陶，在十三四岁时便开始接触先秦诸子的著述，他先后读过《庄子》《道德经》《墨子》《管子》《韩非子》等，十七八岁时还做过诸子文句的抄录，这些都为郭沫若后来进行古代思想研究打下了深厚的基础。

自1914年起郭沫若在日本留学十年，其间获得医学学士学位，使他不仅“懂得了近代的科学研究方法”，“也接近了近代的文学、哲学和社会科学”。尤其是辩证唯物论，给了郭沫若精神上的启蒙。并且“从学习使用这个钥匙”，“才认真明白了做人和做学问的意义”。

郭沫若的学生时代结束于1923年，而在这前后的三五年间，郭沫若写出了多篇古代思想史方面的文章。

《我国思想史上之澎湃城》一文，应该是郭沫若在思想史研究方面最早的作品。这是一篇未完稿，1921年5月刊载于《学艺》第3卷第1号上。在1933年3月则删去导言部分，以《周秦以前古代思想之蠡测》为题刊于《国故论丛》第1期。[①] 此文作为郭沫若最早讨论中国古代思想史问题的篇章，其思路是以思想史考古的形式，进行了一次历史挖掘和梳理，也呈现出郭沫若早期对中国思想史之源头的基本认识。

郭沫若文中将中国古代思想一直追溯到了尧舜以前的时代，并以夏商西周三代相接续，乃至春秋战国的诸子时代，更准确地说，就是一次对先秦思想史的考古。即如郭沫若所说，中国古代自由思想的命运，一如古罗马的澎湃城（即庞贝城）在维苏威火山喷发后被熔岩和灰质埋没，在过了一千九百年之后其中的古代建筑遗存才得以重见天日；而中国思想史上的澎湃城，因嬴秦焚书以及汉代以后的君国专制而埋没于熔岩炭质之下，至于郭沫若着笔的当下，也有两千多年了。那么这篇文稿，既是郭沫若经过四五年思索的表象描写，也是他为日后进行详细研究所作的一个规划性草案。

那么，在这篇文章已经写成的部分，郭沫若提出了一系列的见解和主张，构成了他早期对中国古史和思想史的认识。简要的来说，一方面，他论述了从盘古开天地的远古传说以及三皇、有巢氏、燧人氏的半人半神虚构人物构成的神话时代体现出我国自由独创的精神源头，并认为古人神话时代至伏羲氏而告终。而且他说，根据《易传》，“伏羲氏实为我国合理的思想与一切文物制度的创始者，而八卦则是我国最古的文字，有着种种引申的意思，并且为了表示抽象的思想而更有重卦为六十四卦，重卦是伏羲神农时代所创”。至于《周易》上经卦辞所表示的国家发生史与三代思想的不同，“就是与国俱来而为世界最古的民约建国论”；而君权神授论则产生于三代，

---

① 王锦厚、伍加伦、肖斌如编：《郭沫若佚文集1906—1949》上册，四川大学出版社1988年版，第81页。

也就是《尚书·洪范》篇中所表现的思想。① 另一方面，郭沫若又特别讲到，卜筮皆起于三代，从《连山》、《归藏》到《周易》都是卜筮之书，《周易》为三代迷信思想的结晶。《周易》以前的《易》是神农、黄帝所作之书。② 那么神农、黄帝的思想后来为老庄所宗，而老庄是极端反对迷信思想的纯正哲学家。这样，郭沫若粗略地梳理出了一条从远古到东周时代的古代思想史发展变迁的线索和要点，从中也可以看到他对黄老道家思想源流的判断。

此外，郭沫若还论及三代前后的政治思想方面，认为“我国国家之起源由民约而成，我与国俱来的思想是一种平等无差别的理想主义”；并根据唐代杜佑《通典》而说井田制度开始于黄帝，“实为我国实行共产主义最初的历史”。郭沫若进一步说，我国传统的政治思想，“可知素以人民为本位，而以博爱博利为标准，有不待乎唐虞之禅让而已确乎是一种民主主义”，到唐尧时更确定了传贤的制度，由此，“我国哲人政治之成立，乃永为历史上之光荣”。郭沫若再一次强调，夏禹既受舜禅又倡君权神授之说，以破传贤之局而传子，夏禹的思想就表现于《尚书·洪范》一篇。③ 郭沫若还提出，唐虞之际为我国历史上一个极大的转换时期，古代思想由形而上学的、动的宇宙观，一变而为神学的、固定的宗教论；而政治组织由公产制度一变而为私产制度，由民主主义一变而为神权政治。此时自由独创的传统精神终绝，唐虞以前的典籍几乎完全散失，以至周末诸子多假托神农黄帝以著书，也可反证神农黄帝时代我国文化已有斐然成章之势。④ 以上的这些论断，可以说是郭沫若对中国历史上的传说时代的思想发展演变历程的早期判断，其中包含了不少近代政治话语的比拟性运用，也可见当时郭沫若所受近现代政治意识与学说的影响。

应该说，正是延续上面文章中的思索，郭沫若接着又有相关的文章写作

① 王锦厚、伍加伦、肖斌如编：《郭沫若佚文集 1906—1949》上册，第 71—72 页。

② 这里郭沫若认为，唐代孔颖达所说“案世谱等书，神农曰连山氏，亦曰列山氏，黄帝曰归藏氏”，称则《连山易》即神农所作之《中天易》，《归藏》为黄帝所作，较为近似。（《郭沫若佚文集 1906—1949》上册，第 73 页）

③ 王锦厚、伍加伦、肖斌如编：《郭沫若佚文集 1906—1949》上册，第 77—78 页。

④ 同上书，第 81 页。

和发表，即在1922年12月为日本大阪《朝日新闻》新年特号撰写的《芽生の嫩叶》一文，分两次刊登。此文而后在1923年5月由成仿吾翻译以《中国文化之传统精神》载于1925年5月20日《创造周报》第2号。[①]

在这篇文章中，郭沫若着重论述了三代以前的思想与希腊哲学的起源如何相似。一方面他说，关于三代的思想，现在固然得不到完全可靠的参考文献，但是应该相信春秋战国时代的学者，他们确实是一些合理主义的思想家，对他们所说的不能认为全无根据。他们都是以三代以前为思想史上一个黄金时代，老子与庄子尤其极端反对三代之宗教的思想，而憧憬于三代以前的自由思想与自然哲学以奉为自己学说的根底。所以，我们纵然怀疑伏羲、神农等的存在，但是有这样一个时代以及这个时代的思想散见于诸子百家，则是不能否定的。另一方面郭沫若则强调说，对比研究古希腊哲学而确认泰勒斯、毕达哥拉斯、赫拉克利特等的存在，我们怎么也不能在中国思想史上将三代以前的这一时代的存在轻易地放过。在我们的原始的时代，我们的祖先就把宇宙的实体这个问题深深考察过了。在郭沫若看来，三代以前是素朴的本体观和原始的自然神教；在三代，诸如人格神的存在、灵魂不灭说、祖先崇拜之习、吉凶龟卜等迷信观念都显现出来；这个时代的思想系统地体现在《尚书·洪范》当中。值得注意的是，继上述一篇文章之后，郭沫若又一次提到了《尚书·洪范》篇，可见对其所代表的思想内容的重视。

随后，郭沫若引出他所认定的"革命思想家"老子的"道"和"无为"的思想，并看作对三代思想的反抗。郭沫若又以孔子与老子的异同来论述孔子解明与调和古代诸说并作为自己伦理思想的根据，从而将三代思想的人格神观念加以改造而使泛神的宇宙观复活。在对孔子思想概括性梳理之后，郭沫若进一步讲到，不论在老子还是孔子，或是在他们之前的原始思想当中，都能听到两种心音："把一切的存在看做动的实在之表现！把一切的事业由自我的完成出发！"郭沫若认为，这就是中国固有的传统精神。由此可见在这篇文章中，郭沫若讨论的重点还是围绕着中国思想的历史源头，以及对早

---

① 林甘泉、蔡震主编：《郭沫若年谱长编（1892—1978年）》第1卷，第234页。王锦厚、伍加伦、肖斌如编：《郭沫若佚文集1906—1949》上册，第97页。收入《郭沫若全集·历史编》第3卷《史学论集》，人民出版社1992年版，第255—263页。

期发展演变而展开线索与脉络的考察和梳理，并提出自己的见解和主张。

作为对先秦诸子人物思想的认识和理解的进一步发表，郭沫若是从对当时学者的相关研究和见解上的不同而开始的。他所作《读梁任公〈墨子新社会之组织法〉》一文完成于1923年6月13日①，主要是针对梁启超《墨子学案》② 的第五章而提出的反论，同时也针对胡适《中国哲学大纲》的相关说法而有所反驳。先前，梁启超提出《墨子·尚同上》中的议论“和欧洲初期的民约论很相类”，从而推论说其中体现着“人民明”，“人民选择”，“人民立，人民使”的思想主张。并以兼爱为墨学的根本观念，墨子讲天志纯是用来做兼爱主义的后援。胡适则认为实利主义和逻辑是墨学的根本观念，而且墨子的宗教思想是墨学的枝叶。而郭沫若提出反驳性论证说，墨子的主张是“天生民而立之君”的神权起源说，而不是“国家是由人民同意所造成”的说法，也不是与欧洲的民约论同一立脚点。郭沫若进一步提出，周秦之际的学者大都是反对宗教的无神论者，而在墨子则独发生出一个例外。墨子的根本观念在于尊天明鬼，他的兼爱说和实利说，都是以天为出发点、归宿点的。而墨子的书，从《法仪》到《非儒》都是替王公大人说的治天下的道理，他的思想归宿是政教不分，一权独擅，专制的色彩不止于《尚同》各篇。③ 也正是从这时开始，体现了郭沫若对墨子思想的基本印象和评价的转变，④ 也为他后来展开墨子思想的研究确立了逻辑基调。

再有《惠施的性格与思想》（1923年12月10日）一文⑤，可以说是郭沫若的先秦诸子思想研究的开端。在这篇文章中，郭沫若提出这样一个判断，在春秋战国初期如道家儒家主要从形而上学和人生哲学的方面玄思和探讨，对于物质上的探讨则多所忽略。到了后期则大为不同，如后期墨家注重逻辑的建设，《墨经》多关于物理数理的考察，邹衍的“先验小物”是实验

---

① 收入《史学论集》，载《郭沫若全集·历史编》第3卷。

② 《饮冰室合集》第8册《饮冰室专集》之三十九《墨子学案》（1921）。

③ 《郭沫若全集·历史编》第3卷《史学论集》，第264、268—269、272页。

④ 郭沫若在1945年所写的《十批判书·后记》中说：“对于墨子，我从前也曾讴歌过他，认为他是任侠之源”，“我在小时候也曾经崇拜过他，认他为任侠的祖宗，觉得他是很平民的、很科学的。那时的见解和时贤并没有两样。但是约略在二十年前，我的看法便改变了。我认为他纯全是一位宗教家，而且是站在王公大人立场的人。”（《郭沫若全集·历史编》第2卷，第464、469页）

⑤ 收入《史学论集》，载《郭沫若全集·历史编》第3卷。

精神的发轫，归纳法的初基等。特别是郭沫若将《庄子》中所记辩者言说中的六项[①]与数学、热学、光学、力学等联系起来加以解释，进而说当时的辩者之徒都是唯物的思想家，那么，与之观晓应辩的惠施，当然是唯物派的一个领袖。郭沫若进而指出，如若借用“自然科学”一词而言，周秦之际的末年，大部分的学者都是带有几分自然科学家的色彩，也就是说他们的研究对象渐渐转移到了物质世界上，而且研究的方法也渐渐知道利用观察、经验与逻辑，其中以惠施尤为杰出。进而郭沫若将“历物十事”归纳为六项进行分析，做出结论说惠施是个科学的思想家，倡导原子说和地圆说，主张实利主义，主张泛爱，万汇平等，无君无神。[②] 值得注意的是，郭沫若对惠施作“当然是唯物派的一个领袖”的评价，在1937年张岱年所著《中国哲学大纲·序论·中国哲学之发展》中也有相近的判断，惠施“肯为研究物而研究物”，“不以神秘的道解释宇宙，而以大一小一解释之”，因此惠施“可谓先秦第一个唯物论者”。张岱年后来有修正说《管子·形势篇》有比较明显的唯物主义观点，年代早于惠施，所以就不能说惠施是“第一个唯物论者”了。[③] 可见，在惠施是“唯物论者”的认识这一点上，张岱年与郭沫若的观点是一致的。

1925年6月17日，郭沫若写作了《伟大的精神生活者王阳明》[④]，后来改为《王阳明礼赞》[⑤]。在这篇文章中，郭沫若以王阳明的《泛海》一诗[⑥]开篇并加以解说，从而引出王阳明五十七年间的生平和精神。郭沫若还详细介绍了自己在1914年初到日本因学习紧张导致身体上出现问题而患神经衰弱症，之后购得《王文成公全集》每天早晚静坐而读之，由此王阳明的影响深深烙印在他的脑海中。由于是在这样的动机和状态之下接触到王阳明

---

① 这就是：一、“一尺之棰，日取其半，万世不竭”；二、“指不至，至不绝”；三、“火不热”；四、“飞鸟之影未尝动也”；五、“目不见”；六、“轮不蹍地”（蹍，同碾）。《郭沫若全集·历史编》第3卷《史学论集》，第280页。

② 《郭沫若全集·历史编》第3卷《史学论集》，第275、281、287页。

③ 张岱年：《中国哲学大纲》，中国社会科学出版社1982年版，第13页。

④ 李晓虹：《从版本变化看郭沫若心中的王阳明》（《郭沫若学刊》2012年第3期，总第101期）一文则推论此文写作应为1924年6月17日。此说可供参考。

⑤ 收入《史学论集》，载《郭沫若全集·历史编》第3卷。

⑥ 王阳明的这首诗云：“险夷原不滞胸中，何异浮云过太空？夜静海涛三万里，月明飞锡下天风。”

的，所以郭沫若自明对王阳明的探讨与哲学史家的状态不同，即是以彻底的同情去求身心的受用，且以数年间浸润之渐所得的王阳明的印象而加以叙述的。[①] 随即，郭沫若简要地介绍王阳明一生的三个时期和思想的前后转变，着重指出王阳明所解释的儒家精神乃至所体验的儒家精神，实即孔门哲学的真义所在。郭沫若从而将阳明思想概括为：万物一体观，公式是心即理；知行合一的伦理论，公式是去人欲存天理，工夫在于静坐和做事上磨炼。还引述有名的阳明四句教义[②]，并理解其前两句的善恶是相对的善恶，即产生于人的私欲（物质占有欲）的发生，阻碍物化的进行，使进行之流中途停顿；后两句是绝对的善恶，知道绝对的恶是人欲，知道绝对的善是天理。于是，努力于"去人欲而存天理"，努力于体验"天地万物一体之仁"，努力于"致良知"，就是阳明学说的知行合一理论。郭沫若说，努力于自我的完成和发展，同时使别人的自我也一样得遂其完成和发展，这就是王阳明所见到的孔门教义。这篇文章以王阳明的《泛海》一诗开篇，也是以这首诗结束，从正面赞叹说"总之，他的一生是奋斗到底的"[③]。

另外，在这篇文章的附论一中，针对第一次世界大战后有关"西方的物质文明与东方的精神文明"的东西文化之争而激烈发出的一些声音，郭沫若提出，他在王阳明学说中与"近世欧西的社会主义"寻出了一致点，王阳明主张的"去人欲而存天理"，从社会方面说来"便是废去私有制度而一秉大公"。在这里，"西方文化与东方文化才可以握手"，在这里，"西方文化才能生出眼睛，东方文化才能魂归正宅"。郭沫若又进一步说，他自己是肯定孔子，肯定王阳明的，同时更是信仰社会主义的。所以他觉得马克思和列宁的人格之高洁不输于孔子与王阳明，俄罗斯革命后的施政，就是孔子所说

① 《史学论集》，载《郭沫若全集·历史编》第3卷，第288—290页。

② 郭沫若所引为："无善无恶性之体，有善有恶意之动，知善知恶是致知，为善去恶是格物。"引文的第一句与《传习录》所记有"性"与"心"一字之差，《传习录》本作"无善无恶是心之体，有善有恶是意之动，知善知恶是良知，为善去恶是格物。"（王守仁著，王晓昕、赵平略点校《王文成公全书》，中华书局2015年版，第145页）可知在后来的传承中，不仅前两句中的"是"字被省略，第一句中的"心"字也有被换成"性"字的。如清代苏舆《春秋繁露义证》卷十《深察名号第三十五》（清宣统刊本）中就引述说："王阳明以为无善无恶性之体，有善有恶性之用。亦因宋儒二性之说而小变之。"郭沫若的引述或就本于此类。

③ 《史学论集》，载《郭沫若全集·历史编》第3卷，第297页。

的王道。[①] 还有在附论二中，针对当时的新旧思想之争，郭沫若提出自己的主张，他的想法是，在个人的修养上可以体验儒家精神努力于自我的扩张以求全面发展，而在社会的兴革上则当依社会主义的指导努力吸收科学文明的恩惠，使物质的生产力增加，使物质的分配平等，使各个人的精神都得以遂其全面发展。一切都朝着这个目标走去时，一些新旧的争端都可以止息了。在附论四中，以"静坐"为题，郭沫若还简要地介绍了王阳明的教育说的独到性及其与近代进步的教育学说的一致，诸如主张启迪，不主张灌输，注重体育等。[②]

由上可见，郭沫若在早年的思索中，从身心到历史，从思想文化到时事政治，都联系在一起加以对比，试图在精神追求和政治主张上找到坚实的思想依据。并且呈现出一种从自发到自觉的思想历程。如果说上述思想史篇章的内容和笔调在言说性与论说性上重于考察性和论证性的话，那么在这一阶段更多体现出的，应该是郭沫若偏重于历史表述的精神探究。这又是与当时的中国社会所处民国时代的复杂纷繁的文化形势紧密相连的。在当时，新旧思想激烈碰撞，各种思想学说主张与潮流交互涌现，学术界所面临的是如何从历史研究和传统精神的发掘中找出解决现实文化问题的精神依据。郭沫若在进行社会思索、文学思索和政治思索的同时，也投身到历史领域以及思想史思索的展开当中，并给予初步的响应和回答。而且，也在随后的阶段走向更加深入、更加严谨和更加成熟的历史与思想史的研究。

二 古代社会研究与理论基础的奠定及思想史研究的深入

1926年郭沫若参加革命和北伐，一年多后大革命失败，郭沫若由此亡命日本十年。他在遭受日本警察和宪兵的双重监视之下开始了对中国古代社会的研究。[③] 他通过殷墟甲骨文字和殷周青铜器铭文等古器物学的研究，所

① 《史学论集》，载《郭沫若全集·历史编》第3卷，第297—299页。
② 同上书，第299—300页。
③ 《十批判书·后记》，载《郭沫若全集·历史编》第2卷，第465页。

写作的《甲骨文字研究》和《殷周青铜器铭文》（上海大东书局1931年）[①]、《卜辞通纂》（日本昭和八年即1933年，东京文求堂石印暨影印本）、《殷契粹编》（成书于1937年4月，同年由日本文求堂书局出版）等著述就是在这一期间完成的。而在早几年出版的《中国古代社会研究》（1930年初版）当中，郭沫若就已经透露出在社会史研究的基础上而讨论思想史方面问题的意旨。而在对于古代社会的面貌更加明了之后，郭沫若研究的兴趣“便逐渐转移到意识形态的清算上来了”[②]，也就是逐步地集中到思想史的研究上。然而，郭沫若对中国古代社会的研究所抱有的问题意识，与他对思想史研究在对象的把握和材料的运用上，在理论构架、基本判断和方法论上，又是有着相辅相成关系的。

即如郭沫若在《中国古代社会研究·自序》（1929年9月20日）所提出的：“中国的社会固定在封建制度之下已经二千多年，所有中国的社会史料，特别是关于封建制度以前的古代，大抵为历来御用学者所湮没，改造，曲解。在封建思想之下训练抟埦了二千多年的我们，我们的眼睛每人都成了近视。……我们应该用近代的科学方法来及早疗治。”而且他提出设问说：“已经是科学发明的时代了，你为什么还锢蔽在封建社会的思想的囚牢？”于是，问题就在于：“社会的来源既未认清，思想的发生自无从说起。”

一方面，针对胡适的《中国哲学史大纲》，郭沫若提出：“我们对于他所‘整理’过的一些过程，全部都有重新‘批判’的必要。”并且强调，我们的“批判”精神是要在“实事之中求其所以是”，是要“知其所以然”，“整理”自是“批判”过程所必经的一步，然而不能成为所应该局限的一步。另一方面，郭沫若还提到罗振玉、王国维，指出：“大抵在目前欲论中国的古学，欲清算中国的古代社会，我们是不能不以罗王二家之业绩为其出发点了。”不过，郭沫若还说：我们要跳出“国学”的范围，然后才能认清所谓国学的真相。进而，作为研究中国古代社会的方法论指导，郭沫若讲到了马克思、恩格斯的著作，他的《中国古代社会研究》，被其视为恩格斯《家庭、私有制和国家的起源》的续篇。他认为在恩格斯所论述的美洲印第

① 龚济民、方仁念：《郭沫若传》，北京十月文艺出版社1988年版，第150页。

② 《十批判书·后记》，载《郭沫若全集·历史编》第2卷，第466页。

安人、欧洲的古代希腊罗马之外，提供出了恩格斯未曾论及的中国的古代。而且郭沫若呼吁，那些谈国故者在饱读戴震、王念孙、章学诚之外，也应该知道还有马克思、恩格斯的著作，而没有辩证唯物论的观念，国故也不是可以轻谈的。郭沫若抱着“现在却是需要我们‘谈谈国故’的时候”的对象感，而展示了他的问题意识，那就是：把中国实际的社会清算出来，把中国的文化、中国的思想，加以严密的批判，让人们看看中国的国情、中国的传统，究竟是否两样。还有，“对于未来社会的待望逼迫着我们不能不生出清算过往社会的要求”，虽然面临着“风雨如晦”的局面，但也正是可以“鸡鸣不已”的时候了。[①]

当年，郭沫若对中国古代社会的研究，就是与他对中国社会的历史的发展阶段的概括和归纳而互为表里，相互印证的。在《中国社会之历史的发展阶段》的篇章中，郭沫若首先在理论上阐明了“社会发展之一般”的规律性认识，将经济基础的发展及其以工具的发展为前提，从而构成人类社会发展之前提的理论，以及对原始社会的认识，即从摩尔根的《古代社会》到恩格斯依照马克思的遗嘱所写《家庭、私有制和国家的起源》，成为郭沫若看作揭示古代社会的秘密——由氏族社会转移到国家组织的变迁——的必备知识的基本来源。于是，对马克思、恩格斯社会形态学说的认同，作为对从氏族社会到奴隶制社会，从奴隶制社会到封建制社会，从封建制度逐渐崩溃，封建社会的关系逐渐为近代资本制度所代替，这样一个对以往社会的进展过程和社会发展阶段之一般的认识，郭沫若概括性地指出：“一切的社会现象绝没有一成不变的东西，瞻往可以察来，这是一切科学的豫言的根本。社会科学也必然地能够豫言着社会将来的进行。”[②] 基于这样的理论认识，郭沫若进而回过头来梳理中国社会发展的进程问题。

首先，郭沫若起初是以殷代作为中国历史的开幕时期，认为殷代还是金石并用时代，而殷代以前社会是石器时代和未开化的原始社会，黄帝以来的五帝和尧舜禹以及三王的祖先诞生等古代传说中保留着一些氏族社会的影子，商代的社会应该还是一个原始公社制的氏族社会，至少是这种社

① 《中国古代社会研究·自序》，载《郭沫若全集·历史编》第1卷，第6—10页。
② 《中国古代社会研究·导论》，载《郭沫若全集·历史编》第1卷，第17页。

会的末期。[①] 而西周，事实上是“被四围的氏族社会的民族围绕着的比较早进步了的一个奴隶制的社会”[②]。不过，在20多年之后，郭沫若明确提出修正说：“从今天所有的材料看来，殷代已进入奴隶社会。”而且，以他后来在《奴隶制时代》中已经把奴隶制的下限定在春秋与战国之交的说法，改正了起初“只认西周为奴隶社会”的认识。[③] 其次，郭沫若还对“周代以来至最近时代”有一个贯通性的概观，着重阐述了奴隶制在周穆王末年的逐渐衰落和事实上周室东迁以后中国社会由奴隶制逐渐转入真正的封建制，以及秦统一天下以后“中国的封建制度一直到最近百年都是很岿然的存在着的”这样一个历史进程。郭沫若认为，在这个历史进程中，“中国尽管在改朝换代，但是生产的方法没有发生过变革，所以社会的组织旧态依然，沉滞了差不多将近二千年的光景”。这里郭沫若提出“历代的改朝换代本来都是人民的抗争”的论断。同时也说道：“尽管一部二十四史成为流血革命的惨史，然而封建制度的经济组织和政治组织依然无恙”。重要的原因是什么？用一句话归总起来说：就是没有蒸汽机的发明![④] 这就是在1928年时，郭沫若对中国古代社会及至近代的历史进程的基本认识和判断。正是在这个基本认识和判断的基础上，郭沫若便逐步拓展了他对中国古代社会和古代思想史的深入考察与研究。

那么，作为《中国古代社会研究》的第一篇第一章《〈周易〉时代的社会生活》的第三节《精神的生产》和第二章《〈易传〉中辨证的观念之展开》（写于1927年8月，最初发表在1928年11月10日、25日《东方杂志》第25卷第21号、22号上[⑤]），以及第二篇《〈诗〉〈书〉时代的社会变革与其思想上之反映》（1928年8月25日初稿，10月25日改作），可以看作郭沫若在十分明确的问题意识引导下所进行的社会史与思想史相结合的研究。

郭沫若首先对《周易》的文本有所考察，并且以《周易》为材料，对其中所反映的社会生活的状况（如生产生活的物质基础、社会结构中的家族

① 《中国古代社会研究·导论》，载《郭沫若全集·历史编》第1卷，第19页。
② 同上书，第26页。
③ 《中国古代社会研究·一九五四年新版引言》，载《郭沫若全集·历史编》第1卷，第4页。
④ 《中国古代社会研究·导论》，载《郭沫若全集·历史编》第1卷，第28—29页。
⑤ 参见《中国古代社会研究》篇末注释，载《郭沫若全集·历史编》第1卷，第89页。

关系和政治组织及行政事项，还有阶级）和精神的生产（如宗教、艺术和思想）等方面进行了细致的考察与梳理。郭沫若提到，《易经》全部就是一部宗教上的书，它以魔术为脊梁，而以迷信为其全部的血肉。以至上神的观念，八卦就是天人之间的通路。而《周易》中的思想就是一个辩证的观察，《易经》的根本观念就是阴阳两性的对立。《周易》作者从自然观察得出的辩证的宇宙观虽然很幼稚，但是是合乎正规的。《周易》的实践伦理是折中主义、机会主义和改良主义。儒家的根本之义就在这里。①

郭沫若还对《易传》中辨证观念的展开加以论述，将《易传》确定为产生在春秋、战国时代，亦即由奴隶制确切地变成封建制度的时代。由此郭沫若认为，《易经》和《易传》都是产生在革命的时代，《易经》的时代是无差别的社会中产生出阶级的时候，《易传》的时代是贵族的臣仆革贵族的命的时候，所以《易传》的作者对革命的事实有所赞美。同时，郭沫若又对春秋战国时代诸子的思想倾向有所判断说："事实上，春秋战国时代的学者多是一些革命家——如老子，如杨子，如庄子，如韩非子，他们的思想多少都是带着革命性的。"而如墨子算是保守派，孔子算是折中派。② 另一方面，郭沫若对《易传》的考察则集中在辩证的宇宙观、辩证观的转化、折中主义的伦理等方面的论述上；还特别将《大学》、《中庸》与《易传》当作同性质的古书文献而相互参证，认为《中庸》的理论是一个完整的宗教体系，包含了一个形而上学，而《大学》是实践伦理的一部分。在对其思想系统的特点有所分析和批判的基础上，郭沫若指出：儒家理论的系统，"是封建制度的极完整的支配理论"；"中国人受它的支配两千多年，把中国人的国民性差不多完全养成了一个折衷改良的机会主义的国民性。一直到现在都还有人改头换面地表彰着儒家的理想，想来革新中国的社会，有意识地执行着它的'絜矩之道'，有意识地在'执其两端用其中于民'"③。可见，郭沫若的中国古代社会与思想的研究，是怀着对现实的批判而作的历史批判。

作为《中国古代社会研究》的第二篇《〈诗〉〈书〉时代的社会变革与

① 《中国古代社会研究》，载《郭沫若全集·历史编》第1卷，第57、65、67页。

② 同上书，第69页。

③ 同上书，第87页。

其思想上之反映》，也是作于1928年，是郭沫若接续着对《易经》《易传》所代表的时代与思想的研究，进一步针对《诗经》和《尚书》所体现的时代及社会变革和思想面貌上的反映而进行的考察。郭沫若视《诗经》为一部可靠的古书，而对《书经》则大为怀疑。他一方面认同清代学者的批判成果，视《古文尚书》为伪作，另一方面也认为《今文尚书》二十八篇依然有很大问题。以《尧典》《皋陶谟》《禹贡》为后世儒家伪托，并列出七点理由来说明。特别是从天人一致观的表现、折中主义的伦理、三年之丧的出现、大一统观念的表现等方面来加以论证，确定其时代性和儒家伪托的"托古改制"痕迹。郭沫若还指出，《夏书》中的《甘誓》应该归入《商书》。而《商书》和《周书》都应该经过殷周的太史及后世的儒者的粉饰。其可靠性也只能依据时代的远近而递减。[①]

在断定了《尚书》的时代性之后，郭沫若根据其材料来分析殷周时代的古代社会和思想，并且以《诗》《书》二经互为表里地合并起来考察。在随后的两章，郭沫若还是围绕探讨殷周时代的社会性质，集中论证了由原始公社制向奴隶制的推移和从奴隶制向封建制的推移这两个方面的问题。其中将尧舜时代判断为实行亚血族群婚的社会，指出这样的社会只是母系中心的社会，私有财产权还没有成立，一些政治的萌芽是一种民主的组织，而唐虞禹时代的禅让传说的实际就是氏族评议制度的反映。这时的郭沫若认为，古代氏族社会的崩溃和转换不是在一般传说的虞夏之际因禹传子而有家天下制，后来殷代兄弟相及的制度正是氏族社会的反映，氏族社会的制度一直到殷代末年都还没有消灭。不过，郭沫若认为，通过殷墟书契的研究，可知殷代正是由氏族社会转换到奴隶制国家的一种革命的时代，并在《商书》中可以找到已经有奴隶制的证据。[②] 郭沫若更根据《尚书》《诗经》中的材料，论证了在殷周时代奴隶制的完成，以及宗教思想的成立等方面的问题。他提出，《尚书》和《诗经》的《雅》《颂》可以说完全是宗教的典籍。而且《诗》《书》中的上帝完全是人格神。其结果是，《诗经》和《书经》中的宗教思想就是奴隶制下支配阶级的根本观念，这和《易经》上所表现的是

① 《中国古代社会研究》，载《郭沫若全集·历史编》第1卷，第90—96页。
② 同上书，第97—100页。

一致的。郭沫若特别指出，人格神的存在、神权政治的主张和想以折中主义来消灭辩证式的进化，这不仅是从《诗》《书》散见的文句中归纳出的宗教思想的一个系统，而且在作为中国古代学说中自成体系的一篇文献《洪范》当中，上述三个方面也是鲜明地呈现着的。

对于《洪范》篇，郭沫若后来认为是战国时代的儒家所假托，并推想是出自子思或其门下。[①] 在这里，郭沫若则认为"《洪范》的文字在周幽王时已经存在"，并以相当多的篇幅论证《洪范》篇的思想理论与学说，证明其九畴思想中的五行、五事、八政、三德、稽疑、庶征的核心意旨，就是肯定人格神的存在，极端主张神权政治的神圣，政权教权合于一尊，整个宇宙就是一个神国，有意识地要利用折中手段消灭社会的进化，神皇的位置子子孙孙继承等。这种思想也正是《雅》《颂》诗的全部，在《吕刑》以前的《周书》各篇始终是一贯的表现，这就是西周的奴隶制时代的支配思想。这思想是有地上的权力来做后盾，地上的权力也靠这种思想来做护符。[②] 这就是郭沫若对殷周时代思想面貌的总体概括。

针对西周末年时奴隶制向封建制的推移这样一种历史大转变，郭沫若关注的是宗教思想的动摇，并且以《诗经》中的"变风""变雅"来解释。《诗经》中对天的怨望、对天的责骂、对上帝彻底的怀疑、愤懑的厌世、厌世的享乐、祖先崇拜的怀疑，还有对人的发现等都有所呈现。而且，特别从《秦誓》一篇强调人的价值和《诗经·秦风·黄鸟》痛悼三良，以对人的发现可知新来时代的主要脉搏。[③] 郭沫若还论证说，在思想反映上可以看到的东西周交替时社会大的动摇，在史籍中也有体现，所谓的皇、帝、王、霸，历代经学家以为是古代历史的推移，而以现代的眼光看，皇就是完全的神话时代，帝是原始公社社会，王是奴隶制的社会，霸是封建的社会。这就是社会形态的历史的发展阶段的概括。郭沫若还以阶级意识的觉醒，旧家贵族的破产，新有产者的勃兴等史实来证明。[④] 并在最后做出精彩的论断说：社会的生产力发展到了更高的一个阶段，社会上的阶级关系和思想上的表现都会

---

① 《十批判书》，载《郭沫若全集·历史编》第2卷，第138页。

② 《中国古代社会研究》，载《郭沫若全集·历史编》第1卷，第131—143页。

③ 同上书，第153页。

④ 同上书，第153—166页。

发生重大的变革。而且，旧的组织已经朓溃，旧的思想也失掉了统治的权威，应该是新的组织下新的思想抬头的时候。①

至此，郭沫若将古代社会历史的研究与古代思想的源头性探索结合起来的工作就形成了一个阶段性成果。在这一阶段，郭沫若在理论上自觉地接受了马克思主义的唯物史观和社会形态理论的引导，并且运用到中国古代社会研究的具体实践当中，尽管有些论断在他后来的研究中提出了修正，但是从这一时期开始作为一种成熟的、前后贯通的历史认识已经确立，既是一家之言，又逐渐形成主流学说，并对当时及以后的学界产生极大影响。

实际上，郭沫若对古代社会形态的探讨至此并未停步，在后来的40年代还在进行，这从他写于1942年的《屈原研究》当中的相关论述可以看到，就是以社会形态发展演变理论作为基础而确定西周乃至春秋时代以后思想史上的变迁，这也正是郭沫若思想史研究的一个重要方面。他在论述“屈原的时代”这一问题时就指出：“关于殷代是奴隶社会这一层，近来已得到一般的公认，唯有周代则见解尚未趋于一致。有好些学者认为周代已经是封建制了，这层是很值得讨论的。因为这个关键如不决定，则屈原时代的精神和屈原的思想也就无从决定。”于是，郭沫若用了相当的篇幅论证了西周属于奴隶社会。他说，一方面“周人把殷灭了，同时是把殷之遗民化为了奴隶”，在分封给伯禽、康叔、叔虞的“六族、七族”的殷民和九宗的怀姓，“自然就是奴隶”。另一方面，西周的庶人即是从事农耕的生产奴隶，所谓“庶人力于农穑”（《左传》襄公九年），还有当时可以任意用来和马匹、丝束、钱锊、禾秭交换或抵偿的“臣”和“众”，前者属于家内奴隶，后者属于生产奴隶。“由后以例前，可知殷代已经是奴隶制，而西周是奴隶社会”②。那么，在殷代灭后，中国的社会曾亘立过几百年的奴隶制度，是不能够否认的。郭沫若还指出：“知道西周乃至春秋时代是奴隶制，对于春秋末年以至嬴秦统一天下为止的三百年间，中国文化的灿然的黄金时代在社会史上的意义便可以迎刃而解。那个黄金时代的意义不外是奴隶制向封建制的转移在意

① 《中国古代社会研究》，载《郭沫若全集·历史编》第1卷，第170、186页。

② 《历史人物·屈原研究》，载《郭沫若全集·历史编》第4卷，第66—67页。在《古代研究的自我批判》中郭沫若说：“众或众人在周穆王以后都还是奴隶，殷代的情形便可以由此逆推了。”（《郭沫若全集·历史编》第2卷，第18页）

识形态上的反映。”[①] 这也就是郭沫若所展开且不断深入和细化的对先秦诸子及学派思想研究的社会史判断基础。

从著述的结集形式来说，1952 年初版的《奴隶制时代》（上海新文艺出版社）一书当中所汇集的《奴隶制时代》《蜥蜴的残梦（〈十批判书〉改版书后）》《读了〈记殷周殉人之史实〉》《申述一下关于殷代殉人的问题》《关于周代社会的商讨》《关于奴隶与农奴的纠葛》《墨家节葬不非殉》《发掘中所见的周代殉葬情形》等篇章，都与中国古代早期的奴隶制社会形态的论述和证明有联系。乃至在当年所写的《后记》中郭沫若明确地说，“关于中国奴隶社会的下限”，他是“作了一番重要的修正”，那么，在前他曾认为的“西周时奴隶社会，春秋以后为封建制”，“是不正确的”。其后，他又将陈涉、吴广的大革命作为分水岭，把秦代也划入了奴隶社会，这“也是不正确的”。在这本书有关的文章特别是《奴隶制时代》一文中，郭沫若把中国古代社会变革的界限定在了春秋与战国之交。[②] 至此，思考和研究的时间跨度达二十多年的有关中国古代早期社会形态的研究结论最后确定。与之相应的是，郭沫若继续进行的古代思想史亦即先秦诸子及学派的研究，在这个最后的结论产生的过程中进一步展开和深入。

三 对先秦诸子研究的细化及对诸家学派思想的评价

从 1934 年到 1954 年的二十年间，郭沫若的思想史研究主要体现在对先秦诸子研究的细化和对诸家学派思想的批判与评价方面，其间可以划分为几个阶段，而这几个阶段的时间，也正是郭沫若学术与革命的生涯前后交织的几个阶段。

第一个阶段是郭沫若在 20 世纪 30 年代所写的文章，其中有：《老聃·关尹·环渊》一文，完成于 1934 年 12 月 25 日，1935 年 4 月 10 日发表在上海《新文学》杂志创刊号，后来收入《古史辨》第 6 册[③]到 1945 年由李可

① 《历史人物·屈原研究》，载《郭沫若全集·历史编》第 4 卷，第 68 页。

② 《奴隶制时代·后记》，载《郭沫若全集·历史编》第 3 卷，第 244 页。

③ 参见《古史辨》第 6 册，上海古籍出版社 1982 年版，第 631 页。

染抄寄给郭沫若并收入《青铜时代》。《〈周易〉之制作年代》（1935年3月10日）和《先秦天道观之进展》（1935年12月23日有追记）两篇也是在1934、1935年间写作，最初是用日文写成，后一篇日文篇名为《天之思想》，郭沫若自己后来翻译成中文，曾经有单行本问世。这两篇后来都收入《青铜时代》。《驳〈说儒〉》写于1937年5月，原名为《质问胡适》，发表在钱亦石主编的《中华公论》创刊号上（1937年7月20日出版），曾收在《蒲剑集》中，后来也收入《青铜时代》。①

第二个阶段是郭沫若40年代所写的十几篇文章，（1）《屈原研究》（1942年2月20日）收入《历史人物》。（2）《论儒家的发生》（1942年7月）收入《史学论集》。（3）《墨子的思想》（1943年8月6日）收入《青铜时代》。（4）《秦楚之际的儒者》（1943年8月29日）收入《青铜时代》。（5）《公孙尼子与其音乐理论》（1943年9月8日追记）收入《青铜时代》。（6）《述吴起》（1943年9月11日）收入《青铜时代》。（7）《吕不韦与秦始皇的批判》（1943年10月3日）收入《十批判书》。（8）《〈韩非子·初见秦篇〉发微》（1943年12月18日）收入《青铜时代》。（9）《韩非子的批判》（1944年1月20日）收入《十批判书》。（10）《孔墨的批判》（1944年8月1日）收入《十批判书》。（11）《宋钘尹文遗著考》（1944年8月29日）收入《青铜时代》。（12）《儒家八派的批判》（1944年9月11日）收入《十批判书》。（13）《稷下黄老学派的批判》（1944年9月19日）收入《十批判书》。（14）《庄子的批判》（1944年9月26日）收入《十批判书》。（15）《荀子的批判》（1944年10月31日）收入《十批判书》。（16）《名辩思潮的批判》（1945年1月）收入《十批判书》。（17）《前期法家的批判》（1945年2月18日）收入《十批判书》。

第三个阶段，也就是50年代，郭沫若对思想史或者说是先秦诸子的研究篇章不多，一是《墨家节葬不非殉》（1951年8月20日）收入《奴隶制时代》；二是《〈侈靡篇〉的研究》（1954年5月5日）收入《奴隶制时代》改编版。

如果将上述这些篇章按照研究对象来归纳一下的话，可以看到分别集中

---

① 《郭沫若全集·历史编》第1卷，第534—545、377—404、317—375、433—462页。

在思想人物研究、学派研究、篇章著述研究和观念史问题研究等几个主要方面。于此，我们选取一些有代表性的研究做些简要的梳理和分析，并结合其前后相关研究的联系性，还有与其他学者研究成果的异同，以见郭沫若在这二十年间的先秦思想史研究上的特点、成就和贡献。

（一）作为观念与思潮史考察的思辨性篇章

郭沫若所进行的思想史研究在后来的阶段，对于一些观念形态的演变以及社会思潮的变迁也有着特别的关注。例如《先秦天道观之进展》和《名辩思潮的批判》这两篇文章就极具代表性，可以说是郭沫若著述中不多见的以观念与思潮演变问题为中心而加以梳理的研究，前一篇的论题贯穿于殷周与春秋战国诸子，后一篇通观战国时代的名辩人物，堪称先秦诸子思想观念研究的典范性篇章，有很强的思辨性和哲学性。

不过，作为在此前研究基础上的进一步深入，郭沫若此间对于如《周易》这样的经典研究，也是有必要先来介绍一下的。这就是《〈周易〉之制作时代》，此文作于1935年3月10日，可以说是郭沫若接续着他在《中国古代社会研究》的第一篇第一章《〈周易〉时代的社会生活》和第二章《〈易传〉中辨证的观念之展开》的写作之后，进一步对《周易》的时代性所做的考察研究，在其中提出和论证了不少观点。郭沫若指出，从《易》的纯粹的思想上来说，其所强调的变化而透辟地采取辩证的思维方式，在中国思想史上的确是一大进步。而且这种思想的来源，明白地是受了老子和孔子的影响。[①] 具体而论则认为，《周易》非文王所作，孔子与《易》并无关系，《易经》当是作于孔子的再传弟子、战国初年的楚人馯臂子弓，他利用了不同时代的资料作为《周易》的卦辞和爻辞而以殷周时代的爻辞为多，而且体现了他自己的思想，既是一位神秘主义者，又要提供一套新式的卜筮方法。《易传》的“十翼”非孔子所作，其构成年代分别在秦以前和秦统治的时期乃至秦汉之际[②]，《系辞传》有受荀子影响的部分且在思想系统上与

---

① 《青铜时代》，载《郭沫若全集·历史编》第1卷，第393页。

② 郭沫若认同李镜池在《易传探源》（《古史辨》第3册）中关于《象传》作者是齐鲁间的儒者，时代约在秦汉之际的说法（《郭沫若全集·历史编》第1卷，第396页）。

荀子有关系，《文言传》与《彖传》一致。《易传》中有大部分是秦时代荀子的门徒即楚国人所著，时间在秦始皇三十四年以后。[①] 在另文中，郭沫若也提到荀子善《易》，今存《易传》应多出自荀子或其门人的认识。[②] 那么，对《周易》制作时代的认识直接关系到郭沫若后面对儒家、道家学派思想发展演变的判断。

1.《先秦天道观之进展》

此文写于1935年12月，从总体上来说，通过具体的论述，郭沫若简明扼要地为先秦天道思想勾画出了一条从殷周至战国后期发展演变的线索。郭沫若自殷代开始讲起，从殷人固有的图腾与宗祖神的观念——因受到巴比伦的影响——发展出殷人的“帝”——继之而出的是周人的“天”，其中包含着周公的怀疑思想——进而是春秋时代孔子的思想，其中有来自于老子的道的学说的影响——由此又分作虚和实的两个线索对惠施与庄子产生影响，并且也有来自稍后于孔子的墨子的宗教复兴思想的影响；而孔子思想——直接的继承者是子思与孟子，他们也有来自墨子的宗教复兴思想的影响——之后就是荀子的集成，包括对惠施与庄子思想批判——最后是《易传》的思想，就是一切先秦天道思想的归宿。在文章最后郭沫若将这个线索用一个图示来表示。

概言之，郭沫若以现代的历史家的视角，从殷墟卜辞解读出殷墟时代的殷民族中至上神的观念亦即“帝”或“上帝”的存在，而且联系到后来凡是《诗》《书》彝器铭文中所称的“帝”都是指“天帝”或“上帝”，并考证卜辞中不称至上神为天，因而并不相信《尚书》中的《商书》诸篇所出现的“天”属于殷代的至上神观念。郭沫若认为约在殷周之际才称“天”，因为“天”的称谓屡见于周初的《周书》和周初彝铭，是因袭了殷末人。殷人的至上神是有意志的人格神，上帝有好恶，能够命令，一切都由天所主宰，至上神是殷民族的祖先即殷民族的宗祖神。郭沫若更在王国维考证的基础上推断传说中的帝俊、帝舜、帝喾、高祖夔实是一人，并受外国学者观点

① 《青铜时代》，载《郭沫若全集·历史编》第1卷，第381、385、387、391、394、396、398、400、402、404页。

② 《青铜时代·秦楚之际的儒者》，载《郭沫若全集·历史编》第1卷，第588页。

启发，认为殷人的“帝”字还有受自巴比伦的神祇观念影响，而作为高祖夔的专称，将这一自己的图腾动物视为天上的至上神，至上神这样的产生是殷人独自的发明。[①] 郭沫若论述说，周人因袭了殷人的文化，也因袭了殷人关于天的思想。周初的彝铭和《周书》十一篇及《周颂》前几章都是明证，一些例证关于上帝的属性以及言者对上帝的态度与殷人完全一致，而另一些例证又显出大有不同，就是对天取怀疑的态度，这是关于天的思想的一大进步。周人更进一步提出了“德”字，敬德的思想是周人所独有的。卜辞和殷人的彝铭中没有德字。对天的存在提出怀疑，客观方面用它作为统治工具，主观方面强调人力，以德政为机柄，发明这个思想的是周公。周人的统治方略是根据周公的思想传继下来，夷、厉时代也守着这个传统。大抵由夷厉以后天的思想发生了动摇，普遍而深刻。一进入春秋时代，天就和他的代理者周天子一样只是拥有一个虚名。为政者的思想一定程度脱离了天的羁绊。特别关于天事的宗教性职官的式微，也表现出天道思想的没落。[②]

接着，郭沫若集中对春秋战国时代诸子百家天道思想的表现有进一步的论述，指出：“春秋在政治上是争乱的时代，在思想上是矛盾的时代。政治上的争论上的正乱是在求定，思想上的矛盾是在酝酿新的统一。”这是十分精彩的论断。

郭沫若首先从老子说起。他一方面论定老子就是老聃，讲《道德经》是纂成于战国时的环渊。对于环渊，郭沫若有过专门的考证。[③] 这里则讲环渊与老聃关系密切，是道家的正统，又强调《道德经》文章的辞藻多半是环渊的，而所言道德的精神是老子的。郭沫若认为，老子最大的发明就是取消了殷周以来的人格神的天的至上权威，建立了一个超绝时空的形而上学的本体“道”或“大一”。《道德经》第二十五章中的一段就是老聃的根本思

---

① 《青铜时代》，载《郭沫若全集·历史编》第1卷，第319—330页。

② 《郭沫若全集·历史编》第1卷，第342、345页。

③ 《老聃、关尹、环渊》（写于1934年12月，发表于1935年4月，1945年收入《青铜时代》。载《郭沫若全集·历史编》第1卷，第534—546页）。郭沫若此文主旨是在见解上接近唐兰（《老子时代新考》）的主张。认为老子确实孔子之师老聃，老子书也确是老子的语录，集成《老子》这部语录的是楚人环渊。《老子》虽然不是老聃的手笔，但其中的主要思想，仍然是老聃的创见。并根据《史记·孟荀列传》“环渊楚人”。“学黄老道德之术，因发明序其旨意”，“环渊著《上下篇》”的记载，考证和推断《史记》中《老子传》提到的关令尹就是《庄子·天下篇》《吕氏春秋·不二》的关尹，也就是环渊。

想而非战国时才产生的。[①] 在政治思想上老子主张愚民，故作为愚民手段，对天或鬼神仍然肯定。老子没有清算干净春秋时的思想矛盾，其思想特色是建立了一个新的宇宙的根元，却依然保守着传统的因袭。本体的“道”从何而来在他看来还是疑问，“道法自然”使“道”失其至上性，表现出老子思想的未圆熟。他对所提出的“道”的来历还在苦心探索着。[②]

继而郭沫若讲到孔子，他认同孔子和老子有过师生关系，《论语·述而》中“窃比我于老彭”，老彭就是老子（马叙伦《老子覈诂》卷首《老子老莱子周太史儋老彭是非一人考》）。孔子向老子问过礼，对老子的形而上学思想应有接触，在老聃思想的空气里受其感化也是可能的。孔子对于殷周以来的传统思想采取的是否认态度，但是他却肯定祭祀。他的肯定祭祀是求祭祀者的心理的满足，并不是认定被祭祀者的鬼神真正的存在。孔子是否认鬼神的。以认为鬼神存在为不智，[③] 又以祭祀为表示受自然界及祖宗父母恩德的思恩之意，若要否定则是不仁。孔子肯定祭祀始终是在感情方面的满足。于此，郭沫若提到可以参考冯友兰《儒家对于婚丧祭礼之理论》一文（《燕京学报》第三期），体现出在观点上的借鉴和认同。郭沫若还认为，孔子所说的“天”其实只是自然，所谓“命”是自然之数或自然之必然性，和以往的思想大不相同。郭沫若进一步评价说，孔子的思想在整个天道思想的历史上算是一个进步，他把老聃的思想和殷周的传统思想融合了，避去了老子的“道”的名称，汲取老子的精神对以往的天另加解释，把天合理化，也可说把老子的“道”神化，孔子思想中的“道”就是“天”。后来的儒家特别是作《易传》的人深深懂得这种思想。[④]

从结论上说，郭沫若认为，老子和孔子都是泛神论者，在肯定人格神的宗教家看来，便都是无神论者。所以到了宗教家墨子那里，对他们就是一样地加以非毁的态度。[⑤]

---

① 郭沫若的引文为：“‘有物混成，先天地生。寂兮寥兮，独立而不改，周行而不殆，可以为天地母。吾不知其名，字之曰道，强为之名曰大一。’（一字原夺。）”（《郭沫若全集·历史编》第1册，第351页）

② 《郭沫若全集·历史编》第1卷，第348、350、354页。

③ 同上书，第354、356、357页。

④ 同上书，第354、356、357、359页。

⑤ 同上书，第359页。

郭沫若认为，作为一个根本的宗教家的墨子，把殷周的传统思想复活了。因为墨子肯定一个人格神的天的存在，则自然也就肯定鬼神。而且墨子视人民万物都是天所造生，国家政长也都是天所建立，有天做一切的主宰，由天的意志而赏善罚恶，没有什么自然之数在里面。这就是他的根本思想。郭沫若判断说，墨子的兼爱、尚贤等学说都是以天鬼为规矩而倡导出来，其学说也是天的意旨，其学说根据则在古书、古史，可见墨子实际上是一个复古派。墨子思想从历史演进上看是一种反动。郭沫若还指出，墨学的不传就在于墨子后学取消了宗教的特质，在思想上力求宗教色彩的淡薄而借用儒家道家的理论，这样的转变使他的学派自行取消，学统也就完全失传了。① 这些对于墨子的判断和评价，成为郭沫若诸子研究上一个特点，并且在后来所写《墨子的思想》一文中再次表述。也引发当时和后来学者的反对或赞同。

对于老、孔、墨之后的思想界，郭沫若论断说，中国思想史上自从有了老子、孔子、墨子这三位大师出现以后，在战国年间演出了一个学术的黄金时代，同时也是学派斗争最剧烈的时代。郭沫若先提到杨朱，说杨朱本是老聃的弟子，并说惠施、公孙龙之徒本是杨朱的嫡派，惠施与孟子同时，是庄子的好朋友。惠施的学说不尽全是诡辩，而是泛神论的断片。他是老聃、杨朱一派，继承着老聃的“大一”的思想似将其扩展到了无神，以本体来代替天，但是他思想比老聃更进一步是提出“小一”。②

郭沫若认为惠施的学说也有受儒家五行说的影响。所以郭沫若的论述又转回到儒家而有所分析地指出，五行说倡导于儒家的子思，见于《荀子》的《非十二子》。子思孟子的五行说虽不见于今存思孟的书，但是保存在《尚书·洪范》篇中，《洪范》篇一定是子思所作的文章。③《洪范》的根本

---

① 《郭沫若全集·历史编》第 1 卷，第 361—363 页。

② 同上书，第 365—366 页。

③ 《尚书·洪范》篇的思想是郭沫若一直关注和论述的。从早期认为“夏禹的思想就表现于《尚书·洪范》一篇”（《我国思想史上之澎湃城》），而后还曾说：“《洪范》虽不能确定说是夏禹著的，但它是包含着三代的传统思想的。”（《郭沫若全集·历史编》第 3 卷，第 267 页）；到这里，郭沫若则判断《尚书·洪范》的晚出。同时郭沫若还推断说：《尧典》《皋陶谟》《禹贡》也当是子思所作（《郭沫若全集·历史编》第 1 卷，第 367 页）。再后来，郭沫若在写作《古史研究的自我批判》时，则更认同当时学术界认为《尚书》当中的《尧典》《皋陶谟》《禹贡》《洪范》都是战国时的儒者所依托的看法，并提出就是思孟之徒的作品。

思想是以中正为极，肯定人格神的“天”和“上帝”，在子思那里已是有意地构成一种宗教的企图，而在《中庸》里这种企图极为明白。《中庸》本身是既受了墨家的刺激，又汲取了道家的精华，其所谓的“诚”便是天，具现在人身上的便是圣人，这分明是从老子思想演化来的。因此诚便是道，便是本体。郭沫若又说，子思把本体看成一种永恒不变的理法，这是不同于道家的地方。总之，子思的天道观采取了老子的思想，在说教的方便上则以天立极，维系了殷周以来的传统。①

显然郭沫若是认同思孟学派的存在，因而他继续解读了孟子的天道思想说。郭沫若说，孟子是直接继承子思的传统，他关于天的思想和子思一样，他也肯定着上帝。但上帝只是一种永恒不变的自然界的理法。孟子有时也朴素地将它表现成“浩然之气”，这浩然之气就是人心中的神，人性中的天。天无所不在，在人之外，也在人之内。人与天本是一体，把人扩大起来便是天，便是神。孟子的大我思想和庄子很相一致。②

说到庄子，郭沫若明确说他承继着老聃的道统，对本体直称为“道”，其道体观和老子完全一致，在说出自本自根上和子思一样比老子更进一步，大概是受了子思的影响。郭沫若进而分析说，庄子所说的道仍然是实质的。道是天地万物实在的本体，本体演化而为万物，万物是相对的、有限的，本体是绝对的、无限的。我同天地万物都是本体的表现，从时间上，天地和我一同生出，从空间上说万物和我一体。庄子的大我观出发点和孟子略有不同，结果是一致的。他们大约同时大约同是出于一种宗教情操的产物。③ 至此，郭沫若讲到了这样的感觉，天道思想在儒家到了子思，孟子，在道家到了惠施、庄子，差不多是再没有进展的可能了。他们彼此互相攻击，也在互相影响，同时一样地攻击墨家，也一样地受墨家的影响，彼此之间的差异很细微。

郭沫若在论述到作为春秋战国思想的总结者荀子的天道思想的时候，指出他是颇以统一百家自命，又把儒道两家的天道观统一了起来。在名目上肯定着道家的道，但他所说的道不是道家的实质的本体，只是儒家的自然界的

---

① 《郭沫若全集·历史编》第 1 卷，第 367—368 页。

② 同上书，第 370 页。

③ 同上。

理法。他是把道家的根本观念儒家化了。自然的理法就是神，也就是天。只知道自然界中有一种生生不息的运行着的大理法，便天之亦可，神之亦可，道之亦可，诚之亦可。用不着去探求，也用不着去迷信。郭沫若认为，荀子的天道思想的确是把儒道两家融合了的，这种思想和《易传》（特别是《系辞传》）的思想完全如出一范。[①] 郭沫若在此前研究的基础上进一步说[②]，子弓是《易》理的创道者，而荀子是他的私淑弟子，《易传》作于荀子的门人，《易传》中所有的“子曰”可以解为“荀子曰”或“子弓曰”，而并不是孔子，因为荀子弟子处在秦朝严令禁书不敢著师名而统称“子曰”，由于汉代人误会，认为是孔子，才有了孔子赞《易》的传说。因此把《易传》序列在荀子之后才是它应有的地位，也才能够成为思想史演进中有价值的资料。一切先秦的天道思想在荀子这里就告一归宿。[③]

郭沫若通过对先秦天道观的思想演变的贯穿性考察与论述，也从一个侧面提出了他对先秦诸子思想与人物的一些认识和评价。这些认识和评价，有些与他此前的研究一致或有调整，有些则或在后来的研究中又有加强。

2. 《名辩思潮的批判》

此文写于 1945 年，收入《十批判书》，是郭沫若比较成熟的一篇论述先秦名辩思潮发展演变的篇章。在此文的开头，郭沫若结合对春秋战国时代的认识，首先指出春秋战国时代作为社会史上一个转折点，旧时的奴隶制度逐渐崩溃了，新的封建秩序在逐渐产生的过程中，在这新旧交迭的时代，就产生了“名实相怨”“绝而无交”的现象，诸如以“君”而言，在旧时是奴隶主，而今多是由奴隶升起来的头领，百姓在旧时是贵族，而此时则成为庶民，庶民在旧时是贱人，而此时则成为国本，一切都需要得到调整，因而在意识形态上的初步反映就必然有正名的要求，故在战国时期有所谓名家的产生，这足以证明在周秦之际中国的社会史上有过一个划时代的变革。在另一方面，郭沫若又主张，不应仅限于汉代人所谓“名家者流”，而应该泛论儒

① 《郭沫若全集・历史编》第 1 卷，第 370 页。

② 在《〈周易〉之制作时代》（1935 年 3 月 10 日）一文中，郭沫若接续着他在《中国古代社会研究》的第一篇第一章“《周易》时代的社会生活”和第二章“《易传》中辩证的观念之展开”的写作之后，进一步对《周易》的时代性所做的考察研究，在其中提出和论证了不少观点。

③ 《郭沫若全集・历史编》第 1 卷，第 372、374—375 页。

墨道法各家在名实调整与辩察方面的名辩，因为这一现象有其自身的发展，从儒家的“正名”而后发展为各派学说的争辩，“一部分的观念论者追逐着观念游戏的偏向，更流为近于纯粹的诡辩”；再后来则各家又大多倾向一致企图挽回这种偏向重新恢复到正名的实际；等到了秦代统一六国以后，封建社会的新秩序告成，名实又相为水乳。于是名辩的潮流也就完全停止了。这就是先秦名辩思潮的整个发展过程。[①]

接着，在郭沫若的笔下一口气梳理出了一连串的先秦名辩人物，这就是：（1）列御寇；（2）宋钘与尹文；（3）兒说、貌辩、昆辩；（4）告子与孟子；（5）惠施与庄周；（6）桓团与公孙龙；（7）墨家辩者；（8）邹衍；（9）荀子。这样的十几位春秋战国至秦以前的名辩人物，分别属于不同的学派传承系统，在名辩思潮的激荡中扮演着活跃的角色。郭沫若对他们的考察和论述或有详略，也有的经郭沫若考证应该就是一个人的，比如兒说、貌辩、昆辩。

论及列御寇与“正名”有关，是郭沫若取材于《战国策·韩策》韩人史疾出使楚国的故事而得出的判断，从史疾向楚王讲明以“治列子圉寇之言”而“贵正”，并以“乌不为乌，鹊不为鹊”的“名不正”来看，即显出列御寇“正名”的学说倾向。郭沫若还指明列御寇是黄老学派之人。[②] 显然并不认同梁启超的“列御寇本《庄子》寓言中人物”[③] 这一观点。而这与唐钺确认其人存在的观点一致。[④] 不过，郭沫若于此并没有将《列子》一书的真伪问题加以讨论。

随后郭沫若举出宋钘、尹文，认为同属于稷下黄老学派，而且他们师徒相承。因为此前郭沫若在《宋钘尹文遗著考》有考证说《管子》当中的《心术》《内业》属于宋钘，《白心》属于尹文。[⑤] 这里郭沫若则认为他们均

---

① 《郭沫若全集·历史编》第2卷，第253—254页。

② 同上书，第254页。

③ 《清代学者整理旧学之总成绩》之第四章上。梁启超：《中国近三百年学术史》，东方出版社1996年版，第306页。

④ 唐氏针对梁启超认为无列子其人《列子》书是伪作的观点而明确认为“列子学于关尹，是与老聃关尹一派。《天下》篇偶未提及，不能视为列子乌有的证据”。（《国故新探》卷三《列御寇有无的问题》，商务印书馆1927年版，第84页）

⑤ 此文写于1944年8月29日，收入《青铜时代》。

主张摒弃主观成见而采取纯粹客观的态度，即“因也者舍己而以物为法”，他们的名理论即从这个基本主张出发的，表现出一种纯正的“正名”。另外郭沫若讲到在《吕氏春秋·先识览·正名》还有关于尹文与齐湣王论士的“正名”之义，在内容上有与《白心篇》的见解契合处。而就论士的对话来说，郭沫若认为尹文倒是有点玩诡辩，因齐湣王不善辩而显得获胜而已。①

郭沫若对告子与孟子的论述，从认为告子也是黄老学派，与宋钘、尹文属同一系统的判断而展开，并指出此人在《墨子·公孟篇》也有出现。郭沫若以“生之谓性辩”和“仁内义外辩”二题为例，具体论证了告子与孟子之间的辩难。郭沫若认为，在性辩上，两人辩论的都是性，但是界说不同。告子是由万物一体观出发，孟子是由五行说出发，两人外表上像是在辩论同一东西，实则是你说东，我说西。郭沫若又指出，对“仁内义外”之说，《墨子》中也反对，而告子还是道家的态度，典型的观念论者，孟子是较为客观的。然而作为辩者的孟子，以好辩著称，不断地和人辩论，和宋（钘）牼、淳于髡、告子、许行之徒、墨者，还有自己的门徒辩论，是想以儒家立场来“正人心，息邪说，距詖行，放淫辞”，针对的则是杨墨。② 在另外的文章中谈到《孟子》《墨子》里出现的告子以及告子的学派属性时提出，尽管有人认为他是孟子的弟子（赵岐），或墨子的弟子（钱穆），但他分明是非儒非墨或亦儒亦墨。③

论及惠施与庄子，郭沫若说他俩既是好朋友，又是一对辩家。因此郭沫若在名辩的主题之下也给予了重点论述。郭沫若强调，“惠施是先秦诸子中的一位巨匠”，惜无书籍留传。他的遗言逸行散见于《庄子》《荀子》《吕氏春秋》和《战国策》当中。《庄子·天下》有惠施的学案，集中体现了惠施思想的主要风貌。郭沫若细致分析了《庄子》中所记惠施思想的多种命题，认为，惠施将“大一”的观念放在第一位，无疑属于黄老学派。④ 这个大一就是黄老思想的本体，也就是道，超越了空间和时间范畴的，故曰“至大无

① 《郭沫若全集·历史编》第2卷，第255—256、258页。

② 同上书，第265页。

③ 《郭沫若全集·历史编》第1卷，第570页。

④ 郭沫若还指出：“以前有人认为他是墨家，那是完全错了。”（《郭沫若全集·历史编》第2卷，第268页）

外”，可知惠施否认人格神的存在，并以“去尊”的主张显现出宇宙观上的无神和政治上的无君。郭沫若还认为，惠施又独创了“小一”的观念，类似于印度古代思想的极微和希腊的原子，其小到超越了空间和时间，故曰“至小无内”，显出惠施将道家本体观与儒家五行说的综合。郭沫若还对比性地指出，庄周的思想和惠施有相似处，但是思维动向断然不同，“惠施是向外穷索，庄周是向内冥搜”。二人“虽然同是观念论者，而有侧重主观或客观的不同”。如惠子非鱼，没有客观的根据，不敢断定鱼的快乐；庄子非鱼，却以主观推测，敢于断定鱼的快乐。郭沫若指出，扩充惠子的方法，就必然会陷于不可知论，扩充庄子的方法必然归于同一陷阱，结果同样成为诡辩。郭沫若认为庄子尽管好辩，却在理论上否定辩的作用，按照《齐物论》中所论，不仅辩的效用不可知，而且一切事物均不可知。惠施和庄子代表了客观和主观两种观念论，有着同一归趣，但他们都不满足于不可知论，所以在宇宙人生有所建说的时候，就不免流于独断。[①]

随着对辩者人物思想面貌的进一步揭示，郭沫若借用《庄子·徐无鬼》中所谓“辩士无谈说之序则不乐，察士无凌谇之事则不乐”的说法，引出了对于桓团和公孙龙的考察，并认为到了这两位的出现，差不多只是为辩察而辩察，观念的游戏也到了登峰造极。郭沫若重点考察分析了公孙龙的学派属性和名辩学说，认为他应该是兒说的门徒，属于道家，或都渊源于宋钘。而他的思想属黄老学派系统，把黄老学派的观念论发展到了极端。通过具体对公孙龙的分析主义思想的考察，郭沫若认为，他的诡辞差不多都是观念游戏，因其著作多所散佚，成立的论据无从考所。而关键在于这些诡辞究竟有什么社会意义，以何原因或用意产生了那样的诡辞。郭沫若强调说这是研究历史的人应该注意的，而一般研究古代思想者并没有注意到这方面。在郭沫若看来，公孙龙自己所透露的立场表明他的政治主张隐含着臣不能与君相争、争则天下丧乱的思想，这就“把先秦初期学者的革命意义完全否认了”。郭沫若所持思想批判的视角再次彰显出来。[②]

在进入对墨家辩者的论述中，郭沫若指出，墨家染上辩者的色彩似在于

---

① 《郭沫若全集·历史编》第2卷，第272—273页。

② 同上书，第283页。

孟子将杨、墨并提开始。宋钘、尹文、惠施、公孙龙都属于杨派，墨家辩者属于墨子后学，因为在名辩方面后于杨，所以并称杨、墨。墨者之辩的文献存于现存《墨子》中的《经上》《经下》《经说上》《经说下》《大取》《小取》六篇，是先秦名辩中保存较为完整的。郭沫若提出，最值得关注的问题一般被忽略了，那就是一般学者认为六篇文字是一家，“但其实至少有不尽相同的两派，在某种见解上是完全对立着的”，也就是说“《经上》、《说上》和《经下》、《说下》在某种主张上是完全对立着的”。郭沫若是根据《庄子·天下篇》说墨家三派是“以坚白同异之辩相訾，以奇偶不仵之辞相应”，即主张不尽相同，时常相互驳斥。如在坚白论上，《经上》派主张盈坚白，《经下》主张离坚白，后者与公孙龙完全一致；在同异之辩上，《经上》派的同异观是根据常识，《经下》派则颇为承受惠施的主张，或与公孙龙见解接近。[①]

郭沫若还说，在坚白同异之辩以外，《经下》中与惠施、公孙龙相同的辩词还很多。[②] 另外《大取》《小取》的见解与《经上》派相近，也是反公孙龙的。既有反对“白马非马”说，也有站在常识范围的别同异的立场，与惠施、公孙龙及《经下》派相反。郭沫若不太认同有学者以为在墨辩中已经具备近世严密的逻辑术而分析说，“辟是譬喻，侔是比附，援是援引，推是推详或推诿”，这些“并不是专门寻求真理的法门，而是辩敌制胜之术数”。如果用这些法术没有一定的限度，就有走向很大错误的危险。所以墨辩“杀盗非杀人”的主张固然有法理上的用意，但是因逻辑上的矛盾遭到儒家和道家的反对。如若坚持“杀盗非杀人”的逻辑，以盗之名即可格杀勿论，那么暴君酷吏就得到借口令人民无活路了。[③]

说到阴阳家邹衍对于名辩的态度，郭沫若根据文献记载认为，邹衍完全采取的是正常的立场，其关键即是《史记·平原君传》记载：“邹衍过赵，言至道，乃绌公孙龙。”还有南朝宋裴骃《史记集解》引刘向《别录》所谓：“胜者不知其所守，不胜者得其所求。若是，故辩可为也。”郭沫若也

① 《郭沫若全集·历史编》第2卷，第283页。

② 同上书，第290页。

③ 同上书，第301页。

惜乎其上百篇的著作的完全遗失，其学说只剩些鳞爪，但也可见邹衍确是富有创造性的大思想家。其思想被认为怪迂狂诞，责任应该在假借其说而不通其意的燕齐的方士们身上。郭沫若又根据《史记·孟荀列传》概括其立说原则注重经验与类推，验小以推大，其学说的内容主要在历史和地理。邹衍的历史观是从当下推至古代创立了“终始五德说”，从而把儒家的阴阳五行扩大了；其地理观是从中国推至海外，创立了“大九州说”。其学说有失于夸大。不过也显出其丰富的想象力。郭沫若认为《吕氏春秋·应同篇》中保存的终始五德说是出自邹衍的。郭沫若还认为，其说“以五行相克为序，胜者代主，含有承认革命的用意，与《月令》以五行相生说明春秋代谢的想法不同”。而且，郭沫若认为邹衍在两千年前就想在五个简单元素中寻求一种周期律并用以解说宇宙人生，就是一种勇敢的思想飞跃。郭沫若还认为邹衍的主要思想是儒家思孟一派的发展，九州见于《禹贡》，五行见于《洪范》，都是思孟一派的创造，所以说邹衍出自儒家保持了儒家的态度。[①]

在这篇文章的最后，郭沫若的笔触落在了对荀子的名辩思想的考察上，认为荀子是儒家中参加辩争最积极的，称“君子必辩”，并在辩中分出小人、君子与圣人。所谓圣人之辩重在伦理的内容，不是论理的形式。所谓小人之辩则泛指当时的诸子，包括儒家别派。郭沫若还论证说，荀子对名家最为深恶痛绝，显出门户之见的酷烈，也是由于惠施、公孙龙和一部分墨家辩者将名辩的潮流引向了错误的路上，辩术的正规法则没有得到阐发，只是作游戏式的诡辩，遭到诸家普遍的非难。那么荀子在这种反诡辩的潮流中，除了破邪，也想做些显正的功夫，思想主张集中在《正名》篇中。郭沫若进一步说，荀子向时代呼吁的正名和孔子时代要求的正名已经两样。孔子是正旧名，荀子是正新名，在旧名里面发现了一段光辉。新旧有所调和。荀子还反对合同异，主张别同异。作为比较，郭沫若还认为荀子的“制名之枢要”的意见和《墨子·经上》派的见解相近，重在名实相符，同异有别。不过，郭沫若对荀子在名学方法的发明与建树评价不高，认为荀子所标树辩说的最高阶段，只是伦理上的“道”的演绎，不是想探求名辩法则的论理以求真理，而是根据一种主观观念的伦理放为说辞，在方法上和墨家《经上》派类似，

---

① 《郭沫若全集·历史编》第 2 卷，第 304—306 页。

只做了一些正名与推类的工作。郭沫若最后认为只是到了荀子的弟子韩非，有《说难》和《难言》诸篇对“与时迁徙，与世偃仰”而“缓急嬴绌”的倾向有了进一步的发展，但也只是属于宣传术和雄辩术而非逻辑学。[①]

至此，郭沫若以名辩思潮和名辩代表人物为线索，贯通性地梳理和考察了先秦诸子的名辩思想。郭沫若对名辩论题的对于名辩思潮作为一种社会思潮的出现及其历史意义尤为关注。此文与胡适写于1917年，1922年上海亚东图书馆出版的《先秦名学史》和郭湛波1932年编著的《先秦辩学史》等所关注的中国早期逻辑史不同，而且所关涉的名学、辩学人物也互有差异。

（二）作为思想人物和学派研究的代表性篇章

郭沫若自己曾经讲过，他对历史人物的研究，主要是凭自己的好恶，更在于好的方面，出于恶而研究的人物终究比较少。而他好恶的标准用一句话归宗，就是人民本位。他是在这个人民本位的标准下从事研究，也从事创作。[②] 创作属于文学，而研究重在历史，也包括从思想史的视角来研究历史人物。

1. 屈原研究

对屈原的研究，是在郭沫若历史人物研究和思想史研究中占有比较重要位置的，《屈原研究》一文则是郭沫若篇幅比较长的研究历史人物的文章。[③] 究其缘起，则是由于当时如廖平、胡适等对屈原是否确有其人提出怀疑[④]，从而引发了郭沫若的研究兴趣，就此而进行了诸多的考辨，确认“屈原不仅是存在”，而且“连他的生卒年月日都是可考的”[⑤]。除了我们在第二节的部分引述过的郭沫若对屈原所处时代的认识之外，郭沫若从思想史的视角对屈

① 《郭沫若全集·历史编》第2卷，第309、311页。

② 《历史人物·序》（1947年7月21日），《郭沫若全集·历史编》第4卷，第5页。

③ 《郭沫若全集·历史编》第4卷，第7—105页。

④ 廖平说“屈原并没有这人”的观点和《楚辞新解》一书，郭沫若当时是从谢无量《楚辞新论》中所写的内容得知。胡适《读楚辞》中说：“屈原是谁？这个问题是没有人发过问的。我现在不但要问屈原是什么人，并且要问屈原这个人究竟有没有。”这一观点，郭沫若也是从谢无量《楚辞新论》中转录的（《郭沫若全集·历史编》第4卷，第10页）。

⑤ 这里郭沫若加注说，他的《屈原考》一文有详细论述。参见郭沫若《蒲剑集·关于屈原》（1940年5月3日），《蒲剑集·屈原考》（1941年12月21日讲演），均收入《郭沫若全集·文学编》第19卷，人民出版社1992年版。

原的思想有着充分的分析和肯定。

论及屈原作品中体现的思想，郭沫若讲到了几个方面的表现。例如就宗教性思想而言，郭沫若认为，《楚辞》富于超现实性乃至南方思想家的富于超现实性，都是殷人宗教性质的嫡传，而屈原始终崇拜殷代的贤者彭咸，正表示着屈原的超现实思想的来历。这种超现实的宗教性质的思想，与屈原的思想是矛盾的。他一方面极端怀疑，另一方面又乐得利用已有的具象化的思想观念。假如上帝、百神、天堂、地狱那些观念他真正信仰，就绝对不会选择自杀了。他之所以自杀，就是他怀疑精神的必然结果。[①] 再有，郭沫若讲到，屈原在他的伦理思想上很受儒家思想的影响，并指出屈原所作的“善不由外来兮名不可以虚作”（《抽思》），“重仁袭义兮谨厚以为丰”（《怀沙》），“秉德无私，参天地兮”（《橘颂》）等格言性的辞句，“和儒家的口吻毫无二致”，而且看到“屈原所景仰的古人，如尧舜禹汤文王箕子比干，也是儒家典籍中所习见的人物”。并认为最可注意的是屈原虽是楚人，但是对于道家虚无恬淡，寂寞无为的学说却丝毫没有沾染，从而推测屈原或许就是孟子所称“悦周公仲尼之道，北学于中国”的楚人陈良的弟子，至少也该受了陈良的影响。[②]

即如前面一节我们介绍过的。就屈原所处的时代，郭沫若有相当篇幅的考察论述。而在《屈原的思想》部分，郭沫若首先提到的是侯外庐的屈原研究，特别就侯著《屈原的秘密》一文[③]中认为屈原的思想有矛盾以及提出“这一秘密是归结到他的世界观和方法论之间的矛盾”的判断，郭沫若赞同说：“这个断案是相当正确的。”但是，对于侯外庐将屈原与王国维，以及法国的巴尔扎克和俄国的托尔斯泰相对比，郭沫若则认为是值得商榷的。[④] 郭沫若提出，屈原的世界观是前进的、革命的，而他的方法即作为诗人在构思与遣词造句上的技术则不免有些保守的倾向。这就是郭沫若所认识的屈原

① 《郭沫若全集·历史编》第 4 卷，第 55—56 页。

② 同上书，第 56 页。

③ 侯外庐《中国古代思想学说史》第十三章《附论屈原思想》加有副题为“此章二文原为与郭沫若先生的商榷文”，二文标题就是“屈原底秘密”和“屈原思想底评量”。参见岳麓书社 2010 年版，第 263、270 页。

④ 《郭沫若全集·历史编》第 4 卷，第 76—77 页。

思想上的矛盾。相关的争论，体现了他们在学术见解上的不同。[①] 就屈原的思想特点，郭沫若一再指出，屈原思想很明显带有儒家的风貌，古人早有所见。屈原的道德节目也和儒家所理想的别无二致。屈原关于形而上的思想也深受儒家的影响。所以郭沫若推断说，在屈原的观念中的“皇天”或“后皇”，也同儒家一样，只是一种理念，而不是像殷周时代的乃至如墨家意识中的那种人格神吧。[②] 屈原思想对于奴隶制时的神权束缚本来是怀疑的，但是却不惜费力来描写天堂地狱，而仍然承认着上帝与土伯的存在。他反对怪力乱神，但讴歌怪力乱神，对于这种矛盾，郭沫若的解释是，屈原并不是一个纯粹的思想家，而是一位卓越的艺术家。他在思想上尽管是北方式的一位现实主义的儒者，而在艺术上却是一位南方式的浪漫主义诗人。借着对于屈原的思想的评价，郭沫若也提出了这样的一个判断：“总之，屈原的思想是前进的，他是一位南方的儒者。儒家思想，在当时，由奴隶制蜕变为封建制的当时是前进的。我们不好由现代的观点来指斥为反动，更不好因而说屈原也是思想反动。”[③] 郭沫若着重于分析屈原思想与儒家的关系这一方面，可以说是极其有学术特点和历史深意的。

2. 墨子研究

《墨子的思想》一文写于 1943 年 8 月 6 日，收入《青铜时代》。实际上，郭沫若对墨子思想的研究与评价，前后也是形成一个系列。[④] 从我们前面讲过的《读梁任公〈墨子新社会之组织法〉》（1923 年）一文开始，郭沫若对墨子和墨家的认识与评价就已经有了一个基调，那就是批判性和负面的评价。[⑤] 在《先秦天道观之进展》当中，这个认识与评价更为明确；到了《墨子的思想》一文，以及《孔墨的批判》中《墨子的思想体系》一节，还有

① 参见黄晓武《1942 年郭沫若与侯外庐关于屈原思想的论争》，《中国现代文学研究丛刊》2006 年第 6 期。

② 《郭沫若全集·历史编》第 4 卷，第 90、96、98 页。

③ 同上书，第 101、103 页。

④ 有关郭沫若对墨子思想的研究，可参考马征《试论郭沫若对墨子及其学说的批判》，《郭沫若研究》1987 年 6 月 30 日。

⑤ 正像有学者所指出的：“自从孙诒让刊布他的《墨子间诂》以后，研究墨学的人逐渐多起来，赞扬墨子者固多但反对墨子者亦有其人，而以郭先生为最突出。”参见詹剑峰《关于墨家和墨家辩者的批判问题——郭著〈十批判书〉质疑之一》（《学术月刊》1957 年第 4 期）。

《名辩思潮的批判》（1945）一文的《墨家辩者》部分，再到《奴隶制时代》中《墨家节葬不非殉》（1951）一文，构成了郭沫若时间上递进的关于墨子研究的系列。换言之，在《先秦天道观之进展》和《名辩思潮的批判》中，都有墨家的位置，而在《墨子的思想》和《墨子的思想体系》中进一步细化，在《墨家节葬不非殉》中形成补充。

正如我们前面提到过的，郭沫若从评述梁启超的研究时就认为，墨子的根本观念是尊天明鬼，他的学说都是以天为出发点和归宿点，是替王公大人讲治天下的道理，他的思想归宿是政教不分，一权独擅，有很强的专制的色彩。后来郭沫若又强调，墨子作为一个根本的宗教家，把殷周的传统思想复活了，实际上是一个复古派，其思想从历史演进上看是一种反动。那么，在《墨子的思想》这篇文章中，郭沫若还是强调了自己此前的评价。他认为墨子始终是个宗教家，而墨子的思想充分带有反动性，亦即反科学，反民主，反进化，反人性，名虽兼爱而实偏爱，名虽非攻而实美攻，名虽非命而实皈命。[①] 郭沫若认为墨子是一个讲着王公大人，想着鬼神上帝，极端专制，极端保守的宗教思想家。郭沫若不认同有学者认为墨子是“工农革命的代表”的说法。郭沫若进一步讲墨子的不科学，认为在于其以天志为法仪，信仰上帝，更信仰鬼神，上帝是宇宙中的最高主宰，鬼神是上帝的辅佐，这上帝鬼神的存在是绝对的，不容怀疑。郭沫若不同意说墨子是“神道设教”，他认为神道设教是儒家的办法。郭沫若也不认同将《墨经》几篇中的一些初步的科学现象鼓吹夸示。郭沫若又讲墨子的不民主和替王公大人说话，统计出墨子十篇中有67次说到“王公大人”，且多有“士君子”连文，就是当时的官僚或统治阶级，可知墨子属于哪个阶层。那么，以贵者智者统一天下的思虑就是墨子的政治思想。

再如，讲到墨家的名虽非命而实皈命，郭沫若指出，非命是从对抗儒家学说而发，但是儒家所主张的本意和墨子所非难的正相反。儒家的天是自然界中的理法，所谓命有时是指必然性，有时是指偶然性。有命论失掉本意就流于宿命论。墨子对此加以反对。其非命实为宗教式的皈依，因其明鬼所以才非命。他是否认在上帝鬼神之外还有什么必然性或偶然性的支配。郭沫若

---

① 《郭沫若全集·历史编》第1卷，第463页。

不仅通过以上几个方面的论述，说明了他所认为的墨子思想的反动性，更坚持他在20余年前曾得出过的结论，即认为从一种眼光看墨子可以说是中国的马丁路德乃至耶稣；从另一种眼光看他不过是顽梗的守旧派，反抗时代精神的复辟派。而且说不相信墨子的思想真正会在中国复活。在这篇文章中，颇具学术史意义的是，郭沫若除了进一步展开对墨子思想特点和学派存亡的讨论之外，还对与他前后的墨学研究者的观点有所借鉴或指摘。如他引述方授楚《墨学源流》有关论墨学之亡，作为墨家有拥护嬴秦嫌疑的佐证，并进而提出墨学中心移到秦国，墨者与秦王相得，故秦法中有墨法掺入等判断。[①] 还针对有学者认定墨子是奴隶解放者而提出证据上有问题。又针对有学者认为墨学没有消亡，后世的任侠就是墨家之流变的说法而提出儒家也有任侠，因此儒墨自是儒墨，任侠自是任侠，古人并不曾混同，今人也不能任意混同。[②]

在《孔墨的批判》中有一部分是论及墨子的思想体系的，郭沫若明确指出墨子是作为反对命题而出现，基本立场不同，思想上也差不多是完全相反的。郭沫若对墨子思想的评价，与其他学者多有不同。[③] 如对于墨子的非乐，郭沫若不认同胡适以墨子“乐以为乐也”之说是很科学的这一说法，指出中国古代学问够得上科学性质的只有音乐的乐律和历法，但是墨子不曾提到历法，音乐则极端反对，因而不能说墨子是一位科学家。还有对墨子三表法，郭沫若认为属于由上而下的演绎，不是由下而上的归纳，并且以一些不足凭的故实认作真理或真实而为自己学说的出发点是最不合乎科学的。郭沫若还认为墨子的非命是以儒家为对象，但是儒家的命是一种朴素的必然论，而墨子所攻击的在于宿命论，但是有打击必然论为鬼神张目的“皈命”性。[④]

有关墨子的研究，郭沫若在《十批判书·后记》中讲过他在40年代受

---

① 《郭沫若全集·历史编》第1卷，第483页。

② 同上书，第485页。

③ 这里以及前论《墨子的思想》的文中，郭沫若多次以“有的朋友说”（即翦伯赞《中国史纲》的说法）、“有的朋友又说”、“朋友们大多”、“朋友们多说”的提法来表示与自己见解不同的学者的意见。

④ 《郭沫若全集·历史编》第2卷，第121、123、125页。

新史学研究风气的刺激而进行周秦诸子的研究，比较大胆地对新史学阵营的多数人提出不同意见。特别是对于儒家和墨家的看法，和一些学者的见解差不多形成对立。如前已述，郭沫若承认早年也曾讴歌过、崇拜过墨子，认为他是任侠的祖宗，觉得他很平民、很科学，那时的见解和时贤无异。但是后来看法有所改变，认为墨子纯是一位宗教家且站在王公大人的立场。前后的看法可谓完全相反。从以上的考察可知。对此郭沫若则说："在我是有我的客观根据的，我并没有什么'偏恶'或'偏爱'的念头。"他还说："我的方法是把古代社会的发展清算了，探得了各家学术的立场和根源，以及各家之间的相互关系，然后再定他们的评价。我并没有把他们孤立起来，用主观的见解去任意加以解释。"① 这其中，也就有回答质疑者的意思了。

3. 孔子研究

《孔墨的批判》一文，实际上是着重将孔子与墨子的思想主张相对比而加以考察的。除了前述有关《墨子的思想体系》的内容，郭沫若最先是以《墨子·非儒》篇切入儒墨两派的基本立场，同时也指出，以前推崇孔子的人，因为孔子已经成为大成至圣，对这些材料一概视为污蔑，全不加以考虑。现今推崇墨子的人，把墨派几乎当成不可侵犯的图腾，对于这些材料又一概视为痛快，也全不加以考虑。其实这些态度都是有所蒙蔽，非把这些蒙蔽去掉，是得不到正确认识的。② 显然，郭沫若更主张以学术的客观视角来看待孔墨思想的不同。郭沫若提出，孔子的立场是顺乎时代的潮流，同情人民解放的。而墨子则和孔子相反。③ 郭沫若又强调说，孔子的基本立场既然是顺应当时的社会变革的潮流的，因而他的思想和言论就有了清算的标准，大体上他是站在代表人民利益的方面的，很想积极地利用文化的力量增进人民的幸福，对于过去的文化做部分地整理接受之外，也部分地批判改造，企图建立一个新的体系。廖季平、康有为所倡导的托古改制的说法确实道破了当时的事实。④

论及孔子的思想体系，郭沫若从"仁"和"礼"，"命"和"天命"的

① 《郭沫若全集·历史编》第1卷，第469—470页。
② 《十批判书》，《郭沫若全集·历史编》第2卷，第85页。
③ 同上书，第85页。
④ 同上书，第87页。

分析而展开论述。他认为，仁字是孔子思想体系的核心，是春秋时代的新名词，这个字之前的古书里找不到，金文和甲骨文中也找不出。未必是孔子创造，但是他特别强调则是事实。仁的含义是克己而为人的一种利他的行为，仁者爱人的人就是人民大众，爱人为仁，也就是亲亲而仁民的仁民的意思，他的仁道实在是为大众的行为。他要人们除掉一切自私自利的心机，而养成为大众献身的牺牲精神。视听言动都要合乎礼，礼是什么？是一个时代所由以维持社会生活的各种规范，每个人应该遵守的东西。各个人在这些规范之下，不放纵自己去侵犯众人，宁是牺牲自己以增进众人的幸福，要想自己站得稳，获得成功，也要让大家站得稳，获得成功，这是相当高度的人道主义。而由内及外，由己及人的人道主义的过程，应该就是孔子所操持着的一贯之道。君子的"修己以敬""修己以安人""修己以安百姓"三方面，就分别体现为"克己复礼""己欲立而立人，己欲达而达人""博施于民而能济众"。他的这种仁道显然是顺应着奴隶解放的潮流的，这也就是人的发现。对于礼，郭沫若还认为，孔子在春秋末年强调礼制，可以从两点来批判，一是在礼的形式中吹进了一番新的精神，二是把不下庶人的东西至少在精神方面下到庶人来了，把仁道的新精神灌注在旧形式里面，表现着他的进步精神，把礼乐两者交织起来以作为人类政治生活的韧带，是孔子政治哲理的一个特色，把人文主义推重到了极端。他对于古礼，一方面在复古，一方面也在维新。孔子的教民思想和后起的道家法家的愚民政策是根本不同的。对于人民有两种政治态度，"一种是以不能知为正好"，即"闭塞民智"，"另一种是要使他们能够知才行"，即"开发民智"，郭沫若的判断是"孔子的态度无疑是属于后者"。在谈到孔子对"命"和"天命"的强调时，郭沫若认为，孔子很少谈利，但是称道命，称道仁。命与仁在孔子思想中俨然有同等的斤两。对孔子所说的命，不能解释为神所预定的宿命，而应该是自然界中的一种必然性，这种必然性有些类似于前定，是人力所无可如何的。孔子的天命观分明是一种必然论，和宿命论是有区别的。郭沫若还说，孔子并不是低头于命定的妥协者，他只差一点没有说明，便是一切都在变，命也在变，人的努力可以扬弃旧命而宰制新命。奴隶制时代的汤武能够革命，使奴隶制崩溃了的人民也正在革命，孔子作为生在这种革命潮流中的人，事实上他也正在参加着新必然性的控制的，所谓"五十而知天命"或许就是说到这时才自觉到了自然的趋势所赋予他的新使命。[①]

由以上可见，郭沫若对孔子思想体系的评价是比较高的，褒扬的成分不少。以至于有学者认为郭沫若是尊孔反墨。对此，郭沫若在《十批判书·后记》有所说明。他说："我的对于孔子和墨子的见解，虽然遭到了相当普遍的非难。但我却得到了更加坚定的一层自信。"他还说："假如要说我有点袒护孔子，我倒可以承认。我所见到的孔子是由奴隶社会变为封建社会的那个上行阶段中的前驱者，我是在这样的意义上'袒护'他。我的看法和两千多年来的看法多少不同。"[②]

4. 对诸家学派及人物的研究

就学派研究来说，郭沫若对儒家学派的研究可以说是比较集中而且篇章最为丰富的，从而形成了体系性的论述，从《驳〈说儒〉》（1937 年 5 月）到《论儒家的发生》（1942 年 7 月），到《秦楚之际的儒者》（1943 年 8 月 29 日）再到《儒家八派的批判》（1944 年 9 月 11 日）。另外就是对稷下黄老学派和法家学派的研究，前者有《稷下黄老学派的批判》一文，后者有《前期法家的批判》和《韩非子的批判》两篇。

《儒家八派的批判》一文写于 1944 年 9 月 11 日，概括性地说就是对《韩非子·显学篇》中所说的儒分为八派，亦即子张之儒、子思之儒、颜氏之儒、孟氏之儒、漆雕氏之儒、仲良氏之儒、孙氏之儒、乐正氏之儒的考察和研究。郭沫若首先提到这八派中是没有子夏氏之儒的。郭沫若认为这是韩非承认法家出于子夏，是法家的宗师，故未列于儒家。就上述八派，郭沫若逐一提出评价性的观点，有一些重要的见解值得关注。

例如讲到子张之儒，郭沫若说，按照《论语》记述的子张性格来看似是孔门里的过激派，偏向于博爱容众；又说子张氏一派表面上看和墨家相似，后学更和墨家接近，然而墨子比子张晚，墨子又本来学过儒术，应该是墨子受了子张的影响。他们在精神上必有不能相容之处，子张氏在儒家中是站在为民众的立场的极左翼，与墨家的站在王公大人立场，他们有着很大的区别。[③]

---

① 《十批判书》，《郭沫若全集·历史编》第 2 卷，第 89、91、97—98、100、106—107 页。

② 同上书，第 478 页。

③ 同上书，第 126、129、131 页。

再如，郭沫若又认为子思之儒、孟氏之儒、乐正氏之儒应该只是一系，事实上也就是子游氏之儒，对此有所论证。郭沫若还说，《礼记·礼运》一篇毫无疑问是子游氏之儒的主要经典。孔子与子游的对话在孔子晚年和弟子谈谈大同小康的故事是没什么不可能的。而且，大同小康之说其实也并不怎么深远，那只是原始公社和奴隶制所反映出来的一些不十分正确的史影而已。[①] 此外，郭沫若认同当时学术界认为《尚书》当中的《尧典》《皋陶谟》《禹贡》《洪范》都是战国时的儒者所依托的看法，并提出就是思孟之徒的作品。郭沫若还提出，《大学》是孟学，而且是乐正氏之儒的典籍，《礼记》的《学记》也是乐正氏所作，修齐治平的四条目分明是由孟子演绎出来的，这与冯友兰认为《学记》《大学》都是荀学的观点不同。[②]

在《稷下黄老学派的批判》中，郭沫若论述了道家思想的渊源在于祖述黄帝、老子，黄帝本是皇帝或上帝的转变。黄老之术的培植、发育和昌盛于战国时代的齐国。对于稷下学士的派别，郭沫若指出，孟、荀是儒家，邹衍、邹奭是阴阳家，田骈、慎到、环渊、接子，还有宋钘、尹文，都是道家。淳于髡是无所谓派，兒说、田巴都是名家者流。其中没有墨家，道家占最大多数。[③] 郭沫若说到曾作《宋钘尹文遗著考》对在《管子》中发现《心术》《内业》《白心》《枢言》等篇是宋钘、尹文的遗著，明确认为《心术》《内业》是宋钘的，《白心》出于尹文，而有详细的论证；并在学派属性上说，“宋钘这一派，无疑是战国时代的道家学派的前驱，而它的主要动向”是“在调和儒墨的”[④]。这里，郭沫若也明确说宋钘尹文属于道家。

有关老聃的存在与否，在 20 世纪三四十年代的学界也是产生争论的焦点，即如郭沫若所说，有人说老子根本是虚构的人物，有人主张老子就是老莱子或者太史儋，争辩未决。郭沫若则认为，《老子》一书是一个问题，老子其人是另一个问题，这两者在汉代和现代似乎都被含混了。《道德经》晚出没有问题，郭沫若认为这就是环渊所著《上下篇》，关尹是环渊的音变，辗转而由环渊著《上下篇》演化为老聃为关尹著《上下篇》的道听途

① 《十批判书》，《郭沫若全集·历史编》第 2 卷，第 133—134 页。
② 同上书，第 138、141—142 页。
③ 同上书，第 155、157 页。
④ 《青铜时代》，《郭沫若全集·历史编》第 1 卷，第 569—570 页。

说。郭沫若还说，老聃本人的存在是无法否认的，因为在《庄子》《韩非子》《吕氏春秋》和儒家著作中都承认老聃有其人而且曾为孔子的老师。[①]另外在《孔墨的批判》一文中，郭沫若也提到这是先秦诸子所一直承认的史实。[②]

那么从思想学说上讲，郭沫若认为老子不仅否认了上帝，并建立了一种本体说来代替上帝。他说，有学者认为由思想发展的程序上看老子的本体说不应该发生在孔子之先，这只是形式逻辑的推论。在春秋时代普遍地对上帝产生怀疑，正是产生老子本体说的绝好园地，只是他的学说没有群众基础，没有宰制到思想界，连孔子都没有怎么接受。老子的学说经过间歇之后，直到环渊、庄子又才得到充分的发展，这并不是不可能的事。在这里，郭沫若则强调，道家均以“道”为宇宙万物的本体，这个新的观念必然有其倡导者，而从宋钘、彭蒙之师向上推至一二代就是老聃的存在了。以其身份和生活条件，超现实的本体观和隐退生活的理论由他倡导出来没有什么不合理。[③] 郭沫若还论证说，老聃学派的产生自有其社会史根源。这一学派已经齐国的稷下制度的培植，便立地繁昌了起来。郭沫若指出，道家的兴起在学术上的意义和贡献不能一概抹杀，尽管是儒墨两家的先辈，但是由于脱离实际，陈义过高，在老聃、杨朱至杨朱弟子时代还不成为学术界的潮流，到了稷下先生时代，道家三派即宋钘尹文派，田骈慎到派，环渊、老聃派略有先后地并驾齐驱，使先秦思想多样化，儒墨两家受其影响发生质变，更在道家的直接感召下阴阳、名、法诸家也派生出来。

余　论

考察郭沫若在思想史研究上的成就与贡献，还有几个方面是值得注意的。

第一，郭沫若在思想研究中就如何看待和评价古代思想人物上，给自己

---

① 《十批判书》,《郭沫若全集·历史编》第 2 卷，第 159 页。

② 同上书，第 105 页。

③ 同上书，第 105、160 页。

确立了一个标准，这就是关注思想家的人民本位的思想主张，而他对孔、孟，以及墨子和老、庄的评价，就是以此为尺度的。如他在《青铜时代》的《后记》当中说道："大体说来，孔、孟之徒是以人民为本位的，墨子之徒是以帝王为本位的，老、庄之徒是以个人为本位的。"[①] 这和郭沫若对屈原是"人民诗人"的观点有一致性。郭沫若在《十批判书》的《后记》中还说，他批评古人，所依据的道理"就是以人民为本位的这种思想。合乎这种道理的便是善反之便是恶"。那么，他之所以比较推崇孔子和孟子，就是因为他们的思想在各家中是比较富于人民本位的色彩。[②]

第二，通过对古代思想的研究，郭沫若对如何批判地继承古代思想有价值的成分的问题有着深刻的认识。正如他在《青铜时代》的《后记》当中所说的那样：在现代要恢复古代的东西，无论所恢复的是哪一家，事实上都是时代错误。人类历史总是在向前发展的。现代以前的历史时代虽然都是在暗中摸索，经过曲折迂回的路径，却也和蜗牛一样在前进。因而古代的学说并不是全无可取，而可取的部分大率已经融汇在现代的进步思想里面了。而且他还批评说：新儒家、新道家、新墨家等的努力，就像是人羡慕猿猴有长尾，不外是想设法延长人体的尾骶骨；那些反对科学的方法而提倡八卦五行的动向，则不外是把人得盲肠炎时的虫样突起看作人类的心脏而反对手术去除。[③] 这就是如何对待古代思想中的精华与糟粕方面十分精辟的判断。即如刘大年所评价的那样，郭沫若的不少著作，"在一定程度上又是与腐朽、倒退的哲学思想进行斗争的产物。那些哲学思想称为所谓新儒学、新道学、新理学等等"。[④]

第三，运用哲学的思考来研究和分析古代思想的发展演变，成为郭沫若方法论上的又一特色。刘大年曾经这样评价郭沫若的研究说："郭老没有系统的哲学著作。但是他的著作可以说处处都和哲学分不开。从《中国古代社会研究》开始，他的历史著作就表现了鲜明的哲学观点，而且几十年一以贯之。"刘大年还说："他研究评论的许多人物，特别是关于孔墨以下的周秦诸

---

① 《郭沫若全集·历史编》第1卷，第615页。
② 《郭沫若全集·历史编》第2卷，第482页。
③ 《郭沫若全集·历史编》第1卷，第611—612页。
④ 刘大年：《郭沫若与哲学》，《郭沫若研究·学术座谈会专辑》1984年8月1日。

子，都是围绕着那些人物的政治、哲学思想进行的。”[①] 那么这些方面，从我们对郭沫若具有思辨性的思想史研究篇章的具体考察中，也是可以感受到的。

第四，一方面认识到与当时学界不少学者见解上的不同和争论，另一方面对自我的学术同道又有很高的评价。例如，在《战时中国历史研究》一文[②]当中，郭沫若从自我认识上说，他当时对中国古代思想史的见解，不仅和胡适、冯友兰的见解，而且和现代历史学家，和侯外庐、范文澜、翦伯赞等人的见解有实质的区别，并且说自己的理论也许在许多地方还没有成熟，所以还要继续下功夫。这其中有所谦逊，也有所自勉。而在讲到当时在研究先秦时期的哲学问题以及思想形态问题的中国历史学家当中，“侯外庐占了最显要的位置”，从而提到侯外庐问世的两部书即《中国古代社会史论》和《中国古代思想学说史》，并且说侯外庐认为周代是奴隶社会的见解与郭沫若本人相符，但是对先秦时期思想史的许多问题，两人之间就有了本质的分歧。然而郭沫若还有称赞说“对于研究思想史问题，侯外庐的能力是很强的”，在提及侯外庐的另一部《中国近世思想学说史》的巨著，更说道：“侯外庐在这一方面的成就是非常伟大的。”[③] 这无疑是对学术同道研究工作的极大肯定，既表现出志同道合，又有“君子和而不同”的风范。

最后，可以看到的是，郭沫若对中国古代社会和中国古代思想的研究，有着和侯外庐、吕振羽等马克思主义史学家颇为相似的进路，都是在对中国古代社会有所深入考察的基础上，同时展开对中国古代思想的研究，从而表现出一种切合社会历史发展本身而在思想层面有所体现的各时代精神面貌的透视和观照。在中国现代学术研究发展已有百年历程的当今，我们来回顾20世纪前期中国思想史研究的面貌，还是会给我们以诸多的启示的。人文学术的科学性和主观性总是有着个人气质以及时代氛围所留下的各种烙印。学术上的自我反省与自信，都可能成为超越古今的价值理念，而给后来者以为榜样或选择的学术标准。

---

① 刘大年：《郭沫若与哲学》，《郭沫若研究·学术座谈会专辑》1984年8月1日。

② 此文是1945年8月3日在莫斯科苏联对外文化协会历史哲学组所作的报告，当时的俄文译稿有所节略，刊载于当年12月号《历史问题》（苏联俄文版）。次年，此稿被译回中文，刊登在1946年8月1日《中国学术》（季刊）创刊号上［《郭沫若佚文集（1906—1949）》下册，第108页］。

③ 《郭沫若佚文集（1906—1949）》下册，第106页。

卓然有以自立：20世纪30年代中国思想界的省思

张太原

［中共中央党校（国家行政学院）中共党史教研部］

摘要：20世纪30年代，许多知识人已认识到近代以来思想界一味追随西方的弊病，由是开始了反思，转而关注中国自身的实际和需要，主要表现为努力产生中国的新政治理论，提倡新教育的中国化，呼吁建设中国本位的文化。一时间，“中国化”逐渐成为流行语，强调外来之说应用于实际蔚然成风。但是，人们对于实际、中国、本位的理解却不尽相同，此中国往往与彼中国相抵牾。相对以前的“西与西战”，可以说思想界又出现了“中与中战”的局面。另一方面，人们有意识地去重塑中国，却无意识地扎进世界里不能自拔，种种“中国化”的背后仍是各式各样的“世界化”。这表明中国人陷西已深，醒然仍无以自立，整个思想界还不能对近代以来的知识和思想进行超越的系统的清理。

关键词：中国　世界　教育　文化　思想

清末以来，向西方学习，以西方为价值标准，紧跟西人的变化而变化，一直是中国思想界的一个显著特征。有学者还指出，由于国际环境的变化，五四以后，中国人心目中的“西方”形象，从一个理想美好的整体分裂为“优劣兼具的复合体”，在这种“西方分裂”的语境下，中国思想界演化成

“西与西战”的典型现象。[①] 到20世纪30年代，这种现象应该说仍然存在，并且已有人注意到了这一点，“各种各式思想制度在外国行之数百千年，分别为一十余国者，在中国一国中却能在短短数十年内搬演殆遍，终至行行不就，百无一成。这就因为中国在国际势力的宰割之余根本自己就丧失了罗盘针，东风吹则西倒，西风吹则东倒，没有一个确定的方向”[②]。在谈到民主与独裁的论战时，有人还明显带有嘲讽意味地指出，“我们中国人的思想，向来就是有如钟摆一般的动摇不定俯仰由人的。从前欧美崇尚民治，我们也就主张民治；如今欧美发生了独裁，我们也要效法独裁。这正足以证明效颦的东施，缺乏卓然自立的精神与能力。我们的思想界太随波逐流了。”[③] 即使学术似乎也不例外，“学问却如走马灯。把学问当作时髦装饰，永远跟从在外人背后闹摩登样子”[④]。

然而这只是问题的一面，事实上到30年代，中国思想界已开始对追随西潮的历程进行反思。这几段话显然是人们“清醒”后的观察，其本意就在于反对这种弊病。早在1930年就有人指出，“如何撷汲新潮，镕化中外”，使中国“别出机枢，卓然有以自立”，应当成为中国“社会科学者”努力的方向。[⑤] 伴随着世界大潮与中国自身的遭遇，类似的倡议在30年代不绝于耳。也就是说，当时一部分知识人已清醒地认识到清末以来的“尊西崇新”的思想潮流，由此试图予以修正，由原来参照外国探讨中国之“应如何”，而变为立足中国历史人情，思考中国能够如何，由追求理想的中国而变为改造现实的中国。本文拟从当时政治、教育和文化等领域的言论来对思想界的这种反思作一检视。

---

① 参见罗志田《西方的分裂：国际风云与五四前后中国思想的演变》，《中国社会科学》1999年第3期。

② 《中国本位的文化建设宣言的回响》，《中央日报》（南京）1935年1月17日，载马芳若编《中国文化建设讨论集》上编，龙文书店1935年版，第17页。

③ 胡道维：《中国的歧路》，《国闻周报》第12卷第6期（1935年2月），第2页。

④ 庄心在：《文化上的战斗——三论中国本位文化建设运动的前途》，《时事新报》副刊《星期学灯》1935年6月2日，载马芳若编《中国文化建设讨论集》下编，龙文书店1935年版，第88页。

⑤ 社评：《社会科学者应当努力》，《大公报》1930年2月19日。

一　努力产生中国的新政治理论

五四以后，各种政治势力都试图把政治上的作为与民主联系起来，由此产生了一种泛民主化的现象。军阀、政府、革命党以及知识界都以民主相标榜，民主作为一种“进步”的象征，存在于各种政治宣言中。特别值得注意的是，专政者也大谈民主。[①] 不过，到 20 世纪 30 年代，“民主”相对受到冷落，“执政者不肯欢迎真正的‘德先生’，一般人民正在用怀疑的目光去注视‘德先生’，有许多人正大声疾呼的反对‘德先生’”[②]。尤其是九一八事变以后，在内争与外患加剧的形势下，本来一些信仰民主的知识人暂时把“民主”的口号收起，谈起“新政治理论”来。

著名的政论刊物《独立评论》创刊之前，蒋廷黻拟订的编辑方针指出，“民治在中国之不能实行，全由中国无适宜于民治之经济、社会及智识，倘统一能完成，建设即可进行，而适于民治之环境自然产生矣。短期之专制反可成为达到民治之捷径。目前在中国大倡‘天赋人权’、‘主权民有’等理论不但无益，而且有损。本刊物应根据中国历史及现状，努力产生中国的新政治理论”。[③] 最后一句话，正是中国政治思想界反思的集中体现，由这一“方针”可知，后来蒋廷黻公开主张专制并非仅因“福建事变”偶然而发，事实上早已是“成竹在胸”。在《知识阶级与政治》一文中，蒋廷黻进一步指出：“知识阶级的政治活动不可靠‘口头洋’。西洋政治制度和政治思想，当作学术来研究是很有兴趣而且很有价值的，当作实际的政治主张未免太无聊了。愈讲这些制度和思想，我们愈离事实远，而我们的意见愈不能一致。”“其实这些学说制度在讲者的口里不过是‘口头洋’，在听者那方面完全是不可懂的外国话。我们的问题不是任何主义或任何制度的问题。我们的问题

---

① 在一些没有取得中央政权的政治势力看来，民主就是他们“作主”，因此等他们取得了中央政权，民主就很自然地变成了“专政”。

② 伍启元：《中国新文化运动概观》，现代书局 1934 年版，第 114—119 页。

③ 《〈独立评论〉编辑方针（稿）》，中华民国史组编《胡适来往书信选》下册，中华书局 1980 年版，第 574—575 页。

是饭碗问题，安宁问题。”[①] 这表明蒋廷黻开始对近代中国在政治制度和思想上一味追随西方进行反思。

值得注意的是，这样反思者大有人在，程天放说，“过去二十年政治则时而采总统制，时而采内阁制”；“结果，他人行之有效者，往往至中国利未见而害先行，是可谓前车之鉴。”[②] 章益指出，“中国人羡慕西洋的民主政治，于是也要求成立一个宪法。在前清末早就产生立宪运动，民国以来，又历次有制宪运动。我们虽有过好几次的宪法和约法，但是纸面上虽说得天花乱坠，事实上政府从来未把宪法的规定放在心上。”[③] 特别是民初议会制的实验，使许多人认为西方的民主政治在中国行不通。[④]

在与胡适争论时，蒋廷黻再次指出，“我们对于本国的政治没有认识。因为没有认识，所以我们才高谈，畅谈，专谈西洋的自由主义及代表制度”；“从理想来说，我以为这种制度比任何专制都好，从事实上看起来，我以为这种制度绝不能行”；“唯一”可行的就是“个人专制”。[⑤] 可见他立足于“本国的政治”研究得出的“新政治理论”，便是主张在中国推行一个“专制”阶段。“中国现在的局面正像英国未经顿头（按：今译都铎）专制，法国未经布彭（按：今译波傍）专制，俄国未经罗马罗夫（按：今译罗曼诺夫）专制以前的形势一样。”[⑥] 这里，蒋廷黻仍以外国的情形来强化自己的认识，充分说明近代知识人“西化”之深，似乎到了不言西无以言中的地步。不过，值得注意的是，他把中国学习的目标退到了“十六世纪的英国”“十七世纪的法国”和“十八世纪的俄国”。[⑦]

---

① 蒋廷黻：《知识阶级与政治》，《独立评论》第 51 号（1933 年 5 月），第 16—17 页。

② 程天放：《对于建设中国本位的文化之意见》，上海《晨报》1935 年 2 月 14 日，载马芳若编《中国文化建设讨论集》下编，龙文书店 1935 年版，第 1 页。

③ 章益：《教育与文化》，《教育研究》第 49 期，1934 年 2 月号，第 32—33 页。

④ 在历经了江山几度易色之后，有学者认识到：社会的改造不能“跳墙”，从“甲级”到“乙级”，“甲级试验失败”，并不能表明这个阶段不适合，因此，“应另求正确方法，必求试验成功，然后方可进到乙级。”（耿云志：《傅斯年对五四运动的反思——从傅斯年致袁同礼的信谈起》，《历史研究》2004 年第 5 期）

⑤ 蒋廷黻：《论专制并答胡适之先生》，《独立评论》第 83 号（1933 年 12 月），第 5 页。

⑥ 蒋廷黻：《革命与专制》，《独立评论》第 80 号（1933 年 12 月），第 5 页。

⑦ 在涉及向外国学习问题时，蒋廷黻因言说的对象不同或希望学习的内容不同，所以选择的“目标”也往往不一致。在针对“中国国民”讲话或者谈到“政治问题”时，他往往提倡学习西欧十七、十八世纪的“专制”；在针对国民党政府或谈到经济问题时，他也与时人一样常常以苏俄为榜样。

胡适也承认，应从中国实际出发来考虑解决问题，但他的结论与蒋廷黻恰恰相反，“西洋的政治和中国的政治截然是两件事。十五六世纪的英国顿头朝，十六七世纪的法国布彭朝，十八九世纪的俄国罗马罗夫朝，和二十世纪的中国更截然是四件事。所以者何？地理不同，民族不同，时代更绝不同，似未可相提并论。”[①] 因此，他认为专制是不合当时的中国国情的：“第一，我不信中国今日有能专制的人，或能专制的党，或能专制的阶级”，“专制训政更需要特别高明的天才与知识”；“第二，我不信中国今日有什么大魔力的活问题可以号召全国人的情绪与理智，使全国能站在某个领袖或某党某阶级的领导之下，造成一个新式专制的局面。”[②] 胡适所批驳的并不是专制的坏处，而是它之不适合于或不能行于中国的实际，观点各异，而思路相同，这尤其能体现当时思想界的取向。

蒋廷黻说：“字母没有学会的时候，不必谈文法，更不必谈修辞学。”显然他把“民主政治”看得比专制要“先进”；而胡适则与之相反，根据时境所创立的则是另一种“新政治理论”，即“民主政治幼稚论”。“我观察近几十年的世界政治，感觉到民主宪政只是一种幼稚的政治制度，最适宜于训练一个缺乏政治经验的民族。”“民主政治是常识的政治，而开明专制是特别英杰的政治。特别英杰不可必得，而常识比较容易训练。在我们这样缺乏人才的国家，最好的政治训练是一种可以逐渐推广政权的民主宪政。”[③] 不管胡适所谈的本身有没有道理或者是否用心良苦，但是在向外国学习问题上，他与蒋廷黻竞比学得“低”或“旧”，却是当时中国思想界的一种新现象。胡适之言并不是随意而发，而是“慎重考虑的结果”，因为他不止一次地阐述这一“民主政治幼稚论”：“英美都是民主政治的发祥地，而专家的政治（‘智囊团’的政治）却直到最近期才发生，这正可证明民主政治是幼稚的，而需要最高等的专门技术的现代独裁乃真是最高等的研究科政治。所以我说，我们这样一个知识太低，经验又太幼稚的民族，在这最近的将来，怕没有实行新式独裁政治的资格。”[④] 尽管这里胡适仍然以进化论的眼光来

① 胡适：《武力统一论》，《独立评论》第85号（1934年1月），第6—7页。

② 胡适：《再论建国与专制》，《独立评论》第82号（1933年12月），第4—5页。

③ 同上。

④ 胡适：《中国无独裁的必要与可能》，《独立评论》第130号（1934年12月），第4—5页。

看待世界大势，但是他主张中国不学英美新出现的“专家政治”，而提倡实行过去“幼稚的政治”，表明他确实不再跟着西人“变”，而开始强调中国的“经验”与“资格”。这背后的潜台词显然是中国还没有达到与现在西方一致的阶段。

张奚若也主张中国实行民主政治，却不认同胡适所谓“幼稚的政治”论。在他看来，“民主政治的根本”，“毫无疑义的，是个人解放”，“由个人解放所发生的政治理论自然是所谓个人主义。十八世纪中美法两国的革命都是个人主义所放的异彩。它的成就，它的影响，是人所共知的。固然，个人主义在理论上是有极大的缺陷的，在事实上也有很大的流弊，尤其在经济方面。欧洲十九世纪后半期所发生的社会主义及集团主义就是为矫正个人主义的流弊的。”① 他是把“社会主义及集团主义”看得更“新”、更“进步”，但是他却说：“我们今日所能行的民治是近代英美式的民治。”② 可见在他的意识里也是从是否适合中国出发着眼于学西方“旧”的政治。另一位民主论者胡道维，则把“独裁制”看作实行充分的民主制度以后才走的路，“现代的稳健的独裁制是不容易学的，因为独裁制是需要民治制度作基辅而方能建设起来的，而民治制度又是我们国家尚未曾有过的经验。我说且等到我们走上了宪政的路，立定了民治制度的根本，再有需要，再来树立独裁制”③。他似乎把“民治制度”看作实行独裁制的基础或者必经的一个阶段，这恰与蒋廷黻的观点相反。

有趣的是，丁文江在主张上与胡适等人相悖，而在思路上却与他们相同，“民主宪政有相当成绩的国家，都是政治经验最丰富的民族。反过来说，政治经验比较缺乏的民族，如俄，如意，如德，都放弃了民主政治，采用了独裁制度。足见民主宪政不是如胡适之先生所说的那样幼稚的。……‘苏俄与意大利都不是容易学的’。这话当然是不错的。但是没有问题，英法美比苏俄与意大利更要难学。……中国的政治完全在革命期中，而且在内战期中。在这种状况之下，民主政治根本还谈不到。独裁政治当然是不可避免的。”④

---

① 张奚若：《国民人格之培养》，《独立评论》第150号（1935年5月），第15—17页。

② 张奚若：《民主政治当真是幼稚的政制吗?》，《独立评论》第239号（1937年6月），第6页。

③ 胡道维：《中国的歧路》，《国闻周报》第12卷第6期（1935年2月），第10页。

④ 丁文江：《民主政治与独裁政治》，《独立评论》第133号（1934年12月），第5—6页。

显然，丁文江是把“民主宪政”看得比“独裁制度”更“进步”，这说明他提倡学的“独裁”不是“进化”，反而是“回归”。他明确地强调独裁更适合中国“实际的政治”，“我们的民治经验的短，民治传统的弱，当前危机的大十倍于欧洲任何的国家。在这种状况之下，我们应该想想，哪一种政治比较的容易实现，比较的可以希望使我们可以渡过空前的难关。……我所要说的是我们实际的政治”①。主张独裁的钱端升同样把民主看得更高，“欲求达到英美那样的民治，即在最佳的情形之下也非十年二十年所可办到”②。反对立即实行宪政的张佛泉也承认，“若真以英美的民治作标准，恐怕学他们也不易一时学到，这里包含着教育、自治习惯、整个历史的问题”③。

胡适等人把“独裁”看得比民主“高”或“进步”，却大力提倡“民主”，表明他们不再赶世界的“时髦”；而在一些独裁论者眼中，独裁比民主“低”或“容易”，却主张独裁，说明他们也并不是趋世界的“新”。蒋廷黻提倡的“专制”，学习的是西方 19 世纪以前的英法俄，丁文江主张的“独裁”效仿的则是“政治经验比较缺乏的民族”，这表明蒋、丁二人的主张并不是由西方的“新潮流”而来，或者并不认为俄、意、德是代表着进步的新潮流。有研究者曾说，“蒋廷黻、丁文江对民主的怀疑”，在于认为“独裁政治由于德、意等法西斯国家所表现的表面高效率和超速发展，代表了新的时代潮流”④。这种解释如果用在 30 年代主张独裁的其他一些人身上可能是存在的，但是对于蒋廷黻、丁文江来说，他们所“秉持”的观念不是“趋新”，相反却是“怀旧”。

特别是在蒋廷黻看来，民治主义是“一个不可遏抑的潮流”或“世界的大潮”。⑤ 而俄、意、德的变革，不但不代表“新的时代潮流”，而且是与世界“共同的趋势”“背道而驰”的，“上次世界大战以前，全世界的文化

① 丁文江：《再论民治与独裁》，原载《大公报》星期论文 1935 年 1 月 20 日；《独立评论》第 137 号（1935 年 1 月），第 19—22 页。

② 钱端升：《民主政治乎？集权国家乎?》，《东方杂志》第 31 卷第 1 号（1934 年 1 月），第 17—21 页。

③ 张佛泉：《建国与政制问题》，《国闻周报》第 11 卷第 26 期（1934 年 7 月），第 5 页。

④ 黄道炫：《30 年代中国政治出路的讨论》，《近代史研究》1992 年第 5 期。

⑤ 有研究者曾指出，蒋廷黻之所以推崇“独裁”，在于他认为“独裁”政治“代表了新的时代潮流”，显然不准确。参见黄道炫《30 年代中国政治出路的讨论》，《近代史研究》1992 年第 5 期。

发展似乎有共同的趋势：素不行民治的国家如中国、日本、土耳其、俄罗斯都像望着民治走；从未使用机械的国家也步步的踏入工业革命的园地。却是大战以后，经苏联的革命，意大利，德意志，日本诸国的法西斯运动，世界的政治经济制度反而背道而驰了"[①]。

不难发现，30 年代的中国思想界虽然仍存在着"西与西战"的现象，无论民主论者还是独裁论者，都常常引西方某国如何来强化自己选择的正确，但是原来那种总是竞相比谁更"新"，即以采取西方的"新"来取得优势的现象，在某种程度上已有所改变，甚至变得开始比谁"更旧"。有学者曾说，"尊西趋新"是近代中国越来越凸显的一个潮流。[②] 那么，到了 30 年代，可以说"尊西"尚存，而"趋新"却不再那么普遍了。其实，"尊西"何尝没有变化，当时人们纷纷强调中国的"实际"，就是变化的明证。

陈之迈还曾专门写过一篇名为《实际政治》的文章，其中谈到，"我们讲政治，最要紧的便是要讲实际的政治，不能专讲原则政治。我们不能只问政治应该如何，或外国的政治如何故中国的政治便应该如何。我们必须先问中国的政治究竟如何，然后根据这种事实谋事实所能容许的改进改善。"[③] 后来他还特别强调，中国政治要避免美国政治学理论的影响，"我们当想美国人做的政治学教科书对中国政治有最不良的影响，抄袭来这些虚幻的梦想便是显证。二十世纪的政治学还未曾写成为我们的参考，但我们却不可因此而为陈腐的学说所困囿而不能自拔。"[④] "故凡一切政治制度"，"中国决不能抛弃本国背景，而专模仿他人。"[⑤] 其实，早在 1932 年，《申报》上有人谈宪法问题时，就开始考虑"国情"的问题，认为中国无论是选择民主政治，还是选择专制政治，都要既"注意无背于时代之潮流"，又要看是否"适合国内社会与经济上之需要，及本国历史习惯之趋向"，而后

---

① 蒋廷黻：《中国近代化的问题》，《独立评论》第 225 号（1936 年 11 月），第 10—11 页。

② 参见罗志田《新的崇拜：西潮冲击下近代中国思想权势的转移》，《权势转移：近代中国的思想、社会与学术》，湖北人民出版社 1999 年版，第 18—81 页。

③ 陈之迈：《实际政治》，《独立评论》第 182 号（1935 年 12 月），第 7 页。

④ 陈之迈：《再论政制的设计》，《独立评论》第 205 号（1936 年 6 月），第 4—6 页。

⑤ 程天放：《对于建设中国本位的文化之意见》，上海《晨报》1935 年 2 月 14 日，载马芳若编《中国文化建设讨论集》下编，龙文书店 1935 年版，第 1 页。

者更为重要，政治制度好比衣服，国情好比身材，“衣服大小长短，必须适合个人之身材”[①]。

在世界大潮下，转而注重中国的实际，这自然有外患压境人们急于寻求出路的因素，但更主要的是一部分“知识人”对追随西方历程的反思。反思的结果基本上有两种倾向：一种是对于西方不再趋其“新”，反而求其“旧”；另一种是对于中国自身，注重“实际”，追求“可行”。[②] 但是，当时知识人关注国情的结果又产生了新的分歧。西方固然已经分裂，而国情也认识歧异。不说党派之说的纷纭，即使知识人的看法也大相径庭。在某种程度上，20 世纪 30 年代民主与独裁论争及中国政治出路的讨论，正是由对国情的不同认识造成的。

值得注意的是，当人们“尊西”有所动摇而把视点移向中国自身的时候，却很容易产生对中国传统的呼唤：由热衷于西洋的“民治”，转而求助于中国传统的“德治”。比如，有人在反思“现代政治思想与中国政治”时，又重新搬出了“孔圣人”，“孔子说：‘政者正也’，这是千古不易之论”；“务正树信便是政治上放诸四海而皆准，行诸百世而不变的金科玉律。历览古今中外的历史，这条定律，的的确确操着至高无上的权威，遵从无不成功，违反它必然灭亡。”[③] 向往儒家“德治”的熊十力说：“今人假托法治，而恶言人治。不知吾人未有法治习惯，端赖在上位者清自乃心，自行守法，而后可以率人于法。”[④] 对此，章意说，“在我国屡次模仿他国而不能见效以后，方始觉得到自己囊中原有法宝，何必求教他人。这也可算得抄袭政策之后的一种反响”[⑤]。

① 转引自徐思彦《要民主宪政，还是要专制独裁——30 年代关于民主与专制的一场大讨论》，《史学集刊》1995 年第 2 期。

② 这是相对于政治制度层面来说的，在经济方面仍然热衷于学习世界的“新”。

③ 揆予：《现代政治思想与中国政治》（续），天津《大公报》1932 年 3 月 29 日，第 8 版。

④ 熊十力：《英雄造时势》，《独立评论》第 104 号（1934 年 6 月），第 12—13 页。

⑤ 章益：《教育与文化》，《教育研究》第 49 期，1934 年 2 月号，第 26 页。熊十力试图靠恢复古代儒家所提倡的“正心”“以身作则”来改善政治贪污。但是儒家官僚的心性修养是以“学”为基础的，学问大、修养高、为官廉是儒家三位一体的人生追求和理想，而国民党的高官大吏，大都是边缘知识分子，其“出道”时，就“缺知识少训练”，根本不具备“极高”修养的基础，因而给他们讲“清自乃心”，无疑是对牛弹琴。不过，熊十力的批评提示了国民党的执政，既不是“人治”也不是“法治”，因为它既没有“人治”下的人格修养，又没有“法治”下的制度约束。

20世纪30年代，国际格局发生了剧烈的变化，几乎每一个西方国家都有很大的变动，并且仍然在继续变动着。在这种捉摸不定的形势下，中国人对待西方的态度不得不做出调整。“追西趋新”虽然仍不乏其人，但是，越来越多的知识人开始关注中国自身的实际和需要。其中，最明显者是一部分独裁论者和民主论者，都说自己“旧”，而说对方“新”，[①] 由此来强化批驳对方的优势及自己的主张在中国的可行性；同时，在西方“众说纷纭”无所适从的情况下，“旧”得更甚者则又退而求助于中国的传统资源，这些都充分揭示了在外患压境下一部分知识人的心态所指，即迅速找出一种适合中国的制度来应付内忧外患。好与不好，退到“其次”，关键是能解决中国的问题。因此，关注中国自身的需要，认识中国的实际，突显中国的独特，成为思想界各领域言说的重点。

二 教育的中国化[②]

有思想的知识人大多立身于教育领域。值得注意的是，在20世纪30年代，相当多的知识人反而对自家领地极度不满，“现今的教育，无论是学生，是教员，是主持教务的人，是掌理教育行政的人都怀有一种不满的心理。”[③] 也就是说，“中国教育的现状，谁都不能满意”。[④] 这种不满的心理主要表现为对教育的普遍批评。

《大公报》的一篇文章指出，“今日国中可悲可忧之现象，岂胜枚举，然而最可悲可忧者，厥为教育之破产。”[⑤] 类似之说在此后的数年间不绝于耳，1931年，有人指出，“国内近年来大学教育破产，已毫无疑问了。”[⑥]

---

① 大概在当时一些自由知识分子眼里，“旧”代表“易行”、合乎“国情”；“新”则代表“难行”、不合“实际”。这种情况恰与20年代科学与人生观论战时相反，

② 有教育史的研究者已注意到这一时期的“新教育中国化”运动，但主要是进行了名词的解释或以现在之眼光进行了分析。

③ 陈德征：《三民主义教育与教育者》（续），《上海教育》第17期，1930年10月1日。

④ 范云龙：《今日研究教育者应有的觉悟和认识》，《中华教育界》1931年第19卷第2期。

⑤ 《最可悲可忧之现象》，天津《大公报》1930年7月8日。

⑥ 萧铮：《大学校长无用论——大学改制与整顿教育》（德国通讯），《社会与教育》第15期，1931年2月21日。

1932年，何竞武在致胡适的信中写道："中国现在最糟的是教育，乡村不必说，城市教育亦破产。"①《独立评论》创刊不久，傅斯年即发表《教育崩溃之原因》一文，由对现实教育的不满开始怀疑近代以来受西方影响产生的整个新教育，"中国的学堂教育自满清末年创办的时候起到现在，从不曾上过轨道，而近来愈闹愈糟，直到目前，教育界呈露总崩溃的形势。"② 1933年，又有人指出，"实施卅余年来的新教育，竟而宣告破产"③。1934年，有文章还说："时人恒谓我国教育破产，惟我国教育之破产，不独于学风及实质为然，即系统政策，亦何一而非陷于破产绝境？"④

不但如此，"教育破产""教育崩溃""教育危机"或"教育失败"之说，在当时并不是个别的识见，而是"弥漫于全国"⑤，"是全国上下公认的事实"⑥。有趣的是，越来越"竭力宣传长处，禁止公布短处"⑦ 的执政党也认同这种判说，"最近中央党部向国民会议提案中提及现在教育在质量方面说都是失败"⑧。直到1935年，国民党对教育仍是责之有加，"今日教育之流弊，视昔日之八股变本而加厉"⑨。

需要指出的是，对教育如此普遍的批评与国难有一定的关联，当时已有

---

① 何竞武：《致胡适》，约1932年上半年，载中国社会科学院近代史所中华民国史组编《胡适来往书信选》（中），中华书局1979年版，第146页。

② 傅斯年：《教育崩溃之原因》，《独立评论》第9号，1932年7月17日，第2—6页。

③ 刘荆荫：《近代中国教育与社会经济》，《学术月刊》第2、3期合刊，1933年7月10日，第177页。

④ 《当前教育之最大缺陷》，北平《晨报》1934年8月21日。

⑤ 旭生（徐炳昶）：《教育罪言》（四），《独立评论》第33号，1933年1月1日，第6—12页。

⑥ 古楳：《现代中国及其教育》，中华书局1936年版，第430页。但是，自称具有"不可救药"的乐观态度的胡适却与"全国人"不尽相同，"曾几何时，全国人对于教育好像忽然都冷淡了！渐渐的有人厌恶教育了，渐渐的有人高喊'教育破产'了。……事实上，我们今日还只是刚开始试办教育，还只是刚起了一个头，离那现代国家应该有的教育真是去题万里！本来还没有'教育'可说，怎么谈得到'教育破产?'产还没有置，有什么可破？今日高唱'教育破产'的妄人，都只是害了我在上文说的'没有胃口'的病症。……教育所以'破产'，都因为教育太少了，太不够了。教育的失败，正因为我们今日还不曾真正有教育。"参见胡适《教育破产的救济方法还是教育》，《大公报·星期论文》1934年8月9日。胡适的意思是，要对教育有信心，且要有更大的"胃口"。

⑦ 陈柏心：《中国本位文化建设运动的展望》，《半月评论》第1卷第3期，1935年3月1日。

⑧ 舒新城讲，曾伯声、陈应咸笔记：《中国教育出路问题》，《师大教育丛刊》第2卷第2期，1931年11月29日。

⑨ 《国民党四届六次中央全会通过的教育改革案》，1935年11月5日，中国第二历史档案馆编《中华民国史档案资料汇编》第5辑第1编：教育（2），第1052—1060页。

不少人道出这一点，程天放说："这种呼声，近几年常常接触吾人的耳廓。自从去年九一八以后，更是高唱入云。本来提倡了四十年的新教育，而国家的危险，人民的痛苦，社会的不安定，较四十年前更甚，任何人平心一想，都不能不承认过去教育之有缺点。"[①] 徐炳昶指出："教育破产之呼声日有所闻，尤其是在去年国难以后。"[②] 而他自己的感受更能说明问题，"国难骤来，我麻木的精神顿受巨大的刺激，对于现在的教育状况异常痛心。深思之余，渐知教育制度自身的缺陷，中国抄袭外国教育制度的荒谬"[③]。常导之也注意到，"到了'九·一八'之事变，久已潜伏的国难突然表面化严重化以后，国人痛心之余，穷究此项责任之最后的归属，结果几于朝野一致，认为由于过去教育失败所致！于是现行学制被指摘，教育研究被揶揄，蔚然成为一时风尚"！[④] 夏承枫同样发现，"近几年国难日重，民生日蹙，过去教育的罪恶几乎无人不咬牙切齿。社会的怨恨，专家的指摘，到处可以听得"[⑤]。稍后，潘光旦还专门写了一篇主题为"国难与教育的忏悔"的文章。[⑥]

对教育的普遍批评何以与国难有关联呢？这大概与此前许多知识人所持的"教育救国"的口号有关。本来新教育的产生是在外患迫切中为了"救国"，"当时之改行新学校制度，并非国情民性对于此种制度有什么需要，亦并非主持教育行政或教育学者对之有特殊的研究而认识其优点；不过因国势日微，误认他国之强盛在于形式的教育制度而极力模仿，以求满足'救败图存'之欲念而已"[⑦]。到头来国不但为获救，而且难愈深。这令一些知识人开始反过来责怪这种盲目引进的新教育，同时自然也就把教育破产的责任归到了"外国化"上面。

早在 1928 年常乃直就曾说，"中国十几年来教育事业之不能得到实际的

---

① 程天放：《改革中国学校教育刍议》，杭州，国立浙江大学秘书处出版课［发行］，1932 年，第 1 页。

② 旭生（徐炳昶）：《教育罪言》（一），《独立评论》第 25 号，1932 年 11 月 6 日，第 6—10 页。

③ 旭生（徐炳昶）：《教育罪言》（六），《独立评论》第 38 号，1933 年 2 月 19 日，第 5—12 页。

④ 常导之：《现行学制需要改善的几点》，《中华教育界》第 22 卷第 9 期，1934 年，第 25 页。

⑤ 夏承枫：国立中央大学《教育丛刊》第 2 卷第 2 期，1935 年 6 月，第 2 页。

⑥ 潘光旦：《国难与教育的忏悔》，1936 年，杨东平主编《大学精神》，文汇出版社 2003 年版，第 41—45 页。

⑦ 舒新城：《中国教育建设方针》，中华书局 1931 年版，第 99 页。

效果，最大的毛病是在宗旨不确定，太随风倒了。因为崇拜外人，投合骛新的心理起见，凡是西洋有一种新制出来，必有人投机大介绍特介绍，是否于实际情形相切合不问也。像这种情形结果弄得教育自教育，实际自实际，两者渺不相关。”① 舒新城指出：“不择土宜的移植政策，为我国新教育失败的总因，三十年来教育上的种种败征与恶果，几皆可以由此推衍得出。”② 范云龙认为，“中国教育的失败”，最紧要者就在于“第一是抄袭，第二是抄袭，至今还是抄袭”③。在蒋廷黼看来，“忽而学美，忽而仿法”，“效果永远是没有的”④。邱椿则指出：“模仿外国而不顾国情是三十年来中国教育的通病。”⑤ 李静澄也说：“中国教育，从生长就带着病根，第一为‘外国化’。”⑥ 总之，中国近代以来的教育，“所以失败，根本的病因在于不顾国情而专事模仿。……最初模仿日本，继而模仿德国，继而模仿美国，继而模仿法国与俄国，一切都是浮薄的皮毛的。”⑦ 不难看出，对于“教育之失败，论者多归咎于徒事抄袭，不切需要”⑧。

既然“以往教育之罪孽”，“殆由于模仿的抄袭的非中国的教育所造成”，⑨“外国化”已成为众矢之的，那么，“治‘外国化’这个病根的方法，就是‘中国化’”⑩。作为教育家的庄泽宣早在1929年就著书论述“如何使新教育中国化”的问题。⑪ 稍后，他即发现，许多关于教育的论文都开始提倡“课程中国化”⑫。即使嫌程度“外国化不够”⑬ 的任鸿隽也提倡

① 常乃直：《外患声中教育界应有的觉悟》，《中华教育界》第17卷，1928年第5期。

② 舒新城：《中国教育建设方针》，中华书局1931年版，第116页。

③ 范云龙：《今日研究教育者应有的觉悟与认识》，《中华教育界》第19卷第2期，1931年。

④ 蒋廷黻：《陈果夫先生的教育政策》，《独立评论》第4号，1932年6月12日。

⑤ 邱椿：《通信：致适之先生》，《独立评论》第11号，1932年7月31日。

⑥ 李静澄：《中国教育新动向》，《时代教育》第1卷第1期，1933年1月31日。

⑦ 周予同：《中国现代教育史》，良友图书印刷有限公司1934年版，第2—3页。

⑧ 汪懋祖：《中学制度之检讨与改进》，《中华教育界》第22卷第1期，1934年。

⑨ 雷伯豪：《中国本位的文化建设的基础在何处》，开封《教育平话》第1卷第5期，马芳若编《中国文化建设讨论集》下编，龙文书店1935年版，第33—34页。

⑩ 毅生：《中国教育的三大病根和救治的方法》，《明日之教育》第1卷第5期，1932年7月25日。

⑪ 庄泽宣：《如何使新教育中国化》，民智书局1929年版，第23页。

⑫ 庄泽宣：《我的教育思想》，中华书局1934年版，第348页。

⑬ 叔永（任鸿隽）：《评国联教育考察团报告》，《独立评论》第39号，1933年2月26日。

“理科课程的中国化”，希望“做出几本适合国情的教科书”[①]。一个教育刊物在创刊伊始，就声明“同人确信中国之教育，当力求中国化”[②]。邱椿注意到“近三四年来”，许多谈论教育者“都觉悟纯粹抄袭的错误而提倡中国化的教育，关于这类的文字已发表了许多，差不多成为滥调了”[③]。提倡教育“现代化”的陈序经也承认，“新教育的中国化，的确是数年来一般教育家的时髦口号，而且是国内一种很普遍的思想”[④]。

何谓“中国化”呢？有论者指出，“一国教育，必须有其全盘系统与整个政策，因国家之历史，环境，需要，各异其系统与政策”；“故我国于确立教育系统与政策之前，必须认清我国之历史，环境，需要”[⑤]。因而，应“斟酌国情，参考历史，厘定中国国产之教育制度”[⑥]；或“就实际社会状况，厘订学制，编制课程”[⑦]。但是，时人对中国历史、环境和需要的理解却不尽相同，因而提出的中国化主张或“国产”教育制度也就纷纭歧异。其中，职业教育为越来越多的人所强调，“现今职业教育，不但教育家认为重要，即社会一般人士亦来提倡”[⑧]。更值得注意的是，这也体现在国民政府的教育政策中。1931年，教育部训令各省教育厅，“自二十年度起，各县

---

① 任鸿隽：《一个关于理科教科书的调查》，《独立评论》第61号，1933年7月30日。

② 刘廷芳：《明日之教育发刊词》，《明日之教育》第1卷第1期，1932年5月25日。

③ 邱椿：《通信：致适之先生》，《独立评论》第11号，1932年7月31日。

④ 陈序经：《教育的中国化和现代化》，《独立评论》第43号，1933年12月11日。

⑤ 《当前教育之最大缺陷》，北平《晨报》1934年8月21日。

⑥ 黄问歧：《民国二十三年中国教育回顾与今后展望》，1934年12月2日，《国民政府教育部档案》，中国第二历史档案馆编《中华民国史档案资料汇编》第5辑第1编：教育（一），江苏古籍出版社1994年版，第162页。

⑦ 《蒋梦麟、胡适等关于改革中学教育制度以适应国情案》，1934年8月25日，《国史馆档案》，中国第二历史档案馆编《中华民国史档案资料汇编》第5辑第1编：教育（一），江苏古籍出版社1994年版，第145—150页；《时事月报》第11卷第4期。此件系蒋梦麟、胡适、周炳琳、杨振声、陶复恭、翁文灏、徐炳昶、吴俊升等人出席庐山国防设计委员会时提出的。

⑧ 清儒：《职业教育与人的教育》，《职业与教育》第149期，1933年10月1日。职业教育思潮的形成，亦可能是国民政府推动的结果，1928年，第一次全国教育会议期间，有一个专门的“职业教育组”来讨论如何加强职业教育问题，大会通过了《请推行职业教育案》，其中指出，“职业教育之举办，亦为当务之急。”（戴修骏原案、审查会修正、大会通过：《请推行职业教育案》，1928年5月，中华民国大学院编《全国教育会议报告》：乙编2，第495页）全国教育会议最后发表的宣言也要求“各省区市县应于可能的范围内，单独设立特种职业学校，专授直接生产的技能。”（《全国教育会议宣言》，1928年5月28日，中华民国大学院编《全国教育会议报告》：甲编1，第6页）

立中学应逐渐改组为职业学校或乡村师范学校”，“各普通中学应一律添设职业科目”[①]。稍后，经国民会议通过而由国民政府行政院公布的《确定教育设施趋向案》，则训令教育部，“尽量增设职业学校及各种职业补习学校”；中小学教育应“一律以养成独立之生活之技能与增加生产之能力为中心”[②]。1932 年，国民政府公布的《职业学校法》，进一步规范了职业教育的办理，指出其目的在于“培养青年生活之知识与生产之技能”[③]；《中学法》也明确规定，“中学应视地方需要，分别设置职业科目”[④]。一位考察中国教育发展“趋势”的人也发现，“最近教育部的施政方针是要注意于职业学校”[⑤]。

社会中人和教育当局如此重视职业教育，应该与当时青年的就业状况相关，“‘毕业无出路’‘毕业就是失业’‘毕业等于毕命’，这是近年来大学生毕业生一致的呼声和悲吟”[⑥]。因此，“关心社会问题的不断研究这教育病态，教育当局也整天为这事绞尽脑汁。现在为解决这个严重问题，似乎大家都同意须将教育尽量职业化”[⑦]。但是，对于如何职业化，人们又各有其说。傅斯年虽然也提出，“全国的教育，自国民教育至学术教育，要以职业之训练为中心”。但是，他说办法不是“把学校弄成些不相干的职业的‘艺徒学堂’”，而是“主张学校中的训练要养成幼年人将来在社会服务的能力，养成一种心思切实，态度诚实，手脚动得来，基本知识坚固的青年”[⑧]。针对国民党关于职业学校的规定，有人则指出，“假使在一种县市”，“仅设立一个普通中学或任何一种职业学校，即使能适合地方需要，恐未必能适合多数学生各个需要。此种办法，是无异使地方设立之学校来决定学生未来之职

① 《教育部为推进职业教育致各省市教育厅局训令稿》，1931 年 4 月 2 日，中国第二历史档案馆编《中华民国史档案资料汇编》第 5 辑第 1 编：教育（1），第 410—411 页。

② 《第一次中国教育年鉴》甲编，第 17 页。

③ 《国民政府公布职业学校法》，1932 年 12 月 17 日，中国第二历史档案馆编《中华民国史档案资料汇编》第 5 辑第 1 编：教育（1），第 412 页。

④ 《国民政府公布中学法》，1932 年 12 月 24 日，中国第二历史档案馆编《中华民国史档案资料汇编》第 5 辑第 1 编：教育（1），第 414 页。

⑤ 林晓庄：《中国教育发展的趋势与其改革的原则》，《北平周报》第 85 期，1934 年 9 月 9 日。

⑥ 浩然：《再论毕业生出路问题》，《北平周报》第 30 期，1933 年 7 月 30 日。

⑦ 《新学年的几句话》，天津《大公报》1934 年 9 月 7 日。

⑧ 傅斯年：《教育改革中几个具体事件》，《独立评论》第 10 号，1932 年 7 月 24 日。

业，而不能使学生各自按照其能力与兴趣及志愿自由选择其职业”①。蒋梦麟、胡适等人也不认同当时各级职业学校的设法及其教育内容。② 施教育者常常考虑到受教育者的个性和需要，而当政者则往往只注意教育的“统筹规划”，或者仅仅使之配合于政治的需要。比如，有人指出“共产党十之九皆为学校毕业生”，就是因为找不到正当职业的缘故。③ 由是观之，国民党的职业教育政策还有更深一层次的用意。此外，也有一些人从根本上质疑职业教育，樊仲云指出，“教育的最终目的”，“在造成合理的社会，人的社会”，而不仅仅是为了解决职业的问题。④ 有人还指出，尽管职业“与教育，当然须取得极密切的联络。但教育却须有他更远，更大，更完整的目标，和历史的与民族的使命。它同时自然也该增加个人谋生的能力，提高全国生产的力量，但无论如何，教育却不该弄成解决职业的手段”⑤！

在教育中国化的普遍呼声下，有些人虽然不赞成狭隘的职业教育，而却大力提倡生产教育⑥，职业教育是对于受教育的个人来说的，生产教育是对国家的经济发展需要来说的。这一话语的转变，从一个侧面反映了中国经济环境的变化，职业教育的背后往往是市场经济，生产教育的背后往往是计划经济或统制经济，而 20 世纪 30 年代的中国恰是正由“自由经济”向“统制经济”的转变过程中。⑦ 因而，有人注意到，“职业教育的运动”之后，“生产教育的呼声又甚嚣尘上”⑧。舒新城指出，中国传统教育“不是讲生产的，而是导示治术，论语所谓食人治人”，“欲救济此病唯在实行

① 亮功：《三中全会之教育议案》，《独立评论》第 35 号，1933 年 1 月 15 日。

② 《蒋梦麟、胡适等关于改革中学教育制度以适应国情案》，1934 年 8 月 25 日，《国史馆档案》，中国第二历史档案馆编《中华民国史档案资料汇编》第 5 辑第 1 编：教育（一），江苏古籍出版社 1994 年版，第 145—150 页；《时事月报》第 11 卷第 4 期。

③ 樊仲云：《从恶化到腐化》，《社会与教育》第 19 期，1931 年 3 月 21 日。

④ 樊仲云：《职业教育与奴隶教育》，《社会与教育》第 2 卷 17 期，1931 年 6 月 5 日。

⑤ 《论教育与职业》，天津《大公报》1934 年 11 月 26 日。

⑥ 其实，“职业教育的意义逐渐扩大而和生产教育的意义甚为接近”，“职业教育一名词，虽然仍然时常见诸报章杂志以及政府的文件中，但实际上已以生产教育为其骨干，和生产教育名异实同”。（郑世兴：《中国现代教育史》，第 194 页。）比如，陶希圣就从“增进生产力”的角度来看“职业教育”。（陶希圣：《积极造生产与职业教育》，《社会与教育》第 26 期，1931 年 5 月 9 日）

⑦ 这一点在《独立评论》中有明显的反映，具体情况只能另文讨论。

⑧ 《论教育与职业》，天津《大公报》1934 年 11 月 26 日。

生产教育。"[①]《明日教育》在发刊词中声明，"同人相信中国之教育，须力求生产化"[②]。何思源发现，改革中国教育的"致力之方向，虽言人人殊，各有见地，而努力实施生产教育，则为公认之先决问题"[③]。教育史家注意到，"生产教育思想极一时之盛。当时各报章杂志，如东方杂志，教育杂志、申报、大公报等都为此问题出专号出特辑，各专家学者对于生产教育理论及其实施原则，阐扬至为详尽"[④]。

对此，教育当局更是推波助澜，王世杰在任教育部部长后表示，"当依照中央所决定三大办教方针：即一在实施生产教育。良以生产教育为今日我国社会所最需求，盖我国之沦于次殖民地地位，实由于生产技术之不良，生产工具之不完备，故今日应切实注重生产教育，为挽救国运之唯一办法。""故今后施教方针，即在切实推进生产教育工作，改造各校环境，转变学生兴趣俾得生产教育由口号而进至事实。"[⑤] 应该看到，国民政府对生产教育的重视，确与其实际的需要有关，王世杰在日记中记载，"自政府决定加速经济建设工作以来，工科农科人才之供给渐感不济；工科中下级人员如工头及下级管理员之类大（缺——引者注）。蒋院长自牯来电促部设法，于三五年内训练一二万此类中下级工作人员。"[⑥]

但是，主张生产教育的也不尽一致。有的强调工科或工业教育；[⑦] 有的强调农业或乡村教育；有的认为"应以农业为主，工商为辅"；[⑧] 有的则主张"商业教育""矿业教育"。[⑨] 总的来看，农业或乡村教育更为人看重，蔚为一种思潮和实际运动。在教育中国化的语境里，"到民间去！"成为当时

① 舒新城讲，曾伯声、陈应咸笔记：《中国教育出路问题》，《师大教育丛刊》第2卷第2期，1931年11月29日。

② 刘廷芳：《明日之教育发刊词》，《明日之教育》第1卷第1期，1932年5月25日。

③ 何思源：《中国教育危机的分析》，《独立评论》第21号，1932年10月9日。

④ 郑世兴：《中国现代教育史》，第194页。

⑤ 王世杰：《今后办理教育方针》，1933年5月，教育部编《第一次中国教育年鉴》：丙编，开明书店1934年版，第9页。

⑥ 王世杰：《王世杰日记》手稿本第1册，1937年6月6日，第58—59页。

⑦ 参见张太原《20世纪30年代的文实之争》，《近代史研究》2005年第2期。

⑧ 舒新城讲，曾伯声、陈应咸笔迹：《中国教育出路问题》，《师大教育丛刊》第2卷第2期，1931年11月29日。

⑨ 吴景超：《都市教育与乡村教育——对于旭生先生教育方案的商榷》，《独立评论》第40号，1933年3月5日。

改革教育者的普遍呼声。徐炳昶说，“我国现行的教育制度与我国的社会情形完全不适合；由无限农村组成的中国，应该创造出来一种农村的教育”；“新教育方法一定是与生产相联合的，尤其是要与农业相联合。”如何联合呢？“把学校移在乡野，另外的组织起来，与农夫的生活打成一片”；“无论何种学校中均无年暑假，农忙即作田工，农闲即讲学问”，“我们的学校是一个大农场的组织，教员学生自耕自食”①，不难发现，徐炳昶所设计的“新教育制度”，是一种半农半读的教育。稍后，他参与署名由蒋梦麟、胡适等众多学者向国防设计委员会提出的改革中学教育制度案，也体现了这种设想，“欲谋农村建设，教育上必先养成有知识之新农夫”，“大多数失学儿童在于乡间，必使其半耕半读”②。加强农村教育，这在一些谈教育改革者的眼里是理所当然的，“中国教育的最大范围是在农村，政府应该特别注重农村教育，农村教育发达，才算中国教育发达”③。傅斯年也提出：“自高中以上的学校，要训练并诱掖学生反乡间去的一条路。自清末办新教育，似乎都忽略了乡间的背景。中国之大都会虽然近年很发达，但中国之基础仍是在乡间。”④

需要说明的是，有关农业教育的主张也不尽相同。比如，任鸿隽的意见就与徐炳昶的大相径庭，在他看来，农业教育就是“利用科学的研究，以求农业的进步”；“故农业学校的第一个职责，在造成研究的人才”；“第二个职责，又在养成许多推广的人才”。⑤ 更能说明农业或乡村教育主张不同的是当时形成了数种各具特色的乡村教育实验，比如，黄炎培主持的中华职业教育社的农村教育改进、陶行知的乡村教育改造、宴阳初主持的中华平民教育促进会的定县实验、梁漱溟的乡村建设、雷沛鸿的国民教育、俞庆棠的民

① 徐旭生：《教育罪言（六）（续）》，《独立评论》第38号（1933年2月19日）。

② 《蒋梦麟、胡适等关于改革中学教育制度以适应国情案》，1934年8月25日，《国史馆档案》，中国第二历史档案馆编《中华民国史档案资料汇编》第5辑第1编：教育（一），江苏古籍出版社1994年版，第145—150页；《时事月报》第11卷第4期。此件系蒋梦麟、胡适、周炳琳、杨振声、陶复恭、翁文灏、徐炳昶、吴俊升等人出席庐山国防设计委员会时提出的。

③ 林晓庄：《中国教育发展的趋势与其改革的原则》，《北平周报》第85期，1934年9月9日。

④ 傅斯年：《青年失业问题》，1934年9月30日《大公报》星期论文；1934年10月8日《国闻周报》第11卷40期；欧阳哲生主编《傅斯年全集》第4卷，湖南教育出版社2003年版，第94—98页。

⑤ 叔永（任鸿隽）：《农业教育与改良农业（一）》，《独立评论》第21号，1932年10月9日。

众教育思等。当时，乡村教育之所以得到普遍关注，应该与“农村破产”的普遍认知有关。[1] 科举制度废除和城市化开始以后，中国乡村的知识精英和富有之家大都移居城市，致使乡村失去了可以效仿的对象，同时也失去了稳定乡村、调试矛盾的力量，因此，乡村渐渐形成了一种权威真空。这既造成了乡村的衰败，又为新的力量在乡村的动员创造了条件。因此，人们提出知识人重返乡村，到乡村去改造中国，确也切中社会之变。

前述职业教育、生产教育、农业教育，尽管言人人殊，但基本上都在“实用教育”之列。有人说，“因生存竞争，技能为先；国民能力，乃国家所托，故希望有实用教育”；但另一方面，“因恶闻学潮，嫌厌浮嚣，以任重致远，属望青年，故希望有人格教育”[2]。并且与普遍重实用教育不同的是，同样是从教育的中国化出发，有不少人则强调人格教育。《大公报》的社论指出，“吾人以为人格教育，乃今日最急最要之教育，必使举世多加有所不为之人，然后天下事乃可以有为焉。”[3] 陈衡哲也说：“我以为人格的修养，却是最为根本的。假使一个人的人格站不住，那么，无论他有多深的学问，多大的才能，多强的体魄，也不过如老虎添了翅膀，只能加添他的祸国殃民的能力，是讲不到洗刷国耻的。”[4] 对近代教育的变革有重大影响的蔡元培这时也“渐渐觉悟”，认为“大学教育，应学问与人格并重”[5]。专门研究“教育学”的郑晓沧甚以为然，“今之大学学生，不可不勉为绩学之‘士’，不可不勉有‘君子’之风”[6]。

由人格教育一些人又想起中国古代的教育来。傅斯年指出，“中国学问向以造成人品为目的，不分科的”，“清末改革教育，凡旧制皆去之，于是

① 参见张太原《自由主义与马克思主义：〈独立评论〉对中国共产党的态度》，《历史研究》2002年第4期。

② 《全国教育会议开会》，天津《大公报》1930年4月15日；国闻周报社编《论评选辑（1929年12月—1930年12月）》，收入沈云龙主编《近代中国史料丛刊三编》第五辑（《国闻周报选辑》第三册），台湾文海出版社1985年版，第142页。

③ 《全国教育会议开会》，天津《大公报》1930年4月15日；国闻周报社编《论评选辑（1929年12月—1930年12月）》，收入沈云龙主编《近代中国史料丛刊三编》第五辑（《国闻周报选辑》第三册），台湾文海出版社1985年版，第140—141页。

④ 陈衡哲：《清华大学与国耻》，《独立评论》第50号，1933年5月14日。

⑤ 蔡元培：《大学生之被助与自助》，《武汉日报》1932年5月27日。

⑥ 郑晓沧：《大学教育的两种理想》，《浙大日刊》1936年9月30日、10月1日。

书院一齐关门”，“这不能不说不是当时的失策。”① 潘光旦说：“记得梁任公先生曾经说过一句比较自负的话，他说我们闹了好多年的维新运动，别无成绩，总算把科举推翻了。我们今日看来，这便是一句不大认识历史与文化本位的话。”② 意思是说科举制度的废除也是一种失策，因而他极力提倡恢复“士的教育”。③ 蒋梦麟、胡适等众多知名学者提出的改革教育案，也念及“我国古来之以洒扫、应对、进退教儿童，养成其作人根本者”④。

不难发现，20 世纪 30 年代，一些知识人顺着教育中国化的思维理路，产生了一种怀恋传统与回归传统的倾向。这种倾向发展的一个结果便是形成了因政权支持而颇具声势的读经思潮和运动。1933 年，陈济棠在两广令各校恢复读经⑤，何健、宋哲元遥相呼应。1934 年，蒋介石倡导在全国开展“新生活运动”，而“新生活运动与孔子的伦理思想更若合符节”⑥。有人明确提出，“在学校中，应以养成新生活为目的而厉行新教育”⑦。除了党政要人，宏儒硕学提倡读经者也大有人在，如唐文治、姚永朴、钱基博、章太炎、梁漱溟、古直、杨寿昌、王节、顾实、李权时、崔载阳等。其中最有代表性的说法是，“于今读经，有千利而无一弊也”⑧；读经可以“养成高尚人格，庶可造就其德性才能”，“不独可以固结民心，且可以涵养民性，和平民气，启发民智，故居今之世而欲救国，非读经不可”。⑨ 教育中国化的思维理路延伸出来的另一个结果是，在当时出现了国学研究热，几乎所有的大学，包括教会大学，都设立了国学研究机构。创办于 1920 年代的无锡国学专修学校，更是兴盛一时。国联教育考察团称该校是“纯粹中国文化的学

① 傅斯年：《改革高等教育几个问题》，《独立评论》第 14 号（1932 年 8 月 21 日）。

② 潘光旦：《谈“中国本位”》，《华年周刊》第 4 卷第 3 期，载马芳若编《中国文化建设讨论集》上编，龙文书店 1935 年版，第 49 页。

③ 潘光旦：《国难与教育的忏悔》，1936 年，杨东平主编《大学精神》，第 41—45 页。

④ 《蒋梦麟、胡适等关于改革中学教育制度以适应国情案》，1934 年 8 月 25 日，《国史馆档案》，中国第二历史档案馆编《中华民国史档案资料汇编》第 5 辑第 1 编：教育（一），江苏古籍出版社 1994 年版，第 145—150 页；《时事月报》第 11 卷第 4 期。

⑤ 天觊：《文化论战中的广州》，《华年》1934 年第 3 卷第 12 期。

⑥ 和：《论祀孔大典》，《北平周报》第 84 期，1934 年 9 月 2 日。

⑦ 施培：《新生活与新教育》，《北平周报》第 60 期，1934 年 3 月 11 日。

⑧ 章太炎：《论读经有利而无弊》，天津《大公报》1935 年 6 月 15、16 日；蔡尚思主编《中国现代思想史资料简编》第 3 卷，浙江人民出版社 1983 年版，第 644—650 页。

⑨ 《教育杂志》第 25 卷第 5 号，商务印书馆 1935 年版，第 4 页。

校”，“研究‘国学’之最高学府”[①]。在裁并大学的声浪中，它反而能获得教育部的资助。

值得注意的是，国民党政府对教育中国化的推动颇为积极。其实，在教育领域里，强调中国自身的需要，本是国民党执政以后党化教育的一个特点。由于民国以来的教育权大多为从外国留学回来的新知识人所掌握，因此，强调“本国化”，在某种程度上成为党化教育者与自由教育者争夺教育权的一个砝码。[②] 早在1927年，就有人指出，“中国国民党化的教育”，是“最适合中国国情的”[③]。稍后，有人发现，中国教育“发展的趋向，是由日本化而美国化而三民主义化。后者亦可叫做中国化”[④]。把“三民主义化”等同于“中国化”，大概不能为自由教育者所同，却颇能体现国民党人的用意。此外，在教育中国化的普遍呼声下，党化教育论者一方面跟着大喊，“已往教育制度，完全不合中国国情”[⑤]，另一方面，国民党的教育政策确也很能体现这种色彩，比如，其四届三中全会关于教育的决议案，要求“各大学及学院之课程应注重本国教材”[⑥]；教育部则“拟具改进办法：系以民族意识为中心纠正万国化的个人发展”[⑦]。显然，国民党试图借中国化来推行党化。对此，也有人已洞察这种用意，“假定生产教育还有另外的目的的话，那或者就是在把一班青年都变成不会思想而只知劳作的马牛”[⑧]。专制的当政者大凡都希望普天之下皆顺民，而愚民之教育自然为其首选。

需要说明的是，教育中国化的呼声在某种程度上却是受了外人的影响。外人罗格（Harold Rugg）在中国演讲，曾几度告诉“国内教育界的领袖”，“中国学校的教育与社会的需要，不相适合”，他建议“新教育当因地制宜”，“与欧美宣告独立”[⑨]。对此，有人明确地说：“罗格教授最近在上海讲

① 陈平原：《中国大学十讲》，复旦大学出版社2002年版，第92—93页。

② 参见张太原《20世纪30年代的文实之争》，《近代史研究》2006年第5期。

③ 李驹光：《党化教育原理》，《大夏周刊》第47期，1927年11月21日。

④ 欧元怀：《中国高等教育之过去与现在》，《上海教育》第16期，1930年9月1日。

⑤ 段碧江：《教育改进与三民主义教育》，出版者不详，1933年，第129页。

⑥ 《中国国民党四届三中全会重要决议案：关于教育之决议案》，1932年，中国第二历史档案馆编《中华民国史档案资料汇编》第5辑第1编：政治（2），第402页。

⑦ 《全国教育的新动向》，《民众教育季刊》第1卷2期，1932年11月1日。

⑧ 周予同、刘真：《中国教育现状之剖视》，《中学生》第41号，1934年1月。

⑨ 潘光旦：《教育与位育》，《华年》第1卷14期，1932年7月16日。

演，希望中国教育家注意实化的教育，民众的教育，及乡村的教育。我们也深信要彻底改革我国的教育，必须努力于合乎本国需要，合乎民众需要，合乎乡村需要的教育。"[①] 外人陶内（R. H. Tawney）著书认为，"中国的大教育问题是：怎样使教育以中国的实在需要为基础，不以外国的模型为基础"；中国教育家应该"找得材料来创造一个适合中国需要的教育制度"[②]。由国民政府邀请的国联教育考察团在其呈交的报告中更是明白地指出，"中国新时代之知识分子，自革命以环，咸努力于依照某种舶来之思想，以改造中国之教育制度"，而教育内容"对于外国材料之应用过度，未能充分中国化"[③]。因而，"新中国必须振作其本身之力量，并从自有之历史，文献，及一切固有之国粹中抽出材料，以建造一种新文明"[④]。中国化，却难逃外国的影响，跟着外人来喊中国化（当然，其中也不尽如是），这不能不说是对中国化的讽刺。

其实，即使在教育中国化的具体方案中也难逃外国之辙。比如，关于职业教育，有人指出，国民政府正是根据国联教育考察团的建议而制订了其相关实施原则的；同时，人们还不无受苏联的启发，"苏俄的青年"，"头脑里没有饭碗问题，他们进学校是学某种技能，而且常常是某一个工厂或某一种职业为了某种需要而送他们进学校的。"[⑤] 关于生产教育，也显然来自于外，"试观欧美各国，对于生产教育，提倡不遗余力，俄国对于生产人才之培植，更无论矣。"[⑥] 关于农业教育，有人曾说，中国也是步的外国的后尘，"农村教育的产生，是由于农村运动"，中国的"农村运动既已发轫，农村教育之地位也因之显著"[⑦]；"美国注意农事家事知识，于各州设立推广总部"，"这

---

① 毅生：《中国教育的三大病根和救治的方法》，《明日之教育》第1卷第5期，1932年7月25日。

② ［英］R. H. Tawney：《中国的教育》，蒋廷黻译，《独立评论》第38号，1933年2月19日，第12—16页。

③ 《国联教育考察团报告》，转引自李建勋《国联教育考查团报告之批评》，《师大月刊》第4期，1933年5月1日。

④ 国联教育考察团：《中国教育的改造》，转引自叔永（任鸿隽）《评国联教育考察团报告》，《独立评论》第39号，1933年2月26日。

⑤ 陈西滢：《苏俄的青年》，《独立评论》129号，1934年12月2日。

⑥ 杜元载：《中国究需何种教育始能复兴》，《明日之教育》第1卷第4期，1932年7月10日。

⑦ 傅葆琛：《农村运动与农村教育运动的关系》，《明日之教育》第2卷第3、4期，1933年2月16日。

是我们的好榜样”[①]；即使主张农村教育最有力的徐炳昶也不承认自己的主张来源于中国“数千年已有的农村化”，而是“完全由于民众经济的观点”，并“均与苏俄制度暗合”[②]。关于人格教育，有人借鉴的是却是英国“养成Gentlemen”的教育。[③] 即使对科举制度废除的重新认识，也有外人的因素，美国的孟禄“认为科举取消得太快，弄得新旧教育制度与人才所有产生的机括青黄不能衔接”，对此，潘光旦甚以为然。[④] 更能说明问题者，主张读经研究国学的人，同样引外人来助威。[⑤]

当时，还有人指出，“中国化的教育，要能造就脑内充满科学，手内掌着马力的人才；要能够利用科学的原理和方法，手脑并用的生产人才”[⑥]。众所周知，科学本是舶来品，按此哪里是“中国化”，分明是“外国化”。这说明外来的新知早已充斥了人们的头脑，人们用之而不自觉，以致误认他乡是故乡。对此，较一般人更为清醒的庄泽宣发现，这种种中国化的主张，“还不够彻底”，“改来改去还是牛头不对马嘴，因为这些文章的作者，所有的头脑子（连我的在内），都是太西洋化了！所用的名词变来变去，还是那一套，都逃不出西洋的把戏，孙行者的本事虽大，跳不出如来的手掌。因此所推的论理，所得的结论，完全是西洋式的。”他无奈地叹道：“今后的出路如何？我自问我的头脑子也是太西洋式了，未必有好的答案。”[⑦] 这表明，人们在外国化的道路上已走得太远，已难以找到返乡之路。

20世纪30年代，关心教育的各界人士对新教育的历程进行了反思，反思的结果产生了一种共同的倾向，即大都提倡教育的中国化，即使曾经是外国化的鼓吹者和推动者的蒋梦麟、胡适等人，也提案改革教育以适应国情，充分表明教育中国化的普遍认知。但是，人们对于中国化的理解和提出的中国化主张却众说纷纭，此中国往往与彼中国相抵牾，相对以前的“西与西

① 杨廉：《复兴中国的教育政策》，《明日之教育》第1卷第1期，1932年5月25日。

② 徐旭生：《教育罪言（六）（续）》，《独立评论》第38号（1933年2月19日）。

③ 郑晓沧：《大学教育的两种理想》，《浙大日刊》，1936年9月30日、10月1日。

④ 潘光旦：《谈“中国本位”》，《华年》第4卷第3期，载马芳若编《中国文化建设讨论集》上编，龙文书店1935年版，第49页。

⑤ 《教育杂志》，第25卷第5号，商务印书馆1935年版，第10页。

⑥ 古楳：《现代中国及其教育》，中华书局1936年版，第478页。

⑦ 庄泽宣：《中国民族的出路与中国教育的出路》，《教育研究》第33期，1932年2月。

战”，此时可说是出现了“中与中战”的局面。不过，自认为中国化的种种主张，却仍然“逃不出西洋的把戏”。这表明“中国化”只是那时思想界的一个新名词，并无实质的意义。同时，这也使一些人在更大的范围内来寻找中国。

三 建设中国本位的文化

20世纪30年代，中国思想界反思的一个高潮，是《建设中国本位的文化宣言》的发表及其引起的相关讨论。以往的研究，大都倾向于论者主张的分析及与他派的论争，而未曾把它放到当时的历史语境中去从整个思想界的流向考察。其实，本位文化建设的提出主要是缘于对中国近代文化发展历程的反思。发表宣言的十教授后来自己也说，“我们曾由中国文化之史的发展去检讨西化东渐后中国文化动摇的原因，指陈以往种种运动失败的症结，主张今后的文化建设应以中国为本位”①。细察《宣言》，确是如此，其中指出，中国文化“直到鸦片战争才发生了很大的质的变动。巨舰大炮带来了西方文化的消息，带来了威胁中国步入新时代的警告，于是古老的文化起了动摇，我们乃从因袭的睡梦中醒觉了。随着这种醒觉而发生的，便是曾国藩李鸿章的‘洋务’运动，康有为梁启超的‘维新’运动，孙中山先生的‘革命’运动。”这三种运动依次是“技艺的模仿”“政治的抄袭”“彻底的改造”。而到“民国四五年之交，整个的中国陷在革命顿挫、内部危机四伏、外患侵入不已的苦闷中，一般人以为政治不足以救国，需要文化的手段，于是就发生了以解放思想束缚为中心的五四文化运动。经过这个运动，中国人的思想遂为之一变。”“新的觉醒要求新的活动”，随后，“打倒军阀帝国主义的声浪遍于全国，由此形成了一个伟大的国民革命”②。

值得注意的是，《宣言》把“鸦片战争”作为中国一个新的历史时期的开始，并以对西洋文化的态度来划分此后的历史为：洋务运动、维新运动、

① 王新命等：《我们的总答复》，《文化建设》第1卷第8期，1935年，载马芳若编《中国文化建设讨论集》上编，龙文书店1935年版，第181页。

② 王新命等：《建设中国本位的文化宣言》，《文化建设》第1卷第4期，1935年1月10日，载马芳若编《中国文化建设讨论集》上编，龙文书店1935年版，第1—2页。

五四运动和国民革命。这种历史分期法至今仍被广为沿用。宣言署名者陈高佣在另一处指出："鸦片之战，帝国主义的经济随武力而俱来，此所谓'坚甲利兵，声光化电'之输入中国；甲午以后，变法维新，运动革命，这可说是政治法律之输入中国；五四前后，哲学理论，文艺思潮，乃至社会思想的各个宗派，尽量输入，这可说中西文化接触以来走入一个最后关头了；所以自此以后，中国固有的学术思想以至伦理道德，都受到一种极严厉的批判，而便无法存在行使其支配人民生活之权威了。"[①] 由此，他更明确地把"近代士人对于中国文化问题的看法"分为："第一时期，曾李洋务运动时期，以模仿西洋的技术科学为主。第二时期，清末维新革命运动时期，以模仿西洋的法律政治为主。第三时期，五四新文化运动时期，以模仿西洋的学术思想为主。第四时期，国民革命军北伐前后时期，以模仿西洋的社会组织为主。"[②]

以鸦片战争为开端，以中国人对西洋文化态度的演进为主线，是当时文化讨论者对中国近代历史的普遍看法。常燕生的《检讨》发现，"鸦片战争以来，中国就不能仍然安于那种因袭传统的理想和实际生活形态之下了。国际强权的铁甲大炮，震醒了一向沉睡中的狮子的酣梦"[③]。雷伯豪的看法几乎相同，"鸦片战争以还，敌人之枪声金鼓齐鸣，震耳欲聋，数千年来，国人坐井观天自尊自大之迷梦"，"三种运动，由是而发生矣。三种运动者何？一曰曾国藩李鸿章之洋务运动，一曰康有为梁启超之维新运动，一曰民国八年轰动一时之五四运动。分析言之，洋务运动者，西洋技艺方面之模仿也，维新运动者，西洋政治制度之抄袭也，五四运动者，西洋学术思想之介绍也。"[④] 佛教人士释太虚也注意到，"鸦片战争之后"，中国人对于西洋文化的仿效随着战争的失利而不断递进，"羡之效之者，初则在乎枪炮兵舰，以为强国之道。唯在乎此耳。其结果则中日战争之失败，由是其羡之效之者，更进一步，而及军政法律农工商业者，庚子之后，既舍中国本有政教重心，

① 陈高佣：《教育统制与文化建设》，《大上海教育》第2卷第2、3期合刊，1935年1月，第52页。

② 陈高佣：《中国文化问题研究》，商务印书馆1937年版，第249—251页。

③ 常燕生：《现实生活与理想生活——二十年来中国思想运动的总检讨与我们最后的觉悟》，《国论》第1卷第1期，1935年7月20日。

④ 雷伯豪：《中国本位的文化建设的基础在何处》，开封《教育平话》第1卷第5期，载马芳若编《中国文化建设讨论集》下编，龙文书店1935年版，第31—32页。

将谓立国之道，胥赖乎彼，遂推行益力，其结果由清末之立宪，而成政柄迭更军阀割据之民国。民国八年，新文化之运动思潮起，其羡之效之者，更进一步，而及学术思想之文化根本，同时更以俄国式之革命相号召，宗教政治经济权力等，皆入于混乱剧变之中"①。有人还特别指出中外战争与文化变革的关联，"鸦片与英法联军之役以后才产生同光革新，中法甲午之役以后才产生戊戌变法，庚子之役以后才有革命思潮之高涨"②。

当时多数人在回顾历史时，都清醒地认识到，鸦片战争以后中国人逐渐走上了模仿西方的不归路，从技艺到政治制度再到思想文化。但是人们痛苦地发现，"中国屡次的自救，都没有大的成功"③，"取法日本失败了，取法英、美失败了，取法苏俄亦失败了"；"时而学外人之洋枪大炮，时而学外人之立宪共和，一变再变，什么都变到了，而中国之积弱不振，依然如故，甚至江河日下，不堪回首"；④"在过去，中国是曾经挂过各种的漂亮的招牌的，而中国依然没有进步"；⑤"夫数十年来中国之情况，无论其物质文明，政治与经济制度，以及其他社会上之一切，将如治丝而愈乱呼？"⑥"五四以来，二十年间，我们在文化上个别的说虽不无相当进步，但一般说来，就时间的进步说来，是一个逆流！"⑦"二十余年来讲究造炮，乃至军阀据城，土匪据野，二十余年来争论自由平等，离婚，自杀，诱拐，奸淫，造成都市记录。二十年介绍新文化，于是青年之左倾，亦变成知识之恐怖。"⑧

---

① 释太虚：《怎样建设现代中国的文化》，《文化建设》第 1 卷第 9 期，载马芳若编《中国文化建设讨论集》下编，龙文书店 1935 年版，第 93 页。

② 熊梦飞：《谈"中国本位文化建设"之闲天》，载马芳若编《中国文化建设讨论集》下编，龙文书店 1935 年版，第 124 页。

③ 陶希圣：《对于〈中国本位文化建设宣言〉的补充说明》，《教育短波》1935 年卷 5 月下册第 27 期，1935 年 5 月 21 日，第 4—5 页。

④ 《建设中国本文的文化》，汉口《太同日报》1935 年 1 月 19 日，载马芳若编《中国文化建设讨论集》上编，龙文书店 1935 年版，第 17—18 页。

⑤ 曾今可：《建设中国本位文化之我见》，上海《晨报》1935 年 2 月 15 日，载马芳若编《中国文化建设讨论集》下编，龙文书店 1935 年版，第 3 页。

⑥ 雷伯豪：《中国本位的文化建设的基础在何处》，开封《教育平话》第 1 卷第 5 期，载马芳若编《中国文化建设讨论集》下编，龙文书店 1935 年版，第 31—32 页。

⑦ 胡秋原：《中国文化复兴论》，载蔡尚思主编《中国现代思想史资料简编》第 4 卷，浙江人民出版社 1986 年版，第 150 页。

⑧ 孙承烈：《建设中国文化问题之检讨》，福州《福建文化》半月刊第 1 卷第 5 期，载马芳若编《中国文化建设讨论集》下编，龙文书店 1935 年版，第 82 页。

追随西方的结果，不但没有进步，反而每况愈下，这不能不引起人们的反思，“过去数十年间，西洋之良法美制，移植于中国者殆已不鲜；何以他国行之而致富强，在我国则罕有成效”？“此其故实足令人深长思者!”[①] 不少人反思的结果是认为中国人丧失了自信心，而盲目地崇拜西洋文化，“鸦片战争以后，国人之自尊心，突变而为极端的自卑”[②]；“鸦片战争以还，震慑于外国枪炮的利害，顿然失掉了本国的自信自尊，由惧外而媚外，由媚外而效外”[③]；“方欧西侵略之达到全国也，我同胞之心理，由攘夷而转为惧夷，敬夷，终至于崇夷而仿夷”[④]；“中国民族几十年来都是徘徊于三岔路口”，“民族的自信力消失殆尽”[⑤]。而“最足以亡民族的生命的，莫过于失去自信心与自信力”[⑥]。

有人更具体地指出，中国人对西洋文化没有选择去取，“中国民族的力图自救，而卒致愈救愈艰困者，不唯起初固守陈旧而整个的排斥为错误，五四后抛弃固有而整个的输入为错误，而‘择焉不精’的采取尤为错误。”[⑦] 有人则认为，学非所本，“我们东方人自与西方人接触以来，在无意识中已经受了他们的大骗。”就是“只学到了他们的讲享用的习气”，却没有学会他们生产的能力。[⑧] 有人则归咎于五四运动，只有破坏而无建设，“《新青年》对于近十余年中国政治社会的混乱是应该负很大责任的。《新青年》派对于中国的功绩，只在摧毁传统的社会机构和思想这一点上。”“然而不幸

① 张世禄：《建设文化之基本问题》，《晨报》1935 年 4 月 9—11 日，载马芳若编《中国文化建设讨论集》下编，龙文书店 1935 年版，第 61 页。

② 《建设中国本文的文化》，汉口《大同日报》，1935 年 1 月 19 日，载马芳若编《中国文化建设讨论集》上编，龙文书店 1935 年版，第 17—18 页。

③ 《中国本位的文化建设宣言的回响》，南京《中央日报》1935 年 1 月 17 日，载马芳若编《中国文化建设讨论集》上编，龙文书店 1935 年版，第 16 页。

④ 雷伯豪：《中国本位的文化建设的基础在何处》，开封《教育平话》第 1 卷第 5 期，载马芳若编《中国文化建设讨论集》下编，龙文书店 1935 年版，第 31—32 页。

⑤ 艾澐：《现阶段的中国文化建设运动》，《读书青年》第 1 卷第 3 期，1936 年 8 月 1 日。

⑥ 庄泽宣：《中国民族的出路与中国教育的出路》，《教育研究》第 33 期，1932 年 2 月。

⑦ 释太虚：《怎样建设现代中国的文化》，《文化建设》第 1 卷第 9 期，1935 年，载马芳若编《中国文化建设讨论集》下编，龙文书店 1935 年版，第 94 页。

⑧ 《自己不能生产的便先不用》，天津《大公报》1935 年 4 月 22 日，载国闻周报社编《论评选辑（1934 年 12 月—1935 年 12 月）》，收入沈云龙主编《近代中国史料丛刊三编》第五辑（48），台湾文海出版社 1985 年版，第 2085 页。

他们在积极方面对于未来中国的建造并没有提供出有力的意见”；“他们所留给中国的，只是消极的破坏工作，家族主义破坏了，传统的文化道德破坏了，新的可以代替的东西在哪里呢?”“中国的思想界在五四以后就变成了一片白地”①。有不少人认同这一看法，“一切旧有文化都已经是被人批判得体无完肤，都已经是破坏净尽”②；“旧的文化已经没落，新的文化尚未建立，一切道德、风俗、习惯均失去准绳”③；“今日的情形，尤其不幸。我们因为对于一切旧制度，旧道德，旧礼教的怀疑，把这些一古脑儿都打倒推翻，同时却又不能产生新道德的标准”④。

更令知识人所未料及的是，中国人几十年的努力，本来是为了救国，而到头来，不但中国再次处于危亡状态，而且即使在中国领域里也没有了中国。王新命等人的《宣言》说：“在文化的领域中，我们看不见现在的中国了”，“中国政治的形态、社会的组织、和思想的内容与形式，已经失去它的特征。由这没有特征的政治、社会和思想所化育的人民，也渐渐地不能算得中国人。”所以，“中国的领土里面也几乎已经没有了中国人”。与之相反，“目前各种不同的主张正在竞走，中国已成了各种不同主张的血战之场；而透过各种不同主张的各种国际文化侵略的魔手，也正在暗中活跃，各欲争取最后的胜利。”⑤

这虽然有点危言耸听，但却道出了许多人的心声，“中国文化在中国社会之消失，诚哉，其为不可掩蔽之事实与现象”⑥。即使“就具体的日常生活而论，也已‘没有了中国’。衣、食、住、行民生四要事，事事都洋化，尤其是喜谈文化的知识阶级，那里还见得多少‘中国’的影踪儿。”⑦ 关于

① 常燕生：《现实生活与理想生活——二十年来中国思想运动的总检讨与我们最后的觉悟》，《国论》第 1 卷第 1 期，1935 年 7 月 20 日。

② 陈高佣：《教育统制与文化建设》，《大上海教育》第 2 卷第 2、3 期合刊，1935 年 1 月。

③ 艾澐：《现阶段的中国文化建设运动》，《读书青年》第 1 卷第 3 期，1936 年 8 月 1 日。

④ 李登辉：《我们所最需要的教育》，《复旦周刊》第 24 期，1929 年 11 月 4 日。

⑤ 王新命等：《建设中国本位的文化宣言》，《文化建设》第 1 卷第 4 期，1935 年 1 月 10 日，载马芳若编《中国文化建设讨论集》上编，龙文书店 1935 年版，第 1—2、4 页。

⑥ 雷伯豪：《中国本位的文化建设的基础在何处》，开封《教育平话》第 1 卷第 5 期，载马芳若编《中国文化建设讨论集》下编，龙文书店 1935 年版，第 35 页。

⑦ 《中国本位的文化建设宣言的回响》，南京《中央日报》1935 年 1 月 17 日，载马芳若编《中国文化建设讨论集》上编，龙文书店 1935 年版，第 17 页。

不同主张在中国的争战，有人更具体地指出，“这里，有孔孟偶像的复活；这里，有释迦香烟的缭绕；这里，有德谟克拉西思想的憧憬；这里，有法西斯蒂理论的酝酿；这里，更有布尔希维克学说的流行”[①]。“复古呢？英美化或苏俄化？中体西用化呢？”“中国的思想界，早成为这三种主张的血战场”[②]。“总而言之，中国目前一切生活现象及内容，均充满了矛盾，几乎人人徘徊于十字街途，作那东西南北之张望，牺牲的牺牲了，彷徨的彷徨着。”[③]“任何一种都还没有定型化。而且任何一种都在奋斗，以图取得生长繁荣的机会，因此，在文化界呈出了五花八门，莫衷一是的样子”[④]；“一般社会中坚人物，犹复各是其是，各非其非”[⑤]。

正是面对“中国”的“消失”和思想界的这种混乱，十教授才联合宣言要建设中国本位的文化，试图来造成一种“中心的信仰”[⑥]。宣言署名人何炳松明确指出：“我们的意思，中国在现代的文化领域中已经消失了。要使他抬头，必须从事于中国本位的文化建设。”[⑦] 宣言署名人萨孟武也解释到，“中国本位的文化建设宣言乃于文化过渡期之内，想建设一个新的基本观念，使国人不至于盲从各种矛盾的思想”，“以挽回人心”[⑧]。

不难发现，提倡建设中国本位的文化，既是知识人反思近代历史的结果，又是中国人思想变化的明证。尽管当时“崇外爱新”依旧，正如萨孟武所言，“现在中国就是属于文化过渡时期的时代，爱新心代替了保守性，

① 李立中：《中国本位文化建设批判总清算》，《文化建设》第1卷第7期，1935年，载马芳若编《中国文化建设讨论集》上编，龙文书店1935年版，第86页。

② 王懋和：《中国到哪里去?》，《晨报》1935年4月14日，载马芳若编《中国文化建设讨论集》下编，龙文书店1935年版，第63页。

③ 熊梦飞：《谈“中国本位文化建设”之闲天》，载马芳若编《中国文化建设讨论集》下编，龙文书店1935年版，第122页。

④ 叶青：《读〈中国本位的文化建设宣言〉以后》，《文化建设》月刊第1卷第5期，载马芳若编《中国文化建设讨论集》上编，龙文书店1935年版，第33—34页。

⑤ 《论本位文化》，汉口《武汉日报》1935年4月6日，载马芳若编《中国文化建设讨论集》上编，龙文书店1935年版，第29页。

⑥ 《中国本位文化之建设》，南京《朝报》，1935年1月16日，载马芳若编《中国文化建设讨论集》上编，龙文书店1935年版，第15页。

⑦ 何炳松：《论中国本位文化建设答胡适先生》，《文化建设》第1卷第8期，载马芳若编《中国文化建设讨论集》中编，龙文书店1935年版，第67—68页。

⑧ 萨孟武：《论中国本位文化建设答胡适先生》，《文化建设》第1卷第8期，载马芳若编《中国文化建设讨论集》上编，龙文书店1935年版，第69—70页。

自轻心代替了自尊心，不论任何思想，只要他是新奇而且来自外国的，无不与以暂时的热烈欢迎，至于此种思想是否适合于中国现社会的需要，则置而不问”[①]。但是，也有相当一部分士人开始“觉悟”[②]，“到了最近几年，人们渐渐都有点自觉心理了”[③]；“中国人的自尊心已经觉醒了！不甘学人言语，随人脚跟，而要求文化之独立了，要求文化之创造了”[④]；人们认识到，“夫徒事模仿，抄袭或介绍，要亦非根本之大计，良以文化有其历史之渊源，又有其社会与自然之背景。”[⑤] 所以，“中国的问题需要我们具体的认识，解决中国问题的方案，亦需要我们就实际情形而重新决定。”[⑥] 即使胡适也曾认为，建国“不完全是‘师法外国’的问题”[⑦]，尽管当他感到师法本国传统成为潮流的时候，依然强调“全盘西化”，“但是由此亦可知自觉的心理已经是近年来人所同有了，因此到了二十四年春间便有一十宣言的产生”[⑧]。这里，当事人陈高佣明确地道出了人们对近代历史的反思和一十宣言的关联。[⑨] 即使日人室伏高信也看出了这一点，“在世界文化的波浪上，他们回顾他们的过去，自己醒觉，自己反省，而在模仿与翻译之长久记录后，继续自己的再评价，以创造自己。”“惟从这个时代，却得到了一个教训，似已无可疑，至少盲目的崇拜西洋的时代，现在是过去了。这是确定的事实。中国本位的文化运动”便是明证。[⑩] 可以说，一十宣言既是当时思想界反思的结果，又是反思的高潮和象征，尽管其中也掺杂着若隐若现的政治因素。

---

① 萨孟武：《论中国本位文化建设答胡适先生》，《文化建设》第1卷第8期，载马芳若编《中国文化建设讨论集》上编，龙文书店1935年版，第69—70页。

② 《自己不能生产的便先不用》，天津《大公报》1935年4月22日，载国闻周报社编《论评选辑（1934年12月—1935年12月）》，收入沈云龙主编《近代中国史料丛刊三编》第五辑（48），台湾文海出版社1985年版，第2085页。

③ 陈高佣：《中国文化问题研究》，商务印书馆1937年版，第303页。

④ 余景陶：《谈中国本位文化》，《独立评论》149号，

⑤ 雷伯豪：《中国本位的文化建设的基础在何处》，开封《教育平话》第1卷第5期，载马芳若编《中国文化建设讨论集》下编，龙文书店1935年版，第31—32页。

⑥ 陈高佣：《怎样了解中国本位的文化建设》，《文化建设》第1卷第8期。

⑦ 胡适：《建国问题引论》，《独立评论》77号（1933年11月19日）。

⑧ 陈高佣：《中国文化问题研究》，商务印书馆1937年版，第303—304页。

⑨ 由于《建设本位的文化宣言》是在1935年1月10日发表的，因此，时人又称其为《一十宣言》。

⑩ 室伏高信：《中国思想界的巨浪》，《文化建设》第1卷第12期，1935年9月10日。

由此不难理解一十宣言在中国近代思想史上的意义，对于这一点，时人还把它与五四运动进行了比较，“五四运动的思想表现是充满了批判的精神，而‘一十宣言’的思想表现亦处处注重批判的态度，此为五四运动与‘一十宣言’之相同点。五四运动之批判精神是侧重破的方面，而‘一十宣言’之批判精神侧重立的方面，此为五四运动与‘一十宣言’之相异点，这是历史发展的必然趋势，是文化运动的自然方式。”“盖数千年来的传统文化，若不经过五四运动的严厉批判，绝不能打破他人支配权威，但破坏以后若终究没有新的文化系统建立，人民徘徊歧路，无所依归，势将更感痛苦。所以十六年前先有以‘破’为根本态度的五四运动，至今日又有以‘立’为根本态度的‘十一宣言’。”“没有五四运动的历史，绝不会有‘一十宣言’的要求”。① 不过，一十宣言也仅仅是反映了思想界“立”的态度和倾向，从其引起的争论和后来的实际看，其并未“立”起来。因为当时“破”较为明确，而“立”什么则众说纷纭。况且，长期以来，人们已形成了一种怀疑、批判的习惯，对于“立”和“建设”还并不具备认同的心理。细察当时人们的态度，责言远远多于赞语，整个社会似仍笼罩在不满的情绪之中。

结　语

清末以来知识人尊西崇新，以西为贵，惟新是尚，到 20 世纪 30 年代，相当一部分知识人已认识到这一特点，并开始反思。这种反思是比较普遍的，涉及政治思想、教育和文化等领域，几乎所有的思想流派都无一例外，联系到稍后出现的马克思主义中国化之提倡，更能说明这一点。当时，“中国化”逐渐成为流行语，强调外来之说应用于中国实际，蔚为潮流，充分体现了中国思想界的变化。

另一方面，这种反思也是比较深入的，已经触及近代各种思潮的底色进化论观念，人们发现近代中国尽管瞬息万变，但是并没有多少进步，甚至在有些方面还是倒退，比如，“光宣时代的清政府与现在的党政府对外和对内

① 许性初:《从五四运动说到一十宣言》,《文化建设》第 1 卷第 5 期，1935 年 1 月 18 日，载马芳若编《中国文化建设讨论集》上编，龙文书店 1935 年版，第 44—45 页。

的根本态度，可算完全相似，没有什么差别。”但是，“党政府的把持政权比清政府还要厉害一万倍”![1] 有人“统观三十年来教育”，“在形式不无进步，而实质上乃大退步，且其退步之速，尤以近十年来为最。”[2] 即使深受进化论影响当时其实仍未摆脱的胡适，经过“惨痛的回忆与反省”，也清醒地认识到，中国“三十多年的民族自救运动”，“已得的进步往往还不够反动势力的破坏，所得虽不少而未必能抵偿所失之多”；“五十年了！把戏还是一样!”[3] “二十三年过去了，我们还只是一个抬不起头来的三等国家。”[4] 对此，有人深感共鸣，“中国近代的反应，几及百年”，然而，“一切运动都失败了”，结果，“除了古代的病根，又加了新的病根”[5]。可见，人们所亲身经历的社会变迁正在冲击近代以来已深入中国人心的进化论观念。

近代史的不少研究者都指出过，近代以来，中国人对革命形成了一种崇拜，其实 20 世纪 30 年代的知识人早已认识到了这一点，并进行了反思。尽管当时“革命”仍为时髦，“辛亥以来，中国人无日不言革命。近年尤甚，盖推不革命即为反动之义；几乎无人不以革命者自居”[6]。但是，也有不少人发现革命反而使中国越来越糟，“我们中国近二十年为革命而牺牲的生命财产，人民为革命所受的痛苦，谁能统计呢?”“其自然的影响是国权和国土的丧失”，因此，“在我们这个国家，革命是宗败家灭国的奢侈品”，“中国现在的所谓革命就是建国的一个大障碍。”[7] “廿余年来政治上循环之武力破坏，一无成功，且愈趋愈下”[8]。“自戊戌政变迄今近四十年，其中经过多少‘辛亥革命’、‘洪宪帝制’、‘张勋复辟’、‘革命军北

① 陈启天：《由满清历史说到“党国”现状（续）》，《民声周报》第 27 期，1932 年 6 月 5 日。

② 《最可悲可忧之现象》，天津《大公报》1930 年 7 月 8 日。

③ 胡适：《惨痛的回忆与反省》，《独立评论》第 18 号（1932 年 9 月）。

④ 胡适：《双十节的感想》，《独立评论》第 122 号（1934 年 10 月）。

⑤ 蒋明谦：《西方文化的侵入与中国的反应》，《独立评论》第 22 号（1932 年 10 月）。费正清曾专门赞扬过《独立评论》，或许他提出的刺激—反应说是受这篇文章的影响。

⑥ 《民国十九年国庆》，天津《大公报》1930 年 10 月 10 日；国闻周报社编《论评选辑（1929 年 12 月—1930 年 12 月）》，收入沈云龙主编《近代中国史料丛刊三编》第五辑（《国闻周报选辑》第三册），台湾文海出版社 1985 年版，第 375—376 页。

⑦ 蒋廷黻：《革命与专制》，《独立评论》第 80 号（1933 年 12 月）。

⑧ 《吾人对政治上之信念》，天津《大公报》1933 年 12 月 11 日，载国闻周报社编《论评选辑（1932 年 12 月—1933 年 12 月）》，收入沈云龙主编《近代中国史料丛刊三编》第五辑（46），台湾文海出版社 1985 年版，第 1719—1720 页。

伐’等一类的节目，无时不是在革命，无时不是在建设新的政治组织。而现在的成就是什么？表面上是十足现代式的国家了，其实比清季的帝政，甚至比秦前的诸侯割据进步几许！”[①]“中国从不彻底的辛亥革命以来，到北伐成功为止，历时显然很久，而政治永不见有进步，反有每况愈下之感。”[②]“辛亥革命，至今已足足二十四年。在这二十四年之中，什么伟大事业，什么艰难事业，都可以造成了。但事实却不这样。土地削了一大块，国债加了无数万，内忧外患，纷至沓来。现在中华民国的地位，比之辛亥年的大清帝国，恐怕还差一等。”[③] 革命不但没有带来政治社会的进步，反而使国家地位每况愈下，甚至比清季还要差，这大概是对中国近代历史的最大讽刺。

进一步细察当时的思想界，知识人对近代以来的这种反思造成了两种社会心理：一是厌恶破坏、内战和革命；二是渴望更大更新的“激变”，即更彻底的不妥协的革命。关于第一种社会心理，蒋廷黻说，“经过这二十年的革命和内战，我们政治的勇气和理想已丧失大半”，“任何新标语都不出色了。新出的杂志都没有劲，都唤不起任何运动和潮流。随便你讲什么主义，提什么方案，听者都不置可否。我们革命疲了，战争疲了，失望疲了”。[④] 这就是说，在一连串的革命和战争面前人们的心理逐渐变得麻木了。正因为“激变”没有给人们带来预期的“新天新地”，所以人们对新的变化或运动不再奢望。

以对革命的认识来说，“中国的革命，是一不生产阶级代替他一不生产阶级，更可以说，是一个更坏的不生产阶级替代了一个次坏的不生产阶级，作统治阶级，所以社会的生产力，更加消缩。”[⑤] 在徐炳昶看来，由于参加革命的是一个比一个“更坏”的“不生产阶级”，所以中国的境遇是越革命越坏。这样一种厌恶革命的社会心理，很自然地升华为这样在一种社会认

① 翟象谦：《建设问题》，《独立评论》第 98 号（1934 年 4 月）。

② 郝廷柱：《教育与政治——我们的出路在哪里?》，《北平周报》第 122、123 号合刊，1935 年 6 月 23 日。

③ 涛鸣（吴宪）：《双十节应如何纪念》，《独立评论》第 172 号（1935 年 10 月）。

④ 蒋廷黻：《南京的机会》，《独立评论》第 31 号（1932 年 12 月）。

⑤ 徐炳昶：《中国革命与欧洲革命》，《独立评论》第 87 号（1934 年 1 月）。

识：仅仅从破坏着手并不能真的消除旧势力；频繁的政治上的“换马”，也并不能真正解决实际问题；或者说形式上的“新”并不一定能改变内容上的“旧”；因此，社会的真正进步，是在于为社会各阶层所信仰的“重心”吸引和带领下，进行“逐步累积”的“建设”。由此种认识出发，一些人可能会产生以既存的当政者为对象“重塑社会重心”，以求逐步“建设”的愿望，比如胡适就是如此。

关于第二种社会心理，翁文灏曾说，“旧的日渐破坏，新的不见成功”，“对于现状总是不满，常想换一个新鲜局面看看”。[①] 也就是说，一次变了不如意，希望再变，再次变了不如意，还是希望继续变，这样就使人们产生了总是求变的心理惯性。尽管人们已经认识到，“‘新的不一定是好的’。这是常常听见的，然而无论谁对于新的将来，总抱着种种希望！”[②] 蒋明谦则更明确地说，“总要在千百年来人们如出一辙的故辙外开出新路，与其由故辙以苟且偷安，何如由新路以尽历艰苦；与其失败于故辙，何若失败于新途；若此，即失败，亦可多增一番经验。”[③] 即使“失败”，也渴望走上“新途”，这表明 20 世纪 30 年代仍有许多人存在着求再变的心理。由此种心理出发，很自然地会使人们希望出现一个前所未有的“生产阶级”，来带领中国进行一次真正彻底的与旧势力绝缘的大革命。

更具体地说，由反思造成的两种社会心理，又可导出知识人的两种政治倾向：一是对国民党寄予“改造”的厚望，努力促使它做“社会的重心”，因而予以维护并与之合作；二是对共产党抱以同情，希望它有“试验”其主义的机会和地盘。后来，知识分子在政治上之所以二分，其实，早在 20 世纪 30 年代，就已经有了思想上的迹象。

最后，应该看到，20 世纪 30 年代思想界的反思，并未真正摆脱西洋的影响，用西方的理论或经验来说明中国不能完全效仿，就是例证，这表明中国人陷西已深，思维方式已发生改变，醒然仍无以自立，正如鲁迅所言，清醒了，却没有路走。同时，人们对进化论的质疑，也没有改变普遍趋新的社

① 翁文灏：《从反省中求出路》，《独立评论》第 54 号（1933 年 6 月）。
② 胡求：《对于新校长的希望》，《清华周刊》第 29 卷第 1 号，1928 年 2 月 10 日。
③ 蒋明谦：《西方文化的侵入与中国的反应》，《独立评论》第 22 号（1932 年 10 月）。

会心理，相当多的人仍以进化的进程来看待社会发展。自然，一部分知识精英对革命的认识，也未影响到青年人对革命的崇尚，革命似乎仍是最具吸引力的人生晋升之途。总而言之，整个社会，还不能对近代以来的知识和思想进行系统的自觉的清理。况且，国难激起了这种反思，但又由于更严重的国难——全民族抗战的爆发，打断了这种反思。

传承中华优秀传统思想 推进当代中国马克思主义发展*

金民卿

（中国历史研究院近代史研究所）

摘要： 中华优秀传统思想源远流长，应当立足新时代的历史方位，以科学的态度和方法深度辨析和理性传承大同社会理想、民族团结意识、爱国主义精神、道德伦理思想、个人修养学说等思想精华，把握其在差异融合中创新发展的内在逻辑和鲜明特征，为当代中国马克思主义的理论创新提供思想资源、文化基因、发展经验和历史借鉴，在中华优秀思想创造性转化和创新性发展过程中，进一步实现马克思主义基本原理与中国具体实际、优秀传统思想和当今时代特征的创造性结合，通过马克思主义中国化和中国实际马克思主义化的“两化”互动，推进当代中国马克思主义的创新发展。

关键词： 中华优秀传统思想　马克思主义中国化　当代中国马克思主义　差异融合

有着数千年历史的中华传统思想像一座宝库，每一个历史时期都产生了一批杰出的思想家，留下了许多珍贵的思想遗产和经典著作，为中华民族和全人类的文明进步做出了巨大贡献。马克思主义中国化的一个重要内容，就是不断把马克思主义基本原理同中国优秀传统思想创造性地结合起来，丰富

---

* 本文原载《马克思主义与中华文化研究》2019 年第 1 期，此次略有修改。

和发展中国化马克思主义的理论宝库。在新时代中国特色社会主义的历史方位中，我们要深入研究和传承弘扬中华优秀思想，在中华优秀思想创造性转化和创新性发展的过程中，进一步实现马克思主义基本原理与中国具体实际、优秀传统思想和当今时代特征的创造性结合，通过马克思主义中国化和中国实际马克思主义化的“两化”互动，推进当代中国马克思主义的发展创新。

一　深度辨析、理性传承中华传统思想

研究中华思想，就是要以马克思主义唯物史观为指导，对中华民族五千多年思想发展的历史进行深入发掘和梳理，在全面考察与总结中华思想的过程中，深度辨析传统思想的精华和糟粕，准确认知和把握传统思想的内核与实质，更好地理解、吸收、传承和弘扬中华优秀传统思想的精华。

以科学的态度对待中华思想遗产。在对待历史遗产和中华传统思想的问题上，决不能割断历史、割断思想，决不能成为历史虚无主义者、文化虚无主义者。既不能像全盘西化论者那样照搬照抄西方思想，也不能像文化复古论者那样不加分析地盲目接受传统思想，而是要始终坚持科学的态度和方法，立足于当代社会实践，结合时代发展要求，既要回首过去、追溯历史，又要超越陈规、创新发展。在这个问题上，毛泽东曾指出：“学习我们的历史遗产，用马克思主义的方法给以批判的总结，是我们学习的另一任务。我们这个民族有数千年的历史，有它的特点，有它的许多珍贵品。对于这些，我们还是小学生。今天的中国是历史的中国的一个发展；我们是马克思主义的历史主义者，我们不应当割断历史。从孔夫子到孙中山，我们应当给以总结，承继这一份珍贵的遗产。”① 习近平在继承上述思想的基础上进一步提出：“中国共产党人是马克思主义者，坚持马克思主义的科学学说，坚持和发展中国特色社会主义，但中国共产党人不是历史虚无主义者，也不是文化虚无主义者。我们从来认为，马克思主义基本原理必须同中国具体实际紧密结合起来，应该科学对待民族传统文化，科学对待世界各国文化，用人类创

① 《毛泽东选集》第2卷，人民出版社1991年版，第533—534页。

造的一切优秀思想文化成果武装自己。在带领中国人民进行革命、建设、改革的长期历史实践中，中国共产党人始终是中国优秀传统文化的忠实继承者和弘扬者，从孔夫子到孙中山，我们都注意汲取其中积极的养分。”① 这就是说，只有坚持从当代中国的实践和未来中国的发展这两个角度去观察和审视中华传统思想，才能更好地继承中华民族传统思想的优秀成果，弘扬其发展中积累下来的优良传统，为我所用、为今所用、为将来所用，实现历史思想、当代实践和未来发展的有效贯通。

认真辨析中华思想的精华和糟粕。思想史研究并不是简单地对所有思想资料进行汇总，而是要在全面集成的基础上，对传统思想的优秀内容和糟粕成分进行系统梳理和深度辨析，精华内容和合理内核加以保留、传承和弘扬，糟粕部分加以剔除和批判，避免其对当代中华思想造成冲击和侵害。吸收思想精华，剔除思想糟粕，关键在于树立区分精华与糟粕的正确标准。毛泽东同志曾以“民主的、革命的”来界定传统思想的精华，用“封建性的”来指称糟粕性的内容。在当今时代，必须坚持以马克思主义为指导，以中国特色社会主义实践为试金石，确定辨析和取舍的标准。具体来说，就是要看传统思想中的内容，是维护人民利益还是反对人民利益，是促进生产力发展还是妨碍生产力发展，是推动历史进步还是阻碍历史进步，是具有长期的历史传承性还是仅仅存在于短暂的历史阶段内，是能够被当代人们吸收借鉴并服务于当今时代发展还是不利于当今时代发展，是能够实现创造性转化和创新性发展还是仅仅停留在历史当中而不能实现现代转化。凡属前者的应当是加以传承和弘扬的精华性的内容，凡属后者则是过时的或糟粕性的内容。基于这样的思考，在当今时代条件下，发掘传统思想的精华，剔除传统思想的糟粕，需要在以下几个方面进行努力。

充分揭示中华传统思想中的唯物论传统、辩证法因素与人民性思想。中华传统思想中具有悠久的唯物论传统。殷周时代发展起来的阴阳五行论认为，水、火、木、金、土五种物质是世界的本原；荀子提出，“形具而神生”；王充提出，“天地合气，万物自生”；张载认为，“太虚不能无气，气

① 习近平：《在纪念孔子诞辰 2565 周年国际学术研讨会暨国际儒学联合会第五届会员大会开幕会上的讲话》，人民出版社 2014 年版，第 13 页。

不能不聚而为万物”；王夫之认为，“气”是阴阳变化的实体，理乃是变化过程所呈现出的规律性，理是气之理。这些都是物质第一性、意识第二性的唯物主义思想。朴素辩证法思想在中华传统思想中也十分丰富。《周易》“一阴一阳”、二气交感的宇宙论哲学，塑造了中国人基本的思维方式；《老子》提出“反者道之动”的经典命题；讲究对立统一与运动变化的辩证法思想在中国哲学中普遍存在，不仅是存在于唯物主义思想家的思想体系中，也大量存在于唯心主义思想家的思想中，甚至遍及于普通人的生活观念中。中华传统思想中也包含着丰富的人民性思想，例如“以人为本”“民惟邦本”“民贵君轻”的民本思想等。深入挖掘和整理这些传统思想中的优秀资源，不但有助于推动马克思主义世界观方法论的宣传教育，也有助于全面准确地把握马克思主义与中华优秀思想的关系，为马克思主义中国化提供丰富的思想资源。

仔细辨析和澄清长期或者特定时期内被误解的优秀思想资源。一种深刻复杂的思想在流传过程中被教条化、简单化的情况屡见不鲜。中华古代思想家讲究以身立言、言传身教，有些思想家只留下了一些对话记录、思想片段，这给后人理解他们的思想带来了一些困难，往往只能通过其日常书信、语录等来发掘其思想。例如，儒家经典《论语》《朱子语类》、王阳明的《传习录》等就是如此。由此，思想的转述、传播与理解，也就更加困难。近现代以来，随着时代巨变，学术研究范式与概念体系发生了深刻变化。一些学者机械地以现代学术研究的方法、标准、概念去表述古代的思想观念，有许多思想往往被简单化和碎片化，有的则被长期误读、误用或歪曲。我们要通过全面展示传统思想，正本清源，对种种误解甚至歪曲进行系统的、有说服力的辨析与澄清。

再现和发扬被统治阶级意识形态所排斥的、有进步性的思想。思想作为上层建筑是由经济基础所决定的。在特定历史时期中，符合统治阶级利益的思想得到高扬和维护，而不符合统治阶级利益但具有历史进步性的思想则往往被排斥、打压甚至销毁。例如，墨翟的《墨子》、王充的《论衡》、范缜的《神灭论》等较多反映下层民众生活、具有战斗精神的思想论著，曾经长期受到冷落；晚明思想家李贽的反专制思想和著作曾经遭到压制和摧残；一些来自民间的作品长期被作为“不登大雅之堂”的内容而遭到鄙弃；清代文字狱更是直接禁毁了大量为统治阶级所忌惮的、富有革命性和进步意义的思想与著述。对于这些因统治阶级打压而影响受限的思想和著作，我们要按照“人民思想史”的基本立场予以重视、还原和再现。

剔除传统思想中的糟粕性内容，特别是对今天社会发展具有极大危害的内容。中国有着两千多年的封建社会史，封建专制时代的某些糟粕性思想影响深远，在当代中国依然根柢犹存、时常作祟。例如，专制作风、等级特权、官僚主义、形式主义、享乐主义等在社会生活中依然大量存在，干扰社会秩序，破坏社会风气。习近平就讲道：“官僚主义实质是封建残余思想作祟，根源是官本位思想严重、权力观扭曲，做官当老爷，高高在上，脱离群众，脱离实际。有些领导干部爱忆苦思甜，口头上说是穷苦家庭出身，是党和人民培养了自己，但言行不一，心里想的是自己当上官了，终于可以扬眉吐气了，要好好享受一下当官的尊荣，摆起官架子来比谁都大。”① 这些就是现实版的封建思想糟粕。从思想史的角度充分认清和清理这些思想糟粕形成的历史根源、阶级背景与严重危害，有助于消除其现实危害，促进社会道德和党风政风的改善。

总之，源远流长的中华文化包含着丰富的优秀思想，延续了中华文明的思想血脉，积淀了中华民族最深层的精神追求，蕴含着中华民族最根本的精神基因，代表着中华民族独特的精神标识，滋养着中华民族的发展进步；不仅为中华民族生生不息、发展壮大提供了丰厚滋养，也为人类文明进步做出了独特贡献；不仅铸就了历史的辉煌，而且在今天仍然闪耀着时代的光芒。我们要立足新时代，以高度的文化使命感充分吸收和弘扬这些优秀传统思想。

二　中华民族创造了丰富深刻的优秀传统思想

习近平曾指出：“包括儒家思想在内的中国传统思想文化中的优秀成分，对中华文明形成并延续发展几千年而从未中断，对形成和维护中国团结统一

---

① 《习近平关于党风廉政建设和反腐败斗争论述摘编》，中央文献出版社、中国方正出版社 2015 年版，第 75 页。

的政治局面，对形成和巩固中国多民族和合一体的大家庭，对形成和丰富中华民族精神，对激励中华儿女维护民族独立、反抗外来侵略，对推动中国社会发展进步、促进中国社会利益和社会关系平衡，都发挥了十分重要的作用。"[①] 中华优秀传统思想历史悠久，留下了浩如烟海的思想遗产，有大量探索宇宙自然和人生社会的深刻智慧，蕴藏着当代治国理政和解决当代人类难题的重要启示。在这里我们仅从大同社会理想、民族团结意识、爱国主义精神、道德伦理思想、个人修养学说等几个方面做一些概述。

"天下为公"的大同社会理想。《礼记·礼运》描绘道："大道之行也，天下为公，选贤与能，讲信修睦。故人不独亲其亲，不独子其子，使老有所终，壮有所用，幼有所长，鳏、寡、孤独、废疾者皆有所养。男有分、女有归，货恶其弃于地也，不必藏于己，力恶其不出于身也，不必为己，是故谋闭而不兴，盗窃乱贼而不作，故外户而不闭，是为大同。"这种以"天下为公"为核心的大同社会理想，浸润在中国思想的底蕴当中，不仅成为知识精英的思想价值追求，甚至成为社会大众对现实社会的判断标准，在几千年的历史发展中呈现出不同的形态，构成了中华民族发展的强大理想牵引力量。直到近现代，这种社会理想仍然焕发着新的生命活力，洪秀全的太平天国、康有为《大同书》中的"太平世"、孙中山的民生主义就是其近代发展形态。中国共产党人在规划未来社会理想时也吸收了大同社会理想的思想因子，毛泽东在《论人民民主专政》中就把共产主义、阶级消灭与世界大同联系在一起："经过人民共和国到达社会主义和共产主义，到达阶级的消灭和世界的大同。"[②] 这个论断实际上就是在中国优秀传统思想中发掘了与共产主义理想相关的思想基因，揭示了大同社会理想同共产主义理想之间的某种相通性，并对它进行马克思主义的解释和改造提升。当然，他也明确指出了大同社会的缺陷，它缺乏理论上的科学性、有效的力量支撑和现实的实现路径，因而只是一种美好的空想，只有按照马克思主义的指导，在无产阶级及其政党的领导下，经过革命实践才能实现科学

① 习近平：《在纪念孔子诞辰 2565 周年国际学术研讨会暨国际儒学联合会第五届会员大会开幕会上的讲话》，人民出版社 2014 年版，第 5—6 页。

② 《毛泽东选集》第 4 卷，人民出版社 1991 年版，第 1471 页。

的大同理想即共产主义理想。

各民族融合团结的中华民族意识。民族思想具有长期性和稳定性，能够融入这个民族每一个人的血液中去，形成思想和行为上的自觉和默契，构成民族认同的思想之根。以此为根据，民族国家内部培育和发展着丰富多彩的思想形态，形成一体多样的思想共同体。2014 年 9 月，习近平在中央民族工作会议上的讲话中指出：中华民族和各民族的关系，形象地说就是一个大家庭和家庭成员的关系，各民族的关系是一个大家庭里不同成员的关系；强调各个民族是多元，中华民族是一体；一体包含多元，多元组成一体；一体离不开多元，多元也离不开一体；一体是主线和方向，多元是要素和动力。中华民族具有“多元一体”的基本特点，是一个由各民族汇聚成的大家庭，是中国各民族融合发展的自然结果。距今四五千年前，中华大地上就已形成了华夏、东夷、南蛮、西戎、北狄五大民族集团，随着不断进行的迁徙、散居、通婚等各种形式的交流，血缘逐渐融合，大多数民族都是融合了多种民族成分而形成了今天的民族单元。此后，在春秋战国时期、魏晋南北朝时期、宋辽金元时期以及清代前期等不同历史时期发生了多次民族大融合。在这个历史进程中，民族团结和民族融合始终是一个永恒主题，各民族的生产方式、生活习惯、社会风俗、知识体系、思维方式等相互交流，相互促进，相互融合，汇聚成多姿多彩、内容丰富的中华民族思想，成为中华民族共同的精神维系力量，民族认同的核心。鸦片战争后，外国侵略和亡国灭种的危机把各民族的命运紧密连在一起，各族人民深刻认识到中华民族是一个命运共同体，一荣俱荣、一损俱损，各民族只有把自己的命运同中华民族的命运紧紧连接在一起才有前途和希望，这就是各民族团结统一和共同发展的中华民族意识，它所形成的强烈认同感和归属感，使中华民族团结统一的思想纽带更加牢固。

维护国家统一和尊严的爱国主义思想。周朝时期，中华民族就已经创制了以周天子为“天下共主”、以各分封诸侯管理地方的政治体制，天下共主统一管理，分封诸侯维护天子，形成了天下统一的局面。经过战国时期的“礼崩乐坏”，秦始皇建立了中央集权政府，在政治制度上强化了国家的统一。汉承秦制，进一步加强统一的中央政权，“大一统”的思想观念得到系统化并在政治实践上贯彻，文化上的“罢黜百家、独尊儒术”政策把“大一统”政治理念在意识形态上进一步加以巩固。从那时起，中国历史虽然历经朝代更迭，呈现分分合合的发展轨迹，但总体上是以统一为大方向，反对和抵制分裂、渴望和维护统一是大趋势，“大一统”的政治理念已经成为中华民族思想的深层精神追求和内在价值尺度。近代以后，在列强侵略和封建制度没落的双重夹击下，中国日益沦落为半殖民地半封建社会，国家失去独立，民族失去尊严，人民失去幸福，中华民族到了生死存亡之秋。面对苦难，中国人民没有屈服，为捍卫国家主权独立和统一而奋起抗争，谱写下一曲曲可歌可泣的悲壮史诗。历史上不仅留下了苏武、岳飞、文天祥、郑成功等捍卫国家尊严、维护民族统一的精神标识，而且凝结了“常思奋不顾身，而殉国家之急”、“捐躯赴国难，视死忽如归”、“位卑未敢忘忧国”、“天下兴亡，匹夫有责”、“苟利国家生死以，岂因祸福避趋之”的爱国主义思想表达。

注重人伦的优秀道德思想。道德伦理学说是中华思想体系中的重要组成部分。春秋战国时期，中华古代思想逐步实现从重神到重人的转变，由此带来了对人际关系及道德伦理的重视，推动了道德观念的升华。随着伦理道德逐渐变成世俗化的普遍的社会政治规范，“德”的地位日益凸显。人们对道德的价值功能进行了讨论，并将伦理作为指导社会政治生活的根本法则之一。儒家对道德规范的认识价值和行为操作价值作了充分论证，赋予每一项道德规范以具体的政治功能，主张以道德原则规划社会政治，约束政治行为。秦汉以后，伦理学、哲学与政治学混合在一起的儒家学说居于意识形态的主流地位，深刻影响了中华思想的走向。此后历代学者均将思考的重心放在道德伦理方面，形成并发展了丰富的道德伦理思想。在这个思想体系中，以仁、德为核心，“天下为公”“以德配天”“为政以德”“修齐治平”成为理想的政治准则，仁义礼智信、温良恭俭让等受到推崇并成为规范行为准则。思想家和经典著作对伦理道德进行了多方面阐述，孟子言五伦、论四端；荀子则隆礼、亲师，重视后天修养；汉儒倡导“三纲五常”之说；《中庸》提倡知、仁、勇，《大学》论格物、致知、诚意、正心、修身、齐家、治国、平天下，归本于明德、亲民，止于至善等。这些丰富的道德伦理学说，在当代社会历史条件下依然具有深远影响和重要意义。

积极向上的人生修养学说。中华先哲从先秦时期起便关注现实人生，提出了丰富的关于人生哲学及人生观学说。强调个人责任，注重自强不息、刚健有为、厚德载物，倡导“天行健，君子以自强不息”“地势坤，君子以厚德载物”；倡导讲仁爱、重民本、守诚信、崇正义、尚和合、求大同的思想理念，强调“民惟邦本”“天人合一”“和而不同”；强调“君子喻于义”“君子坦荡荡”“君子义以为质”；强调“言必信，行必果”“人而不信，不知其可也”；强调“德不孤，必有邻”“仁者爱人”“与人为善”“己所不欲，勿施于人”“出入相友，守望相助”“老吾老以及人之老，幼吾幼以及人之幼”“扶贫济困”“不患寡而患不均”。历代思想家都留下了关于人生理想的重要论述。孔子提倡“朝闻道，夕死可矣”，践行“知其不可而为之”的精神，“乐而忘忧，不知老之将至”，为实现理想，生命不息，奋斗不止。孟子提出“当今之世，舍我其谁也”，表达了勇于担当重任的使命意识，倡导“富贵不能淫，贫贱不能移，威武不能屈”的大丈夫精神。墨子主张“摩顶放踵、利天下，为之”。韩非子主张为了“利民萌，便众庶”，不避“灭亡之害”。屈原主张“路漫漫其修远兮，吾将上下而求索”，“虽九死而犹未悔”。荀子主张“驽马十驾”，“锲而不舍”，坚忍不拔。范仲淹主张“先天下之忧而忧，后天下之乐而乐”。张载主张“为天地立心，为生民立命，为往圣继绝学，为万世开天平”。王安石主张变法革新，“天变不足畏，祖宗不足法，人言不足恤”等。这些积极向上的人生学说，不论过去还是现在，都有永不褪色的时代价值。当然，中华古代思想注重现实人生，但并不局限于现实人生，而是追求“内在的超越”，追求崇高的精神境界，以升华现实人生，关于道德修养方法和认识方法的许多见解，都凝结着深邃的智慧和不倦的人生追求，是当今涵养社会主义核心价值观的道德源泉。

中华优秀传统思想是中国人赖以安身立命的精神家园，集中反映了中国人的思维方式与精神品格，是构筑中华民族的自我认同、维系团结合作以及延续发展的精神追求。这些优秀传统思想已经深深地积淀在中国人的行为方式和精神深处，为中华民族的生生不息、发展进步提供了丰厚的思想滋养。不论走多远，我们始终离不开自己的精神家园，因为我们的思想说到底脱胎于中华优秀传统思想，我们的实践无论如何都不可能离开中华优秀传统思想的影响。

三 中华优秀传统思想是长期社会实践和文化差异融合的结晶

全面梳理中华优秀思想，是一种总结历史、面向未来的思想自觉，这种自觉尤其要体现在对中华优秀思想发生发展规律的揭示。在几千年的发展历程中，中华民族一方面立足于长期的社会实践、生产生活、阶级斗争，不断把实践经验进行思想理论的提升，形成思想概括；另一方面以海纳百川的开阔胸襟不断吸收外来思想的各种优秀因素，在差异融合的基础上不断推动自身的创新发展，造就了绵延五千多年而未曾中断的思想长河。深入探索中国优秀传统思想发生发展的这种内在逻辑和鲜明特点，对于当今中国文化的创新发展具有重大启示意义。

中华思想是中华民族长期社会实践的思想结晶。思想是社会实践的产物。中华思想就是在中华民族的生产生活实践中产生并随着实践的发展而日益丰富的。远古时代，中华先祖的生产实践水平低下，处于原始共产主义的生产生活状态，形成了原始公有制的生产关系，形成了原始公有集体观念。到了原始社会后期，随着生产力水平提高，逐步形成了私有制生产关系，“私”“家”“国”等观念开始产生。进入奴隶社会之后，“礼”作为标示等级秩序的典型文化形态成为维护奴隶制社会的统治思想。春秋战国时期，随着生产力水平的进一步提高，生产关系急剧变化，阶级斗争非常激烈，思想领域出现了“礼崩乐坏”局面，代表不同阶级的思想观念迅速发展，形成了中国思想史上的一个百家争鸣局面，产生了一大批富有创造性的思想家，留下了一大批经久不衰的思想文化经典，以及“仁”“义”“诚”“信”“道”“术”“势”“法”“名”“实”等影响深远的思想观念。随着封建社会的建立及其长期存在，适应这种经济基础和政治生活的变化，“大一统”的观念产生并不断发展，纲常伦理化的儒学长期成为封建社会的主流意识形态。进入近代，中国日益陷入半殖民地半封建社会，社会生产方式发生重大转变，阶级斗争和民族斗争呈现新的特点，封建主义意识形态已经不能适应新的社会实践和政治斗争。中华思想也开始发生重大转型，内部的文化复兴开始兴起，外来各种新思想相继涌入。经过长期艰辛的探索，中华优秀思想同马克思主义相结合的新思想及中国化马克思主义应运而生，不仅引领中国革命取得伟大胜利，实现社会制度的根本性变革，而且推动中华思想实现了创造性转化和创新性发展。

中华思想一开始就是在多种思想的差异融合中形成的。中华思想从来就是“多元一体”的，是由多种思想不断融合而成的，思想资源多样性及其在差异融合中创新发展，是中华思想发展的典型特征。早在五千多年前，中华大地上就出现了仰韶文化、龙山文化、红山文化、良渚文化等多处文明中心，形成了多种文化类型，华夏族与其他部族杂居共处，频繁的各种交往使得各种思想文化因素相互影响与融合，孕育出兼容并蓄的中华文明。夏代，东夷是当时华夏族的主要对手，与东夷的战争几乎贯穿夏朝始终。后来兴起的商本身即出于东夷，灭夏之后的东夷文化与夏文化大规模融合，东夷也融入华夏族。周兴起于西戎地区，本属华夏旧部，但长期与西戎共处而大量吸收西戎文化元素。周公在夏、商、周三代文化的基础上制礼作乐，于是中华思想在西周时期初步成型。春秋战国时期，诸侯之间征伐不断，战争与混乱给人民带来沉重灾难，但也推动了思想的交流与融合。中原文化、东方文化、南方文化、北方的燕赵文化、西南的巴蜀文化等相互交流、激荡、启发，形成了儒、墨、道、法等思想流派，先后涌现出老子、孔子、墨子、荀子、韩非子等思想家。孔子可以说是三代文化的集大成者，他本身是殷商后裔，对夏文化曾做过专门考察，又最为赞赏周文化，通过综合、融汇与改造这些思想文化，创立了儒家思想，在历史演变中逐步成为中华思想的主流和封建社会的官方意识形态。南方楚文化具有想象丰富、浪漫自由的理想主义色彩，与中原文化质朴厚重的思想特色有明显不同。老子与庄子都生于楚文化地带，其创立的道家思想则明显具有楚文化的特色，是中原文化与南方文化融汇的产物。同时，楚地的民歌形式经屈原改造为“楚辞”，对秦汉之后的中国古代思想产生了深远影响，与《诗经》共同成为中国古代诗词文化的源头。

中华思想也是在不断同外来思想的交流融合中创造发展的。先秦时期，中华思想只是在本土不同文化之间进行融合。随着历史发展，中华思想对外来思想的吸纳与融合成为自身发展的一种内在逻辑。中国化佛教的形成与发展就充分体现了这一特点。佛教是一种与中华思想不同的外来文化。两汉之交，中国人开始接触佛教思想时，并不能真正理解其思想奥义。魏晋时期，人们对佛教的理解还基本上局限于同道家思想进行比附，以“黄老”与“浮屠”并称，以“道”与“无”理解佛教的“般若”“空”等，将佛教当成是与道家思想类似的思想体系。这种初期的“格义”阶段至东晋末期随着佛教经典翻译的盛行才逐渐结束。译经大师鸠摩罗什之后，佛典的翻译日益规模化，在概念的使用和意义的理解上逐渐摆脱对道家思想的依赖，以独有的语词系统阐释和表述佛教思想，中国人对佛教的理解不断深入。魏晋南北朝时期，佛教的解脱思想与来世思想在北方与南方都得到了广泛传播，深受士大夫阶层与知识分子的推崇，推动了魏晋玄学的发展。佛教被中国人理解的过程也正是佛教逐渐中国化的过程。作为一种外来思想，佛教在中国的传播自然也并非一帆风顺，在教义与政治地位上，佛教曾长期与道教进行过激烈较量，在“不敬王者”“不孝父母”等问题上与儒家思想有过直接冲突，更曾因僧伽制度与寺庙经济问题而遭受过“三武一宗”之厄。尽管如此，经过数百年的磨合，佛教中国化在隋唐时期终于结出了硕果，出现了三论宗、净土宗、天台宗、法相宗、华严宗、禅宗等众多中国佛教宗派。在儒、道等本土思想的哺育下，中国佛教思想已经实现理论上的独立，在许多方面甚至超越了印度佛教。随着佛教在印度本土的没落，佛教中心转移到中国，并从中国不断向朝鲜、日本等东亚各国传播。隋唐佛学成为中国思想史上与先秦子学、两汉经学、宋明理学等并称的思想高峰。宋代以后，中国化佛教思想已经成为中华传统思想的有机组成部分，影响到哲学、政治、文艺以及日常习俗等各个方面。宋明时期，以程朱理学、陆王心学等为代表的“新儒学”兴起。新儒学思想家们虽然往往都以“辟佛”自任，但理学本身正是儒学在广泛吸收佛教思想的基础上形成的。理学对佛学的排斥，与其说是思想冲突，毋宁说是为保持自身身份的清晰与独立而不得不采取的一种措施。明清之后，儒释道“三教合一”日益被人们接受，儒释道三家思想已经浑然一体而共同构成中华传统思想的主体内容。除了对佛教思想的吸收融合，中华思想在发展的过程中也大量吸收融合了其他各种外来的思想因素。例如，基督教、犹太教、伊斯兰教等也陆续传入中国，并不断被中华思想所吸收。再如，西方的哲学思想、政治思想、经济思想、科技思想、文艺思想等，也伴随着“西学东渐”而传入中国，尤其是在清末民初，来自西方的启蒙思想、资产阶级民主主义思想、进化论思想等影响了一大批中国知识分子，给中华传统思想注入了新的元素。正是因为这种包容开放的特点，中华思想才得以不断将外来各种思想兼收并蓄，吸收它们的优秀内容以丰富和发展自身。

四 在创造性结合中推进当代中国马克思主义发展

中华优秀传统思想不仅为马克思主义中国化提供了丰富的思想资源，其在差异融合中创新发展的内在逻辑和鲜明特征，也为进一步推进马克思主义中国化提供了经验借鉴。立足新时代的历史方位深度挖掘和传承中华优秀传统思想的一个重要旨趣，就是要为当代中国马克思主义的理论创新提供思想资源、文化基因、发展经验和历史借鉴，更好地促进当代中国马克思主义的创新发展，实现马克思主义中国化的新飞跃。

近代以来，中国传统文化已经难以成为民族复兴的精神支撑。中华传统思想产生于农业文明，是一种以儒家文化精神为核心的思想体系，并长期作为中国封建社会的意识形态而存在。儒家思想自孔子创立以来，经孟子、荀子、董仲舒等思想家的丰富和发展，逐渐成为封建社会的正统思想，并长期在中国思想领域中占据统治地位。儒家思想在长期历史发展中，成功地把社会习惯、国民性格和意识形态融为一体，既成为广大民众自发接受和身体力行的行为道德规范和文化认同体系，又是统治者自觉运用的社会控制工具，无论是实现对社会成员的管理和教化，还是对维护封建统治阶级的政治统治，都发挥了重要的作用。

进入近代以来，中国传统儒家意识形态在西方工业化的狂飙突进和列强的入侵面前显得力不从心。在鸦片战争中，西方列强用坚船利炮打开了中国的大门，中国的有识之士开始向西方寻求真理。魏源在《海国图志》中明确提出“师夷长技以制夷”的口号，主张学习西方资本主义列强在军事技术上的长处。洋务派人士认为，要实现富国强兵，就要引进西方的军事装备，学习西方的机械制造和科学技术。维新派认为，要救亡图存，就要学习日本、英国的君主立宪制政体，在中国实行变法维新。资产阶级革命派认为，要拯救民族危亡就要学习西方的共和政体，在中国建立资产阶级共和国。正如毛泽东同志所总结的那样："自从一八四〇年鸦片战争失败那时起，先进的中国人，经过千辛万苦，向西方国家寻找真理。洪秀全、康有为、严复和孙中山，代表了在中国共产党出世以前向西方寻找真理的一派人物。"[①]

辛亥革命推翻了两千多年的封建帝制，建立了资产阶级共和国。但是，中国半殖民地半封建社会的性质没有根本改变，中国人民受剥削、受压迫的地位没有根本改变，中国封建主义意识形态没有根本改变。以陈独秀等为代表的新文化运动思想家在对辛亥革命失败的反思中，把批判的锋芒指向了封建主义旧思想、旧文化、旧礼教，高举民主与科学两面大旗，彻底批判中国传统意识形态和封建礼教。新文化运动的思想家甚至提出"全盘西化"的观点，主张用西方思想全盘改造中国传统。然而，思想传统终归不是一种可以随意舍弃的外衣，它总是影响甚至决定着人们的精神面貌与行为方式，如果不能正确处理坚持本民族思想传统与学习外来思想的关系，就无法实现国家民族的繁荣强盛和中华思想的创新。

中华优秀思想同马克思主义的相容相通之处是二者结合的前提条件。"十月革命一声炮响，给我们送来了马克思列宁主义。十月革命帮助了全世界的也帮助了中国的先进分子，用无产阶级的宇宙观作为观察国家命运的工具，重新考虑自己的问题。走俄国人的路——这就是结论。"[②] 以陈独秀、李大钊、毛泽东等为代表的中国先进分子，在艰辛的比较鉴别和实践检验之后，坚定地选择马克思主义作为指导中国革命的思想武器，创建了中国共产党，领导人民踏上新民主主义革命的新征程，朝着中华民族伟大复兴的目标奋进。

马克思主义是由西方传入的，但其适用的范围并不限于西方。马克思主义是由马克思和恩格斯所创建的关于人类认识世界和改造世界的科学的世界观、方法论，包括哲学、政治经济学和科学社会主义三个有机组成部分。其中辩证唯物主义和历史唯物主义是马克思主义的理论基石，揭示了自然界、人类社会和思维运动的普遍规律，是无产阶级的科学世界观；而政治经济学则是对辩证唯物主义和历史唯物主义的运用，阐明了人类社会各个发展阶段

① 《毛泽东选集》第 4 卷，人民出版社 1991 年版，第 1469 页。
② 同上书，第 1471 页。

上支配物质资料的生产、交换以及与之相适应的产品分配的规律；科学社会主义是马克思主义理论体系的核心，它指出无产阶级解放事业的历史条件以及这一事业本身的性质，指明人类社会的最高理想即共产主义社会。也就是说，马克思主义是人类认识世界和改造世界的理论武器和思想体系。

马克思主义之所以能得到中华民族的认同，得以中国化并成为中华民族思想的一部分，除马克思主义的真理性、中国社会的实际需要外，还在于中华优秀传统思想与马克思主义之间，有着许多相容和相通之处，这些相容与相通之处构成了二者结合的条件。例如，中华优秀传统思想中的唯物主义和辩证法传统、大同理想、民本思想、经世致用思想、实事求是传统等，与马克思主义的辩证唯物主义和历史唯物主义哲学、共产主义思想、人的自由全面发展思想等有着共通之处。也就是说，马克思主义之所以能够在中国获得广泛传播和发展，同中华优秀传统思想中的这些内容是分不开的。

马克思主义中国化的一个重要方面就是把马克思主义同中华优秀传统思想进行创造性结合。中国化马克思主义就是在坚持马克思主义基本原理的前提下，充分吸收中华优秀传统思想的创新成果，实事求是、与时俱进、小康社会、自我革命等中国化马克思主义的标识性概念，都是中华优秀传统思想在马克思主义指导下的凝练和提升。在长期的革命建设和改革实践中，中国共产党人一方面毫不动摇地坚持马克思主义的指导地位，另一方面忠实地继承和发扬中华优秀传统思想，不断实现马克思主义同中国优秀传统思想的创造性结合，推动马克思主义中国化的历史性飞跃。1938 年 10 月，毛泽东在提出马克思主义中国化概念时，就特别强调要学习和继承中华民族优秀传统思想的历史遗产，并用马克思主义给以批判性的总结。1943 年 5 月，《中国共产党中央委员会关于共产国际执委主席团提议解散共产国际的决定》明确指出："中国共产党人是我们民族一切文化、思想、道德的最优秀传统的继承者，把这一切优秀传统看成和自己血肉相连的东西，而且将继续加以发扬光大。……就是要使马克思列宁主义这一革命科学更进一步地和中国革命实践、中国历史、中国文化深相结合起来。"[①] 正是有了这样的思想自觉，中

① 《建党以来重要文献选编（1921—1949）》第 20 册，中央文献出版社 2011 年版，第 318—319 页。

国共产党人不仅把马克思主义同中国革命的具体实践结合起来，领导伟大的社会革命，而且把马克思主义同中国优秀传统思想创造性地结合起来，让马克思主义深植于中华优秀传统思想的土壤之中，指导中国传统思想的创造性转化和创新性发展，创造了中国化马克思主义这一中华思想发展的新形态，即毛泽东思想、中国特色社会主义理论体系、习近平新时代中国特色社会主义思想等。

毛泽东思想既是马克思主义在中国发展的理论形态，也是中华思想的创新形态。正如刘少奇所说：毛泽东同志“在理论上敢于进行大胆的创造，抛弃马克思主义理论中某些已经过时的、不适合于中国具体环境的个别原理和个别结论，而代之以适合于中国历史环境的新原理和新结论，所以他能成功地进行马克思主义中国化这件艰巨的事业”。“毛泽东思想，就是马克思列宁主义的理论与中国革命的实践之统一的思想，就是中国的共产主义，中国的马克思主义。……是马克思主义民族化的优秀典型。”“它是中国的东西，又是完全马克思主义的东西。”[①] 随着改革开放以来马克思主义中国化的不断推进，中华思想不断增添新的内容，包括邓小平理论、“三个代表”重要思想、科学发展观在内的中国特色社会主义理论体系，在继承马克思列宁主义、毛泽东思想基本原理和活的精髓的基础上，结合时代发展特点和实践要求，深入研究并科学回答了什么是社会主义和怎样建设社会主义、建设什么样的党和怎样建设党、实现什么样的发展和怎样发展的问题，不断把中国特色社会主义发展实践中的丰富经验提升到马克思主义理论的高度。在中国特色社会主义新时代，以习近平同志为主要代表的当代中国共产党人，从理论和实践结合上系统回答新时代坚持和发展什么样的中国特色社会主义、怎样坚持和发展中国特色社会主义这个重大时代课题，以全新的视野深化对共产党执政规律、社会主义建设规律、人类社会发展规律的认识，创立了习近平新时代中国特色社会主义思想，形成了马克思主义中国化的最新成果，同时也形成了中华思想的最新内容，提供了全党全国人民为实现中华民族伟大复兴而奋斗的行动指南。

随着实践的发展和理论的深入，中国化马克思主义也必将得到进一步的

① 刘少奇：《论党》，《刘少奇选集》上卷，人民出版社 1981 年版，第 333—334、336—337 页。

丰富，而这也需要进一步吸收借鉴中华优秀传统思想的思想滋养。我们在新时代的历史方位中研究中华优秀思想，就是要以马克思主义为指导，辨析中华传统思想的精华与糟粕，传承中华优秀传统思想的精华，厚植中华民族伟大复兴中国梦的理论滋养，发掘共产主义远大理想和中国特色社会主义的共同理想的思想基因，筑牢中华民族的道德基础，凝聚中华儿女发展进步的思想共识，增强当代中国的思想自觉、自主与自信，为新时代坚持和发展中国特色社会主义做出积极贡献，为当代中国马克思主义的进一步发展提供更加丰富的思想元素和理论滋养。

专题研究

长江流域史前的社会政治观念特征*

何 驽

（中国历史研究院考古研究所）

摘要： 长江流域史前时期文明化实质是商业文明模式，走的是“民族模式”国家形成道路，社会权力性质为公共管理权力，社会政治观念具有民主政治特征；而另一方面，社会组织的维系以及思想意识形态维系依赖宗教，因而神权色彩浓厚。考虑到市场中心与商贸孔道的安全防卫，防御型的军权也很重要。于是公权、神权、军权三权合并，领导集团内部职能分工可有侧重。

关键词： 长江流域　商品经济文明　社会政治

一　商品经济文明化社会的特征分析

1. 商业经济文明与民主政治的关系

商品交易从根本上说遵循公平交易原则，与平等的部落社会组织平等的意识形态相符合，与家庭和个体商品生产方式相适应。随着商品专业化与社会化生产及市场的扩大，家庭手工业势必走向社会化集约型专业化生产，才能摆脱商品的盲目生产与市场的无序竞争，于是行业与市场的管理

---

* 本文良渚文化部分内容曾以“良渚文化的社会政治特征探析”为题发表于《东南文化》2016 年第 4 期。

阶层应运而生，从业的人员与村社就必须牺牲部分个人和小集体的自由以服从管理，以获取更大的利益。由于全社会的经济都建立在商业贸易之上，所以行业和市场管理层自然成为社会组织的管理层，他们实际上拥有了社会组织的公共权力。而商品经济的逐利本性，必然促使社会管理层利用手中公共管理权力谋取私利，从而成为社会的贵族，引发严重的贫富分化，导致社会等级化的出现，不平等社会取代平等社会。比如东山村马家浜文化大墓 M101 和崧泽文化大墓 M90 的墓主[①]，良渚文化瑶山墓地[②]的墓主等，都应是商品交易中心社会管理层的贵族。又如欧洲史前社会的分层化，源于与冶金术有关的商品贸易。[③] 因为冶金术使得原本自给自足的村社转变为依赖贸易补充物资的村社，等级化的管理出现以保障贸易道路的安全、生产的组织性，从而保护他们的利润。[④] 在中美洲奥萨卡谷地（Valley of Oaxaca）的 San José 和 Guadalupe 期（前 1150—前 600 年），舶来品主要集中在某些家庭，这些“高级”家庭掌握更多的交际和交易渠道，并限制他人接近这些渠道，从而分化出酋长及社会等级。[⑤] 古罗马的官员虽然没有薪酬，却能因没有严格执行任期制而长期掌权，以致一个男人一旦被选为任期一年的最高执政官，他实际上就被纳入了终身制的政府领导层而成为专业政府领导者。这一领导层逐渐竭力利用其职权，谋取物质利益。[⑥] 道茨德芙则

---

① 南京博物院、张家港博物馆：《江苏张家港东山村遗址 M101 发掘报告》，《东南文化》2013 年第 3 期；南京博物院、张家港博物馆：《江苏张家港市东山村新石器时代遗址》，《考古》2010 年第 8 期；南京博物院、张家港博物馆：《江苏张家港东山村遗址 M91 发掘报告》，《东南文化》2010 年第 6 期。

② 参见浙江省文物考古研究所《瑶山》，文物出版社 2003 年版。

③ Antoni Gilman, “Trajectories Towards Social Complexity in the Later Prehistory of the Mediterranean,” in Timothy Earle, ed., *Chiefdoms: Power, Economy, and Ideology*, Cambridge, Mass: Cambridge University Press, 1991, p. 154.

④ Lull, V., “A New Assessment of Argaric Society and Culture,” in W. H. Waldren ed., *The Deya Conference of Prehistory: Early Settlement in Western Mediterranean Islands and their Peripheral Areas*, Oxford: BAR International Series 229, 1984, pp. 1, 222 – 223.

⑤ Gary M. Feiman, “Demography, Surplus, and Ineuality: Early Political Formations in Highland Mesoamerica,” in Timothy Earle ed., *Chiefdoms: Power, Economy, and Ideology*, Cambridge, Mass: Cambridge University Press, 1991, pp. 247 – 248.

⑥ Leonid Grinin, “Early State and Democracy,” in *The Early State, Its Alternatives and Analogues*, “Uchite” Publishing House, 2004, pp. 446 – 447.

揭露了罗马贵族如何将公共财产通过偷梁换柱的步骤化为私有财产。[1]

商品经济基础上的复杂社会的公共权力，都带有一定的民主性质，公民享有自由权力程度略高一些，这取决于商品等价交换价值总规律所决定的商品经济平等、自由交易性质。[2] 恩格斯认为雅典国家就是一个从氏族社会中诞生的民主共和国。这个民主共和国建立在发达的商品贸易基础上。格里宁也认为，民主倾向由于手工业和贸易而得到增强。公元前6世纪的雅典，市场性、手工业和商业的增长，带动了公民政治力量的增长。[3]

长江流域大溪文化、崧泽文化乃至良渚文化，虽然存在着军权象征的玉石钺，但是在文化核心区，我们并没有发现大规模战争、屠杀的遗存，表明这些文化的社会公权的管理职能多于暴力镇压职能。正如刘斌先生分析所见，良渚文化的统治者原本是身怀工艺绝技的劳动者。我以为他们出身首先是劳动公民，后来借助工艺绝技或生意经营有方，成为富有的商人进而成为"中产阶级"的一分子。所谓"中产阶级"就是训练有素的勤劳的劳动者，他们舒适的生活以及中等的社会地位，来自于他们经济上的成功。[4] 而良渚文化近50%的小墓有玉器随葬，尽管数量很少，表明社会的普通居民也拥有一定的财富，甚至有一定的社会地位与权利（公民权利），他们很有可能就是良渚文化社会的"中产阶级"，这与黄河流域龙山时期平民小墓几乎空无一物形成鲜明的对比。

如同罗马帝国的中产阶级一样[5]，良渚文化的"中产阶级"的卓越分子，可以通过选举进入社会公权管理层，成为掌握公权的社会领导者，上升为贵族阶层，同时被神化为祭司。这些领导者的发迹很可能不是依靠军功，而是依赖高超的工艺技能与成功的商业经营。从优秀的劳动公民到社会的领导者身份华丽转身过程中，不仅首先需步入"中产阶级"行列，而且如果

---

① Dmitri V. Dozhdev, "Rome: Social-political Evolution in the 8th – 2th Centuries B. C.," in *The Early State, Its Alternatives and Analogues*, "Uchite" Publishing House, 2004, pp. 410 – 411.

② 《马克思主义政治经济学概论》，人民出版社、高等教育出版社2011年版，第68—69页。

③ Leonid Grinin, "Early State and Democracy," in *The Early State, Its Alternatives and Analogues*, "Uchite" Publishing House, 2004, p. 428.

④ Emanuel Mayer, *The Ancient Middle Classes: Urban Life and Aesthetics in the Roman Empire 100 BCE – 250 CE*. Harvard: Harvard University Press, 2014, p. 3.

⑤ Ibid., p. 6.

没有民主选举恐怕是难以实现的。

2. 民主选举行为的考古证据

民主政治最典型的一种政治行为就是民主选举。格里宁提出，民主国家权力的分割（alienation）原则上由民主选举为表现的权力途径来实现。民主国家是固定的办事机构，流动的人员阶段性地占据公权职位履行公职义务。所以一旦城市需要官员、法庭和军队需要领导者，来自民众的权力分割便不可避免地发生。[①]

从长江流域的考古资料来看，社会化大生产的直接考古证据尚显缺乏，但是大溪文化石器工业区与北阴阳营—崧泽文化石器工业区在长江中下游初步建立沿江区域共同市场的趋势，已经使市场经济初露端倪。民主政治则可从双墩遗址和大溪文化早期刻符陶碗作为陶筹票选之“票箱”使用功能来体现。[②]

值得一提的是，2015 年通过钻探确定双墩遗址的核心是 3000 平方米的人工堆筑土台，当时相对高差很大。高台周边的低洼地存在陶片堆积和兽骨堆积，双墩遗址中心部位面积仅 1 万平方米。发掘者推测双墩遗址并非人类主要的居址，而很可能与某种大规模人群集会活动有关。[③] 笔者认为，双墩遗址考古最新发现，在一定程度上作证了笔者双墩遗址“选举活动聚会活动”及其台地的推测。[④]

长江中游地区的大溪文化类似功能的刻画符号，主要出自湖北秭归柳林溪遗址[⑤]和湖北宜昌杨家湾遗址[⑥]。秭归朝天嘴遗址也有少量出土，发表

---

① Leonid Grinin, “Early State and Democracy,” in *The Early State, Its Alternatives and Analogues*, “Uchite” Publishing House, 2004, p. 434.

② 何驽：《怎探古人何所思——精神文化考古理论与实践探索》，科学出版社 2015 年版，第 387—389 页。

③ 张东：《安徽蚌埠双墩遗址的发掘——2015 年社科院考古所田野考古成果》（五），中国社会科学院考古所中国考古网，weixin. qq. com，2016 年 1 月 9 日。

④ 何驽：《怎探古人何所思——精神文化考古理论与实践探索》，科学出版社 2015 年版，第 387 页。

⑤ 参见国务院三峡工程建设委员会办公室、国家文物局编著《秭归柳林溪》，科学出版社 2003 年版。

⑥ 参见湖北省文物考古研究所《宜昌杨家湾》，科学出版社 2013 年版。本文所用杨家湾资料皆引自该报告。

了4件。[①] 参考秭归朝天嘴遗址出土的陶烛台[②]与刻符陶碗比柳林溪和杨家湾都少[③]，由此可推测柳林溪的陶烛台曾作为商品分别向杨家湾和朝天嘴遗址输出（图1）。而杨家湾遗址的刻符陶碗作为政治选举的用品从杨家湾分配给柳林溪和朝天嘴。如此，宜昌峡江庙前宽谷内大溪文化早期区域贸易核心圈以及统一的政体便清晰地显现出来。统一符号和统一形制的刻符陶碗作为选举票箱从杨家湾分配给柳林溪和朝天嘴，表明柳林溪和朝天嘴遗址是杨家湾遗址行政下属遗址或地方选区（precincts）。同类的选举在杨家湾政体（polity）中心举行，其下级聚落柳林溪与朝天嘴也要以同样的方式举行（图1）。这充分表明庙前宽谷大溪文化早期聚落群已经形成以杨家湾为中心的统一政体，各级聚落组织选举共同的最高管理权力中心层。这个政体建立在峡江庙前宽谷陶烛台核心贸易圈基础上，其建立的目的却在于整合三峡地区整个大溪石器工业区[④]的生产组织、销售、社会行政管理体制，生产出数量

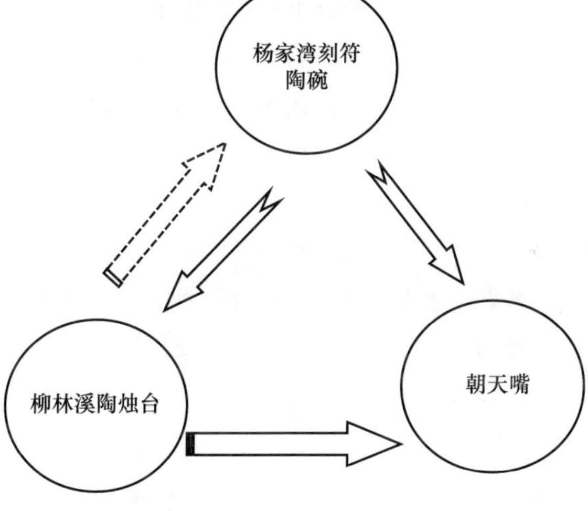

图1 庙前宽谷大溪文化早期商贸小圈选举政体示意

陶烛台商品输出流向　　刻符陶碗的政治活动用器流向

① 国家文物局三峡考古队：《朝天嘴与中堡岛》，文物出版社2001年版，第58页。

② 何驽：《长江流域文明起源商品经济模式新探》，《东南文化》2014年第1期。

③ 国家文物局三峡考古队：《朝天嘴与中堡岛》，文物出版社2001年版，第58页。

④ 参见张弛《大溪、北阴阳营和薛家岗的石、玉器工业》，《考古学研究（四）》，科学出版社2000年版。

庞大的低端石器商品，主要销往三峡以东的江汉平原甚至洞庭湖平原大溪文化遗址。从某种意义上说，峡区的大溪文化石器工业区首先是整个长江中游地区大溪文化区内的石器商品的工业区，首先满足本文化区内的石器市场需求。

3. 良渚文化政府管理层性质个案分析

刘斌先生曾分析认为，良渚文化的领导者同时是玉器的制造者，良渚的巫师与首领具有善耕织、善木作、善治玉的特殊技能。[①] 良渚玉敛葬大墓曾出土奢华而丰富的自制玉器，这一点与罗马帝国“中产阶级”的墓葬装饰极为相似，罗马墓葬竭力彰显墓室在商业经济上的成功与骄傲，成为其中产阶级丧葬文化的显著特征。[②] 借鉴公元前 100—公元 250 年罗马帝国的中产阶级的历史材料，普通却优秀的劳动者，转变成为上层社会的分子或称为领导者，往往是凭借自己的技能优势，借助商品市场公平交易的平台，积累经济财富资本，成为成功的商人即“中产阶级”[③]，再利用手中的财富，谋求政治与宗教领导权。[④] 有了这样的认识，笔者赞同刘斌先生独辟蹊径的分析——良渚文化的治玉者就是良渚文化的领袖们，而这些人首先是成功的商人，而后才成为成功的政府管理层内的成员甚至是最高执政官。笔者试图利用良渚文化瑶山祭坛墓地和反山墓地资料来进一步说明这一问题。

瑶山祭坛位于良渚城址外的东北角。核心方台为正方形，面积 50 余平方米，中心为回字形灰土沟遗迹。1987—1998 年数次发掘，在台面上清理了 12 座贵族墓葬，采集了被盗 M12 的部分遗物。[⑤] 总计 13 座墓葬，分南北两排（图 2）。发掘者分析认为，南排墓葬 M2、M3、M7、M8、M9 以及被盗的 M12，均为甲类器物组合，包括玉冠状饰、三叉形器、带盖柱形器、成组锥形器、玉钺、小琮、石钺、陶鼎、豆、圈足罐、缸，应为男性墓葬。北排 M1、M4、M5、M6、M11、M14 均为乙类器物组合，包括玉冠状饰、璜、

① 刘斌：《神巫的世界——良渚文化综论》，浙江摄影出版社 2007 年版，第 147—157 页。

② Emanuel Mayer, *The Ancient Middle Classes: Urban Life and Aesthetics in the Roman Empire* 100 *BCE* - 250 *CE*. Harvard: Harvard University Press, 2014, pp. 100 - 114.

③ 何驽：《良渚文化的社会政治特征探析》，《东南文化》2016 年第 4 期。

④ Emanuel Mayer, *The Ancient Middle Classes: Urban Life and Aesthetics in the Roman Empire* 100 *BCE* - 250 *CE*. Harvard: Harvard University Press, 2014.

⑤ 参见浙江省文物考古研究所《瑶山》，文物出版社 2003 年版。

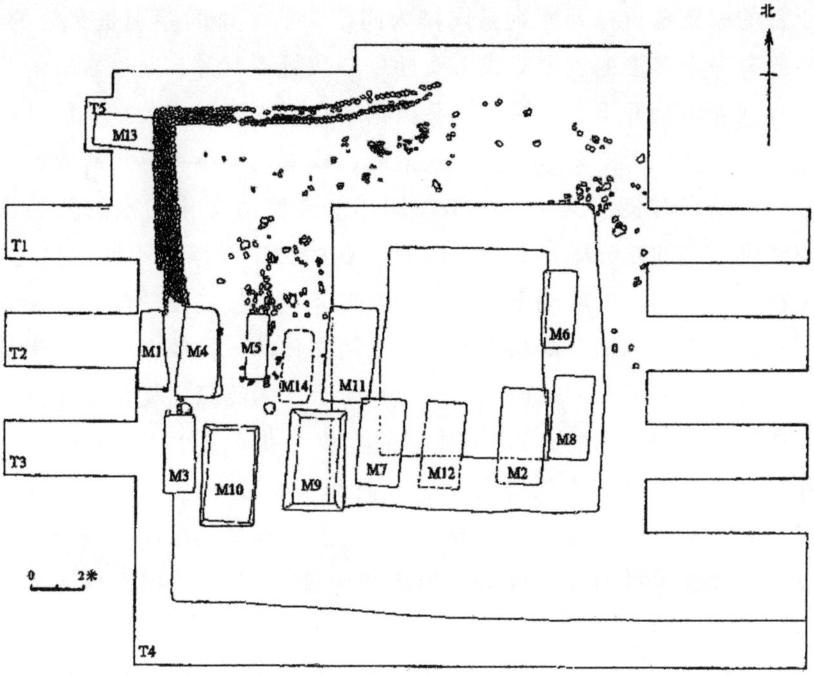

图 2 瑶山祭坛与墓地（引自《瑶山》图三）

圆牌、玉纺轮、陶鼎、豆、圈足罐、缸，大约为女性墓葬[①]。秦岭博士通过分析玉器纹饰分期，判定瑶山墓葬下葬顺序为北排的 M1、M4、M5、M14，然后是南排的 M9 和北排的 M11、M6 以及南排的 M8，再后是级别最高的南排 M12，最后是南排的 M7 和 M2，分别下葬于 M12 的两侧（图 2）。她认为瑶山墓地属于一个内部关系十分密切的社会集团，南北两排墓葬迥异的入葬规格，说明南北排墓成员在社会中扮演着不同的角色[②]。

秦岭分析展示给我们，瑶山墓地南北两排的大贵族墓葬，即使确实如发掘者推测的那样为男女性两排墓葬，也难以判定这些墓主是夫妻关系。笔者也认为，瑶山墓地南排男性墓葬 7 座，北排女性墓葬 6 座，数量上不对等。而且史前时期的夫妻关系墓葬大多为左右并穴合葬，罕见前后墓位者。这是

① 浙江省文物考古研究所：《瑶山》，文物出版社 2003 年版，第 202—203 页。

② 秦岭：《环太湖地区史前社会结构的探索》，博士学位论文，北京大学考古文博学院，2003 年。

因为正常的家族墓位排列原则是同排为同辈，前后排的差别是辈分的差别。即使贵族有一夫多妻的现象造成男女性墓葬数量不对等，通过秦岭的分析我们可以看到瑶山墓葬下葬的顺序、墓位都不存在夫妻对应关系。因此笔者的结论是，瑶山祭坛上的墓地不是家族墓地，墓主之间不一定具有家庭和血缘关系。他们是当时良渚文化的统治集团，掌握良渚文化国家的公共管理权力。南北排墓葬的差异源自秦岭所谓的“在社会中扮演着不同的角色”，北排墓主在统治集团中的职能更偏重于宗教事务，南排墓主的职能更偏重于社会管理和防卫事务。结合刘斌先生认为良渚文化的大贵族多为身怀绝技的精英，我认为瑶山墓地墓主的地位、权力和财富，同薛家岗文化三至五期墓葬墓主一样[①]，不依赖宗法血缘继嗣体系的特权而获得，更可能是通过自身特殊技能，在获得财富资本的成为“中产阶级”一员的基础上，通过平等竞争的平台和民主选举的体制，成为良渚社会的领导集团中的一分子。

反山墓地墓葬排列似大致可分为南北两排（图 3）。据发掘者分析，南排 M14、M17、M12、M16 为男性，均出有玉钺或石钺。北排 M23、M22 为女性，不出钺，而出圆牌饰。北排 M20 为男性。发掘者认为 M22 是 M12 之妻，M23 是 M14 之妻。M15 和 M18 墓主是臣僚。发掘者认为反山墓地是宗亲型墓地，并非出自同一宗族，而来自多个强盛的宗族，共同构成以 M12 为中心的“反山贵族集团”[②]。比照瑶山墓地模式，我认为反山墓地的男女比例更不对等，且 M20 男性墓葬插入北排女性墓列，夫妻关系更难判定。是否出自有宗亲关系的不同家族，也难以确证。但可以肯定的是，他们与瑶山墓地墓主一样，根据各自在社会管理层中的不同职能，共同组成了“反山贵族集团”，换言之，是良渚文化中期偏早阶段，良渚政体（Liangzhu Polity）的政府管理层（Layer of Governors）。其中，M12 随葬品最多，种类齐全，包括权杖、大玉琮、大玉钺、玉柱形器等，发掘者认为显示了至高无上的“王”者地位，M20 仅次于 M12，显示出掌握了神权和军权。

良渚瑶山和反山墓地资料显示，良渚文化的公共权力至少不是在某个家族内按照宗法血缘继嗣系统传递，墓葬规格与器物组合的差异更多地表现管

① 何驽：《长江流域文明起源商品经济模式新探》，《东南文化》2014 年第 1 期。

② 浙江省文物考古研究所：《反山》（上），文物出版社 2005 年版，第 370—371 页。

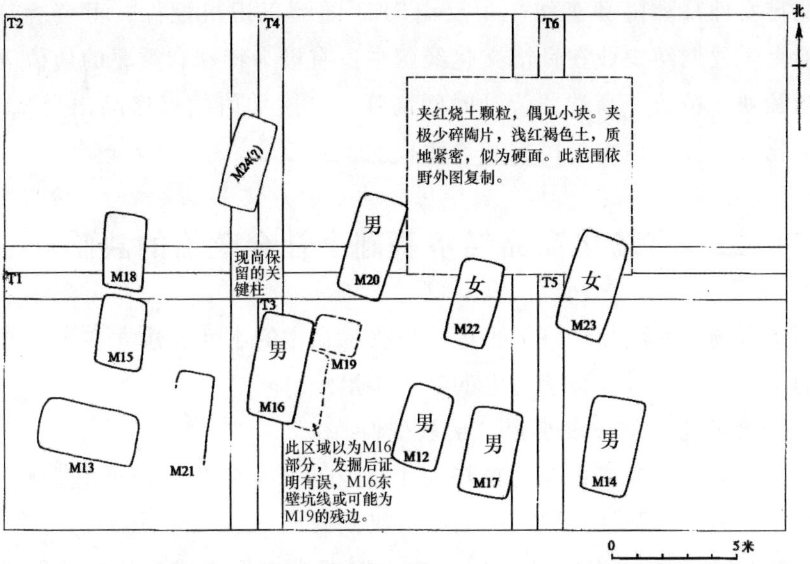

图 3　反山墓地平面图（据《反山》图三改绘）

理公权内部职能的差异，更加符合民主国家权力集团组合的特征。良渚文化公权的传递与分割似与职能有关，与血缘无关，选举产生可能成为最有效的手段。

如同瑶山墓地的男性墓主一样，反山墓地的男性墓主可能类似古罗马的最高执政官（supreme magistrates），他们一旦被选举出来，就被纳入了几乎终身制的政府管理层，所以他们有权死后埋入良渚神圣的祭坛上；他们实际掌握着良渚社会完整的军权、神权、行政等管理权力，所以他们随葬象征各种权力的随葬品；他们没有政府薪酬报偿，靠自家殷实的经济基础竞选政府管理层的官员或执政官，所以他们自身是真正的或假托的（artificial）工商技能精英，如此以十分殷实的家庭经济实力的门槛（这道门槛很可能是一般的中产阶级家庭经济实力也难以企及的），“自然而然”地将普通公民，挡在进入政府管理层的门外。

与古希腊罗马社会不同的是，良渚文化的女性显然拥有公民权——选举权和被选举权。瑶山和反山墓地的贵族女性墓主，生前显然也被纳入了“政府管理层”。良渚文化女性管理者的职能偏重于宗教和女性化行业如纺织，瑶山北排女性墓葬随葬玉纺轮，反山 M23 随葬玉织机配件，可资为证。或许恰恰由于丝绸纺织业在良渚文化经贸中占有极为特殊和重要的地位（如作为极为稀缺、精美、高端、劳动时间高耗、高附加值的奢侈品出口），才为良渚文化的女性保住了公民权和参政权。

二 市场化商品经济基础上社会政治的缺陷

基于市场化的商品经济的平等、民主、自由的本性，建立在市场经济基础上的国家，存在着社会统治上的先天不足。

1. 社会思想的统一过度依赖宗教信仰

市场经济以企业或行会为市场的主体，而社会管理公权的强制性不足。白伦特便认为古希腊社会缺乏强制政治机构（coercive apparatus），因而是文明化了的非国家社会（stateless）[①]。史前时期尚未形成成熟的法律体系，所以对这些企业或行会社会组织维系缺乏有效的手段，于是宗教系统的等级制度（hierarchy）成为维系社会组织的利器。另一方面，商品经济本质决定的平等、民主、自由的思想，不利于领导者或统治者完全控制社会心理和社会观念，于是商品经济社会要更多地依赖宗教来统一全社会的思想，以防止自由思潮引发思想领域的混乱而导致经济基础的混乱与崩溃。所以在商品经济模式的政体中，神权格外重要。这就是李伯谦师提出的神权为主的国家模式与道路。[②] 美索不达米亚地区距今 6500 年，一些商业贸易网点上的城市如埃利都（Eridu）成为宗教祭祀中心。[③] 距今 5600—5000 年，美索不达米亚的乌鲁克城既是宗教中心又是商贸中心，乌鲁克城的统治者也是神庙的主持称为“恩”（en），是乌鲁克城的世俗与宗教领袖。“恩”的意愿与政令，通过他的祭司以及由官僚、大地主、商人组成的教阶体系来贯彻。间客和工匠构成社会下层，而在他们之下的社会广大底层由成千的渔民、农民、水手、奴

---

① Moshe Berent, “Greece: The Stateless Polis (11th – 4th Centuries B. C.),” in *The Early State, Its Alternatives and Analogues*, “Uchite” Publishing House, 2004, pp. 364 – 387.

② 李伯谦：《张家港市东山村崧泽文化早中期大墓的启示》，《历史研究》2010 年第 6 期。

③ Brian M. Fagan, *People of the Earth: An Introduction to World Prehistory*, Harper Collins Publishers, 1992, seventh edition, p. 440.

隶构成。[①] 乌鲁克的社会政体结构与东山村、凌家滩、良渚有诸多相似之处。所以笔者认为，商品经济文明化模式与社会政体的神权模式和民主特质有着天然和必然的联系。

市场化商品经济基础上政体的民主性特征，在一定程度上妨碍了官僚体制的充分发育，以致国际学术界部分学者认为雅典国家和罗马共和国不是国家。[②] 格里宁则坚持认为雅典国家和罗马共和国是不成熟的民主（democratic）模式的早期国家，而另一种模式为君主制（monarchic）或官僚体制。[③] 他认为民主趋势显然由于工商业的发展而得到增强，毫无疑问，公元前6世纪雅典的市场经济、手工业、商业的发展导致了公民（demos）政治权力的增长。[④]

由于民主政治在一定程度上妨碍了君主和官僚体制的完善，从社会组织的维系到思想意识的统一都过度依赖宗教手段，所以神权的作用被过度放大，加之富足的社会物质基础，宗教狂热不可避免。这样便带来三个严重的潜在危机。第一是宗教狂热会在人力、物力、资源和财富方面造成巨大的浪费。比如红山、凌家滩、良渚等建造诸多大规模的祭坛，制造大量的宗教玉礼器。[⑤] 这就引发了第二个问题，退出商品流通领域的玉质宗教法器比重越来越大，如良渚文化玉敛葬[⑥]，这些由复杂劳动创造的、占用了大量社会必要劳动时间的产品却无法实现其使用价值和交换价值，日积月累必然使商品生产陷入困境。[⑦] 第三个问题就是整个社会的维系过于依赖宗教信仰，社会的行政管理体制建设跟不上，对于生态危机引发的自然灾害达到难以人力抵

---

① Brian M. Fagan, *People of the Earth: An Introduction to World Prehistory*, Harper Collins Publishers, 1992, seventh edition. p. 447.

② Moshe Berent, "Greece: The Stateless Polis (11th - 4th Centuries B. C.)," in *The Early State, Its Alternatives and Analogues*, "Uchite" Publishing House, 2004, pp. 364 - 387.

③ Leonid Grinin, "Early State and Democracy," in *The Early State, Its Alternatives and Analogues*, "Uchite" Publishing House, 2004, pp. 419 - 463.

④ Ibid., p. 428.

⑤ 李伯谦：《中国古代文明演进的两种模式——红山、良渚、仰韶大墓随葬玉器观察随想》，《文物》2009年第3期。

⑥ 汪遵国：《良渚文化"玉敛葬"述略》，《文物》1984年第2期。

⑦ 《马克思主义政治经济学概论》编写组：《马克思主义政治经济学概论》，人民出版社、高等教育出版社2011年版，第32—35页。

御的程度，宗教信仰不能提供任何有效的摆脱困境及灾难的实际方法与手段，脆弱的宗教信仰体系便急速崩溃，社会与政权土崩瓦解。长江下游的良渚文化、中游的石家河文化文明社会的崩溃，都和洪水自然灾害最终导致信仰危机有着密切的关系①，社会组织也随之急速分崩离析，随后当地的宗教信仰发生了很大的改变。

2. 民主政治极端化

格里宁指出，雅典和罗马民主共和国政治模式有一个致命的弱点，那就是建立在工商经济基础上的社会，其民主政治时常会出现“群众超越法律”而导致政治危机和国家崩溃，比如发生在雅典的情况，由于不能对民主自由加上一点限制，于是将不稳定的国家组织引入一个最危险的动荡时期。② 这是极端民主自由化所带来的恶果。

值得注意的是，长江流域史前刻符陶碗集中出土在个别遗址，而且数量庞大。如双墩遗址出土刻符陶碗 600 余件，柳林溪出土 71 件，杨家湾出土 200 余件，足以说明选举的频繁。格里宁指出，古希腊和后来的意大利，政治、组织机构的颠覆与革命成为常态化，据说佛罗伦萨的法律可保持一夜，维罗纳的法令可保持从早上至中午，佛罗伦萨任何职位的官员任期都是二至四个月，因而整个城市都生活在无尽的选举气氛之中。③ 这是民主政治极端化的表象，是民主政治的又一大弱点，不仅使政府管理领导集体短命，政局不稳，而且频繁的选举势必造成社会公共资源如人力、物力、财力的过度浪费。双墩、柳林溪、杨家湾那些大量被打烂了的刻符陶碗，仅系频繁选举浪费资源的冰山一角。

3. 资源过度开发的非可持续发展

建立在商品经济基础上的文明和政体，另有一个重大弱点，那就是这些文明和政体，主要依赖本地优势资源进行专业化和社会化生产，这些资源无非是生态资源和矿产资源。随着生产规模的不断扩大，资源的消耗也随之加剧。矿产资源的枯竭直接导致产业的衰落。生态资源的破坏或枯竭，导致生

---

① 宋豫秦等：《中国文明起源的人地关系简论》，科学出版社 2002 年版，第 134—196 页。

② Leonid Grinin, "Early State and Democracy," in *The Early State, Its Alternatives and Analogues*, "Uchite" Publishing House, 2004, p. 429.

③ Ibid..

态环境的恶化，进而由生态环境危机引发社会政治乃至宗教信仰危机，最终使整个社会因走上非可持续发展的不归路而崩溃。笔者曾经分析过，长江中游地区石家河文化社会的崩溃与非可持续发展道路的选择有着密切的关系。[①] 这一点虽不能算作民主政治自身的弱点，却无疑是商品经济在人地关系互动关系方面的一大陷阱。

结　语

资源的地区差异性，是长江流域商品经济文明化模式产生的主要机制，走的是“氏族模式”国家形成道路。一方面，商品经济基础上的社会权力性质为公共管理权力，社会政治性质为民主政治。而另一方面，社会组织的维系以及思想意识形态维系依赖宗教，因而神权色彩浓厚。当然，考虑到市场中心与商贸孔道的安全防卫，防御型的军权也不可或缺。江苏兴化东台市蒋庄良渚文化墓地以二次葬、火葬、缺肢葬为特色，发掘者推测，该遗址是良渚文化在苏北地区与大汶口文化对峙的军事边防遗址。[②] 于是，良渚文化中公权、神权、军权三权合并，领导集团内部职能分工可有侧重。

市场经济能够造就一个文明和早期国家，但终因其误入歧途的极端民主政治、过于狂热的宗教崇拜、过度开发导致资源枯竭等致命弱点而走上非可持续发展的不归路，三者叠加终归失败。长江流域史前商品经济文明和商业国家的模式的失败，很可能正因于此。

---

① 何驽：《可持续发展定乾坤——石家河酋邦崩溃与中原崛起的根本原因之对比分析》，《中原文物》1999 年第 4 期。

② 南京博物院：《江苏兴化、东台市蒋庄遗址良渚文化遗存》，《考古》2016 年第 7 期。

以《大学》理解儒学的意义及局限

——兼论统合孟荀

梁　涛

（中国人民大学国学院）

摘要：儒学包含了成己安人、“为政以德”与推己及人、“为国以礼”两个方面，前者由道德而政治，可称为孔孟之道，后者则由政治而道德，可概括为孔荀之制。《大学》主要是对前一方面内容的概括和反映，虽然抓住了儒学的核心思想，但只是儒学的一个方面，并不全面。《大学》在宋代受到重视，并非是因为其回应了“性与天道”的信仰问题，而是因为北宋灭亡后，统治者将失败的责任推给王安石变法，不再允许谈论制度变革，而试图通过道德完善实现社会改造，出现了内在化转向。《大学》在这一过程中，经朱熹的诠释而成为儒学的核心经典。今天讨论儒学，首先应超越狭义的道统论，统合孔孟之道与孔荀之制，发展出更为完备的儒家思想体系，笔者由此提出新道统与新四书的构想。

关键词：《大学》　孔孟之道　孔荀之制　内在转向　新四书

一

《大学》本为《礼记》中的一篇，从唐代韩愈、李翱开始，逐渐受到儒家学者的关注。到了宋代，随着理学的兴起，地位得到进一步提升。南宋朱熹编订《四书集注》,《大学》被收入其中，成为朱熹理学思想的一个重要来源。到了元代,《四书集注》被列为科举考试的必读著作,《大学》更是得到普及和传播，一跃升为儒家的核心经典。在《四书》之中,《大学》字数最少，仅两千余字，但地位却非常特殊，由于它对儒学的思想做了简要的概括和总结，故后人往往根据《大学》来理解儒学。如梁启超先生说："儒家哲学，范围广博，概括起来，其功用所在，可以《论语》'修己安人'一语括之，其学问最高目的，可以《庄子》'内圣外王'一语括之。做修己的功夫做到极处，就是内圣。做安人的功夫做到极处，就是外王。至于条理次第，以《大学》上说得最简明。所谓'格物、致知、诚意、正心、修身'，就是修己及内圣的功夫；所谓'齐家、治国、平天下'，就是安人及外王的功夫。"[①] 其实《大学》不仅仅是"条理次第"，更是儒学的纲领规模，后人称儒学为修齐治平之学，就反映了这一点。但问题是，用《大学》来概括儒学是否全面？是否反映了儒学的完整面貌？这就涉及对儒学的理解。笔者认为如果抛开传统道统说的影响，从孔子开始，完整的儒学至少包括了两个方面：一是成己安人，"为政以德"(《论语・为政》)；二是推己及人，"为国以礼"(《先进》)。前者见于《论语・宪问》"子路问君子"，"子曰：修己以敬""修己以安人""修己以安百姓"。可以看到，《大学》其实正是对儒家这一思想的发挥，其特点是强调修身的重要，主张"自天子以至于庶人，壹是皆以修身为本"，把道德看作政治的根本，将政治道德化，走上了一条德治也就是人治的道路。《大学》的这一套理论，固然在唤醒士人的道德主体、激发传统儒生平治天下的豪情、期待"为生民立命""为万世开太平"上发挥了积极作用，但仔细一想就会有疑问，个人的道德修养，何以有如此大的作用，竟然可以"安人""安百姓"？其实在孔子那里，个人的道德教化，只有在满足了民众的物质生活，在一套礼义制度下才能发挥作用。所以孔子主张"富之""教之"(《子路》)，要求"因民之所利而利之"(《尧曰》)。而之所以要富民、利民，就是因为民与我有相同的情感、愿望，故应推己及人，"己欲立而立人，己欲达而达人"(《雍也》)，自己想要得到的也应该让别人得到，自己想要实现的也应该让别人实现。在"道之以德"

---

① 《梁启超论儒家哲学》，商务印书馆 2012 年版，第 4 页。

的同时，还要“齐之以礼”（《为政》），德治需要礼治来配合。没有完备的制度，一个君子固然可以独善其身，却很难做到兼济天下。所以孔子感慨，“邦有道，则仕；邦无道，则可卷而怀之”（《卫灵公》），“天下有道则见，无道则隐”（《泰伯》）。所谓“有道”“无道”也就是有礼、无礼，特别是国君能否守礼。可见成己安人是有条件的，如果条件不具备，只好“道不行，乘桴浮于海”（《公冶长》）。所以孔子一方面提出超越性的仁，用仁唤醒人的道德意识，把人的精神向上提、向外推，通过道德人格的自我完善，“修己以安人”，“修己以安百姓”（《子路》），主动承担起扶危济贫乃至平治天下的责任。另一方面又十分重视礼，认为“礼乐不兴，则刑罚不中；刑罚不中，则民无所措手足”（《子路》），希望通过“克己复礼”，确立和谐的政治秩序。前者是“为政以德”，后者是“为国以礼”。“为政以德”强调的是执政者的德性、身教，认为“为政以德，譬如北辰，居其所而众星共之”（《为政》）。“子帅以正，孰敢不正。”（《颜渊》）“君子之德风，小人之德草。草，上之风，必偃。”（《颜渊》）“为国以礼”则突出礼义制度的重要性，认为“礼之用，和为贵，先王之道，斯为美”（《为政》），礼是人与人和谐相处的制度保障。“能以礼让为国乎？何有？不能以礼让为国，如礼何？”（《里仁》）礼的产生本身就是为了解决人与人之间的对立和冲突的，在前礼义的阶段，由于人有各种欲望，都希望欲望得到最大满足，于是便相互争夺，彼此对立、冲突。于是人们通过约定制作了礼，对行为进行约束，将欲望限定在合理的范围之内，这样便出现了国家。国家为了维护统治，往往不惜使用暴力，所以礼与刑必然相伴。但一个好的执政者，不只是使民众被动地服从礼，更要使其主动地奉行礼，依据礼彼此谦让。这样就需要执政者身体力行，以礼让治国了。故“上好礼，则民莫敢不敬”（《子路》），“上好礼，则民易使也”（《宪问》）。执政者喜好礼，自觉地遵守、维护礼，则民众就容易管理。虽然“为政以德”与“为国以礼”为孔子所并重，但二者存在侧重的不同。前者注重执政者道德人格的塑造和培养，强调道德对政治的影响；后者则重视礼义、制度的建构，主张用礼来约束乃至完善人性。

根据以上的分析，我们可以看到《大学》主要反映的是儒学成己安人、“为政以德”的内容，它虽然抓住了儒学十分重要甚至是核心的思想，并做了恰当的概括，但毕竟只是完整儒学的一个方面。用《大学》来理解儒学，虽然提纲挈领，揭示了儒学的主要内容，但显然是不完善、不全面的。它在彰显、反映儒学一个方面的同时，却又掩盖、遮蔽了另一面。出现这种情况，与孔子思想的丰富性与不确定性是密切相关的。古代哲人在开宗立派时，其思想往往丰富、含混，具有向多个方向发展的可能。同时由于其表述不够清晰，又常常因材施教，往往使其弟子或后学在理解上产生分歧。结果在宗师去世后，学派内部便出现分化，这可以说是古代学术、宗教发展的一般规律，儒学亦是如此。孔子之后，“儒分为八”（《韩非子·显学》），从思想倾向上看，则可主要分为“主内派”与“主外派”。[①] 按照传统的说法，《大学》出自曾子一派，属于孔门后学主内派的作品，故其突出修身的作用，主张由内在修养达到外在政治。《大学》之后，孟子“道性善”，提出性善论，为儒家的修身奠定了人性论的基础。孟子云，“天下之本在国，国之本在家，家之本在身”（《孟子·离娄上》）。既然身是家乃至国、天下之本，故“行有不得者，皆反求诸己。其身正，而天下归之”（《孟子·离娄上》），在突出修身的作用上，与《大学》的思路是一致的。而且由于确立了性善论，孟子更强调善性的扩充，并以之为仁政的内在根据，所谓“有不忍人之心，斯有不忍人之政矣。以不忍人之心，行不忍人之政，治天下可运之掌上”（《公孙丑上》），实际是走了一条由内而外、由道德而政治的道路。但不应忽视的是，孔子之后还存在着一个主外派，此派以子夏开其端，由荀子集大成，其思想同样构成儒学的一个重要面相。近些年清华简的发现，特别是《逸周书》重新引起人们的关注，为我们了解这一条思想线索提供了重要的材料。例如，《逸周书》中有《文儆》一篇，当为战国前期儒者假托文王与武王的对话，从内容来看，应属于荀子之前主外派的作品。其文云：

> 民物多变，民何向非利，利维生痌（注：同“通”），痌维生乐，乐维生礼，礼维生义，义维生仁。呜呼，敬之哉！民之适败，上察

① 参见梁涛《孔子思想中的矛盾与孔门后学的分化》，《西北大学学报》1999 年第 2 期。又见拙作《郭店竹简与思孟学派》第二章，中国人民大学出版社 2008 年版，第 55—63 页。

(注：苛察)下遂(注：坠)，信(注：当为“民”之误)何向非私，私维生抗，抗维生夺，夺维生乱，乱维生亡，亡维生死。

“民物”，民性也。民性多变，但有一点是肯定的，就是其追求的无非是利。追求利无可指责，关键在于其可以“通”，也就是共享。如果你在追求利的同时，使他人也获得了利，这样彼此便产生快乐，由快乐产生出礼，由礼产生出义，由义产生出仁。儒家的仁义原来是从利益推导出来的，真可谓“义者，利之和也”(《周易·乾·文言》)。而要做到义利的统一，关键是要推己及人，可以“通”，可以共享。与孟子不同，《文儆》所说的民性是自然人性，具体指情感、欲望等，情感、欲望既可能追求利，也可能追求私。利与私的根本差别在于，利是可以共享的，私却不能共享，只会产生对抗，对抗产生争夺，争夺产生混乱，混乱导致灭亡。而造成私的原因，是执政者过于苛察，不能推己及人，反而与民争利。所以对于民性，应引导其追求利，而避免滑向私，引导的方法是制度、礼义，而遵守礼义、制度便是仁。如果说《大学》《孟子》是由内而外，由修身而治国平天下，由道德而政治的话，那么《文儆》则是由外而内，由政治而道德，由欲望、利益推出礼义乃至仁义，走了与《大学》《孟子》不同的另一条道路。如果说《大学》《孟子》由于是由内圣而外王，主要建构了儒家的内圣之学的话，那么，《文儆》则是由外王而内圣，开始发展出一套儒家的外王之学，而《文儆》之后，对儒家外王学做了进一步发展的是荀子。其《礼论》云：

人生而有欲，欲而不得，则不能无求；求而无度量分界，则不能不争；争则乱，乱则穷。先王恶其乱也，故制礼义以分之，以养人之欲，给人之求，使欲必不穷(注：困窘)乎物，物必不屈(注：音 jué，枯竭)于欲，两者相持而长，是礼之所起也。故礼者，养也。

与《文儆》一样，荀子也是关注于人的自然欲望，从自然欲望推出制度、礼义。人生而有种种欲望，欲望得不到满足便会向外追求，向外追求如果没有“度量分界”，也就是礼义法度，则必然会产生争夺，争夺导致混乱，混乱导致困穷。“先王恶其乱也”——需要说明的是，荀子这里所描写的是一个前礼义的状态，政治秩序尚未建立，自然不可能有什么王，所谓“先王”只能是后人追溯的说法，实际是指人群中的先知、先觉者。另外，由于传统上认为荀子主张性恶论，而荀子又认为圣人与凡人的人性是一致的，这样便产生第一个圣人如何制作礼义的难题。其实，如果知道荀子并非性恶论者，其完整的人性主张是“人之性恶，其善者伪”，实际是性恶心善论者，这一所谓难题便迎刃而解了。在荀子看来，一方面“人生而有欲”，欲本身虽然并不为恶，但若不加节制，又没有规则约束的话，就会产生争夺、混乱，最终导致恶。但另一方面人又有心，心有思虑抉择和认知的能力。心的思虑、认知活动便是伪，“心虑而能为之动谓之伪”（《荀子·正名》）。虑指心的抉择判断能力，“情然心为之择谓之虑”；能指心的认知能力，“智所以能之在人者谓之能”（《荀子·正名》）。故当人顺从情欲不加节制而导致恶时，其心又会根据认知做出抉择判断，并制作出礼义来，这就是善。如果说礼义的制定是为了解决欲望与物质的矛盾，从而协调二者关系的话，那么制作礼义的动因则是心，是心的思虑、认知活动，也就是伪，① 所以荀子的人性论可以概括为性恶心善说。其与孟子的性善论显然有所不同，它不是通过区分“人之所以异于禽兽者”（《孟子·离娄下》），要求以善为性，从而激励人的道德自觉，确立人的价值、尊严，而是着眼于人性（广义的）中欲望与理智的紧张与冲突，从而建构起礼义、制度。如果说孟子的性善论主要为儒家的内圣奠定基础的话，那么，荀子的性恶心善论则为儒家的外王提供了理论论证，它们二者共同构成儒学的重要内容。

综上所论，孔子之后，儒学内部发生分化，出现了主内派与主外派，并最终产生孟子和荀子两个不同的思想体系。如果抛弃成见，不难发现主内派—孟子与主外派—荀子，都是完整儒学的有机组成部分，二者虽然在具体观点上有所对立，但却是相依相存的。前者注重修身、道德人格的塑造，强

① 荀子认为“凡礼义者，是生于圣人之伪”（《荀子·性恶》），故只承认圣人可以制作礼义。但他又认为圣人与凡人在人性上是相同的，其成为圣人是实践礼义的结果，“圣人者，人之所积而致矣”（同上），这样便出现最早的圣人是如何出现的，以及他又是如何制作礼义的难题。要解决这一难题，要么承认圣人是天生的，与凡人并不相同，要么承认制作礼义的实际是心的思虑、认知活动（伪），所谓圣人不过是充分发挥了其心的功能和作用而已。参见拙文《〈荀子·性恶〉篇“伪”字的多重含义及特殊表达——兼论荀子“人性平等说”与“圣凡差异说”的矛盾》，《中国哲学史》2019 年第 6 期。

调道德对政治的引领作用；后者则关注礼义、制度的建构，认为礼义、制度不仅维系了社会秩序，也是转化人性的重要手段。前者主要倾向性善论，关注于人性中正面、积极的内容，故往往突出仁性；后者持自然人性论，既正视情感、欲望可能导致的偏险悖乱之负面，也承认在心或理智的节制下，满足情感、欲望的合理性，故认为人性中包括了情性和智性。前者往往从君子来立论，对其有很高的道德期待，希望君子以善为性，而不以口腹之欲为性，“君子不谓性也”（《孟子·尽心下》），通过人格的塑造与完善，进而影响政治与社会；后者虽然也尊崇君子、圣王，但由于关注礼义、制度的建构，往往从庶民的特点入手，认为“义与利者，人之所两有也”（《荀子·大略》），即使尧舜也不能禁止民好利，即使桀纣也不能消除民好义，因而要求因利以求义，重义以克利，更接近孔子“因民之所利而利之”（《论语·尧曰》）的思想。借用孟子的说法，前者关注的是善，后者重视的是法。但既然“徒善不足以为政。徒法不能以自行”（《孟子·离娄上》），就应将二者相结合，合则两美，分则两伤。从这一点看，仅仅用属于主内派的《大学》来概括或理解儒学，显然是不全面的，反而遮蔽、掩盖了儒学更为丰富的内涵。还有一点值得注意，从孔子到孟荀，都主张对于君子、庶民要区别对待，存在着君子之学与庶民之学的分野。[①] 修身主要是针对君子而言，对于庶民则主张先养后教，“所欲与之聚之，所恶勿施尔也”（《孟子·离娄上》），不做过高的道德要求。《大学》则提出“自天子以至于庶民，一是皆以修身为本”，说明其思想是较为特殊的，诚如学者所言，重视内圣、修身是《大学》最本质、最核心的内容。而这些内容随着《大学》成为儒学的核心经典，被大大强化了，反过来又影响到人们对儒学的理解。

二

《大学》地位的提升，经历了一个较长的过程，最终完成于南宋朱熹之手，标志是《四书集注》的编订。故朱熹对于《大学》十分重视，他曾说：“某于《大学》用工甚多。温公作《通鉴》，言：‘臣平生精力，尽在此书。’

---

① 参见梁涛《统合孟荀的新视角——从君子儒学与庶民儒学看》，《哲学动态》2019 年第 10 期。

某于《大学》亦然。《论》《孟》《中庸》却不费力。”“我平生精力，尽在此书，先须通此，方可读书。”[1] 据记载，朱熹去世前，仍在修订《大学》“诚意”章。“三月辛酉，改《大学》诚意章。甲子，先生卒。”[2] 朱子可谓一生用心于《大学》，至属纩而后绝笔。学习四书，朱子认为也应先从《大学》入手。“学问须以《大学》为先，次《论语》，次《孟子》，次《中庸》。”“某要人先读《大学》，以定其规模；次读《论语》，以立其根本；次读《孟子》，以观其发越；次读《中庸》，以求古人之微妙处。”[3] 他还建议，“可将《大学》用数月工夫看去。此书前后相因，互相发明，读之可见，不比他书。”[4] 至于《大学》何以如此重要，朱子也有形象的说明。“《大学》是修身治人底规模。如人起屋相似，须先打地盘。地盘既成，则可举而行之矣。”“或问：‘《大学》之书，即是圣人做天下根本？’曰：‘此譬如人起屋，是画一大地盘在这里。理会得这了，他日若有材料，依此起将去，只此一道理。’”“《大学》是大坯模。《大学》譬如买田契，《论语》如田亩阔狭去处，逐段子耕将去。”“须熟究《大学》做间架，却以他书填补去。”[5]《大学》好比“规模”“坯模”，是圣人治天下的根本，真正读懂了《大学》，掌握了这一大根大本，才有可能进一步阅读其他经典，确立修身进德的正确方向。

那么，为何《大学》在宋代受到儒家学者的重视，并上升为理学的核心经典呢？学界流行的看法是，汉唐儒学主要是章句之学，虽于礼义制度有所建树，但对天道性命的本源问题却了无新意，缺乏形而上的探索，结果在佛老的冲击下败下阵了，出现了“儒门淡泊，收拾不住”的窘境。所以从北宋开始，儒者开始关注“性与天道”的问题，通过阐发天道性命，以解决人生的价值和意义的问题。在这一过程中，《大学》与《中庸》作为性命之书，受到儒者的重视，地位由此得到提升。如杨儒宾先生就认为：“‘性命之书’是我们了解《大学》《中庸》地位升降最重要的概念。”[6] 但“性

① （宋）黎靖德编著：《朱子语类》第1册，中华书局1986年版，第258页。
② （清）王懋竑：《朱熹年谱》，中华书局1998年版，第407—408页。
③ （宋）黎靖德编著：《朱子语类》第1册，第249页。
④ 同上书，第250页。
⑤ 同上。
⑥ 杨儒宾：《〈中庸〉〈大学〉变成经典的历程——从性命之书的观点立论》，《台湾大学历史学报》1999年第24期。

命之书”的说法可能更适合《中庸》，却不一定适合《大学》。从内容上看，《大学》基本没有涉及天道性命的问题，虽然谈到诚意、慎独，但主要是从修身上讲，没有涉及宇宙本体。借用牟宗三先生的说法，《大学》属于“横摄的系统”，而不是“纵贯的系统”。“《大学》只列举出一个实践底纲领，只说一个当然，而未说出其所以然。”[①] 从朱子的论述来看，他重视《大学》也是着眼于为学次第，而不是形而上的内容。“问：‘欲专看一书，以何为先？’曰：‘先读《大学》，可见古人为学首末次第。且就实处理会好，不消得专去无形影处理会。’”“《论》《孟》《中庸》，待《大学》贯通浃洽，无可得看后方看，乃佳。道学不明，元来不是上面欠工夫，乃是下面元无根脚。”[②] 可见在朱子的眼里，《大学》恰恰代表的是“实处”，而不是“无形影处”；是“下面”的根脚，而不是“上面”的功夫。“性命之书”的说法，显然是难以成立的。

既然《大学》并非性命之书，它受到宋儒的关注当另有原因。其实如前文所述，《大学》主要反映的是儒家主内派一系成己安人、“为政以德”思想，其特点在于突出、强调修身的重要性，把修身看作政治的根本，将政治道德化，走上了一条德治也就是人治的道路。《大学》受到关注，恐怕在于它的这一思想特点。从这一点看，刘子健先生的观点可能更有说服力，也更值得重视。刘先生认为，儒学从北宋到南宋经历了一个内在的转向，不再关注制度的变革，而热衷于内在道德的完善。这一转向的起因是王安石变法及其引起的一系列后果，而其实质则是对何为儒家正统的不同认识。以王安石为代表的制度改革派认为，儒家经典中已经提供了制度典范，其中所描述的制度绝非纯粹理论构想或乌托邦体系，而是历史上曾经出现的客观存在。这种制度之所以没有被实现，主要是因为人们没有找到推行真理的途径和方法，因而才将其当作高明而虚幻的空谈束之高阁。为了挽救危局，迫切需要厘清古老经典中的基本原则并将其付诸实践。他们的目标是设计政治、经济、社会和教育制度，以便提高道德水准。他们相信道德价值观与功利主义目的可以达成一致，换言之，好的制度既有助于提高道德水准，又是实用

① 牟宗三：《心体与性体》第1册，上海古籍出版社1999年版，第15页。
② （宋）黎靖德编著：《朱子语类》第1册，第250页。

的。然而王安石发动的熙丰变法（1069—1085 年，又称熙宁变法），却引起保守势力的激烈反对。元丰八年（1085 年），宋神宗去世，宋哲宗即位，高太后垂帘听政，起用司马光为宰相，保守派接掌政权，恢复旧制，大开倒车，新法几乎全被废掉，史称“元祐更化”。元祐八年（1093 年），高氏去世，哲宗赵煦开始亲政，于次年改年号为绍圣（1094—1097），恢复熙宁、元丰变法，保守派失势，大部分变法措施重新付诸实施，史称“绍圣绍述”，又称后变法时期。但此时的变法已丧失了王安石的理想主义初衷，改革精神化为乌有，道德上毫无顾忌，贪赃枉法，肆无忌惮，拒绝革除任何改革体制的弊端，对那些继续反对改革的保守派（“元祐党人”）进行史无前例的残酷迫害，皇帝好大喜功，奢侈无度，整个社会道德沦丧。恢复的变法不仅没有革除弊政，反而聚集了一批声名狼藉之辈，最终招来女真人的入侵和北宋王朝的崩溃。1127 年，南宋王朝建立，改革计划、措施宣告破产，声名扫地，没有人敢再公开鼓吹改革。这时出现了一个“道德保守主义者”的集团，他们抨击各项改革措施毫无价值、不合时宜、不道德，应当加以唾弃；同时坚定不移地认为，北宋灭亡的近因虽然是恢复变法时期，但潜在的危害则来自最初的变法本身。王安石将功利置于道德之上，又将国家置于社会之上，本末倒置，犯了根本性的错误。出于对变法及其恶果的强烈反感，他们不仅支持保守主义，而且身体力行，在对儒家经典的解读中极力强调道德，坚信道德的方法是唯一的出路，必须旗帜鲜明地弘扬儒家正统道德原则。[①] 这种正统观念就来自《大学》，核心是认为建立秩序的关键在于“正心”“诚意”，这成为朱熹新儒家学派的一个口号。既然变法的大门已经关闭，制度变革成为不可提及的禁区，权力被高度集中在皇帝手里，至高无上的专制君主是唯一的关键。“如果能给皇帝注入新的动力，他就有可能改变政府。这就是伟大的新儒家朱熹教导皇帝治国在于齐家、齐家在于修身、修身依靠正心诚意的奥妙。皇帝必须正其心，诚其意。不是潜研儒学的人也许会觉得这样的教导与国事无关，但是，作为早期道德保守主义者的继承人，新儒家却相信，当任何可以设想的制度改革和其他措施都不能治愈专制主义

---

① ［美］刘子健：《中国转向内在》，赵冬梅译，江苏人民出版社 2001 年版，第 36—37 页。

的病症时，这才是纯正的儒家救弊良方。”① “总的来说，新儒家哲学倾向于强调儒家道德思想中内向的一面，强调内省的训练，强调深植于个体人心当中的内在化的道德观念，而非社会模式的或政治架构当中的道德观念。”“在新儒家学者的头脑中，最重要的就是修身和内心的思想。它们倾向于转向内在。”② 刘先生虽然所说的是宋代儒学的整体走向，但同样有助于理解《大学》地位的变化。正是南宋儒学的内在转向，使得《大学》受到人们的关注，并经朱子的诠释，一跃成为儒家的核心经典。

其实早在北宋时期，《大学》就已受到了二程、张载的关注，其对《大学》的论断对朱熹产生了重要影响。这一时期也出现了司马光的《〈大学〉广义》、王拱辰的《〈大学〉轴》这样的诠释性著作，司马光关于为政的关键在于正心、诚意的主张，也被以后的宋高宗所欣赏。但整个北宋后期学术界，居于官学地位的是王安石新学，“自王氏之学达于天下，其徒尊之与孔子等……行之以六十余年”，③ 王安石主张制度变革与《大学》倡导的修身为本存在认识上的分歧，以上学者往往也对王安石变法持批评和反对的态度，故《大学》尚未被主流学术界所关注。到了南宋，随着政治形势的反转，王安石新学逐渐失势，理学成为当时的显学，《大学》才由于朱子等人的提倡，地位终于得以提升。可见《大学》受到关注，是与理学、新学的对立和冲突，以及二者势力的消长纠缠在一起的，是儒学内在转向的结果。王安石新学与二程理学是产生于北宋神宗、哲宗时期的两个对立学派，虽然它们都对北宋社会现状强烈不满，认为需要进行根本性的改革，但在变革的方式和途径上则存在根本分歧。王安石重视制度变革，谋求建立一个运行高效的政府；二程则关注心性修养，试图建立一个具有自我道德完善能力的社会。由于认识的分歧，二者在理论建构上也存在明显的差异。王安石关注制度变革，认为“圣人经世立法，以中人为制也”④。所谓“中人”既非圣贤也非恶人，而是趋利避害、追求个人利益同时可以接受教化的普通人。从中

① ［美］刘子健：《中国转向内在》，第 119 页。

② 同上书，第 141—142 页。

③ （宋）陈渊：《十二月上殿札子》，《默堂集》卷 12，四库全书本。

④ （宋）王称撰，孙言诚、崔国光点校：《东都事略·王安石传》，齐鲁书社 2000 年版，第 1 册，第 662 页。

人的特点出发，王安石持自然人性论，认可孔子的“性相近也，习相远也”（《论语·阳货》），肯定杨朱“为己”的合理性，“杨子之所执者为己，为己，学者之本也。……是以学者之事，必先为己，其为己有余，而天下之势可以为人矣，则不可以不为人。”[①] 但杨朱只讲“为己”不讲“为人”，“失于仁义而不见天地之全”，[②] 仍是一偏之学。儒学则要在为己的基础上进一步为人，由个己之性（王安石称为“生”）推出普遍之性（可称为“大中之性”），并通过制礼作乐，以立法的形式将其确立下来，使天下之人皆得以“养生守性”。不难看出，王安石实际延续的是儒家内部务外派—荀子的思想路线，笔者曾经指出，“在北宋儒学以仁确立人生意义、价值原则，以礼建构政治制度和人伦秩序的两大主题中，王安石明显偏向后者，其所建构的主要是一种政治儒学，是外王之学，而没有从仁学的角度建构起儒家的内圣之学或心性儒学”。“就此而言，王安石虽然对荀子存在较多误解和批评，而与孟子思想一度更为密切，但其所延续的仍主要是‘孔荀之制’，而不是‘孔孟之道’；选择的是孔荀的路线，而不是孔孟的路线。”[③] 与之相对，二程注重道德的完善，提倡圣人之学，故持道德人性论，认可孟子的性善论，认为“孟子有大功于世，以其言性善也”[④]。而学为圣人，就需要向内用力。“不求于内而求于外，非圣人之学也。……学也者，使人求于本也。”[⑤] 所谓“本”就是仁心性体，“凡学之道，正其心，养其性而已。中正而诚，则圣矣。……故学必尽其心。尽其心，则知其性，知其性，反而诚之，圣人也。”[⑥] 通过存心、养性，就可以下学上达，“尽心”、“知性”、“知天”，达到圣人的境界，进而成己安人，完成社会的道德改造了。所以二程十分重视《大学》，认为其代表了儒家正确的为学和为政路径。程颢说：“《大学》乃孔氏遗书，须从此学则不差。”程颐也说：“《大学》，孔子之遗言也。学者由是而学，则不迷于入德之门也。”[⑦] 其延续的主要是主内派—孟子一系的

① （宋）王安石：《杨墨》，《临川先生文集》，中华书局1959年版，第723页。
② 同上。
③ 参见梁涛《王安石政治哲学发微》，《北京师范大学学报》2016年第3期。
④ （宋）朱熹：《四书集注·孟子序说》引，第179页。
⑤ （宋）程颢、程颐：《二程集》第1册，中华书局1981年版，第319页。
⑥ （宋）程颢、程颐：《二程集》第2册，第577页。
⑦ （宋）程颢、程颐：《二程集》第1册，第18页；第4册，第1204页。

思想，所倡导的是孔孟之道，如后人所评价的“出处孔孟，从容不勉”。[①]但不论是孔孟之道还是孔荀之制，是“为政以德”还是“为国以礼”，是成己安人还是推己及人，都是完整儒学的两个方面，是相互依存而不应分割的。但随着孔门后学的分化，特别是道统意识的兴起，宋代儒者恰恰是用对立的眼光看待学派间的分歧，并由此相互攻讦，对儒学的健康发展造成不可估量的损害。

如果说北宋时期，由于认识的分歧，二程对王安石变法持批评、反对的态度，但一定程度上仍有所反省，如二程说：“新政之改，亦是吾党争之有太过，成就今日之事，涂炭天下，亦须两分其罪可也。”[②] 那么到了南宋时期，随着王安石及其新法被否定，制度变革已不可能，只剩下道德完善一条路时，作为二程的追随者和理学的集大成者，朱熹对王安石新学做了更为激烈的批判和否定，而其批判的理论根据主要就是来自《大学》。虽然朱熹对王安石人格有较高评价，对新法的逐项措施也多从正面予以肯定，但在朱熹看来，王安石搞反了《大学》谆谆教导的“本”与“末”的关系，忘记了《大学》“自天子以至于庶民，一是皆以修身为本”的教诲，不是以修身、正人心为本，而是以兵革财利、富国强兵为本；不是进行道德拯救，而是从事制度变革。“大本不正，名是实非；先后之宜，又皆倒置，以是稽古，徒益乱耳。”[③] 朱熹认为，当时社会存在着“法弊”与“时弊”，“法弊但一切更改之，却甚易；时弊则皆在人，人皆以私心为之，如何变得？嘉祐（注：宋仁宗年号，1056—1063 年）间法可谓弊矣，王荆公未及尽变之，又别起得许多弊，以人难变故也。”[④] 法弊是指制度的弊端，改革起来较为容易；时弊则是指一个时代的弊端，其来自于人欲、私心，是人自己造成的，要想改变最为困难。王安石虽然看到制度之弊，却未看到人心之弊，其变法只能是舍本逐末，治标不治本，结果只能是旧弊未去，新弊又来。要想真正革除弊端，除去时弊，就要回到《大学》所教导的明明德、修身的路线上来，

① （宋）程颢、程颐：《二程集》第 1 册，第 328 页。

② 同上书，第 28 页。

③ （宋）朱熹：《读两陈谏议遗墨》，《朱子全书》第 23 册，上海古籍出版社、安徽教育出版社 2010 年版，第 3382 页。

④ （宋）朱熹：《读两陈谏议遗墨》，《朱子全书》第 7 册，第 2688 页。

“自天子以至庶人，人人得其本心，以制万事，无一不合宜者，夫何难而不济?”如果不能首先端正人心，却想追求富强、事功，结果只能是“亡人之国而自灭其身，国虽富其民必贫，兵虽强其国必病，利虽近其为害也必远”。[①] 所以政治的根本不在于变制度，而在于正人心。正人心包括“正其心”“正君心”“正天下之心”三个方面，“既以自正其心，而推之以正君心，又推而见于言语政事之间，以正天下之心”。[②] 其中“正其心”主要是对士人而言，士人首先要自正其心，进而能正君主之心，“格君心之非”，然后通过君主施行教化，颁布法令，进一步去正天下人之心。正人心的三个方面，正君心是根本、关键。“天下事有大根本，有小根本。正君心是大根本。天下事，须是人主晓得通透了，自要去做，方得。”[③] “天下之事，其本在于一人，而一人之身，其主在于一心。故人主之心一正，则天下事无有不正；人主之心邪，则天下之事无有不邪。”[④]《大学》有云：“一家仁，一国兴仁；一家让，一国兴让；一人贪戾，一国作乱，其机如此。”朱熹注：“一人，谓君也。……此言教成于国之效。”[⑤] 故朱熹的“正君心”实来自《大学》与《孟子》。尽管朱熹本人并不完全反对讲求财利、事功，但认为其与修德、正人心相比，只能是第二位的，是末而非本，而王安石恰恰在这一点上犯了方向性错误。虽然“王安石改革‘法弊’的出发点是好的，改革措施也有可取之处，但王安石不首先从正其心、正君心、正天下之心入手进行变法，而是把‘君心’‘天下之心’导向求利的误区”，“最大坏处是坏了人才风俗，坏了天下的‘心’，使私欲泛滥”。[⑥] 对于正君心，朱熹不仅理论上言之，实践上更是行之。在知南康军任上，朱熹就曾应诏上疏：“天下之务，莫大于恤民，而恤民之本，在人君正心术以立纪纲。”结果使孝宗大怒。但朱熹并未因此退却，仍继续向孝宗进言国事。有人劝他：“正心、诚意之论，上所厌闻，戒勿以为言。”朱熹答：“吾平生所学，惟此四字，岂

① （宋）朱熹：《送张仲隆序》，《朱子全书》第 24 册，第 3623 页。
② （宋）朱熹：《与汪尚书书》，《朱子全书》第 21 册，第 1097 页。
③ （宋）黎靖德编著：《朱子语类》第 7 册，第 2679 页。
④ （宋）朱熹：《己酉拟上封事》，《朱子全书》第 20 册，第 618 页。
⑤ （宋）朱熹：《四书集注 · 大学章句》，中国书店 1994 年版，第 9 页。
⑥ 李华瑞：《王安石变法研究史》，人民出版社 2004 年版，第 41 页。

可隐默以欺吾君乎?”[1] 朱熹认为自己一生所学唯正心、诚意四字,说明《大学》在其心目中所占有的重要地位,而他绝不放弃向皇帝进言正心、诚意,则表明朱熹主要是从明德修身、道德完善来理解《大学》乃至儒学的,这就使其对政治的理解与王安石有根本的不同。他撰写《四书集注》,用一生精力注释《大学》,就是想建构与新学不同的理学体系,认为这关系到儒家的道统所系。《大学》就是在儒学的内在转向中脱颖而出,上升为儒家的核心经典。

三

《大学》地位的提升和《四书》思想体系的出现,是传统社会后期思想界的重大事件,并对以后的社会发展产生深远影响。以《大学》为代表的《四书》体系,虽然在应对佛老的挑战、完成儒学的复兴、重新确立儒学在传统社会中的主导地位方面,发挥了积极作用,但其一开始就是建立在狭隘的道统说之上,仅以孔、曾、思、孟为儒学正统,并以继承这一儒家道统为己任,而将荀子及汉唐儒学排除在外,其所弘扬的主要是孔孟之道,而忽略乃至否定了孔荀之制,使本来丰富的儒学传统变得狭窄,其自身也不可避免地具有重道德、轻事功,重内圣、轻外王的弱点,不仅没有促成儒学的全面、健康发展,反而造成儒学内部更大的对立,使儒学出现内在转向。本来在孔子那里,“为政以德”与“为国以礼”,“为仁由己”与“克己复礼为仁”(《论语·颜渊》),由道德而政治与由政治而道德,是同时并存,相辅相成,互相促进的。虽然孟荀各执一端,一定程度上造成二者的分裂,但汉唐儒者总体上仍是将二者等量齐观,并试图使之相统一,“孟荀齐号”是当时学术界的共识和常态。唐代韩愈提出了狭义的道统说,二程等理学家表示响应和认可,但在整个北宋时期也只是一家之言,宋初的孙复、石介均持一种广义的道统说,其特点是将孟荀以及汉唐时期的扬雄、王通、韩愈,均列入道统之中。所以如果跳出狭义的道统说,换一种整全的眼光,就会发现宋代儒学的发展实际经历了由齐头并进到理学独尊的过程,北宋思想界既有主

① (元)脱脱:《宋史·道学三·朱熹》第36册,中华书局1985年版,第12753、12757页。

要发展了孔荀之制的李觏及王安石新学，也有着力弘扬了孔孟之道的以周敦颐、二程、张载为代表的理学，二者的思想进路及具体观点虽然有所不同，但都是完整儒学的有机组成部分，本应在交流中相互借鉴、补充、完善，乃至融合发展出新的学派。但由于狭隘的道统意识，这种互补、融合的局面不仅没有出现，反而引发激烈的党争，终于随着北宋的灭亡，王安石新学被否定，失去官学地位，李觏也影响式微，朱熹理学由于适应了当时的政治需要，虽然也一度遭受挫折，但还是得到官方的肯定和认可，《大学》也在这一过程中确立起儒家核心经典的地位。

关于新学、理学的分歧和对立，学术界已有不少讨论，从儒学自身的发展来看，实际涉及治国理念尤其是对道德与政治关系的不同理解。儒学从孔子始，主张并追求道德与政治的统一，不论是“为政以德”还是“为国以礼”，都不是将道德与政治打为两截，而是以道德引领政治，以政治促进道德。但这并不意味着道德与政治就没有差别，道德的核心是德性，是对他人的关爱和同情，并由此生发出责任和义务；政治的本质是正义，是以制度化的建构实现利益、好处的公平分配。在儒家的语境中，道德主要表现为仁，包括成己、爱人、仁政等；政治更多体现为礼，包括礼乐刑政等。在儒家看来，一方面道德应引领政治，没有仁则没有礼，“人而不仁，如礼何?”（《论语·八佾》）道德也可以成就政治，如仁政，但主要是以道德的手段实现政治治理，是“以不忍人之心，行不忍人之政”（《孟子·公孙丑上》）；另一方面政治可以促进道德，礼可以成就仁，“克己复礼为仁”（《论语·颜渊》），但主要靠礼义的约束，靠外在的教化。仁与礼有所不同，但又不可截然分开，同样道德与政治也是分而不分的，既有分别但又不可对立、分开。由于仁与礼、道德与政治的这种复杂关系，孔子之后儒学内部发生分化，出现成己安人、“为政以德”与推己及人、“为国以礼”两条路线，前者由道德而政治，后者由政治而道德，孟子主要走的是前一条路线，荀子侧重后一条道路。从这一点看，理学与新学的对立，实际仍是孔孟之道与孔荀之制差别的延续。李觏、王安石主张制度变革，更多关注的是财富的生产和利益的分配问题。在义利观上，主要继承的是荀子的“义利两有”（《荀子·大略》），主张义利统一，反对重义轻利。作为王安石的先导,[①] 李觏提出“生民之道食为大”,[②] “衣食之急，生民之大患也，仁君善吏所宜孳孳也”,[③] 所以“治国之实，必本于财用”。[④] 认为治理国家的根本是经济基础，是物质财富，反对把物质利益和道德原则简单对立起来。“人非利不生……焉有仁义而不利者乎?”[⑤] 那么如何做到义与利的统一，进而治理天下国家呢? “无他，一于礼而已。……夫礼之初，顺人之性、欲而为之节文者也。”[⑥] 礼既顺应又节制人的性和欲，节制是为了更好地满足，满足是建立在节制的基础之上。而要做到以礼治国，就需要统治者与民同利，“与众同利则利良民，不与众同利则利凶人”。[⑦] 执政者与民同利就会出现良民，不与民同利则会产生恶人。王安石也认为，“盖聚天下之人，不可以无财；理天下之财，不可以无义”。[⑧] 这里的“义”是指财富分配中应遵循的道义、正义，具体体现为礼。圣人制作礼乐，就是要满足人们养生的需要。“衣食所以养人之形气，礼乐所以养人之性也。……吾于礼乐，见圣人所贵其生者至矣。”[⑨] 儒家的核心概念仁义，其实都可以从养生来理解。“世俗之言曰，‘养生非君子之事’，是未知先王建礼乐之意也。养生以为仁，保气以为义。”[⑩] 二程、朱熹注重道德完善，故把正人心尤其是正君心放在首要位置。在义利观上，强调先义后利，主要发挥的是《大学》和《孟子》的思想。《大学》云：“国不以利为利，以义为利也。”朱注：“深明以利为利之害……其丁宁之意切矣。”[⑪] 《孟子·梁惠王上》曰：“王亦曰仁义而已矣，何必曰利?”朱注：“言仁义根于人心之固有，天理之公

---

① 李觏为了改变北宋积贫积弱的局面，提出“均田”“平土”等主张，对王安石变法做了准备，他的弟子邓润甫也成为王安石变法的得力助手。胡适说：“他（注：指李觏）是江西学派的一个极重要的代表，是王安石的先导，是两宋哲学的一个开山大师。”（《记李觏的学说——一个不曾得君行道的王安石》,《胡适文集》，北京大学出版社 1998 年版，第 25 页）

② （宋）李觏：《平土书》,《李觏集》，中华书局 2011 年版，第 191 页。

③ （宋）李觏：《安民策第十》,《李觏集》，第 189 页。

④ （宋）李觏：《富国策第一》,《李觏集》，第 138 页。

⑤ （宋）李觏：《平土书》,《李觏集》,《原文》,《李觏集》，第 342 页。

⑥ （宋）李觏：《礼论第一》,《李觏集》，第 5—6 页。

⑦ （宋）李觏：《庆历民言·释禁》,《李觏集》，第 251 页。

⑧ （宋）王安石：《乞制置三司条例》,《临川先生文集》，第 745 页。

⑨ （宋）王安石：《礼乐论》,《临川先生文集》，第 703 页。

⑩ 同上。

⑪ （宋）朱熹：《四书集注·大学章句》，第 13 页。

也。利心生于物我之相形，人欲之私也。循天理，则不求利而自无不利；殉人欲，则求利未得而害已随之。所谓毫厘之差，千里之缪。”[①] 不难看出，李觏、王安石主要延续的是主外派—荀子的路线，走的是由政治而道德的进路，故重视人的感性生命，从个体之性推出普遍之性，也就是可以共享、共存的性，并以此作为建构礼乐制度的根据。一方面从利中推求义，另一方面又以义节制利，持一种义利统一观。其义虽然是普遍的，但不脱离人的感性生命，是形而下的存在。二程、朱熹主要继承了主内派—孟子尤其是《大学》的思想，并做了理论发挥，走的是由道德而政治的路线，故强调以修身为本，主张由格物、致知、诚意、正心达到治国、平天下。在义利观上，主张义优先于利，尤其强调行为动机要出自义。“凡事不可先有个利心，才说著利，必害于义。圣人做处，只向义边做。然义未尝不利，但不可先说道利，不可先有求利之心。”[②] 二者虽有不同，但如前面所言，只是儒家内部两条不同的路线，并非截然对立的，道德完善与制度变革也不存在本末、高低的差别，而是可以互补的。李觏、王安石新学虽然对儒家仁学重视不够，对道德主体、心性修养有所忽略，但其主张道德价值观不能脱离国家的富强和人民的富裕，对民众的物质利益、情感欲望表现出更多的关注与肯定，仍属于儒学内部的健康力量。

然而令人遗憾的是，由于北宋的灭亡，南宋统治者出于政治的需要，把“国事失图”的责任由蔡京上溯至王安石及其新法，认为“惟是直书安石之罪，则神宗成功盛德，焕然明白”。[③] 这本是历史上不断上演的吾皇圣明、奸臣误国的闹剧，是统治者维护个人利益的一贯伎俩，却影响了南宋的思想界，即使朱熹也概莫能外，他把与新学认识上的分歧上升为政治上的大是大非，把北宋亡国的责任推给王安石，不仅不公允，也影响了后人对儒学的认识和理解。这样前有二程对荀子“大本已坏”的评价，后有朱熹对王安石“大本不正”的否定，儒学内部孔孟之道与孔荀之制两大传统中孔荀之制的传统被中断，无法得到延续和发展。肖永明教授说：“王安石早在北宋中期，

① （宋）朱熹：《四书集注·大学章句》，《四书集注·孟子集注》，第 182 页。
② （宋）黎靖德编著：《朱子语类》第 4 册，第 1218 页。
③ （宋）李心传编著：《建炎以来系年要录》第 4 册，中华书局 2013 年版，第 1487 页。

就突破了孔孟以来绵延千年的传统偏见，强调义与利的统一，的确不愧是具有特见卓识的杰出思想家。如果理学学者能够以理性平和的态度对待新学，汲取其中这些有价值的见解，在注重精神锻造、道德建设的同时，也对制度建设及物质财富的生产、管理予以同样的重视，使二者不偏废，使新学与理学相互取益、相须为用，则无疑北宋以后儒学会朝着更为健康、理性的方向发展，历史不容假设，却能给人以思考与启示。”① 历史虽然无法假设，但可以借鉴。日本著名学者丸山真男指出，日本社会向近代形态的转变中，荻生徂徕等古学派学者发挥积极的作用，他们解构了“修身—齐家—治国—平天下”的连续性思维，将朱子学的道德性转化为政治性，并从中区分出了个人道德与国家政治的不同分野。“在朱子学中，治国、平天下被化约为德行，而德行又进一步被化约为穷理。由于这种‘合理主义’的解体，政治逐渐就从个人道德中独立了出来，到了徂徕学，儒学已完全被政治化。然而，规范在向政治之物升华的同时，另一方面就走向人的精神解放，并打开了自由发展之路。”② 日本古学派对《大学》修齐治平模式的解构，可以从另一位学者伊藤仁斋评论朱熹向孝宗进言正心、诚意之事中得到鲜明的反映。

> 愚谓其说固善。然在学者则可，无所以告于人君也。如学者固不可以不以此（注：指正心、诚意）自修。在人君，则当以与民同好恶为本，其徒知正心、诚意而不能与民同好恶，于治道何益?③

在仁斋看来，治国的关键不在正心、诚意的道德动机，而在于国君能够“与民同好恶”，使其获得具体福利的实际效果，这与朱熹一味强调正人心，视君主之心为政治的根本正好相反，而与李觏、王安石的主张更为接近。至于其将道德与政治做适当的区分，认为前者的核心是个人的自修，而后者的根本是与民同利，根据丸山真男的分析，实乃开启了日本近代化的转向。程朱理学与日本古学对《大学》的不同诠释、理解及产生的后果，值得我们

---

① 肖永明：《北宋新学与理学》，陕西人民出版社 2001 年版，第 235—236 页。

② ［日］丸山真男：《日本政治思想史研究》，王中江译，生活·读书·新知三联书店 2000 年版，第 115 页。

③ ［日］伊藤仁斋：《童子问》，《日本伦理汇编》第 5 册，第 111 页。

反省和思考。

综上所论，《大学》在儒学思想体系中占有重要地位，在历史上也产生过深远的影响，但以《大学》来概括、理解儒学则是不全面的。程朱对《大学》的过分强调，从理学立场对《大学》所做的诠释，在突出孔孟之道的同时，却掩盖乃至否定了孔荀之制，甚至在儒学内部造成不必要的对立和冲突，损害、影响了儒学的健康发展。所以今天讨论儒学，首先要超越狭义的道统论，不能仅仅以《大学》理解儒学，而应将孔孟之道与孔荀之制相贯通，将成己安人、“为政以德”与推己及人、“为国以礼”相结合，构建起完整的儒学思想体系。基于这种考虑，笔者提出了“新道统”“新四书”，试图借鉴宋儒以经典诠释建构思想体系的方法，完成当代儒学的重建。儒家道统的核心，无疑是仁义，但韩愈将其理解为“博爱之谓仁，行而宜之之谓义”[①]，则不够全面。儒家的仁义，具体理解起来既指仁→义，也指义→仁，实际包含了由仁而义和由义而仁，前者是孟子的“居仁由义”（《孟子·离娄上》），由内在的仁心表现出对他人的责任、义务；后者是荀子的“处仁以义”（《荀子·大略》），也就是以义来成就仁，以正义、公正的制度来实现仁；前者是孔孟之道，后者是孔荀之制。以这种广义的仁义去重新审视传统才是儒家的真道统，是我们倡导的新道统。这种新道统显然无法以传统的四书来代表，其精神也无法简单以《大学》的修齐治平来概括，故需要有新的经典体系，以作为儒学重建的理论依据。这一经典体系，在我看来，应该包括《论语》《礼记》《孟子》《荀子》，可称为新四书。在新四书中，《大学》被返回《礼记》，需与《礼运》《王制》等篇结合，方可对儒学做出完整的理解和概括。而通过对新四书的理论诠释，统合孟荀，“合外内之道”（《礼记·中庸》），便成为当代儒学重建的重大理论课题。

① （唐）韩愈：《原道》，《韩愈全集》，上海古籍出版社 1997 年版，第 120 页。

《韩非子·初见秦》篇作者考*

窦兆锐

（中国历史研究院历史研究杂志社）

摘要：今本《韩非子》首篇《初见秦》作者（即文中所谓“臣”）的身份问题，是古今“韩非学”中的一段重要“公案”。以往研究对该文的文本分析并不充分。《初见秦》文本语境大致对应于秦昭王五十年至昭王五十六年之间，内容主旨是“臣”利用赵楚魏三国合纵抗秦局势，历数魏冉、范雎事秦“不忠”，以求得到秦昭王“信”“用”。取代范雎而后快的明显企图与对范雎批判的“不彻底”之间的矛盾是其显著特点。《初见秦》的历史语境与蔡泽入秦时间吻合，而该文内容及文本特点与蔡泽入秦目的及其入秦后相关史事、当时的秦国内外局势、秦国对外战略行动调整方向、相关史料文本内容及特点均可形成对应关系。“臣”是蔡泽的可能性最大。

关键词：《初见秦》　《战国策》　韩非　范雎　蔡泽

《初见秦》是今本《韩非子》的首篇，全文内容是以第一人称“臣”展开的对秦王的建言。由于《史记》记载韩非曾为“存韩”而出使秦国，并且《韩非子》次篇《存韩》记录了“韩客”和李斯的“上秦王（嬴政）

---

* 本文刊载于《史学月刊》2019 年第 9 期，收录时有改动。

书”，因而《初见秦》被疑为韩非初见秦王时所献策论。[①] 然而，因该文的“亡韩”主张与韩非“存韩”的使秦使命乃至因此而囚死秦国的事实相抵牾，且该文亦见于《战国策·秦策》，题名为“张仪说秦王”，故而这位“臣”究竟是谁，自古以来聚讼纷纭。[②] 由于该文是《韩非子》首篇，又与韩非使秦史事特别是韩非是否“卖国”及其悲剧命运形成原因等问题缠绕在一起，对“臣”之身份的考辨遂成为“韩非学”的一段公案。[③]

对“臣”之身份的考证，上迄南宋递至当代，[④] 可谓常论常新、言人人殊。从研究方法上看，以往研究可分为两类。

其一，以文本涉及的相关史事为核心依据，采用“内证法”确定该文的历史时代，进而从相关史料中搜寻目标。这类研究的基本共识是，《初见秦》的历史语境大致对应在秦昭王（前306—前251年在位）五十年（前257年）以后，这位“臣”并非张仪和韩非，而是此时入秦的某位纵横游说之士。所举证据有三：一是该文所述之事，大多发生在张仪殁后（约前309年），最晚已至张仪身后五十四年之久。二是该文所述大多为秦昭王时事，“臣”所称“大王”应为秦昭王，而传世史料却无韩非在此时入秦的记载。[⑤] 三是该文“忠秦”立场明确，是助秦成“霸王之道”的策论，且有“亡韩”

---

① 据周勋初考证，晋初人所见的“韩非书”中就有《初见秦》篇。参见周勋初《〈韩非子〉札记》，江苏人民出版社1980年版，第1—2、18页。

② 《初见秦》与《张仪说秦王》仅在个别文字细节上存在差异，绝大部分内容以及语意文脉完全一致。另据郑良树考证，《初见秦》行文更加简洁，文意更加完整。参见郑良树《韩非之著述及思想》，台湾学生书局1993年版，第15页。

③ 相关学术史参见宋洪兵《韩非子政治思想再研究》，中国人民大学出版社2010年版，第9—13页；郑良树《韩非之著述及思想》，第11—15页。

④ 宋人姚宏、鲍彪在注解《战国策·张仪说秦王》时即注意到其与《初见秦》篇的关系，并对“臣”之身份进行了考证。参见（西汉）刘向辑录《战国策》上册，上海古籍出版社1985年版，第113—114页。另据（南宋）王应麟《汉艺文志考证》，沙随程氏推测“臣”为范雎。参见（南宋）王应麟《汉艺文志考证》卷6，二十五史刊行委员会编《二十五史补编》第2册，开明书店1936年版，第29页中栏。

⑤ 据《史记》之《老子韩非列传》《李斯列传》《秦始皇本纪》《六国年表》，韩非为“存韩”而使秦应在秦王嬴政（始皇）十三年（前234年）前后。尽管关于韩非使秦的时间及次数尚有争议，但至今尚未发现其在公元前234年之前入秦的确切记载。当然，“无所载”不代表“无其事”，但这是论证“韩非说”成立的最大难点。

主张，这与韩非的“存韩”使命及其韩国公子身份完全不符。①

其二，以“臣”所献策略的思想特征为核心依据，由于“思想”本身存在主观性，因此这类研究观点杂陈——或韩非，或吕不韦，或李斯。②

虽然上述研究取得了不少可资借鉴的成果，但仍存在一定的欠缺。第一类研究采用的“内证法”固然扎实，但囿于史料局限，很难取得突破性进展。第二类研究激发出诸多令人耳目一新的观点，但为疏解“时间”和“思想”上的矛盾，或对“内证法”的断代结果采取相对化处理，或进行过于冒险的推测。③ 值得注意的是，由于“臣”的身份关涉韩非出使秦国史事具体过程乃至韩非是否“卖国”的判定，为了论证己说，某些研究难免带有一定的先入之见。④ 此外，以上两类研究的文本解析，或将重点置于疏解“亡韩”与“存韩”矛盾，或集中分析“臣”所献策略的思想特点。然而，一个被逐渐忽略的基本前提是该文的“底色”：纵横之士的游说言说。事实

① 参见荣肇祖《韩非的著作考》和《韩非子初见秦篇考》、刘汝霖《韩非子初见秦篇作者考》，以上三文并见罗根泽编著《古史辨》第4册，上海古籍出版社1982年版，第653—674、679—686、688—691页。钱穆：《李斯韩非考》，《先秦诸子系年》，商务印书馆2015年版，第552—553页。彭升荣：《〈韩非子·初见秦篇作者考〉补》，《中央日报》1947年6月16日，第9版。马非百：《秦集史·人物传三之八》“范雎蔡泽”条，《秦集史》上册，中华书局1982年版，第204—210页。除荣肇祖外，以上诸人认为“臣”为蔡泽，但并未展开系统论证。郭沫若认为“臣”是吕不韦，参见《郭沫若全集（历史编）》第1卷，人民出版社1982年版，第583—584页。郭沫若这一观点被缪文远接受，后者据此将本文系于周赧王五十九年（即秦昭王五十一年）。参见缪文远《战国策考辨》，中华书局1984年版，第32—33页。

② 持“韩非说”者主要有，邓思善《读荣肇祖先生〈韩非的著作考〉志疑》、高亨《韩非子初见秦篇作于韩非考》，以上两文见《古史辨》第4册，第675—679页、686—687页。张觉：《韩非子校疏》第一册，上海古籍出版社2010年版，第8—9页。[日]松平康国：《韩非子国字解》（松平康国：《韓非子国字解》），早稻田大学出版部1911年版，第51页。[日]津田凤卿：《韩子纲领》（津田鳳卿：《韓子綱領》），《韩非子解诂全书》第1卷（《韓非子解詁全書》第一巻），1849年刻本，第21页。陈千钧：《韩非子书考》，国学整理社：《诸子集成》第五册，世界书局1935年版，第13—14页。韩非撰，陈奇猷校注：《韩非子集释》，上海人民出版社1974年版，第6页。邓廷爵认为是李斯游说秦始皇之言，参见邓廷爵《关于〈韩非子·初见秦〉作者与韩非之死》，《学术月刊》1982年第3期；蒋重跃在郭沫若观点的基础上进一步提出，《初见秦》篇可能是编者误将吕不韦见秦昭王时进言与韩非初见秦始皇时进言合为一篇，参见蒋重跃《韩非子的政治思想》，北京师范大学出版社2000年版，第14—25页。

③ 为了疏解“亡韩”与“存韩”矛盾，张觉以韩非“师事荀卿”为依据，推测其曾随同荀子入见秦昭王，《初见秦》则是韩非游说秦昭王的言论，由于与其见秦始皇时情境不同，故不存在矛盾。参见张觉《韩非子编集探讨》，《贵州文史丛刊》1990年第3期。笔者认为，“师事荀卿”与是否随同荀子入秦，二者没有必然联系。

④ 参见牛鸿恩《〈韩非子·初见秦〉小议》，《北京师范学报》1979年第3期。

上，该文同出于《战国策》，就很能说明这一点。前述研究对“臣”之身份的诸多推测——张仪、范雎、蔡泽，他们的纵横家色彩亦十分明显。对于纵横家及其言说的基本特征，周谷城等学者曾有概括：他们的核心关切是“势位富贵”；游说君主“信”“用”，是实现目标的主要途径；而他们之所以能“以空言动各国之主”，乃是充分利用了当时“尚利”的时代氛围和多变诡谲的争霸环境，施展“恐吓”“利诱”“夸大”“熟计”等诈巧手段。[①] 这意味着我们对于《初见秦》文本的分析应集中在以下两点：一是文本内容反映的时代语境和秦国内外局势，二是“臣”之言论呈现的主观动机及论述特点。

综合以上分析，笔者认为，在更为确凿的史料面世之前，对“臣”之身份的考证仍不应轻易将考证前提突破“内证法”的断代结果，即昭王五十年以后。与此同时，对文本内容的考察重点，不妨调整到纵横家求诸侯“信”“用”的主观目的和昭王五十年前后的秦国内外局势上来。由此，本文尝试结合以往成果，再作考证。

一 《初见秦》核心文义：秦力足合天下而谋臣不足共计

如前所述，获得诸侯“信”“用”是纵横之士取得“势位富贵”的主要途径。为达目的，他们在洞察时局人心的基础上，发展出一套行之有效的游说技术，即周谷城所列：一曰“恐吓”：谓诸侯不听己说则有亡国之患；二曰“利诱”：只要听取说者“高见”则无往而不利；三曰“夸大”：“夸大其辞，说得天花乱坠，使听者心悦诚服。其夸大之点，不外：地势之优越，武力之雄厚，蓄积之饶多，当局之贤明”；四曰“熟计”：示意自己早已成竹在胸。[②] 如果从“游说”的视角来分析就会发现，该文的核心思想正是“臣”围绕当时秦国内外局势和昭王争霸意图，施展上述技巧，贬低秦国谋

① 参见周谷城《中国通史》上册，上海人民出版社 1957 年版，第 142—143 页；韩东育《天人·人际·身心：中国古代“终极关怀”思想研究》，东北师范大学出版社 1994 年版，第 11—14 页。

② 参见周谷城《中国通史》上册，第 142—143 页。

臣，以求得到秦王“信”“用”。

首先，“臣”以贡献破天下合纵之策引出话题：“臣闻：天下阴燕阳魏，连荆固齐，收韩而成纵，将西面以与秦强为难。”[①] 之所以选择“破纵”破题，主要基于两点。其一，自战国中期各国展开合纵连横运动开始，“合纵”便是山东诸国抗衡秦国东进的主要战略。因此，从秦的角度来看，如何“破纵”是其逐鹿中原的关键。所以张仪、范雎、李斯皆以“破纵”用秦。[②] 这是“臣”游说秦王的历史大背景。其二，就具体的时代背景而言，从文中“臣”对秦国未能挟长平之胜而一鼓“举赵”（即灭赵）的批评来看[③]，该文语境应为秦将王龁兵败邯郸（昭王五十年）以后。由于魏（信陵君）、楚（春申君）出兵救赵，虽然史料未见“约纵”记载，但赵、魏、楚已成“联军”事实。王龁兵败邯郸后撤退至汾城附近，整军再战，“攻晋军，斩首六千，晋楚流死河二万人，攻汾城，即从唐拔宁新中”，但旋即（约昭王五十一年）遭赵楚魏军击败。[④] 此时秦国在河东的战略局势陷入被动，以“破纵”游说秦王正当其时。

需要注意的是，有学者倾向于将“臣”所谓“合纵”视为“确指”，认为“臣”入秦献策，正是应此次“合纵”而来，从而将该文语境的“绝对时间”定位在昭王五十一年（前256年）。具体有两种观点。其一，南宋鲍彪据《秦本纪》所载“（昭王）五十一年，西周君背秦，与诸侯约纵”[⑤]，认为所谓“收韩而成纵”即指此。[⑥] 其二，郭沫若认为，经过秦惠王以来的“连横政策”，至昭王时代，合纵局势已经“渐就崩溃了”，因此文中所谓“破纵”不是“泛泛地反对一般的合纵”，而是“专为某一次紧急的事态而

① （清）王先慎：《韩非子集解》卷1《初见秦》，《新编诸子集成》，中华书局1998年版，第2页。

② 参见《史记》卷70《张仪列传》，中华书局1963年版，第2279—2305页；《史记》卷79《范雎蔡泽列传》，第2401—2437页；《史记》卷87《李斯列传》，第2539—2541页。

③ 即“乃复悉士卒以攻邯郸，不能拔也，弃甲兵（负当为兵——引者）弩，战竦而却”，“军乃引而退，并于李下，大王又并军而至，与战不能克之也，又不能反运，罢而去”。（清）王先慎：《韩非子集解》，第10页。

④ 参见《史记》卷5《秦本纪》，第214页；《史记》卷40《楚世家》，第1736页；《史记》卷43《赵世家》，第1827页；《史记》卷15《六国年表》，第747页。

⑤ 《史记》卷5《秦本纪》，第218页。

⑥ 参见诸祖耿《战国策集注汇考》上，江苏古籍出版社1985年版，第149页。

进说”，进而考证出这一“紧急的事态”正是上述新中之战。[1]

笔者认为不然。其一，西周君虽“约纵”，但在“天下锐兵出伊阙攻秦”之前，即遭秦国先发制人——“秦使将军摎攻西周”，“西周君走来自归，顿首受罪”。[2]《初见秦》主要内容并非通风报信，亦未提及任何与西周约纵相关的信息。其二，山东诸国合纵虽然败多胜少，但并非“渐就崩溃”。秦昭王九年至十一年（前298—前296年），齐、魏、韩三国攻破函谷关，迫使秦国向魏、韩割地求和。[3] 秦庄襄王三年（前247年），魏、赵、韩、楚、燕五国合纵攻秦。即便在“诸侯服秦，譬若郡县”的秦王嬴政时期，仍然发生了赵楚等五国合兵伐秦的事件（前241年），而李斯在初见嬴政时也主张乘势鲸吞六国，以防“诸侯复强，相聚约纵”。[4] 可见，至统一六国前，秦国始终面临着“合纵”压力。其三，从长平之战至王龁兵败新中的整个过程来看，魏楚“救赵新中”不过是此时秦赵拉锯的一个环节：在王龁围攻邯郸的同时，秦昭王亦遣张唐攻略魏地；王龁遭魏楚攻击退往汾城，复与张唐合击新中；赵楚魏军尾随而至，击破秦军；“秦军罢”，河东战事自此告一段落。[5] 退一步说，自魏、楚出兵救赵，三国就已成“合纵”事实，之后的系列战事实为联兵互救[6]，“救赵新中”算不上一次完整的“合纵”行动。其四，从文脉来看，“臣”随即称赞“秦之号令赏罚、地形利害，天下莫若”，并据此“窃笑”六国“合纵”拒秦，实乃“以乱攻治”“以邪攻正”“以逆攻顺”的取亡之道（“世有三亡而天下得之”），引导秦昭王注意到秦国拥有的“天下不足兼而有”的强大实力与“兵甲顿、士民病、蓄积索、田畴荒”的现实结果之间的巨大反差，从而为下文凸显秦国谋臣之“不忠”进行铺垫。[7] 由此可见，文中所谓“合纵”似不可视为“确指”，更应是“臣”对当时秦国所面临局势的概观和游说的“话语套路”。

---

① 《郭沫若全集（历史编）》第1卷，第577页。

② 参见《史记》卷5《秦本纪》，第218页。

③ 杨宽：《战国史料编年辑证》，上海人民出版社2001年版，第686页。

④ 参见《史记》卷87《李斯列传》，第2540页。

⑤ 杨宽：《战国史料编年辑证》，第1004—1009页。

⑥ 参见（清）梁玉绳《史记志疑》，中华书局1981年版，第160、444—445页。

⑦ 参见（清）王先慎《韩非子集解》卷1《初见秦》，第2—4页。

其次，“臣”将秦国之所以“四邻诸侯不服，霸王之名不成”归因于昭王所用两位“谋臣”——魏冉、范雎“不尽其忠”。“臣”向昭王表示，秦破楚（前278年）、破魏（前275年）、破赵（即长平之战），均为“一举而霸王之名可成”的良机，但皆因“谋臣不忠”或“谋臣之拙”而在最后关头戛然而止，不仅劳师无功，更使得濒于灭亡的楚、魏得以“收亡国、聚散民、立社稷主、置宗庙令”，乃至重新组织合纵抗秦；而长平胜而复退和围攻邯郸的失利，让天下诸侯得窥秦国谋臣和国力的“底牌”，从而引发天下再度“合纵”拒秦的可能。最后，以周武王以弱胜强（“破纣之国，擒其身、据其地而有其民”）、赵襄子反败为胜（“攻智伯，擒其身以复襄主之初”）的典故，告诫秦昭王秦国虽强，仍需“战战栗栗，日慎一日”，不可重蹈商纣王和智伯覆辙。[①]

再次，“臣”重申秦国“号令赏罚、地形利害，天下莫若”的绝对优势，并施展“熟计”手段：“臣昧死愿望见大王言所以破天下之从（纵），举赵、亡韩，臣荆魏，亲齐燕，以成霸王之名，朝四邻诸侯之道。大王诚听其说，一举而天下之从不破，赵不举，韩不亡，荆、魏不臣，齐、燕不亲，霸王之名不成，四邻诸侯不朝，大王斩臣以徇国，以为王谋不忠者也。”[②]

值得注意的是，“臣”并未将具体策略和盘托出，而是在之前的种种铺垫之下施展“利诱”和“熟计”手段，请求秦王准其进言“所以破天下之从，举赵、亡韩，臣荆魏，亲齐燕，以成霸王之名，朝四邻诸侯之道”。换言之，《初见秦》的核心用意是“臣”为引起秦王的关注和信任而进行的铺垫。所谓“初见秦（王）”当指此意。这与商鞅分别以“帝道”“王道”“霸道”试探秦孝公，范雎为获得秦昭王召见而先上书言“臣愿得少赐游观之闲，望见颜色。一言无效，请伏斧质（锧）”，属同类手段。[③] 所以，将《初见秦》理解为某位历史人物（如吕不韦或韩非）两次入秦的证据，或以

---

① 参见（清）王先慎《韩非子集解》卷1《初见秦》，第11页。

② 同上书，第12页。

③ 《史记》卷68《商鞅列传》，第2228页；《史记》卷79《范雎蔡泽列传》，第2405页。

此作为韩非两次出使秦国的旁证，皆不合理。[①]

由上可知，《初见秦》的核心内容是，“臣”利用长平之战后秦国面临的不利局势，通过论述秦国国力与现实局势的不对称，突出昭王所用谋臣“不忠”“不智”，以期收获秦王“信”“用”。正如津田凤卿所言，“(《初见秦》)通篇言秦力足合天下，而谋臣不足共计之也”[②]。所谓“举赵、亡韩”云云，仅仅是战略性建议，至于实现战略的具体方案，即“所以破天下之从，举赵、亡韩，臣荆魏，亲齐燕，以成霸王之名，朝四邻诸侯之道”，“臣”将之留作“再见”秦王的“由头”而按下未表。换言之，此战略性建议中的部分观点并不足以作为判断“臣”之身份的核心“标识”。据文中所载史事及“臣”对秦赵战争的特别关注，我们大体可将该文语境定在秦昭王五十年至五十六年（前251年，昭王卒年）之间，且应距昭王五十年不远的时间段，但判断具体年月的依据仍旧不足。

二　针对范雎批判避重就轻

与商鞅、张仪、苏秦等围绕“售计”展开游说不同，该文的核心主题是“示忠”。“臣”先以“不知而言，不智；知而不言，不忠。人臣不忠，当死；言而不当，亦当死”开篇，表明自己的“忠智”立场；次以秦所面临困境为论据，“反复归咎谋臣不忠处”；[③] 最后以若不能助秦成“霸王之名”则“斩臣以徇国，以为王谋不忠者也”作为保证，劝诱秦昭王向其垂

---

① 郭沫若认为，虽然吕不韦初次入秦是在昭王四十八年（嬴政出生）之前，但那时他是“以珠宝商人的资格从事秘密活动”，“没有资格得见昭王”；昭王五十年，吕不韦护送子楚逃出邯郸，昭王五十一年随围困邯郸失败的秦军撤回秦国。这次入秦虽非首次，但他若得与昭王接触，则可谓初次。参见《郭沫若全集（历史编）》，第581—582页。马世年认为，虽然《初见秦》非韩非所作，但其题名提示了韩非在秦始皇在位期间两次出使秦国。参见马世年《韩非二次使秦考》，《中国文化研究》2008年冬之卷，第81—90页。

② ［日］津田凤卿：《韩非子解诂全书》第1卷（津田凤卿：《韩非子解诂全书》第一卷），第1页。松平康国亦认为，“古来注释家评论家多以此篇陈取天下之大计，然读去读来，陈天下之大计处安在？所论只谋臣之失错而已。由此观之，天下之大计尚在彼之胸底，不过先以此论动始皇，然后使始皇徐徐叩之，此易见之道理也。”尽管松平认为文中“大王”为嬴政、“臣”为韩非，但其对文脉与核心思想的把握是符合该文实际内容的。参见［日］松平康国《韩非子国字解》，第68页。

③ 参见（明）赵如源、汪道焜同校《韩子》第1卷，日本国立公文书馆藏明天启五年刻本。

问“霸王之道”。此处之“忠”有两种理解。一是狭义之忠，即臣对君主的“忠诚无私”；二是广义之忠，既包含一般意义上的“忠诚”，也包含所谋是否切中要害、有所收效之意，即“言而不当，亦为秦谋不忠”，“言而不当”的原因则是谋臣“不智”。[①]“忠”是谋臣立足朝堂的根本，亦是君主任用臣下的底线，而“臣”竟然对秦昭王直言“其谋臣皆不尽其忠”，这种不惜得罪秦国朝野，特别是权臣宠臣的态度，体现了欲取而代之的决然与渴望。从时间上看，魏冉早在昭王四十二年就已“被逐”下野，此时“臣”意欲取代的真正对象显然是时任秦相的范雎。然而令人费解的是，如果我们聚焦于文本细节就会发现，“臣”对其真正的对手或目标人物——范雎的批判，竟然十分暧昧。

其一，“臣”通篇仅点出魏冉之名，而对于范雎则虽大彰其“过”，于其“名”却只字不提，仅以“谋臣”指代。

其二，“臣”将范雎之失断为“谋臣之拙”，而对魏冉则指为“不忠”。尽管在广义层面，两者皆在“不忠”之列，但就君主的立场而言，能力之“拙”尚可容忍，事主“不忠”则绝不可忍。

“臣”将魏冉之“不忠”归纳为三点。

（1）昭王二十九年（前278年），白起攻拔楚国郢都，却“引军而退，复与荆人为和，令荆人得收亡国，聚散民，立社稷，主置宗庙，令率天下西面以与秦为难”。[②]

（2）昭王三十二年（前275年），魏冉兵围魏都大梁，却“引军而退，复与魏氏为和，令魏氏反收亡国，聚散民，立社稷，主置宗庙”。[③]

在“臣”看来，两次战事皆在秦国取得大胜之际，因“谋臣不为”而戛然而止，使得秦国坐失成“霸王之名”的良机。以上两次战事皆为魏冉当国期间，所谓“谋臣”当指魏冉。

---

① 参见［日］津田凤卿《韩非子解诂全书》第1卷，第2页。

② （清）王先慎：《韩非子集解》卷1《初见秦》，第5—6页。据《穰侯列传》，“举任”白起的正是魏冉，且“（魏冉）复秦相，四岁，而使白起拔楚之郢”。参见《史记》卷72《穰侯列传》，第2325页。

③ （清）王先慎：《韩非子集解》卷1《初见秦》，第7页。另据《穰侯列传》，“昭王三十二年，穰侯为相国，将兵攻魏，走芒卯，入北宅，遂围大梁。”参见《史记》卷72《穰侯列传》，第2325页。

(3) 在上述两事之后，“臣”直指秦之所以连失“霸王之道”，乃是秦国主政丞相魏冉“治秦”动机不纯：“穰侯之治秦也，用一国之兵而欲以成两国之功。”所谓“用一国之兵而欲以成两国之功”，意为魏冉的对外用兵并非仅为秦国开疆拓土，除国家利益之外，其战略取舍亦包含其个人私利——扩大、经营其封地陶邑。昭王十六年（前291年），魏冉受地封侯（“魏冉陶，为诸侯”）；[①] 魏冉兵围大梁却终与魏国罢兵言和的原因之一也是顾忌陶邑得失；[②] 昭王三十六年（前271年），魏冉派遣客卿“灶”“伐齐取刚、寿，以广其陶邑”。[③] 正因为魏冉“不尽其忠”，从而导致秦国“兵终身暴露于外，士民疲病于内，霸王之名不成”。[④]

“臣”对范雎的批判虽未指名道姓，但就其所举长平之战及此后攻赵失败来看，此时主持秦国军政、特别是在长平之战中决策军机的“谋臣”正是丞相范雎。长平一战，赵国有生力量已被悉数歼灭，本应乘势一举灭赵，“而谋臣不为，引军而退，复与赵氏为和”，使得濒临灭亡的赵国得以重新布防，也为魏楚等国留下了救援时间。失去先机后，秦国再度发起攻赵战事，终被魏楚赵三国合兵击败。这一系列失误，不仅虚耗秦国国力，更使得诸侯窥见其庙堂谋伐和军事实力的底牌。

“臣”将上述范雎的一系列失误归咎为“谋臣之拙”。然而，据《史记》《战国策》相关记载，长平战后之所以未能一举灭赵，并非范雎缺乏战略眼光，而是其唯恐白起独享破赵之功，进而危及其政治地位：

> （昭王）四十八年十月，秦复定上党郡。秦分军为二：王龁攻皮牢，拔之；司马梗定太原。韩、赵恐，使苏代厚币说秦相应侯（范雎）曰：“武安君（白起）擒马服子乎?”曰：“然。”又曰：“即围邯郸乎?”曰：“然。”“赵亡则秦王王矣，武安君为三公。武安君所为秦战

① 《史记》卷5《秦本纪》，第212页。

② 《史记》卷72《穰侯列传》，第2325—2326页。

③ 《史记》卷72《穰侯列传》，第2329页。这次攻齐行动不仅被范雎诟病，也被《韩非子·定法》批判为“穰侯越韩、魏而东攻齐，五年而秦不益一尺之地，乃城其陶邑之封”。（清）王先慎：《韩非子集解》卷17《定法》，第398页。

④ （清）王先慎：《韩非子集解》卷1《初见秦》，第7页。

> 胜攻取者七十余城，南定鄢、郢、汉中，北擒赵括之军，虽周、召、吕望之功不益于此矣。今赵亡，秦王王，则武安君必为三公。君能为之下乎？虽无欲为之下，固不得已矣。秦尝攻韩，围邢丘……故不如因而割之，无以为武安君功也。"

范雎不愿白起在长平之战后再立攻破邯郸、灭亡赵国的大功，因而以"军劳师疲"为由建言昭王罢兵。（秦兵劳，请许韩、赵之割地以和，且休士卒）换言之，导致赵"不亡"、秦王"不王"的真正原因恰是范雎"不忠"。

其三，"臣"对范雎的批判并不彻底。除因一己私利导致秦国坐失"灭赵"良机之外，范雎举荐的两位恩人——王稽、郑安平，皆在昭王五十年之后身获重罪。长平之战后，秦赵短暂罢兵。昭王四十八年（前259年）十月，秦国复遣王陵攻击邯郸。昭王四十九年（前258年），秦昭王走马换将，以王龁替换久战不下、损兵折将的王陵。昭王五十年（前257年），王龁被魏楚救赵援军败于邯郸城下。其时，受范雎派遣，郑安平亦参与围攻邯郸的行动，"为赵所围，急，以兵二万人降赵"。[①] 昭王五十二年（前255年），河东守王稽"与诸侯通，坐法诛"。王稽、郑安平的登用，皆因他们有恩于范雎。范雎不仅任人以私，更是举任不善，而"秦之法，任人而所任不善者，各以其罪罪之"。[②] 因此，对于欲取范雎而代之的"臣"而言，王稽、郑安平事件正是给予范雎致命一击的"炮弹"。然而吊诡的是，尽管"臣"已提及王龁兵败邯郸之事，于郑、王二人却不着一字。

三 "臣"应为蔡泽

综合上述分析，《初见秦》文本内容及特点可作如下把握。其一，《初见秦》文本语境或时代背景应为秦昭王五十年之后不久。其二，全文中心主

---

① 《史记》卷79《范雎蔡泽列传》，第2417页；另据《六国年表》，秦昭王五十年"王龁郑安平围邯郸"。参见《史记》卷15《六国年表》，第747页。

② 参见《史记》卷79《范雎蔡泽列传》，第2417页。

题是“臣”利用秦国当时不利的外部局势游说秦昭王，以期获得“信”“用”，取范雎而代之。其三，“臣”取代范雎的意图十分明显，但针对范雎的批判却避重就轻，仅采用“不点名”的方式，并且回避了“郑安平事件”这样的有利论据。以上三点、特别是看似相互矛盾的后两点，为我们定位“臣”之身份提供了线索。

就目前面世的史料来看，笔者认为《初见秦》之“臣”为蔡泽的可能性最大，理由有六。

其一，蔡泽入秦时间符合《初见秦》语境的大致时代（昭王五十年以后）。需要说明的是，最早提出“蔡泽说”的是刘汝霖。刘氏根据传世史料中所载与该文时间段吻合的入秦说客仅见蔡泽一人，认为“臣”应为蔡泽或“蔡泽之徒”，但并未做进一步论证。郭沫若根据“破纵”的提示，将该文语境的“绝对时间”定位在昭王五十一年（前256年），而蔡泽入秦时间史料明确记载为昭王五十二年（前255年），在时间上排除了蔡泽的可能。[①]但前已论证郭沫若的“精确定位”并不可靠。所以蔡泽说在时间上并无矛盾。

其二，容肇祖认为，该文非议范雎明显，而蔡泽得见秦昭王乃得力于范雎举荐，“似乎初见秦时不当即数范雎之短”[②]。容氏的观点看似符合“人之常情”，但若从相关史料所呈现蔡泽入秦的背景、目的及过程来看，上述文本特点恰恰符合当时的历史情境。

从昭王四十九年（前258年）秦国再度发起攻赵战事至昭王五十二年（前255年）王稽被杀，秦国庙堂迭遭变故，最高权力中枢几近瓦解。

一是君将、将相失和，导致白起被杀。范雎因私利而阻止白起在长平大胜后扩大战果，使得白起对范雎和昭王心生不满。从秦再次伐赵至王龁兵败

① 据《范雎蔡泽列传》，蔡泽是在王稽“负重罪于秦”的情况下“西入秦”，而王稽被诛则是郑安平降赵（昭王五十年）“后二岁”之事。《史记》卷79《范雎蔡泽列传》，第2417—2418页。另据睡虎地秦简《编年纪》记载，“昭王五十二年，王稽、张禄死”。参见睡虎地秦墓竹简整理小组《睡虎地秦墓竹简》，文物出版社1978年版，第6页。由此可知蔡泽入秦的确是在昭王五十二年。此外，彭升荣在认可郭沫若“绝对年代”的前提下，将王稽被诛的时间考订为昭王五十年，借此论证蔡泽入秦也应在昭王五十年，从而补证刘汝霖“蔡泽说”。彭升荣：《〈韩非子初见秦篇作者考〉补》，《中央日报》1947年6月16日，第9版。但彭氏对蔡泽入秦时间的考订结果与睡虎地秦简不符，不足采信。

② 罗根泽编著：《古史辨》第4册，第686页。

邯郸，昭王数度召请白起挂帅，均为后者以各种理由拒绝，双方矛盾日渐激化。昭王五十年（前 257 年）十一月，河东惨败的消息和范雎的“助言”，终于让昭王失去耐心而赐死白起。[①] 白起之死不仅令秦国失去了当时最具军事才能的战争统帅，而且引发了朝野对白起的普遍同情——“（白起）死而非其罪，秦人怜之，乡邑祭祀焉”[②]。

二是君相生隙。随着郑安平降赵和王稽暗通诸侯事发，范雎日渐失去昭王信任，其地位乃至生命岌岌可危，朝不保夕。郑安平降赵后，范雎以“所任不善”而“席藁请罪”，昭王非但不加罪责，反而严令国中不准议论该事，甚至“加赐相国应侯食物日益厚”。昭王这种不合常理的处置方式，至王稽事发方显其真意。

> 王稽为河东守，与诸侯通，坐法诛。而应侯日益以不怿。昭王临朝叹息。应侯进曰：“臣闻主忧臣辱，主辱臣死。今大王中朝而忧，臣敢请其罪。”昭王曰：“吾闻楚之铁剑利而倡优拙。夫铁剑利则士勇，倡优拙则思虑远。夫以远思虑而御勇士，吾恐楚之图秦也。夫物不素具，不可以应卒，今武安君既死，而郑安平等畔，内无良将而外多敌国，吾是以忧。”欲以激励应侯。应侯惧，不知所出。[③]

昭王“临朝叹息”有意引范雎探问，却对王稽之事只字不提，反而重提两年前白起与郑安平旧事，实则向范雎表达了极度不满：战功卓著的白起死于范雎嫉贤妒能引发的双方私怨，无能无功的郑安平仅因与范雎的私交而忝列将军却叛降投敌。《战国策》的一则史料为理解昭王对郑安平事件的处理方式提供了线索。

> （王稽被诛后）秦王大怒，而欲兼诛范雎。范雎曰：“臣，东鄙之贱人也，开罪于楚、魏，遁逃来奔。臣无诸侯之援，亲习之故，王举臣

① 参见《史记》卷 79《范雎蔡泽列传》，第 2417 页；《史记》卷 73《白起王翦列传》，第 2336—2337 页。

② 《史记》卷 73《白起王翦列传》，第 2337 页。

③ 《史记》卷 79《范雎蔡泽列传》，第 2417—2418 页。

于羁旅之中，使职事，天下皆闻臣之身与王之举也。今遇惑或与罪人同心，而王明诛之，是王过举显于天下，而为诸侯所议也。臣愿请药赐死，而恩以相葬臣，王必不失臣之罪，而无过举之名。”王曰：“有之。”遂弗杀而善遇之。[①]

尽管我们无法确认昭王是否真有兼诛范雎之意，但范雎所言却道出了昭王不仅不收治其罪，还要“善遇之”的原因。昭王与范雎“君臣一体”天下皆知：昭王得以驱逐宣太后和魏冉势力、掌握秦国大权，得力于范雎进言；范雎以“东鄙之贱人”荣登秦相之位、权倾一时，亦全赖昭王信任。特别是在与白起的争斗中，昭王站在范雎一方，最终导致白起被杀。在这种情形下，若将范雎明正典刑，无异向天下昭示昭王为政的重大失败，加剧舆论危机（“王明诛之，是王过举显于天下，而为诸侯所议也”），更加挫伤昭王本人威信。因此，郑安平事件中，昭王所为看似是对范雎的庇护（“恐伤应侯之意”“顺适其意”），其根本目的是维护自身权威。此外，昭王此举的另一个目的则是通过这种“似赏实罚”的方式敲打范雎——“所以愧之也”[②]。因此，在听到昭王提及郑安平与白起之事后，“应侯惧，不知所出”。范雎的处境可谓进退维谷、朝不保夕，正如其自己所言，只有“请药赐死”一途。

正当范雎苦无解脱之策而惶惶不可终日之际，“游学干诸侯”的燕国人蔡泽则四处碰壁：“之赵，见逐。之韩、魏，遇夺釜鬲于途”。当蔡泽听闻范雎的窘境后，立即前往秦国——“闻应侯任郑安平、王稽皆负重罪于秦，应侯内惭，蔡泽乃西入秦”[③]。蔡泽入秦后，以商鞅、吴起、文种、白起不知“功成身退”而终招致杀身之祸为例证，劝说范雎“归相印，让贤者而授之”，并取得成功：

后数日，（范雎）入朝，言于秦昭王曰：“客新有从山东来者曰蔡

① （西汉）刘向辑录：《战国策》上册，第209—210页。

② 吴师道曰：“王益厚赐而善遇之者，所以愧之也”。参见（西汉）刘向辑录《战国策》上册，第210页。

③ 《史记》卷79《范雎蔡泽列传》，第2418页。

> 泽，其人辩士，明于三王之事，五伯之业，世俗之变，足以寄秦国之政。臣之见人甚众，莫及，臣不如也。臣敢以闻。”秦昭王召见，与语，大说之，拜为客卿。应侯因谢病请归相印。昭王强起应侯，应侯遂称病笃。范雎免相，昭王新说（悦）蔡泽计画，遂拜为秦相，东收周室。[①]

蔡泽得见秦昭王虽由范雎举荐，但其入秦正是“志在夺相”。[②] 于范雎而言，与其说是被蔡泽“夺位”，不如说蔡泽的到来，为其提供了一个摆脱危局的机会，于是向昭王大力举荐蔡泽，从而使深陷信任危机的自己得到解脱。于秦昭王而言，外战失利、冤杀白起、偏信范雎造成的舆论和政治压力，亦急需通过更改人事、重构权力中枢加以化解。如此情境下，蔡泽见秦昭王时，把游说内容集中在“数范雎之短”，恰好迎合了范雎、秦昭王之心。而“不点名”批评、不提郑安平和王稽事件、回避范雎“不忠”罪责，则有三个原因。首先，蔡泽毕竟由范雎举荐，指名道姓批评举荐人不合情理，亦会引发昭王猜疑。其次，蔡泽虽对当时范雎处境和昭王意图有所判断，但因“初见”昭王，仍有进一步试探的必要。再次，如前所述，秦昭王之所以没有公开追究范雎罪责，实则为维护自身权威，因此“臣”一方面将秦国失政的所有责任推给“谋臣”，另一方面对范雎的罪责避重就轻，仅将其归为能力问题（“谋臣之拙”）而非立场问题（“谋臣不忠”），把握好追责分寸，在“数范雎之短”的同时，尽量维护秦昭王“脸面”。此外，蔡泽此举亦可视为其与范雎举荐自己而达成的默契。

其三，《史记·范雎蔡泽列传》所载蔡泽游说范雎言论的核心主题与《初见秦》核心主题相互呼应。蔡泽对范雎的游说主要围绕君臣关系的“不对称”来展开。蔡泽先是举出“秦孝公—商君”“楚悼王—吴起”“越王勾践—文种”三对君臣知遇的榜样，又以三位谋臣功成而身死的事实，印证“其君非也”。在此基础上，蔡泽举出白起被杀的事例，引导范雎注意到“君（范雎）之功极”而“君之主（昭王）”未必“义不倍（背）功臣”这

① 《史记》卷79《范雎蔡泽列传》，第2424—2425页。

② 参见刘向辑录《战国策》上册，第221页。

一君臣关系的“不对称”，暗示其最终会步白起之后尘。[①] 如前所述，《初见秦》核心文义是论证“秦力足合天下，而谋臣不足共计”——秦国国力与谋臣能力之间的“不对称”。由此可见，蔡泽游说范雎的言论与《初见秦》在核心文义上恰好相互对应。

其四，《初见秦》的整体文脉亦与蔡泽入秦后的经历若合符节。《初见秦》整体文脉是“臣”以“示忠”博取“言所以破天下之从，举赵、亡韩，臣荆魏，亲齐燕，以成霸王之名，朝四邻诸侯之道”的机会，即先“取信”再图“售计”。蔡泽由范雎举荐面见昭王至取代范雎出任秦相，恰恰经历了一个类似的过程。首先，“秦昭王召见，与语，大说（悦）之，拜为客卿。”其次，“应侯因谢病请归相印。昭王强起应侯，应侯遂称病笃。”再次，“范雎免相，昭王新说（悦）蔡泽计画，遂拜为秦相，东收周室。”昭王召见蔡泽时两人的谈话内容史无所载。但从上述分析来看，《初见秦》切合了当时秦国的内外局势和秦昭王心境，如果蔡泽以此游说昭王，自然会收获秦王“大说（悦）”的效果。蔡泽拜为客卿，从而获得“言所以破天下之从，举赵、亡韩，臣荆魏，亲齐燕，以成霸王之名，朝四邻诸侯之道”的机会，并向昭王进一步陈述“计画”。范雎趁机称病辞任，蔡泽成功取代范雎出任秦相。

其五，由于《初见秦》并未言及“所以破天下之从（纵），举赵、亡韩，臣荆魏，亲齐燕，以成霸王之名，朝四邻诸侯之道”的具体策略，而昭王“新说（悦）”的“蔡泽计画”亦史无所载，因而无法直接推知两者关系。但是，这里仍有值得注意的线索。

首先，《范雎蔡泽列传》的相关记载提示我们，蔡泽在秦国“东收周室”的过程中发挥了重要作用。依据相关记载，这里的“东收周室”可作两种理解。一是昭王五十二年（前 255 年）秦国趁周赧王死后“周民东亡”的混乱局势，“取九鼎宝器，而迁西周公于惮狐”[②]，“周初亡”。二是从秦“取九鼎宝器”至庄襄王元年（249 年）“东周君与诸侯谋秦，秦使相国吕不韦诛之，尽入其国”，即“东西周皆入于秦”、彻底终结周代历史的整个过程。[③] 值得

① 参见《史记》卷 79《范雎蔡泽列传》，第 2418—2424 页。

② 《史记》卷 4《周本纪》，第 169 页。

③ 《史记》卷 5《秦本纪》，第 218—219 页。

一提的是，与此前的对外战争相比，“东收周室”的系列行动体现出秦国对外战略发生了明显变化。对于昭王五十一年（前256年）发生的西周君“与诸侯约纵”，秦国虽尽入其城邑人口，却未灭国。而昭王五十二年（前255年）秦国乘乱取九鼎，无异于直接宣告了改朝换代。前后不过一年，反差如此巨大。对于东周君的“谋秦”，秦国则直接采取了灭国的惩罚手段。两次“灭周”事件透射出秦国对外战略转向“激进”，这与《初见秦》中“臣”对秦国屡屡在占尽优势的情况下因“谋臣不为”而导致“霸王之名”功亏一篑的教训总结十分吻合。而这种对外战略的转折，刚好发生在蔡泽入秦之后。[①] 其次，据《范雎蔡泽列传》和《樗里子甘茂列传》，嬴政即位初期，吕不韦遣蔡泽出使燕国，经过三年的经营，成功促成燕太子丹入质秦国。这与《初见秦》中“臣”之“亲齐燕”的主张亦吻合。[②]

其六，从更加宏观的视角来看，范雎初见秦昭王时的游说言辞与《初见秦》在叙事脉络上前后接榫。范雎先是充分肯定秦国拥有可致“霸王之业”的“王者之地”和“王者之民”，然后话锋一转，直指秦国“至今闭关十五年，不敢窥兵于山东”的原因，正是“穰侯为秦谋不忠，而大王之计有所失也”。从后文可知，所谓“大王之计有所失”的真实含义是对昭王大权旁落于魏冉的批判。范雎通过批判魏冉之“不忠”而“上位”，《初见秦》之“臣”则试图通过对魏冉、范雎“不忠”的揭批而获得“信”“用”。[③] 自范

---

① 孙闻博认为蔡泽入相后秦国对外战略发生了“转回东向区域”的调整，并指出蔡泽确立的“东收周室”战略“大胆而果决”，“将历史推入兼并加剧时代，加快了统一步伐”。参见孙闻博《东郡之置与秦灭六国——以权力结构与郡制推行为中心》，《史学月刊》2017年第9期。

② 在《秦集史》人物传三之八条“范雎蔡泽”中，马非百将《初见秦》置于《范雎蔡泽列传》中“秦昭王召见，与语”与“昭王闻之大悦，拜为客卿”之间，认为《初见秦》即蔡泽谓秦王语，并根据蔡泽入相后的秦国外交活动，进一步推测《初见秦》即蔡泽上呈秦昭王之“计画”。参见马非百《秦集史》，第204—210页。笔者认为，马氏将《初见秦》作者属之蔡泽、并将“亲齐燕”与蔡泽使燕等史事对读固然有理，但《初见秦》通篇未详论“计画”，而蔡泽初见昭王至拜相之间经历了一段时间，如从《初见秦》文脉来看，此计画应在拜为客卿之后至拜相之间提出。或有另一种可能，《初见秦》原有“计画”后文，但在《战国策》或《韩非子》成书时已脱却。

③ 参见《史记》卷79《范雎蔡泽列传》，第2409页。另，明人孙鑛亦发现《初见秦》在叙事模式上“大约规模范雎”。参见（明）孙鑛《韩非子批点》，严灵峰编辑《无求备斋韩非子集成》（二一），成文出版社1980年版，第35页。另据王应麟《汉艺文志考证》，沙随程氏认为“臣”为范雎，由于程书难见，未知所据为何。程氏此说历来为研究者驳斥，但从对魏冉的“不忠”批判来看，《初见秦》中相关表述与范雎批判魏冉的言说极为相似，正如孙鑛所言，《初见秦》“大约规模范雎”。这或许是程氏持论所据。

睢免相至昭王去世的四年间，史有所载的秦相仅蔡泽一人。[①]《史记·范睢蔡泽列传》所载范睢、蔡泽游说秦昭王的言说与《战国策·秦策》的《范子因王稽入秦》《范睢至》《蔡泽见逐于赵》大致重合，而《张仪说秦王》（即《初见秦》）亦在《战国策·秦策》。因此从时间、语境及文脉上看，《初见秦》（《张仪说秦王》）中的这位“臣”极有可能是蔡泽。

结　语

综上所述，通过分析《初见秦》文本内容及其论述特征并结合当时的历史语境和其他相关史料进行推测，《韩非子·初见秦》中向秦昭王进言之“臣”最有可能是在昭王五十二年入秦游说的燕国人蔡泽。当然，由于决定性证据的缺失，包括本文在内，学者所做的各种考据结果，皆是在目前所见史料文本中寻找相对最为吻合的“对号入座”者。通过对文本内容以及先贤诸说的分析，蔡泽是诸多“可能”中“不合理”处相对最少的一种假设。

由于《初见秦》中“臣”之身份与《韩非子》文本形成、韩非使秦史事乃至其是否卖国等问题紧密相连，通过上述考证，本文至少为相关研究提供了部分线索。其一，所谓“初见秦”，应指文本主要内容是游说秦王允许“臣”进一步陈述“所以破天下之从，举赵、亡韩，臣荆魏，亲齐燕，以成霸王之名，朝四邻诸侯之道”的铺垫，而非强调入秦次数。其二，《初见秦》之“臣”并非韩非，因此该文亦不宜作为探研韩非史事的相关史料。换言之，《初见秦》中的“亡韩”主张绝非指证韩非“卖国”的证据。

最后需要辨明的是，所谓“《初见秦》作者”包含两种含义：一是该文内容的言说者，即文中所谓“臣”，二是《初见秦》文本的抄录或撰写者。目前学界相关讨论大多集中于前者，且多不以“作者”为韩非。然就后者来看，《初见秦》的“作者”尚不能排除韩非之可能。据周勋初考证，《韩非子》收录“故事”与《战国策》所收“故事”雷同者达 42 则（含内部重复），且大多集中在《说林》（16 则）和《（内/外）储说》（19 则）。[②] 在

① 参见马非百《秦集史》，第 861—866 页。

② 参见周勋初《〈韩非子〉札记》，第 159—164 页。

《韩非子》中，这些“故事”大多被用作事例或论据。值得注意的是，除《初见秦》外，《韩非子》提及魏冉、范雎的篇章还有《定法》和《内储说》，在这两篇文章中，魏冉和范雎的相关事例皆被用作论述“察奸之术”的范例。[①]《初见秦》重点内容之一，正是批判昭王谋臣魏冉、范雎之“不忠”。据此推测，《初见秦》原或作为类似“察奸”例证被收入（抄入）《韩非子》。《说林》《定法》《（内/外）储说》出自韩非之手的可能性多为今人承认，且据郑良树考证，《初见秦》行文比《张仪说秦王》更加“详细、清楚及浅白”，可能在抄录时对原文（《张仪说秦王》）进行过修改和增补。[②] 因此，这位抄录或修改者仍不能排除韩非的可能性。至于《初见秦》被置于诸篇之首的时间和原因，就目前来看已很难考证清楚了。

① 《韩非子·定法》言，“武王死，昭襄王即位，穰侯越韩、魏而东攻齐，五年而秦不益一尺之地，乃城其陶邑之封，应侯攻韩八年，成其汝南之封；自是以来，诸用秦者皆应、穰之类也。故战胜则大臣尊，益地则私封立，主无术以知奸也。”参见（清）王先慎《韩非子集解》卷17《定法》，第398页。《韩非子·内储说上》则将范雎相关事例用作论述君主察奸七术之一的“一听责下”的范例。参见（清）王先慎《韩非子集解》卷9《内储说上》，第215、234页。

② 参见郑良树《韩非之著述及思想》，第356、4—6、14—15页。

《吕氏春秋》的编纂对中国和谐文化品格形成的影响探论

魏建震

（河北省社会科学院哲学研究所）

摘要：《吕氏春秋》是战国秦名相吕不韦主持编纂的一部被《汉书·艺文志》列为杂家的著作。该著作编纂的目的，是为了给秦国设计一条统一六国的道路，设计一套统一完成后的统治模式。它所设计的治理模式的特点，一是天、地、君、臣、民一体，二是修身、齐家、治国、平天下异位同本，三是兼采诸子治国理念之长。《吕氏春秋》的编纂，和而不同，兼采诸子思想，对我国和谐文化品格的形成产生重要影响。

关键词：《吕氏春秋》　编纂　诸子思想　和而不同　和谐文化

《吕氏春秋》，这一部被冯友兰先生称为“我国最早之有形式系统之私人著述”的千古奇书[①]，两千多年以来，学人对其褒贬不一，第一个为《吕氏春秋》做注的高诱，称赞其“大出诸子之右”[②]；《四库全书总目提要》说“是书较诸子之言独为醇正，大抵以儒为主，而参以道家，墨家……其持论颇为不苟。”[③] 也有学者认为该书杂取诸子之说，没有统一的思想，在中国

---

① （战国）吕不韦著，许维遹撰：《吕氏春秋集释》《冯序》，中华书局 2009 年版，第 1 页。

② （战国）吕不韦著，陈奇猷校释：《吕氏春秋新校释》《吕氏春秋序》，上海古籍出版社 2002 年版，第 2 页。

③ 同上书，《附录·吕氏春秋考证资料辑要》，第 1857 页。

思想发展史上并没有多大贡献。对该书的性质与学派归属，学者们也多有不同意见。目前学术界对《吕氏春秋》性质的看法，代表性的观点有百科全书说、史书说、子书说、类书说、政论说和先秦总揽性文化要籍说等。对《吕氏春秋》的学派归属，则有杂家、道家、儒家、阴阳家、墨家、新道家等[①]。如果我们抛开汉代以来对战国诸子分家研究的学术思路，仅从《吕氏春秋》的编纂情况、主要内容及其编纂主旨来判断其在思想史研究方面的价值，我们会发现，该书作为目前仅存的先秦时期著作，时间明确、内容完整、体系完备、影响深远，它的编纂与流传，对中国和谐文化品格的形成有着非常深远的影响。

一 《吕氏春秋》编纂的背景与目的

关于《吕氏春秋》的编纂，《史记·吕不韦列传》记载："庄襄王即位三年，薨。太子政立为王，尊吕不韦为相国，号称'仲父'。秦王年少，太后时时窃私通吕不韦。不韦家僮万人，当是时，魏有信陵君、楚有春申君、赵有平原君、齐有孟尝君，皆下士，喜宾客以相倾。吕不韦以秦之强，羞不如，亦招致士，厚遇之，至食客三千人。是时，诸侯多辩士，如荀卿之徒，著书布天下，吕不韦乃使其客人人著所闻，集论以为《八览》《六论》《十二纪》，二十余万言，以为备天地万物古今之事，号曰《吕氏春秋》。布咸阳市门，悬千金其上，延诸侯游士宾客，有能增损一字者予千金。"[②]《史记·十二诸侯年表》载："吕不韦者，秦庄襄王相，亦上观尚古，删拾《春秋》，集六国时事，以为《八览》《六论》《十二纪》，为《吕氏春秋》。"[③]

《史记》对《吕氏春秋》编纂情况的记载，大体反映了该书编纂的基本情况，如它是由秦国权相吕不韦集其食客之力，主持编纂，其内容包括《八览》《六论》《十二纪》。该书完成之日，吕不韦颇为自豪，以为"备天地万物古今之事"等。至于该书编纂的目的，司马迁以为是吕不韦羞不

---

① 李家骧：《中外"〈吕氏春秋〉学"评考综要》，《湘潭大学学报》（哲学社会科学版）1998年第6期；王伟：《〈吕氏春秋〉思想新探》，天津古籍出版社2011年版，第9—10页。

② 《史记》卷85《吕不韦列传》，中华书局1959年版，第2509—2510页。

③ 《史记》卷14《十二诸侯年表》，中华书局1959年版，第510页。

如战国四公子而为，则属于其揣度之说。后世学者多有论说，此不赘言。

纵观战国末期形势，仔细研究《吕氏春秋》的内容，吕不韦编纂《吕氏春秋》的目的，是在为行将统一全国的秦国指出一条统一的道路，为行将诞生的统一大帝国构拟出一个完美的统治模式。该书的编纂，也是为了给正在走向历史舞台的秦始皇编纂出一个使其成为千古圣王的完整的历史与政治教科书。

战国末期，七雄国家经过多年的兼并战争，开始出现天下统一的趋势。消灭六国统一天下，从而成为天下共主，成为各位国君的追求与梦想。各国在不断改革国内政治的同时，通过不断的合纵与连横活动，在外交与舆论方面做着统一天下的准备。活跃在历史舞台的学者们，也开始提出各种统一天下的理论模式。孟子提出的天下“定于一”“不嗜杀人者能一之”，邹衍提出的“五德终始”说，都是在此背景下提出的颇具影响的学说。《吕氏春秋》的编纂，是吕不韦集众门客之力提出的统一天下和治理国家的理想图式。

在统一天下的各种学说中，有一个比较一致的观点，这便是统一天下的国君必须具有“德”性与“德”运。也就是说，天下一统，诸侯国除了拥有足以吞并六国的强大军事力量外，国君还必须有统治天下之“德”。从喧嚣一时的“齐魏相王”、“五国相王”到“秦齐互尊为帝”，这其中都包含着各位国君希望获得“德”运的成分。《吕氏春秋》提出统一天下和治理国家的模式，也是建立在“德”之上。从《吕氏春秋》以《尚德》篇为代表的许多篇章中，都可以看出这一点。《荡兵》等篇提出的用“义兵”的主张，是为秦统一提出的建立在德义基础之上的统一道路。

秦始皇即位时期秦国的统治模式，并不能适应秦一统天下的需要。秦国自商鞅变法开始，以法家思想作为其主要的统治思想。法家重视农战，重视刑赏，使秦国很快成为七雄中的最强国。到吕不韦为相时期，秦国统一天下之势已经非常明了。元陈澔作《礼记集说》谓：“吕不韦相秦十余年，此时已有必得天下之势，故大集群儒，损益先王之礼，而作此书，名曰春秋，将欲为一代兴王之典礼也，故其间亦多有未见与礼经合者。”①

法家在秦国崛起中发挥了重要作用。但法家重刑法，少恩义，中原各国

---

① （战国）吕不韦著，许维遹撰：《吕氏春秋集释》《吕氏春秋附考》，中华书局2009年版，第707页。

多以虎狼之国视之。秦赵长平之战前，韩国原本准备将上党献给秦国，上党守与上党百姓违背韩君之命，投奔赵国，表现了中原人民对秦国的厌恶之情。在当时的中原国家人民心目中，秦国是没有文化、没有道义的凶残之国，战国末期人朱己曾说："秦与戎、翟同俗，有虎狼之心，贪戾好利而无信，不识礼义德行。苟有利焉，不顾亲戚兄弟，若禽兽耳。此天下之所同知也。"[①] 秦国君希望一统天下，而秦国在天下人心中却是一个野蛮落后的虎狼之国，秦君成为天下共主显然缺乏道德与政治理论上的支撑。

作为战国时期杰出政治家之一的吕不韦，他对秦国统一天下之势有着非常清醒的认识。自其担任秦相，便开始着手改变秦国以法家为主导的治国思想。[②]《吕氏春秋》的编纂，是他为秦统一规划的路线图，为未来帝国统治构筑的理想模式。刘泽华先生在《中国政治思想史》中指出："（吕不韦）把编这部书看作是文化积累。这一点对秦国更有特别意义。秦国历来只注重打仗，对文化很忽视。然而没有广博的文化基底，统治者是很难于长久维持其统治的。吕不韦想补上这一课。"[③] 孙人和先生也曾经指出："《吕氏春秋》一书，虽有错简，而今本目次不相紊也。《十二纪》初为一部，盖以秦势强大，行将一统，故吕不韦延集宾客，各据所闻，撰月令，阐圜道，证人事，载天地、阴阳、四时、日月、星辰、五行、礼义之属，名曰《春秋》，欲以定天下，施政教，故以《序意》殿其后焉。"[④]

《吕氏春秋》编纂的目的之一，便是为行将建立的秦帝国提供一种统治模式。而这种模式的实现者，便是秦始皇。正因为如此，《吕氏春秋》编纂的针对性，非常鲜明。编纂者在《序意》中也非常明晰清楚地表达了这一编纂思想："维秦八年，岁在涒滩，秋，甲子朔。朔之日，良人请问《十二纪》。文信侯曰：'尝得学黄帝之所以诲颛顼矣，爰有大圜在上，大矩在下，汝能法之，为民父母。……'"[⑤]

---

① 何建章注释：《战国策注释》卷24《魏策三·魏将与秦攻韩》，中华书局1990年版，第907页。

② 参见刘慕方《论吕氏春秋的成书》，《学海》1999年第5期。

③ 刘泽华：《先秦政治思想史》，南开大学出版社1984年版，第640页。

④ （战国）吕不韦著，许维遹撰：《吕氏春秋集释》《孙序》，中华书局2009年版，第5页。

⑤ （战国）吕不韦著，陈奇猷校释：《吕氏春秋新校释》卷十二《序意》，上海古籍出版社2002年版，第654页。

《序意》虽然只是说《十二纪》的编写思想是吕不韦得自黄帝诲颛顼的启发，但纵观《吕氏春秋》全书，编者无处不是以长辈老师教诲晚辈后人的口气，叙述修身之法，交往之路，治理国家之大道。吕不韦指明《十二纪》的编写思想来源于黄帝诲颛顼，其实也是在指实我们上文所叙述的《吕氏春秋》编写的针对性问题。因此《吕氏春秋》所述治国方略，有些内容无疑是针对了秦始皇的个人性格而作。

关于秦始皇的为人，《史记·秦始皇本纪》载："始皇为人，天性刚戾自用，……以为自古莫及己。"① 秦始皇少年荣登大宝之位，与秦始皇有着特殊关系、被尊为"仲父"的秦国权相吕不韦，非常有针对性地主持编纂了《吕氏春秋》一书，以期实现自己设计的大秦帝国万世梦。可惜的是，他的梦想并没有变成现实，由于秦始皇继续实行其残暴统治，秦国二世而亡。明方孝孺曰："然其书诚有足取者，其《节葬》《安死》篇讥厚葬之弊，其《勿躬》篇言人君之要在于任人，《用民》篇言刑法不如德礼，达郁、分职篇皆尽君人之道，切中始皇之病，其后秦卒以数者偾败亡国，非知己之士，岂足以为之哉?"② 后世学者贺万祚在《刻吕氏春秋序》也感慨道："至其间尊孔、孟之言，该老、庄之旨，贵仁义之谈，兼富强之术；而又审兴亡，辨忠佞，谨好恶，慎赏罚，定制度，备典礼，言有关于天下、国家。倘始皇能行其说，真足以药其病，而使之瘳，岂仅二世而亡哉！"③

综上所述，《吕氏春秋》编纂的背景与目的主要有以下几个方面。

第一，在秦国即将完成全国统一的大的历史背景下，它提出用"义兵"一统天下的主张，这样可以在统一过程中解决统一帝国的历史合法性问题，同时便于消除统一过程中的阻力，为一统帝国的长治久安奠定道义层面的基础。

第二，针对秦国长久以来实行的法家治国的理论，提出一套融合百家的治国思想体系，以消解法家强于争夺天下而不利于长治久安的不足。

第三，针对秦始皇个人的性格特点，提出了一整套从修身到治天下的为

---

① 《史记》卷六《秦始皇本纪》，中华书局 1959 年版，第 258 页。

② （战国）吕不韦著，许维遹撰：《吕氏春秋集释》《吕氏春秋附考》，中华书局 2009 年版，第 709 页。

③ 转引自王启才《〈吕氏春秋〉研究》，学苑出版社 2007 年版，第 362 页。

君行为规范。《吕氏春秋》全书行文，颇有循循善诱的风格，其“备天地万物之事”，内容无所不包，无论是作为一个人生个体的修身养性，还是贵为天下之君治理天下，都可以从这套完整的理论系统中得到适合自己的行为规范和行为准则。

此外，在先秦诸子百家争鸣的基础上，以和而不同、兼容并蓄、取百家之长的文化精神，对百家的学术思想和治国理论进行总结与升华，以企实现对诸子的超越，形成一个天地人合而为一、君臣民和谐共处的政治生态，形成一个多元一体的和谐文化，也应该是《吕氏春秋》编纂的目的之一。

二　政治一统趋势下统治思想的理想构拟

《吕氏春秋》为未来帝国构拟的理想统治模式，是一个充满和谐思想的统治模式，这种模式的和谐思想主要表现在以下几个方面。

（一）天、地、君、臣、民和谐一体

在秦国统一天下的趋势越来越明朗的情况下，《吕氏春秋》根据其天地人和谐一体的自然天道观，构拟出统一天下的思想模式，这就是天地君臣民和谐一体的模式。《序意》篇云：“维秦八年，……良人请问《十二纪》。文信侯曰：‘尝得学黄帝之所以诲颛顼矣，爰有大圜在上，大矩在下，汝能法之，为民父母。盖闻古之清世，是法天地。凡《十二纪》者，所以纪治乱存亡也，所以知寿夭吉凶也。上揆之天，下验之地，中审之人，若此则是非可不可无所遁矣。天曰顺，顺维生。地曰固，固维宁。人曰信，信维听。三者咸当，无为而行。行也者，行其理也。行数，循其理，平其私。夫私视使目盲，私听使耳聋，私虑使心狂。三者皆私设精则智无由公，智不公则福日衰，灾日隆，以日倪而西望知之。’”①

在《吕氏春秋·十二纪》所构拟的天地君臣民和谐一体统治模式中，人君以天地自然为法，为百姓之父母。治乱存亡、寿夭吉凶之事，均上与天

① （战国）吕不韦著，陈奇猷校释：《吕氏春秋新校释》卷12《序意》，上海古籍出版社2002年版，第654—655页。

相合，下与地相验，中与人事相属。天地人的和谐，是国君无为而行的基础。

在天子与百姓的关系方面，《吕氏春秋》提出“天下非一人之天下也，天下之天下也”[①]。君主治理天下，严格遵循天地自然所具有的“公”之原则，以此治理天下，达到天地人和谐、阴阳和谐、君臣民和谐的状态。

《吕氏春秋》天地君臣民和谐一体思想，还表现在该书的民本思想和其对孝观念的重视上面。《务本》篇云：“安危荣辱之本在于主，主之本在于宗庙，宗庙之本在于民，民之治乱在于有司。”[②] 民为邦之主，民安则主安，而民是由有司来治理的，有司是由君主来任命与管理的，这样君臣民之间便需要形成一个相互依存、和谐一体的共存关系。

《吕氏春秋》吸收儒家有关孝行的理论，形成了自己的孝行观念。《吕氏春秋》所描述的孝的观念，是从孝本身所具有的社会意义来开展论说，认为孝为人之本，为治国之本。《孝行》篇云：“凡为天下，治国家，必务本而后末。所谓本者，非耕耘种殖之谓，务其人也。务其人，非贫而富之，寡而众之，务其本也。务本莫贵于孝。人主孝则名章荣，下服听，天下誉。人臣孝则事君忠，处官廉，临难死。士民孝则耕耘疾，守战固，不罢北。夫孝，三皇五帝之本务，而万事之纪也。

夫执一术而百善至、百邪去、天下从者，其惟孝也。故论人必先以所亲而后及所疏，必先以所重而后及所轻。今有人于此，行于亲重而不简慢于轻疏，则是笃谨孝道，先王之所以治天下也。故爱其亲不敢恶人，敬其亲不敢慢人。爱敬尽于事亲，光耀加于百姓，究于四海，此天子之孝也。曾子曰：‘身者，父母之遗体也。行父母之遗体，敢不敬乎？居处不庄，非孝也。事君不忠，非孝也。莅官不敬，非孝也。朋友不笃，非孝也。战阵无勇，非孝也。五行不遂，灾及乎亲，敢不敬乎？’《商书》曰：‘刑三百，罪莫重于不孝。’”[③] 守孝在君、臣、士之间发挥着不同的社会功能，它是君民士都应遵循的共同的社会守则。君主行于亲而不慢于疏，“爱敬尽于事亲，光耀加于

① （战国）吕不韦著，陈奇猷校释：《吕氏春秋新校释》卷1《贵公》，第45页。
② （战国）吕不韦著，陈奇猷校释：《吕氏春秋新校释》卷13《务本》，第719页。
③ （战国）吕不韦著，陈奇猷校释：《吕氏春秋新校释》卷14《孝行》，第736页。

百姓”，是天子之孝。曾子所主张的“事君不忠”“莅官不敬”等非孝行主张，也都被《吕氏春秋》吸收纳入自己的孝行思想体系中。

（二）修身、齐家、治国、平天下异位同本思想

与天、地、君、民和谐一体的观念相应，《吕氏春秋》在融合了儒家和道家修身治国思想后，提出了修身、齐家、治国、平天下异位同本的统治思想。《执一》篇说：“以为为国之本在于为身，身为而家为，家为而国为，国为而天下为。故曰：以身为家，以家为国，以国为天下。此四者，异位同本，故圣人之事，广之则极宇宙，穷日月，约之则无出乎身者也。慈亲不能传于子，忠臣不能入于君，唯有其材者为近之。”① 这一思想的提出，消解了自身、家庭、诸侯与天下之间原本存在的张力，将四者和谐地统一在一个行为系统之内。

在《吕氏春秋》修身、齐家、治国、平天下异位同体思想中，修身被放在了最为基础的地位。《先己》篇云：“汤问于伊尹曰：‘欲取天下，若何?’伊尹对曰：‘欲取天下，天下不可取。可取，身将先取。凡事之本，必先治身，啬其大宝。用其新，弃其陈，腠理遂通，精气日新，邪气尽去，及其天年，此之谓真人。’”② 修身与治理天下，不一不异。《吕氏春秋》提出的修身观念，既吸收了道家思想，也融合了儒家思想。《先己》篇云：“昔者，先圣王成其身而天下成，治其身而天下治。故善响者不于响于声，善影者不于影于形，为天下者不于天下于身。诗曰：‘淑人君子，其仪不忒。其仪不忒，正是四国。’言正诸身也。故反其道而身善矣，行义则人善矣；乐备君道而百官已治矣，万民已利矣。三者之成也在于无为。无为之道曰胜天，义曰利身，君曰勿身。”③ 这里的修身，是通过正身而达身善，通过行义而达人善。这一切，都是通过无为的状态来实现的。这个无为的观念尽管未必完全同于道家的无为观念，这一观念也应与道家的无为观念有着一定内在联系。在《先己》篇中，引用孔子解《诗》的论述以及孔子与鲁哀公的

① （战国）吕不韦著，陈奇猷校释：《吕氏春秋新校释》卷17《执一》，第1144页。

② （战国）吕不韦著，陈奇猷校释：《吕氏春秋新校释》卷3《先己》，第146页。

③ 同上书，第146—147页。

对话，以表达圣人“修其身而成文天下”“不出于门户而天下治者，其惟知反于己身者”的思想。这应与儒家的修身观念相关联。

基于其天地人和谐一体的思想，《吕氏春秋》提出修身与治国均以天地为法的思想。《情欲》篇云：“人之与天地也同，万物之形虽异，其情一体也，故古之治身与天下者必法天地也。”[①] 除此之外，修身与治国还应以胜理为根本。《适音》篇云：“胜理以治身则生全矣，生全则寿长矣；胜理以治国则法立矣，法立则天下服矣。”[②] 修身与治国相辅相成的思想，是《吕氏春秋》和谐治国思想中的重要内容。

（三）兼采诸子思想之长的治国理念

战国时期，百家争鸣，诸子从不同的学术视角出发，都提出了各具道理的治国理念。然而，诸子之间在治理国家的许多根本问题的讨论上，有着根本性差别。用任何一家提出的治国思想治理国家，都有着某些无法避免的问题存在。有鉴于此，《吕氏春秋》在吸收诸子治国思想的基础上，将诸子思想融为一体，提出一套治理国家的模式。《不二》篇云：“听群众人议以治国，国危无日矣。何以知其然也？老耽贵柔，孔子贵仁，墨翟贵廉，关尹贵清，子列子贵虚，陈骈贵齐，阳生贵己，孙膑贵势，王廖贵先，儿良贵后。此十人者，天下之豪士也。”用他们中任何一家理论治国，国家都会出现危险。因此圣人应该用一种统一的思想来治理国家，“有金鼓所以一耳。必同法令所以一心也。智者不得巧，愚者不得拙，所以一众也。勇者不得先，惧者不得后，所以一力也。故一则治，异则乱；一则安，异则危。夫能齐万不同，愚智工拙皆尽力竭能，如出乎一穴者，其唯圣人矣乎”[③]！颜师古在为《汉书·艺文志》杂家作注时说：“王者之治，于百家之道无不贯综”[④]，与《吕氏春秋》所构拟的综合百家为一家的统治思想正相符合。

《吕氏春秋》所构筑的天人合一的世界图式，使各种思想的融会贯通成为可能。侯文莉先生指出：“《吕氏春秋》将先秦各家天人思想的积极成分

---

① （战国）吕不韦著，陈奇猷校释：《吕氏春秋新校释》卷2《情欲》，第87页。
② （战国）吕不韦著，陈奇猷校释：《吕氏春秋新校释》卷5《适音》，第275—276页。
③ （战国）吕不韦著，陈奇猷校释：《吕氏春秋新校释》卷17《不二》，第1134—1135页。
④ 《汉书》卷30《艺文志》，颜师古注，中华书局1962年版，第1742页。

加以融会贯通，并意识形态化，构筑了一个天人合一的世界图式"，"这种做法也对后世产生了很大的影响。天人系统作为富有弹性的架构，提供了不同思想的融会贯通，和向各个方向发展的可能性。《淮南子》《礼记》、董仲舒，以及王充等，都不同程度地受到了《吕氏春秋》的影响。"①

《吕氏春秋》认为，只有博采诸人之长，才能形成一套完美的治国理论，这是三皇五帝立大功的根本原因。因此，国君应该用众人之长，《用众》篇云："天下无粹白之狐，而有粹白之裘，取之众白也。夫取于众，此三皇、五帝之所以大立功名也。凡君之所以立，出乎众也。立已定而舍其众，是得其末而失其本。得其末而失其本，不闻安居。故以众勇无畏乎孟贲矣，以众力无畏乎乌获矣，以众视无畏乎离娄矣，以众知无畏乎尧、舜矣。夫以众者，此君人之大宝也。"② 取众白以成粹白之裘，既可以视为《吕氏春秋》编纂的理想追求，也可以视为其在编纂过程中处理材料的原则，还可以看作是其融合百家超越百家的文化精神。高诱说其"大出诸子之右"，实在不应该被看作是溢美之词。

三　和而不同的文化精神与多元思想的一体化构建

战国时期，百家争鸣，诸子从自己的学术立场出发，阐明自己的学术主张。战国末期的思想家，开始对战国时期的百家争鸣进行学术的总结。《庄子》《荀子》《韩非子》等，都从自己的学派出发，对诸子思想进行评说。他们的评说，还主要沿袭了争鸣时期学术传统，重在对各家的学术思想的不足之处提出批评。《荀子·非十二子》便是这种学术总结的代表性著作。著作中对十二子学说的不足之处，做了比较深刻的分析。这种分析，对认识百家争鸣中各家学说的不足之处，有着非常重要的价值。

《吕氏春秋》的编纂，对百家争鸣从另一个角度进行了总结，这种总结重在综合百家之长，取众狐之白以成粹白之裘，贯穿了和而不同的文化精神，

---

① 侯文莉：《从天人观念看〈吕氏春秋〉的杂家之谓》，《社会科学研究》2001 年第 2 期。

② （战国）吕不韦著，陈奇猷校释：《吕氏春秋新校释》，卷 4《用众》，上海古籍出版社 2002 年版，第 236 页。

形成了颇具特色的思想理论体系，完成了多元思想的一体化构建。《吕氏春秋》对诸子的融通与超越，学者们对此有着非常精到的评论。清代学者汪中在《吕氏春秋序》中说："周官失其职，而诸子之学以兴，各择其术以明其学，莫不持之有故，言之成理。及比而同之，则仁之与义，敬之与和，犹水火之相反也。最后吕氏春秋出，则诸子之说兼有之。"① 刘文典先生从道术形成的角度高度评价《吕氏春秋》对诸子的超越，他说："周、秦之际，士之治方术者多矣。百家之学，众技异说，各有所出，皆有所长，时有所用。虽然，阴阳、儒、法、形、名、兵、农之于治道，譬犹榱之于盖，辐之于轮也，皆有所明而不能相通，是故揽掇一迹之踪，拘系一隅之指，而自以为独擅天地之美，判析万物之理，遍查古今之全，此论于一曲而不通天地之情者也。后之学者不达天地之纯，宇宙之总，各为其所欲，以自为方，百家众说蜂起，而道术乃为天下裂矣。吕不韦以仲父之尊，处相国之位，独能明黄帝、伊尹之道，使其客人人著所闻，集论以为《吕氏春秋》，斟酌阴阳、儒、法、刑、名、兵、农百家众说，采撷其精英，捐弃其畛挈，一以道术之经纪条贯统御之，诚可谓怀囊天地，为道关门者也。……班固志艺文，列子杂家。夫杂者会也，盖先以道德为贵标的，既定纲纪品式，乃博采九流，网罗百氏，纳于检格之中，实能综合方术之长，以成道术，非徒以抄内群言为务也。"② 《吕氏春秋》所形成的"道术"，对秦汉之际思想的发展，有着重要影响。

《吕氏春秋》所构筑的体系，便是天地人合而为一，阴阳运动产生万物的宇宙图式。这种图式除了前文所举《序意》篇的文字外，《大乐》篇也有比较详细的论述："音乐之所由来者远矣，生于度量，本于太一。太一出两仪，两仪出阴阳。阴阳变化，一上一下，合而成章。浑浑沌沌，离则复合，合则复离，是谓天常。天地车轮，终则复始，极则复反，莫不咸当。日月星辰，或疾或徐。日月不同，以尽其行。四时代兴，或暑或寒，或短或长，或柔或刚。万物所出，造于太一，化于阴阳。"太一，又被称为道，《大乐》云："道也者，视之不见，听之不闻，不可为状。有知不见之见、不闻之闻、无状之状者，则

① （战国）吕不韦著，许维遹撰：《吕氏春秋集释》《吕氏春秋附考》中华书局 2009 年，第 713—714 页。

② （战国）吕不韦著，许维遹撰：《吕氏春秋集释》《刘序》，中华书局 2009 年，第 3 页。

几于知之矣。道也者，至精也，不可为形，不可为名，强为之谓之太一。”①太一，也就是道，是《吕氏春秋》构筑多元一体文化格局的总纲领。

《吕氏春秋》博采诸家，杂成一家，《汉书·艺文志》列其为杂家，成为杂家的代表性著作。关于杂家，《艺文志》：“杂家者流，盖出于议官，兼儒、墨，合名、法，知国体之有此见，王治之无不贯，此其所长也。及荡者为之，则漫羡而无所归心。”②《吕氏春秋》作为杂家的代表性著作，显然不是荡者为之的“漫羡而无所归心”的著作。它“兼儒墨，合名法”，包含了杂百家为一家的融合精神。杂百家之杂，并非杂取之谓，而是融多物以成一物，融众家以成一家之意。这种思想最早在西周末年已经产生。据《国语·郑语》记载，史伯在回答郑桓公“周其弊乎”这一问题时，提出了“和实生物”的理论，史伯说：“夫和实生物，同则不继，以它平它谓之和，故能丰长而物生之，若以同裨同，尽乃弃矣。故先王以土与金木水火杂，以成百物，……”③ 史伯所说的“先王以金木水火杂，以成百物”，即土通过与其他四种元素的结合，生成百物。此杂，显然不是杂取之意，而是混合为一之意。综合百家思想形成一种新的思想，才是杂之意蕴所在。张岱年先生说《吕氏春秋》“杂而不杂”，“是一个综合学派”④，张先生提出的综合创新说，也是综合各种思想以求创新这一思想的继承与发展。中国和谐思想与和谐文化的形成，与“和实生物”“和而不同”的思想，与天地人合而为一的阴阳五行思想，都有着非常密切的关系。从这个角度来说，《吕氏春秋》的编纂对中国和谐文化的形成有着非常重要的意义。《吕氏春秋》编纂成书后，对汉代学术与思想的发展产生了无孔不入的影响⑤，《史记》《淮南子》《春秋繁露》等对后世有着深远影响的著作，无不深受《吕氏春秋》思想的影响。《吕氏春秋》所蕴含的和谐思想，对中国以阴阳和合为主基调的和谐文化品格的形成，有着极其深远的影响。

---

① （战国）吕不韦著，陈奇猷校释：《吕氏春秋新校释》，卷5《大乐》，上海古籍出版社2002年版，第258—259页。

② 《汉书》卷30《艺文志》，颜师古注，中华书局1962年版，第1742页。

③ 《国语》卷16《郑语》，上海古籍出版社1978年版，第515页。

④ 张岱年：《张岱年全集》第四卷《中国哲学史史料学·吕氏春秋》，河北人民出版社1996年版，第342页。

⑤ 参见王伟《〈吕氏春秋〉思想新探》，天津古籍出版社2011年版，第19页。

唐以前诸师“观世音菩萨普门品”释名比较研究*

夏德美

（中国社会科学院世界宗教研究所）

摘要： 观音菩萨是汉传佛教中最受欢迎的菩萨之一，观音信仰遍及各个学派、宗派，遍及帝王将相和普通民众，这在流传广泛的各种观音经注疏、观音灵验记等文献资料和遍布各个时代、各个地区的观音图像中得到充分证明。观音信仰的主要经典依据是《法华经》中的《观世音菩萨普门品》，这一品在南北朝时期就单独流行，深受佛教信众尊崇。“观世音普门”这一名称，具有怎样的含义，早期的高僧大德在解释这一名称时有何依据，体现了怎样的解释学特点？考察唐代以前道生、法云、智顗、吉藏、灌顶等高僧的解释，可以发现，这些高僧依据各自信奉的佛教义理阐释观音信仰，使这一名称越来越具备系统的理论形态。

关键词： 唐以前　观世音　普门

《观世音菩萨普门品》作为《法华经》的一品，伴随着《法华经》的翻译，开始被中国人接受。在汉传佛教史上，《法华经》完整的译本有三种，西晋竺法护译《正法华经》（10 卷，27 品，286 年译出），东晋鸠摩罗什译《妙法莲华经》（7 卷，28 品，406 年译出），隋阇那崛多、达摩笈多译《妙

* 本文刊于《宝鸡文理学院学报（社会科学版）》2019 年第 6 期，在此略有修改。

法莲华经添品》（7 卷，27 品，601 年译出）（或称《添品妙法莲华经》）。另外，据《出三藏记集》记载，还有一种失译本：“《旧录》有《萨昙分陀利经》，云是异出《法华》，未详谁出，今阙此经。”① 《法华经》译出后，受到广泛重视，唐代道宣在《妙法莲华经弘传序》说：“自汉至唐六百余载，总历群籍四千余轴，受持盛者，无出此经。”②

关于《法华经》早期弘传、注疏情况，吉藏《法华玄论》中有详细记述：

> 法华既有新旧两本，讲者亦应二人焉。《名僧传》云：“讲经之始，起竺法护。”护公既亲译斯经，理应敷阐。自护公之后，释安、竺汰之流唯讲旧本而已。及罗什至长安，翻新《法华》竟，道融讲之，开为九辙，时人呼为九辙法师。九辙之文，今所未见。讲新《法花》，始乎融也。自融已后，昙影、道生之流，染翰著述者非复一焉。次乎齐代，有清信优婆塞刘虬，与十许名僧，依傍安、林、壹、远之例，什、肇、融、垣之流，撰录众师之长，秤为《注法华》也。爰至梁始，三大法师，硕学当时，名高一代，大集数论，遍释众经。但开善以《涅槃》腾誉，庄严以《十地》《胜鬘》擅名，光宅《法华》当时独步。但光宅受经于中兴寺印法师。印本寿春人，俗姓朱氏，少游彭城，从昙度受论，次从匡山惠龙受学《法华》。而印讲斯经，自少至老，凡得二百五十遍。春秋六十六，永明元年卒。光宅云法师息慈之岁，随印在钟山下定林寺听《法华经》。下讲竟，住寺后石涧中，累石为高座，及以听众。于是自登石座，霞述所闻。印未知之，密听其所说，一言靡遗。年至三十，于妙音寺开《法华》《净名》二经题，机辨纵横，道俗叹伏。由是已来，《法华》誉显。③

通过这段文字，可以看出，《法华经》的传译分为两个阶段，第一，竺

① （南朝梁）僧祐撰，苏晋仁、萧錬子点校：《出三藏记集》卷 2，中华书局 1995 年版，第 67 页。

② 高楠顺次郎、渡边海旭等编：《大正新修大藏经》第 9 册，东京大藏出版株式会社 1988 年版，第 1 页下。

③ 《大正藏》第 34 册，第 363 页下。

法护译出《正法华》后，开始宣讲，此后，释道安（312—385）、竺法汰（320—387）等都讲过《法华经》。《高僧传》中也留下了这一时期信仰《法华经》的记载，如竺道潜、竺法旷、释慧远等。第二，鸠摩罗什（344—413）译出《妙法莲华经》后，他的弟子们相继讲说，道融、昙影、道生（？—434）等都有注疏，现存的只有道生一家，另外，查诸史料，罗什弟子中僧叡、慧观等都有关于《法华经》的文字（僧叡《法华经后序》，慧观《法华宗要》）。此后，注释《法华经》的，还有南齐刘虬和梁代法云。刘虬《注法华经》汇集安、林、壹、远、什、肇、融、亘八家观点，类似于集注，此书已失，在吉藏注疏中保留部分内容。法云（467—529）《法华经义记》师承印法师，为梁代《法华经》注疏的重镇。

南北朝末年至隋，智顗（538—597）创立天台宗，以《法华经》为宗经，讲解《法华经》。吉藏（549—623）虽是三论宗集大成者，也对《法华经》情有独钟，有《法华玄论》《法华义疏》等多部《法华经》注疏。

本文选取道生、法云、吉藏、智顗的《法华经》注疏，来考察他们对“观世音普门”名称的理解。吉藏小智顗11岁，但由于智顗《法华》注疏都是智顗去世后，由其弟子灌顶（561—632）整理而成，其中多有灌顶的发挥，因此将天台宗注疏放在吉藏后面。

一　竺道生、释法云的“观音”“普门”释名

竺道生是中国佛教史上影响深远的大师，他集毗昙学、般若学和涅槃学之大成，极力提倡涅槃佛性说和顿悟说，对佛性学说在南北朝的流行产生了重大影响。道生认为“理”不可分割，悟入“理”的智慧也没有阶段性，所以只能顿悟成佛。这种学说得到刘宋最高统治者的支持和响应，对后世中国佛教影响深远。道生还提出四种法轮的说法，把释迦牟尼的教法分为善净（指人天乘的教法）、方便（指声闻、缘觉乘的教法）、真实（指《法华经》）、无余（指《涅槃经》）四种。这种说法和慧观的二教五时说，都是后世判教的渊源。[1] 道生的著作，有《维摩经义疏》《妙法莲华经疏》《泥洹经

① 慧观判教学说参见吉藏《三论玄义》，《大正藏》第45册，第5页下。

义疏》《小品经义疏》等。现存的只有《妙法莲华经疏》。

在《妙法莲华经疏》中道生这样解释“观世音品”：

> 夫圣人悬烛，权引无方，或托神奇，或寄名号，良由机有参差，取舍不同耳。所以偏美观音名者，欲使众生归冯情一，致敬心浓。若能推敬于一者，则无一而不然矣。劝物之尔，岂偏胜乎？曲济无遗，谓之“普”。从悟通神，谓之“门”，受诸苦恼，闻是观世音菩萨名者皆得解脱。圣人振初，理不拔无根，苟内无道机，圣则不应矣，岂直称名，便得解脱乎？而今云尔，何耶？观世音者，以无不通为理，无不济为怀。物有悟机扣圣，圣有遂通之道，遂通之道既申，尔乃解脱岂虚哉？美名奖物，不亦弘乎。应以佛身得度者，妙音菩萨现种种身者，以得色身三昧也。今观音亦现种种形而说法者，皆由宣《法花》故，人异道同，示修必得也。[1]

道生解释了“普”“门”，对“观音”没有特别解释，并且认为“偏美观音”，只是为了“推敬于一”，换句话说，只要能一心归敬，是观世音，还是其他的名号，都可以。在这段文字中，为了解释是否“称名（称观世音名字）”就可以得度，道生使用了一个重要概念，“机”，这一概念在道生思想中具有重要位置[2]。观音菩萨具有“无不通”“无不济”的能力，所以只要物（包括人）能够“悟机扣圣”，圣（观音菩萨）就能够感应“遂通”。也就是说，只要众生具有某种能够引发菩萨感应的状态或表现，菩萨就能够应现和教化，从而帮助众生解脱。这种解释，既为“称名解脱”设置了一种前提（机），又为众生最终都能获得解脱提供了保证，与道生强调的众生（包括一阐提）皆能成佛思想密不可分。

法云是梁代三大师之一，擅长《成实》和《法华》，是梁武帝非常倚重的法师，曾任大僧正，梁武帝制定《断酒肉文》，展开“神灭论”大辩论过

---

① 河村照孝编集：《卍新纂大日本续藏经》第27册，东京株式会社国图刊行会，第16页下。

② 参见［日］菅野博史撰，张文良等译《中国法华思想的研究》，国际文化出版公司2017年版，第36—38页。

程中，法云都扮演了重要角色。法云《法华经义记》共八卷，对《法华经》进行了详细解释，很多观点被后来的《法华经》注释所沿用。法云对《观世音品》的解释非常简短：

> 观世音者可有四名：一名观世音，正言观世间音声而度脱之也；二名观世音身，即是观众生身业而度脱之；三言观世意，即是观众生意业而度脱之也；四者名观世业，此则通前三种。问曰：“若尔，何故只名为观世音耶？”解释者言：“但行口业则易，身意两业行善则难也。且娑婆世界多以音声为佛事，是故从观世音受名也。”①

这段文字可以分为两个层次：第一，观世音可以有四种名称：观世音、观世身、观世意、观世业，前三种就是佛教常说的身、口、意三业，后一种是对前三种的概括。实际上，法云的意思就是观世音这一名字，可以包含身、口、意三业，就是说可以通过观世间众生的身、口、意三业，将其度脱。第二，为何只以观音为名？法云给出了两个原因：第一，口业行善容易，第二，娑婆世界多以音声为佛事。法云对“观音”的解释，主要从字面理解，没有涉及过多的义理，对“普门”则完全没有解释。

二　吉藏的“观音”释名

吉藏是三论宗集大成者，也是南北朝佛教的总结者之一，他的著作涉及广泛。现存吉藏著作中，有五部与《法华经》有关，即《法华玄论》《法华义疏》《法华游意》《法华统略》《法华论疏》，约占吉藏全部著作1/3的篇幅。其中，《法华义疏》与《法华统略》中都有对《观世音菩萨普门品》的解释。一般认为《法华统略》作于《法华义疏》之后，代表吉藏晚期的思想。

我们先来看《法华义疏》中对于“观世音普门品”名称的解释。吉藏将“普门品”整品分为四段进行解释：“开此品章段不同，今一往分为四

① 《大正藏》第33册，第678页上。

双：一者、双标；二者、双释；三者、双叹；四者、双益。言双标者，观音为名、普门为德，故双标名德。夫胜人为理有名有德，是故双标以名观音普门品。”[①] 可见，“双标”部分正是对“观世音”“普门”名称的解释。

“双标”中，吉藏首先从十个方面阐释“观世音”与“普门”之间的关系：

> 初双标中，凡有十对：一者、人法一双。观音为人，普门为法，然人法是因缘之义，非人无以御法，非法无以成人，故前明御法之人，后辨成人之法，谓人法一双也。二者、真应一双，观世音即是法身，普门谓应身也。前以法身观机，然后垂迹普应，谓真应一双。三者、观音谓菩萨意业，普门即身口二业，前以意业观察，然后身现神通、口业说法，谓内外一双也。四者、观音谓大悲拔苦，普门即大慈与乐，故后释观音名明拔苦之义，释于普门即显与乐之功，所化众生但有苦无乐，能化菩萨有大慈大悲，谓慈悲一双。五者、菩萨有二种身：一者、药树王身，二、如意珠王身。药树王身者，根茎枝叶能愈众病，菩萨亦尔，故三业皆能济物。如意珠王身者，如摩尼宝能与一切乐，菩萨亦尔，其见闻者无不蒙益。释观世音名叹药树王身，释普门名明如意珠王身，故珠药二王为一双也。六者、释观音名显众生感义，标于普门明菩萨应义，初感非无应、后应非无感，但初举应以成感、后则标感以成应，谓感应一双也。七者、标观音名叹菩萨能与众生世间之乐，标于普门显菩萨能与众生出世间之乐，故前文明七难消除、二求愿满，即知是世间乐；后三十三身十九说法皆称得度，故知与出世乐，此皆大判为言，非别相说。前与世乐、后与出世乐，此是次第法门，谓世出世一双也。八者、标观音明神通，以察物音声即天耳通，题普门谓示现，六通之中三是神通非示现，谓天耳、天眼、宿命也；三是神通亦是示现，谓他心、神足、漏尽，漏尽说法，神足转变，他心知机，即以事令人信验故名示现。谓神通示现一双也。九者、标观音名谓明密利益，标普门明显利益，后现身说法故称为显，前不显身说法而能令物免难故称密益。菩萨

① 《大正藏》第34册，第623页下。

济物不出显密二义，谓显密一双也。十者、标观音明菩萨名，题普门显大士德，谓名德一双也。然此品内义虽具十双，今以名德为正。①

吉藏所列“十双”为：一、人法，二、真应，三、内外，四、慈悲，五、珠药、六、感应，七、世出世，八、神通示现，九、显密，十、明德。考察这些内容，第三、第七、第八项，似乎不太符合逻辑。

接下来，吉藏开始解释“观世音”：

所言“观音”者，外国名阿梨耶婆楼吉氏税，此翻观世音。菩萨有多种名，今依此品佛答中略辨三名：一、观世音；二、观世意；三、观世身。圣人无名，为物立称者，欲生众生三业善也。立观世音名，令物称名生口业善；立观世意名，令物存念生意业善；立观世身名，令物礼拜恭敬生身业善，以备生三业善故，立此三名。问：既具三名，何但称观世音？答：三名不可具题，趣标其一。二者、观世意名但生意业善，观世身名生身意二业善，生善义局，故不标之。若口称名，必备三业，以生善多故，立观音名也。三者、意业存念、身业礼拜，但得自行不得化他，故不立身意二名。口称观音具得自行化他，故立观音名也。四者、娑婆国土以音声为佛事，义既显彰，故立观音之名，余义不尔，故不题余称。五者、观音之名有行愿，过去世时值空王观世音佛发愿名观世音，故依愿立名。又观音昔在此土行菩萨道以受观音之称，余二名阙斯二义故不题也。别有经云“观世自在菩萨”，此名备含三业，于名义最胜。复有经云“光世音菩萨”，或可是翻之不正。《华严经》云：“此菩萨住大慈法门光明之行，从此立名云光世音”也。又此菩萨住普门光明三昧，从所住法门为名。下复云“施无畏者”，此名总含，从功用受称。

所言观世音者，观是能观之智，世音是所观之境，境智合题名观世音也。观具三观，境备三境，境备三境者，众生发声因咽喉舌齿和合有声，谓因缘声，名为世谛。因缘所生法即是寂灭性，称为真谛，亦为是

① 《大正藏》第34册，第623页下。

> 假名，亦是中道义，即是非俗非真中道第一义谛，故此一音声具足三谛，菩萨观此三谛，即三种观也。二者、观是菩萨之应，世音是众生口业之感，感应具题故立观世音也。问：云何名世音耶？答：三种世间中正是众生世间也。外书云："以声成文谓之为音。"佛法不分音与声异，如《杂心》云："声有三种：一、因受四大声，谓众生音声。二、因不受四大声，谓非众生声。三、因俱声，如人与外物合共出声，谓打钟等，三种声中可通余二也。"[①]

吉藏的解释有以下特点：一是吉藏注意到了"观音"的梵语（或者胡语）音译名，一开始就标出观音的音译，后面还提到"观自在""光世音"的译名，并认为"观自在"的名字最为合理，"光世音"的名字是误译[②]。二是吉藏的解释实际上包含三个层次：第一，总体上解释"观世音"，侧重"音"，吉藏先列观音三名（观世音、观世意、观世身），并解释为何只称"观世音"，此处思路基本同于法云，只是解释的更为详细、周密，是对法云解释的继承和发展。第二，解释"观"与"世音"的关系：（1）智与境的关系，观是智，世音是境；境具备世谛、真谛、第一义谛，观即是三观。（2）感与应的关系。观是应，世音是感。第三，解释"世"，即三种世间中的众生世间。感应的说法与道生的观点有某种相似。

对"普门"的解释，相对简单。除了对"普""门"分别解释，还提到了三种"普"：他心普、神通普、说法普：

> 所言普门者，普以周普为义，门是开通无滞之名。又门是法门，如《华严》云观音住大慈法门，又能通道，令物悟入，故称为门。普义有三：一、他心普，谓不虑而知，照穷法界。二、神通普，谓不动而应十方现前。三、说法普，无言可陈而声教弥八极也。[③]

① 《大正藏》第34册，第624页上。
② 现代学者认为"光世音"原文来自不同的底本。
③ 《大正藏》第34册，第624页下。

《法华统略》中，吉藏对三普、境智、感应等问题又进行说明：

观音普门者，具三轮度人，即又三普也。于法身地，遍察法之机，谓他心普。随类现身，知病识药，谓神通普。随缘说法，应病授药，谓说法普也。问：观音名何故境智感应？答：要具二义。前观几为境智，后得益为感应。故名中含两。问：三名具机，通乃示现？答：观世意是他心通，即是示现。观世音为天耳，观世身为天眼。此二是通，非示现。三普中，即是三示现。三明中，说法普，是漏尽明，余二非明。又三普是三通。上下名德相对者，观音是弘道之人，普门是所弘之法道。①

这段对三普进行了更清晰的解释，似乎有意将观音三名与三普联系起来，有两种解释方法，第一，观世意—他心通——他心普，观世音——天耳，观世身——天眼，只有第一种是“示现”，属于三普，后两种（天耳、天眼）只是神通。第二，观世意—他心通——他心普，观世音—天耳——说法普，观世身—天眼——神通普。三普与三通一一对应，从而与观音三名一一对应。

三 智顗、灌顶的“观音”释名

作为天台宗的创立者，智顗具有独特的解经方法。通过现存标名为智顗的作品中，我们可以看出智顗解经，一般分为玄义和文句两部分，玄义解释一经的深意，一般用“五重玄义”（释名、出体、明宗、辨用，教相），主要解释经题。文句是随文解释。比如《法华玄义》《法华文句》，《金光明经玄义》《金光明经文句》等。智顗的著作，除了有关《维摩诘经》的《维摩经玄疏》六卷、《维摩经疏》（前二十五卷亲撰，后三卷灌顶续补）二十八卷之外，基本上都是智顗讲说，经灌顶整理而成，所以在一些作品中掺入灌顶的发挥和理解，也是正常的。

在智顗著作中，涉及“观音”释名的，除了《法华文句》中，对《观世音菩萨普门品》的解释，还有几部专门的观音经疏，即《观音玄义》2

① 《续臧经》第27册，第529页上。

卷，《观音义疏》两卷，《请观音经疏》1卷。其中，《观音玄义》和《观音义疏》是对《法华经》中《观世音菩萨普门品》的解释。《观音玄义》类似于《法华玄义》，是从释名、出体，明宗，辩用，教相五个方面阐释《普门品》的深义（即五重玄义）。《观音义疏》类似于《法华文句》，是对《普门品》的随文解释。《请观音经疏》是对《观世音菩萨消伏毒害陀罗尼呪经》的解释。这些文献中，涉及对“观世音菩萨普门品”名称解释的有《法华文句》《观音玄义》和《请观音经疏》（此疏只解释“观世音”，是对《观音玄义》相关内容的简化，此处不具体讨论）。

《法华文句》对《观世音菩萨普门品》的随文解释，用了一半以上文字解释名称，分为通论十双和别论五只。通论就是从总体上解释“观世音菩萨普门”这一名称，主要说明“观世音”和“普门”之间的关系，从十个方面（十双）进行解释：（1）人法，观世音是人，普门是法。（2）观世音大悲拔苦，普门大慈与乐。（3）观世音智慧庄严，普门福德庄严。（4）观世音即法身，普门即应身。（5）观世音譬药树王，普门譬如意珠王。（6）观世音冥作利益，普门显作利益。（7）观世音实智，普门权智。（8）观世音不动本际，普门迹任方圆。（9）观世音根本是了因种子，普门根本是缘因种子。（10）观世音究竟是智智，普门究竟是断德。[①]“十双”的说法与吉藏《法华义疏》非常相似，内容大概有五项是一致的，《法华文句》与吉藏《法华义疏》的关系还需要进一步思考。

别论五只，就是分别解释观、世、音、普、门这五个字。对观的解释，列举析观、体观、次第观、圆观四种，指出此处是圆观。对世的解释，列举有为世、无为世、二边世、不思议世四种，指出此处只取不思议世。将音解释为机，继承道生对“机”的重视，列举人天机、二乘机、菩萨机、佛机。指出此处只取佛机。对普的解释，比较详细，列举十个方面：慈悲普、弘誓普、修行普、离惑普、入法门普、神通普、方便普、说法普、成就众生普、供养诸佛普。这十项与吉藏提出的三普（他心普、神通普、说法普）有重合，但更全面丰富。对门的解释，从从假入空、从空入假、中道三观入手，指出只有中道才是普门。

---

① 《法华文句》卷10下，《大正藏》第34册，第145页上。

《观音玄义》可以看作是按照《法华玄义》体例对《观世音菩萨普门品》的详细解释，“大部既有五章明义，今品例为此释。五意者，一释名，二出体，三明宗，四辩用，五教相。”① 除了省略了对“五重玄义”本身的解释，《观音玄义》结构与《法华玄义》基本一致。其中，“释名”部分占到90%以上的篇幅，天台宗的一些基本概念、思路在其中都得到展现。《观音玄义》中很多具体解释是对《法华玄义》相关内容的简化，《观音玄义》中多次提到“此具如大本《玄义》境智妙中广说”“此具出大本《玄义》”“如此等义具在大本”“分别其相，在大本《玄》中”“此义皆在大本”“具论在彼《玄义》”“具解如大本”“具在大本《玄》中”等，其中，“大本玄义”就是指的《法华玄义》，可以看出二者之间的承袭关系。

《观音玄义》“释名”部分是对“观世音菩萨普门品”这一名称的解释，总体上仍然沿袭《法华文句》相关解释的思路，分为通释和别释。通释仍然是从十个方面解释“观世音”与“普门”的关系，但已经不称“十双”，而是“十义”，并明确列出了“十义”的名称：“十义者，一人法，二慈悲，三福慧，四真应，五药珠，六冥显，七权实，八本迹，九缘了，十智断。”对这十个方面，仿照《法华玄义》（或者智顗释经的一般体例）从四个层面展开论述：（1）列名（列举十义的名称），（2）次第（十义的次序），（3）解释（十义的具体内容），（4）料简（解答关于十义的疑问）。别释中分别解释“观世音”和“普门”。解释“观世音”主要从智境的角度解释，观为智，世音为境。关于智境的具体内容化自《法华玄义》。解释“普门”，先通，后别。在别释“普门”中仍然从十个方面（十普），与《法华文句》相关部分相比，除了十个方面内容更为详细，还增加了十普的次第（顺序）。

总之，《观音玄义》可以看作是在《法华文句》基础上，参照《法华玄义》体例，对《观世音菩萨普门品》的更详细解释，内容更为丰富，表述更为清楚、规整。那么智顗或者灌顶，为何在已经有《法华玄义》《法华文句》的情况下，另作《观音玄义》《观音义疏》？可能主要是因为当时《观世音菩萨普门品》盛行，为了传教的方便，把天台宗的基本教义与对《普门品》的解释结合起来，形成相对简短的注疏，有利于一宗思想的弘扬。

---

① 《大正藏》第34册，第877页上。

关于这几部著作的关系，《法华文句》中说："此品（《普门品》）是当途王经，讲者甚众，今之解释不与他同，别有《私记》两卷，略撮彼，释此题。"[①] 这里的《私记》，应该指《观音玄义》，据此，则《法华文句》形成当在《观音玄义》之后。《观音玄义》又使用了《法华玄义》的很多解释，则《观音玄义》在《法华玄义》之后，如果这样，这三部经典最后定稿的顺序应该是《法华玄义》《观音玄义》《法华文句》。"私记"一般是灌顶对自己观点的称法，称《观音玄义》为"私记"，似乎暗示《观音玄义》是灌顶作品，但在《观音玄义》中，又多处提到"私"，如："私用观十法界性德修得善恶，而起弘誓论普不普，自是一节大义。""私就《普门品》搜十普之义，证成此者。""私难此语""私难""私答"[②]，又似乎表明《观音玄义》主体是智𫖮讲说，只是掺入了灌顶的观点。此外，根据内容，《法华文句》中这部分与吉藏《法华义疏》存在着借鉴关系（但究竟谁借鉴谁，也难以确定），《观音玄义》却是对《法华文句》的整理，又似乎表明《观音玄义》在《法华文句》之后。总之，智𫖮著作与灌顶的关系，灌顶与吉藏的关系，是一个需要继续深入研究的课题。

结　语

《观世音菩萨普门品》在《法华经》中比较独特，甚至有的学者认为《普门品》与《法华经》不是一个系统。[③] 不管这一观点是否可靠，从内容上看，《普门品》所宣扬的他力救助思想是比较有特色的，特别是通过称念"观世音"菩萨名称，就能获得现世救助，这是很多经典所不具有的。正是由于这一特点，《普门品》被翻译出来后，就受到佛教徒的虔诚信奉，观音信仰很快便成为最受欢迎的信仰形态之一。但魏晋南北朝，直到隋唐，佛教的发展还处于上升时期，佛教义学的发展蒸蒸日上，那些集佛学理论与修行实践为一体的高僧大德，不满足于对观音形象化、通俗化的描述和信奉，试

① 《法华文句》卷 10 下，《大正藏》第 34 册，第 144 页下。
② 《大正藏》第 34 册，第 877 页中。
③ ［日］后藤大用：《观世音菩萨本事》，黄佳馨译，台北天华出版公司 1982 年版，第 234 页。

图从佛教义理的角度重新阐释观音信仰，使其具备较为系统的理论形态。从道生、法云，到智顗、吉藏、灌顶，这种倾向和努力越来越明显。尤其是智顗、灌顶的“观音”注释，将天台宗的基本教义注入“观世音普门”这一名称之中，提升了观音信仰的品位，使其义理化、玄学化，促进了观音信仰的持续流行。另一方面，天台宗复杂的教义，也借着观音信仰的流行，被更多的人理解、接受。

《群书治要》的文章选择与思想选择
——以《尚书》中的法律资料为例

黄正建

（中国历史研究院古代史研究所）

摘要：《群书治要》是唐初魏徵等人选编的晋代以前经、史、子类典籍的读本。《群书治要》所选典籍有一定标准和目的，并不能涵括典籍的全部思想。由于《群书治要》所选内容对于读书不多的唐太宗来说是“见所未见、闻所未闻”，因此可能对唐太宗的知识与思想有较大影响。唐太宗在利用《群书治要》读本学习经典时，学习的是经过魏徵等人选择、中转后的经典。本文通过比较《群书治要》所选《尚书》中有关法律的资料与《尚书》全本中法律资料的异同，试图分析《群书治要》的选文标准，并指出这种标准反映的是魏徵等人的思想，或许这种思想通过《群书治要》读本影响了唐太宗的思想。

关键词：《群书治要》　魏徵思想　唐太宗思想　《尚书》　法律

一

《群书治要》是唐初魏徵领衔主编（以下以魏徵为编撰者代表）的一部

书。该书按一定标准编选了从六经到诸子，“上始古帝，下尽晋年”[①] 即截止晋代的经、史、子书籍，共50卷（现存47卷）。

《群书治要》的编集方式不同于此前的类书如《皇览》，因为《皇览》是“随方类聚，名目互显，首尾淆乱，文义断绝”[②]，即把古书原文割裂后分插到各类中，造成原文文句文意断绝。《群书治要》则不同，它以“各全旧体”为宗旨，保留了诸书各章节文字的相对完整性，从而达到“见本知末，原始要终……一书之内，牙角无遗；一事之中，羽毛咸尽”的目的。[③] 所以虽然后世也称其为类书，但它其实是一种以“书”为类而非以“事项”为类的特殊类书。

《群书治要》完成于贞观五年（631年），在《唐会要》中被记作《群书政要》[④]，“政要”应是避唐高宗李治的讳，《日本国见在书目录》即写作《群书治要》。《旧唐书》卷47《经籍志》题为“《群书理要》五十卷，魏徵撰”，“理要”也是避唐高宗讳。[⑤] 并且，《经籍志》将其列入子部“杂家类”，而不是与《皇览》《北堂书钞》《艺文类聚》等并列在子部“类事部”[⑥]，可见它在唐人眼中与一般的类书不同。《新唐书·艺文志》延续了《旧唐书》的分类，将其归在子部“杂家”，但书名改为《群书治要》，且不著撰人，说明此书当时已甚少流传。[⑦] 此后的书目，均称其为《群书治要》，大抵将其列入子部类书类。

《群书治要》在唐代前、中期断续受帝王重视，入宋后逐渐散失，到南宋只剩10卷左右，此后就亡佚了。

不过幸运的是，此书很早就传入日本，在藤原佐世编纂的《日本国见在书目录》子部杂家就记有“群书治要五十，魏徵撰”。到镰仓时期有抄本传世，元和二年（1616年）排印刊行，天明七年（1787年）校订后再刊，称为“天明本”。“天明本”回传中国，在清道光咸丰年间被收入《宛委别藏》

① （唐）魏徵等撰，沈锡麟整理：《群书治要》序，中华书局2014年版，第1页。
② 同上书，第2页。
③ 同上。
④ （宋）王溥：《唐会要》卷36《修撰》，上海古籍出版社2006年版，第759页。
⑤ 以下叙述，若史籍中使用“《群书政要》”或“《群书理要》”，一律照抄，均指《群书治要》。
⑥ （后晋）刘昫等：《旧唐书》卷47《经籍志》，中华书局1975年版，第2035页。
⑦ （宋）欧阳修等：《新唐书》卷59《艺文志》，中华书局1975年版，第1536页。

《粤雅堂丛书三编》《连筠簃丛书》等多种丛书。现在中国点校、整理出版的《群书治要》，大体依据的都是“天明本”。[①]

《群书治要》传入日本又回传中国，十分典型地显示了古代中国与日本在文化上的密切交流关系，为许多学者所重视[②]，研究文章众多。不过这些文章中的大多数只是关注《群书治要》一书中保存的佚失古籍，或用以校勘现存古籍[③]，即只关心书中有些什么，而甚少关注书中没有什么。本文就打算研究一下《群书治要》中没有什么，即哪些内容没有入选，以及这种入选与否的标准反映了编撰者的哪些思想倾向，如此等等，希望对《群书治要》的研究有所推进。

二

《群书治要》完成后，唐太宗十分满意，“太子诸王，各赐一本。”[④] 到唐玄宗天宝十三载（754 年），“（集贤）院中进魏文正所撰《群书政要》，上览之称善，令写十数本分赐太子以下。”[⑤] 此后唐德宗还向李泌索要过《群书理要》。[⑥] 可见直到唐德宗时代，《群书治要》仍受到唐朝皇帝的重视。

《群书治要》为何会受到唐朝皇帝的重视呢？是因为皇帝们职务繁重，没有时间看书，有时间了，也不知在有限的时间内看什么书好，即所谓“六籍纷纶，百家踳驳。穷理尽性，则劳而少功；周览泛观，则博而寡要。”[⑦] 魏徵受命编撰《群书治要》，就是要从繁杂海量的经、史、子书中，挑选有

① 以上《群书治要》在日本的流传刊印等，参见孙猛《日本国见在书目录详考》，上海古籍出版社 2015 年版，第 1166—1167 页。

② 相关文章例如有吕效祖《〈群书治要〉及中日文化交流》（《渭南师专学报》1998 年第 6 期）等。

③ 例如金光一的博士论文《群书治要研究》（复旦大学，2010 年），除研究《群书治要》的编纂经过、体例、在日本的流传等外，主要章节是“《群书治要》所存佚书略考”。作者是中文系博士生，所采研究角度主要是文献学的角度。此外还有如杨春燕《〈群书治要〉保存的散佚诸子文献研究》（天津师范大学硕士论文，2015 年，作者也是中文系硕士生）；吴金华《略谈日本古写本〈群书治要〉的文献学价值》（《文献》2003 年第 3 期）等。

④ （唐）刘肃撰，许德楠、李鼎霞点校：《大唐新语》卷 9《著述》，中华书局 1984 年版，第 133 页。

⑤ （宋）王应麟辑：《玉海》卷 54，江苏古籍出版社 1990 年版，第 1027 页。引文出自《集贤注记》。

⑥ 《玉海》卷 54，第 1027 页。引文出自《邺侯家传》。

⑦ 《群书治要》序，第 1 页。

利于治道的文字，编成简明扼要的选本，供皇帝阅读参考。所以唐太宗在读到进献来的《群书治要》后，推心置腹地对魏徵等人说：

> 朕少尚威武，不精学业，先王之道，茫若涉海。览所撰书，博而且要，见所未见，闻所未闻，使朕致治稽古，临事不惑。其为劳也，不亦大哉！①

这里就明白告诉我们，唐太宗以前是不怎么读书的，也不知道该读什么，直到读到《群书治要》后，才了解了古代经、史、子书的大致内容。

到唐玄宗时，虽然玄宗读了《群书治要》也是“称善”，但毕竟他的文化水平高于唐太宗，读的书也比唐太宗多，就不会有“见所未见、闻所未闻”的感慨。比如，他就曾对《尚书》中一个字的对错发表过自己意见，说“朕听政之暇，乙夜观书，匪徒阅于微言，实欲畅于精理。每读《尚书洪范》，至‘无颇遵王’之义，三复兹句，常有所疑”② 云云，可见玄宗并非是通过《群书治要》来阅读经典的。而且，他重视《群书治要》的另一个目的，是想从中找到所选《道德经》的异文。③ 这一点，与《群书治要》在现代所起的作用有相一致处。

唐德宗索要《群书治要》，也是因为“欲知有古政理之要，而史籍广博，卒难寻究，读何书而可？”而李泌同时推荐了两部书，一部是《群书治要》，另一部是宰相裴遵庆编写的《王政记》60 卷。由于《王政记》编选的是“自上古已来至贞观帝王成败之政”，即从所选典籍或事项的时间上看，比《群书治要》截至的晋代要晚，直选至唐太宗时期。这对当时更有借鉴意义，所以唐德宗说“此尤善也，宜即进来”。④ 换句话说，德宗这时认为《王政记》要比《群书治要》更具有指导意义。

---

① 《大唐新语》，第 133 页。

② （宋）宋敏求编：《唐大诏令集》卷八一《改〈尚书洪范〉“无颇”为“无陂”敕》，中华书局 2008 年版，第 468 页。从下文可知，《群书治要》所选《尚书》中没有选入《洪范》一篇，所以玄宗是能够直接阅读《尚书》原文的。

③ 《玉海》卷 54，第 1027 页。

④ 《玉海》卷五四，第 1027—1028 页。

于是我们大致可以这样说：由于唐太宗读书少，《群书治要》在他那里起的作用最大。后来的皇帝读书多，老师多，对《群书治要》这种过于简单的选本的兴趣和依赖有所下降，等到有类似且借鉴作用超过《群书治要》的读物出现后，《群书治要》逐渐就不受皇帝重视了。到宋代，随着相关读物的增加、皇帝诸王文化水平的提高，以及《群书治要》选文的过于简略和内容的过于单一，它终于淹没在了历史的长河中。

通过以上记载我们看到，唐代皇帝往往是通过《群书治要》这一简明读本来学习古代经典的。唐太宗少年时不读书，等看到《群书治要》后惊叹“见所未见，闻所未闻!”我们似乎可以说，唐太宗可能正是通过阅读《群书治要》才比较全面地了解了以往经、史、子书中内容的。[①] 唐太宗的思想也许由《群书治要》塑造的成分比较大，《群书治要》很可能成了他“致治稽古，临事不惑”的最好帮手。

如此看来，《群书治要》的作用就很大了。它节选的经、史、子书内容，很可能就被唐代一些皇帝视为诸经诸史诸子的主要内容；它节选的经、史、子书内容所包含的思想，就很可能会被唐代一些皇帝视为诸经诸史诸子包含的主要思想。换句话说，这些热衷于（或只局限于）阅读《群书治要》的皇帝的思想，很可能是被《群书治要》编撰者编选的典籍思想塑造的，他们心目中的经典思想，很可能只是《群书治要》灌输给他们的。于是我们发现，这些皇帝的思想表面上看来自古代经典，实际经过了《群书治要》的选择和中转，他们思想的主要方面都可能在《群书治要》中找到出处。[②]

这就为我们揭示了一个现象，即《群书治要》没有选入的经典内容及其包含的思想，也可能就不为那些只读《群书治要》的皇帝们所了解，当然也就可能不为他们的行为所遵循。这些或选或不选的经典内容对于承担着制定国家发展战略和政策的统治者是至关重要的。那么，那些没有选入的经典（书籍或章节）或曰没有成为影响某些帝王思想的内容又是些什么呢？换句话说，《群书治要》选择经典的标准是什么呢？就值得我们进一步探讨了。

---

① 这里指的是“全面了解”，并不排除唐太宗在《群书治要》完成之前阅读或了解过经、史、子书中的个别著作或个别篇章。

② 当然关于这一点还需要做更细致的比较和分析，才能予以证明。

三

根据《群书治要》的序言，其对经典内容选择的标准为“务乎政术”“网罗治体”，总之是“本求治要”。具体则为：

> 1. 钦明之后，屈己以救时；无道之君，乐身以亡国。或临难而知惧、在危而获安；或得志而骄居、业成而致败者，莫不备其得失，以著为君之难。
>
> 2. 委质策名，立功树惠，贞心直道，忘躯殉国，身殒百年之中，声驰千载之外。或大奸巨猾，转日回天，社鼠城狐，反白仰[①]黑，忠良由其放逐，邦国因以危亡者，咸亦述其终始，以显为臣不易。
>
> 3. 立德立言，作训垂范，为纲为纪，经天纬地，金声玉振，腾实飞英，雅论徽猷，嘉言美事，可以弘奖名教，崇太平之基者，固亦片善不遗，将以丕显皇极。
>
> 4. 母仪嫔则，懿后良妃，参徽猷于十乱，著深诫于辞辇。或倾城哲妇，亡国艳妻，候晨鸡以先鸣，待举烽而后笑者，时有所存，以备劝戒。[②]

这其中，“以著为君之难”“以显为臣不易”，以及“母仪嫔则”“亡国艳妻”，多为历史人物事迹，选自诸史以及《左传》《新序》《说苑》等书；各种议论即“雅论徽猷，嘉言美事，可以弘奖名教，崇太平之基者”，多选自诸子。

《群书治要》序中所言，其实只是大的原则，到底“务乎政术”“网罗治体”中的“政术”“治体”何指？什么言论可以“作训垂范，为纲为纪”？特别是其中包含什么样的观念或思想？都所言不详，应该有更详细的

① “仰”，（宋）王钦若等编《册府元龟》卷607《学校部·撰集》引《群书治要》序作“作”，中华书局1960年版，第7284页。

② 《群书治要》序，第1—2页。

剖析研究。

由于《群书治要》选用的典籍达67种（经部12种，《国语》《韩诗外传》《孔子家语》归入经部；史部8种，其中《魏志》《蜀志》《吴志》各算一书；子部47种），魏徵等人从它们之中各自选取了什么内容，必须一种书一种书地详细对比，然后我们才能知道，而这需要时间，因此这里先选择一部书进行一下初步分析。

我们所选的书是《尚书》，儒家经典之一。按《群书治要》选用的《尚书》是古文尚书（王肃和郑玄注①）。同是唐贞观年间人孔颖达编撰的《五经正义》本《尚书》虽然晚于《群书治要》② 十来年，但使用的也是古文尚书（孔传）。今即以中华书局本《群书治要》（源自日本天明本）中所收《尚书》与北京大学出版社标点本《十三经注疏》中的《尚书正义》③ 进行比较，看看《群书治要》所选《尚书》中抄录了哪些内容，又舍弃了哪些内容。

古文尚书共58篇（不算《尚书序》），金光一统计《群书治要》选了其中的30篇30段（未标篇名）。根据他在《群书治要研究》中的统计，所选的内容是：《虞书·尧典》《舜典》《大禹谟》《皋陶谟》各一段；《夏书·五子之歌》一段；《商书·仲虺之诰》《汤诰》《伊训》《太甲上》《太甲中》《太甲下》《咸有一德》《说命上》《说命中》《说命下》各一段；《周书·泰誓中》《泰誓下》《牧誓》《武成》《旅獒》《康诰》《酒诰》《无逸》《蔡仲之命》《多方》《周官》《君陈》《君雅④》《冏命》《吕刑》各一段⑤。

这个统计是不够准确的。根据笔者统计，《大禹谟》选了二段，另外《益稷》《泰誓上》《立政》《毕命》各选了一段，因此《群书治要》实际从

① ［日］金光一：《群书治要研究》，第29—30页，其中只有《舜典》是王肃注，根据是石滨纯太郎《〈群書治要〉の〈尚书·舜典〉》，载《支那學論考》，1943年。又，根据实际检查，《群书治要》引《尚书》的注除王肃注外，其他实际是孔传。

② 《群书治要》完成于贞观五年（631）。《五经正义》是孔颖达等人在贞观年间整理撰定的，《旧唐书》卷73《孔颖达传》只说“先是，与颜师古……诸儒受诏撰定《五经》义训，凡一百八十卷，名曰《五经正义》”（第2602页），没说具体时间，《四库全书总目提要》定为贞观十六年（642）。

③ 李学勤主编：《十三经注疏》，北京大学出版社1999年版。

④ “雅”当为“牙”。

⑤ 《群书治要研究》，第30页。

《尚书》选了34篇中的35段。

那么全篇未选的则有:《禹贡》《甘誓》《胤征》《汤誓》《盘庚上》《盘庚中》《盘庚下》《高宗肜日》《西伯戡黎》《微子》《洪范》《金縢》《大诰》《微子之命》《梓材》《召诰》《洛诰》《多士》《君奭》《顾命》《康王之诰》《文侯之命》《费誓》《秦誓》共24篇。其中推测凡内容多涉历史的如《高宗肜日》《西伯戡黎》《微子》等不选;内容太具体太专门的如《禹贡》《顾命》等也不选;但非常重要的《洪范》,是“天地之大法”[①],其中讲到“初一曰五行、次二曰敬用五事,次三曰农用八政,次四曰协用五纪,次五曰建用皇极,次六曰乂用三德,次七曰明用稽疑,次八曰念用庶征,次九曰向用五福,威用六极”[②],都是对政术、治体很重要的议论,不知为何不选,或者也因太过具体?

由此可见,《群书治要》对《尚书》内容的选择是很复杂的。限于时间,我们对《尚书》也不可能进行全面比对,这里仅打算就其中包含的有关法律的部分进行比较,看看《群书治要》编者选取了哪些与法制言论或法律思想相关的内容,而舍弃了哪些[③],或者借此能间接了解魏徵等人所持有的法律思想或法律观念。

以下比较,凡《群书治要》所选《尚书》简称为《治要》,用“一”表示;《五经正义》本《尚书》简称为《正义》,用“1”表示;《治要》未选录的文字用粗体字提示。后缀页码为各书页码。

《舜典》

一、象以典刑(典,常也。象用之者,谓上刑赭衣不纯,中刑杂履,下刑墨幪,以居州里,而民耻之,而反于礼。)流宥五刑。(流,放也。宥,三宥也。言所流宥,皆犯五刑之罪也。)眚灾肆赦,(眚,过也。灾,害也。肆,失也。言罪过误失,以为当赦之也。)怙终贼刑。(怙,谓怙赦宥而为者也。终为残贼,当刑之也。)(第16—17页)

1. 象以典刑,(象,法也。法用常刑,用不越法。)流宥五刑,(宥,宽

---

① 《尚书正义》孔传语,第297页。

② 《尚书正义》,第299页。

③ 当然,这里的比较只涉及有关法律观念法律思想的主要部分,也不是全部。

也。以流放之法宽五刑。）鞭作官刑，（以鞭为治官事之刑。）扑作教刑，（扑，榎楚也。不勤道业则挞之。）金作赎刑，（金，黄金。误而入刑，出金以赎罪。）眚灾肆赦，怙终贼刑。（眚，过。灾，害。肆，缓。贼，杀也。过而有害，当缓赦之。怙奸自终，当刑杀之。）钦哉，钦哉，惟刑之恤哉！（舜陈典刑之义，敕天下使敬之，忧欲得中。）（第65页）

按：比较二者，有以下不同。

第一，《治要》没有选录"鞭作官刑，（以鞭为治官事之刑。）扑作教刑，（扑，榎楚也。不勤道业则挞之。）金作赎刑，（金，黄金。误而入刑，出金以赎罪。）"以及"钦哉，钦哉，惟刑之恤哉！（舜陈典刑之义，敕天下使敬之，忧欲得中。）"两段文字。这两段文字在后代的法制思想中都十分重要，《治要》为何不选呢？可能的理由是：（1）有关鞭刑、扑刑、赎刑是具体的刑法规定，而这种具体规定、具体措施不在《治要》的关注范围内。（2）"惟刑之恤"是讲用刑要适中，或许《治要》对此有不同理解，因而不录？

第二，《治要》采用的可能是王肃注，与《正义》采用的孔安国注有很大不同。例如对"象以典刑"的解释，《治要》采用"象刑说"，主张用象征方式代替肉刑，所谓"上刑赭衣不纯，中刑杂履，下刑墨幪，以居州里，而民耻之，而反于礼"是也，而没有采用孔传的"常刑说"解释"象，法也。法用常刑，用不越法。"[①]《正义》为孔传作疏，解释此句为"《易·系辞》云：'象也者，象此者也。'又曰：'天垂象，圣人则之。'是'象'为仿法，故为法也。五刑虽有常法，所犯未必当条，皆须原其本情，然后断决。或情有差降，俱被重科；或意有不同，失出失入，皆是违其常法。故令依法用其常刑，用之使不越法也"（第67页）延续了孔传的解释。《治要》采用"而民耻之，而反于礼"的解释，表明它赞同孔子"道之以德，齐之以礼，有耻且格"的思想，与《正义》的思想可能是稍有不同的。

2. 帝曰：皋陶……汝作士。五刑有服，（士，理官也。五刑，墨、劓、剕、宫、大辟。服，从也。言得轻重之中正。）五服三就。（既从五刑，谓

---

① 关于"象刑说"和"常刑说"，参见刘起釪《象以典刑解》，载《尚书研究要论》，齐鲁书社2007年版，第243—249页。

服罪也。行刑当就三处，大罪于原野，大夫于朝，士于市。）五流有宅，五宅三居。（谓不忍加刑，则流放之，若四凶者。五刑之流，各有所居。五居之差，有三等之居，大罪四裔，次九州岛之外，次千里之外。）惟明克允。（言皋陶能明信五刑，施之远近，蛮夷猾夏，使咸信服，无敢犯者。）（第75页）

按：这一段讲刑罚要让人服；不同的人行刑要在不同地方；流放也要依罪轻重流放到远近不同之处；只有判案者有信，才能让受罪者信服。所言都是重要法制思想，被后世广泛引用，但《治要》并未选录，或者也因为是具体的刑罚原则或具体刑罚措施之故？

《大禹谟》

三、帝曰："咎繇……汝作士，明于五刑，以弼五教，期于予治。（欲其能以刑辅政，当于治体也。）刑期于无刑，民协于中，时乃功，懋哉！"（虽或行刑，以杀止杀，终无犯者，刑期于无所刑，民皆合于大中，是汝之功，勉之也。）咎繇曰："帝德罔諐，临下以简，御众以宽；（諐，过也。善则归君，人臣之义也。）罚弗及嗣，赏延于世；（嗣，亦世也。延，及也。父子罪不相及也，而及其赏，道德之政也。）宥过无大，刑故无小；（过误所犯，虽大必宥，不忌故犯，虽小必刑也。）罪疑惟轻，功疑惟重；（刑疑附轻，赏疑从重，忠厚至也。）与其杀弗辜，宁失不经。好生之德，洽于民心，兹用弗犯于有司。"（咎繇因帝勉己，遂称帝之德，所以明民不犯上也。宁失不常之罪，不枉不辜之善，仁爱之道也。）（第18页）

3. 帝曰："皋陶……汝作士，明于五刑，以弼五教，期于予治。（弼，辅。期，当也。叹其能以刑辅政，当于治体。）刑期于无刑，民协于中，时乃功，懋哉！"（虽或行刑，以杀止杀，终无犯者，刑期于无所刑，民皆合于大中之道，是汝之功，勉之。）皋陶曰："帝德罔愆，临下以简，御众以宽；（愆，过也。善则归君，人臣之义。）罚弗及嗣，赏延于世；（嗣亦世，俱谓子。延，及也。父子罪不相及，而及其赏。道德之政。）宥过无大，刑故无小；（过误所犯，虽大必宥，不忌故犯，虽小必刑。）罪疑惟轻，功疑惟重；（刑疑附轻，赏疑从重，忠厚之至。）与其杀弗辜，宁失不经。好生之德，洽于民心，兹用不犯于有司。"（辜，罪。经，常。司，主也。皋陶因帝勉己，遂称帝之德，所以明民不犯上也。宁失不常之罪，不枉不辜之

善，仁爱之道。）（第 91—92 页）

按：这一段文字历来被认为是十分重要的法律思想。“临下以简，御众以宽；罚弗及嗣，赏延于世；宥过无大，刑故无小；罪疑惟轻，功疑惟重；与其杀弗辜，宁失不经”这“寥寥 41 字，不仅寓有深刻的哲理，而且包含很高的法学价值”：“罚弗及嗣”具有“罪责自负”“刑罚止于一身”的刑罚原则；“罪疑惟轻”“与其杀不辜，宁失不经”可以发展为“无罪推定”“有利被告”等诉讼原则。[①]

《治要》全文选录了这一段（含注文），反映了编者主张“以刑辅德”、用法“宽简”、要实行“仁爱之道”“道德之政”的刑政原则。此外，从所录注文与《正义》基本相同看，所录注文也应该是孔传。

当然，由于《大禹谟》被后人认为是伪作，因而其文字其思想实际要靠后许多。

《皋陶谟》

4. 天命有德，五服五章哉！（五服，天子、诸侯、卿、大夫、士之服也。尊卑彩章各异，所以命有德。）天讨有罪，五刑五用哉！（言天以五刑讨五罪，用五刑宜必当。）（第 108 页）

按：此条讲“天讨有罪”。似乎《治要》不大选五刑与天相关的文字，因而没有选录。

《甘誓》

5. 天用剿绝其命，今予惟恭行天之罚……用命，赏于祖。（天子亲征，必载迁庙之祖主行，有功则赏祖主前，示不专。）弗用命，戮于社，（天子亲征，又载社主，谓之社事，不用命奔北者，则戮之于社主前。社主阴，阴主杀，亲祖严社之义。）予则孥戮汝。（孥，子也。非但止汝身，辱及汝子，言耻累也。）（第 173 页）

按：此段讲“孥戮”，显然与前面第 3 段中的“罚弗及嗣”不同，宜《治要》不选录也。由此也可看出《甘誓》与《大禹谟》的思想有所不同。后面《汤誓》中的“尔不从誓言，予则孥戮汝，罔有攸赦”（第 191 页）与此相同。又，此条注中“社主阴，阴主杀”之类将赏罚与阴阳结合在一起

---

① 张紫葛、高绍先：《〈尚书〉法学内容译注》，商务印书馆 2014 年版，第 35—36 页。

的说法，《治要》也基本不选。

《胤征》

6. 每岁孟春，遒人以木铎徇于路，官师相规，工执艺事以谏。其或不恭，邦有常刑……惟时羲和，颠覆厥德……昏迷于天象，以干先王之诛。政典曰：“先时者杀无赦，不及时者杀无赦。”（第182—183页）

按：此段讲“不谏尚有刑，废职懈怠，是为大罪”，“此罪不可赦也。”①凡是这种讲杀戮的文字，《治要》一般似不选录。

《伊训》

七、制官刑，儆于有位。（言汤制治官刑法，儆诫百官也。）曰：“敢有恒舞于宫，酣歌于室，时谓巫风；（常舞则荒淫也。乐酒曰酣，事鬼神曰巫也。）敢有徇于货色，恒于游畋，时谓淫风；（徇，求也。昧求财货美色，常游戏田猎，是淫过之风俗。）敢有侮圣言，逆忠直，远耆德，比顽童，时谓乱风。（狎侮圣人之言而不行，拒逆忠直之规而不纳，耆年有德，疏远之；童稚顽嚚，亲比之，是谓荒乱之风俗也。）惟兹三风十愆，卿士有一于身，家必丧；（有一过则德义废，失位亡家之道也。）邦君有一于身，国必亡。（诸侯犯此，国亡之道也。）臣下弗匡，其刑墨。”（邦君卿士，则以争臣自匡正。臣不正君，服墨刑，凿其額，涅以墨也。）（第22页）

7. 制官刑，儆于有位。（言汤制治官刑法，以儆戒百官。）曰：“敢有恒舞于宫，酣歌于室，时谓巫风。（常舞则荒淫，乐酒曰酣，酣歌则废德。事鬼神曰巫。言无政。）敢有殉于货色，恒于游畋，时谓淫风。（殉，求也。昧求财货美色，常游戏畋猎，是淫过之风俗。）敢有侮圣言，逆忠直，远耆德，比顽童，时谓乱风。（狎侮圣人之言而不行，拒逆忠直之规而不纳，耆年有德疏远之，童稚顽嚚亲比之，是荒乱之风俗。）惟兹三风十愆，卿士有一于身，家必丧；（有一过则德义废，失位亡家之道。）邦君有一于身，国必亡。（诸侯犯此，国亡之道。）臣下不匡，其刑墨，具训于蒙士。”（邦君卿士则以争臣自匡正。臣不正君，服墨刑，凿其額，涅以墨。蒙士，例谓下士，士以争友仆隶自匡正。）（第204—205页）

按：这一段是讲要制定“治官”的刑法，臣下不进谏匡正，要处以墨

① 《正义》，第183页。

刑，显然比后世刑罚严厉。《治要》基本全文选入（除最后一句“具训于蒙士”），注文也与孔传基本相同（除少“言无政”一句），可见对治官法律的重视，但同时舍弃了“下士”。

《盘庚中》

8. 乃有不吉不迪，（不善不道，谓凶人。）颠越不恭，暂遇奸宄，（颠，陨。越，坠也。不恭，不奉上命。暂遇人而劫夺之，为奸于外，为宄于内。）我乃劓殄灭之，无遗育，无俾易种于兹新邑。（劓，割。育，长也。言不吉之人当割绝灭之，无遗长其类，无使易种于此新邑。）（第 241 页）

按：这种要将凶人种族灭绝的思想，宜《治要》编者不予选录。

《康诰》

九、王若曰：“小子封！（封，康叔名。）惟乃丕显考文王，克明德慎罚，弗敢侮鳏寡，庸庸、祗祗、威威、显民。（惠恤穷民，不慢鳏夫寡妇。用可用、敬可敬、刑可刑，明此道以示民也。）天乃大命文王，殪戎殷，诞受厥命，（天美文王，乃大命之杀兵殷，大受其王命。）往尽乃心，无康好逸豫。（往当尽汝心为政，无自安好逸豫也。）我闻曰：‘怨弗在大，亦弗在小。惠弗惠，懋弗懋。’（不在大，起于小也；不在小，小至于大也。言怨不可为，故当使不顺者顺、不勉者勉也。）若保赤子，惟民其康乂。（爱养民如赤子，不失其欲，惟民其皆安治也。）非汝封刑人杀人，（言得刑杀人也。）无或刑人杀人；（无以得刑杀人，而有妄刑杀也。）非汝封劓刵人，（劓，截鼻也。刵，截耳也。）无或劓刵人。”（所以举轻刑以戒，为人轻行之也。）王曰：“封！元恶大憝，矧惟弗孝弗友。（言人之罪恶，莫大于不孝不友。）乃其速由文王作罚，刑兹无赦。（言当亦速用文王所作违教之罚，刑此无得赦也。）敬哉！无作怨，勿用非谋非彝。（言当修己以敬，无为可怨之事，勿用非善之谋，非常之法。）小子封，惟命弗于常。”（当念天命之不于常也。行善则得之，行恶则失之。）（第 27 页）

9. 王若曰：“……小子封。（……封，康叔名。称小子，明当受教训。）惟乃丕显考文王，克明德慎罚，（惟汝大明父文王，能显用俊德，慎去刑罚，以为教首。）不敢侮鳏寡，庸庸，祗祗，威威，显民。（惠恤穷民，不慢鳏夫寡妇，用可用，敬可敬，刑可刑，明此道以示民。）……天乃大命文王，殪戎殷，诞受厥命，（天美文王，乃大命之杀兵殷，大受其王命。……）……往尽乃心，无康好逸豫，乃其乂民。（往当尽汝心为政，无自安好逸豫宽身，其乃治民也。）我闻曰：‘怨弗在大，亦弗在小。惠弗惠，懋弗懋。’（不在大，起于小；不在小，小至于大。言怨不可为，故当使不顺者顺、不勉者勉。）……”

王曰：“呜呼！封，敬明乃罚。（叹而敕之，凡行刑罚，汝必敬明之。欲其重慎。）人有小罪，非眚，乃惟终，自作不典，式尔。（小罪非过失，乃惟终身行之，自为不常，用犯汝。）有厥罪小，乃不可不杀。乃有大罪，非终，乃惟眚灾，适尔，既道极厥辜，时乃不可杀。（汝尽听讼之理以极其罪，是人所犯，亦不可杀，当以罚宥论之。）”

王曰：“呜呼！封，有叙，时乃大明服，（叹政教有次叙，是乃治理大明，则民服。）惟民其敕懋和。（民既服化，乃其自敕正勉为和。）若有疾，惟民其毕弃咎。（化恶为善，如欲去疾，治之以理，则惟民其尽弃恶修善。）若保赤子，惟民其康乂。（爱养人如安孩儿赤子，不失其欲，惟民其皆安治。）非汝封刑人杀人，（言得刑杀罪人。）无或刑人杀人。（无以得刑杀人，而有妄刑杀非辜者。）非汝封又曰劓刵人，（劓，截鼻。刵，截耳。刑之轻者，亦言所得行。）无或劓刵人。”（所以举轻以戒，为人轻行之。）

王曰：“外事，汝陈时臬，司师，兹殷罚有伦。”（言外土诸侯奉王事，汝当布陈是法，司牧其众，及此殷家刑罚有伦理者兼用之。）又曰：“要囚，服念五六日，至于旬时，丕蔽要囚。”（要囚，谓察其要辞以断狱。既得其辞，服膺思念五六日，至于十日，至于三月，乃大断之。言必反复思念，重刑之至也。）

王曰：“汝陈时臬事，罚蔽殷彝，（陈是法事，其刑罚断狱，用殷家常法，谓典刑故事。）用其义刑义杀，勿庸以次汝封。（义，宜也。用旧法典刑，宜于时世者以刑杀，勿用以就汝封之心所安。）……凡民自得罪，寇攘奸宄，杀越人于货，（凡民用得罪，为寇盗攘窃奸宄，杀人颠越人，于是以取货利。）暋不畏死，罔弗憝。”（暋，强也。自强为恶而不畏死，人无不恶之者，言当消绝之。）

王曰：“封，元恶大憝，矧惟不孝不友？（大恶之人犹为人所大恶，况不善父母，不友兄弟者乎？言人之罪恶，莫大于不孝不友。）子弗祗服厥父事，大伤厥考心。（为人子不能敬身服行父道，而怠忽其业，大伤其父心，是不孝。）于父不能字厥子，乃疾厥子。（于为人父不能字爱其子，乃疾恶其子，是不慈。）于弟弗念天显，乃弗克恭厥兄。（于为人弟不念天之明道，乃不能恭事其兄，是不恭。）兄亦不念鞠子哀，大不友于弟。（为人兄亦不念稚子之可哀，大不笃友于弟，是不友。）惟吊兹，不于我政人得罪，（惟人至此不孝、不慈、弗友、不恭、不于我执政之人得罪乎？道教不至所致。）天惟与我民彝大泯乱。（天与我民五常，使父义、母慈、兄友、弟恭、子孝，而废弃不行，是大灭乱天道。）曰，乃其速由文王作罚，刑兹无赦。（言当速用文王所作违教之罚，刑此乱五常者，无得赦）

不率大戛，矧惟外庶子训人？（戛，常也。凡民不循大常之教，犹刑之无赦，况在外掌众子之官主训民者而亲犯乎？）惟厥正人，越小臣诸节。（惟其正官之人，于小臣诸有符节之吏，及外庶子，其有不循大常者，则亦在无赦之科。）乃别播敷，造民大誉，弗念弗庸，瘝厥君，时乃引恶惟朕憝。（汝今往之国，当分别播布德教，以立民大善之誉。若不念我言，不用我法者，病其君道，是汝长恶，惟我亦恶汝。）已！汝乃其速由兹义率杀，亦惟君惟长。（汝乃其速用此典刑宜于时世者，循理以刑杀，则亦惟君长之正道。）不能厥家人，越厥小臣外正，惟威惟虐，大放王命，乃非德用乂。（为人君长而不能治其家人之道，则于其小臣外正官之吏，并为威虐，大放弃王命，乃由非德用治之故。）……”

王曰：“……封，予惟不可不监，告汝德之说于罚之行。（我惟不可不监视古义，告汝施德之说于罚之所行，欲其勤德慎刑。）今惟民不静，未戾厥心，迪屡未同，（假令今天下民不安，未定其心，于周教道屡数而未和同。设事之言。）爽惟天其罚殛我，我其不怨。（明惟天其以民不安罚诛我，我其不怨天。汝不治，我罚汝，汝亦不可怨我。）惟厥罪无在大，亦无在多，矧曰其尚显闻于天？”（民之不安，虽小邑少民，犹有罚诛，不在多大，况曰不慎罚，明闻于天者乎？言罪大。）

王曰：“呜呼！封，敬哉！无作怨，勿用非谋非彝。（言当修己以敬，无为可怨之事，勿用非善谋，非常法。）……小子封，惟命不于常，（以民安则不绝亡汝，故当念天命之不于常，汝行善则得之，行恶则失之。）……”（第359—372页）

按：此一段讲政刑，主旨讲刑罚的权力来自天，讲要“明德慎罚”，但该杀的还是要杀。《治要》关于“政”省略很多，即使“刑”也有许多没有选录。

具体说来，没有选录的部分包括以下几点。

第一，故意犯的小罪，不可不杀；过失犯的大罪，也可以不杀。此点可能前面已经提到过，因此省略。

第二，要覆囚，即使拿到口供，也要反复思考，过几天乃至几个月再断罪。

第三，对于寇盗杀人越货者，要绝灭之。

第四，除不孝不友外，不义不慈不恭的也要“刑兹无赦”。《治要》没有强调“五常”，即父义、母慈、兄友、弟恭、子孝，而只选“不孝不友”，或者编者认为其他的不义不慈不恭可以不刑？

第五，对在外的官吏犯罪，也要刑杀无赦。

第六，虽地方小，也要有刑罚，但要慎罚，君王不慎罚，会遭天罚。

以上六点，或者是具体的刑罚，或者讲刑杀太多，或者可以举一反三，都被《治要》省略了。

《梓材》

10. 王曰：“封，……肆往，奸宄杀人，历人宥。（以民当敬劳之故，汝往之国，又当详察奸宄之人，及杀人贼，所过历之人，有所宽宥，亦所以敬劳之。）肆亦见厥君事，戕败人宥。”（听讼折狱，当务从宽恕，故往治民，亦当见其为君之事，察民以过误残败人者，当宽宥之。）（第384页）

按：此一段讲要宽宥以往有罪的人，要宽宥为君之事而有过误的人[①]。这是嘱咐“封”前往治所，要宽宥其治地的殷民，具有指向性，或是《治要》不选录的原因。

《多方》

11. 乃惟成汤，克以尔多方，简代夏作民主。（乃惟成汤，能用汝众方之贤，大代夏政，为天下民主。）慎厥丽乃劝，厥民刑用劝。（汤慎其施政于民，民乃劝善。其人虽刑，亦用劝善。言政刑清。）以至于帝乙，罔不

---

① 《〈尚书〉法学内容译注》将这一段译为：“因此，对于过去曾经为非作歹、行凶杀人，以及有隐瞒、包庇、窝藏、知情不报等罪行的案犯，应一律赦免。也因为这个道理，对于以前曾经刺探过国家机密，以及毁人面目，伤人肢体的罪犯，也一律赦免。”（第93页）

明德慎罚，亦克用劝。（言自汤至于帝乙，皆能成其王道，畏慎辅相，无不明有德，慎去刑罚，亦能用劝善。）要囚，殄戮多罪，亦克用劝。开释无辜，亦克用劝。（帝乙已上，要察囚情，绝戮众罪，亦能用劝善。开放无罪之人，必无枉纵，亦能用劝善。）今至于尔辟，弗克以尔多方，享天之命。（今至于汝君，谓纣，不能用汝众方，享天之命，故诛灭之。）（第459页）

按：这一段虽然提到“明德慎罚”（整本《尚书》只有两处提到“明德慎罚”，另一处见《康诰》），但主要是讲商王实施政刑的历史，所以《治要》不选录。

《立政》

十二、周公戒于王曰：“文王罔攸兼于庶言，庶狱庶慎，惟有司之牧夫，（文王无所兼知于毁誉众言，及众刑狱，众当所慎之事，惟慎择有司牧夫而已。劳于求才，逸于任贤。）是训用违。庶狱庶慎，文王罔敢知于兹。（是万民顺法。用违法，众狱众慎之事，文王一无敢自知于此，委任贤能而已也。）武王率惟敉功，不敢替厥义德。（武王循惟文王抚安天下之功，不敢废其义德，奉遵父道也。）孺子王矣，（稚子今已为王矣，不可不勤法祖考也。）继自今文子文孙，其勿误于庶狱庶慎，惟正是义之。”（文子文孙，文王之子孙也。从今已往，惟以正是之道，治众狱众慎，其勿误也。）（第29页）

12. 周公……戒于王曰：“……文王罔攸兼于庶言，庶狱庶慎，惟有司之牧夫，（文王无所兼知于毁誉众言，及众刑狱，众当所慎之事，惟慎择有司牧夫而已。劳于求才，逸于任贤。）是训用违，庶狱庶慎，文王罔敢知于兹。（是万民顺法。用违法，众狱众慎之事，文王一无敢自知于此，委任贤能而已。）亦越武王，率惟敉功，不敢替厥义德。（亦于武王循惟文王抚安天下之功，不敢废其义德，奉遵父道。）……孺子王矣。（叹稚子今已为王矣，不可不勤法祖考之德。）继自今……相我受民，和我庶狱庶慎，时则勿有间之。（能治我所受天民，和平我众狱众慎之事，如是则勿有以代之。言不可复变。）……继自今，文子文孙，其勿误于庶狱庶慎，惟正是义之。”（文子文孙，文王之子孙。从今已往，惟以正是之道治众狱众慎，其勿误。）（第467—477页）

按：这一段讲帝王不要干涉司法工作和其他禁令①。《正义》共提到4次“庶狱庶慎”，《治要》只选录了3处，大约是避免重复。

《周官》

十三、司寇掌邦禁，诘奸慝，刑暴乱。（秋官卿，主寇贼，法禁治奸恶，刑强暴作乱者也）……王曰：“乌乎！凡我有官君子，钦乃攸司，慎乃出令。令出惟行，弗惟反。”（有官君子，大夫以上也。叹而戒之，使敬所司，慎出令，从政之本也。令出必惟行之，不惟反改。二三其令，乱之道也。）（第29—30页）

13. 司寇掌邦禁，诘奸慝，刑暴乱。（《秋官》卿，主寇贼法禁，治奸恶，刑强暴作乱者。夏司马讨恶助长物，秋司寇刑奸顺时杀。）……王曰：“呜呼！凡我有官君子，钦乃攸司，慎乃出令。令出惟行，弗惟反。”（有官君子，大夫以上。叹而戒之，使敬汝所司，慎汝出令，从政之本。令出必惟行之，不惟反改。若二三其令，乱之道。）（第483—486页）

按：此处所选录基本相同，唯省略“秋司寇刑奸顺时杀”句。《治要》对涉及“杀”事一向慎重，不选者多。对“杀”要“顺时”类文字也多不选。又由此可知《治要》重视“慎出令”，令出必行，认为是“从政之本”。

《吕刑》

十四、王曰：“……惟敬五刑，以成三德。一人有庆，兆民赖之。”（先戒以劳谦之德，次教以惟敬五刑，所以成刚柔正直之三德也。天子有善，则兆民赖之。）王曰：“吁！来，有邦有土，告尔祥刑，（吁，叹也。有国有土，诸侯也。告汝以善用刑之道也。）在今尔安百姓，何择，非人？何敬，非刑？（在今汝安百官兆民之道，当何所择，非惟吉人乎？当何所敬，非惟五刑乎？）两造具备，师听五辞。（两，谓囚证也。造，至也。两至具备，则众狱官共听其入五刑之辞也）。五辞简孚，正于五刑。（五辞简核，信有罪验，则正之于五刑也）。五刑不简，正于五罚。（不简核，谓不应五刑，当出金赎罪也）。五罚弗服，正于五过。（不服，不应罚也。正于五过，从赦免也）。五刑之疑有赦，五罚之疑有赦。（刑疑赦，从罚；罚疑赦，从免）。刑罚世轻世重，惟齐非齐。（言刑罚随世轻重也。刑新国，用轻典；

① “慎”，《〈尚书〉法学内容译注》将其解释为司法工作之外的其他政务，第102页。

刑乱国，用重典；刑平国，用中典。凡刑所以齐非齐。）非佞折狱，惟良折狱，罔非在中。（非口才可以断狱，惟平良可以断狱，无非在中正也。）哀敬折狱，咸庶中正。（当矜下民之犯法，敬断狱之害人，皆庶几必得中正之道也。）其刑其罚，其审克之。”（其所刑，其所罚，其当审能之，无失中也。）（第32页）

14. 王曰：“……若古有训，蚩尤惟始作乱，延及于平民，罔不寇贼鸱义，奸宄夺攘矫虔。苗民弗用灵，制以刑，惟作五虐之刑曰法。杀戮无辜，爰始淫为劓、刵、椓、黥。越兹丽刑并制，罔差有辞。民兴胥渐，泯泯棼棼，罔中于信，以覆诅盟。虐威庶戮，方告无辜于上。上帝监民，罔有馨香，德刑发闻惟腥。皇帝哀矜庶戮之不辜，报虐以威，遏绝苗民，无世在下……乃命三后，恤功于民。伯夷降典，折民惟刑。禹平水土，主名山川。稷降播种，农殖嘉谷。三后成功，惟殷于民。士制百姓于刑之中，以教祗德。穆穆在上，明明在下，灼于四方，罔不惟德之勤。故乃明于刑之中，率乂于民棐彝。”①

王曰：“……惟敬五刑，以成三德。一人有庆，兆民赖之，其宁惟永。”（先戒以劳谦之德，次教以惟敬五刑，所以成刚柔正直之三德也。天子有善，则兆民赖之，其乃安宁长久之道。）

王曰：“吁！来，有邦有土，告尔祥刑，（吁，叹也。有国土诸侯，告汝以善用刑之道。）在今尔安百姓，何择非人？何敬非刑？何度非及？（在今汝安百官兆民之道，当何所择？非惟吉人乎？当何所敬？非惟五刑乎？当何所度？非惟及世轻重所宜乎？）

两造具备，师听五辞。（两谓囚、证。造，至也。两至具备，则众狱官共听其入五刑之辞）。五辞简孚，正于五刑。（五辞简核，信有罪验，则正之于五刑）。五刑不简，正于五罚。（不简核，谓不应五刑，当正五罚，出金赎罪）。五罚弗服，正于五过。（不服，不应罚也。正于五过，从赦免）。

五过之疵：惟官，惟反，惟内，惟货，惟来。（五过之所病，或尝同官位，或诈反囚辞，或内亲用事，或行货枉法，或旧相往来，皆病所在。）其罪惟均，其审克之。（以病所在，出入人罪，使在五过，罪与犯法者同。其

---

① 此一段，省略孔传。

当清察，能使之不行。）

五刑之疑有赦，五罚之疑有赦，其审克之。（刑疑赦从罚；罚疑赦从免。其当清察，能得其理。）

简孚有众，惟貌有稽。（简核诚信，有合众心。惟察其貌，有所考合，重刑之至。）无简不听，具严天威。（无简核诚信，不听理具狱，皆当严敬天威，无轻用刑。）墨辟疑赦，其罚百锾，阅实其罪。（刻其颡而涅之曰墨刑，疑则赦从罚。六两曰锾。锾，黄铁也。阅实其罪，使与罚名相当。）劓辟疑赦，其罚惟倍，阅实其罪。（截鼻曰劓。刑倍百为二百锾。）剕辟疑赦，其罚倍差，阅实其罪。（刖足曰剕刑。倍差谓倍之又半，为五百锾。）宫辟疑赦，其罚六百锾，阅实其罪。（宫，淫刑也。男子割势，妇人幽闭，次死之刑。序五刑，先轻转至重者，事之宜。）大辟疑赦，其罚千锾，阅实其罪。（死刑也。五刑疑各入罚，不降相因，古之制也。）墨罚之属千，劓罚之属千，剕罚之属五百，宫罚之属三百，大辟之罚其属二百。五刑之属三千。（别言罚属，合言刑属，明刑罚同属，互见其义以相备。）

上下比罪，无僭乱辞，勿用不行。（上下比方其罪，无听僭乱之辞以自疑，勿用折狱，不可行。）惟察惟法，其审克之。（惟当清察罪人之辞，附以法理，其当详审能之。）

上刑适轻，下服。（重刑有可以亏减则之轻，服下罪。）下刑适重，上服。轻重诸罚有权。（一人有二罪，则之重而轻并数。轻重诸刑罚各有权宜。）刑罚世轻世重，惟齐非齐，有伦有要。（言刑罚随世轻重也。刑新国用轻典，刑乱国用重典，刑平国用中典。凡刑所以齐非齐，各有伦理，有要善。）罚惩非死，人极于病。（刑罚所以惩过，非杀人，欲使恶人极于病苦，莫敢犯者。）非佞折狱，惟良折狱，罔非在中。（非口才可以断狱，惟平良可以断狱，无非在中正。）察辞于差，非从惟从。（察囚辞其难在于差错，非从其伪辞，惟从其本情。）哀敬折狱，明启刑书，胥占，咸庶中正。（当怜下人之犯法，敬断狱之害人，明开刑书，相与占之，使刑当其罪，皆庶几必得中正之道。）其刑其罚，其审克之。（其所刑，其所罚，其当详审能之，无失中正。）

狱成而孚，输而孚。（断狱成辞而信，当输汝信于王。谓上其鞫劾文辞。）其刑上备，有并两刑。”（其断刑文书上王府皆当备具，有并两刑，亦具上之。）

王曰："……朕敬于刑，有德惟刑。（我敬于刑，当使有德者惟典刑。）今天相民，作配在下，明清于单辞。（今天治民，人君为配天在下，当承天意，听讼当清审单辞。单辞特难听，故言之。）民之乱，罔不中听狱之两辞，（民之所以治，由典狱之无不以中正听狱之两辞，两辞弃虚从实，刑狱清则民治。）无或私家于狱之两辞。（典狱无敢有受货听诈，成私家于狱之两辞。）狱货非宝，惟府辜功，报以庶尤。（受狱货非家宝也，惟聚罪之事，其报则以众人见罪。）永畏惟罚，非天不中，惟人在命。（当长畏惧惟为天所罚，非天道不中，惟人在教命使不中，不中则天罚之。）天罚不极，庶民罔有令政在于天下。"（天道罚不中，令众民无有善政在于天下，由人主不中，将亦罚之。）（第 535—552 页）

按：《吕刑》是《尚书》中专门讲刑法的文献，十分重要，今人有将其内容归纳为四方面者，即（1）刑法的指导思想。（2）定罪量刑原则。（3）诉讼的制度和程序。（4）对司法人员的要求。[①] 如果以此为标准，那么《治要》未选录的内容包括以下几点。

第一，刑法的指导思想是"中"，但相关议论如"民之乱，罔不中听狱之两辞""非天不中，惟人在命"等，《治要》并没有选录。。

第二，在定罪量刑原则中，只选录了量刑轻重适度、有疑从宽，而"轻重诸罚有权""把罚金作为单独的刑种""上下比罪的制度""其罪惟均的反坐制度"等都没有选录。

第三，在诉讼的制度和程序中，只选录了司法人员仔细听取和分辨双方当事人供述的内容，而关于查实案情即"阅实其罪"、判决要当众引用刑书且共同议定（"明启刑书胥占"）、重视案卷材料的上报备案等，均未选录。

第四，在对司法人员的要求方面，收录了只有品德高尚的人才能充任司法官员（"惟良折狱"），对罪犯要有怜悯之心（"哀敬折狱"）的内容，而没有选录司法人员在听讼断狱时不能偏袒，要"明清于单辞"，不能贪赃枉法，犯"五过之疵"等内容。

---

① 《〈尚书〉法学内容译注》，第 125—128 页。不过这一概括完全从现代司法观念出发，并不完全符合《吕刑》本义。

如果我们换个角度分析，《治要》所选主要是讲要“敬刑”即刑的重要，以及在实施刑罚时注意的原则，包括共听两造的陈辞、五刑五罚五过的差等性、刑罚有疑则赦免、刑罚轻重与世之治乱相关、断狱者应是平良之人、要以怜悯之心断狱、重要的是中正、对于“刑”“罚”一定要审慎处理。没有选录的内容包括：(1) 关于历史上的虐刑和先礼后刑的内容。(2) 关于具体的刑罚或司法措施，比如以锾赎罪的具体金额、五刑之属三千的具体数字、五过之疵的具体描述、断狱用刑书报案卷的具体程序等。(3) 对一些司法观念似乎不大同意，比如灵活掌握量刑尺度的“轻重诸罚有权”以及涉及反坐内容的“其罪惟均”等。

《吕刑》中一共出现了 4 个“审克之”，即 (1)“其罪惟均，其审克之。”(2)“五刑之疑有赦，五罚之疑有赦，其审克之。”(3)“惟察惟法，其审克之。”(4)“其刑其罚，其审克之。”《治要》只选录了 2 个即 (2) 和 (4)。比较而言，可能 (2) 和 (4) 更原则性一些，而 (1) 和 (3) 更具体一些。

平心而论，《治要》对《吕刑》的摘要归纳，虽然不全面，但简单清楚，重点突出，对于文化水平不高、读书不多的唐太宗等人来说，确实是十分便于理解和消化吸收的。

以上我们列举了《尚书》中有关法律的 14 段资料，其中《群书治要》选录了 6 段（这 6 段中有 4 段还有删节）。综观《治要》未选的内容，可知有以下特点：(1) 凡历史事实如夏桀商纣三苗的虐刑以及对他们的剿灭，一般不选。(2) 凡具体的刑罚和司法规定措施一般不选，例如鞭刑扑刑赎刑、五刑的名目数量、流放地的远近、复核的时限、司法结案上报程序等。(3) 凡涉及刑杀制度的一般不选，例如“孥戮”、“杀无赦”、对凶人的族灭、对杀人越货者的灭绝等。或者还有第 (4)，凡言语过于佶屈聱牙、不便于理解者一般不选。

从《群书治要》所选法律内容看，它强调的是：法律是需要的，所以要“惟敬五刑”；刑杀的权力是上天给的，所以要慎刑，“庶狱庶慎”“明德慎罚”；刑罚是教化的辅助，要让民众知耻，所谓“象以典刑”“以刑辅政”“明于五刑，以弼五教”是也，同时如果违反了五常，不孝不友，则“刑兹无赦”；出令是为政之本，所以要“慎出令”，而一旦出令，就“令出惟行”。具体到法律的实施，则强调要宽简，即“临下以简，御众以宽”；要区分过失与故意，“眚灾肆赦，怙终贼刑”“宥过无大，刑故无小”；疑罪要从轻，即“罪疑惟轻”“五刑有疑有赦、五罚有疑有赦”“与其杀弗辜，宁失不经”；断狱者要是平良之人，要有怜悯之心，即所谓“惟良折狱”“哀敬折狱”；要倾听两造意见，目的是公平断狱，“咸庶中正”；处刑不要连及后代（“罚不及嗣”），用刑的目的是不用刑罚（“刑期于无刑”）；如此等等。

这些内容反映出来的基本思想是在明确法律不可或缺的前提下，强调“明德慎罚”。《治要》编者通过选录《尚书》中符合他们思想的内容，将这些法律思想传达给了唐太宗以及太子诸王。唐太宗关于法律的思想，可能受到了《群书治要》所选内容的较大影响（除《尚书》外其他典籍内容亦然）。

这里我们可以举个例子。《贞观政要》是唐太宗与大臣谈话以及颁发诏书的记录。诏书可能由别人代笔，但谈话基本反映了唐太宗的知识和思想。我们通检唐太宗在看到《群书治要》［贞观五年（631年）］之后的谈话，从中找出与法律有些关系的引文[①]，看看这些引文是否都在《群书治要》所选的内容中。

1. 贞观七年（633年）唐太宗在与魏徵谈话时引文说“善人为邦百年，然后胜残去杀。”[②] 查《群书治要》，此句话见于所选《论语·子路》的文字中。[③]

2. 贞观十七年（643年）唐太宗谓侍臣曰：“孔子曰：‘民无信不立。’”[④] 查《群书治要》，此句话见于所选《论语·颜渊》的文字中。[⑤]

3. 贞观七年唐太宗谓侍臣曰：“昔‘文王作罚，刑兹无赦。’”[⑥] 查《群书治要》，此句话见于所选《尚书》的文字中。[⑦]

---

① 与法律思想完全契合的引文几乎没有，只好选择相关引文。

② （唐）吴兢编著：《贞观政要》卷1《政体第二》，上海古籍出版社1978年版，第18页。

③ 《群书治要》卷9，第120页。

④ 《贞观政要》卷5《诚信第十七》，第183页。

⑤ 《群书治要》卷9，第118页。

⑥ 《贞观政要》卷8《赦令第三十二》，第250页。

⑦ 《群书治要》卷2，第27页。《群书治要》所选《尚书》没有写篇名。这段话实际出自《周书·康诰》。

4. 贞观十一年（637 年）唐太宗谓侍臣曰：“《周易》称‘涣汗其大号’，言发号施令，若汗出于体，一出而不复也。《书》曰：‘慎乃出令，令出惟行，弗为反。’”[①] 查《群书治要》，这两句话分别见于所选《周易·涣卦》[②] 与《尚书》[③] 的文字。

以上是我们查阅了《贞观政要》中唐太宗贞观五年（631 年）以后与侍臣谈话时引用与法律相关经典文字的全部结果。由此可见，唐太宗的知识或思想，可能很多都出自《群书治要》所选经典。[④] 因此，研究《群书治要》所选内容的原则和标准，对于理解唐初以魏徵为代表的大臣的治理国家思想，以及受《群书治要》影响的唐太宗乃至太子诸王的思想，进而明了唐初各项政策的理论来源，都有十分重要的意义。

回到文章开始的问题，《群书治要》选择典籍内容的标准是什么呢？从以上《尚书》中法律思想的实例看，主要还是儒家的道德仁爱思想（“明德慎刑”），同时也敬刑，主张令出必行，该杀还得杀（“刑兹无赦”）。结合所选其他典籍的内容，似乎《群书治要》是以儒家和黄老思想为选择标准的。当然，这一判断还须在对其所选其他典籍作逐一分析后，才能落实，而这也是留给我们今后的一项研究课题了。

① 《贞观政要》卷 8《赦令第三十二》，第 251—252 页。

② 《群书治要》卷 1，第 11 页。

③ 《群书治要》卷 2，第 30 页。这段话出自《周书·周官》。

④ 唐太宗除《群书治要》外应该也读过其他书，但可能受《群书治要》的影响最大。当然，如果我们要落实唐太宗到底受到《群书治要》多大程度的影响，就需要将唐太宗的所有言论与《群书治要》所选全部文字进行核对分析，然后才能得出更可靠的结论。这也是今后需要我们继续完成的一项工作。

风流与日常

——重斟李杜之争及其垂范意义

陈才智

（中国社会科学院文学研究所）

摘要： 李白和杜甫难辨日月，共辉大唐。二人都荟萃前贤，而渊源不同，各自分承风骚之脉，正自有日常与风流之异：李白更侧重感发情兴，杜甫则侧重描绘家常。李诗的主导风格，形成于大唐帝国最为辉煌的年代，以抒发个人情怀为中心，咏唱对自由人生的渴望与追求，气度风流，一泻千里，成为其显著特征。而杜诗的主导风格，却是在安史之乱的前夕开始形成，而滋长于其后数十年天下瓦解、遍地哀号的苦难之中，在艺术上千汇万状，笔触更加走向日常。两座并峙的高峰，也构成唐诗的分野，在风流与日常的不同流脉下，对后世产生不同的垂范意义。

关键词： 李杜　风流　日常　垂范

一　日月或双星

四川江油建有李白纪念馆，馆中有杜甫堂，堂前有联："谪仙诗圣自古日月联璧，巴蜀中原而今风雨同舟"，下联正切李白故里 2008 年遭受震灾，河南人民不远万里前来援建，现实与历史、时间与空间、人文与社会，均得兼顾。惟上联称"日月联璧"，似略含轩轾，不免白璧微瑕。因为李白和杜甫有异有同，而难辨日月，宋人王巩《闻见近录》即称“李杜，自昔齐名者也”[①]，以致公认李杜为诗歌史上的双子星座。[②] 这里的诗歌史，首先指向盛唐，即元人贝琼所称“诗盛于唐，尚矣；盛唐之诗，称李太白、杜少陵而止”[③]，其次涵盖全唐，即唐人黄滔所称“大唐前有李杜，后有元白，信若沧溟无际，华岳干天”[④]，最后面向全部诗歌史，即宋人严羽所称：“论诗以李杜为准，挟天子以令诸侯也”[⑤]。由盛唐、全唐乃至全部诗歌史，李杜皆为齐名并尊。

李杜之所以能够华岳干天，沧溟无际，称首于盛唐、有唐乃至中国诗歌史，达到冠绝万世、后代难以超越的高度，一方面是因为他们站在大唐文明和盛唐诗坛的平台之上，融会前代和当代诗歌的成就，最大限度地发挥各自的笔墨擅场，开出极富独创性的艺术境界；另一方面，更主要的，则是历代诗歌评论者延续未断的诗学建构的结果，离李杜所在八世纪诗坛的实况早已渐行渐远，若即若离。其中，日月联璧这样的建构性话语，较近的灵感，当源自影响很大的闻一多《杜甫》一文，文中形容李杜初次相会就像“青天里太阳和月亮走碰了头”，不过闻一多接下来的描述是：“李白和杜甫——诗中的两曜，劈面走来。”[⑥] 日、月、五星均可称“曜”，日月只是李白式的比喻，两曜才是杜甫式的比拟，因此双子星座更能准确表述诗史的实际。至于双星或两曜如何从齐名并尊，转为比光较芒，以致引发李杜之争，乃中国诗歌史上由来已久的公案，足以与唐宋诗之争相提并论，值得重斟其是非曲直及其垂范意义。

追溯起来，明代诗歌评论家胡应麟《诗薮》曾云：“李、杜之称，当出

---

① （宋）王巩：《闻见近录》不分卷，宋刻本。

② 郭沫若在北京世界文化名人杜甫诞辰1250周年纪念会的开幕词《诗歌史中的双子星座》（《光明日报》1962年6月9日）发表之后的半个多世纪以来，“双子星座”可谓流行最广的关于李杜的结论性冠冕。

③ （元）贝琼：《乾坤清气序》，《清江贝先生文集》卷1，四部丛刊景清赵氏亦有生斋本。

④ （唐）黄滔：《答陈磻隐论诗书》，《黄御史集》卷7，《文渊阁四库全书》第1084册，第163页。

⑤ （宋）严羽：《沧浪诗话·诗评》，郭绍虞校释《沧浪诗话校释》，人民文学出版社1998年版，第170页。

⑥ 《新月》1928年第1卷第6期，上海书店1996年版，第13页，后收入闻一多《唐诗杂论》，上海古籍出版社1998年版，第143页。

身后，未必生前。”[①] 但是中唐时期的元稹却说：“时山东人李白亦以奇文取称，时人谓之李杜。予观其壮浪纵恣，摆去拘束，模写物象，及乐府歌诗，诚亦差肩于子美矣。至若铺陈终始，属对律切，而脱弃凡近，则李尚不能历其藩翰，况堂奥乎？”[②] 其所言“时人”，恐未必为李杜身后之中唐人。而元稹好友白居易在《与元九书》轩轾李杜优劣，称：“李之作，才矣奇矣，人不逮矣。索其风雅比兴，十无一焉。”[③] 如果说元和八年（813 年）元稹《唐故工部员外郎杜君墓系铭并序》始称李杜彼此差肩，终则抑李扬杜，尚属尊题之需要，那么，元和十年（815 年）白居易《与元九书》的轩轾优劣，则绝非仅仅意在附和好友的见解，而是有通盘考量的诗歌史建构之意图。随后，韩愈在《调张籍》中声称：“李杜文章在，光焰万丈长。不知群儿愚，那用故谤伤。蚍蜉撼大树，可笑不自量。”[④] 韩愈一向并尊李杜，[⑤] 其诗中也每每李杜并称，[⑥] 从《旧唐书》以来，魏泰、张戒、元好问、方世举等人，皆以为韩愈隐然针对元、白而并尊李杜，但也有学者对此提出异议，

① （明）胡应麟：《诗薮》外编卷 3“唐·上”，王国安校补本，上海古籍出版社 1979 年版，第 180 页。

② （唐）元稹：《唐故工部员外郎杜君墓系铭序》，《元氏长庆集》卷 56。据文末“维元和之癸巳，粤某月某日之佳辰，合窆我杜子美于首阳之前山”，时在元和八年（813 年），参见卞孝萱《元稹年谱》（齐鲁书社 1980 年版，第 214 页）。五代后晋时的《旧唐书·文苑传·杜甫传》所云：“天宝末，诗人杜甫与李白齐名，时人谓之李杜。”当据此而来。而成书于北宋嘉祐年间的《新唐书》更把时间提前，称杜甫“少与李白齐名，时号李杜”。

③ 参见李俊《白居易元稹对杜甫理解的差异》，《唐都学刊》2001 年第 1 期。

④ （清）方世举笺注：《韩昌黎诗集编年笺注》，郝润华、丁俊丽整理，中华书局 2012 年版，第 517 页。其作年，或云长庆间，或云元和十一二年间，均晚于元白之文。钱谦益《邵梁卿诗草序》：“唐人之诗，光焰而为李杜，排奡而为韩孟……”（钱仲联标校《牧斋初学集》卷 32，中册，第 936 页）《唐宋诗醇》卷 30 分析这首《调张籍》说：“此示籍以诗派正宗，言已所手追心慕，惟有李杜虽不可几及，亦必升天入地以求之，籍有志于此，当相与为后先也。其景仰之诚，直欲上通孔梦；其运量之大，不减远绩禹功，所以推崇李杜者至矣。”所言甚是。

⑤ （宋）刘攽：《中山诗话》云：“韩吏部……于唐世文章，未尝屈下，独称道李杜不已。”（《历代诗话》，中华书局 2011 年版，第 288 页）宋魏仲举则谓：“退之有取于李、杜，如《荐士》《醉留东野》《望秋》《石鼓》等诗，每致意焉。然未若此诗之专美也。”（方世举《韩昌黎诗集编年笺注》卷 9，中华书局 2012 年版，第 520 页）清赵翼《瓯北诗话》卷 3 云：“韩昌黎生平所心摹力追者，惟李杜二公。”

⑥ 韩诗并称李、杜者，如《酬司门卢四兄云夫院长望秋作》：“远追甫白感至諴。”《荐士》：“勃兴得李杜，万类困陵暴。”《城南联句》：“精神驱五兵，蜀雄李杜拔。”《石鼓歌》：“少陵无人谪仙死，才薄将奈石鼓何。”《感春四首》其二：“近怜李杜无检束，烂漫长醉多文辞。”《醉留东野》：“昔年因读李白杜甫诗，长恨二人不相从。”

如吴庚舜《李白三论》云："千百年来不少论著认为韩愈《调张籍》……是针对元、白的。这实际是既不了解元、白，也不了解韩愈所致。因为元、白和韩愈一样都是并尊李、杜的，而且元稹是现存唐人文献中并尊李、杜的第一人。他在唐德宗贞元十年（794 年）写的《代曲江老人百韵》中咏盛唐文学已做出'李杜诗篇敌'的论断。"① 唯谢思炜《元稹〈代曲江老人百韵〉诗作年质疑》（《清华大学学报》2004 年第 2 期）根据诗体、题材、用语，认为《代曲江老人百韵》原注"年十六时作"（时贞元十年）之说，很可能是作者元稹本人提供的不可靠之词，此诗写作时间应在元和五年（810 年）之后。这一判断更符合李杜并称过程的发展实际。

宋元以降，李杜优劣之争，逐渐降级为异同之辨，酿为诗歌史上历久未衰的一大公案，前贤颇多探讨，而诗宗盛唐的明人于此最为热衷，如张含编有《李杜诗选》（杨慎等评点），顾明亦编有《李杜诗选》（史秉直评释），李廷机、池显方、屈大均也都编有《李杜诗选》，朱权有《李杜诗抄》，刘世教有《合刻李杜分体全集》，万虞恺、许自昌皆有《李杜诗集》，赖进德、高节成皆有《李杜诗解》，林兆珂有《李杜诗钞述注》，王象春有《李杜诗评》，沈寅、朱崑有《李杜诗直解》，梅鼎祚有《李杜二家诗钞评林》（屠隆集评）和《李杜约选》，李延大有《李杜诗意》，萧思伦有《李杜诗正声》，陈懋仁有《李杜志林》，黄淳有《李杜或问》，伊乘有《李杜诗句图》，胡震亨有《李杜诗通》，可见明人合刻李杜蔚然成风，而其意多在辨析比较李杜诗歌创作之异同。至清代，潘德舆有《养一斋李杜诗话》，秉承朱子"作诗先看李杜，如士人治本经"之说，辨析李杜生平事迹、风格品评和诗体异同。乾隆皇帝敕编《唐宋诗醇》，对李杜公案加以评骘，于《唐宋诗醇·凡例》谓"李、杜一时瑜亮，固千古希有"，《李白诗选》序又云：

> 陇西李白。有唐诗人至杜子美氏，集古今之大成，为风雅之正宗，谭艺家迄今奉为矩矱，无异议者。然有同时并出，与之颉颃上下，齐驱

① 吴庚舜：《李白三论》，收入《千年诗魂，蜀道李白：纪念李白诞辰一千三百周年李白诗歌研讨会论文集》，四川大学出版社 2003 年版；又见董乃斌、吴庚舜主编《唐代文学史》下册，人民文学出版社 1995 年版，第 299—300 页，吴庚舜《元稹的思想》。

中原，势均力敌，而无所多让，太白亦千古一人也。夫论古人之诗，当观其大者远者，得其性情之所存，然后等厥材力，辨厥渊源，以定其流品。一切悠悠耳食之论，奚足道哉！

李、杜二家，所谓异曲同工、殊途同归者，观其全诗可知矣。太白高逸，故其言纵恣不羁，飘飘然有遗世独立之意。子美沉郁，其言深切著明，往往穷极笔势，尽乎事之曲折而止。白之遇明皇也，出于特知，金銮召见，待以殊礼，虽遭谗毁，犹赐金遣归，得以遨游齐、鲁、吴、越之间，浮沉诗酒，放浪湖山，其诗多汗漫自适，近于佯狂玩世者。子美年将四十，始以献赋除官，其后崎岖兵间，穷愁蜀道；流离转徙，几不自存，故其发于声音者，多沉痛哀切之响。此二家之所以异也。

若其蒿目时政，忧心朝廷，凡祸乱之萌，善败之实，靡不托之歌谣，反复慨叹，以致其忠爱之志，其根于性情，而笃于君上者，按而稽之，固无不同矣。至于根本风骚，驰驱汉魏，撷六籍之菁华，扫五代之靡曼，词华炳蔚，照耀百世，两人又何以异哉！

论者不察，漫置轩轾于其间，是犹焦明已翔于寥廓，而罗者犹视夫薮泽也。善乎韩愈氏之言曰："李杜文章在，光焰万丈长，不知群儿愚，那用故谤伤，蚍蜉撼大树，可笑不自量。"彼元稹、苏轼、王安石之流，得无愧此言乎？太白尝言："齐梁以来，艳薄斯极，沈休文又尚以声律，将复古道，非我而谁？"故其所作，摆脱骈丽旧习，轶荡人群，上薄曹、刘，下凌沈、鲍，朱子以为圣于诗者，盖前贤亦重之矣。今略举两家之同异及其远大之旨，知太白之与子美，并称大家而无愧者如此。至有谓李、杜当日名相埒而相忌，其诗有交相讥者，此犹末流倾轧之心，不可以语君子之知交也。①

名为李白诗歌之序，实则兼论李杜，相互对比，加以平衡，反对在李杜之间强分优劣、漫置轩轾，并且通过异同的比较，凸显各自的风格和特色："太白高逸，故其言纵恣不羁，飘飘然有遗世独立之意。子美沉郁，其言深切著明，往往穷极笔势，尽乎事之曲折而止。"总体上认为，李杜二人在诗歌史

① （清）爱新觉罗·弘历敕编：《唐宋诗醇》各家小序，清乾隆十五年内府五色套印本。

上异曲同工，殊途同归，且势均力敌，并称大家，可谓清代在这一公案上的官方定论。

近人论著在表述模式和研究方式的现代性转换背景之下，由传统诗话转向实证研究，从片段和点滴的感悟转向系统分析，既有判断亦重推证，不轻视直觉而更重理性分析，对此又有深入，著作方面有汪静之《李杜研究》（商务印书馆 1928 年 5 月初版）等 17 部，论文方面，则有胡小石演讲、苏拯笔记《李杜诗之比较》（《国学丛刊》第 2 卷第 3 期，1924 年 9 月）等 75 篇，作者基本涵括了民国以来的唐代文学研究的重量级专家和学者。可见从民国迄今，围绕李杜之争，引发了唐诗学界持续未断的讨论，不仅关涉李杜各自的接受史和研究史，同时也构成整个唐代文学研究一道别致的风景线。在这道风景线之外，本文拟进一步归纳综合，梳理分析，比较权衡，以略申己见。

二　操持事略齐

李杜能够齐名，不仅源于二人的真挚友谊，更因为他们在诗学理念和诗歌创作上多有同契，即晚唐李商隐《漫成五章》其二所云“李杜操持事略齐”①。在诗歌的艺术风格上，李杜同具一种壮丽飞动之美。与李杜同代的狂才任华，撰有《寄李白》和《寄杜拾遗》（见《全唐诗》卷二六一），前者称李白具“奔逸气”“耸高格”，后者则称杜甫诗具有“虎豹”“蛟螭”“沧海”“华岳”般的壮丽，二者那种崇高壮丽的高逸之美是共通的，都表现出盛唐时代对昂扬奔放的个性的推崇，此即韩愈（768—825 年）《调张籍》一诗所表彰的“巨刃磨天扬”那样的气势之雄阔，“刺手拔鲸牙，举瓢酌天浆”那样的思致之壮美，以及《感春四首》其二所谓“近怜李杜无检束，烂漫长醉多文辞”②，白居易（772—846 年）《与元九书》所谓“诗之豪者，世称李杜”③，皇甫湜（777—835 年）《题浯溪石》所咏“李杜才海

① 刘学锴、余恕诚：《李商隐诗歌集解》，中华书局 2013 年版，第 1003 页。
② （清）方世举：《韩昌黎诗集编年笺注》，郝润华、丁俊丽整理，中华书局 2012 年版，第188 页。
③ 谢思炜注：《白居易文集校注》，中华书局 2011 年版，第 323 页。

翻，高下非可概”[①]，张祜《叙诗》所咏“波澜到李杜，碧海东弥弥”[②]，后蜀韦縠《才调集·叙》所谓“李杜集……天海混茫，风流挺特”[③]，亦如杜牧（803—853年）《冬至日寄小侄阿宜诗》所咏“李杜泛浩浩”[④]，司空图（837—908年）《与王驾评诗》所云“宏思（肆）于李杜”[⑤]，欧阳修（1007—1072年）《六一诗话》所云“李杜豪放之格”[⑥]，杨万里《予因集杜句、跋杜诗呈监试谢昌国察院，谢文复集杜句见赠。予以百家衣报之》所咏“谁登李杜坛，浩如海波翻”[⑦]，均可看出，在诗歌审美特征乃至诗学理念方面，李杜所具有的共同倾向。

20世纪50年代，在探讨李白诗歌时，舒芜先生首次拈出“盛唐气象”一词，用来概括盛唐诗歌的精神面貌。[⑧] 唐代社会以其强大的国力、广阔的疆土、开放的心态为底蕴，确实呈现出一种盛世的时代特征，因此“盛唐气象”又由一种诗歌特质，扩展到整个文艺，乃至文采风流、恢宏壮阔的时代特征。这一时代特征，在李杜诗中有着最为鲜明的体现。而李杜诗所取得的辉煌成就，所提供的宝贵艺术实践经验，对后世诗歌影响无可替代，所以李杜自然被视为盛唐气象的代表或化身。有学者称，杜甫、李白等人“在‘飞动’等题目之下，其实是未尝不可以视为一个文体、诗风的共同体的，某种意义上这是一种追求壮丽、壮美风格的时代风尚，与后人概括的‘盛唐气象’尤有契合之处。”[⑨] 所言极是。而盛唐气象正是李杜壮丽飞动之美背

---

① （清）彭定求等编：《全唐诗》，中华书局1960年版，第4151页。

② 陈尚君辑校：《全唐诗补编》上册，中华书局1992年版，第216页；尹占华：《张祜诗集校注》，甘肃文化出版社1997年版，第287页。

③ 《文渊阁四库全书》本《才调集》卷首；《全唐文》卷891；傅璇琮：《唐人选唐诗新编》，陕西人民教育出版社1996年版，第691页。

④ 何锡光校注：《樊川文集校注》，巴蜀书社2007年版，第67页。

⑤ 《司空表圣文集》卷1，《四部丛刊》影印旧抄本。

⑥ （清）何文焕辑：《历代诗话》，中华书局1981年版，第67页。

⑦ 辛更儒：《杨万里集笺校》卷19，中华书局2007年版，第957页。

⑧ 舒芜在1954年3月29日《光明日报》发表《关于李白》，首次使用“盛唐气象”这一概念，同年10月17日，林庚在同刊发表《诗人李白》，对“盛唐气象”进行理论上的探讨，四年后，又发表《盛唐气象》（《北京大学学报》1958年第2期），“盛唐气象”由此进入学术研究视野，引发热烈持久的讨论。

⑨ 吴光兴：《八世纪诗风：探索唐诗史上“沈宋的世纪”》，社会科学文献出版社2013年版，第174页。

后的内在源泉。

但值得辨析的是，李杜齐名，实际上是提高了杜甫的地位，因为当时杜甫年资、诗誉和声名皆逊于李白。在这个意义上，杜甫自己在《长沙送李十一衔》诗中所谓“李杜齐名真忝窃”[①]，如果用来指代与李衔齐名，在用典之余，或有“自谦”[②]，但如果加以引申，用来指代与李白齐名，实际上就不免会有高攀之意。南宋刘克庄《后村诗话》云：“甫、白真一行辈，而杜公云‘李杜齐名真忝窃’，其忠厚如此。”明人郑仲夔《玉麈新谭》云：“少陵诗‘李杜齐名真忝窃’，用范滂母‘汝今得与李杜齐名，吾复何恨’语，范母特指李膺、杜密，少陵则借以自寓己与太白也。”[③] 均将杜诗《长沙送李十一衔》中“李杜齐名真忝窃”的“李杜”视为李白、杜甫，亦有学者径将“李杜齐名真忝窃”作为杜甫生前即提到自己与李白齐名的证据。[④] 这些恐怕都不妥。就算是言说“李杜齐名真忝窃”的对象李衔，是杜甫十二年前在西康州（即同谷）结识的老友，而那时杜甫对年长其十二岁的李白格外怀念，恐怕也无法将赠送李衔的“李杜齐名”移给李白。尽管李衔事迹别无可考，但他毕竟不是李白。有学者认为，李衔即杜甫秦州诗中出现的赞公之本名[⑤]，但证据尚不充分。还有学者认为，李衔即《积草岭》所云“邑有佳主人”之“佳主人”，杜甫《同谷七歌》其六“山中儒生旧相识，但话宿昔伤怀抱”中的“山中儒生”，也应是“避地西康州”的李衔[⑥]，这倒是有可能。

诗坛上真正值得信服的李杜齐名，当始于前引狂才任华所撰《寄李白》和《寄杜拾遗》，以风貌相近的长诗分别寄赠李白、杜甫二人，无形中昭示出李杜同尊并美的地位，陈尚君《杜诗早期流传考》即认为：“赠李杜二

---

① 杜甫：《长沙送李十一衔》（《杜工部集》卷18），大历四年或五年秋作于长沙。

② （宋）蔡梦弼：《杜工部草堂诗》卷38，古逸丛书覆宋麻沙本。（清）卢元昌注《杜诗阐》卷33亦云：“子固李膺、李固，我非杜乔、杜密，从来李杜，本是齐名，今日齐名，诚为忝窃。”（清康熙二十一年刻本）

③ （明）郑仲夔：《玉麈新谭》卷6，明刻本。

④ 见白旭《试论李杜并称兼谈唐诗分期问题》，《安徽文学·下半月》2008年第2期。

⑤ 见高天佑《杜甫陇蜀纪行诗注析》（甘肃民族出版社2002年版）及其《杜甫同谷诗“佳主人”新考》（收入张全新主编《陇南文史》第7辑，甘肃人民出版社2012年版）。

⑥ 见刘雁翔《杜甫陇上萍踪》，甘肃教育出版社2014年版，第112页。

诗，题同，体同，遣词造语亦相类，为一时之作，可视作《旧唐书·杜甫传》‘天宝末诗人李白与甫齐名’的佐证。”[①] 其《李杜齐名之形成》亦云：“明确将李白、杜甫拉到一起顶礼膜拜的是任华。”[②] 而吴光兴《李杜独尊与八世纪诗歌的价值重估》则认为：“这种推断是不可靠的，李杜齐名应是指其作为一种诗歌理想的代表被发现而受尊崇，他们没有被作为普通诗人而齐名的可能。作为一种新诗歌观念的重要主张，独尊李杜的理论论证，它的基本条件是：诗歌风气需要改变，成为一种时代性的要求；李杜具备被阅读的条件，李杜集开始行世；论证这一主张的理论基础已经成熟。这些条件的具备，大约在八九十年代。所以，任华的评论最多只能被视为可能有过的并尊李杜的现存最早的个人尝试。”[③] 李杜作为一种诗歌典范是宋元以后的事，而李杜齐名并非出自某人（包括杜甫本人）一厢情愿的臆构，实际上来自任华以降，元白和韩愈等中唐时期重量级诗人的评说。

三 李杜之差异

李杜齐名并称的前提，即二者存在共性，但共性在这里或有偶然，而差异则是必然的。任华之后，经过元稹、白居易对李杜的评说，以及权德舆、孟郊、皇甫湜、张祜、杨凭、窦牟等人的称引，李杜齐名与优劣之争始终交织未定，至韩愈《调张籍》等，并尊李杜的意见得以定调。“当李杜作为共同的风格被宣扬时，这表明一种诗歌观念和理想还处在建立之中；而当论者开始分析李杜的不同特点时，其前题乃是：作为典范，李杜独尊的局面已最终完全形成。这不仅事关李杜二位诗人的被接受史和研究史，也不仅局限于唐诗学术史，在这一重大事件背后，影响诗史至巨的诗歌观念正在完成其历史性的转变。八世纪的两个普通诗人李白、杜甫，从八、九世纪之交开始被推崇，至十一世纪成为神圣权威，其间历时约三百年。”[④] 李杜在世之际，

① 陈尚君：《中国古典文学丛考》第一辑，复旦大学出版社 1985 年版，第 179 页，又收入其《唐代文学丛考》，中国社会科学出版社 1997 年版，第 333 页。

② 《岭南学报》复刊号第一、二辑合刊，上海古籍出版社 2015 年版。

③ 《文学遗产》1994 年第 3 期。

④ 吴光兴：《李杜独尊与八世纪诗歌的价值重估》，《文学遗产》1994 年第 3 期。

就皆不普通，但也均还没能真正地成仙为圣，从八、九世纪之交迄今，关于李杜的差异，前人之说，涵盖思想个性、哲学取径、时代条件、生活理想、人生轨迹、际遇交游，涉及文学思想、诗歌风貌、创作方法、艺术风格、表现手法、后世影响，概言之，李杜分别代表着中华民族两个不同地域的文化系统。而在学术史上，从着眼李杜之同，转到辨析李杜之异，意义重大。

巴蜀文化滋养下的李白（701—762年），祖籍陇西成纪（今甘肃天水附近），先世于隋末移居中亚碎叶城，李白就生在碎叶。五岁时随父迁居绵州（今四川江油）。李白幼时最原始的记忆就在这里，“五岁诵六甲，十岁观百家”“十五好剑术”“十五游神仙”“十五观奇书，作赋凌相如”。20岁前后游历成都、峨眉山，还在青城山隐居，种种经历对其思想性格的形成皆有深刻影响。李白实际上是以胡地的风气、胡化的气质和长江文明的气象，改造了盛唐的诗坛：一方面接受传统儒家思想，另一方面又具有浓厚的道家色彩。[①]

而中原文化抚育下的杜甫（712—770年），祖籍襄阳（今属湖北），后迁居巩县（今属河南），杜甫即生于此。杜甫基本上是中原文明或黄河文明的一个代表。杜甫的家庭有两个特点：一是“奉儒守官”[②]，二是“立功立言”。[③] 这种家风对杜甫有很深的影响。他的父亲杜闲，曾任朝议大夫、兖州司马，终奉天令。祖父杜审言是修文馆学士，是闻名当时的大诗人，在格律诗成熟中起到关键性作用，所以杜甫说：“诗是吾家事”（《宗武生日》），又自我夸耀：“吾祖诗冠古”（《赠蜀僧闾丘师兄》）。加上杜甫的远祖杜预是“左传癖”，远祖长于史，近祖长于诗，杜氏家族与中原地域的文化基因，一远一近，一史一诗，构成纵横开阖的双轴，深深植入杜甫的早期记忆，印记于杜甫诗性思维的深处，并深刻影响了他的终生，而李白则是用胡地的气质和长江的气质，来丰富和改造中原文坛。

宋人葛立方（1098—1164年）《韵语阳秋》卷一云：“杜甫、李白以诗

---

① 正如李白在《代寿山答孟少府移文书》中所说：“奋其智能，愿为辅弼，使寰区大定，海县清一。事君之道成，荣亲之义毕，然后与陶朱、留侯，浮五湖，戏沧洲，不足为难矣！”

② 杜甫《进雕赋表》，《全唐文》卷359。

③ 杜甫十三世祖杜预，明代佚名《韬略世法存·新编八十六朝名将》卷1载其语曰：“（杜）预博学明废兴之道，尝言：‘立德不可企及，立功立言，其庶几也。’”（明崇祯刻本）

齐名，韩退之云：‘李杜文章在，光焰万丈长。’似未易以优劣也。然杜诗思苦而语奇，李诗思疾而语豪。”① 韩国学者金万重（1637—1692 年）《西浦漫笔》云：“李、杜齐名，而唐以来文人左右袒者，杜居七、八。白乐天、元微之、王介甫及江西一派并尊杜。欧阳永叔、朱晦庵、杨用修右李。韩退之、苏子瞻并尊者也。若明弘、嘉诸公，固亦并尊，而观其旨意，率皆偏向少陵耳。诗道至少陵而大成，古今推而为大家无异论，李固不得与也。然物到盛便有衰意，邵子曰：‘看花须看未开时’。李如花之始开，杜如尽开。”② 清人齐召南《李太白集辑注序》亦云：“至李杜，齐名方驾，一如飞行绝迹，乘云取风之仙，一如万象不同，化工肖物之圣。”③ 皆道出李、杜齐名但各有所长。明代杨慎（1488—1559 年）《升庵诗话》卷十一云：“杨诚斋云：‘李太白之诗，列子之御风也。杜少陵之诗，灵均之乘桂舟驾玉车也。无待者，神于诗者与？有待而未尝有待者，圣于诗者与？宋则东坡似太白，山谷似少陵。’徐仲车云：‘太白之诗，神鹰瞥汉；少陵之诗，骏马绝尘。’二公之评，意同而语亦相近。余谓太白诗，仙翁剑客之语；少陵诗，雅士骚人之词。比之文，太白则《史记》，少陵则《汉书》也。”④ 这一见解也很独到，并无轩轾，值得重视。近人曾毅（1879—1950 年）《中国文学史》还分析说：

> 李杜二人，时同境同，交情颇密，而其性行、其思想、其文章，则各擅其胜，亦一奇也。李受南方感化，杜受北方感化。李之品如仙，杜之品如圣。李出世，杜入世。李理想派也，杜实际派也。李受道家之影响，杜本儒教之见地。李如李广，杜如孙吴。李以才胜，杜以学胜。李

---

① （清）何文焕辑：《历代诗话》，中华书局 1981 年版，第 486 页。

② 邝健行、陈永明、吴淑钿选编：《韩国诗话中论中国诗资料选粹》，中华书局 2002 年版，第 149 页。

③ （清）王琦注：《李太白全集》，中华书局 1977 年版，第 1681 页。又见阮葵生辑《七录斋文钞》卷 4，清刻本。

④ 《历代诗话续编》，中华书局 2006 年版，第 850 页，杨诚斋语，见杨万里《诚斋集》卷 80《江西宗派诗序》。徐积，字仲车，其《节孝先生集》卷 1《李太白杂言》诗有“人生胡用自缧绁，当须荦荦不可羁。乃知公是真英物，万叠秋山耸清骨。当时杜甫亦能诗，恰如老骥追霜鹘”等论李杜之语。升庵所引，不见今存本其集。“神鹰”，仇兆鳌《杜诗详注》卷 1《春日忆李白》诗注引作“饥鹰”。

豪于情，杜笃于生。李斗酒百篇，有挥洒自如之概；杜读书万卷，极沉郁顿挫之观。彼海阔天空而乐自然，此每饭不忘而泣时事。彼为智者乐水，此为仁者乐山。二者殆不易轩轾也。[①]

剖析李杜差异，所言大致切当。而《订正中国文学史》又将“李如李广，杜如孙吴”改为“李如李广，杜如程不识。”溯其源，即清人乔亿《剑溪说诗》所云“太白诗法，齐尚父、淮阴之兵法也；少陵诗法，孙吴之兵法也。以同时将略论，在汉，李则飞将军，杜则程不识；在唐，李则汾阳王，杜则李临淮。然则李愈与？曰：杜犹节制之师，百世之常法”[②]。而再溯其始，则为严羽《沧浪诗话》所云“少陵诗法如孙吴，太白诗法如李广，少陵如节制之师”[③]。

《订正中国文学史》又补充道：“杜集中赠李白诗最多，而李集之与杜者较少，后人袒比之不同，遂生李杜相轻之说，谓李有‘饭颗山头’之句，乃讥杜之苦吟，杜有‘重与细论文’之言，亦诮李之疏失，皆所谓臆逞也。‘无敌’之称，何如其推服，‘凉风’之什，‘死别’之篇，何如其伤惋。而李于杜之怀想，亦极浓，至《沙丘城下寄杜甫》云：‘我来竟何事，高卧沙丘城。城边有古树，月夕运秋声。鲁酒不可醉，齐歌空复清。思君若汶水，浩荡寄南征。’又《尧祠赠杜补阙》云：‘我觉秋兴逸，谁言秋气悲。山将落日去，水与晴空宜。云归沧海少，雁度青天迟。相失各万里，茫然空尔思。’此首宋洪驹父《诗话》称引之，审此，足知浅人之为妄庸矣。”[④] 在以

---

① 曾毅：《中国文学史》，泰东图书局1915年版，第154页。

② （清）乔亿：《剑溪说诗》卷下，《清诗话续编》，上海古籍出版社1983年版，第1118页。

③ （宋）严羽：《沧浪诗话·诗评》，郭绍虞校释《沧浪诗话校释》，人民文学出版社1998年版，第170页。

④ 按，段成式《酉阳杂俎》前集卷12：“众言李白唯戏杜考功‘饭颗山头’之句，成式偶见李白《祠亭上宴别杜考功》诗，今录首尾曰……”虽误称杜工部为“杜考功”，而诗即《尧祠赠杜补阙》，惟李、杜同游齐鲁时，杜尚未仕，后亦未官补阙，故仇兆鳌《杜诗详注》卷1云：“段成式《酉阳杂俎》谓杜补阙即杜子美，公此诗用李诗迟字以和之。其说非也。公遇李时尚为布衣，其授拾遗，在至德、乾元间。且补阙、拾遗，官衔不同，岂可强作傅会耶。”（《杜诗详注》，中华书局，1979年10月第1版，2004年1月北京第6次印刷，第51页）郭沫若《李白与杜甫》则云：“诗题应该是《秋日鲁郡尧祠亭上宴别杜甫兼示范侍御》。‘兼示’二字，抄本或刊本或缺，后人注以‘阙’字，其后窜入正文，妄作聪明者乃益‘甫’为‘补’而成‘补阙’。”可备一说。

上辨析李杜并无相轻的前提下，又从李杜在后代接受的角度提出："后代诗人，多自其渊源以出，其居文学上之位置，较李尤极要也。"①

尽管李、杜二人的年龄只相差十二岁，他们也都经历过唐王朝的全盛时代和由盛入衰的安史之乱，但一个崇道，一个尊儒。而李杜诗歌上的差异，更是由各自取法的对象造成的，他们的诗歌虽然都是荟萃前人之成就，但取径和渊源各自不同。宋人张戒《岁寒堂诗话》卷下谓："杜子美、李太白，才气虽不相上下，而子美独得圣人删诗之本旨，与《三百五篇》无异，此则太白所无也。"② 严羽《沧浪诗话·诗评》则云："少陵诗，宪章汉魏而取材于六朝。至其自得之妙，则前辈所谓集大成者也。"③ 元人傅若金（1303—1342）《诗法正论》云：

> 唐海宇一，而文运兴，于是李、杜出焉。太白曰："大雅久不作"，子美曰："恐与齐梁作后尘"，其感慨之意深矣。太白天才放逸，故其诗自为一家；子美学优才赡，故其诗兼备众体，而述纲常、系风教之作为多；《三百篇》以后之诗，而子美为其大成者也。④

明人于慎行（1545—1608）《穀山笔麈》云：

> 李诗放而实谨严，不失矩矱；杜诗似严而实跌宕，不拘绳尺，细读之可知也。然皆从学问中来：杜出六经、班汉、《文选》而能变化，不露斧痕；李出《离骚》、古乐府而未免依傍耳。⑤

明人刘世教《合刻李杜分体全集序》则云：

> 自《三百篇》后，学士大夫称诗之盛，前无逾汉，而后宜莫唐。

① 曾毅：《订正中国文学史》，泰东图书局 1930 年版，第 30 页。
② 《历代诗话续编》，中华书局 2010 年版，第 469 页。
③ 严羽著，郭绍虞校释：《沧浪诗话校释》，人民文学出版社 1998 年版，第 171 页。
④ 明万历三十一年胡文焕辑《格致丛书》刊本《诗法正论》。
⑤ （明）于慎行：《穀山笔麈》卷 8，吕景琳点校本，中华书局 1984 年版，第 87 页。

> 若开元、天宝间陇西、襄阳二先生出，遂穷诗律之能事，观于是止矣。是二先生者，其雄材命世同，其横绝来祀同，弗得志又无弗同。顾千载而下，使人披其编，想见其为人，若陇西不胜乐，而襄阳不胜忧者，何也？陇西趋《风》，《风》故荡詄，出于情之极，而以辞群者也；襄阳趋《雅》，《雅》故沉郁，入于情之极，而以辞怨者也。趋若异而轨无勿同，故无有能轩轾之者。①

清人乔亿（1701—1788年）《剑溪说诗》又云：

> 杜子美原本经史，诗体专是赋，故多切实之语；李太白枕藉庄骚，长于比兴，故多惝恍之词。②

清代四库馆臣所撰《御选唐宋诗醇》提要断曰：

> 盖李白源出《离骚》，而才华超妙，为唐人第一；杜甫源出于《国风》、二雅，而性情真挚，亦为唐人第一。自是而外。③

以上宋元明清几代评家追源之议，皆已搔到痒处，然犹可细论。在文学史上，以《诗经》为代表的诗歌传统，注重写实，多写日常感受；以《楚辞》为代表的诗歌传统，则注重想象，展开虚构情境。诚如上引《御选唐宋诗醇》提要所云，李杜分承风骚，正自有日常与风流之异，李白更侧重感发情兴，杜甫则侧重描绘家常。李白以《庄子》和《楚辞》为源头，《文选》亦为李白诗歌的重要渊源，李白三拟《文选》，朱熹云："李太白始终学《选》诗，所以好；杜子美诗好者亦多是效《选》诗，渐放手，夔州诸诗则不然也。"④ 杜甫诗所谓"集大成"者，不偏取一家，而是博采兼取，深求其理而不师其貌，往往浑成无迹，"如蜂采百花以酿蜜，不能别蜜味为

① （清）王琦注：《李太白全集》，中华书局1977年版，第1516页。

② （清）乔亿：《剑溪说诗》卷下，《清诗话续编》，上海古籍出版社1983年版，第1087页。

③ 《四库全书总目》卷190集部43，清乾隆武英殿刻本。

④ （宋）黎靖德编著：《朱子语类》卷140，中华书局1986年版，第8册，第3324页。

某花也。如秦人销天下兵器为金人十二，不能别金人之头面手足为某兵器也；合众体以成一子美，要亦得其自体而已”①。但细按之，《诗经》、汉魏乐府的表现手法，如对话、比兴、叠字、民谣、叙事等，时见继承和学习的痕迹。而齐梁之华美细致，也不偏废，既别裁伪体，又取其清词丽句；既能学习阴铿、何逊山水诗的苦心构思，又能从庾信的暮年诗赋中找到表现悲凉萧瑟心境的知音，最终形成了其博大精深的特色。②

李杜这两座并峙的高峰，同时也构成唐诗的分野。两人都融会了盛唐诗的表现艺术，擅长各种诗体，但个性、取向和风格迥异，代表着中国诗歌史上两种互成对照的审美取向，交相辉映，难分轩轾。李白写愁，白发被变长：“白发三千丈，缘愁似个长”，一派前盛唐的文采风流，精神自由，意气风发。愁亦愁得匪夷所思，愁得有前盛唐之魄力。杜甫写愁，白发被变短：“白头搔更短，浑欲不胜簪”，一派后盛唐的沉痛婉转，锤炼精纯，顿现王朝盛极而衰造成沉郁和深刻的命运感，正前人所谓“杜诗锤炼精纯，李诗潇洒落拓”③。李诗不假人工，如行云流水，飘逸豪放，壮浪纵恣，是后人难以再现的天才之美、自然之美；而杜诗沉郁顿挫、深刻悲壮、高大深神、气势磅礴，但却已经严格收纳在工整的音律节奏中，抑扬呼照，皆合于规矩绳墨，更偏于一种人工之美、艺术之美。④ 正如严羽《沧浪诗话》所说：“子美不能为太白之飘逸，太白不能为子美之沉郁”⑤，明代胡应麟《诗薮》所云：“李杜二家，其才本无优劣，但工部体裁明密，有法可寻；青莲兴会标举，非学可至”⑥，“李声价重生前，杜誉望隆身后”⑦，王穉登《合刻李杜诗集序》所言：“闻诸言诗者，有云供奉之诗仙，拾遗之诗圣，圣可学，仙不可学，亦犹禅人所谓顿渐，李顿而杜

---

① （清）贺贻孙：《诗筏》，《清诗话续编》第179页。

② 参见蒋寅主编《中国古代文学通论·隋唐五代卷》，辽宁人民出版社2005年，第71页。

③ （清）沈复：《浮生六记》，俞平伯点校本，人民文学出版社1980年版，第4页。又见王蕴章《然脂馀韵》卷1，《民国诗话丛编》第五册，第14页。

④ 参见陈才智《杜甫诗歌的审美品格》，《沈阳师范大学学报》1997年第1期。

⑤ （清）何文焕辑：《历代诗话》，中华书局1981年版，第697页。

⑥ 清人李少白《竹溪诗话》（光绪三年冬家刊巾箱本）论李杜诗各取其长，亦引胡应麟此言，谓李杜二家分言之则一高一大，合言之则高者必大，大者必高，偏李偏杜，俱在所不必。

⑦ （明）胡应麟：《诗薮》外编卷4，王国安校补本《诗薮》，第190页。

乃渐也"[1]，其《李翰林分体全集序》亦云："李盖天授，杜由人力，轨辙合迹，鞍辔异趋，如禅宗有顿有渐。"[2] 清代仇兆鳌《杜诗详注·进书表》则云："至开、宝右文之时，蔚起人材，挺生李、杜。李豪放而才由天授，杜混茫而性以学成。"[3] 黄子云《野鸿诗的》亦称："太白以天资胜，下笔敏速，时有神来之句，而粗略浅率处亦在此。少陵以学力胜，下笔精详，无非情挚之词。"[4] 故李白诗风在歌行中臻于佳境，杜甫诗风在律诗中达到极致；李白笔力变化在声调和辞藻，杜甫笔力变化在立意和格式；李白诗清浅自然，杜甫诗凝重精深。

"至唐以李杜鸣，然李以气韵雄，杜以研深胜。"[5] 李诗集中体现了盛唐清新和豪放这两大类风格，其诗境既具有"天与俱高，青且无际"的美感，[6] 又有"清水出芙蓉，天然去雕饰"那种明丽与天然的风格。杜甫则"尽得古今之体势，而兼人人所独专"[7]，且"穷高妙之格，极豪迈之气，包冲澹之趣，兼峻洁之姿，备藻丽之态，而诸家之作，所不及焉"[8]。若从诗歌形式的完备以及对后世的影响而论，杜诗海涵地负，千汇万状，确实略胜一筹。杜诗不仅包有盛唐豪放和清新两类风格，也不仅集六朝盛唐之大成，更兼备古今各种体势。除了沉郁顿挫以外，杜诗还有多种风格，"或清新，或奔放，或恬淡，或华赡，或古朴，或质拙，并不总是一副面孔，一种格调"[9]。笔者曾论杜诗具有壮美沉郁、慷慨悲歌、高大深神等审美品格，认为杜诗从心所欲不逾矩，内容与形式严格结合统一，保留了盛唐时代的雄豪

① （清）王琦注：《李太白全集》，中华书局 1977 年版，第 1514 页。潘德舆《养一斋李杜诗话》卷 1 引王百穀（即王穉登）语略云："李诗仙，杜诗圣；圣可学，仙不可学矣。"（《清诗话续编》，上海古籍出版社 1983 年版，第 2169 页）

② 《合刻分体李杜全集》卷首，明万历四十年刘世教刻本。

③ （清）仇兆鳌：《杜诗详注》，中华书局 1979 年版，第 2351 页。

④ （清）黄子云：《野鸿诗的》，《清诗话》，第 863 页。

⑤ （清）魏宪：《百名家诗选》卷 36 傅为霖小引。

⑥ （宋）计有功：《唐诗纪事》卷 45："（张）碧，字太碧，贞元中人。自序其诗云：碧尝读李长吉集，谓春拆红翠，霹开蛰户，其奇峭者不可及也。及览李太白词，天与俱高，青且无际，鹏触巨海，澜涛怒翻。"（王仲镛《唐诗纪事校笺》，中华书局 2007 年版，第 1543 页）

⑦ （唐）元稹：《唐故工部员外郎杜君墓系铭》，《元氏长庆集》卷 56。

⑧ （宋）秦观：《韩愈论》，《淮海集》卷 22。

⑨ 陈贻焮：《不废江河万古流——纪念伟大诗人杜甫诞生 1270 周年》，收入其《论诗杂著》，北京大学出版社 1989 年版，第 202—210 页。

壮伟，只是加上了形式上的约束规范，开辟并确立了崭新的盛唐美学风貌。[①] 可以补充的是，李白和杜甫以各自不同的文化基因，及各自不同的个性风采，代表着中国诗歌的两大美学形态，树立起两座千古共仰的诗歌高峰。正如胡应麟《诗薮》所云：

> 李、杜才气格调，古体歌行，大概相埒。李偏工独至者绝句，杜穷变极化者律诗。言体格，则绝句不若律诗之大；论结撰，则律诗倍于绝句之难。然李近体足自名家，杜诸绝殊募入彀。截长补短，盖亦相当。惟长篇叙事，古今子美。故元、白论咸主此，第非究竟公案。[②]

以李白为代表的盛唐诗人，善于生发对大自然的妙悟与兴会，描绘和表现世上可视可听、可用常情来理解的事物，其后登上诗坛的杜甫，则意识到诗歌要向前发展，必须超出这种常理，去探索那些“不可名言之理，不可施见之事，不可径达之情”[③]。他的景物描写往往超出可视可听的界线，捕捉潜意识和直觉印象，寄托朦胧的预感，表现更深一层的内心感觉。盛唐诗人的艺术表现虽然丰富，但技巧手法却服从于浑然一体的艺术境界。杜甫则在大量抒写日常生活情趣的小诗中，非常注重构思、立意及技巧的变化，为后人开出不少表现艺术的法门。[④] 明人蔡献臣《读李杜诗放歌》所云：“天仙吐出自超超，呼吸沆瀣凌紫霄。眼前光景口头话，尽是诗家白描画。君不见青莲一斗百篇俱，杜陵光鋩万丈餘。”[⑤] 其中“天仙吐出自超超，呼吸沆瀣凌紫霄”，正是诗仙式样的妙悟与兴会，而“眼前光景口头话，尽是诗家白描画”则从风流转向了日常，从天上转向了人间。因此，李杜从齐名而至异同之辨的意义就在于，在中华诗坛之上，继李白的风流之后，杜甫开辟出日常的新天地，由此在诗歌史上树立起后世学习的典范。

---

① 陈才智：《杜甫诗歌的审美品格》，《沈阳师范大学学报》1997 年第 1 期。

② （明）胡应麟：《诗薮》内编卷 4“近体”上，王国安校补本《诗薮》第 69 页。参见《唐音癸签》卷 6“评汇”二，周本淳校点本，上海古籍出版社 1981 年版，第 56 页。

③ （清）叶燮：《原诗·内篇下》，《清诗话》，上海古籍出版社 1978 年版，第 587 页。

④ 参见蒋寅主编《中国古代文学通论·隋唐五代卷》，辽宁人民出版社 2004 年版，第 74 页。

⑤ （明）蔡献臣：《清白堂稿》卷 12 上，明崇祯刻本。

四 垂范之意义

李白和杜甫皆有各自垂范后世的影响史和接受史，这里要谈的是从李杜齐名至优劣之争、再到后世异同之辨，在诗歌史上的垂范意义。常言道，天无二日，而文无第一，但异同之辨，倒是哲学的根本性命题。先来看冯班（1604—1671 年）的两则议论，其《钝吟杂录》卷五“严氏纠谬·元和体”条云：“大历之时，李、杜诗格未行，至元和、长庆始变，此亦文字一大关也。”[①] 其《钝吟杂录》卷七“诫子帖·与瞿邻凫”条又曰：

> 诗至贞元、长庆，古今一大变，李、杜始重。元、白，学杜者也。元相时有学太白处。韩门诸君兼学李、杜。韦左司自是古诗，与一时文体迥异。大略六朝旧格，至此尽矣。李玉溪全法杜，文字血脉却与齐梁人相接。温全学太白，五言律多名句，亦李法也。[②]

此前，钱谦益（1582—1644 年）《周元亮赖古堂合刻序》亦曾云：“唐之李、杜，光芒万丈，放而为昌黎，达而为乐天，丽而为义山，谲而为长吉，穷而为昭谏，诡诙奡兀而为卢同、刘叉，莫不有物焉。”[③] 可见，从垂范后世的角度来看，李杜之同，在界划中唐之变；李杜之异，则在影响元和时代以后中晚唐诗歌的不同取径。“李杜文章已不同，元和体格竞争雄”[④]。与唐代其他一时齐名者不同，从垂范后世的角度讲，李杜之异远大于李杜之同，此即清人贺贻孙（1605—1688 年）《诗筏》所云：

> 同时齐名者，往往同调。如沈宋、高岑、王孟、钱刘、元白、温李

① （清）冯班：《钝吟杂录》卷 5“严氏纠谬”，《丛书集成初编》第 223 册，第 68 页。参见严羽著，郭绍虞校释《沧浪诗话校释》，人民文学出版社 1998 年版，第 286 页；胡才甫《沧浪诗话笺注》，中华书局 1937 年版，第 45 页。

② （清）冯班：《钝吟杂录》卷 7“诫子帖”，《丛书集成初编》第 223 册，第 93 页。

③ （清）周亮工：《赖古堂集》，黄曙辉编，李花蕾点校，华东师范大学出版社 2014 年版，第7 页。

④ （清）惠周惕：《题江东册子唐礼部实君》，见其《砚溪先生集·呓语集》，《续修四库全书》影印清康熙惠氏红豆斋刻本。

> 之类，不独习尚切劘使然，而气运所致，亦有不期同而同者。独李、杜两人，分道扬镳，并驱中原，而音调相去远甚。盖一代英绝，领袖群豪，坛坫设施，各有不同，即气运且不得转移升降之，区区习尚，何足云乎！①

确实，同代齐名往往源自习尚切劘，出于气运所致，惟李杜之坛坫设施，各有不同，难以并称。王士禛亦云："钟退谷惺论高、岑云：'唐人如沈宋、王孟、李杜、钱刘，虽两人并称，皆有不能强同处，惟高、岑心手如出一人。'此语谬矣。所举数家，惟李、杜门庭判然，其他皆不甚相远。推而至于元白、张王、温李、皮陆之流，莫不皆然。"② 田雯（1635—1704年）《论诗》亦云："自苏、李以来，古之诗人各有匹耦。然李、杜并称，其境大异。王、孟则同矣，皮、陆又同矣，韦、柳又同矣，刘、许又同矣。"③

今天看来，在盛唐诗坛乃至全部中国诗歌史上，李白和杜甫是被后人公认为并尊而不可偏废的两颗巨星。李白和杜甫各自以其鲜明的艺术个性和巨大的创造力发展了唐诗，难辨日月，共辉大唐，因此宋代即有李杜之合祠。④ 世人熟知的四川绵阳之李杜祠，今存者为清光绪二十六年（1900年）绵州拔贡吴朝品修建，或云乃国内唯一的李、杜合祀一祠之纪念地。其实，甘肃天水亦有李杜祠，在西北天靖山上的玉泉观内，又称大雅堂，明嘉靖时始建，惜于20世纪60年代损毁。所幸尚有清人诗咏，聊可怀思。⑤ 杨恩《李杜祠》诗云："吁嗟天水一抔土，两贤遗迹留今古。磊落崎嵚千载人，流离奔走一生苦。淋漓醉墨帝王前，怨起《清平》第二篇。言路岂能留暗相，覆师不见涛斜川。祸福自掇宁自保，当时无乃惑草草。失脚千重云雾深，去国一日乾坤老。蜀道崎岖走欲僵，何日金鸡下夜郎。耒阳县外船难进，采石江头事可伤。当时不得一日乐，后世徒瞻万丈光。秦川城下聊回

① 《清诗话续编》，上海古籍出版社1983年版，第142页。

② 《居易录》卷21，《文渊阁四库全书》本；又见《带经堂诗话》卷1品藻，夏闳（戴鸿森）校点本，人民文学出版社1963年版，第39页。

③ （清）田雯：《论诗》，《文渊阁四库全书》本《古欢堂集杂著》卷1。

④ （宋）祝穆撰、（宋）祝洙增订《方舆胜览》，施和金点校，中华书局2003年版，第1168页。

⑤ 清顺治间，李杜祠堂旁，还有诗人宋琬驻节秦州时，于顺治十二年（1655）主持刊刻的二妙轩碑，集王羲之、王献之诸家之法书，刊杜甫陇右诗60首。今已重建于南郭寺的杜少陵祠。

步，手拂尘埃开像塑。安知天靖山头今日祠，不是二贤昔日经行处。并袂联榻俨若生，安得杯酒一相赓？瓣香拜罢高回首，满目山川无限情。”[①] 正如陇山之分水岭地位，乾元二年（759 年）的陇右之行，亦老杜人生与诗境之拐点，而杜诗言及李白凡十四处，其中秦州所作尤夥，包括《梦李白二首》《天末怀李白》《寄李十二白二十韵》，这是除二人相见同游之外，杜甫最为集中的交游性创作，这不能不令人才想起，李白即陇西成纪（今天水秦安）人也，杜甫从李白的祖籍秦州开始，经同谷入川，经行的很可能也是李白当年随家人入蜀的路线，此正清人蒋薰《李杜祠》诗所谓：“陇西旧是翰林地，工部诗篇流寓多。天靖山头共颜色，屋梁落月夜如何。”[②] 李杜在天水的交叉叠合，提醒我们，第一，李杜齐名，与杜甫以秦州诗为重心的对好兄长李白的怀思、追慕、推尊和全方位叙写有着密切的关系，第二，万丈文焰与千秋诗光，不会因为后世的人为建构而黯淡或走样。清人卢紘《选李杜诗集漫题》说得好：

> 李杜原齐驾，难将伯仲评。清狂凭酒寄，牢壮本忧生。固是仙才绝，应推诗史精。少陵兼古律，供奉妙歌行。诸体咸遒胜，奇光总善惊。居然高气格，何止备声情。千载骚坛重，当时禄秩轻。漫云诗选士，偏此漏科名。[③]

说到“千载骚坛重，当时禄秩轻”，确实如此，又不仅如此。在当时，尽管李白诗名显于盛唐，但王维才是盛唐主流诗坛的代表。[④] 低调一些的说法，也是李白差可与王维齐名盛唐。而杜甫成名则较晚，盛唐时不显，安史之乱入蜀后，方受到有限的赞赏，在读者数量和接受地域方面，还远达不到与李白齐名。在这一意义上讲，李杜齐名带有偶然性；但从诗史上看，李杜之争所代表的才气与学力之别、风流与日常之转折，却具有深刻的必然性。因为诗歌史兼含创作史与接受史，与创作史不同，接受史更多与后世之建构

① （清）王琦注：《李太白全集》，中华书局 1977 年版，第 1678 页。
② （清）蒋薰：《留素堂诗删》卷 1 塞翁编，清康熙刻本。
③ （清）卢纮：《四照堂诗集》卷 4，清康熙汲古阁刻本。
④ 参见陈才智《历史选择了王维》，《博览群书》2018 年第 8 期。

相关，其“吊诡”之处在于，有时会将明明差别很大、难以同日而语者，如年差十二岁的李杜，在放大和放远的诗歌史平台之上加以并称，建构起新的审美意义上的齐名和同尊。其因缘，即一方来自江陵的墓志，与一封来自江州的书信，偶然开启了李杜优劣之辨。而后世文献中，常见的元白与李杜对仗或联称，却绝非偶然，元白能与李杜并肩而立，绝非是沾了李杜的光，其实与元白所建构的李杜齐名并称密切相关。另一个契机，或者说幸运的是，在中唐时代，因为韩愈与元白诗派在诗学观念上的差异和竞争，引发出论争李杜优劣的公案，这一契机才成就了中国诗歌史上的由齐名至互争到互补的两大新典范，也直接导致诗坛谱序的重新书写。从此，在诗歌创作上，后世诗人根据自己的诗学志趣、时代需要、个性爱好，在李白那种飞扬的自由、杜甫那样精严的规矩之间，做出自己的选择。而诗歌批评史和接受史这一边，评论者和接受者逐渐由抑扬或优劣，走向调和与并尊，认识到：从发展的、整体的立场上看，与其扬此抑彼，轩轾偏爱，不如合而观之，兼容并包。从二者不同诗学方式的比较中，以更为开阔的文化视野，寻绎中国诗歌美学的兼融广大之道。

总之，今日看来，李杜宜辨异同，而难争高下。同者，李杜诗歌均集中体现出盛唐诗人心胸宽广、积极进取的精神面貌和时代性格，表达了同时代诗人济苍生、安社稷、以天下为己任的共同理想，在追求功业的现实中所产生的不平之气。他们通过各自的遭际加深了对现实的认识，在天宝至安史之乱以后的诗坛上，揭示出严重的政治危机，反映出安史之乱前后广阔的社会生活和历史背景，以深刻博大的内容提高了盛唐诗的思想境界。异者，李白诗的主导风格，形成于大唐帝国最为辉煌的年代，以抒发个人情怀为中心，咏唱对自由人生的渴望与追求，气度风流，一泻千里，成为其显著特征。而杜甫诗的主导风格，却是在安史之乱的前夕开始形成，而滋长于其后数十年天下瓦解、遍地哀号的苦难之中，在艺术上千汇万状，笔触更加走向日常。两人虽然都是荟萃前人，但渊源不同。两座并峙的高峰，同时也构成唐诗的分野，在风流与日常的不同流脉下，对后世产生不同的垂范意义。

全真玄学与重玄学、老庄学

——三教融合视域中的全真教

张广保

（北京大学哲学系）

摘要：全真教是王重阳在金代融通儒、释、道三教，返本开新更新道教传统创立的新道教。全真教既承接道教传统，又直接继承了魏晋玄学、六朝以降的重玄学学统，乃是重玄学在金代通过融通三教之后归宗于心性的一种崭新思想形态。对此，学界此前并未有清晰的认知。本文依据碑刻、传世文献研究全真教赖以立教的精神传统及其与老庄学、重玄学的内在关联。

关键词：老庄学　重玄学　全真教

全真教是王重阳在金代融通儒、释、道三教，返本开新更新道教传统创立的新道教。在蒙元时期，全真教又被称为玄门、玄教，其掌教宗师被汗廷尊为玄门正派宗师。全真宗师李志常又于蒙古海迷失三年（1250年）正式于全真教总部长春宫创立玄学。关于全真教与道教传统的联系，学界已有清楚的认识。然而全真教除了接续道教的道统外，还传承了魏晋玄学、六朝至北宋的重玄学学统。王嚞在金代创立的全真教之所以能成功重塑道教传统，并绵延至今，成为与正一教并驾齐驱的主要道派，固然与丘处机于蒙古国时期一言止杀的莫大历史功勋密不可分，然而这只是全真教的教相，并非全真教历久不衰的真精神所在。全真教之所以能崛起于金代，关键在于其通过返本开新的方式，出入三教，以心性为宗，重新更新道教的传统。从这方面聚焦全真教，我们发现其与玄学、重玄学有着莫大的干系。我们完全可以说，全真教直接继承了魏晋玄学、六朝以降的重玄学学统，乃是重玄学在金代通过融通三教之后归宗于心性的一种崭新思想形态。对此，学界此前并未有清晰的认知。无论是研究玄学、重玄学的学者，还是研究全真教的学者，都没有意识到全真教赖以立教的精神传统与玄学、重玄学的内在关联。

一　全真教玄学

1. 蒙古国时期全真教玄学的创立

海迷失三年，全真掌教宗师李志常在长春宫创建玄学是全真教史乃至整个道教史上一桩具有重大意义的历史事件。它标志了全真教在制度层面接续中国思想史中玄学、重玄学的思想传统。全真教创设玄学是直接继承唐玄宗在开元二十五年（737 年）创设的崇玄学及北宋徽宗政和六年设置的道学。我们完全可以将其视为道教接续道家学脉的一大制度性创设。

海迷失后三年，南宋理宗淳祐十年（1250 年），全真掌教宗师真常真人李志常于全真教总部燕京大长春宫创设玄学，以纯成大师李志全（1191—1261 年）为提举，在各地选举道学精深、擅长讲论的全真高道担任讲席。对于此事，王鹗（1190—1273 年）所撰《玄门掌教大宗师真常真人道行碑铭》失载，然而其他全真教碑铭多有记载。李蔚《大朝故讲师李君墓志铭》载全真高道李志全出任玄学提举之事："教主真常宗师奉恩例，赐公（李志全）纯成大师、提举燕京玄学。"[①] 又据赵著所撰《佐玄寂照大师冯公道行碑铭》的记载，玄学之创设，蒙古国时期出任全真教都道录的冯志亨亦多赞成其事，《佐玄寂照大师冯公道行碑铭》称："及将立玄学，公复以作成后进之心而赞助之，直至有成。"[②] 玄学设有提举、玄学讲经师等职任。玄学的创设虽然由全真教出面，实际上具有半官方的性质，因为其时蒙古统治者尚未自觉接续中国政治文化传统，有关文化教育方面的管理事务，均交付全真教打理。例如依据王鹗《玄门掌教大宗师真常真人道行碑铭》记载，李志常早在

① 陈垣编纂：《道家金石略》，文物出版社 1988 年版，第 581 页。

② 同上书，第 521 页。

太宗继位元年（1229 年）的旧历七月，在乾楼辇（怯绿莲）参加太宗继位大典时，就应太宗之请，进《易》《诗》《书》《道德》《孝经》以教太子："时方诏通经之士教太子，公进《易》《诗》《书》《道德》《孝经》，且具陈大义。上嘉之。"[①] 其后太宗创设国子学，也是由李志常、冯志亨及陈时可等人负责。而李志常也因此被蒙古汗廷称为"仙孔八合识"，八合识即蒙古语"师"，亦即道、儒之师。至于冯志亨更是出任国子学的总教习，具体负责国子学日常事务。赵著撰《佐玄寂照大师冯公道行碑铭》："先是承诏教授胄子十有八人，公乃于名家子弟中，选性行温恭者如其数，为伴读，令读《孝经》《语》《孟》《中庸》《大学》等书，庶几各人于口传心授之间，而万善固有之地日益开明。能知治国平天下之道，本自正心诚意始。是后日就月将，果皆克自树立，不惟俱获重用，复以才德见称于士人。"[②]

李志常创设全真教玄学应该是与其主办蒙古国子学一脉相沿。据现存全真教碑铭，出任全真教玄学讲席的都是教门硕学，例如李志全、史志经、姬志真等教门高道，他们大多学识渊博，淹通教史，撰有全真教史著述。例如李志全参与元《玄都宝藏》的编纂工程，是除秦志安之外，最重要的几位编撰者之一。他还为全真高道宋德方、尹志平撰写碑赞，并编选七真以下有关修真主题的诗赋文选。太宗八年（1236 年），李志全撰写《总真玉室祝文》《披云门赞》。[③] 宪宗元年（1251 年），李志全撰《清和演道纯德真仙迹之碑》，详细记载尹志平求道宏道事迹，这是尹志平现存诸道行碑中较早一通。[④] 他著有《酎泉集》三十卷行于世，又集七真及已下诸师诗赋二十卷，目曰《修真文苑》。

1250 年玄学创设之始，刘处玄、宋德方一系的高道史志经（1202—1275 年）即受聘玄学讲席，由华山云台观赴长春宫，成为首批玄学讲师。他曾参与元代佛道廷辩，是元代佛道辩难中道教一方的重要代表。王鹗《洞玄子史公道行录》："庚戌（1250 年），掌教李真人屡以书请，辞不获已，来

① 王鹗：《玄门掌教大宗师真常真人道行碑铭》，载陈垣编纂《道家金石略》，第 578 页。

② 陈垣编纂：《道家金石略》，第 521 页。

③ 同上书，第 468—469 页。

④ 同上书，第 538—541 页。

燕。玄学讲余间，受《易》《老》微旨。”[①] 史志经撰有《老子八十一化图》（与令狐璋合著）、《玄风庆会图说文》、《重阳真君悯化图序》等重要教史文献，并编《华山志》十四卷等。此外，史志经还为教内多名高道撰有碑记。除李志全、史志经外，玄学还有一位著名的玄学讲师，此即出自郝大通、王志谨宗系的姬志真。蒙古宪宗二年（1252 年），玄学创立两年后，时年六十岁的全真教史家姬志真（1193—1268 年）由汴梁大朝元万寿宫奔赴燕京长春宫担任玄学讲师。李道谦《知常姬真人事迹》记姬志真出任玄学教席事云：“壬子（1252 年，宪宗二年）岁，掌教真常李君起置玄学于燕京大长春宫，师亦与其请，日与四方师德遁主法席，后学之士多赖进益。”[②] 姬志真入选，讲学于全真教堂下。这也是姬志真入道之后，首次离师外任。姬志真是蒙元时期全真教重要教史家，为金元时期全真教史尤其是郝大通、王志谨宗系教史的书写与编纂做出重要贡献。他传承郝大通、王志谨宗系，并于元世祖中统二年王志谨逝后，接任该宗宗主之位。生平著作除《云山集》见于《道藏》之外，另还有《周易直解》《道德经总章》《冲虚断章》《南华解义》，今均已佚失。这里值得提及的是，玄学开创之初的三位主要参与者，分别来自全真教不同的宗系，李志全、史志经出自刘处玄、宋德方宗系，姬志真则源于郝大通、王志谨宗系。这表明其时全真教虽然也出现宗系分化，但各宗系对全真教的整体认同仍然很强烈，当然这与全真掌教大宗师由于汗廷的授权对各宗系拥有不可撼动的支配权密切相关。

玄学主要为全真教各大宫观培养教门人才，关于玄学生的来源，蒙元全真教碑刻也有提及，全真教史家李鼎《重修终南山上清太平宫记》记载：“宗师真常真人，将以斯道成就天下后进，故立玄学。此宫道士杜志玄与李、杨二大师，法兄弟也，今为玄学生，学道之心甚切，予冀其充其诚敬，固其操守，慎终如始。一旦功夫既到，光明藏中流出无碍智慧，随机应变，无施不可，不负宗师成就人材之意。”[③] 据此可知，终南山上清太平宫的道士杜志玄与李、杨等师兄弟一道被选为玄学生。可见当时玄学的招生是从北方各地全真宫观选拔

① 陈垣编纂：《道家金石略》，第 577 页。

② 李道谦：《甘水仙源录》卷 8《知常姬真人事迹》，《道藏》第 19 册，天津古籍出版社 1988 年版，第 792 页。

③ 陈垣编纂：《道家金石略》，第 520 页。

的，其目的是为各地全真宫观培养道教人才，这就如同今天的中国道教学院。

另据马丹阳、于洞真一系全真教史家李道谦《终南山宗圣宫主石公道行记》，接替李志常担任全真掌教大宗师的张志敬进一步扩大玄学创设范围。其载云："无何，掌教诚明张君下教命，随□名山大川，诸大宫观，例起玄庠，教育后进。"[①] 李道谦还曾与郝大通一系的石志坚同主祖庭讲筵。这说明在张志敬掌教期间，玄学创设范围进一步扩大，不仅限于全真教总部长春宫，各大型宫观也创设了玄学。祖庭、楼观大宗圣宫等都设有玄学讲筵，《楼观大宗圣宫重修说经台记》的书丹者即为玄坛讲师李志宗。[②]

李志常于长春宫设立道教玄学，意义极为重大，乃是道教于异族统治之际，儒学衰微，道教为延续中华文化之文脉的艰苦努力。盖蒙古国时期沿袭其固有的草原游牧政制，一直未能实行科举制度以延续中华文脉，直至元仁宗时始有改观。而全真教虽系道教，然早自教祖王重阳始即倡导三教合一，加之第二代弟子如李志常、冯志亨等，多由儒入道，故对蒙元之际以儒、道为代表的中华文化的延续尤为致意。

蒙古国时期全真教创立玄学也是继承唐宋以来中原王朝政制传统。据《唐会要》卷 64 载，开元二十五年（737 年）唐玄宗诏令在玄元皇帝庙设置崇玄学，开元二十九年正月又下令，设崇玄博士 1 人，令学生研习《道德经》《庄子》《文子》《列子》。《新唐书·选举志上》载此事："〔开元〕二十九年，始置崇玄学，习《老子》《庄子》《文子》《列子》，亦曰道举。其生，京、都各百人，诸州无常员。"杜佑《通典》亦有记载："玄宗方弘道化，至二十九年，始于京师置崇玄馆，诸州置道学，生徒有差。（京、都各百人，诸州无常员。习《老》《庄》《文》《列》，谓之四子。荫第与国子监同。）谓之'道举'。"[③] 唐代崇玄学的建制在唐代中后期一直得到沿袭，唐德宗时期名臣权德舆就曾主持贞元十八、十九年的道举，并出了道举策问题五道。[④] 道举为

---

① 陈垣编著：《道家金石略》，第 637 页。

② 《大元凤翔府岐山县官村创建通玄观记》，载王宗昱编著《金元全真教石刻新编》，北京大学出版社 2005 年版，第 80—82 页。

③ （唐）杜佑：《通典》卷 15，《选举三·历代制下》，中华书局 1988 年版，第 356 页。

④ 蒋寅笺，唐元校，张静注：《权德舆诗文集编年校注》卷 40，《道举策问五道》，辽海出版社 2013 年版，第 412 页。

唐代中后期封建统治者培养了不少优秀人才，像活跃于肃宗、代宗朝的著名文学家、政治家的元载（？—777年），就是玄宗天宝元年道举出身，他在肃宗、代宗时曾担任宰相。道举制度自玄宗朝确立以后，一直延续到唐末五代时后唐明宗李嗣源主政方予以敕停。[①]

又北宋徽宗于政和六年（1116年）设立道学以接续唐代崇玄学的政治建置。据史籍记载，此举是接受北宋名道林灵素的建议。陈均《九朝编年备要》卷二八载此事云："政和六年闰正月，置道学。宣和元年，诏州县学兼养道流。"[②] 不过宋徽宗设置的道学持续时间很短，只持续了十年，宣和七年（1125年）即罢停。[③]

唐玄宗还对道举考试中所涉道家思想家文子、列子、庄子、亢仓子及其著作予以加封，以提高其政治地位。如唐玄宗天宝元年（742年），追封文子为"通玄真人"，诏封《文子》为《通玄真经》，封列子为"冲虚真人"，其书为《冲虚真经》。封庄子为南华真人，尊《庄子》为《南华真经》。亢仓子则追封为"洞灵真人"，其所著《亢仓子》为《洞灵真经》。[④] 唐玄宗的这一崇道举动对北宋统治者具有示范效应。宋真宗、宋徽宗都对上述道家四子加封更尊贵的封号。政和七年八月，宋徽宗还根据宣和殿大学士蔡攸建议，将《亢桑子》《文子》列入国子学，与《庄子》《列子》并行。又亲自为《道德经》作注。李志常设立玄学显然就是继承唐宋以来的这一政制传统。

2. 秦志安与玄都宫玄学讲席

这里需要特别指出的是，全真教玄学虽然由李志常于海迷失三年在长春宫正式创立，但这绝非全真教玄学的发端。在这之前，不少地方性的全真教宫观就创设玄学，就中尤其是宋德方弟子秦志安（1187—1244年）在玄都宫的玄学讲论引人注目。与李志全、姬志真、史志经一样，秦志安也是蒙元

① 王溥：《五代会要·缘举杂录》，中华书局1985年版，第284页。

② （清）毕沅：《续资治通鉴》载徽宗诏云："自今学道之士，许入州县学教养；所习经以《黄帝内经》《道德经》为大经，《庄子》《列子》为小经外，兼通儒书，俾合为一道。"毕沅：《续资治通鉴》，中华书局1957年版，第2401页。

③ 宣和七年（1125年）："罢道学，以儒道合而一，不必别置道学也。"《续资治通鉴》，第2417页。

④ （宋）郑樵：《通志》卷24，《礼略第二》，中华书局1995年版，第665页。

时期全真教以文传道的典范，是全真教八大教史家之一。他最值得称道的是撰作《金莲正宗记》。这是全真教中成书最早的一部教史著作。据毛养素撰于太宗十三年（1241 年）《金莲正宗记》序，可知是书编成于此年之前。

正是在住居宋德方一系的位于王屋山附近玄都宫时，秦志安主持该宫设立的玄学讲席。元好问称他："乐于提诲，不立崖岸，居玄都十余稔，虽日课校雠，其参玄学，受章句，自远方至者，源源不绝。他主师席者，皆窃有望洋之叹焉。"① 秦志安主持玄都宫玄学讲席早于李志常在燕京长春宫设立的玄学。玄都宫玄学讲席的设立与宋德方、秦志安主持纂修《玄都宝藏》紧密相关。据李鼎《玄都至道披云真人宋天师祠堂碑铭并引》记载，《玄都宝藏》修成之后，当时刻印一百二十藏，藏于全真教各大宫观。宋德方为帮助教徒学习《玄都宝藏》，又于每藏设立讲席："复恐学者乍见玄经广大，不知有一贯之实，或致望洋之叹，故每藏立一知道之士主师席，令讲演经中所载圣贤之所以为圣贤之事，庶使一一就博学详说之中，得反说约之妙，得悟同然之理。"② 据此可见，燕京长春宫设立玄学乃是参考地方各宫观设立玄学基础上设立。

又据秦志安所撰《兴真观记》，秦志安还曾在位于山西闻喜县的尧都长春观担任三洞讲经法师。该碑虽立石于宪宗九年，但秦志安观记之作当在 1244 年即仙逝之前。《道家金石略》编者按语失考。③

除中央、地方全真各系玄学传授《易》《老》《庄》《列》等先秦道家经典外，早期全真高道也大都聚焦全真性命之学，精研道家经典。例如宋德方："师既得指授，朝夕充养，未始少息。后得度于玉阳，占道士籍。迨长生仙去，事长春宗师于栖霞。儒经道典，如《易》《老》《中庸》《大学》《庄》《列》等书，尤所酷好。外虽诗、书、子、史，亦罔不涉猎。于中采其穷理尽性之学，涵泳践履，潜通默识，光明洞达，动与之会，其日新之美，固已不可掩矣。"④

可见金蒙时期全真教的玄学实际上是研习全真性命之学。不仅宋德方宗

① 陈垣编著：《道家金石略》，第 487 页。
② 同上书，第 547 页。
③ 同上书，第 533—534 页。
④ 《祖庭仙真内传》卷下，《道藏》第 19 册，第 539 页。

系热衷传承玄学，早期全真教其他宗系也莫不将修习玄学视为宗门传统。七真的开宗大弟子都精研玄学，例如郝大通嫡传大弟子范圆曦就精于玄学，宋子贞《普照真人玄通子范公墓志铭》评论范圆曦说："尤邃于玄学，神怪幻惑之术，略不挂口。其尝受戒箓称为门弟子者，不可胜计。四方请益之士多乞为歌诗，及其手字，公布纸落笔动数百幅，殊不致思，而文彩可观，得片言只字，皆藏之什袭，以为秘宝。"① 又如郝大通、李志实一系也多传玄学，李道谦《终南山楼观宗圣宫同尘真人李尊师道行碑》称楼观宗圣宫主李志柔与其父李志微一同师事郝大通，高弟开玄真人李志实，李志微、李志柔均嗜好玄学、契通玄理：

> 师姓李氏，讳志柔，字谦叔，其先洺水人。世业农桑，以门地清白见称于乡里。昆季四人，师其次也。生有宿慧，及长，雅好林泉，萧然有出尘之韵。父志微，素嗜玄学，先从赵州临城县太古高弟开玄真人李君，参受全真教法，及学成行尊，所作歌咏，深契玄理。
>
> 泰和辛酉岁，师亦事开玄，执弟子礼，服勤日久，开玄识为受道器，真诠秘诀，付授无所隐。师既蒙指授，自是炼养愈密，丐食邢洺间，虽绝粒数日，立志不少衰。寻隐居仙翁、广阳两山，谢绝人事者十有二年，心境虚明，万理照澈，尔后开玄及志微具解化。②

据此可知文中的玄学也是指道德性命之学。又李谦撰《弘玄真人赵公道行碑》称马丹阳高徒弘玄真人赵悟玄精于玄学：

> 真人邃于玄学，所谓修丹养性、黄庭内外景之说，得之于心，宣之于口，皆成咏歌，有曰《九九诗》《无生吟》，具载《仙梯集》，传于道流。③

---

① 陈垣编著：《道家金石略》，第 503 页。

② 《古楼观紫云衍庆集》卷中，《道藏》第 19 册，第 558 页。

③ 《甘水仙源录》卷 4，《道藏》第 19 册，第 751 页。

3. 玄学的授受

全真教设立的玄学主要讲授哪方面内容？其与唐玄宗时期创设的重玄学是否存在前后呼应关系？对此，我们前引王鹗所撰《洞玄子史公道行录》已有提及，王鹗称史志经："玄学讲余间，受《易》《老》微旨。"① 这说明《周易》《老子》是史志经玄学传授的重点。而另外一位玄学讲师姬志真治学的重点也是围绕《周易》《老子》《庄子》《列子》展开的。姬志真生平著作除诗文集《云山集》见于《道藏》之外，另还有《周易直解》《道德经总章》《冲虚断章》《南华解义》，可惜今均已佚失。然而我们要提请注意的是，姬志真的这些注释之作都是围绕着玄学展开的。四部注解著作中包含魏晋玄学倡导的三玄即《周易》《老子》及《庄子》，而《列子》在唐玄宗天宝元年曾被加封为《冲虚真经》，是玄宗朝道举必考的道家经典。又曾执主全真教祖庭重阳宫玄学讲席的李道谦也主要致力于研习《周易》《老子》，以诵此二经为日常功课。宋渤撰《玄明文靖天乐真人李公道行铭并序》称李道谦：

> 终身未尝废书不观，经史百家，靡不周览。晨起日课，取《道德经》、《周易》洛诵一通，盛寒暑弗辍。②

李道谦是马丹阳、于洞真宗门的传人，高道宽仙逝后，他继任该宗宗主，出任元世祖时陕西五路西蜀四川道教提点，长期以祖庭重阳宫为基地，在陕西五路西蜀四川全真教区弘扬全真教。他的弟子孙德彧在元仁宗时曾出任全真掌教大宗师，据元邓文原所撰《道行碑》记载，马丹阳、于洞真宗系也是以《道德经》《周易》在宗门授受：

> （孙德彧）逾十岁，着道士服，玄明文靖天乐振教大真人李公器遇之，授易老奥义。天乐之教由马丹阳、于洞真二真君，以次相传，其胠

---

① 陈垣编著：《道家金石略》，第577页。

② 同上书，第713—715页。

抉渊秘，雅有宗绪。[①]

甚至在元仁宗皇庆二年颁布授职圣旨中，还特别提到孙德彧精研《老》《易》：

辅道体仁文粹开玄真人孙德彧，雅师清静，克宝俭慈。探老易之精微，搴经科之灵秘。虽深资于天乐，实光绪于丹阳。提振纲维，恪恭戒律。[②]

李道谦对《老子》与《周易》的关系还有很独到的认识，在《楼观大宗圣宫重修说经台记》中，他从道、儒会通的角度阐述《老》、《易》二经的关系：

其曰有无妙徼者，即《易》之上下道器也，生生之本在是矣。夫《易》作于三圣，极乎天人之道，究人事之始终，合天地之运动，有无相乘，盈虚相荡，此天地之用、圣人之功也。而《老子》之书，造辞立用，一许冥契，特欲出于天地范围之表，而道前古圣人之所未道者，然亦不外乎盈虚相荡，有无相乘。所谓道者，盖牺皇周孔之所贯，岂复有所异哉？[③]

这里所说“有无妙徼”出自《道德经》第一章“道可道，非常道。名可名，非常名。无名天地之始。有名万物之母。故常无欲以观其妙；常有欲以观其徼。此两者，同出而异名。同谓之玄，玄之又玄，众妙之门。”“上下道器”则出自《易经·系辞》“形而上者谓之道，形而下者谓之器”。李道谦以为《老子》与《周易》是彼此贯通的，《老子》以有无、妙徼论道与《周易》以形上形下、道器论道在思想上是一致的。不过《老子》重在讲象帝之先，

---

① 《皇元特授神仙演道大宗师玄门掌教辅道体仁文粹开玄真人管领诸路道教所知集贤院道教事孙公道行之碑》，载陈垣编著《道家金石略》，第 787 页。

② 《元汉会文圣旨碑》，载王宗昱编著《金元全真教石刻新编》，第 87 页。

③ 陈垣编著：《道家金石略》，第 642—644 页。

讲玄之又玄，与《周易》重在贯通天人的思路不同，其高妙之处乃在《周易》之上。李道谦在此论《老子》与《周易》的关系，显然意在会通易、老，这与三苏的蜀学有相承关系。例如苏轼在《东坡易传》中就对道、易两大概念进行细致辨析，并予以贯通。他认为道是描摹万物未生之时的状态，易则是指征物转相生、生生不息的状态："相因而有，谓之生生。夫苟不生，则无得无丧，无吉无凶。方是之时，易存乎其中而人莫见，故谓之道，而不谓之易。有生有物，物转相生，而吉凶得丧之变备矣。方是之时，道行乎其间而人不知，故谓之易，而不谓之道。圣人之作易也，不有所设，则无以交于事物之域，而尽得丧吉凶之变。是以因天下之至刚而设以为乾，因天下之至柔而设以为坤。乾坤交，而得丧吉凶之变，纷然始起矣。……言易之道，至乾而始有成象，至坤而始有可见之法耳。"① 这里值得注意的是苏轼会通道与易两大中国哲学的核心概念，将未生、已生通连一体。他又认为道是无名，表示一种浑朴未分的大全，而易则是开物成务，通过取象的方式赋之以名，天地通过生生不息逐渐获得各自的名。因此，从这个角度看，道与易也是贯通的。《东坡易传》说："夫道之大全也，未始有名，而易实开之，赋之以名。以名为不足，而取诸物以寓其意；以物为不足而正言之，以言为不足而断之以辞，则备矣。"② 这就直接启发李道谦上述会通《老子》与《周易》思想的思路。

李道谦继承苏轼统合《老》《易》注解《周易》的思路，表明宋室南渡之后北方金统区不但在文章辞赋之学继承三苏的蜀学，而且在经学解释方面也延续蜀学学脉，而与南宋主要承继洛学的风尚有所不同。这也说明南宋与金除在政治军事方面存在紧张的竞争关系之外，在学统、道统方面也一直在互相竞争。这点过去学术界一直未予以重视。

李道谦还对孔、老即儒、道的关系予以会通，认为道是一个宇宙生成的整体过程，春夏为生，秋冬为敛，儒家应乎天道生成之时，道家则应乎敛藏之节，因此孔、老是互相补充的，是构成道之整体的两大不同环节：

---

① （宋）苏轼：《东坡易传》卷7，李之亮笺注《苏轼文集编年笺注》，巴蜀书社2011年版，第259页。

② 同上书，第275页。

先王之道若循环，春夏以出生为功，秋冬以敛藏为德，一则使之荣华而致用，一则使之凋落而反根。道犹岁也，圣人犹时也，明乎道，孔老相为终始矣。是则成己成物，内圣外王之道，此二子之所以彼此不言也。①

这种统合儒、道思想的看法是很有见地的。不过，作为全真高道，在会通儒、道两家时，还是以道家为本位。例如他在论及六经与《道德经》的优劣时，他还是主张老子所论为六经所未及：

六经之学，纲纪万世，而二篇之要，又将有得于六经之外。故太史公言：六经浩浩，不如老子之约。②

蒙古国时期全真教于长春宫创设的玄学之所以聚焦《易》《老》《庄》《列》等传统玄学经典，一方面是因为全真教有意识接续道家自先秦以来传承的道统，此道统经唐玄宗、宋真宗、宋徽宗的政治加封而得到扩散与强化；另一方面也是因为北宋以来中国传统文化在经历全盘印度化、佛教化的阵痛之后，经由三教融通，重新确立起对自身精神传统的认同，从而开启波澜壮阔的中华传统复兴时代。这是一次真正的精神层面的中国转向，向中国传统转舵。当然这次转向中国传统是在充分吸收外来印度文化精华之后实现的。我们注意到在始于唐代的中国精神传统的复兴运动中，本土儒家与道家都做出自身独特的贡献。道家在唐代的复兴乃是通过与皇室之宗亲联盟，以李唐皇室攀附老子为宗祖为楔入点，进而牵引出老子弟子及后学，通过这一奇特的方式，道家思想家老子、文子、亢仓子、列子、庄子都得到加封，他们的著述都被提升至真经的地位。因此，在唐代中国本土两系思想传统中，道家传统的复兴无论时间及力度都早于且强于儒家一系。然而至北宋儒家后来居上，中国传统复兴的旗帜是以儒家为标识的。无论是宋初三先生，还是北宋五子都发起中国精神传统复兴的最强音。不过道家在这一时期也并未完

① 陈垣编著：《道家金石略》，第642—644页。

② 同上。

全停寂，从陈抟、张无梦、陈景元、张继先一直都在传承、创新道家思想传统，直到王重阳融通三家，继承先秦道家、魏晋玄学及隋唐重玄学，从而翻新道教传统创立崭新的道教新教派——全真教。

二 全真教与先秦道家

金代王嚞（1112—1170 年）以道教为本位，混融儒、释、道三家，创立一种崭新形象的新道派——全真教。王嚞《重阳真人金关玉锁诀》云："太上为祖，释迦为宗，夫子为科牌。"[①] 王嚞开创全真教，标榜不主一相，不居一教，凡立会必以三教名之，设教多引六经为据，又教人读《孝经》《般若心经》及《道德经》。表明其意在将传统中国文化中的儒、释、道重新冶为一炉，一洗旧有三教之陈弊，开创一全新之宗教。对此，早期全真教传记家都有清醒的认识。刘祖谦（约 1175—1232 年）在《终南山重阳祖师仙迹记》记述说："（王重阳）凡接人初机，必先使读《孝经》《道德经》，又教之以孝谨纯一。及其立说，多引六经为证据。其在文登、宁海、莱州，尝率其徒演法建会者凡五，皆所以明正心诚意、少私寡欲之理，不主一相，不居一教也。"[②] 又元好问在《离峰子于公墓铭》中也说："闻之今之人，全真道有取于老佛家之间，故其寒饿、憔悴、痛自黥劓若枯寂头陀然。及有得也，树林水鸟，竹木瓦石之所感触，则能事颖脱，缚律自解，心光晔然，普照六合，亦与头陀得道者无异。"[③] 这说明以道教为本，融通三教是全真教创新道教的根本。

1. 金元时期士大夫论全真教与先秦道家

有一个现象值得我们注意，金元时期的士大夫尤其是那些接近全真教，并为全真教高道撰写碑铭的士大夫，他们在碑铭中体现的对全真教与道教传统关系的认知，与我们今天对全真教的看法是很不一样的。其中最突出的一种观点，乃是以全真教直接接续先秦道家的法脉，而毫不留情地越过此前道

---

① 王嚞：《重阳真人金关玉锁诀》，《道藏》第 25 册，第 803 页。

② 《甘水仙源录》卷 1，《道藏》第 19 册，第 726 页。

③ 《甘水仙源录》卷 4，《道藏》第 19 册，第 750 页。

教的各道派诸如正一教、太平道、上清派、灵宝派、神霄派。他们都不约而同致力于构筑一种新的道家道统学说，就中以全真教直接承续老庄为代表的先秦道家值得我们关注。例如金代状元出身的元朝名臣王鹗在《重修大纯阳万寿宫之碑》说：

> 窃惟道家之教，肇自玄元，洞灵、通玄、冲虚、南华，发辉于后，至东华君而全真之名立。东华传之正阳，正阳传之纯阳，纯阳显化甘河，得重阳真人，始克光大之。重阳传畀玄教，其高弟曰丹阳，而长真、长生、长春、玉阳、太古次焉。①

王鹗在这里勾勒的这份简单的道家道统谱，将道家溯源于老子，以亢仓子、文子、列子、庄子四子作为先秦道家的传承者，这明显是承自唐玄宗对道家四子的加封。然而，令人惊讶的是在四子之后，他并未加入传统道教教派，而是直接将全真教承接道家四子。王鹗这种颇为独特的道家道统论在金元时期绝非独唱，而是体现那一时期士大夫对全真教认知的共识。金女几野人辛愿撰于兴定三年（1219 年）的《大金陕州修灵虚观记》也有相似的主张，这份碑记的撰作略早于王鹗上引碑文。其云：

> 谨按道家源于黄帝、老聃，至列御寇、庄周氏，廓而大之，乃与孔子之道并立，为教于天下而不废。盖其一死生，齐物我，会群有于至虚，而取其独为最妙者，而其秕糠之余，犹降而为天地神明内圣外王之业。
>
> 今所谓全真氏，虽为近出，大能备该黄帝、老聃之蕴，然则涉世制行，殊有可喜者。其逊让似儒，其勤苦似墨，其慈爱似佛，至于块守质朴，澹无营为，则又类夫修混沌者。②

辛愿在此进一步将道家的源头追溯至黄帝，他也认为全真教包含黄、老

① 王宗昱编著：《金元全真教石刻新编》，第 80 页。

② 《甘水仙源录》卷 9，《道藏》第 19 册，第 803 页。

道家之精蕴。不过，他眼中的全真教已融合儒、墨、佛等各家的特点，而非简单地重复先秦道家。这实际上是认为全真教在融通儒、墨、佛诸家之后，达成创造性转化，从而构成道家历史发展的新环节。至于全真教在思想方面究竟如何推进道家，文中则语焉不详。

除王鹗、辛愿外，元代徐琰（1220？—1301 年）、王利用等都认为王重阳创立全真教，乃是复归先秦以老庄为代表道家。至元二十三年（1286 年），在一通为全真七子之一的郝大通撰写的碑铭中，徐琰认为全真教以“识心见性、除情去欲、忍耻含垢、苦已利人为之宗”与老庄道家修道宗旨契合：

> 噫，道家者流，其源出于老庄，后之人失其本旨，派而为方术，为符箓，为烧炼，为章醮，派愈分而迷愈远，其来久矣。迨乎金季，重阳真君不阶师友，一悟绝人，殆若天授。起于终南，达于昆嵛，招其同类而开导之、锻炼之，创立一家之教曰全真。其修持大略以识心见性、除情去欲、忍耻含垢、苦已利人为之宗。老氏所谓“知其雄守其雌，知其白守其黑，知其荣守其辱，为道日损，损之又损以至无为”。庄生所谓“游心于淡，合炁于漠，纯纯常常，乃比于狂，外天地，遗万物，探根宁极，才全而德不形者”，全真有之，老庄之道于是乎始合。①

王利用《全真第二代丹阳抱一无为真人马宗师道行碑》则将王重阳创立全真教与黄帝时广成子于上古宣道、周代老子垂教、列庄战国鸣道等相提并论，说王重阳创立全真教，“与夫广成鸣道于上古，混元垂教于姬周，冲虚、南华立言于战国之世者，无以异也”②。

上述王鹗、辛愿、徐琰、王利用在评价全真教时有一个共同的特点，就是把全真教归入道家道统传承谱系，特别强调全真教以性命修炼为宗是归本于先秦老庄之道。这显然是将全真教在金代创立视为道家文化在新时代的复兴。金元全真碑传家对全真教与老庄关系的这一认知，为我们今天重新把握

---

① 《甘水仙源录》卷 2《广宁通玄太古真人郝宗师道行碑》，《道藏》第 19 册，第 740 页。

② 同上书，第 740 页。

全真教与老庄道家的关系，提供了重要思想资料。

2. 全真教史家论全真教接续先秦道家之道统

金元时期士大夫从道家复兴的角度评价全真教与全真教内对教门的认知存在着互动的关系。在全真教内刘处玄大弟子宋德方（1183—1247 年）较早讨论全真教与老子道家的关系，明确提出全真教直接承继老子开创的道统。在《七真禅赞并叙》一文中，宋德方提出东华开创全真教，直接承续太上之道统：

> 此教出于太上，而传于东华。东华传于正阳，正阳传于纯阳，纯阳传于重阳。重阳之前，玄萌乍发，人未之信。重阳之后，其风大阐者七世矣。①

宋德方在此以全真第一祖东华帝君直承太上，这一具有浓厚道教色彩的表述虽与上述士大夫对全真教接续先秦道家的表述有所不同，但都认为全真教重新复兴老子开创的道统。宋德方对全真教在道教史中的这一定位，也为其后全真各宗系教史家所继承，例如马丹阳、于洞真一系全真教史家李道谦（1219—1296 年）也认为先秦道家道统建立于黄、老，彰显于庄、列，然而自庄、列之后，其传承出现断裂，千年以来莫得其传。王重阳创立全真教是奋乎百世之下，承接老子道统：

> 夫道家之学以祖述黄老而宪章庄列者也，后之学者去圣逾远，所谓微妙玄通、大本大宗、闳衍博大之理，枝分派别，莫得其传，盖已数千余岁。于今矣，道不终否，待时而行。我重阳祖师挺天人之姿，奋乎百世之下……②

而郝大通、王志谨宗系的姬志真（1193—1268 年）于世祖中统元年（1260 年）撰作《玄教袭明论并序》一文，更是提出一种独特的教史建构。

① 《鸣鹤余音》卷 9，《道藏》第 24 册，第 309 页。
② 《甘水仙源录》序，《道藏》第 19 册，第 722 页。

该文对道教史尤其是全真教史做了系统而独到的勾勒，是一篇很重要的全真教史文献。此文在建构道教史时，溯源于传说中的龙汉时期，文中称“原夫龙汉纪初，玄中道祖，三洞启关。赤明而下，众真垂训，异代殊时，师师相授，明明相袭，浩浩万古。源源而来，以及于今”。其玄教袭明一语，即源于此，系指道教传承之意。值得注意的是，《玄教袭明论并序》一文叙述道教传承的历史，始于三皇时期。由伏羲时的郁华子，历神农时大成子，黄帝时广成子，颛顼时赤精子，帝喾时录图子，帝尧时务成子，商汤时锡则子，直到商武丁时的老子。这是我们今天读到的一份最古老的道教史建构，该文当源于令狐璋、史志经等人编著的《老子八十一化图》，也是继承自东汉以来道教一脉相承的太上老君变化说。值得注意的是，文中以“法箓符篆，祭醮斋科”概括汉唐道教，可谓独具卓识。又姬志真论述老子之后道教史，继承毛养素的看法，把道教史分为两大时段，即道教与法教两大不同的时段。道教始于秦汉以前，由老子—关尹子—亢仓子—辛文子—列子—庄子，此为传道袭真之教。两汉之际，道教变为法教。法教之传，肇始于全真教五祖之一少阳帝君，少阳帝君传正阳子钟离权，再传纯阳子吕洞宾，然后依次为刘海蟾、王重阳。这就是全真教的五祖。[①] 值得注意的是，姬志真在文中述及法教时，并未提及自汉以来，道教的其他派别例如天师道。这说明姬志真更重视全真教独开教统的贡献，予以全真教在道教史中一个颇为独立的地位。

3. 全真宗祖谱中体现的道家道统

金元时期全真教上述颇具独特性的道家道统论，并非仅是教内外个别人的私见，至迟于元武宗统政（1307—1311 年）之前就固化为正式的全真宗祖谱中，甚至在武宗至大三年还得到圣旨的确认，成为具有官方政治权威的全真宗祖谱。这份全真宗祖谱见于陈垣《道家金石略》所载。原谱未标出世年代，然而从全真宗祖谱传承过程看，当早于武宗至大三年，晚于世祖至元六年。全图刻于一石碑之上，共分五截。第一截由太上老君及先秦道家诸子组成。第二截为五祖。第三截为七真。第四截为十八士。第五截由入元之后的六位掌教宗师组成。谱中每组神均分主位、辅位。兹录图如下：

① 延祐本姬志真《云山集》卷5。

全真祖宗之图

第一截

老子及道家诸子

冲虚真人列子

通玄真人文子

无上真人关令尹

（主位） 金阙玄元上德皇帝太上老君（二月十五日降，四月初八日升）

太极真人徐甲

洞灵真人亢仓子

南华真人庄子

第二截

五祖

海蟾明悟弘道真君刘（十二月二十四日降，十一月二十七日升）

正阳开悟传道真君钟离（四月十五日降，五月二十日升）

（主位） 东华紫府少阳帝君王（六月十五日降，十月十六日升）

纯阳演正警化真君吕（四月十四日降，五月二十日升）

重阳全真开化真君王（十二月二十二日降，正月初四日升）

第三截

七真

广宁通玄太古真人郝（正月初三日降，十二月三十日升）

长春演道主教真人丘（正月十九日降，七月初九日升）

长真云水蕴德真人谭（三月初一日降，四月初一日升）

丹阳抱一无为真人马（五月二十日降，十二月二十二日升）

长生辅化明德真人刘（七月十二日降，三月初六时升）
玉阳体玄广度真人王（三月十八日降，四月二十三日升）
清净渊贞顺德真人刘（按应为孙）（正月初五日降，十二月二十九日升）

第四截

十八士

长春演道 通玄大师杨志静 冲虚大师宋道安
清真大师綦志清 虚寂大师孙志坚
玄真大师张志远 清虚大师宋德方
通玄大师李志常 冲虚大师于志可
崇道大师张志素 通真大师鞠志方（《西游记》作鞠志圆）

主教真人葆光大师王志明颐真大师郑志修
清贫道人夏志诚 悟真大师孟志稳
清和大师尹志平 保真大师何志清
虚净大师赵道坚 冲和大师潘德冲

第五截

掌教宗师

存神应化洞明真人祁（十一月十四日降，十一月二十日升）
光先体道诚明真人张（正月十七日降，十二月二十九日升）
长春演清和演道玄德真人尹（正月十九日降，二月初六日升）
道主教真人真常至德佑玄真人李（正月二十日降，六月二十日升）
崇真光教纯真真人王（十月十八日降，十一月二十一日升）
辅元履道玄逸真人张（十二月十一日降，上升日不清）[1]

---

① 《全真祖宗之图》，载陈垣编著《道家金石略》，第595—598页。

此图最关键的是碑中第一截所载太上老君及先秦道家诸子如列子、文子、徐甲、关令尹喜、亢仓子、庄子等人，这充分表明全真教已以承继先秦道家道统自居。这也说明这一时期的全真教已完全归依于传统道教，承认自身乃道教传统精神之延续。又元顺帝后至元三年，加封文始尹真人为无上太初博文文始真君，徐甲为垂慈感圣慈化应御真君，庚桑子为洞灵感化超蹈混然真君，文子通玄光畅升元敏诱真君，列子冲虚至德遁世游乐真君，庄子南华至极雄文弘道真君。[①] 这一加封与唐玄宗、宋真宗、宋徽宗的加封一脉相承，或亦系应全真教徒所请。关于此图的出世年代，原碑中没有标出，然而根据图中显示的五祖七真封号中所列六位掌教宗师中最晚者为辅元履道玄逸真人张志仙。其掌教时间为元至元二十二年（1285 年）至成宗大德年间。此图于张志仙之升日标识“不清”二字，说明他可能还在世。又其没有使用武宗至大三年加赠祖真的封号，表明此图应早于该时，据此，笔者考定此图年代为至元二十二年之后，至大三年之前。

此图谱对后世全真道影响颇大。明代万历年间的《宝善卷》录有戴朴素于宪宗景泰年（1450—1457 年）编《道德天尊宝字前后五祖七真像》，而戴朴素原书的《道门全真宗祖宝字降升仙像》也并非其自创，乃是“遵混元子汤道明刊行《道德全真祖师图》绘成”[②]。这份于后世全真教南北宗颇有影响的宗祖图显然受到上引图谱的影响。所不同的是明代的那件全真宗祖谱将南五祖列入宗系。另外在先秦道家诸子中只列出文子、亢仓子、庄子、列子，省略关尹与徐甲。

至大三年（1310 年），全真教的道家道统论最终由元武宗加封制词，予以官方确认。制词曰：“昔东华帝君大晨宫，祚绵绵而莫知其始终，气混混而莫穷其涯涘，离形离兆，有自而然，为福为祥，不言而喻，传之太上，是曰全真。”这就以最具权威的政治文书形式确认全真源自太上，直承先秦道家的道统。此后，全真教内文献例如泰定三年（1326 年）刘天素、谢西蟾所编《金莲正宗仙源像传》，也都相沿此说。

---

① （明）宋濂等：《元史·顺帝本纪》，中华书局 1976 年版，第 840—841 页。

② 王育成：《明代彩绘全真宗祖图研究》，中国社会科学出版社 2004 年版，第 33—34、36 页。按王教授没有注意此宗祖图之渊源及与本文所述《全真祖宗之图》的承继关系。

《金莲正宗仙源像传》首录老子，再接以全真教五祖七真，采用图文结合的形式。这份宗祖谱一直传到明代，明万历十四年（1586 年），李太后命僧人海澄绘制善书《宝善卷》图像，其道教册的全真祖师图像就是老子宝字，文、亢、庄、列前四子，五祖七真共计 22 幅图像。据王育成考证，海澄所绘这套全真宗祖图是有所本的，其传承一直可以清晰追溯至明初混元子汤道明刊行的《道德全真祖师图》。[①]

三 全真与重玄学

全真教接续先秦道家的精神传统并不限于单纯重构道教道统谱系，而是深入至道家的内在精神层面。这就是从全真教的“全真”这一核心概念，通过从思想上深度阐发“全真”概念的含义，以论证全真教如何从精神上承继先秦道家。较早关注对“真”“全真”等概念进行深度阐发的教内大德是刘处玄嫡传大弟子、十八大师之一的宋德方。他在其所撰《全真列祖赋》《七真禅赞并叙》等文中重点阐述“真”“全真”的思想意蕴。在《全真列祖赋》中，宋德方首先将道教传教的精神统括于一个“真”字：“三清，全真之主也。不全其真，曷为三清？四帝，全真之师也。不全其真，曷为四帝？由是言之，龙汉以前，赤明以上，全真之教固已行矣。”[②] 这就点明“真”是贯通于道教始终的精神内核。至于何谓“真”，何谓“全真”，宋德方在《七真禅赞并叙》一文中也继承唐宋道教重玄学的思想逻辑，进行深入论述：

> 全真之道，其来久矣。惟曾子固言之甚详，而后学者犹以为黯闇。盖全也者，物物皆全。而真也者，念念皆真。物物皆全，则无缺不全；念念皆真，则无段不真。无物不全，是全全也，犹未至于所以全也。无段不真，是真真也，犹未至于所以真也。即全非全，即真非真，亦无非全，亦无非真。学至于此，全乎全乎，真乎真乎，万分未得处一焉。故

① 王育成：《明代彩绘全真宗祖图研究》，第 4 页。

② 宋德方：《全真列祖赋》，载陈垣编纂《道家金石略》，第 593 页。

> 能及山川，移城邑，蹈水火，入金石，纵横自在，变化无方者也。此教出于太上，而传于东华。东华传于正阳，正阳传于纯阳，纯阳传于重阳。重阳之前，玄萌乍发，人未之信。重阳之后，其风大阐者七世矣。[①]

文中对“全真”概念重点予以阐发，值得提请关注的是文中使用的“即全非全，即真非真，亦无非全，亦无非真。”这种双遮双遣的论证思路，与唐代道教重玄学接纳佛教中观学有无双遮、空有双遣不落两边的思维逻辑，显然有着内在的承继性。这说明宋德方对道教重玄学是很熟悉的，并致力于以“全真”概念来创造性地翻新传统重玄学以玄、又玄、有、无、非有、非无等概念体系。这是很有思想创新性的。

除宋德方外，早期全真教史家不少人都致力于对“全真”“真”概念的阐发，例如丘处机弟子、曾担任全真教都道录的冯志亨在其所撰《创建重阳观记》一文中，就特别论述全真二字之内涵，甚有理致：“全真者，以开通为基，以见性为本，以养命为用，以谦和为德，以卑退为行，以俭约为常。积真既久，故能坎不流而周于太虚。”[②] 这显然是以“全真”来标识全真教性命之学，这就很好地衔接了先秦道家与唐宋道教内丹道。这种对全真的创造性阐释在蒙元全真教中引发普遍共鸣。全真教史家李鼎在其所撰《大元重修古楼观宗圣宫记》一文中就特别强调全真教是道教的道德性命之学：

> 金大定初，重阳祖师出焉，以道德性命之学唱为全真，洗百家之流弊，绍千载之绝学。[③]

曾担任长春宫玄学讲师的王道亨在《新城县修龙翔观碑》也认为王重阳创立全真教乃是以全真性命之理绍承先秦道家重玄之旨，舍妄从真，鄙华敦朴，返复道家之本源真宗：

① 《鸣鹤余音》卷9，《道藏》第24册，第309页。
② 王宗昱编著：《金元全真教石刻新编》，第78页。
③ 李鼎：《大元重修古楼观宗圣宫记》，载陈垣编著《道家金石略》，第552页。

道教之来，祖述玄元，宪章尹、文、亢、列、庄五宗。由汉降唐，东华正阳正其名，纯阳海蟾昭其道。逮于金季，天挺重阳，帝君振先天之机，发重玄之秘。恢扬宗教，号曰全真。俾人去健羡，明本实，舍妄从真，鄙华敦朴，究性命之理，复至道之原。[1]

在此值得重视的是，王道亨认为王重阳创立全真教乃是以性命之学承接道教重玄学，复归先秦道家之真源头。在此，我们还要特别指出，金元时期不少全真高道都以重玄一词为道号，其中有的是由丘处机直接赐予。例如马丹阳再传弟子李志方的重玄子道号，就是出于丘处机亲赐。《栖霞观记》载金末全真高道重玄子李志方的事迹说："重玄子姓李氏，初讳益，字友之。世为相州安阳人。幼业儒，精算术。性开朗，有智略。推择为府掾史。崇庆间，宣宗以丰王来镇彰德，因之出入府中，雅见器重。……大元甲申，从师卢公赴燕，谒长春丘公，得赐名志方，号重玄子。"[2]

此外于元顺帝时担任全真掌教大宗师的完颜德明亦曾以重玄为道号，其结衔为特进、神仙玄门演道大宗师、重玄蕴奥弘仁广义大真人、掌管诸路道教所、知集贤院道教事。[3]

金元时期不少全真高道还特别重视对全真教"真"概念的讨论。曾任金翰林学士的张本，在归依全真教之后，曾应李志常之邀，参与《全真大传》的编撰，1237年在《全真大传序》中，他会通先秦孔孟儒家的性命之学集中讨论了全真教"真"：

夫真之寄天下，一日未尝忘，虽王者之仁，霸者之力，不能毫发损益其间。然则斯民诈诈奸奸，如魑如魅，不能保吾真者，天德不觌而教之熄也。故虽服老子之教者，徒诵其言，佩其衣，□于耳目近习，其穷理尽性之学，躬行力践之诚，无上知启迪，所谓真知以修身者，且不知为等物，况齐民哉？重阳祖师出，继得数君子，知我之与人共此真也，

① 王宗昱编著：《金元全真教石刻新编》，第144页。
② 同上书，第184页。
③ 同上书，第212页。

性域其情，志帅其气，其践履不远，造次颠沛之际，慈俭不争之化，往往庇及斯民。老氏之学，及先哲之所传者，尚不坠云。

这与蒙元时期教外全真教史家李冶在《七真传序》对“真”的论述可互相发明：

山车垂钩，不雕不几之谓真，婴啼孺慕，与生俱生之谓真。上皇之世，一真大全，其化渊渊，其俗平平，标枝野鹿，同归自然，物与无妄，夫何为乎。虽接子之或使，亦季真之莫为已。世既下衰，道术幅裂，一真内溃，万伪□□，猖狂恣睢，谩谰佹僪，刽奸厥诈，沂鄂太素。于斯时也，不有至人济之无假之津，返之远古之宅，则日填月积，积习生常，氓之蚩蚩，将为异物。天可倚杵，初不待千岁之辽，是故帝鸿世有广成之救，姬周世有混元之救，战国世有南华冲虚之救，而七真继踵，迭为近世之救。①

李冶在此将王重阳于金代创建全真教与黄帝时广成子，春秋时老子，战国时庄子、列子等创教立说比肩并列。其所论“真”的蕴义显然承自《庄子》一书。全真教史家孟攀鳞于世祖至元元年（1264 年）为《全真大传》撰写的叙文中，以理释真，进一步将真提高至宇宙本体的地位。他认为真是大易之元，无极之极，是宇宙万物的终极原则：“夫至真之理，精微难诘，闳深莫测，无名所可名，无象所可象。自一气肧浑，万类权舆，辟阖动静之机，消息盈虚之运，密移造化，无毫忽之或爽，以有真者存焉。阴之惨，阳之舒，春之温，冬之寒，气节之真也；日之往，月之来，昼之明，夜之晦，变化之真也。在无极而为极，在太易而为元，繇古及今，无一物不根于理，自终复始，无一理不出于真。真即天理，素具于人心，不明是理，人者胜而天者晦，唯能纯体，则天而不人，故其得为生得，其知为生知，修之身为一身之所主，修之家为一家之所庇，修之乡为一乡之所法，修之国为一国之所慕，修之天下为天下之所重，真之为用大矣哉！”孟攀麟在此认为天理根于

① 《甘水仙源录》卷 10，《道藏》第 19 册，第 811 页。

真，天理就是真，这显然是意图统合理学与全真教。此种儒道贯通之思想进路值得重视。他又以真贯通于心性论、功夫论，从而开出以真为归依的独具特色的全真境界论：

> 昔之至人，充足于内，不为外物之所杂。性定神凝，所以葆其真；志之气专，所以积其真；光而不耀，所以藏其真；虚而不华，所以固其真。真则久，久则天，故曰至人与天为徒者，能以己之天，开人之天，兹非真之极致欤？①

孟氏这一对“真”的阐释深度阐发了全真教通过强调真的思想意义以接续先秦道家道统的思想脉络，这是很有思想创新意义的。

最值得重视的还是曾担任全真教盘山宗宗主的姬志真对全、真概念的创造性解读，他结合全、真概念拓展对全真教性命理论的解释，从而将全真重玄学提升至一个新的阶段。其《全真说》解释全、真云：

> 人之生也，皆具天真自全之性，未尝不与天地万物冥会。
>
> 真则全矣，全则真矣，动静行止，语默应对，色色皆真，真则上与天地之道合，下与神物之义融。收纵凝然则谓之丹，施行于事则谓之行，不拘于万有之间，则谓之仙，冥同于造化之一者，则谓之道矣。

这里创造性地以全、真疏解性与道，将全真论与性命论统合，可谓是其性命理论的独创之处。

考“真”的概念在先秦道家已占居较重要地位，是仅次于道、德、玄、虚、朴的重要思想概念。《老子》第 21 章“道之为物，惟恍惟惚。惚兮恍兮其中有象。恍兮惚兮其中有物。窈兮冥兮其中有精。其精甚真。”已经提到“真”这一概念。然而老子并未对“真”展开论述，相反更重视与“真”近似的“朴”，例如《老子》第 28 章“知其荣，守其辱，为天下谷。为天下谷，常德乃足，复归於朴。朴散则为器。”《老子》第 32 章“朴虽小天下

---

① 李鼎等：《全真大传》，台湾大学图书馆藏，原题《七真仙传》。

莫能臣也”。

至《庄子》一书，就重点凸显“真”。据统计《庄子》一书中，“真”出现了66次，此外还有与真关联的“真人”“真知”等复合概念。《庄子》还对“真”予以定义，指称人和物的本然状态或自然状态：

> 真者，精诚之至也。不精不诚，不能动人……真者，所以受于天也，自然不可易也。故圣人法天贵真，不拘于俗。愚者反此。[①]

《庄子》还论述了以真相关的诸如“真人”“真知”“真行”等一组概念，从而构建起以“真”为核心概念的宇宙论、心性论、境界论及功夫论。因此金代王重阳创立全真教以“真”为标识创新道教，实际上是道家思想上的一次返本复初，是复归先秦道家的精神传统之举。对此，我们如果不联系宋代以来中华固有传统的整体复兴，仅仅将其视为一个新道派的创立，那就很难把握全真教创建的历史意义。

① （晋）郭象注，（唐）成玄英注疏：《南华真经注疏》，中华书局1998版，第586页。

略探宗喀巴大师寺院教育思想

尕藏加

（中国社会科学院世界宗教研究所）

摘要： 宗喀巴大师是一位具有世界性影响的佛学家、哲学家、思想家、教育家，他在佛教文明的传播和发展进程中发挥过重要作用，在人类知识体系的重构和完善方面亦做出了巨大贡献，对后世亚洲社会的文明与进步产生极其深远的影响。本文仅对宗喀巴大师寺院教育思想作初步探讨，主要从《菩提道次第广论》《密宗道次第广论》和“五部大论”的角度，对宗喀巴大师寺院教育思想的理论信念、内涵对象和目的意义等进行探索、分析和归纳，认为宗喀巴大师寺院教育思想不但是一个博大而深邃的思想宝库和教学实践，而且蕴含着传承性、次第性、显密兼容性等与众不同的殊胜内涵和独特学风。

关键词： 宗喀巴　教育思想　理论基础

宗喀巴大师（1357—1419 年）是藏传佛教著名高僧、格鲁派创始人，更是世界知名佛学家、哲学家、思想家、教育家和宗教改革家。宗喀巴（tsong kha pa），为尊号，法名洛桑札巴（blo bzang grags pa），安多宗喀地方（今青海湟水流域）人。7 岁时在夏琼寺出家为僧，始接受寺院正规教育；16 岁（1372 年），遵从顿珠仁钦上师的安排和个人意愿，前往西藏求学深造，在各地名寺及高僧处留下勤奋踏实修学的足迹；27 岁（1383 年）受比丘戒，成为一名合格的佛教出家僧人。宗喀巴大师自 17 岁至 36 岁之间，广拜藏传佛教各派高僧良师，博通佛教显密义理，娴熟各派教义和实践修行，逐渐建构自己的佛学思想体系，自32岁（1388年）始著书立说，相继撰写了《善说金鬘》（1389年成书）、《菩提道次第广论》（1402年成书）、《密宗道次第广论》（1406年成书）和《中观广释》（1408年成书）等传世之作。宗喀巴大师是藏传佛教史上将毕生精力奉献给佛教事业和寺院教育的伟人，他的寺院教育思想对后世各派寺院教育和僧人培养产生了极其深远的影响，值得我们探究和借鉴。

一 从道次第看宗喀巴教育思想

藏历第七绕迴水马年（1402年），宗喀巴大师在噶当派祖寺热振寺撰写完成了《菩提道次第广论》，此乃宗喀巴大师诸多论著中最重要的一部经典著作，也是宗喀巴大师的代表性著作，对以后藏传佛教的教理及仪轨产生深远影响。当时宗喀巴大师为何选择热振寺作为撰述这部巨著的地点。史书记载："大师在热振寺上部的阿底峡大像前祈祷多日，从释迦佛到堪钦·南喀坚赞间的传承诸上师现身，尤以阿底峡、仲敦巴、博多瓦、夏热瓦等现身，亲见此景达一月之久，广传无边教授及教敕，最后博多瓦等三师融入阿底峡一师，阿底峡手摩大师之顶说道：'你可以广作佛事，修大菩提，饶益有情众生，我将助你。'言毕即隐。启白道次第传承的开胜道门（lam mchog sgo vbyed），就此所造。呈现如此瑞相，机缘和合，遂造三士道次第广论（skyes bu gsum gyi lam gyi rim pa chen mo）。"①

宗喀巴大师很重视佛法的传承性，如释迦牟尼佛所说法，皆包含于《般若经》，弥勒菩萨所著《现观庄严论》为《般若经》释论，龙树菩萨所著《中论》亦属《般若经》释论范畴，阿底峡尊者依《现观庄严论》造《菩提道灯论》；宗喀巴大师曾在洛扎堪钦·南喀坚赞（lho brag mkhan chen nam mkhav rgyal mtshan）处学习噶当派教授传承系的《菩提道次第引导法》（byang chub lam gyi rim pavi khrid），同时，还专门研习噶当派其他师承的菩提

① 土观·洛桑却吉尼玛：《土观宗派源流》（thuvu dkan grub mthav），甘肃民族出版社1984年藏文版，第291—292页。

道次第，有了如此相沿不绝的师承关系和法脉传承之后，宗喀巴大师遵循阿底峡尊者的《菩提道灯论》的基本原理，撰写了《菩提道次第广论》。法尊法师说：宗喀巴大师在得文殊菩萨加持而生起真正的中观见以后，经多人劝请，根据《菩提道灯论》和阿底峡尊者的三传弟子夏热瓦的略注，再加以发挥和补充，遂成为我们现在所见的这部伟大著作《菩提道次第广论》。[①] 土观·洛桑却吉尼玛曾作过详细考证，认为"《正教次第广论》（bstan rim chen mo）是解释《菩提道灯论》要义的无与伦比的论著，宗喀巴大师曾读此书时，亦大加赞许。宗喀巴大师所造《菩提道次第广论》中的见解，大部分和此书是一致的"[②]。这里提出的《正教次第广论》一书，是俄·罗丹喜饶的弟子卓隆巴·罗哲炯奈（gro lung pa blo gros vbyung gnas）撰写的关于佛教道次第的一部名著，它既是对阿底峡尊者的《菩提道灯论》所作的注疏，又是对宗喀巴大师撰写《菩提道次第广论》产生重要影响的经论。

可以说，宗喀巴大师的《菩提道次第广论》是一部集大成的巨著，具有许多无可比拟的超越性。史书记载："噶当派虽有多种《道次第》，与之相较则大师的《道次第》尤为殊胜。此如克珠杰大师说：'关于吉祥阿底峡尊者的《道次第》教授方面，教典派与教授派诸大善知识所作的大大小小教授著作为数不少，即大菩萨博多瓦、京俄瓦、却喀巴等前后的讲述亦是很多，大善知识康巴隆巴的后学大格西卓隆巴亦造有广略《正教次第论》。此诸论典，皆是如来所喜的道次，符合大经论之旨趣，并以诸圣哲传授而为庄严，是引生智者欢喜之稀有津梁；但宗喀巴大师所造的《菩提道次第》广略二大圣典乃是普摄一切经论的密意和疏解，作为一补特伽罗成佛之助缘，道体圆满，数量决定，次序井然。其观修的次第，于现在相续心中即可得到证验。此道的总纲和各支分，过去藏土，从未有人道及。对此不共殊胜无上之理趣，若以无谬正智，善为观察，则必能生起定解。'如是云云。当时世间神道如念青唐拉山神，肖拉居布山神（zhog lha rgyug po）等诸善品神类亦来为之相助，或亲现身作牧人之状来献乳酪等食。并恳求为之祈祷：'契合

① 《现代佛学》1954年11月号。

② 土观·洛桑却吉尼玛：《土观宗派源流》（thuvu dkan grub mthav），甘肃民族出版社1984年藏文版，第92页。

妙道作顺缘，除人非人诸违缘，如来所赞清净道，一切生中不离舍。’又文殊菩萨曾问云：‘我传的道之三要的教授，不包含一切耶?’大师回答说：‘是以此为主，还加上阿底峡教授作为庄严，而广开之。’曾经流传有这样的稀有轶闻。”① 这说明宗喀巴大师的《菩提道次第广论》在藏传佛教领域乃至整个佛教界是一部史无前例的经典巨著，不仅涵盖佛教三藏十二部，而且梳理并阐明了自文殊、弥勒经龙树、无著传下的深观与广行二门教法的要旨。对此，吕澂先生说：阿底峡后，印度佛学日益衰微，不二百年而至灭迹，于是显密融洽之大乘学独繁荣于西藏。又后二百年而宗喀巴兴，祖述阿底峡之学益光大之，则又资取西藏传译诸籍，料简决择以实其说，取所著书菩提道次第观之，概可见也。②

宗喀巴大师在《菩提道次第广论》中积极倡导修学佛法遵循次第，从依止善知识及思维暇满人生之入道前行开始，至念死无常、思恶趣苦、思维业果等基本人天乘（下士道），再经小乘之四谛（中士道），依次第直达大乘菩提心与止观（上士道）。

其中“下士道”是指脱离三恶趣，生人天善趣的法门。法尊法师说：我们世间一般人，每天所想所为，不外乎“现世”，换句话，即眼前的快乐，“后世如何”这问题，从来就没有想到过。然而一个人如果不顾及后世的长远利益，就必然地连脱离恶趣、得生善趣的能力也会没有，更谈不上真正的佛法。因此，要用种种的道理改造常人的心理，使能发起牺牲眼前快乐、注重未来长远利益的弃恶因、播善种的意乐和行为，就是说，先把学者造成一个很有把握地离恶趣而生善趣的人，作为堪修佛法的基础，这是很重要的。这就是下士道的作用。③

“中士道”是指解脱三有轮回，断烦恼证涅槃的法门。法尊法师说：仅仅这样一个能修世间善法的下士，还是谈不到真正的佛法，真正的佛法是要厌离整个三界生死而求出世的个人解脱，和基于个人解脱而解脱他人的声闻乘法和菩萨乘法。因此，就必须在下士道的基础上进一步说明整个生死轮回

① 土观·洛桑却吉尼玛：《土观宗派源流》，刘立千译，民族出版社2000年版，第151—152页。

② 西藏学丛书编委会主编：《西藏佛教要义》，台湾，文殊出版社1987年版，第67页。

③ 吕铁钢、胡和平编：《法尊法师佛学论文集》，中国佛教文化研究所印行，1990年。原载《现代佛学》1954年11月号。

的可厌，例如说，三界最高处所的“非想非非想处”，也不过八万大劫的享受，而这享受的本身且是“行苦”，何况劫满还有堕落的危险呢！用这样的道理使下士学者能够透过三界整个生死轮回，对之作通盘的考察和厌离。这就是能够引发“出离心”而彻底解决生死问题的中士道。[①]

“上士道”是指发菩提心，修菩萨行，证大菩提果的法门。法尊法师说：中士道的学者已有自己解脱的能力，唯能自己解脱者才能解脱他人，没有中士道的能力做基础的人是不可能做利他的事情的。把一个学者由中士道引入上士道的理由是必须告诉中士：自己之所以要出离三界，完全是因为自己已经确认在整个生死里，没有哪一个地方是真正“安身立命”之处，哪怕小到像针尖大的地方也是找不到的；推己及人，三界一切众生也完全同自己一样，如果不出离生死，随时随地就只有痛苦，绝无快乐。由这点出发，想使一切众生也同自己一样地得到解脱，于是就去谋求能够利益众生的方法。又深知只有佛陀才能彻底利益众生，于是就去谋求能够成佛的方法。这样，“为利众生愿成佛”的“菩提心”就有可能发起，有了菩提心，就有资格修大乘菩萨行了。这便是上士道的情形。[②]

宗喀巴大师在《菩提道次第广论》中对各个科目内容，以广而细之方式递进阐释，贯通内外，透明实相。首先依据正理建立其立论，然后广泛引用经典来印证和说明；对疑惑之处，用易于理解的比喻来解释，并纠正各种错误观见；尤其引用噶当派祖师的语录彰显其义理，最后归纳其要义。对于宗喀巴大师的《菩提道次第广论》的建构体系，吕澂先生曾作过另一番学术考究，他认为：菩提道次第，为宗喀巴最要之作。立论总依慈氏现观庄严论，别依阿底峡菩提道灯论，故其次第大同灯论。特灯论偏详于大，次第则通凡小，以为下士中士之学，亦大士行所应共；易辞以言，未有大乘诸行而不概括凡小也。故以三归十善为共下士所学，四谛解脱为共中士所学，至于发无上心广行六度，乃为上士不共之行。此与灯论取舍略异，盖即本于现观庄严论之说。现观庄严论以三一切智智为般若，而分为八义，

① 吕铁钢、胡和平编：《法尊法师佛学论文集》，中国佛教文化研究所印行，1990 年。原载《现代佛学》1954 年 11 月号。

② 同上。

以概全般若经。其三智者，一切智共声闻智、智智共菩萨智、一切种智不共如来智。此中菩萨道智者，如大般若经云：菩萨于声闻道、独觉道、佛道、一切道当生，当知。以是菩萨道实概括三乘，宗喀巴次第所说则出于此也。①

实际上，《菩提道次第广论》包含教理思想与实践方法，引导僧众如何依止善知识，生起出离心、菩提心等佛子行，直至成佛；强调认知佛法的基础：应知苦谛，应断苦因之集；应知清净道为得解脱之路；应知法身一切相、应知法身一切智之作用。也就是说，先思唯苦，由粗重而细微，乃生起出离心，依中士道戒定慧三学修习；继修菩提心，以自他换，得证空性正见。正如吕澂先生所讲：菩提道次第论菩萨道，先以发心，继以六度四摄，次第与灯论仿佛而不尽同。灯论以三学分，而次第为六度摄，既融戒定于六度中，遂与灯论视戒定为发生神通利他之因，福慧双修为利他之果者，其义不无微异。至于通论六度四摄后，复别明修习止观，详示规范，发灯论未尽之旨。② 而修习止观是道次第中层次最高的阶段，可谓“上士道”。对此，法尊法师说：依于出离心而发菩提心的上士，主要靠什么工具和应该怎样才能断烦恼而利益众生呢？这就是，只有在圣教中求得不共的“中观正见”！因为只有正见这个东西，才能斩断烦恼，才能使自己无我，纯洁而正确地利益众生，所以本论接着用很大的篇幅来特别抉择正见，这就是《止观章》。③说明“止观”在《菩提道次第广论》中占有重要性。“止”意为寂静（zhi gnas），是指一切深层修行佛法者需要达到的三摩地境界；“观”指慧观或胜观（lhag mthong），是一种亲证“空性”的智慧正见。就道次第修行而言，做到“止观双运”，等于达到相当高的水准或境界。

总之，《菩提道次第广论》是一部佛法中极为深奥的经典论著，又是佛陀所有教诲的精髓，不仅持有实修性质的传承，而且具备最完整的修行方法和过程，从初学入门到最终成就佛果。也就是说，宗喀巴大师为广大佛教徒指出了从初入道依止善知识起直至最终成佛有关整个菩提道的正知正

① 西藏学丛书编委会主编：《西藏佛教要义》，台湾，文殊出版社 1987 年版，第 67 页。

② 同上。

③ 吕铁钢、胡和平编著：《法尊法师佛学论文集》，中国佛教文化研究所印行，1990 年。原载《现代佛学》1954 年 11 月号。

见，即出离心、菩提心以及清净正见三要。事实上，此三要是指下士道、中士道和上士道。同时，它不只是教导修行方法，而是智慧与方法的交相辉映，理论与实践的圆满结合，向广大僧俗信众开辟了一条循序渐进的学佛路径：先用佛教显宗教理论述，后用佛教密宗体悟归结，从而构建了从凡夫到成佛的修道次第。由此可见，宗喀巴大师寺院教育思想的核心要义在《菩提道次第广论》中体现出来，即遵循客观规律、人本差异和修学次第。可以认为，《菩提道次第广论》是形成宗喀巴大师寺院教育思想的理论基础和实践方法。

二 从显密兼容看宗喀巴教育思想

藏历第七绕迥火狗年（1406年），宗喀巴大师在西藏“沃德贡杰”（vod de gung rgyal）的拉雪强巴林寺（lha zhol byams pa gling）撰写了《密宗道次第广论》，这是继《菩提道次第广论》之后推出的一部专门论述密宗义理和实践的巨著，也是宗喀巴大师继承阿底峡尊者的《菩提道灯论》为代表的佛学思想和修学次第而创作的重要论著之一。当时促成宗喀巴大师撰写这部论著的因缘和合和大致情形，史书记载：“造密宗大论的情形。师住迦索浦时，亲见圣龙树、提婆、佛护、龙菩提、月称、无著弟兄、陈那、法称、德光、释迦光、自在天慧、严住持、莲华戒、无畏生等诸大班智达，因陀罗菩提王，大婆罗门萨罗诃，阿阇梨卢伊巴、直布巴、黑行者等诸大成就大德现身，师意定中所现，无足重视，请问于文殊。文殊回答：‘此定中所现非是平常，应殷勤启白，依诸大师的这些典籍，成广大利益一切自他的缘起。’此后住在沃德贡杰的拉雪强巴林寺，承蒙文殊指示说：‘可造龙菩提论师的《建立次第》疏解，有大利益。’遂立即造之。在疏论中曾说：‘总于《五次第》的要义，别于第三次第《幻身》的修法等方面的问题已在《吉祥密集根本解释续》和圣五父子疏释所讲不共义的粗分之理中得到彻底圆满的解决，但至今已有十余年，未能宣说，现在亦只略说其少分。’当住在强巴林寺时，由于郊乔白桑译师的劝请，尤其是吉祥帕莫主巴的摄政，京俄·索南桑布的劝请，乃造能显明四续部圆满道体的大著《金刚持道次第论》，大师自云：‘往昔住迦索浦时依诸成就大德和无畏生著述，唯说愿能成就大利。

但以著作之时太急，未能长久祷白，仅此没有其他特殊理由。’”[①]

宗喀巴大师撰写《密宗道次第广论》的宗旨和目的，作者本人在该经论的第一章中首先向广大读者作了表白：“若有殊胜大乘种性，为善知识之所摄受，于诸共道已善修持，由大悲心最极发动，急欲救度漂流生成诸有思者；则当趣入甚深捷径金刚大乘，速疾施与一切有情唯一依处佛世尊果。故此当说大金刚持道之次第。”[②] 由此可知，《密宗道次第广论》是宗喀巴大师专门为那些在佛法上已取得一定成就，但还可继续提高的高僧大德而创作的一部高层次的经论。其对象必须具备三项最基本的条件：第一，有殊胜大乘种性，第二，为善知识之所摄，第三，于诸共道已善修持。故称“大金刚道次第”（rdo rje vchang chen povi lam gyi rim pa），或称“大金刚道次第开显一切密要论”（rdo rje vchang chen povi lam gyi rim pa gsang ba kun gyi gnad rnam par phye ba）。[③] 所谓“金刚乘”，即“密宗”，以实践修炼为主的佛法；而“道”乃指趣证佛果所必须经历的修学途径；“次第”意为修学佛法必须经过不同阶段，如自下而上，由浅入深，循序渐进。简言之，《密宗道次第广论》非人人可修持。

至于《密宗道次第广论》的要义，土观·洛桑却吉尼玛说：“能显明四续部圆满道体的大作《金刚持道次第论》。”[④] 可见宗喀巴大师在大作中主要论述了密宗四续（事续、行续、瑜伽续和无上瑜伽续）。对此，吕澂先生说：“其说密乘，大体同于灯论，以为六度止观因为显乘修行阶次，但自显密一贯之义言之，则又属显密相共之道。由此基础，乃应决定入于密乘，而疾速圆满二种资粮。其初仍须施供阿阇梨得其欣悦，授之灌顶，而后获有学法堪任等。此均从阿底峡之说也。至于修学次第，判为五品：初第一品清净菩提心，与显相共。次第二品，四类灌顶，则悉通于四部密典。次第三品，守护律仪及三昧耶。律仪为菩萨共戒，如菩萨地及集菩萨学处论所说，十八重四十六轻等。其三昧耶为不共戒，依各种咒典有多异说。次后成熟根器则有第四品生起次第，悉地解脱则有第五品圆满次第，要以无上瑜伽时轮密集

① 土观·洛桑却吉尼玛：《土观宗派源流》，刘立千译，民族出版社 2000 年版，第 152—153 页。

② 宗喀巴：《密宗道次第广论》（sngags rim chen mo），青海人民出版社 1995 年藏文版，第 3 页。

③ 同上书，第 617 页。

④ 土观·洛桑却吉尼玛：《土观宗派源流》，刘立千译，民族出版社 2000 年版，第 153 页。

诸法为归。”[①] 这是吕澂先生对《密宗道次第广论》的内容结构进行研究后所得出的论断，认为该经论主要继承了阿底峡尊者的《菩提道灯论》为代表的佛学思想和修学方法。但同时吕澂先生又指出：“至于密乘，阿底峡无上瑜伽极于胜乐，宗喀巴则推尊时轮；又阿底峡分析密典为七类，宗喀巴则约为四部；是皆从后来之说（如布顿等说）而大有改易矣。”[②] 说明宗喀巴大师的《密宗道次第广论》在阿底峡尊者的学说基础上有所开拓和发展。因此，宗喀巴大师的佛教显密学说有别于阿底峡尊者，具有自己独特的内涵思想和佛学观点。可以说，宗喀巴大师的《密宗道次第广论》不完全遵从于阿底峡尊者的佛学观见，则具有自己的学说体系或独到见解。可以看出，宗喀巴大师将密宗修学体系建立在事续、行续、瑜伽续和无上瑜伽续即四续之上。后世密宗学僧基本上遵循宗喀巴大师的四续分类法。在事续、行续中主讲灌顶、律仪、承事、四支念诵等外在仪轨；瑜伽续中分述佛、金刚、宝生、莲花四部悉地修法；无上瑜伽续中解说四种灌顶等各类甚深仪轨及生起、圆满次第成就法。在无上瑜伽续中又建立父续（pha rgyud）、母续（ma rgyud）和无二续（ngo bo gnyis med kyi rgyud）三支密续传承。也就是说，宗喀巴大师在无上瑜伽续之圆满次第中又分说父续、母续和无二续，以《密集》（gsang vdus）、《大威德》（vjigs byed）等代表父续，《胜乐》（bde mchog）、《喜金刚》（kyee rdor）等代表母续，《时轮金刚》（dus vkhor）等代表无二续。

总之，《密宗道次第广论》是一部以密宗四续为通往悉地解脱次第的融理论与实践为一体的藏传佛教密宗经典著作。它不仅对密宗四续的修习次第、仪轨、方法、法器使用等方面作了详细论述，而且清理了密宗的历史渊源、派别传承；同时，介绍了密宗领域的诸多本尊神佛和菩萨。我们可以认为《密宗道次第广论》在藏传密宗同类经论中具有历史性、系统性和全面性等特质，是藏传佛教密宗领域最权威的宝典，亦是宗喀巴大师寺院教育思想的主要组成部分，它反映了显密兼容、密宗修持的重要性，同时，它论证了密宗实践是一个普通凡夫实现觉悟成佛的不可或缺的关键性的修学阶段。

---

① 西藏学丛书编委会主编：《西藏佛教要义》，台湾，文殊出版社 1987 年版，第 69—70 页。

② 同上书，第 71 页。

三 从五部大论看宗喀巴教育思想

藏历第七绕迥土牛年（1409年），宗喀巴大师得到西藏地方帕主第悉政权阐化王·札巴坚赞（grags pa rgyal mtshan，1374—1440年）的支持和资助，在拉萨大昭寺首次成功举办了声势浩大的祈愿大法会，藏语称“摩兰钦莫”（smom lam chen mo），法会自正月初一至十五日，当时参加的僧侣达万人，观光朝礼俗人达几万人。祈愿大法会的成功举办，使宗喀巴大师在广大僧俗信徒中赢得巨大个人声誉，随之他的宗教威望和社会地位迅速提升。

是年，宗喀巴大师又得到帕主第悉政权属下的贵族仁青贝（rin chen dpal）和仁青隆布（rin chen lhun po）父子的大力赞助，他在拉萨以东偏北的卓日沃齐（vbrog ri bo che）山腰创建甘丹尊胜洲（dgav ldan rnam par rgyal bavi gling）道场（今西藏自治区拉萨市达孜县境内），简称“甘丹寺”（dgav ldan dgon pa）。之后，宗喀巴大师以甘丹寺为基地，整顿藏传佛教秩序，改革藏传佛教弊端，尤其倡导出家僧人严守佛教戒律。宗喀巴大师早在31岁时就以振兴佛教戒律为己任，头戴持律者所戴的黄色僧帽，以严守佛教戒律之标志，后来格鲁派僧人都戴黄色僧帽。宗喀巴大师针对当时不少僧人轻视经教，不务理论的次第学习，以专修密法为终身目标的现象，他提倡出家僧人遵循佛教显密宗的修学次第，先研习显宗教理，后修学密宗实践。同时，宗喀巴大师要求出家僧人必须住寺过纯粹宗教生活，严禁僧人娶妻生子，参与世俗社会。最终宗喀巴大师以噶当派教义为立宗之本，中观应成派为本宗之思想观见，并综合各派学说之长，亲自修行实践为证验，建立了新的佛学体系，遂形成格鲁派（dge lugs pa），即善规派。

宗喀巴大师在构建寺院教育体制的过程中，不仅富有创见性地将五部大论（因明学、般若学、中观学、俱舍论和戒律学）有机地结合在一起，而且在寺院内建立了学科分类、高低分层的教育机制。根据五部大论的相互关系和内容深浅不同等特点，制定先学因明学，认为因明学或释量论是开启一切佛学知识之门的钥匙；其次为般若学，认为般若学是佛学的基础理论；之后为中观学，认为中观学是建立佛学观点的理论基石；而后为俱舍论，认为俱舍论是领会小乘之因、道、果理论的权威经典；最后是戒律学，认为戒律学是了解和遵循佛教戒律学的历史和规则，以及如何修持和授受佛教戒律的经典理论。

根据藏传佛教的阐释，释迦牟尼开创的佛教正法，归根结底，是由教义理论和实践证验构成，因而一切“教”的正法，则摄在经、律、论三藏之中；一切“证”的正法，又摄在戒、定、慧三学之中。为此，提倡三藏不可偏废，而三学又必须全面修学。换句话说，凡是立为佛教正法者，其见、修、行三者不可违背三藏教法，自心行持，也要随顺三学证法。同时，还要具备方便智慧双运之道，以及空性大悲之觉悟。正因为有了如此的宗教见地，方令每个学僧力争做到对于经藏，多闻深思，在大小乘的三学上，认真修学；对于律藏尽力修习，通达戒、定二学；对于论藏也要不断研习，获取通晓诸法性相的智慧。

从戒、定、慧三学的角度看，三学是寺院教育中必须遵循的三条修习佛法的途径，其中缺一不可，在戒律学方面，主要学习《律经》；在定学方面，重点学习《现观庄严论》；在慧学方面，主要学习《中论》《因明》《俱舍论》。在寺院教育中之所以对佛教三学极为重视，自有其道理，认为三学中的戒律学是佛教的根本，是修法的基础；而定学是约束自心、避免散逸的途径；慧学就是增长智慧、不昧于解脱之道。故有无戒不定，无定不能生慧之说。

从见、修、行的角度看，大乘之“见”是在中观学和因明学中阐述或体现，而大乘之“行”则在般若学中阐述或体现；小乘之“见”和“行”都在俱舍论中阐述或体现；而大小乘之“修”则在“见”和“行”的阐释中涉足。所以，学习五部大论，将会明辨大小乘在见、修、行上出现的细微差异或不同观见，与此同时，有助于理解佛教四大宗派中逐次升华的佛学思想。

总之，五部大论是藏传佛教寺院教育中的主要科目。因为五部大论涵盖了佛教三藏，即经藏、律藏和论藏。比如，因明学、中观学和俱舍论属于论藏，而且作为论藏的精华略论；般若学属于经藏，而且作为经藏的精华略论；戒律学属于大小乘律藏，而且作为大小乘律藏的精华略论。可以看出，宗喀巴大师在融会贯通五部大论的基础上建立的寺院教育体制，是一种系统掌握佛教三藏的颇具科学性的修学体系。这一教育体制后来在格鲁派各大寺院中普遍推行，并且对藏传佛教其他宗派的寺院教育和修学体系，亦产生积极而深刻的影响。显而易见，研习“五部大论”的寺院教学体系，乃是藏传佛教对世界佛学发展做出的重要贡献之一。

结 语

藏传佛教寺院教育经过了一个循序渐进、不断创新、逐步完善的发展历程，它作为一种教育模式，更具有诸多与众不同的特质。藏传佛教“前弘期”作为寺院教育的初创时期，围绕佛经翻译开办了许多讲经说法的学院；而“后弘期”作为寺院教育的中兴时期，随着因明学的兴起而形成了研习五部大论的专业性学科；至宗喀巴大师时代作为寺院教育的发展时期，伴随格鲁派三大寺的创立而建立了系统研习五部大论的教学体系。尤其是寺院特有的教育资源、教学方式、学科内容、考试规则和学位制度，从不同角度反映了宗喀巴大师培养贯通佛教三藏的高僧大德的寺院教育思想。

宗喀巴大师的寺院教育思想，不但是一个博大而深邃的思想宝库和教学体系，而且蕴含着传承性、次第性、显密兼容性等与众不同的殊胜内涵和独特学风。

1. 传承性中体现了宗喀巴大师注重印度二胜六庄严的佛学思想及历史传承。藏传佛教认为，印度古贤二圣六庄严[①]是全面继承和严格遵循释迦牟尼佛法的无与伦比的八位杰出论师，他们的有关论著则是最具权威的佛学经典论著。所以，五部大论中的因明学以陈那和法称的论著为准、中观学以龙树师弟的论著为准、俱舍论以无著兄弟的论著为准、戒律学以释迦光和功德光的论著为准。同时，系统研习二圣六庄严的经论，还意味着最终实现树立佛学中观思想的宗旨。

2. 次第性中体现了宗喀巴大师重视人类的个人差异和佛法的多种层次以及两者的相互对应。首先，将佛教大小乘和金刚乘三乘融会贯通，相辅相成，建构了既有戒律传承、系统教义、宗派见地，又有密宗传承、修持次第、成就境界的显密宗理论体系和实践方法。其次，在佛学修习方面，不仅

---

① 二圣是指释迦光和功德光，六庄严分别是龙树、圣天、无著、世亲、陈那和法称。

建立了集体经院教育和个体实践经验相结合的教学体系，而且采取了闻、思、修并重的独特的修学方式，首先广闻博记，其次深思熟虑，最后实践修炼，直至正确领悟佛法真谛。

3. 显密兼容性是宗喀巴大师的创新性佛学思想，也是展示宗喀巴大师寺院教育思想的主要内涵之一，它将长期未能决断的显密分离的佛学难题迎刃而解、相辅相成。这不仅有助于揭开大乘佛教甚深义理的奥妙，而且整合了佛教的理论体系，保持了理论与实践的逻辑联系。因此，藏传佛教学僧严格遵循无显宗理论不入佛教正道，无密宗实践不得佛教正果的宗旨。

同时，宗喀巴大师寺院教育思想中贯穿着戒、定、慧三学的互动关系和闻、思、修的辩证关系。这是一种理论与实践相结合的动态教学模式和最佳修学路径，又是一种遵循客观规律的因人制宜的循序渐进的寺院教育理念。

阳明学“四句教”解读与评论之思想史考察

汪学群

（中国历史研究院古代史研究所）

摘要：“四句教”是王阳明晚年对自己思想的高度概括，以往学术界关于“四句教”的研究，大都侧重于对其文献的考证与辨析或哲学的诠释与反思。而本文则从钱德洪“四有”与王畿“四无”、王阳明对“四句教”的完整解读，以及阳明后学的评判与论争三个方面，做一思想史意义上的考察，追述他们之间在这一问题上的分歧与对立。同时通过对有与无、渐修与顿悟、后天之学与先天之学，以及本体与工夫范畴的分析，附带揭示“四句教”之要义。

关键词：阳明学　四句教　四有与四无

嘉靖六年（1527年）九月，王阳明身兼都察院左都御史准备出征广西思恩、田州二地，临行前恰巧赶上两位弟子钱德洪与王畿论学，钱氏提出所谓的“四有”，王氏则提出所谓的“四无”，二人争执不下并请教于老师王阳明，王阳明大体以平衡两说做出回应，提出完整或广义的“四句教”[①]。

---

① 关于“四有”与“四无”的概念，有些学者认为是王畿《天泉证道记》提出的，其实王阳明《言行录汇辑下》也明确提及，阳明后学则广泛运用，为了讨论方便，姑且使用这对范畴。而这里使用的“四句教”非“四句为教法”（狭义“四有”），也包括“四无”。

因此事发生在绍兴天泉桥上，史称“天泉证道”，《传习录》《阳明先生年谱》《天泉证道记》等文献都有相关的记载。以往学术界对“四句教”多有研究，但主要集中在文献的辨析或哲学的诠释，而本文侧重从钱氏“四有”，王氏“四无”的提出、王阳明的“四句教”回应与解读，以及阳明后学的评论三个方面，做一思想史意义上的考察，试图还原“四句教”的思想史之要义。

一 钱德洪“四有”、王畿“四无”的提出

《传习录》记载：王畿提到王阳明的教诲，概括为“无善无恶是心之体，有善有恶是意之动，知善知恶是良知，为善去恶是格物”。钱德洪问道：“此意如何？”王畿答道：“此恐未是究竟话头。若说心体是无善无恶，意亦是无善无恶的意，知亦是无善无恶的知，物亦是无善无恶的物矣。若说意有善恶，毕竟心体还有善恶在。”钱德洪说：“心体是天命之性，原是无善无恶的。但人有习心，意念上见有善恶在，格、致、诚、正、修，此正是复那性体功夫，若原无善恶，功夫亦不消说矣。”[①] 钱德洪对王畿转述的“无善无恶是心之体，有善有恶是意之动，知善知恶是良知，为善去恶是格物”四句话可分为两个层次来解读：第一个层次为首句，意思是说心体无所谓善恶，也可以视为超越善恶，在这里心与性、性与天道合一，是原发之性存在于心中，属于形而上，是先天或超验的。第二个层次是后三句则有了善恶，这已经不是心体，心与性、性与天道一分为二，属于形而下，进入后天或经验的气化阶段，可能会出现恶障蔽心体，此时就要用功夫使之回归本体，达到两者的一致。具体而言，后三句的第一句，意念的萌动才有善恶，有了善恶首先要以良知来知晓善恶，其次才是为善去恶，而这便是格物的工夫，性本善从潜在转变为现实，这就是所谓的“四有”。王畿认为“四有”恐不符合王阳明之教，于是提出“心体是无善无恶，意亦是无善无恶的意，知亦是无善无恶的知，物亦是无善无恶的物”另外“四无”与之对立。在他看来，

① 王阳明：《传习录下》，载吴光等编校《王阳明全集（新编本）》第1册，浙江古籍出版社2010年版，第128页。

既然心体是无善无恶的，那么与此相关的意知物也应该是无善无恶的，因此反对意有善恶、心体却无善无恶之说，这一主张实际上强调本体即工夫。钱德洪认为，心体原本无所谓善恶或超越善恶，因人心受后天受习染影响，意念萌发之中表现出善恶，因此才需要《大学》所谓的格物、致知、诚意、正心、修身等工夫以恢复其本心，倘若没有善恶，工夫则变得无意义，这是强调工夫即本体。

《年谱》嘉靖六年（1527 年）九月条记载："畿曰：'先生说知善知恶是良知，为善去恶是格物，此恐未是究竟话头。'德洪曰：'何如？'畿曰：'心体既是无善无恶，意亦是无善无恶，知亦是无善无恶，物亦是无善无恶。若说意有善有恶，毕竟心亦未是无善无恶。'德洪曰：'心体原来无善无恶，今习染既久，觉体上见有善恶在，为善去恶，正是复那本体功夫。若见得本体如此，只说无功夫可用，恐只是见耳。'"[①] 与《传习录》的记载除文字表述有所不同之外，意思大体相同，分别记录了所谓"四有"与所谓"四无"，又强调"四有"与"四无"涉及本体与工夫之辨。

再看《天泉证道记》的记载：王阳明之学，以良知为宗。"每与门人论学，提四句为教法：'无善无恶心之体，有善有恶意之动，知善知恶是良知，为善去恶是格物。'学者循此用功，各有所得。绪山钱子谓：'此师门教人定本，一毫不可更易。'先生谓：'夫子立教随时，谓之权法，未可执定。体用显微只是一机，心意知物只是一事，若悟得心是无善无恶之心，意即是无善无恶之意，知即是无善无恶之知，物即是无善无恶之物。盖无心之心则藏密，无意之意则应圆，无知之知则体寂，无物之物则用神。天命之性，粹然至善，神感神应，其机自不容已，无善可名。恶固本无，善亦不可得而有也，是谓无善无恶。若有善有恶，则意动于物，非自性之流行，著于有矣。自性流行者，动而无动，著于有者，动而动也。意是心之所发，若是有善有恶之意，则知与物一齐皆有，心亦不可谓之无矣！'绪山子谓：'若是，是坏师门教法，非善学也。'先生谓：'学须自证自悟，不从人脚跟转。若执着师门教法以为定本，未免滞于言诠，亦非善学者也。'"[②] 这里首次把"四

① 钱德洪：《年谱》嘉靖六年九月条，载吴光等编校《王阳明全集（新编本）》第 4 册，第 1317 页。

② 王畿：《天泉证道记》，载吴震编校整理《王畿集》卷 1，凤凰出版社 2007 年版，第 1 页。

有”概括为老师的“四句为教法”，钱德洪认为遵循这一教法下功夫必然有所得，而且把此教法视为教人的根本不可更易。王畿则反对把“四有”绝对化，认为老师立教随时即根据不同情况做适当的改变。依“四有”，其中的体用显微只是一机（事物发生的枢纽），而心意知物只是一事，机与事两者分离，也即本体与工夫割裂，如此工夫流于外在，这不符合工夫内在之说。如果体悟“四无”，心意知物皆无所谓善恶或者说超越善恶，这就是天赋予人之性即粹然至善。而依“四有”出现第一句是无善无恶，后三句是有善有恶，显然前后矛盾。钱德洪则认为，王畿的说法有损于老师的教法，因此不赞同并予以批评。王畿则强调学贵在“自证自悟”，不要盲目跟从，尤其是对于老师的教法也要灵活运用，这才是真正善于学习。

《传习录》《年谱》和《天泉证道记》皆记载王学教人“四有”和“四无”之说，涉及心体及体现问题，心体无所谓善恶，超越善恶，本体与工夫一致，而其表现则有所谓的善恶，本体与工夫出现不一致，于是才有以工夫达于本体。《天泉证道记》始称“四有”为“四句教”，又强调对于老师教人宗旨应灵活地理解而不可僵化。

从表述上看，钱德洪“四有”与王畿“四无”第一句相同，其理解并不同。如钱德洪认为，心体只有一个，称善、至善、至善无恶、无善无恶皆可以。称善、至善人都坚信不疑，又为何有无善无恶之说？至善之体本身就无所谓善恶，因此是虚灵的，如同目对于明、耳对于聪。虚灵之体不可先有善，如同明不可先有色，聪不可先有声一样。目无一色才能尽万物之色，耳无一声才能尽万物之声，心无一善才能尽天下万事之善。论至善的人探索于事物之中而先求其所谓定理，并以此为应事宰物的准则，是虚灵之内先有善。虚灵之内先有善，如耳未听先有声，目未视先有色，是塞其聪明之用，窒其虚灵之体，并非至善。因此，王阳明说的“无善无恶者心之体”，针对后世格物穷理之学先有善而发，是“特因时设法，不得已之辞焉耳”。[①] 换句话说，“无善无恶者心之体”有针对性且权宜之计，相较于无善无恶，他更赞同至善，至善是超越善恶，这是从源头上（先天）立论，讲的是心体。

① 钱德洪：《复杨斛山书》，载钱明编校整理《钱德洪语录诗文辑佚》，《徐爱钱德洪董澐集》，凤凰出版社 2007 年版，第 155—157 页。

与此同时也承认善恶，这是从流弊上（后天）说的，讲的是心的表现形式。又致王畿书写道："日来论本体处，说得十分清脱，及征之行事，疏略处甚多，此便是学问落空处。"[①] "吾心本与民物同体，此是位育之根，除却应酬，更无本体，失却本体，却非应酬。苟于应酬之中，随时随地不失此体。"[②] 在本体与工夫统一框架内，更重工夫，与他坚持的"四有"大体一致。

二 王阳明对"四句教"的回应与解读

钱德洪"四有"与王畿"四无"各执一词，于是请教王阳明，后者对两位弟子的争执有如下评判。

《传习录》记载王阳明对二人说："我今将行，正要你们来讲破此意。二君之见正好相资为用，不可各执一边。我这里接人原有此二种：利根之人，直从本原上悟入。人心本体原是明莹无滞的，原是个未发之中。利根之人一悟本体，即是功夫，人己内外，一齐俱透了。其次不免有习心在，本体受蔽，故且教在意念上实落为善去恶。功夫熟后，渣滓去得尽时，本体亦明尽了。汝中之见，是我这里接利根人的；德洪之见，是我这里为其次立法的。二君相取为用，则中人上下皆可引入于道。若各执一边，眼前便有失人，便于道体各有未尽。"[③] 从不同角度肯定两人的说法，认为"四有"与"四无"并不矛盾，所适用的范围不同，可以"相资为用"，所谓并行而不悖。这是对包括"四有"与"四无"在内的"四句教"全面完整的解读，因此反对把"四无"与"四有"片面化甚至走向极端。接着分别以两种人为例加以解读：首先"利根之人"，即天性聪明的人属于"四无"，从天赋人性本原处悟入人心，在未发时便是中，心与性、性与天道一致，本体与工夫统一，本体即工夫。其次"中根以下之人"，即一般人属于"四有"，本体受习染等遮蔽，心与性、性与天道一分为二，因此要下功夫，在意念上为

① 钱德洪：《复王龙溪》，载钱明编校整理《钱德洪语录诗文辑佚》，第 150 页。

② 同上书，第 151 页。

③ 王阳明：《传习录下》，载吴光等编校《王阳明全集（新编本）》第 1 册，第 128—129 页。

善去恶，工夫尽到则本体自然显现，也就是说通过工夫复归本体，工夫即本体。一般人虽然有程度上的差异，但经过努力皆可回归本体，所谓殊途而同归，主张两种人并存。

《年谱》同条载：“德洪举与畿论辩请问。先生喜曰：‘正要二君有此一问！我今将行，朋友中更无有论证及此者，二君之见正好相取，不可相病。汝中须用德洪功夫，德洪须透汝中本体。二君相取为益，吾学更无遗念矣。’德洪请问。先生曰：‘有只是你自有，良知本体原来无有，本体只是太虚。太虚之中，日月星辰，风雨露雷，阴霾饐气，何物不有？而又何一物得为太虚之障？人心本体亦复如是。太虚无形，一过而化，亦何费纤毫气力？德洪功夫须要如此，便是合得本体功夫。’畿请问。先生曰：‘汝中见得此意，只好默默自修，不可执以接人。’”① 与《传习录》稍有不同，没有“利根人”、“其次立法”（中根以下人）等提法，而是使用良知来说明本体。良知本体只是太虚，无所谓有而无所不有，属于形而上领域，工夫属于自己，因此要钱用功透见本体，王直接体悟本体，进入形而上的境界，当然也离不开渐修，不是所有人都直接体悟本体，告诫不可以直悟本体来固执地要求所有人。

《天泉证道记》载：“吾教法原有此两种：四无之说，为上根人立教；四有之说，为中根以下人立教。上根之人，悟得无善无恶心体，便从无处立根基，意与知物皆从无生，一了百当，即本体便是工夫，易简直截，更无剩欠，顿悟之学也。中根以下之人，未尝悟得本体，未免在有善有恶上立根基，心与知物，皆从有生，须用为善去恶工夫，随处对治，使之渐渐入悟，从有以归于无，复还本体，及其成功一也。”② 明确提出“四无”和“四有”，并把这两者与“上根人”和“中根以下人”相配合，“四无”之说为天生聪明的人立教，“四有”则为一般人立教。天生聪明的人悟得超越善恶的心体，意知物也同样超越善恶即无所谓善恶，在原初意义上本体与工夫一致，属于顿悟之学。一般人不能悟得心体，因此难免有善有恶，意知物之善恶必须通过为善去恶的工夫，透过渐修回归本体。这两种人尽管起点有所不

① 钱德洪：《年谱》嘉靖六年九月条，载吴光等编校《王阳明全集（新编本）》第4册，第1317页。

② 王畿：《天泉证道记》，载吴震编校整理《王畿集》卷1，凤凰出版社2007年版，第2页。

同，但都能达到终点，本体与工夫一致，所谓殊途而同归。

《天泉证道记》接着写道：世间天生聪明的人不易得，只得就一般人立教，通此一路。“汝中所见，是接上根人教法；德洪所见，是接中根以下人教法。汝中所见，我久欲发，恐人信不及，徒增躐等之病，故含蓄到今。此是传心秘藏，颜子、明道所不敢言者。今既已说破，亦是天机该发泄时，岂容复秘？然此中不可执着。若执四无之见，不通得众人之意，只好接上根人，中根以下人无从接授。若执四有之见，认定意是有善有恶的，只好接中根以下人，上根人亦无从接授。但吾人凡心未了，虽已悟得，不妨随时用渐修工夫。不如此，不足以超凡入圣，所谓上乘兼修中下也。汝中此意，只好保任，不宜轻以示人，概而言之，反成泄漏。德洪却须进此一路，始为玄通。德洪资性沈毅，汝中资性明朗，故其所得，亦各因其所近。若能互相取益，使吾教法上下皆通，始为善学耳。”[①] 对于两位弟子的不同意见，王阳明皆予以肯定，“四无”适应于天资聪颖的人，“四有”适应于一般人。对于“四无”不敢阐发，怕人犯躐等之病，传心秘藏，含蓄而不发，现在说破算是泄露天机，对于“四有”指点凡心，随时用渐修工夫。执着“四有”和执着“四无”与他们各自的性格不同有关，两者应该互补，互相取益、上下贯通，才是善学。王阳明对“四句教”全面完整的解读旨在平息弟子之间的争论。

另外，《言行录汇辑》也有相关记载，以下再引几条。王阳明之学以良知为宗，每当与门人论学，指出：“无善无恶心之体，有善有恶意之动，知善知恶是良知，为善去恶是格物”，以此四句为教法。钱德洪认为，这是老师教人的定本，丝毫也不可更改。王畿则主张，老师立教随时，未可执定。体用显微，只是一路，不过是“悟得心是无善无恶之心，意即是无善无恶之意，知即无知之知，物即无物之物”。如果意知物有善恶，那么心就不能说无善恶。钱德洪认为，如此则是坏师门教法而非善学。王畿认为，“学须自证自悟，不从人脚跟转。”反对片面地理解老师的教法。[②]

又嘉靖六年（1527 年）秋，钱、王二弟子人因各以所见请教，王阳明

① 王畿：《天泉证道记》，载吴震编校整理《王畿集》卷 1，第 1 页。

② 王阳明：《言行录汇辑下》，载吴光等编校《王阳明全集（新编本）》第 5 册，第 1672—1673 页。

说：“吾教法原有此两端。四无之说，为上根人立教；四有之说，为中根以下通此一路。汝中所见，我久欲发，恐人信不及，徒起躐等之病，故含蓄到今。今既已说破，岂容复秘？然此中不可执著。若执四无之见，中根以下人无从接授；若执四有之见，上根人亦无从接授。德洪资性沉毅，汝中资性明朗，故其悟入亦因其所近。若能各舍所见，互相取益，使吾教法，上下皆通，始为善学耳。”[①] 反复重申“四无”与“四有”的适应范围，“四无”为天资聪明人立教，“四有”为一般人立教，告诫“二人正好互相为用，弗失吾宗。”由于王畿和钱德洪分别执着于“四无”和“四有”，对立并没有因此而消弭分歧，反而开门户之争，后来演为良知现成派、良知修正派等。

再引一条：王阳明平两广，钱德洪、王畿二人送至富阳。王阳明说：我将要走了，你们何不说一说各人所学。钱德洪说：“至善无恶者心，有善有恶者意，知善知恶是良知，为善去恶是格物。”王畿说：“心无善而无恶，意无善而无恶，知无善而无恶，物无善而无恶。”王阳明笑道：钱德洪需要意识到王畿所言的本体，王畿也应该意识到钱德洪所讲的工夫，你们两打并为一，也即本体与工夫相结合，就不失我传了。[②]

《传习录》《年谱》《天泉证道记》《稽山承语》《言行录汇辑》主要记载了王阳明的回应与解读，即所谓“四有”与“四无”并不矛盾，而是相互补充、相辅相成，完整全面地理解“四句教”。这里又进一步涉及本体与工夫之辨，“四有”重在工夫，“四无”强调本体，“四有”通过渐修工夫而达于本体，“四无”则直接透见本体，立脚点有所不同，但本体与工夫一致。

王阳明虽然画定“四句教”中“四有”和“四无”的适用范围，但他更强调“四有”，认为这才是其教人的根本。

《传习录》说：“已后与朋友讲学，切不可失了我的宗旨。无善无恶是心之体，有善有恶是意之动，知善知恶的是良知，为善去恶是格物，只依我这话头随人指点，自没病痛。此原是彻上彻下功夫。利根之人，世亦难遇，本体功夫，一悟尽透。此颜子、明道所不敢承当，岂可轻易望人！人有习

① 王阳明：《言行录汇辑下》，载吴光等编校《王阳明全集（新编本）》第5册，第1673页。
② 同上书，第1676页。

心，不教他在良知上实用为善去恶功夫，只去悬空想个本体，一切事为俱不着实，不过养成一个虚寂。此个病痛不是小小，不可不早说破。”[①] 告诫两位弟子，与朋友讲学切不可失去“四句教”宗旨，尤其是“四有”，要根据不同的人随时指点，做彻上彻下的工夫。由此来看，更重视一般人，因为天生聪明之人毕竟是少数，本体与工夫体悟得透者更是难寻。人生总要受习染的影响，应教在良知上下功夫为善去恶，离开工夫空悬本体，于修身成圣毫无意义。在本体与工夫关系上，强调由工夫见本体或者说本体由工夫而显，并非抽象的空谈本体。

《年谱》同条载：“上根之人，世亦难遇。一悟本体，即见功夫，物我内外，一齐尽透，此颜子、明道不敢承当，岂可轻易望人？二君已后与学者言，务要依我四句宗旨：无善无恶是心之体，有善有恶是意之动，知善知恶是良知，为善去恶是格物。以此自修，直跻圣位；以此接人，更无差失。’畿曰：‘本体透后，于此四句宗旨何如？’先生曰：‘此是彻上彻下语，自初学以至圣人，只此功夫。初学用此，循循有入，虽至圣人，穷究无尽。尧、舜精一功夫，亦只如此。’先生又重嘱咐曰：‘二君以后再不可更此四句宗旨。此四句中人上下无不接着。我年来立教，亦更几番，今始立此四句。人心自有知识以来，已为习俗所染，今不教他在良知上实用为善去恶功夫，只去悬空想个本体，一切事为，俱不著实。此病痛不是小小，不可不早说破。’”[②] 天生聪明之人世上少见，体悟本体而见工夫者恐怕颜回、程颢也未必敢当，更不要说一般百姓，因此明确自己“四有”教人宗旨，希望从自我修养开始做起。王畿站在直接透见本体角度对“四有”产生怀疑，王阳明则认为“四有”是彻上彻下，由工夫渐进达于本体，属由凡入圣的工夫，这也体现圣人的教法。“四有”宗旨也是他多年体会形成的，不可更改，对所有人都适用。“四有”立足于人后天受习俗所染这一前提，因此必须要在心体即良知上用为善去恶的工夫，否则空谈本体毫无意义。

《稽山承语》载：杨文澄问：“意有善恶，诚之将何稽？”王阳明说：“无善无恶者心也，有善有恶者意也，知善知恶者良知也，为善去恶者格物

① 王阳明：《传习录下》，载吴光等编校《王阳明全集（新编本）》第1册，第129页。

② 钱德洪：《年谱》嘉靖六年九月条，载吴光等编校《王阳明全集（新编本）》第4册，第1318页。

也。”又问：“意固有善恶乎？”又说：“意者心之发，本自有善而无恶，惟动于私欲而后有恶也。惟良知自知之，故学问之要曰致良知。”[①]“四有”为王阳明晚年提出，这里关键在理解“意”字，心未发时即原本无善无恶，因为意是心之所发，不过意动了之后或者说有了意念便使人们易受欲望的影响而出现恶，因此要经过良知自知，并加以实践改正，这也是致良知，是为学之要。

《传习录》《年谱》《天泉证道记》《言行录汇辑》记载王阳明总体上肯定“四有”和“四无”并分别适用于一般人与天资聪明的人，因此本体与工夫的一致可以通过这两种方式达到：渐修与顿悟，殊途同归。相对而言，《传习录》《年谱》《稽山承语》则更强调一般人的渐修，也即工夫达到本体通过渐修来完成，并认为这是他教人宗旨，“四有”才是其教人的核心，而“四无”是少数人的专利，对于一般人而言是可望而不可即的。在这一点上《天泉证道记》似有不同，并没有强调“四有”的重要性，只是说“四有”与“四无”各有适用的范围，相资相辅，不可或缺，反映王畿本人的思想。他本来就倡导“四无”，而且还与偏于“四有”的钱德洪发生上述辩论并请王阳明评判，所以不会贬低“四无”。《传习录》是王阳明弟子直接的记录，应该说最能反映他的思想，关于“四句教”的记载更加真实全面，《年谱》由钱德洪编辑，在这方面与《传习录》大体一致。换言之，王阳明在肯定由“四有”与“四有”构成的“四句教”中，更倾向于“四有”，“四无”应属第二位。

三　阳明后学“四句教”评论举要

对于钱德洪的“四有”、王畿的“四无”，以及王阳明完整全面解读“四句教”，其后学多有评判，甚至论争，试举些实例做扼要分析。

阳明后学的评判。邹守益认为，王阳明平定两广时，钱、王二子送至富阳。王阳明对他们说：“予别矣，盍各言所学？”钱德洪回答：“至善无恶者心，有善有恶者意，知善知恶是良知，为善去恶是格物。”王畿则说：“心

---

① 王阳明：《稽山承语》，载吴光等编校《王阳明全集（新编本）》第5册，第1611页。

无善而无恶，意无善而无恶，知无善而无恶，物无善而无恶。”王阳明笑道：钱德洪须识王畿本体，王畿须识钱德洪工夫。二人打并为一，不失吾传。[①]这是从本体与工夫合一角度平衡钱、王两家之说。

耿定向认为，曾听闻王阳明教诲，有“无善无恶者心之体，有善有恶者意之动，知善知恶是良知，为善去恶是格物”一句。由以来看，老师当初与诸弟子同游，载歌载咏，熙然陶然，此时只见心体，何来善恶？见情景意念萌动之后才说“贪”“恕”，善恶由此而分。通过反省克己工夫，即致知格物化解恶，复归于致善，这也是颜回有善有不善未尝不知、知之改过不再犯之义，人的意念萌动而不知反省导致贪。现在有误传老师宗旨的人说“心无善恶，意亦无善恶，知亦无善恶，物亦无善恶”，是上乘法，以至于说见景即动，即动即为者为见性，而以讼悔为轮回，以迁改为拙钝，这种说法极端淫诐，伤风败教。[②] 因此推崇“四有”，强调工夫，反对“四无”之说。

刘宗周试图揭露四句教的矛盾。第一，“四有”前一句与后三句自相矛盾，简单地说是无与有的矛盾。王阳明常说“至善是心之本体”，又说“至善只是尽乎天理之极，而无一毫人欲之私。”“良知即天理。”有时说“无善无恶者理之静”，并没有直接说“无善无恶是心体”。如果心体果然是无善无恶的，那么有善有恶之意从何处来？知善知恶之知从何处来？为善去恶之功又从何处来？这显然是前后接不上。第二，“四无”与“四有”也相互对立。所谓“心体是无善无恶，意亦是无善无恶的意，知亦是无善无恶的知，物亦是无善无恶的物”，不知如何回答？第三，提出天资聪颖的人与一般人，称“教上根人只在心上用工夫，下根人只在意上用工夫”，分别教人在心和意上用功夫，这与《大学》心意一贯相矛盾，意念下工夫这本身就不符合心体，也即工夫与本体不一致。第四，认为心意知物是一事，事是有，这与无相矛盾。“教在意念上着实，用为善去恶工夫。久之心体自明”，才着念便不是本体。如果只在念的起灭上用功夫，恐怕永远也合不上本体了。王阳明解《大学》对于“意”字理解不透，所以在“四条目”处未免架屋叠床。到了弟子一再模仿，越来越失去其本色。“心意知物只是一事”，此是定论，

① 邹守益：《青原赠处》，载董平编校整理《邹守益集》，凤凰出版社 2007 年版，第 103 页。

② 耿定向：《新建伯文成先生守仁》，载吴光等编校《王阳明全集（新编本）》第 6 册，第 2267 页。

既是一事就不是一事皆无。王畿“四无”中易一字说：“心是有善无恶之心，则意亦是有善无恶之意，知亦是有善无恶之知，物亦是有善无恶之物”，不知王阳明是否首肯？或“如何定要说个有善无恶”？第五，“《大学》只说致知，如何先生定要说个致良知，多这良字？”学术所关，不敢不辩。[①] 在这里，刘宗周不懂得心的两个层面即本体及表现，心体属于先天超验形而上，是天赋予人的至善，至善即无所谓善恶；心的表现属于后天经验形而下，受后天习染而有善有恶，它们之间存在着辩证关系，形成一种张力，不可混为一谈。王阳明分两个层面是告诫人们摆脱后天习染复归先天之善，也即回归天性，达到本体与工夫的一致。另外，《大学》讲的心不是天心而是人心，否则就不需要正心，而“四有”讲心是心体即天心。至于致良知主要是吸取孟子的良知思想，也非自己主观妄意发明。王阳明的说法或有不严谨的地方，而刘宗周的批评同样值得批评。

彭定求认为，自从王阳明提出“无善无恶者心之体”一句，而诟病者视此为佛氏“不思善不思恶”之说，以为有碍于性善之义。王阳明的意思是，心体是理之静，恶固本无，善也不可得而有，因此说“上天之载，无声无臭”，无所谓善恶。《传习录》说：“至善者，性也。性元无一毫之恶，故曰至善。”又说：“佛氏侪无善恶之见，一切不理，不可以治天下。圣人只是无有作好作恶，循乎理，不动乎气。谓之不作者，不去又著一分意思，即是不曾好恶一般。”儒家讲的至善超越善恶指心之本体，而佛家则泯灭善恶，儒家对于后天出现善恶现象则是为善去恶，内圣达于外王，佛家则一味出世，如何能治理天下。“无善无恶者心之体”一句，“其于至善宗旨，契尽无余矣。”其灼见善恶之几，说“有善有恶意之动”，其吃紧为人处，说“知善知恶是良知，为善去恶是格物”，这是希望人们切实体验宗旨，无所渗漏。如何“以无善无恶”一语埋没“其所论未发已发之指乎？”这是慎防放言高论之弊，其严如此，王畿应终身恪守此论。遗憾的是王阳明死后，王畿罢官，林下游行，四方讲学，津津乐道于本体自在之说而流为禅。为了决破藩篱，罗洪先予以批评，真可为王畿的诤友、王阳明的功臣。刘宗周说：

---

① 刘宗周：《阳明传信录》3，载吴光主编《刘宗周全集》，浙江古籍出版社2007年版，第5册，第91—92页。

“象山不差，慈湖差。阳明不差，龙溪差”，此为推勘公平之案。听说有人怀疑“四句教”出于王畿而非王阳明，检视《传习录续录》（中卷）“四句教”成于钱德洪，他明确说“侍坐天泉桥，各举请正”，无疑不出自王畿，钱德洪有此议论意在批评王畿、护持王阳明。总之，无善无恶即至善，与禅家的无善无恶不同，学者应当潜心领会其旨而不可妄加猜测。[①] 彭定求的论述倾向于“四有”而反对“四无”。

为此，阳明后学等还发生过一些争论。万历二十年（1592 年），罗汝芳的弟子周汝登在南京讲学会上提出“四句教”来讨论。湛若水的弟子许孚远写了一篇《九谛》，主张心体至善无恶，反对以无善无恶为宗。周汝登写《九解》加以反驳。许孚远《谛》八认为，“无善无恶心之体”一语，指其未发廓然寂然，而不深惟《大学》止至善的本旨，也不觉其矛盾。至于“有善有恶之动，知善知恶是良知，为善去恶是格物”，则是指点下手工夫，可谓平正切实。如果说心意知物都无善恶可言，这恐怕不是王阳明的正传。也就是说并不觉得“至善”与“无善无恶”对立，赞同“四有”，反对“四无”。周汝登《解》八则认为，“无善无恶心之体”一语，既然指的是未发廓然寂然，已发后难道一分为二？未发是廓然寂然，已发也应是廓然寂然。由此可知未发已发不分，心意知物一致，“四无”之说既是王阳明的秘密，也是我的秘密，不应有所怀疑。不怀疑才能知晓其立论宗旨，在这个前提下工夫才不会出现谬误。以“四有”第一句讲无，后三句讲有，彼此矛盾为由而加以否认，以“四无”前后四句都讲无、没有矛盾为由而赞同“四无”。

由“四有”与“四无”的争论推展到“上根之人”与“中根以下之人”。许孚远《谛》九认为，王畿以“四无”“四有”之说判为两种教人法门，当时钱德洪并不赞同。《周易》说“神而明之，存乎其人，默而成之，不言而信，存乎德行”。其中“神明默成”已经超出言语授受范围，颜回、曾子都属下功夫之人，不属于天资聪明之人，而一般人又另有一种说法，自互矛盾。王畿又以此为传心秘藏，颜回、程颢都不敢言，今已说破也是天机该发，其实并没有所谓的传心秘藏。后来王畿逢人就讲四无之说，自以为聪

---

① 彭定求：《姚江释毁录》，《长洲彭氏家集》附，光绪七年版，第 12、16 页。

明的人也大都持此见，所谓王阳明发孔子之所未发，王畿在颜回、程颢之上等，竟忘记自己是谁。王畿的说法不过是画蛇添足，不是尊王阳明而是害了他，不能把“四无”当成最高的准则。周汝登《解》九认为，人分二等，所以教法不同。“此两种法门，发自孔子，非判自王子也”，而且二者并不矛盾，尤其是四无之说“岂是凿空自创？究其渊源，实千圣所相传者”，如太上之“无怀”，《周易》之“何思何虑”，舜之“无为”，禹之“无事”，文王之“不识不知”，孔子之“无意无我”“无可无不可”，子思之“不见不动”“无声无息”，孟子之“不学不虑”，周子之“无静无动”，程子之“无情无心”，皆发明这一宗旨，并无二义。无泉证道，包括王阳明及王畿都遵循这一宗旨。圣人立教是应病设方，病尽方消，起初并无实法，言有不是真，言无也属于不得已，并没画蛇添足，维护王畿。[1] 与当年钱德洪、王畿各执一词一样，许孚远和周汝登也坚持己见，均片面地理解王阳明解读的“四句教”。

万历二十四年（1596 年）以后，顾宪成与管志道就所谓的“四有”与“四无”进行辩论。顾氏认为，既然是无善无恶，为何又讲为善去恶？既然是为善去恶，为何又说无善无恶？本体与工夫一致还是二分？是自相矛盾吗？如果无善无恶之说得到伸张，那么为善去恶之说必然屈枉。管志道认为，“无善无恶心之体”源自周敦颐的“太极本无极”，所谓“重新周子之太极”，太极动生阳，静生阴，两仪立。太极阴阳未分即善恶未分，善恶不过是阴阳之分而已。顾氏认为，“太极本无极”之本即原来如此，太极即无极，非“本于”，如此，仿佛太极之上另有个无极，周子之“本”是本来之“本”，不是管氏讲的无极之“无”。把阴阳未分（太极）等同于无阴无阳，如此，动而静静而动又指何物，也就是说太极等范畴与无善无恶不同。管氏又区别“统体之善”与“散殊之善”，前者是善的本体即至善，后者是道德名目（仁义礼智等）。顾氏认为，“统体之善”与“散殊之善”一体不分。

顾宪成从本体与工夫角度驳斥无善无恶之说，写道：“夫自古圣人教人，为善去恶而已，为善为其固有也，去恶去其本无也。本体如是，工夫如是，

---

① 引文均见周汝登《东越证学录》卷 1《南都会语》，《四库全书存目丛书》第 165 册，齐鲁书社 1997 年影印本，集部，第 429—436 页。

其致一而已矣。阳明岂不教人为善去恶?”既然是“无善无恶”,又说“为善去恶”,学者执着前一句,就会忽视其下一句。因为心体既然无善无恶,那么所谓善恶都不是我所固有而是“感遇之应迹”。“感遇之应迹”就不足以障蔽本体。心体无善无恶,我也无善无恶。如果选择“为”或“去”,那么就承认有善恶,而这离背“无善无恶”,顾氏旨在强调本体与工夫一致。在他看来,王阳明的“四无之说,为上根人立教;四有之说,为中根以下人立教”,是“无善无恶”与“为善去恶”的运用,既然“无善无恶”与“为善去恶”是矛盾的,那么所谓的“上根人”与“中根以下人”也应是矛盾的。[①] 他又说:“愚窃谓无善无恶四字当之。何者?见以为心之本体,原是无善无恶也,合下便成一个空。见以为无善无恶,只是心不着于有也,究竟且成一个混。”空则一切解脱,无复挂碍,混则一切含糊,无复拣择。[②] 空指空洞无物,已经不是真正的本体,混指把本体与工夫混为一谈。总之,他既反对“无善无恶”,也批评把它与“为善去恶”对举,这一批抨揭露了阳明后学理解上的矛盾。

刘宗周与陶奭龄也曾有过辩论。陶奭龄为王阳明三传弟子,属浙中王门,指出:“学者须识认本体,识得本体,则工夫在其中。若不识本体,说甚工夫?”刘宗周主张,“不识本体,果如何下工夫?但既识本体,即须认定本体用工夫。工夫愈精密,则本体昭荧。”[③] 陶氏把工夫纳入本体之中,本体即工夫,刘氏承认知晓本体的重要性,在此基础上要用功夫,工夫即本体,也可以说各执一词。总的来说,阳明后学大都片面的理解“四句教”,把其中的“四有”与“四无”割裂片面化,看成是相互对立矛盾的,并没有完整全面把握“四句教”,从性的本源与流弊的结合角度加以解读,忽视“四有”与“四无”的适用范围。

通过对阳明学“四句教”解读与评论之思想史考察,知晓“四句教”主要讨人性问题,涉及有与无、渐教与顿悟、后天之学与先天之学、工夫与

---

① 黄宗羲:《明儒学案》卷58《东林学案》1,载沈善洪、吴光主编《黄宗羲全集》第8册,浙江古籍出版社2005年版,第752—753页。

② 顾宪成:《顾端文公遗书·小心斋札记》卷18,《续修四库全书》第943册,上海古籍出版社1995年影印本,第1—5、8页。

③ 刘宗周:《语类》14,《会录》,载吴光主编《刘宗周全集》第2册,第507页。

本体等关系问题，这使得把握其要义出现了一定的困难。

把“四句教”概括为有无之辨，有指具体存在的事物，无指无形象的虚无或者是一种抽象的有，这对范畴侧重描述一些自然和社会的存在及现象。而“四句教”专属于道德领域，以有无揭示其要义不太准确，也不太清晰。即使用有无来说明，如所谓钱德洪主张有，王畿主张无，而王阳明倡导有无合一。但从字面看，钱德洪的“四有”第一句是无，而后三句是有，说其主张有也似乎不准确。另外，钱德洪讲的无与王畿讲的无实际上是不同的，钱德洪讲的无包含有，因此才有后三句，他的四句也可视为有无合一，而王畿讲的无似乎是空无，因此才有他自己的后三句，两人的后三句的区别在于第一句，或言之，正是因为第一句对无的理解不同，才造成两人“四句教”后三句的区别。总之，以有无这对范畴概括“四句教”，因其概念含混，没有把握实质。

至于渐教与顿悟，渐教指经过逐渐修行而达到悟境，顿悟指突然领悟。渐教与顿悟被批为佛家，正如王夫之写道：“阳明天泉付法，止依北秀南能一转语作葫芦样，不特充塞仁义，其不知廉耻亦甚矣！”[①] 这里讲的“北秀”指神秀，“南能”指慧能，他们分别有一个偈子，神秀的是“身是菩提树，心为明镜台，时时勤拂拭，勿使惹尘埃。”慧能的是“菩提本无树，明镜亦非台，本来无一物，何处惹尘埃。”前者属于渐教，后者属于顿悟，在禅宗看来，顿悟比渐修更高明，所以五祖弘忍把衣钵传给了慧能。但它们都是禅宗的教法，不符合阳明学作为儒学的特质，王阳明及后学肯定不会赞同。

后天之学与先天之学源自《周易》，邵雍加以发挥并构建起先天象数学。从“四句教”角度看，笼统地说钱德洪属于诚意的后天之学、王畿属于正心的先天之学，也不准确。“四有”的第一句就有先天的特征，也就是说钱德洪的后天之学兼有先天的特色，后三句则属于后天，“四有”应该是先天与后天的统一。另外，在先、后天之前又分别加上正心、诚意二字加以修饰，他们讨论的中心是善恶问题，而这似乎变成了正心和诚意的问题，与“四句教”的主题不符。更重要的是，以上三对范畴只是从不同角度描述

---

① 王夫之：《搔首问》，载船山全书编辑委员会编校《船山全书》，岳麓书社 1992 年版，第 12 册，第 627 页。

“四句教”，而并没有揭示其中的要义。

本体与工夫就不同。宋明理学系统地把它们纳入道德哲学视域，用来说明道德的本质及修养等问题，也就是说本体与工夫的引入把“四句教”的讨论上升到道德哲学的高度，揭其要义。在本体与工夫合一框架之内，“四无”倾向于本体即工夫，侧重本体，“四有”倾向于工夫即本体，偏向工夫，如果执着或只承认其中之一，视它们为相互对立的矛盾，就不符合王阳明“四句教”的宗旨。“四句教”强调本体与工夫的高度一致性，在这里本体是工夫的本体，是工夫施加的对象，本体由工夫彰显，工夫使本体不再成为潜在，或者说使道德意义上潜在的善有可能转变为现实的善；工夫是本体的工夫，本体使工夫有了施放之地，离开本体，工夫无对象。另外，在本体即工夫、工夫即本体两个面向中，王阳明更注重工夫，本体毕竟是先天内在，工夫属于后天外在，潜在需要后者唤起。其后学黄宗羲所谓“心无本体，工夫所至，即其本体”① 就反映了这一思想特征。遗憾的是阳明后学对本体与工夫片面的理解，把本体与工夫的区别加以夸大，导致阳明学的分化，违背了王阳明“四句教”本体与工夫统一的宗旨。

① 黄宗羲：《明儒学案·自序》，载沈善洪、吴光主编《黄宗羲全集》第 7 册，浙江古籍出版社 2005 年版，第 3 页。

清初汉官群体“正君心”实践三部曲*

朱昌荣

（中国历史研究院古代史研究所）

摘要：在清入关前政权时期，汉官群体“正君心”的实践已经开始。清朝定鼎中原后，摆在最高统治者面前的首要也是最核心的问题就是，面对激剧的满汉文化冲突，尽快明确用何种意识形态来指导政权建设。汉官群体顺应时代潮流，以“正君心”为手段，试图影响最高统治者的政治文化选择。本文分三个阶段探讨清初汉官群体“正君心”实践演进的进程，并分析其对清初政治生活的积极影响。

关键词：清初汉官群体　“正君心”　政治文化选择　入关前政权

清朝定鼎中原后，面对激剧的满汉文化冲突，摆在最高统治者面前的首要也是最核心的问题，就是尽快明确用何种意识形态来指导政权建设。历史的发展业已证明：满洲的“家法”“祖制”无法承担起这个使命，明中叶以降曾经盛极一时且与程朱理学并为学界主流的阳明学也无法承担起这个使命，明末已在部分地区孕育并发展的具有反传统意义的激进思想观念同样也不能承担，而具有深厚理论性、系统性及较强实践性的程朱理学在清初社会

---

* 本文原以《试析清初汉官群体“正君心”实践三部曲》为题刊于《史学月刊》2019 年第 5 期，这里文字上稍作修改。

重建中起到了理论指导的作用。[①]

清初意识形态问题的尽快解决，主要得益于两个方面；一是清入关前政权时期努尔哈赤、皇太极统治集团儒学化的努力，为入关后政权继续接受和深化对儒家文化的认识奠定了必要的前提和基础。二是清初汉官群体秉承“君心正则天下治，如天枢之运众星”[②] 的政治理念，持续不断的“正君心”[③] 实践的推动。关于清初政权接受正统儒学的问题，学界已经开展了有益的探索，发表了一些很有启发性的成果。清史学科的重要奠基人孟森先生较早注意到了汉官群体在清初帝王施政敷治中所发挥的积极作用，并在所著《清史讲义》“移风俗”一节中，论及熊赐履等理学名臣积极推动康熙帝学习和接受正统儒学。[④] 高翔先生所著《康雍乾三帝统治思想研究》则明确提出了清初理学官僚注重向满洲贵族、旗人传播儒家学说，“最集中的关注对象还是专制皇帝”，并揭橥“正君心”这一核心概念。[⑤] 近年来，陈东、刘家驹、陈涵君等学者探讨了清代经筵制度的分期、开讲时间、日讲官的设置与选任、进讲场地、进讲内容及影响等[⑥]，史革新、魏红亮、周文丽、王胜军等学者对清初理学复兴的原因和影响、理学与治统、熊赐履等人参与经筵日讲的情况等有专题论述[⑦]，这些研究对本课题很有启发意

---

① 详参朱昌荣《程朱理学官僚与清初社会重建——基于学术思想史与社会史结合的考察》，《历史研究》2013 年第 4 期。

② 彭绍升：《故中宪大夫工部尚书汤文正公事状》，载钱仪吉纂《碑传集》卷 16，中华书局 1993 年版，第 460 页。

③ 本文所讲的“正君心”，是指以汉官群体为核心力量所付诸实施的以影响最高统治者的政治文化选择为宗旨而进行的政治举措，就其主要内容来讲是正统儒学（尤其是程朱理学）。以顺治帝和康熙帝为首的最高统治者出于巩固统治的需要而对正统儒学所进行的主动吸收，以及汉官群体之外的其他力量在“正君心”中的积极作用，笔者将另文考察。

④ 孟森：《清史讲义》，浙江人民出版社 1998 年版，第 171—178 页。

⑤ 高翔：《康雍乾三帝统治思想研究》，中国人民大学出版社 1995 年版，第 19、22 页。

⑥ 陈东：《清代经筵制度研究》，博士学位论文，山东大学，2006 年，第 48—50 页；陈东：《康熙朝经筵次数及日期考》，《历史档案》2014 年第 1 期；刘家驹：《儒家思想与康熙大帝》第 2 章，台北学生书局 2002 年版；陈涵君：《康熙朝经筵直讲官群体研究》，硕士学位论文，黑龙江大学，2018 年。

⑦ 史革新：《略论清前期理学的复兴、作用和影响》，《徐州师范大学学报》2008 年第 4 期；魏红亮：《熊赐履学术研究》，硕士学位论文，湖北大学，2012 年；周文丽：《熊赐履的理学思想及其政治影响》，硕士学位论文，曲阜师范大学，2014 年；王胜军：《清初庙堂理学研究》，岳麓书社 2015 年版，第 175—182 页。

义。笔者也曾撰文从不同角度论及“正君心”问题[①]。本文拟在学界已有成果的基础上，以清初汉官群体“正君心”实践为考察对象，分析其演进过程及积极作用。

一 滥觞

早在清入关前政权的努尔哈赤时期，汉官群体就开始了以进讲儒家文化为主要内容，进而影响最高统治者政治文化选择的进程。这一时期，最高统治者对儒家文化的接受和吸收主要表现在：注重对儒家伦理道德的吸收、主张仿照明朝制度进行政权建设、重视儒家文化在八旗教育中的推广等方面。然而，其晚年采取的“编庄戮儒”“八王共议国政”等措施，又大大延缓了这一进程的顺利推进。

天命十一年（1626年），皇太极继承汗位。此时后金政权面临着极为恶劣的社会形势，正如时人所指出的，汉人、蒙古人、朝鲜人均与“我”（后金）国境接壤，平素里关系就比较紧张，再加上他们各自所属的国家皆被我国征讨过，“积衅既深，辄相窥伺”[②]，尤其是和汉人间的矛盾更深，所谓“金汉之民，两相困毙”[③]。怎么才能把努尔哈赤开创的事业继续推向前进，成为以皇太极为首的后金（清）统治集团面对的最重要的时代命题。一些汉官们敏锐地认识到，只有通过效仿程朱理学家“正君心”的方式，以影响最高统治者政治文化选择为手段，才可以推动并促成问题的解决。

儒家士大夫历来极为重视提高最高统治者的心性修养，所谓“（国家）根本切要之地，端在我皇上之一身”[④]。汉官们纷纷建议皇太极加强对儒家

---

① 详参朱昌荣《清入关前政权儒学化问题再考察》，载《清代满汉关系研究》，社会科学文献出版社2011年版；《清初程朱理学“复兴”原因刍议》，载《徽学》第6卷，北京师范大学出版社2010年版。

② 《清太宗实录》卷9，天聪五年六月辛酉，中华书局1985年版，第123页。

③ 《天聪朝臣工奏议》，六年九月，“胡贡明谨陈事宜奏”，载潘喆等编《清入关前史料选辑》（第2辑），中国人民大学出版社1989年版，第32页。

④ 熊赐履：《应诏万言疏》，《经义斋集》卷1，《四库全书存目丛书》第230册，齐鲁书社1997年版，第221页。

经典的学习。天聪六年（1632 年）九月，王文奎条陈政事，其中一款即为“勤学问以迪君心”[①]，他结合自己的亲身经历说：

> 臣自入国以来，见上封事者多矣，而无一人劝汗勤学问者，臣每叹源之不清，而欲流之不浊，是何不务本而务末乎！其帝王治平之道，微妙者载在《四书》，显明者详诸史籍。宜于八固山读书之笔帖式内，选一二伶俐通文者，更于秀才内选一二老成明察者，讲解翻写，日进《四书》两段、《通鉴》一章，汗于听政之暇，观览默会，日知月积，身体力行，作之不止，乃成君子。先贤程明道有曰：“人君一日之内，接贤士大夫之时多，近宫女侍臣之时少，则君心清而天下治。”[②]

王文奎的条陈主要包括四条内容：一是认为臣子只有劝导汗勤学，才是清源务本之举；二是宣称帝王之道，备载于“四书”和史籍；三是建议仿照中原王朝日讲的形式，以“四书”《资治通鉴》为内容，向皇太极每日进讲；四是以理学名儒程颢之言鼓励皇太极做贤明君主。王文奎所提出的“帝王治平之道，微妙者载在四书”思想，与此后宁完我等人建议帝王应当加强学习《孝经》《四书》的思想，联袂开启了汉官群体呼吁最高统治者以正统儒学为核心内容指导政权建设的先声。

次年，宁完我又从齐家、治国的角度建议朝廷组织翻译《孝经》《大学》《中庸》《论语》《孟子》等儒家经典，他说：

> 臣观金史乃我国始末，汗亦不可不知，但欲全全译写，十载难成，且非紧要有益之书。如要知正心、修身、齐家、治国的道理，则有《孝经》《（大）学》《（中）庸》《论（语）》《孟（子）》等书，如要益聪明智识，选练战攻的机权，则有《三略》《六韬》，孙、吴、《素书》等书。如要知古来兴废的事迹，则有《通鉴》一书。此等书实为最紧要、大有

---

① 《天聪朝臣工奏议》，六年九月，“王文奎条陈时宜奏”，载潘喆等编《清入关前史料选辑》（第 2 辑），第 24 页。

② 同上书，第 24—25 页。

益之书。汗与贝勒及国中大人所当习闻明知，身体而力行者也[①]。

在宁完我等汉官看来，金史作为后金（清）政权的国史，"不可不知"，但仍不能算作"紧要有益之书"。于是，他给皇太极开具了一份新书目，包括三方面内容：一是以《孝经》《大学》《中庸》《论语》《孟子》为代表的儒家经典，二是以《三略》《六韬》《孙吴》《素书》为代表的兵书，三是资治类著作《资治通鉴》。总的来说，这个书目突出反映了汉官们重实用，以及迫切希望最高统治者积极学习儒家经典、学习中原政权治国经验的特点。

天聪九年三月，仇震"条陈五事"，强调从人君之学与一般士子之学应当有所区别，指出"古来明圣帝王，莫不勤好书史"，而人君之学，与众人之学在章句者不同，"须得其精要"。他建议仿照唐代立《君鉴》之例，将"各经史、通鉴，择其精要有裨君道者，集为一部，日日讲明。则一句可包十句，一章可并十章"[②]。

王文奎、宁完我和仇震汉官所提出的上述主张正是清初汉官群体"正君心"实践的滥觞。相较于清朝入主中原后政权中的"正君心"情形来讲，此时汉官群体的相关实践还是比较粗浅的：一是这个群体的数量还很少，仅数人而已；二是这些汉官的儒学素养总的来说不是很高，对理学的理解和掌握也谈不上深刻；三是相关建议更多的是从学习内容上来发论，至于如何从制度层面确保"正君心"的顺利推动则还少有建树。更重要的是，囿于此时汉官群体在政治格局中的比重还比较弱小，再加上努尔哈赤、皇太极父子对以正统儒学作为意识形态主导的迫切性也没那么强烈的认识，汉官群体所力推的"正君心"实践还难以发挥更重要的作用。

二　深化

清军入关，定鼎中原后。清初政权面临着更为激剧的满汉文化冲突，居

① 《天聪朝臣工奏议》，七年七月，"宁完我请译四书武经通鉴奏"，载潘喆等编《清入关前史料选辑》（第 2 辑），第 71 页。（大）、（中）、（语）、（子）四字，引文所无，系朱昌荣（本文作者）填补。

② 《天聪朝臣工奏议》，九年三月二十一日，"仇震条陈五事奏"，载潘喆等编《清入关前史料选辑》（第 2 辑），第 115 页。

于弱势地位的汉官群体认识到，要改变现状，必须沿着他们的前辈所开启的路径，更加积极地通过以儒家学说影响最高统治者，并最终以获得其支持的方式，来改善和提高自身的政治地位。顺治帝时期，汉官群体围绕帝王加强儒学素养的重要性，以及如何加强儒学素养等问题展开了多方面讨论。

（一）关于加强帝王儒学素养的重要性

顺治二年（1645 年）三月，大学士冯铨、洪承畴从“上古帝王奠安天下，必以修德勤学为首务”的角度，建议皇帝加强儒学素养。他们说：“帝王修身治人之道，尽备于六经。一日之间，万机待理，必习汉文，晓汉语，始上意得达，而下情已通。伏祈择满汉词臣朝夕进讲，则圣德日进，而治化益光。”[①]

在冯铨、洪承畴看来，“修德勤学”乃是上古帝王奠安天下的首务，而修德勤学的根本备于六经。统治者为了能更好地处理和应对入主中原后的纷繁复杂局面，就应当学习汉文、通晓汉语。要达到这一目标，就应当慎重选择满、汉词臣朝夕进讲。同年七月，工科给事中许作梅又明确提出“圣学王道合而为一”，而圣德当以“学问为先”[②]。

顺治十年，吏科给事中魏裔介又借着皇帝有诏求直言的机会上疏朝廷：“盖帝王之学，与士子寻章摘句者不同，要在详求古今所以治乱，人才所以得失，政事所以修废之故，斟酌损益行之，以协于大中至正。”[③] 他强调，皇帝在政事之余暇，应当经常学习朱熹的《通鉴纲目》、真德秀的《大学衍义》、丘濬的《大学衍义补》、吴兢的《贞观政要》诸书，如此“致太平之治无难”[④]。魏裔介强调“帝王之学”与“士子寻章摘句”之学不同，恳请顺治帝要反复研读那些关乎古今治乱、人才得失、政事修废的圣贤著作。就其核心来讲，主要是程朱理学家们的经典著作等。

（二）关于如何加强帝王儒学素养

从汉唐到宋明，最高统治者都有听大臣讲论经史的御前授课制度，宋代

---

① 《清世祖实录》卷 15，顺治二年三月乙未，中华书局 1985 年版，第 132 页。

② 《清世祖实录》卷 19，顺治二年七月戊寅，第 173 页。

③ 魏裔介：《兼济堂文集》卷 1《圣主虚怀下询疏》，第 15 页。

④ 同上。

经筵制度已经很规范，明代更趋完善。该制度是儒家知识分子影响皇帝的重要途径之一。清初汉官群体尤为重视通过“经筵日讲”实践“正君心”。

顺治元年，户科给事中郝杰密奏朝廷，他建议：“从古帝王无不懋修君德，首重经筵。成王冲龄践祚，周公聿勤师保。今皇上神灵凝命，典学正宜及时。请择满汉端雅儒臣，日译进《大学》典谟数条，更择精通六书之臣，日进字法一幅。至周末道微，孔氏崛起，帝王心法实赖不泯。汉唐以来，开天令主，无不致祭设丞，追崇不怠。今国家鼎兴，宜循旧典，遣祀阙里，示天下所宗。”① 希望朝廷早开经筵、择儒臣进讲《大学》，并遣派大臣致祭阙里，以向天下宣示国家崇儒重道的政策。顺治二年，山西道监察御史廖攀龙又上疏，提出“圣学之宜早讲”的主张。同时，他建议顺治帝“于视朝之暇，集满汉端方博雅大臣，取往古治乱兴亡之迹进讲数条以资启，则知为君之难，为首出开创之君尤难。而万年有道之长，肇基于此矣。”② 七月，工科给事中许作梅建议选取满汉子弟入宫侍奉皇帝读书，并举经筵。③ 八月，工科给事中梁维本也上疏建议“隆圣学以光典礼，御经筵以精学问”④。

顺治一朝，在推动经筵、日讲的工作中，魏裔介功不可没。顺治五年二月，鉴于朝廷对汉官们所提出的早开经筵日讲主张迟迟未付诸实施，工科给事中魏裔介深表不满。他说：“前此元年，诸臣言及此（指设经筵日讲，引者注）者，犹可曰有待而行，今御极五载，内外遐迩，引领翘望，寸阴可惜，所谓姑待明日，便不可也。”既然“圣德与年俱进”，顺治帝就应当趁年轻时“及时讲学，开设经筵日讲，以隆万世治本”。他又援引历史上古圣先王的例子来谈如何加强帝王儒学素养，一是皇帝要“与二三大臣谘访讲学之议”，二是在众词林臣子中慎选贾谊、马融之辈以备用，三是立即召集大臣们商量举措，择日施行⑤。魏裔介的这道奏疏写得既荡气回肠，又颇费思量。何以说“荡气回肠”呢？他以“君德乃万世治本”开篇，强调帝王及

① 《户科给事中臣郝杰谨奏为真人应运率土归心谨进刍言宏开泰治事》，顺治元年，载陈湛绮编辑《清五朝监察御史给事中等条陈密奏》，第1册，全国图书馆文献缩微复制中心2010年版，第24页。

② 《山西道监察御史臣廖攀龙谨题为圣治日隆太平有象谨献刍言以少襄盛明事》，顺治二年，陈湛绮编辑：《清五朝监察御史给事中等条陈密奏》，第1册，第50页。

③ 《清世祖实录》卷19，顺治二年七月戊寅，第173页。

④ 《清世祖实录》卷20，顺治二年八月庚辰，第175页。

⑤ 魏裔介：《兼济堂文集》卷1《圣德与年俱进疏》，中华书局2007年版，第10—11页。

时讲学的重要性。他又列举古贤圣主的事迹，来勉励顺治帝应当上念先帝托付之重任，下慰臣民孜孜求治安享太平之念。为了打消顺治帝的顾虑，他又以朝廷中词臣多有如贾谊、马融那般博学之士，正是君德清明，使君身强固之时！说其“颇费思量”在于，魏裔介深知，尽管顺治帝已经御极五年，但朝政大权毕竟掌握在以孝庄太后和辅政大臣等为代表的固守满洲家法祖制的势力手中。所以，他又不得不以历史上的周公辅成王、傅说佐武丁的做法来劝说那些朝中权贵们，应该乘着帝王年龄尚幼，嗜欲未开，早开经筵日讲。当然，这道奏疏并未起到预期效果，执政者也只是答以“知道了”寥寥数语。同年，魏裔介又在山西省程卷中，以南宋名臣胡安国“圣学以正心为要”展开论述，强调“人君有志于二帝三王之道，则必先端其本，以定其所向，而后可得其枢纽之所存。”而根本之方，则在帝王“广稽古宪，考典谟之正训，披圣喆之心传”。他指出，最高统治者如果能真正秉承程朱理学家所倡导的“惟精惟一”“克己复礼”等思想，则“五帝不足六，而三王不足四”。在日常施政中，帝王要特别注重省察“天理”“人欲”之机。进而，遵循正统儒学的基本教义，以正身、齐家、治国，“古圣人所谓修己治人之学者，岂有外于此哉！是以谓之要也”[①]。

当时，还有不少汉官大臣在努力实践“正君心”。随着顺治帝年龄渐长，朝廷政事也“闻见日纷”，顺治八年九月，魏象枢分析道：“闻见日纷”在于涵养不日厚；“涵养不日厚”，则在辅臣朝夕赞成之不足。他从加强“辅臣”职责的角度，提出了加强皇帝儒学修养的具体举措：“凡遇亲临便殿，或驾御午门，即召满、汉辅臣二员，讲说帝王用人行政之本，人心道心之微，以弼盛德；仍择满、汉词臣文学雅重者六员或八员，以备顾问，并注起居。再请退朝以后，节膳却虑，潜心治道，以图励精。皇城以外，命驾勿轻，保护必慎”。[②] 同年，秘书院编修曹本荣应诏上《圣学疏》，称“今皇上得二帝、三王之统，则当以二帝、三王之学为学。诚宜开张圣听，修德勤学，举‘四书五经’及《通鉴》中有裨身心要务、治平大业者，内则深宫燕闲，朝夕讨论，外则经筵进讲，敷对详明。从此设诚致行，君德既修，自

① 魏裔介：《兼济堂文集》卷14《圣学以正心为要论》，第375—376页。

② 魏象枢：《寒松堂全集》卷1《圣德勤修日懋等事疏》，中华书局1996年版，第13页。

能祈天永命。”[①] 顺治帝下诏表示赞扬。

在汉族官僚的不懈努力下，清廷最终在顺治九年确立了经筵日讲制度。[②] 据学者研究，顺治十二年，曾出任日讲官的有学士麻勒吉、胡兆龙、李霨，侍读学士折库纳，洗马王熙，左中允方玄成，右中允曹本荣等。顺治十四年，又以史大成、刘芳躅、田逢吉、冯源济、曹申吉、沈世奕、綦汝揖、邓钟麟、党以让、项景襄十人充日讲官。[③] 这里面汉官占据了绝对多数。

应当说，由汉官群体所推动的“正君心”实践在顺治朝取得了重要突破：一是对帝王加强儒学素养的重要性有诸多阐论，尤其是他们已经敏锐意识到顺治帝作为幼年登基的皇帝，具有可塑性强的特点；二是对加强帝王儒学素养的举措也提出了思考，尤其是他们反复建议的早开经筵日讲的主张最终为最高统治者所接纳，并作为一种制度被后世所延续；三是以魏裔介、魏象枢等为代表的程朱理学名臣的积极参与，为正统儒学（尤其是程朱理学）最终被最高统治者所认可奠定了更为坚实的基础。毋庸讳言，终顺治一朝，由于朝政牢牢把握在固守满洲家法祖制的守旧势力手中，再加上其自身的汉语水平和儒学素养都很有限，用何种学说作为政权指导思想的问题未能得到有效解决。但坚冰毕竟已经凿开，汉官群体的“正君心”实践很快即迎来新的转折，并最终在康熙朝得以完成。

三　完成

对于广大汉官群体来说，要真正改变自身在政权利益格局分配中的不利局面，推动正统儒学（尤其是程朱理学）在政权建设中指导地位的最终确立，唯有更加坚定地推进以正统儒学影响最高统治者的进程。顺治帝去世后，四大辅臣“于一切政务，思欲率循祖制，咸复旧章”[④]，要求“凡事皆

① 李元度：《国朝先正事略》卷29《名儒·曹厚庵先生事略》，岳麓书社1991年版，第856页。
② 《清世祖实录》卷64，顺治九年四月乙丑，第504页。
③ 陈东：《清代经筵制度研究》，博士学位论文，山东大学，2006年。
④ 《清圣祖实录》卷3，顺治十八年六月丁酉，第73页。

遵太祖、太宗时定制行”①。滥觞于努尔哈赤、皇太极统治时期，深化于顺治朝的“正君心”进程再次受到重挫。但是，汉官群体的努力未曾中止。

顺治十八年正月，24岁的顺治帝去世，不足8岁的爱新觉罗·玄烨登基，次年改元为康熙。康熙即位之初，工科给事中王曰高就上疏请求举行经筵大典，“以光圣德，以端化源”②。康熙四年（1665年），太常寺少卿钱綎又重申“君德关于治道，圣学尤为急务”的政治主张，建议：“将满汉诸臣中老成耆旧，德性温良，博通经史者，各慎选数员，令其出入侍从，以备朝夕顾问。先将经史中古帝王敬天勤民，用贤纳谏等善政，采集成书，分班直讲，每日陈说数条，行之无间，必能仰裨圣德。”③

康熙帝年幼即位，在他亲政之前，汉官群体的“正君心”实践，并未获得明显的成效。真正的变化发生在康熙帝亲政后。康熙帝亲政，意味着阻挠最高统治者接受正统儒学的最大阻力被消除，这重新点燃了朝廷中那些寄希望于通过影响最高统治者政治文化选择，进而影响朝廷政治走向的汉族官僚们的“正君心”热情。吏科给事中兰挺达在《奏为敬陈新政之首务请行讲读以隆圣学以端治本事》中说：

> 臣惟自古帝王首出御世，必先勤于学问，以讲求治理，成就君德，开一代太平之运。我太祖、太宗开创大业，既重武功，尤昭文德。世祖统一天下，懋勤圣学，讨论经史，手不释卷，以求治安天下之道。故能立纲陈纪，绍述贻谋，启兹万年有道之长。今者恭遇皇上亲躬大政，百度维新……自非讲求经史，穷究义理，深知前代兴衰治乱之原以及人情物理稼穑艰难之事，则凡揆务审几，用人行政之际，何由尽归于至当，以法天下而垂后世耶！④

兰挺达奏疏的核心内容包括两点：一是建议康熙帝以自古帝王，无不

① 《清圣祖实录》卷1，顺治十八年二月乙未，第49页。

② 《清圣祖实录》卷4，顺治十八年闰七月庚辰，第80页。

③ 《清圣祖实录》卷14，康熙四年三月丙午，第221—222页。

④ 《吏科给事中臣兰挺达奏为敬陈新政之首务请行讲读以隆圣学以端治本事》，康熙六年，载陈湛绮编辑《清五朝监察御史给事中等条陈密奏》，第1册，第195—197页。

“先勤于学问，以讲求治理”为急务；二是勉励康熙帝以太祖、太宗，尤其是其父亲世祖为榜样，“勤圣学”，讨论经史，“以求治安天下之道”。唯有如此，才能洞悉前代治乱兴衰的根源以及用人行政的根本道理，也唯有如此才能实现国家大治的根本目的。

弘文院侍读学士熊赐履在康熙朝“正君心”的进程中发挥了举足轻重的作用。他在康熙六年上《应诏万言疏》，七年撰《恭拟大清孝陵圣德神功碑文》，影响尤为深远。其中，《应诏万言疏》在清初政治生活中具有划时代意义。特别值得关注的是：第一，熊赐履遵循理学的基本教义，揭露朝政中可议的四个方面问题，可以说条条都切中时弊。[①] 他提出了以讲明正学的方式实现“扶持正教”的主张，所谓“讲明正学，非六经、语、孟之书不得读，非濂、洛、关、闽之学不得讲，敦崇实行，扶持正教，一洗从前浮薄偏曲之陋习与空虚荒诞之邪说。”[②] 第二，熊赐履深刻认识到，要真正解决当时的社会问题，必须从影响最高统治者的政治文化选择入手，为此，他提出了一整套加强帝王儒学教育的主张。他建议：“慎选耆儒硕德，置之左右，优以保衡之任，使之从容闲宴，讲论道理，启沃宸衷，涵养圣德。又妙选天下英俊，陪侍法从，以备顾问，毋徒事讲幄虚文。若夫《大学衍义》一书，叙千圣之心传，备百王之治统，伏愿皇上朝夕讲贯，证诸六经之文，通诸历代之史，以为敷政出治之本。”[③] 在熊赐履看来，只有系统学习正统儒学，最高统治者才能实现“证诸六经之文，通诸历代之史，以为敷政出治之本”的目的。

康熙七年正月，熊赐履通过撰写《恭拟大清孝陵圣德神功碑文》的机会，对顺治遗诏进行了平反。在该碑文中，熊赐履站在康熙帝的角度盛赞顺治帝的治功堪比唐虞三代之盛：“秦汉以后，均不得与于唐虞三代之盛也。我皇考以道统为治统，以心法为治法。禀天纵之资，加日新之学。宜其直接乎帝王之传而允跻于三五之隆也。猗欤休哉，御极十有八载，至仁厚泽沦洽万方，为之颂无疆，祝万寿无何，奄忽上宾，猥遗藐躬，以艰大也。”[④] 对

---

① 熊赐履：《应诏万言疏》，《经义斋集》卷1，《四库全书存目丛书》，第230册，第219—221页。

② 同上书，第220页。

③ 《清圣祖实录》卷22，康熙六年六月甲戌，第310页。

④ 熊赐履：《代言恭拟大清孝陵圣德神功碑文》，《经义斋集》卷2，《四库全书存目丛书》，第230册，第243—244页。

照顺治帝遗诏“渐习汉俗，于淳朴旧制日有更张”的说法，以及顺治朝对儒学接受的实际情况看，熊赐履代拟碑文中所描述的顺治帝是一位典型的“理学皇帝”，也是汉族名臣魏裔介、魏象枢、熊赐履等所期望的圣君贤主。从朝廷最终公布的碑文看，语言做了调整。所谓“稿成，满汉看，定全用。及发译，参用它作。”①

熊赐履在《万言疏》中所提出的“讲明正学，非六经、语、孟之书不得读，非濂、洛、关、闽之学不得讲”，要求帝王加强对《大学衍义》等理学经典的学习等主张，以及对顺治帝遗诏所做出的平反，这些主张都大大推动了清初汉官群体明确要求帝王以程朱理学基本教义作为政权意识形态领域独尊的进程，相比此前汉官群体泛泛以读儒学书、早开经筵日讲来加强帝王儒学素养等主张要大大推进了一步。这在清入关前政权的儒学化和清初政权的理学化问题上划出了一道分水岭。

最终，清廷决定从康熙九年十一月二十一日开始日讲，经筵从次年二月十七日开讲，每年春、秋二次举行。② 要之，康熙朝经筵、日讲制度更趋完备，更多汉官得以制度化的形式参与到“正君心”的实践中去③。在此，我们结合康熙十年、十九年和二十三年间发生的日讲官、起居注官增补以及议叙情况，评估部分汉官群体参与“正君心”实践的情形。

简表④

时间	举措
康熙十年三月	命翰林院掌院学士折库纳、熊赐履、侍读学士傅达礼、宋德宜、史大成、侍讲学士李仙根、侍读张贞生、严我斯、修撰蔡启僔、编修孙在丰等十人为日讲官⑤

① 熊赐履：《代言恭拟大清孝陵圣德神功碑文》，《经义斋集》卷2，《四库全书存目丛书》，第230册，第242页。

② 《圣祖仁皇帝实录》卷34，康熙九年十月丙辰，第462页。

③ 陈东、陈涵君两位先生对康熙朝经筵直讲官群体的构成做过细致分析，可以看出汉官群体在其中占据重要位置。详参陈东《经筵次数及日期考》，《历史档案》2014年第1期；陈涵君《康熙朝经筵直讲官群体研究》，硕士学位论文，黑龙江大学，2018年。

④ 本表据《清圣祖实录》编制。

⑤ 《清圣祖实录》卷35，康熙十年三月癸丑，第475页。

续表

时间	举措
康熙十九年五月	吏部遵谕议叙日讲官、起居注官，得旨：翰林院掌院学士叶方蔼加礼部尚书衔，詹事府詹事沈荃加礼部侍郎衔，侍读学士蒋弘道、侍讲学士崔蔚林、严我斯加詹事府詹事衔，侍讲董讷、王鸿绪加侍读学士衔，侍读学士张英授为翰林院学士兼礼部侍郎，内阁中书高士奇授为翰林院侍讲食原品州同俸，杜讷授为翰林院编修，左春坊左庶子张玉书加詹事府詹事衔，翰林院学士库勒纳、詹事府詹事格尔古德、侍讲学士牛纽、常书、侍讲学士朱马泰、侍读阿哈达，俱于见任内各加一级①
康熙二十三年三月十一日	以“卢琦、郭棻、李元振著充日讲官”②

通过上表，我们可以得出下述结论。

第一，汉官在日讲官中占据绝对优势。比如，康熙十年所增十位日讲官中，属于汉官的有熊赐履、宋德宜、史大成、李仙根、张贞生、严我斯、蔡启僔、孙在丰8位，汉官所占比例达到80%。再如康熙十九年吏部议叙的日讲官17名，属于汉官的有叶方蔼、沈荃、蒋弘道、崔蔚林、严我斯、董讷、王鸿绪、张英、高士奇、杜讷、张玉书11名，汉官所占比例达到64.7%。康熙二十三年增设3名日讲官卢琦、郭棻、李元振则均为汉官。揆诸史载，康熙中叶以前曾充任经筵日讲官的汉官名臣还有：陈廷敬，康熙十一年十月十二日，以翰林院侍讲学士充日讲起居注官。③ 杨正中，康熙十六年正月，以礼部左侍郎杨正中充经筵讲官。④ 汤斌，康熙二十一年，“直经筵”⑤。李光地，康熙二十一年，“授掌院学士，直经筵”⑥。此外，充任日讲官的汉官还有史鹤龄、韩菼、项景襄、李录予、徐元文、王鸿绪、李天馥。

第二，日讲官中信奉理学教义的人数居多。其中如汤斌、熊赐履、陈廷敬、李光地等均是以朝廷重臣身份执清初理学界牛耳。汤斌（1627—1687年），字孔伯，河南睢州人。顺治九年进士，选庶吉士，历官工部尚书。其

① 《清圣祖实录》卷90，康熙十九年五月壬辰，第1134页。
② 中国第一历史档案馆整理：《康熙起居注》，中华书局1984年版，第1148页。
③ 《圣祖仁皇帝实录》卷40，康熙十一年十月癸丑，第75页。
④ 《圣祖仁皇帝实录》卷65，康熙十六年正月甲辰，第836页。
⑤ 李元度：《国朝先正事略》卷5《名臣·汤文正公事略》，第148页。
⑥ 李元度：《国朝先正事略》卷7《名臣·李文贞公事略》，第218页。

学“出于孙奇逢，介在朱、陆二派之间，而有体有用，号曰‘醇儒’”①。晚年尤宗主程朱。② 熊赐履（1635—1709 年），字青岳，又字敬修，号素九，别号愚斋，湖广汉阳府孝感人。顺治十五年进士，授庶吉士，官至大学士。为学“尊紫阳，辟阳明”，“由程朱之涂而上溯乎孔、孟”③。陈廷敬（1638—1712 年），初名敬，字子端，山西泽州人。顺治十五年进士，选庶吉士，历官大学士。私淑明儒薛瑄，崇尚躬行。李光地（1642—1718 年），字晋卿，福建安溪人。康熙九年进士，选庶吉士，授编修。历官文渊阁大学士。“谭经讲学，一以朱子为宗。”④

四 成效

康熙朝，汉官群体“正君心”的实践进程趋于完成，他们可以通过经筵、日讲等形式持续向康熙帝灌输理学基本要义，康熙帝也获得了常态化的向理学官僚系统学习国家治理思想和实践的宝贵机会。君臣共同努力，为康熙朝社会的稳定和发展奠定了必要的理论基础。

第一，确立了理学作为施政纲领的地位。汉官群体向最高统治者灌输系统研习程朱理学基本教义，并以之为遵循，达致尧舜之君的思想。熊赐履指出，帝王应当“以道统为治统，以心法为治法”。康熙帝接受了他的见解，并表示自己“性理宗濂洛”⑤，宣称“二帝三王之治本于道，二帝三王之道本于心，辨析心性之理而羽翼六经，发挥圣道者，莫详于有宋诸儒”⑥。日

① 永瑢、纪昀等：《四库全书总目》卷 97，《子部·儒家类存目三·常语笔存》，中华书局 1965 年影印本，第 824 页。

② 陆陇其：《上汤潜庵先生书》附《答书》，《三鱼堂文集》卷 5，文渊阁四库全书，第 1325 册，上海古籍出版社 1987 年版，第 62—64 页。

③ 徐世昌：《孝感学案》，《清儒学案小传》卷 4，载周骏富辑《清代传记丛刊》第 5 册，明文书局 1985 年版，第 621 页。

④ 唐鉴：《守道学案·李厚庵先生》，《清儒学案小识》卷 6，载周骏富辑《清代传记丛刊》第 2 册，明文书局 1985 年版，第 316 页。

⑤ 清圣祖御制，张玉书等奉敕编：《静坐读书自喻》，《圣祖仁皇帝御制文第三集》卷 45，文渊阁四库全书第 1299 册，第 340 页。

⑥ 清圣祖御制，张玉书等奉敕编：《性理大全序》，《圣祖仁皇帝御制文集》卷 19，文渊阁四库全书第 1298 册，第 184 页。

讲官又强调汉、唐儒者均能专心“用力于经学，以为立身致用之本，而道学即在其中”[①]。汉官的这些主张都获得了康熙帝的赞同，他强调：“经史有关政治，义蕴弘深，朕朝夕讲究，勉求贯通。讲幄诸臣，殚心阐发，允裨典学，所进讲章浏览。”[②] 十二年二月，康熙帝对学士等说：“人主临御天下，建极绥猷，未有不以讲学明理为先务。”[③]

特别是，康熙十六年十二月，他还亲撰《日讲四书讲义序》，明确提出要以理学作为自己的施政指导，他说：“孔子以生民未有之圣，与列国君、大夫及门弟子论政与学，天德王道之全，修己治人之要，具在《论语》一书。《学》《庸》皆孔子之传，而曾子、子思独得其宗。……道统在是，治统亦在是矣。历代贤哲之君，创业守成，莫不尊崇表章，讲明斯。”[④]《日讲四书讲义序》的颁布，标志着康熙帝首次正式明确要以程朱理学作为施政纲领，这就为清政权的合法性确立了理论支撑。

第二，坚持求治不可太急，致治以服人心为本的治道思想。康熙十二年八月，康熙帝和日讲官讨论治道。熊赐履强调指出，为治一方面固然有“废弛”的顾虑，但从根本来讲，还是要注意“求治甚急”的弊病，因为，这将导致“纷更丛脞，为蔽滋甚，所讲欲速不达也”的危险。康熙帝听后表示：“致治诚不宜太骤，只合日积月累做将去，久之自有成效。”“此正论也，朕当切识之。”[⑤] 汉官们又强调为治当努力以理服人。康熙十二年七月，康熙帝召日讲官问“朝廷举动如何方可服人?”对以：“人有贵贱，心理都同。惟事事准乎道理，人心自尔悦服。不然，虽蚩蚩之众，不能强之使从也。”康熙帝赞同道：“致治以服人心为本，人心服，更无余事矣。”[⑥]

熊赐履是康熙朝最早直讲禁中的翰林官之一。王世禛说：“日讲。今上亲政后，选翰林官直讲禁中，先在弘德殿，后移于乾清宫。讲官始则熊赐

① 中国第一历史档案馆整理：《康熙起居注》，康熙二十一年八月初八日，第 879 页。
② 《清圣祖实录》卷 70，康熙十六年十二月壬戌，第 901 页。
③ 中国第一历史档案馆整理：《康熙起居注》，康熙十二年二月初七日，第 80 页。
④ 中国第一历史档案馆整理：《康熙起居注》，康熙十六年十二月初八日，第 340 页。
⑤ 中国第一历史档案馆整理：《康熙起居注》，康熙十二年八月二十六日，第 115—116 页。
⑥ 中国第一历史档案馆整理：《康熙起居注》，康熙十二年七月初八日，第 105 页。

履。”[1] 康熙帝晚年仍极为称许熊赐履担任讲官时对自己的影响，他说：“朕初立讲官，熊赐履早夜惟谨，未尝不以内圣外王之道，正心修身之本，直言讲论，务得至理而后已。”[2] 康熙帝对熊赐履的高度评价在晚清时人的著作中经常得到肯定，李元度就曾说：“会圣祖日益勤学，既开经筵，益尽心于尧、舜、羲、孔之道，暨周、程、张、朱五子之学，咨诹讨论，达于政事，仁浃而义炳，其端绪自公发之。”[3] 在讨论治道的过程中，汉官们尤为强调良好君臣关系的重要性。如，康熙十七年九月，讲官进讲《尚书》“启乃心沃朕心”四节。[4] 十九年四月初三日，讲官叶方蔼、张玉书等进讲《尚书》“惟吕命”三节。[5] 康熙帝听后深表赞同，认为：“朕观高宗命傅说谆谆以纳诲辅德为言，可见自古君臣必一德一心至诚感孚。为上者，实心听纳，以收明目达聪之益；为臣者，实心献替，以尽责难陈善之忠。然后主德进于光大，化理跻于隆平。”[6] 康熙帝又多次和大臣们重申君明臣良在治理中的重要性，他强调：“朕观古来帝王，如唐虞之都俞吁咈，唐太宗之听言纳谏，君臣上下如家人父子，情谊浃洽。故能陈善闲邪，各尽所怀，登于至治。”[7]

第三，强调重实行、“为公为国”的用人标准。康熙十二年三月，康熙帝与讲官孙在丰等讨论如何用人。孙在丰等对曰：“得其人，变化因心，自足以治；不得其人，虽典谟官礼，亦难尽善。皇上惟留意用人。人材得，则政事理，不易之道也。”他们强调要选拔人才，就要努力从“实”处、“真”处入手。他们认为“圣贤教人，重实行不尚浮夸，贵闇修不求声誉，职此之故。但三代而后，非比往古，中材以下，难语上哲。苟能顾惜名节，犹胜于无所忌惮。好忠孝之名，是犹知有忠孝，好廉洁之名，是犹知有廉洁。始虽假托虚名，久之或即真实。皇上但当于假中求真，若并假而废之，则真益不可得矣。”[8] 康熙帝听后赞曰：“朕观人先心术，次才学。心术不好，便有才

---

① 王士禛：《池北偶谈》卷4《日讲》，中华书局1982年版，第75页。

② 《清圣祖实录》卷250，康熙五十一年四月壬申，第475页。

③ 李元度：《国朝先正事略》卷6《名臣·熊文端公事略》，第151页。

④ 中国第一历史档案馆整理：《康熙起居注》，康熙十七年九月初五日，第382页。

⑤ 同上。

⑥ 同上。

⑦ 中国第一历史档案馆整理：《康熙起居注》，康熙十七年五月十五日，第366页。

⑧ 中国第一历史档案馆整理：《康熙起居注》，康熙十二年三月初三日，第85页。

学何用?”①

汉官们尤为强调为臣子者当“为公为国”，朝廷应当以此作为人才选拔的重要标准。康熙二十二年十月，讲官张玉书、汤斌等进讲中有“公尔忘私，国尔忘家”等语。康熙帝遂提出，此标准虽好，只是“得其人甚难”。张玉书等遂陈奏道：“人臣能为公为国，则身名俱泰；一涉于私，则名败身裂，究竟于己无补。”② 康熙帝表示首肯。总之，汉官群体的系列主张最终让康熙帝完全接受了传统儒家重视人品、区分君子小人的选人用人标准。选用标准的变化，对当时及其后的国家治理有很大影响。

第四，承袭了我国传统的慎刑思想。日讲官张玉书多次向康熙帝灌输历史上“矜慎刑狱”的传统思想。康熙十五年，他向圣祖进言“至于定狱之时，原情察理，斟酌至当，一归于罪疑惟轻，则随时随事，赦免已多”③。康熙二十二年九月，君臣又论及“明慎用刑”思想，讲官说：“慎刑清狱，天下民命皆全于皇上好生一念中矣。”④ 徐乾学则以《易》象设论，阐发慎刑思想。他强调：“故明在上，威在下。正今刑部职也。若威在上，明在下，则曰‘折狱致刑’，特奉上之法以致之民，良有司之职而已。故刑者，人命所系，而天下人命尤系于刑部之一官，可不慎哉?”⑤

在朝官员通过奏疏、日讲等方式向最高统治者灌输矜慎刑狱的思想，康熙帝也确实接受了理学家们灌输的慎刑论，他强调指出：“圣人之意，以为用刑之道，贵乎明断相资，而必本之于至慎。圣人之心如此，其昭然而可睹也。然则慎刑者，所以止刑也。《书》曰：‘刑期无刑。’”⑥

综上，以汉官群体为主力推动的“正君心”实践，在经历了入关前政权的滥觞，顺治朝的深化，至康熙朝最终得以完成。也正是在这一过程中，

---

① 同上。

② 中国第一历史档案馆整理：《康熙起居注》，康熙二十二年十月二十二日，第1087页。

③ 丁传靖编著：《张文贞公年谱》，康熙十五年丙辰，《北京图书馆藏珍本年谱丛刊》第85册，北京图书馆出版社1999年版，第97页。

④ 中国第一历史档案馆整理：《康熙起居注》，康熙二十二年九月初二日，第1061页。

⑤ 徐乾学：《刑部题名记》，载贺长龄、魏源编著《清经世文编》卷90，中华书局1992年版，第2234页。

⑥ 清圣祖御制，张玉书等奉敕编：《慎刑论》，《圣祖仁皇帝御制文集》卷17，文渊阁四库全书第1298册，第174—175页。

清初最高统治者完成了政治文化选择，即接受了以程朱理学作为政权建设的指导思想，并在诸如“治道”“用人”“慎刑”等方面深受汉官群体“正君心”实践的积极影响。诚如康熙自己追记所云：“朕政事之暇，惟好读书，始与熊赐履讲论经史，有疑必问，乐此不疲。继而张英、陈廷敬等以次进讲，于朕大有裨益。”① 此可为清初汉官群体“正君心”实践的实录，洵为的论。

① 中国第一历史档案馆整理：《康熙起居注》，康熙二十六年五月十一日，第1624—1625页。

中国史学近代转型视域下的“社会史”书写及其演变*

李政君

（中国历史研究院历史理论研究所）

摘要：近代中国史学中的诸种“社会史”，多将社会视为一个整体探究其演变特点，这反映了中国史学的政治史书写传统社会化、世俗化的转向。“社会史”书写的演变，既反映了西方社会科学理论在近代中国史学界，从进化论一家独大到日趋多元的演变特点，也反映了近代中国史家的历史书写理念，从用中国历史为西方理论作注脚，到回归历史学本位的趋向。与之相关的史学社会科学化，同样经历了从辅助“史料考订”到进行“历史解释”的演变。

关键词：社会史　社会科学化　唯物史观　历史书写　新史学

“社会史”作为一种新的史学潮流，出现于19世纪末至20世纪初西方史学界，它以变革聚焦于政治史的历史书写传统为主要诉求，以扩大研究对象、采用社会科学方法为显著特征；在后来的发展中，虽然未形成某种单一的书写范式，但其演变与西方国家的民族路线、意识形态紧密相连。[①] 同样

---

* 本文曾刊载于《近代史研究》2019年第4期，本次收入略有修改。

① 参见［美］格奥尔格·伊格尔斯《二十世纪的历史学——从科学的客观性到后现代的挑战》，何兆武译，山东大学出版社2006年版，第36—37页；［德］斯特凡·约尔丹主编《历史科学基本概念辞典》，孟钟捷译，北京大学出版社2012年版，第234—236页。

的，“社会史”作为一种新的学术取向，出现在20世纪初的中国史学界，在后来发展中，也没有形成单一的书写范式。不过，中国史学界的“社会史”书写，也有着自己独特的演变特点：它肇端于中国史学新旧更替之际，随着现代历史学理论在中国的逐步建构而演变，因国内政治形势变化而勃兴，又因之而顿挫。可以说，“社会史”书写的演变，不仅展现了中国史学近代转型的复杂历程，而且反映出政治对学术的深刻影响。本文拟梳理20世纪前半期中国史家对“社会史”的认识，并探讨“社会史”书写演变与中国史学近代转型的关联。①

一　20世纪初的“新史学”与“社会进化史”

20世纪初，以梁启超为代表的学人所倡导的“新史学”潮流，一般被视为中国近代史学的发端。这股“新史学”潮流以批判中国“无史”和书写彰显人类进化之“公理公例”的新史为主要特征。他们以近代西方史学为标的，认为中国旧史所陈陈相因者惟有政治史，“然所谓政治史，又实为纪一姓之势力圈，不足以为政治之真相”②，因而提出中国“无史”的严厉批判。中国“无史”说虽曾受诸如马叙伦、黄节等学者诘难，但支持者无疑占据压倒性地位。③ 这主要是因为当时人接纳了其预设的理论价值，即历史学惟有叙述“群史”“民史”，“求得其公理公例”，才能“施诸实用”“贻诸来者”，“使我四万万同胞强立于此优胜劣败之世界”。④ 中国的“社会史”研究即滥觞于此潮流中。

① 学界相关研究以学科史回顾居多，从中国史学近代转型角度探讨“社会史”书写问题者相对较少，可参见赵世瑜、邓庆平《二十世纪中国社会史研究的回顾与思考》（《历史研究》2001年第6期），桑兵《从眼光向下回到历史现场——社会学人类学对近代中国史学的影响》（《中国社会科学》2005年第1期），朱梅光《清季民初社会史的兴起》（《北方论丛》2013年第5期），钟伟民、张铭雨《20世纪上半叶中国历史学的社会科学化——以清华学人为中心的考察》（《北京师范大学学报》2016年第2期）等。

② 梁启超：《新史学》，夏晓虹、陆胤校，商务印书馆2014年版，第66页。

③ 详见俞旦初《二十世纪初年中国的新史学思潮初考（续）》，《史学史研究》1982年第4期；王汎森：《晚清的政治概念与“新史学”》，《近代中国的史家与史学》，复旦大学出版社2010年版，第21—26页。

④ 梁启超：《新史学》，夏晓虹、陆胤校，第91、96页。

从既往研究看，20世纪前半期被冠以“社会史”称号的诸多类型，无论是立足社会学理论对社会进化规律的探求，还是着眼于下层社会对民众历史的发掘，抑或是借重社会科学方法对中国历史的解读，似乎都可以从“新史学”思潮中找到理论端倪。但我们也应注意，以梁启超为代表的“新史学家”变革旧史的诉求是整体性、根本性的，因而“新史学”的理论体系是宏阔的，同时，他们对这场变革的要求又是急迫的。这就造成了这一宏阔理论体系内部格局的庞杂与混沌。所以，后来很多重要的史学观念，在表面看来，似乎都可以追溯到这股“新史学”潮流。但诸如发掘“民史”、采用社会科学方法等，更多属于“新史学”的手段，借此展示社会进化的“公理公例”，才是其主体诉求。因此，我们与其因在“新史学”话语中发现后来多种“社会史”的端倪，而盛赞“新史学家”眼光如炬，莫不如说这是一种学术主张初现时混沌庞杂的常态。这一时期，真正与“新史学”主体诉求相应的“社会史”，应是“社会进化史”，这也是较早被冠以“社会史”称号的。

1907年，《复报》发表一首七言律诗《读社会史》，内容为：“寰海沧桑阅几回，革衣燧斧饱尘埃。人猿变化开新礎，黄白雄雌梦古槐。螺线倮虫循步进，蜂屯怪杰斗心裁。灵魂待破星球界，濛气千重绕舞台。”[①] 作者所读具体为何种社会史著述，我们无法确定，但就诗文内容看，它显然是指人类社会的进化史。1916年，范祎《社会史之创造》一文，对“社会史”概念的界定，则明显模仿了梁启超《新史学》的思维模式：就内容而言，他批评过去历史书写过于偏重政治史，提出历史当记载人类全体之活动，应包括经济、商业、风俗、工艺、科学、宗教、教育等，“部分尤繁，此等部分，析之皆可成为一种别史，而合之则总名曰社会史”；就目的而言，则应以社会学理论指导为根本，“述其逐代之变迁”，“由表现之种种社会现象”“确实之种种社会力”，“究其社会之性情与特质”[②]。可见，范祎所界定的“社会史”，仍是要突破政治史范畴，以整个社会为研究对象，探寻其发展、进化的规律和特质。再如1919年，伦达如《社会进化之历史》一文，同样是

---

① 嘐公：《读社会史》，《复报》1907年第9期。

② 皕海：《社会史之创造》，《进步》1916年11月第11卷第1号。

糅合多种社会发展学说，试图探寻整个社会“进化之历史”。[①] 可见，就理论诉求而言，此种“社会史”和“新史学”理念并无根本差别。

不惟如此，在史学实践方面，二者同样具有极大的相似性。当时被冠以“社会史”名号的著作，如喜渥恩编译的《罗马社会史》，就是由帝政、民权、宗教、哲学、奴制、戏剧、婚姻、丧礼、习俗等19个专题组合而成。[②] 这种看似囊括万有、稍显博杂的结构，正体现了上述范祎所说“析之皆可成为一种别史，而合之则总名曰社会史”。而这一时期出现的新式历史著作，如夏曾佑《最新中学中国历史教科书》，也被时人称为从历史上的宗教、政治、学术与风俗等现象，考察古今递变之所以然，发明今日社会之本原。[③] 再如，1913年周希贤《历史的研究》一书，先叙述“历史进化之阶级”（“阶级”即“阶段”）和“社会进化之现象”，然后同样分门别类地叙述风俗、学术、宗教、政治等内容。[④] 曾鲲化《中国历史》、吕瑞廷和赵澂璧《新体中国历史》等，也表现了相同特点。[⑤] 这些学者并不是要排斥政治史，而是要增加政治史之外的其他门类，以补足社会的“整体”。

上述现象的出现，是因为当时史家秉持了大致相同的历史学观念。我们知道，清末民初中国史学最为深刻的变革，发生在历史观方面，即以社会进化论取代了传统的循环或退化论，其集中体现便是历史书写中的“社会”取向。以20世纪初年主要由日本传入，在中国史学界影响较大诸多“文明史”著作为例，其基本取向即“认为治史要知其然，也要知其所以然；要讲人类历史发展之普遍‘公理’与‘公例’，要研究各国宗教、政治、学术、制度、风土、人情‘如何变迁，如何改良，与夫列邦进步之因’”。[⑥] “文明史”背后所依托的历史思维或历史哲学，是在19世纪西方史学界名噪

---

① 伦达如：《社会进化之历史》，《广东高等师范学校校友会杂志》1919年1月第3期。

② 喜渥恩编译：《罗马社会史》，商务印书馆1924年版。

③ 陈庆年：《中学中国历史教科书》，转引自朱梅光《清季民初社会史的兴起》，《北方论丛》2013年第5期。

④ 周希贤编著：《历史的研究》，新学会社1913年版。

⑤ 参见李孝迁《西方史学在中国的传播（1882—1949）》，华东师范大学出版社2007年版，第80—82页。

⑥ 王汎森：《近代中国的线性历史观——以社会进化论为中心的讨论》，《近代中国的史家与史学》，第32页。

一时的实证主义史学，而实证主义史学的重要特征正是：在研究对象上，主张摆脱狭隘的政治史研究，以整个社会为对象；在研究目的上，注重对历史规律的探求。[①]

因此，上述“社会史”在中国学界的出现，是对20世纪初年“新史学”思潮的因应。二者共享了相同的历史学理念，其历史观是进化论的，其历史思维或历史哲学是实证主义的，他们要书写的都是“社会进化史”。

二 民史、民俗与“民众社会史”

20世纪前半期，不少学者曾努力发掘“下层”民众社会的历史。这些学者专业领域不同，研究内容涉及社会风俗、民众信仰、婚丧嫁娶等多方面，但他们表现出相同的取向，即均以梁启超《新史学》中所强调的“民史”为研究对象。其中，较有代表性的就是顾颉刚。

以研究中国古史闻名的顾颉刚，早年对“社会史”同样抱有较大兴趣。如1919年傅斯年出国前赠送顾颉刚一部《元曲选》，上面就写有“颉刚要研究中国社会历史”。[②] 1921年，顾颉刚致信王伯祥，也提到“从前只想做学术史，现在则想并做社会史”。[③] 但这些材料并未透露顾颉刚所理解的“社会史”是什么。1924年，顾颉刚在《筹画北京大学研究所国学门经费说明书》中又说：“前人为学，偏信纸片之记载，偏护贵族之身分，不能发见社会真象，为矫正此偏畸之习惯计，故吾人努力搜求活的材料，以期了解各种社会之情状，尤其注意于向来隐潜不彰之下级社会之情状。”[④] 由此可见，顾颉刚所说的实际是出于对传统学术纠偏目的，而以“下级社会”为研究对象的“社会史”。

顾颉刚见之行事的探索，主要集中在民歌、民间故事和民众信仰三方

---

① 关于实证主义史学的特征及西方史学界在理解上的分歧，参见朱本源《历史学理论与方法》，人民出版社2007年版，第431—476页。

② 顾颉刚：《元曲选叙录（一）》，《宝树园文存》第5卷，中华书局2011年版，第106页。

③ 顾颉刚：《致王伯祥：自述整理中国历史意见书》（1921年6月9日），《顾颉刚古史论文集》第1卷，中华书局2011年版，第177页。

④ 顾颉刚：《筹画北京大学研究所国学门经费说明书》，《宝树园文存》第1卷，第212页。

面，今天常被归入民俗学领域。不过就其研究旨趣而言，他始终都没有离开对民众社会历史的关注。首先，在民歌研究方面，1919 年顾颉刚开始参与被视为中国现代民俗学开端的北大歌谣征集活动，但不久他便与其他同仁产生了观念分歧。他在搜集民间歌谣过程中，注意到地摊上的唱本，并收集有 200 册，想整理后在《歌谣周刊》上发表。但“不幸北大同人只要歌谣，不要唱本，以为歌谣是天籁而唱本乃下等文人所造作，其价值高下不同”。顾颉刚却认为：歌谣与唱本都是“民众抒写的心声”，“是民众生活的最亲切的写真”，也是中国古代典籍中向来缺乏的，因此，应当努力收集起来才是。[①] 这次分歧表明，顾颉刚对民歌价值的衡估，本就偏于民众社会之情状。其次，在民间故事方面，自 1924 年开始，顾颉刚陆续发表对孟姜女故事的系列研究，至今仍被视为民间文学研究的经典之作。但同样，他的旨趣并不在对孟姜女故事本身的考据式研究，而是试图透过故事的转变，窥视整个历史文化迁流演变的脉络。如他说：“孟姜女的事情，我是一无所知，但我也不想知道……我们所要研究的，乃是这件故事的如何变化。”“我想，如能把各处的材料都收集到，必可借了这一个故事，帮助我们把各地交通的路径，文化迁流的系统，宗教的势力，民众的艺术……得到一个较清楚的了解。”[②] 这就把民间故事的演变，当成了社会变迁的反映与记忆，向来在“圣贤文化”立场下，被鄙薄为荒诞不经的民间故事传说，被赋予了“历史”的价值。另外，在民众信仰方面，同样具有上述特点，兹不赘述。[③] 总之，顾颉刚在民俗方面的探索，其旨趣更偏于民众或“下级社会”的历史。

顾颉刚关注民众历史的高峰，在 1927 年移席广州中山大学后，亦即被视为领导建立中国现代民俗学的时期。如当时他在《〈民俗周刊〉发刊辞》中批评“读尽经史百家”只得到“圣贤们的故事和礼法”后，倡言：“我们要站在民众的立场上来认识民众！我们要探检各种民众的生活，民众的欲求，来认识整个社会！我们自己就是民众，应该各各体验自己的生活！我们

---

① 顾颉刚：《苏州唱本叙录》，《顾颉刚民俗论文集》第 1 卷，中华书局 2011 年版，第 288—289 页。

② 顾颉刚：《孟姜女故事研究的第二次开头》《孟姜女故事研究》，《顾颉刚民俗论文集》第 2 卷，第 89、63 页。

③ 参见顾颉刚《妙峰山·自序》《〈妙峰山进香专号〉引言》，《顾颉刚民俗论文集》第 2 卷，第 322—328 页。

要把几千年埋着的民众艺术、民众信仰、民众习惯，一层一层地发掘出来！我们要打破以圣贤为中心的历史，建设全民众的历史！”[①] 随后他在岭南大学的演讲中，也是将“民众文化”和“圣贤文化”对举，批评中国古代的载籍十之八九都属于“圣贤文化”，提出要以平等眼光对待“民众文化”，“要揭发全民众的历史”。[②]

这种“建设全民众的历史”“解放出民众文化”的说法，和前述他提及“社会史”时所说的“了解各种社会之情状，尤其注意于向来隐潜不彰之下级社会之情状”学术取向一般不二。由此也可看出，20世纪20年代，顾颉刚的民俗探索，其重心始终是偏于历史的。也因此，才会有学者将顾颉刚称为“历史的民俗学派的开创者”，称这场运动为“新史学运动”。[③]

这一时期，有大批学者与顾颉刚形成呼应之势。1927年11月成立的“国立中山大学语言历史学研究所民俗学会”，成员就包括不少历史学者，如傅斯年、董作宾、罗香林、周振鹤、商承祚，等等。[④]《民间文艺》是该学会创办的刊物之一，由董作宾执笔，具有发刊词性质的《为〈民间文艺〉敬告读者》一文，将“贵族”与“平民”对举，批评“中国两千年来只有贵族的文化”，“而平民的文化，却很少有人去垂青”，提出“我们要了解我们中国的民众心理、生活、语言、思想、风俗、习惯等等，不能不研究民间文艺；我们要欣赏活泼泼赤裸裸有生命的文学，不能不研究民间文艺；我们要改良社会，纠正民众的谬误的观念，指导民众以行为的标准，不能不研究民间文艺”。[⑤] 这和顾颉刚“建设全民众的历史”的倡导，异曲同工。在这种思路引导下，由钟敬文、容肇祖等先后主编的《民俗周刊》（1928年由《民间文艺》更名而来），曾组织传说、故事、清明、中秋节、妙峰山进香

---

① 顾颉刚：《〈民俗周刊〉发刊辞》，《顾颉刚民俗论文集》第2卷，第571页。

② 顾颉刚：《圣贤文化与民众文化——一九二八年三月二十日在岭南大学学术研究会演讲》，《顾颉刚民俗论文集》第2卷，第574页。

③ 张好礼：《中国新史学的学派与方法》，载李孝迁编校《中国现代史学评论》，上海古籍出版社2016年版，第82页；桑兵：《从眼光向下回到历史现场》，《中国社会科学》2005年第1期。

④ 王文宝：《中国民俗学史》，巴蜀书社1995年版，第223—224页。

⑤ 董作宾：《为〈民间文艺〉敬告读者》，载王文宝编《中国民俗学论文选》，中国民间文艺出版社1986年版，第11页。

等多个专号，刊发了大量关于“民众历史”“民众文化”的文字。[①] 其成就，如论者指出：中山大学民俗学会成员对民俗学的学科设想，虽并非只此一种，但真正取得“实践成绩”者，则以此范式为主。[②]

除直接产生于民俗学活动中的大量作品，当时史学界有些史家，通过钩稽传统史料，也编撰出一些着眼于“下级社会”的著述。如 1928 年，瞿宣颖《汉代风俗制度史前编》，以《汉书》材料为主，分职业、资产、物价、社交、习俗、居处、衣饰、器用等 16 篇，考述西汉社会风俗制度，细目甚至包括诸如乡里交情、赌博、蹴鞠、斗鸡走狗等内容。其用意如书中所言：过去之典章制度史，“详于帝者上仪之盛，而忽于人民日用之常”，故“兹编着眼处在平民生活状况”，“有涉及典章政制之处，皆以从平民眼中观察者为断”。[③] 再如，1933 年，杨树达《汉代婚丧礼俗考》一书的编撰，同样缘于作者对社会风俗问题的关注，如其自述：“往岁余治《汉书》，颇留意于当世之风俗……会余以班书受清华大学诸生，诸生中有以汉俗为问者，乃依据旧录，广事采获，成此婚丧二篇。”[④] 此类著述尚多，恕不一一列举。[⑤]

从整体上看，上述学者并非全都有“社会史”的概念自觉，但其大量成果，确实构成了近代中国史学史中“社会史”书写形态之一。从研究对象看，这种“社会史”和梁启超倡导的“民史”极为相似，但与梁启超批判“君史”“旧史”不能见社会进化之“公理公例”、不能提振民族精神，而提倡书写“民史”“新史”相比，在这些学者的研究中，学术外的关怀相对弱得多。和 20 世纪上半期其他“社会史”研究者相比，这些学者既没有统一的方法工具，也没有整齐划一的理论规范，他们所具有的共性，主要是发掘被传统史学所忽视、掩盖，甚至是歪曲的民众社会历史的真相。而这正是五四时期中国史学的重要思潮。

---

① 王文宝：《中国民俗学史》，第 225 页。

② 施爱东：《民俗学是一门国学——中山大学民俗学会的工作计划与早期民俗学者对学科的认识》，《民俗研究》2017 年第 2 期。

③ 瞿兑之：《汉代风俗制度史前编 · 序例》，《汉代风俗制度史》，上海文艺出版社 1991 年影印版，第 1—2 页。

④ 杨树达：《汉代婚丧礼俗考 · 自序》，上海文艺出版社 1988 年影印版。

⑤ 王文宝《中国民俗学史》（第 285—290 页）中所举民国时期“民俗学研究之成绩”，即囊括大量此类著述。

三 史学的社会科学化与“社会史”概念的多样化

在近代中国，史学的社会科学化形成一股强劲潮流。它以运用社会科学的理论、方法来研究历史为主要特征，但它不是某一家一派的主张，没有形成某种固定的范式，甚至连“社会科学”是什么，不同史家也各说各话。在这种情况下，“社会史”是什么，也愈益变得捉摸不定。

以往学界多将史学的社会科学化取向追溯至清末。常举例证，如 1902 年梁启超在《新史学》中提出史家治史应“取诸学之公理公例，而参伍钩距之”。[①] 这或多或少已经涉及借助社会科学理论、方法研究历史的观念，而且这种观念的传播，也能够给人一种扩大历史研究视野，或者说“跨学科”研究的观感。不过，就整个史学界而言，此时的认知距真正意义上的社会科学化还有一定距离。

20 世纪早期，受日本学者坪井九马三《史学研究法》、浮田和民《史学通论》等著作影响，中国学者编译的“史学概论”“研究法”一类著述中，如汪荣宝《史学概论》、曹佐熙《史学通论》、黄人望《史学研究法讲义》、柳诒徵《史学研究法》等，基本都出现了类似“史学之补助学科”或“辅助学科”的内容。这也是此类著述中方法论意识表现较为明显的部分。但这些“辅助学科”如古文书学、（历史）地理学、年代学、考古学等，本身即与历史学关系密切，而且，在他们的论述中，这些学科的“辅助”功能，主要集中在史料或史事考订层面。这和 20 世纪 20 年代以后，借用社会科学理论来解释历史现象的取向，存在较为明显的差别。

借助社会科学理论方法解释历史发展演变，真正形成一股思潮，大致出现在五四前后中国学者开始直接引介西方历史学理论的过程中。在当时学界形成较大影响的，当属美国学者鲁滨孙的“新史学”理念，其首要特征即强调历史学要与人类学、经济学、心理学等新兴社会科学“结盟”，以解释“许多历史家所不能解释的历史上的现象”。[②] 1920 年，何炳松应北京大学史

① 梁启超：《新史学》，夏晓虹、陆胤校，第 96 页。
② ［美］鲁滨孙：《新史学》，何炳松译，上海古籍出版社 2012 年版，第 50 页。

学系主任朱希祖邀请，开设“新史学”课程，即以鲁滨孙《新史学》为讲义。除何炳松外，这一时期，传播鲁滨孙“新史学”理念者，还有南高史地研究会成员如缪凤林、陈训慈、徐则陵、向达等，以及李泰棻、陶孟和、杨鸿烈等。[①] 此后，“新史学派”其他成员的著作，如班兹的《史学》（向达译）和《新史学与社会科学》（董之学译）等，也陆续被翻译出版。特别是后者，对历史学与地理学、心理学、人类学、社会学、政治学、伦理学等学科的关系逐章论述，极为详尽。[②] 鲁滨孙“新史学”理念在中国南北学界的影响，由此可见一斑。

当然，此时学界出现的讨论社会科学与历史研究关系的西方著述，并非鲁滨孙“新史学”一派，如1930年张宗文就将法国学者瑟诺博司《社会科学与历史方法》一书翻译出版，其中对“社会科学”“社会史”以及社会科学方法与历史方法关系的界定，独具特色。在此之前，何炳松也曾采择该书核心观点，将自己观点杂糅比附，编成一部《通史新义》。这些重视用社会科学理论来解释历史现象的观念，在中国学界的广泛传播，对中国史学真正走上社会科学化道路，产生了极大的推动作用。

这一时期，中国学者编撰的史学理论、史学方法类著述，绝大多数都出现了类似“史学与其他学科”的内容，阐述“其他学科”对解释历史的助益。例如，1924年，杨鸿烈《史地新论》一书，除论述史地关系外，还讨论历史学与心理学、社会学等学科的关系，并专门论述“破除历史成见的几种科学”[③]；同年，陈训慈《史学蠡测》一文，第九节《史学与其他学科》则列举了地理学、人类学、社会学等11类22种大小学科[④]；同年，李大钊出版《史学要论》，同样专门论述了“史学与其相关学问的关系”[⑤]；1926年，李璜《历史学与社会科学的关系》一文，不仅分析了历史学与社会科学的关系，还专门讨论“社会科学”的概念[⑥]；1928年，李璜又出版《历史

① 参见李孝迁《西方史学在中国的传播（1882—1949）》，第193—202页。
② ［美］班兹：《新史学与社会科学》，董之学译，上海社会科学院出版社2016年影印版。
③ 杨鸿烈：《史地新论》，晨报社1924年版。
④ 陈训慈：《史学蠡测（续）》，《史地学报》第3卷第3期，1924年10月。
⑤ 李大钊：《史学要论》，上海古籍出版社2013年版，第30—39页。
⑥ 李璜：《历史学与社会科学的关系》，《东方杂志》第23卷第20号，1926年10月。

学与社会科学》一书。[1] 此后学界出版的同类著作，都无一例外，如刘剑横《历史学 ABC》（1930）、吴贯因《史之梯》（1930）、卢绍稷《史学概要》（1930）、朱谦之《历史哲学大纲》（1931）、周容《史学通论》（1933）、胡哲敷《史学概论》（1935），等等。

这些学者的理论来源并不一致，如杨鸿烈、陈训慈等受鲁滨孙《新史学》影响较多；李大钊、刘剑横属于马克思主义唯物史观；李璜受法国史学影响更多；朱谦之则以孔德实证主义为基础，杂糅多家观点。但他们都无一例外地强调社会科学对历史解释的重要性。这就说明，此时社会科学化已经演变为一股史学潮流。相比早前，这些学者对于历史学和社会科学的关系有了更为明朗的认知，所谓“其他学科”对于历史学的价值与意义，也从“补助”史料或史事考订提升到了历史解释层面。这是真正意义上的史学的社会科学化，也是中国史学近代化进程中的一次实质性的进展。

随着多种社会科学理论被纳入历史解释体系，当时学者因理论视角不同，对“社会史”概念的界定，也出现了多样甚至混乱的状况。现择要列举如下。

第一类是从史学观念演变的系谱中对“社会史”做出的界定。如 1921 年，陈训慈《史学观念之变迁及其趋势》一文，列举古往今来 11 种史学观念，论及“社会史观”时，说道：

> 中世以后，平民思潮渐盛，至法国革命而臻其极。自是社会组织，日见进步；而群体势力，亦日益扩张。学者寻其发达之迹，知偏重政治为人事基础之为大谬。彼等深信史家之责任，在就进化历程之中，于法律宗教经济教育实业政治种种方面，研究社会之起源与发达，而说明其故。政治事实，在社会史观视之，不过其中之一部分耳。[2]

陈训慈所说的“社会史”，实际是欧洲启蒙运动时期，以伏尔泰《路易十四时代》《风俗论》为代表，突破以政治史、军事史为主的历史书写传统，主

① 李璜：《历史学与社会科学》，东南书店 1928 年版。

② 陈训慈：《史学观念之变迁及其趋势》，《史地学报》第 1 卷第 1 期，1921 年 11 月。

张历史学应记录人类社会生活各方面的史学思潮。当时学界一些介绍西方史学理论的著述，如衡如《新历史之精神》、黄公觉《新史学概要说》等，所说“社会史”也多与之相同。[①]

第二类是按照社会科学的学科属性来界定的“社会史”，以李璜为例。1926 年，他在《历史科学与社会科学》一文中，将社会科学分为“单数的”和“多数的”：所谓“单数的”是指“一个总论的社会科学”，实即由孔德所创立的社会学学科；“多数的”是指“许多分立的社会科学”，实即社会科学的诸学科。他认为：社会学者“研究人类社会在历史上继续的活动”，“寻求社会的进化（progress）与他的公律”，是“社会史”；而与社会科学各学科相对应的专门史，如经济史、法律史、语言史、宗教史等，也是“社会史”；其差别不过后者较之前者“不急于求出人类社会活动的公律”，“只是将明了可靠的材料放在我们眼前，预备终有一日或者社会公律因之而引出罢了”。[②] 可见，李璜对“社会史”的界定是从社会科学的学科门类着眼的。至于“单数的”和“多数的”说法，主要是因为他对“社会学”和“社会科学”定位的含混。[③]

第三类更为特殊的“社会史”，即前述 1930 年张宗文翻译法国学者瑟诺博司《社会科学与历史方法》一书的说法。该书所说的“社会科学”，既不是“社会学”，也不是我们理解的社会科学，而是专指“统计科学，其中包括人口统计学”“经济生活的科学”“经济学说史与经济设计史”[④]；所谓“社会史”也只包括人口的历史、经济现象的历史和经济学说史。[⑤] 这种定义是作者基于西方社会科学发展历程的独特考量，尚可谓“持之有故，言之成理”。

然而，当时何炳松以此说为基础，编成《通史新义》，却造成了“社会

① 衡如：《新历史之精神》，《东方杂志》第 19 卷第 11 号，1922 年 6 月；黄公觉：《新史学概要说》，《师大史学丛刊》第 1 卷第 1 期，1931 年 6 月。

② 李璜：《历史学与社会科学的关系》，《东方杂志》第 23 卷第 20 号，1926 年 10 月。

③ 这是当时学界的常见问题，参见常乃悳《社会学要旨》，中华书局 1924 年版。

④ ［法］塞纽博：《社会科学与历史方法·导言》，张宗文译，上海社会科学院出版社 2017 年影印版，第 12—13 页。

⑤ ［法］塞纽博：《社会科学与历史方法》，第 158—159 页；刘泽华主编：《近九十年史学理论要籍提要》，书目文献出版社 1991 年版，第 45 页。

史”“社会科学”等概念不必要的混乱。该书题名“通史新义”，“自序”对古今中外通史理论纵横批评，所讨论的也是一般意义上的通史。如其自述：

> 此书唯一宗旨在于介绍西洋最新之通史义例……并欲藉此书与国人商榷三种管见焉：即史料与著作应分两家而后通史之观念方明，现代吾国流行之通史义例似是而非，及通史不宜独尊是也。①

这“唯一宗旨”丝毫不关“社会史”问题。然而，“导言”一变而为“历史研究法与社会科学”，正文再变而为“社会史料研究法”和“社会史研究法”。这样看来，“通史”即“历史”，亦即“社会史”。而且，该书“自序”中讨论“西洋史学原理”所列举的统计法、进化说、自然科学方法、经济史观、论理学上之分类法，并无特别之处②；上编“社会史料研究法”实际就是一般意义上的史料研究法；下编“社会史研究法”，首章前两节叙述中、西史学史，出现“通史”，仍取全史、共通之意。③ 这说明，该书在“通史”“社会史”等关键概念上，保留了当时学界较为通行的观念。

但是，《通史新义》在界定“社会科学”和“社会史”两个概念时，却取自上述瑟诺博司《社会科学与历史方法》中的特殊定义。而且，对于为何如此定义，何炳松并无清楚解释，只是含混地提出现代社会科学所应包者为：“统计科学，包括人口学”“经济生活科学”“经济原理及计划史”④；社会史包括：“经济习惯”“人口学”“经济原理”。⑤

可见，何炳松《通史新义》一书实际上杂糅了两套概念体系，即当时学界一般意义上的“通史”“社会史”“社会科学”等概念，和瑟诺博司《社会科学与历史方法》一书中的特殊概念。这种做法不但造成《通史新义》本身颇多不通之处，而且很容易造成学界对“社会史”概念理解的混

---

① 何炳松：《通史新义·自序》，上海古籍出版社 2012 年版，第 11 页。

② 同上书，第 8—10 页。

③ 何炳松：《通史新义》，第 89—95 页。

④ 何炳松：《通史新义·导言》，第 6 页。

⑤ 何炳松：《通史新义》，第 97—98 页。

乱。比如，民国时期影响较大的金毓黻、魏应麒等人的中国史学史著作中，就把《通史新义》所说的“通史”理解为一般意义上的通史，“社会史”也是以“社会之全部”为对象，“而非为特殊阶级之局部”；而朱谦之更是误将何炳松对“通史”的理解，当成了瑟诺博司的观点。[①]

第四类是我们熟知的马克思主义唯物史观的“社会史”，以1924年李大钊《史学要论》为代表。在李大钊看来，历史与社会本就有着天然的联系，即“纵着看人间的变迁，便是历史；横着看人间的现在，便是社会”。[②]“历史”本就是社会发展史，因而，《史学要论》中“社会史”概念只是偶尔出现，如“社会的历史观，修正了英雄的历史观”；“他（维科）的根本观念，在谓社会历史的发明解释，须寻之于人类精神”；“他（维科）的根本的观念，在社会史的说明须寻之于人类精神中”。[③]从研究对象上看，李大钊所说的“社会史”仍是研究整个人类社会发展、进化的历史，并无独特之处；其独特之处主要是，在他看来，要解释这种发展、进化现象，只有马克思主义唯物史观，特别是其经济分析视角，才是最科学的。

以上即中国史学社会科学化背景下出现的较具代表性的“社会史”概念。这些稍显多样甚至混乱的“社会史”，实际仍具有相同的大前提，即将社会视为一个整体，探求其发展演变的规律、特点，即便何炳松《通史新义》，也具有此种面相。这一点，与20世纪初期“新史学”思潮中的“社会进化史”并无不同。其不同者，主要有两方面：第一，“社会进化史”所依托的理论，主要是社会进化论，而此时诸种“社会史”所立足的理论，则是多元的。这一变化所反映的，是西方社会科学理论在近代中国史学界，从进化论一家独大，到日趋多元的传播特点。第二，“社会进化史”虽也是探求社会发展演变的规律、特点，但这种规律、特点，实际是既定的，即“进化”。也就是说，“社会进化史”多少有让中国历史去迎合“进化”规律倾向。而在上述诸种“社会史”中，这一特点虽也存在，但就整体而言，

---

① 金毓黻：《中国史学史》，商务印书馆2007年版，第390页；魏应麒：《中国史学史》，山西人民出版社2014年影印版，第256页；朱谦之：《现代史学概论》，《朱谦之文集》第6卷，福建教育出版社2002年版，第19页。

② 李大钊：《史学要论》，第2页。

③ 同上书，第5、29、110页。

社会科学理论的方法工具属性得到增强，此时学者关注更多的，如前引鲁滨孙《新史学》所言，是如何用社会科学理论，去解释“许多历史家所不能解释的历史上的现象”。这一变化所反映的，是中国史学近代化进程中，历史学和社会科学理论之间主客地位的渐变。不过，这一时期相关理论阐述虽如花似锦，却未结出相应果实。

四　中国社会史论战与唯物史观社会史的勃兴和分化

当一些史家在史学社会科学化潮流中龃龉于社会史理论之辨时，以唯物史观为指导的“社会史”，却在因中国国内政治局势转变而兴起的中国社会史论战中迅速崛起，并以作品数量的压倒性优势近乎统一了学界对“社会史”理论范式和书写内容的认知。

关于中国社会史论战，学界已有大量研究成果。大致而言，它兴起于1927年大革命失败后，时人为确定中国革命道路而对中国社会性质问题的思考。为解决中国社会性质，人们开始追溯中国社会发展史，进而引发了中国社会史论战。1931年，王礼锡创办《读书杂志》，随后推出4辑“社会史论战专号”，将论战推向高潮。论战主体身份背景复杂，但大都宣称以唯物史观为指导。如王礼锡所言，“在中国社会史的论战里，都是唯物的内部的争斗”。[①] 换言之，这一时期的“社会史”，基本都成了以唯物史观为指导的社会性质、形态史的研究。不过，唯物史观社会史自身形象也因此被“拖累”，并使之最终走向分化。

当时学界对唯物史观社会史的积极反应，可以1930年郭沫若《中国古代社会研究》的反响为例。该书是较早将论战延伸至社会史领域的著作之一，它不但因其开先性质，在论战中成了各家品评的“箭垛”，更因其研究内容是当时史学界十分热门的古史问题，而引起了一批“学院派”史家的关注。因而，该书作为唯物史观社会史早期著作，较具代表性。

《中国古代社会研究》在今天的评价中，可谓毁誉参半，但民国时期不

① 王礼锡：《中国社会史论战序幕》，《读书杂志》第1卷第4、5合期，1931年8月。

少史家，还是充分肯定了该书的价值。例如，从古史研究的角度，顾颉刚说："这是一部极有价值的伟著……富有精深独到的见解。中国古代社会的真相，自有此书后，我们才摸着一些边际。"[①] 从社会史研究角度，齐思和说："中国社会史的研究到了郭沫若先生才真正地走上了学术的路上。"[②] 再如华白沙所述："记得前十年，笔者在北平时，每逢看见沈尹默先生，老是夹着这部《中国古代社会研究》……他说他是非常爱好这部书的！"[③] 而更能说明问题的，是 1932 年张荫麟对该书的称赞。他将该书与顾颉刚《古史辨》（第 2 册）并举为 1930 年我国史学界最重要的两种出版物，并说："它的贡献不仅在若干重要的发现和有力量的假说……尤在它例示研究古史的一条大道。那就是拿人类学上的结论作工具爬梳古史的材料，替这些结论找寻中国纪录上的佐证，同时也就建设中国古代社会演化的历程。"[④] 张荫麟一向自视甚高，好品评他人，尤以批评居多。因此，他的肯定，较大程度上能够反映该书在当时学者心中的位置。

《中国古代社会研究》之所以获得如此好评，一定程度上是因为它契合了当时史学发展的趋势。一方面，当时史学主流取向依然偏重史料考据，研究领域偏于上古史。在"古史辨"大刀阔斧地摧毁中国旧有古史体系后，人们迫切期待新古史体系的建立；随后殷墟考古的重大发现，又让人们把这种期待寄托在了考古新材料上。而《中国古代社会研究》不但以新的视角重新建构出一幅上古社会的演进图景，而且这一重建利用了当时关注度较高的甲骨金文材料。这是该书与当时"新考据派"的契合。另一方面，在社会史论战之前，中国史学社会科学化趋势已十分明显，但始终没有出现一部真正有影响力的著作。而利用社会科学理论解释中国历史发展，正是《中国古代社会研究》的特色。这是该书与史学社会科学化潮流的契合。因此我们说，1930 年郭沫若《中国古代社会研究》实际是恰逢其会地将近代中国史学上两股重要潮流结合在了一起，并有意识地将历史研究从"整理"转向

① 顾颉刚：《当代中国史学》，上海古籍出版社 2002 年版，第 96—97 页。

② 齐思和：《近百年来中国史学的发展》，载李孝迁编校《中国现代史学评论》，第 149 页。

③ 华白沙：《古史及古史研究者》，载李孝迁编校《中国现代史学评论》，第 405 页。

④ 张荫麟：《评郭沫若〈中国古代社会研究〉》，载陈润成、李欣荣编《张荫麟全集》中卷，清华大学出版社 2013 年版，第 1211 页。

了“解释”。[①] 这不仅是为古史研究，而且是为唯物史观社会史研究，“例示”了“一条大道”。然而，当时论战者强烈而急迫的现实关怀，使得唯物史观社会史研究并未沿着这条路走下去。

唯物史观社会史成为一时焦点，并不完全因为时人的学术兴趣，更主要的是时人急迫地要从中确定中国社会性质，为中国革命寻一条出路。类似梁漱溟在《敬以请教胡适之先生》的信中所表现的，“中国的形式已急迫万分，我们必须立刻提出一套根本而彻底的‘改变世界’的方案及其具体实行的步骤”。[②] 这种急迫心态，容不得按部就班地为社会史研究准备坚实的史料基础，正如强调社会史研究首先应重视史料鉴别的顾颉刚，虽明确声称“绝不反对唯物史观”[③]，但也得不到论战者的谅解一样。这种集体的急迫心态，造成唯物史观社会史研究日益走上了“公式化”道路，如当时学者指出：“中国社会史研究者们最大的毛病，在乎只知瞎引外国的方法和结论，而并不顾及本国历史上的真正的史料。”[④] 有学者甚至称“近来唯物史观者的古史观是唯心的”。[⑤] 这一问题给唯物史观社会史造成了极为不利的影响，使之成了“京朝派文学和史学的名家不愿出口甚至不愿入耳的问题”。[⑥] 概言之，中国社会史论战中产生的难以计数的作品，虽扩大了唯物史观社会史的影响，但其总体学术水准并未在郭沫若《中国古代社会研究》基础上向前推进多少，反倒是让多数“学院派”史家产生了反感。

论战高潮过后，唯物史观社会史研究开始重视夯实史料基础，逐渐转向学术立场，然而此时该研究取向也出现了分化。唯物史观社会史研究转向的标志性事件，是1934年12月陶希圣创办《食货半月刊》。他在创刊号上提出：办刊目的“在集合正在研究中国经济社会史尤其是正在搜集这种史料的

① 如该书“自序”提出，“‘整理’的究极目标是在‘实事求是’，我们的‘批判’精神是要在‘实事之中求其所以是’。‘整理’的方法所能做到的是‘知其然’，我们的‘批判’精神是要‘知其所以然’。‘整理’自是‘批判’过程所必经的一步，然而它不能成为我们所应该局限的一步”（郭沫若：《中国古代社会研究·自序》，商务印书馆2011年版，第4页）。

② 余英时：《重寻胡适历程：胡适生平与思想再认识》，上海三联书店2012年版，第212页。

③ 顾颉刚：《古史辨第四册序》，《顾颉刚古史论文集》第1卷，第124页。

④ 杜若遗：《介绍〈食货半月刊〉》，《文化建设》第1卷第4期，1935年1月。

⑤ 童书业：《唯物史观者古史观的批判》，《童书业史籍考证论集》下，中华书局2005年版，第663页。

⑥ 陶希圣：《潮流与点滴：陶希圣回忆录》，中国大百科全书出版社2016年版，第124页。

人……不像过去所谓‘中国社会史论战’邪〔那〕样的激昂，那样的趋时”。[①] 此后，他一再强调：“本刊的范围，只限于纯粹的中国社会经济史的论文，更注重于史料的搜集……与现实的政治没有多大关条〔系〕。”[②] 将唯物史观社会史从“政治宣传”转向学术研究，特别重视史料搜集，这一立场再次得到了如顾颉刚、孟森等一批“学院派”史家的认同与支持。[③]

《食货半月刊》的主要成就，是推动了中国社会经济史的发展。陶希圣通过《食货半月刊》和高校任教，影响和培养了一批社会经济史研究新秀。他们研究志趣的萌生，或多或少与社会史论战相关，但其具体成就，则呈现多元化特点。例如，鞠清远、武仙卿分别与陶希圣合著的《唐代经济史》《南北朝经济史》，虽可视为社会史论战的衍生品，但两书主要是对相应时期经济制度、史实的考述，理论色彩大为减弱；[④] 全汉昇《中国行会制度史》对中国行会制度起源、发展等问题的分析，运用了生产力决定生产关系和阶级学说；《唐宋帝国与运河》虽未明言“经济决定”说法，却极力突出经济因素对唐宋国运兴衰的影响。[⑤] 二者都受到唯物史观影响，但都没有过多涉及当时流行的社会性质、形态等问题。杨联陞《东汉的豪族》一文，其问题意识与当时古代社会形态问题的争论有关，但同样只是分析了豪族的起源、发展及其消极影响，并未卷入社会史论战的话语；《从〈四民月令〉所见到的汉代家族的生产》和《中唐以后税制与南朝税制之关系》等文，也具有相同特点。[⑥] 可见，社会史论战高潮过后，以陶希圣为代表的诸学者，特别是后起新秀的社会史研究，明显偏向了经济社会层面，且在具体选题上呈现出多元化特点。他们或多或少都受唯物史观影响，但在研究旨趣上则弱化了对中国社会性质、形态、革命道路等问题的争辩，而主要是立足于

---

① 陶希圣：《编辑的话》，《食货半月刊》创刊号，1934 年 12 月 1 日。

② 陶希圣：《编辑的话》，《食货半月刊》第 4 卷第 2 期，1936 年 6 月 16 日。

③ 陶希圣：《搜读地方志的提议》，《食货半月刊》第 1 卷第 2 期，1934 年 12 月 16 日；孟森：《孟序》，瞿宣颖纂辑：《中国社会史料丛钞》甲集上册，商务印书馆 1937 年版，第 1—2 页。

④ 陶希圣、鞠清远：《唐代经济史》，商务印书馆 1936 年版；陶希圣、武仙卿：《南北朝经济史》，商务印书馆 1937 年版。

⑤ 全汉昇：《中国行会制度史》，河南人民出版社 2016 年影印版；全汉昇：《唐宋帝国与运河》，商务印书馆 1944 年版。

⑥ 参见杨联陞《东汉的豪族》，商务印书馆 2011 年版，第 1—58、158—171 页。

中国社会经济史材料，发掘中国社会历史的演变特点。

社会史论战高潮过后，中国马克思主义史学家如何干之、翦伯赞、吕振羽等，对论战中出现的问题也进行了反思与批评。不过，他们并没有因此削弱历史研究的革命性和阶级性，如翦伯赞《历史哲学教程》中就特别强调历史科学是“以说明人类生活斗争的实践及其发展为任务的‘现实的及实证的革命科学’”，“反映着现社会正在敌对着的诸种倾向与其意识形态”；“历史学家叙述或批评过去的历史，都是站在自己的阶级立场”。[①] 抗战时期，中国马克思主义史家出版了一批研究成果，如吕振羽《中国社会史诸问题》和《简明中国通史》、翦伯赞《中国史纲》、范文澜《中国通史简编》等。他们在具体观点上虽不尽相同，但对中国社会史的解读，基本都坚持了“五阶段论”。而1939年毛泽东《中国革命和中国共产党》，更明确了中华民族经过原始公社、奴隶社会、封建社会，到鸦片战争后转入半殖民地半封建社会的发展阶段，意味着中国马克思主义史学的“革命史”叙事体系基本形成。[②]

基于上述我们说，唯物史观社会史在中国社会史论战高潮过后，出现了“社会经济史”和“革命史”路向的分化。

以上即唯物史观社会史研究从勃兴到分化的大致过程。唯物史观社会史虽因社会史论战的白热化与急迫性，一度走上“公式化”道路，影响了相关成果的学术水平，但从整体上看，它对近代中国史学的影响，却是较为深远的。

首先，就当时学界对“社会史”的认知而言，论战以其宏大的声势和具有压倒性优势的作品数量，近乎统一了人们对“社会史”的认知，使唯物史观社会史成了时人观念中最主要的“社会史”类型。例如，齐思和《近百年来中国史学的发展》一文对“社会史运动”的论述，即以唯物史观社会史为主。[③] 顾颉刚《五十年来的中国史学》一文，论及“社会史”所举

---

① 翦伯赞：《历史哲学教程》，生活·读书·新知三联书店2014年版，第46—47页。

② 参见张越《社会史大论战与中国马克思主义史学建立论析》，《陕西师范大学学报》2015年第4期；德里克，翁贺凯译《革命与历史：中国马克思主义历史学的起源：1919—1937》，江苏人民出版社2008年版，第192—193页。

③ 齐思和：《近百年来中国史学的发展》，载李孝迁编校《中国现代史学评论》，第148—151页。

蒙思明《元代社会阶级制度》等著作，也属唯物史观社会史；其《当代中国史学》一书，则以郭沫若、陶希圣为主，进行了更为全面的论述。[①]

其次，唯物史观在不同层面、不同程度上，影响了一批以考据见长的史家。如吕思勉、顾颉刚、张荫麟等，在历史研究中都运用了唯物史观。[②] 另外，1935 年，全汉昇入职中央研究院历史语言研究所，从事中国社会经济史研究，实际也得到了傅斯年的认可。[③] 曾被中国马克思主义史家视为复古派代表的钱穆，在《国史大纲》中也从经济视角来讨论魏晋隋唐的社会形态问题，而从经济视角剖析社会形态、性质，正是民国时期非马克思主义史家对唯物史观的基本认知。[④]

复次，社会史论战影响了一大批学界新秀的学术取向。如曾受陶希圣影响的何兹全、连士升、杨联陞、全汉昇等，《现代史学》作者群中的陈啸江、戴裔煊、傅衣凌等，“史学研究会”成员梁方仲、吴晗等，以及蒙思明、李埏、黄现璠，等等。即便抛开政权鼎革影响，当史学界完成代际更迭后，中国史学面貌也会为之一变。这是唯物史观社会史影响近现代中国史学走向上，至关重要的一点。

最后，从中国史学近代转型来看，唯物史观社会史可归于史学社会科学化的大背景之下。前文已述，在社会史论战之前，史学社会科学化趋势虽已十分明显，但多集中于理论诠释，较少落实于研究实践，成绩突出者则更少。唯物史观社会史在论战中虽曾出现“公式化”等弊病，一度使历史研究变成社会发展理论的附庸，但从另一方面看，论战中产生的大量作品，对

① 顾颉刚：《五十年来的中国史学》，李孝迁编校：《中国现代史学评论》，第 106 页；顾颉刚：《当代中国史学》，第 96—99 页。

② 关于吕思勉、顾颉刚受唯物史观的影响，参见张耕华《吕思勉与唯物史观》，《华东师范大学学报》2013 年第 6 期；李政君《民国时期顾颉刚对唯物史观的态度》，《人文杂志》2016 年第 5 期。关于张荫麟与唯物史观问题，笔者尚未见相关研究，可参见其《南宋初年的均富思想》（1936）、《南宋亡国史补》（1936）、《宋初四川王小波李顺之乱——一失败之均产运动》（1937），陈润成、李欣荣编《张荫麟全集》下卷，第 1569—1573、1592—1605、1634—1650 页。

③ 全汉昇：《回首来时路》，载杜正胜、王汎森主编《新学术之路》下册，台北，中研院历史语言研究所 1998 年版，第 487 页。

④ 民国时期，不仅很多历史学者将以唯物史观为指导的社会史著作，冠以“经济社会史”“社会经济史”的名称，不少社会学著述中对唯物史观的认知，也有此特点。参见冯品兰编《社会学纲要》，知识产权出版社 2013 年版，第 58 页；素罗金著，黄文山译《当代社会学学说》第 3 册，上海社会科学院出版社 2017 年影印版，第 823—964 页。

中国史学社会科学化从理论诠释落实到研究实践，确实具有推动之功。而且，论战高潮过后，随着学界对“公式化”等问题的反思与纠正，在唯物史观社会史研究中，也确实逐渐调整了历史学和社会科学理论的主客地位。

结 语

近代中国史学史中“社会史”书写的演变，和中国史学近代转型历程大致相应。“社会进化史”以进化论为依托，意在证明中国社会的发展史，符合人类社会发展的普遍规律，这和20世纪初年“新史学”的理念相因应。随后出现的“民众社会史”，其研究对象虽和“新史学”所倡导的“民史”相同，但其宗旨主要是发掘被传统文化所忽视、掩盖，甚至是歪曲的民众社会历史的真相，这主要是五四新文化运动时期史学理念的反映。五四之后，学界对“社会史”的界定日趋多元，这反映的是史学社会科学化潮流中，可资中国史家借鉴的西方理论日趋多元的状况。唯物史观社会史的勃兴，虽受国内政治形势影响，但就学术而言，它符合史学社会科学化的潮流，并对该潮流从理论诠释落实到研究实践，具有推动之功。进而言之，从“社会史”书写演变看，中国史学的近代转型主要呈现如下特点。

第一，近代中国史学史上的“社会史”书写虽然多样，但其背后实际共享着同一前提预设，即将社会视为一个整体，研究其发展演变的规律和特点。即便是研究对象较为具体的“民众社会史”，也有借此探究中国社会整体迁流脉络的意图。所以，从整体上看，“社会史”研究的发生、发展，实际反映了中国史学从过去的政治史书写传统，向社会化和世俗化的转变。这种转变，正是中国史学近代转型的重要标志。

第二，与研究对象的社会化、世俗化转向相应的，是方法理念上的社会科学化。以往我们多将这一潮流追溯到20世纪初年，甚至更早，这有其合理的一面。不过，20世纪初年史家对所谓“辅助学科”的认知，主要在史料或史事考订层面。到20年代，随着西方理论的大量引入，中国史家对社会科学理论的价值认知，才真正从史料或史事考订提升到历史解释层面。应该说，后者才是史学社会科学化的主要价值所在。

第三，就各种“社会史”所依托的社会科学理论而言，从20世纪初年

“新史学”潮流中以进化论为依托的“社会进化史”，到20年代史学社会科学化潮流中，中国史家根据不同学科理论提出多种“社会史”概念，实际反映了西方社会科学理论在近代中国史学界从进化论一家独大到日趋多元的演变特点。

第四，就各种“社会史”背后的书写理念而言，“新史学”潮流中的“社会进化史”，存在用中国历史去迎合西方社会科学之“公理公例”的倾向。其后的“社会史”书写，则逐渐出现了用社会科学的“公理公例”去解释中国历史发展，发掘中国历史特性的转变。这一转变，反映出中国史学近代转型过程中存在的，从让中国历史为西方理论作注脚，到回复历史学本位的演变趋向。

儒学的危机与民初孔教运动的起落

邹小站

（中国历史研究院近代史研究所）

摘要： 晚清以降，作为官方意识形态的儒学面临着严重的危机。民国成立后，儒学的危机更加深沉。为防止孔子之道随帝制的崩溃而沦丧，以康有为为代表的一批尊孔人士发起了要求定孔教为国教的孔教运动，并在1913年、1916—1917年随着国会制宪而有两次孔教运动的高潮。孔教运动本有相当的社会基础，也有相当的声势，但儒学本身的非宗教性质，国人宗教观念的淡薄，儒生多将儒学作为利禄之途而非视为宗教信仰，孔教运动的上层路线，动荡的政局，错综复杂的政治角力，教祸发生的可能，儒学与共和政治之间的紧张关系，以及孔教运动的灵魂人物康有为参与张勋复辟等，都使孔教运动困难重重。而张勋复辟的闹剧，新文化运动的评孔非儒，则使孔教运动丧失了追随者与社会基础，从而不可避免地走向了衰落。

关键词： 康有为　定孔教为国教　陈焕章　儒学的危机　孔教运动的起落

自汉武帝罢黜百家，独尊儒术，儒学逐渐成为中国历代君主专制王朝的官方意识形态和中国传统文化的骨干，孔子也就成为中国文化的代表。然儒学以社会政治与伦理学说见长，于生死与灵魂问题，缺乏系统的理论阐述，不能餍人心，故佛教输入后，一度对儒学形成很大的挑战。佛教的输入是一种比较自然的文化输入，而非依仗国家力量的文化扩张，又其所解决的主要是灵魂问题以及前世来生问题，对于皇权所主导的政治秩序以及儒家所倡导的伦理秩序并未构成致命的威胁。为应对佛教的挑战，本土的道教兴起，儒者亦援佛入儒，对儒学进行理论化改造，尤其是将原始儒家的心性学说深度系统化，使之至少对于士大夫来说，可以在相当程度上安顿其心性。但是，儒学历来对君子说法，重理性，重人道，于生死与灵魂较少阐述，又缺乏严密的僧团组织，故对于一般社会大众，其主要影响在日常伦理秩序以及世俗的政治秩序，至于灵魂与生死问题，一般社会公众则往往以道教、佛教为归宿，形成所谓儒释道三教并存，互相包容的局面，没有出现西方的宗教战争，信教自由在帝制时代的中国也并未成为实质性问题。

明末天主教东来，但那时西方势力来华主要是传教与商业，欧洲殖民者虽在中国周边地区开展殖民活动，但尚未对中国的世俗政权形成实质性挑战，故虽引发了中西文化的冲突，但儒学在中国的统治地位并未受到威胁。鸦片战争以后，随着西力东侵与西学东渐，中国面临着严重的经济危机、政治危机与文化危机。其中文化危机集中表现为儒学的危机。儒学的危机催生了孔教论与孔教运动。民国成立以后，要求定孔教为国教的孔教运动（国教运动）兴起，并在民初政坛与思想界掀起轩然大波。关于民初的孔教会，以及康有为等人的孔教思想，相关研究已经不少，本文的主要目的在梳理民初孔教运动起落的脉络，探究其复杂的内在理路，以便学界进一步了解这一运动，并理解儒学在近代中国的命运。

一 晚清以来儒学面临的危机

对于晚清以来中国面临的危机，国人首先感受到的是军事上的差距，于是有师夷长技以制夷的呼声。随后，又发现夷狄之长技背后，有其“学”，有其完整的工业体系，于是有所谓采西学、制洋器的主张，洋务运动由此兴起。整个洋务运动时期，中国人在文化上还相当自信，以为相较西洋，中国欠缺的只是富强之术，至于伦常秩序，乃至“文学”，中国都远高于西洋，无待外求，故所事只是练兵养兵之法，以及支撑军事现代化所需要的兵器工业以及相应的民用工业。甲午战败，始惊破国人数千年之迷梦，先觉之士乃提出保国、保种、保教的主张，而其方法则为变法维新，遂开启中国政治近代化的序幕。我们观察戊戌时期的思想文献，可以清楚地看到，先觉之士，已意识到中国面临的是一个包含经济、政治、文化的整体性危机。也正是基于此种危机意识，才有了此后急迫的政治变革、教育变革与法律变革。

随着变革的进行，儒学面临的危机就尖锐地摆在中国思想界面前。政治改革势必冲击君臣大义。学制改革、近代学堂的建立，儒家经典在教育内容中的垄断地位受到威胁，学生读经问题乃至经学的存废也就凸显出来。在近代化要求的催逼下，科举制度被废除，读书人与政权之间的紧密联系被割断，士大夫渐成历史名词，而近代知识分子或者知识人因为专业、职业分化，不再以承续道统为志业，而成为近代化的专家，专业色彩日渐突出，其担负的教化功能日渐削弱。法律变革，更从国家主义、个人主义的角度严重地冲击着传统的法律秩序、伦常秩序。至于经济变革所造成的财产关系、权利关系的复杂化，对于传统秩序的冲击就更为根本。近代中国面临的文化危机，本质上是传统与近代的紧张关系，但在形式上表现为中西文化之间的紧张关系，这其中代表中国文化的儒学与代表西方文化的基督教之间的关系又是中西文化紧张关系的重要侧面。

天主教、基督教在近代中国的扩张，固然有其宗教内在的传播福音以救济天下人的扩张冲动的因素，但在相当程度上，也是西方列强帝国主义策略的组成部分，其传教目的在使“中华归主”，其传教手段往往以世俗的国家力量作为支撑。西方宗教与中国传统社会在礼俗、观念上本有种种歧异，易发生文化上的冲突，而教会在传教过程中又存在种种问题，一些差会急于扩大信众数量，吸纳教徒时往往不分良莠，在卷入地方社会的利益冲突时，又往往依仗教会背后的国家力量来维护教会、教徒的利益，严重冲击了地方既有的权力生态。由此，就引发了中国传统士绅的强烈反应，引发了一系列的教案，使儒家人士对于天主教、基督教怀有高度的戒备心理。起初，中国官绅颇鄙视其神学说教，不认为西方宗教能对儒学的地位构成什么威胁，相反一些士大夫认为，中西交流门户打开，将是孔孟之道传向西方，真正做到“化被天下”的大好时机。但是随着西方侵略势力在华日益扩张，在屡次对外战争失败的刺激下，在近代西方文明的冲击下，中国官绅固有的文化自信开始动摇。尤其是，一些西方宗教人士往往将欧美之富强归因于其宗教之美与其宗教之能约束人心，将中国之贫弱归结为作为中国官方意识形态的儒学存在的种种缺陷。比如他们称，人生有三大伦，即神伦、人伦、物伦。神伦探究、规范人与神的关系，人伦探究、规范人与人的关系，物伦探究的是人与自然的关系。基督教三伦皆备，且以神伦为首伦，故能约束人心，能有发达的科学；而儒学只重人伦，而阙于物伦与神伦，故不能约束人心，不能产生近代科学，且儒学之讲人伦，系服务于专制统治，存在重大缺陷。[①] 传教士以及一些西方人士又将近代西方政治之美归因于其宗教之美，并鼓吹中国的基督化为中国富强之本，鼓吹以基督教取代儒学。[②] 此种论调，在西强中弱的格局之下，在西方宗教势力日益扩张的形势下，对一些中国人发生了不小的影响。不少急于摆脱国家贫弱现状的人士，乃将中国贫弱之因归结于儒学，认为欲求富强，必须对儒学进行彻底的改造，甚至有一些“留学外国之学生，见彼国社会之进化，而误听教士之言，一切归功于宗教，遂欲以基督教劝导国人”[③]。基督教、天主教在华势力的扩张，及其引发的民教冲突，欧美教会处心积虑“欲孔教之在中国，失其宰制人心之权藉”，欲以西方宗教取代孔教在中国的位置，[④] 不能不使中国的孔教徒对孔教在西方文化、西方宗教冲击下的命运产生深沉的忧虑。

晚清以降，儒学面临的另一重危机是其所维护的世俗制度与世俗秩序面临的危机所带来的。依据杨庆堃的说法，宗教可分为“制度性宗教”和“弥漫性宗教”。“制度性宗教”有三个特征：（1）具备独立的神学观或宇宙观以解释世界和人类事物；（2）具备系统的象征（神、灵魂和他们的形象）和仪式组成的信仰体系；（3）具备专门神职人员的组织，帮助阐释神学观念，并主持仪式。儒学不是制度性宗教，但它拥有自己的神学理论、崇拜对象以及信仰者，不过，它与世俗制度深度融合，而成为世俗制度的观念、仪式和结构的一部分，没有能够显示为一种独立的、支配性的制度，是一种“弥漫性宗教”。弥漫性宗教依靠世俗制度获得发展，有力地支持现存制度

---

① 参阅杨代春《〈万国公报〉与晚清中西文化交流》，湖南人民出版社 2002 年版，第 191—195 页。

② 杨代春：《〈万国公报〉与晚清中西文化交流》，第 194—195 页。

③ 蔡元培：《以美育代宗教说》（1917 年 4 月 8 日），载高平叔编《蔡元培全集》第 3 卷，中华书局 1984 年版，第 30—34 页。

④ ［英］约翰斯顿（R. Flement Johnston）（即庄士敦，以下注“庄士敦”）：《中国宗教之前途》，钱智修译，译自《二十世纪及其后》，《东方杂志》第 10 卷第 9 号，1914 年 3 月 1 日。

的价值与习俗，也因为这样，它的命运“在很大程度上取决于世俗制度的命运”。“当某项世俗制度有效地满足人们的基本需要时，渗透其中的功能性仪式便因此获得了信众的皈依。但是当世俗制度没能解决长期的危机，不能满足基本的和寻常的需要，人们会很自然地对制度和其功能性仪式都失去信仰和信任。……当世俗制度在面对新的危机始终表现出束手无策时，弥散其中的宗教也就因此失去了民众的支持。”[①] 儒学有明显的世俗性特征，与世俗政治秩序、世俗政权紧密关系，是维护世俗政治秩序的学说，并借世俗政权的力量在中国社会具有广泛的影响。因此，当世俗的政权、政治秩序、社会秩序受到怀疑，成为人们急于改造的对象时，作为维系政治秩序、社会秩序的学说，儒学也就成为欲改造社会、改造国家的人们怀疑、批评的对象。陈独秀在讨论孔教问题时，曾指区分宗教与一般社会政治学说，认为“宗教属出世法，其根本教义，不易随世间差别相而变迁，故其支配人心也较久。其他世法诸宗，则不得不以社会组织生活状态之变迁为兴废。”孔子之教不是宗教，而是关于“人伦日用之世法”，必随社会之变迁为兴废，不可能超脱现实的社会组织、生活状态而存在。[②] 也就是说，相对出世的宗教之不易随社会组织与生活的变化而迅即变化，儒学作世间法，社会组织与生活的变化会迅速引发儒学的变动。晚清以来，中国社会与政治的剧烈变动，给儒学带来的挑战非常直接。

为应对这种挑战，儒学内部也有变化。比如，有人试图将儒家的“格致”与近代科技相勾连，试图在传统文化体系内打开接纳近代科技的窗口；有人重新解释义利关系，重新探讨王霸问题，试图为发展资本主义工商业以及追求富强正名；也有人以三代之治、公天下等思想资源以及乡官、议郎等传统制度为切入点，去理解近代政治思想与政治制度。但总体而言，晚清儒家在这方面的工作，一方面思想资源有限，其沟通传统与现代的努力还停留在很粗浅的阶段；另一方面，儒学内部还有强大的保守势力，社会整体上的开放度还很有限，使这种沟通工作成效有限。尤其重要的是，甲午以后，随着危机日益严重，国人变革之心日益迫切，政治改革被提上了议事日程，君

① 杨庆堃：《中国社会中的宗教》，范丽珠译，上海人民出版社 2017 年版，第 229—233 页。
② 陈独秀：《孔子之道与现代生活》，《新青年》第 2 卷第 4 号，1916 年 12 月 1 日。

主专制受到严重的怀疑，与君主专制关系紧密的儒家思想也就受到牵连，欲变革图治者对于孔子与儒学，经历了“由独尊到与诸子平列；由崇仰到批评”的转变，儒学独尊的地位已然受到严重的挑战。[①] 其中，就有主要由一些接受西方影响，羡慕西方强盛、“文明”的青年学子构成的所谓“欧化过激派”。他们伤心祖国之凌夷，于是“怨六经为迂谈，尤仁义为糟粕。国民教育未普及，孔教文字为之也；八股取士之积弊，孔教传经为之也；人民无自治，财政不充裕，未必非孔教误之也；军国未成立，实业不发达，未必非孔教梗之也。欲促进中国社会，非改良中国文字、中国习惯、中国国民性不可。”[②] 这一派思想在清末已经出现，民国成立后，更渐成思潮。与“欧化过激派”将中国贫弱之根源归咎于孔教相反，另一派人认为，中国的贫弱之根不在孔教的教义，而是孔教缺乏权威，教权从属于政权，未能如欧洲各国的教会那样直接执掌国政，以教权之支配政权；孔教缺乏欧美制度性宗教的严密的组织，缺乏欧美宗教面向一般社会公众的日常的讲经读经活动以及日常的宗教仪式，造成政教分途，使孔教教义未能真正落实到大众的日常生活。因此，他们试图模仿基督教组织与仪式，将儒学改造为宗教，欲借教权推动改革，并与基督教相抗衡。康有为就是这种思想的代表性人物。戊戌时期，陈宝箴曾分析康有为的孔教论，称“康有为当海禁大开之时，见欧洲各国尊崇教皇，执持国政，以为外国强盛之效，实由于此。而中国自周秦以来，政教分途，虽以贤于尧舜、生民未有之孔子，而道不行于当时，泽不被于后世。君相尊而师儒贱，威力盛而道教衰，是以国异政，家殊俗，士懦民愚，虽以嬴政、杨广之暴戾，可以无道行之。而孔子之教散漫无纪，以视欧洲教皇之权力，其徒所至，皆足以持其国权者，不可同语。是以愤懑郁积，援素王之号，执以元统天之说，推崇孔子以为教主，欲与天主耶稣，比权量力，以开民智，行其政教。”[③] 陈宝箴于厘正学术之中寓保全人才之意，故强调康有为张孔教论的目的在变法，而对康有为从组织、仪式等方面模仿基

① 耿云志：《近代中国文化转型研究导论》，四川人民出版社2008年版，第207页。

② 台州定伯：《关于国教之批评——我平心为我中国人之自废孔教之心理解剖之》，《宗圣学报》第17号附册“孔教问题”上卷，1916年11月。

③ 陈宝箴：《请厘正学术造就人材折》（光绪二十四年五月二十七日），《陈宝箴集》上册，中华书局2003年版，第779页。

督教则避而不谈。

由于天主教、基督教凭借西方列强的现实力量，凭借着严密的教会组织，利用中弱西强的现实以及中国人急于摆脱贫弱的心理，对于儒学的冲击，由于近代政治、社会变革对于儒学的冲击，国人对儒学的命运产生了深沉的忧虑，“保教”就与“保国”一样，才成为一时重要的思想潮流。

对于保教，中国主流的思想认为，保教的关键在保国。国家富强，儒学自然昌大而无澌灭之忧，张之洞就是这种主张的代表。康有为则强调教争的意义，认为若亟亟于保国，而不及时保教，则不但国无由昌盛，且即便国能昌盛，而教已亡，则中国虽国存而文化上已经亡国，此种保国实无意义。他又强调国家存在的意义在其道德价值，强调道德、文化、宗教为国家之魂，若国丧其魂，则不惟不能存在，且亦无存在的价值。他并且认为，及时建立孔教组织，发挥孔教大义，使孔教大义深入广大国人心田，不但可以挽救孔教之危机，保存中国的国魂，而且也可以强化国人的国家认同、文化认同，团聚人心，以共救国家危亡。康有为向往上古君师合一的格局，希望借教权推动改革，以救危亡。他也努力从儒家经典中寻求变法的理论资源，寻求儒家学说与变法、维新、兴民权、开国会等变革举措之间的关联，欲以儒学为外衣，推动变法。可以说，在康有为那里，保教是保国的最重要的手段，是教存而后国存，而不是国存而教存。基于此种认识，还在戊戌变法之前，康有为即首倡孔教论，以后又提出一系列的主张，比如设立教部，比如建立孔教组织，广建孔教教堂并设立讲生、讲师、大讲师、宗师、大宗师等宣讲孔经，打破只有天子可以祭天、只有官府可以主持祀孔的规矩，听民间祭天祀孔，等等，以与天主教、基督教相抗衡。康有为的孔教论，从其积极面看，他比较早地意识到儒学面临的系统性危机，后来的事实证明了他的远见。从其消极面看，其以儒学为宗教的理论违背儒学的基本特性，不为多数儒学人士所认可，是造成戊戌时期维新阵营分化的重要原因。他试图对儒学进行改造，但他的改造主观色彩过浓，在学界难得多数人士的认可。至于其试图将民权、平等之类的近代意识纳入儒学范围之内，则更招致保守派的强烈反对，而用孔子纪年则被反对派攻击为欲篡正朔，否定清廷的合法性。

戊戌政变后，康有为流亡海外，孔教论在思想界虽尚有一些争论，比如戊戌时期持保教论的梁启超在流亡日本后，逐渐放弃保教论，保皇会内部对于保皇维新的政治运动与保教之间关系的处理，也发生过争论。但总体上看，一段时间里，围绕保教问题的争论并没有成为思想界的热点问题。

二 民国初年的“废孔”与儒学危机的加深

迨帝制覆灭而民国肇建，与君主制紧密相连的儒教遭遇的危机更加严重。危机大体有两个方面。

其一，共和建立后，一些新派人士认为，传统儒学尊君主、明贵贱别尊卑的政治主张，与以自由、平等、博爱为精神的共和政治相冲突，要建立共和政治，应当废弃儒家的政治学说，由是出台了一系列“废孔”措施。先是南京临时政府教育部以“忠君与共和政体不合，尊孔与信教自由相违”为由，宣布废除清末忠君、尊孔的教育宗旨，而以“军国民主义”“实利主义”“德育主义”“美育主义”“世界观”教育取代之。随后，教育部又要求各地废止小学读经和跪拜孔子之礼，禁用前清学部颁行的各种教科书，要求“学校教员遇有教科书中不合共和宗旨者，可随时删改”。在变革的过程中，不仅传统学官被裁汰，各种尊崇孔子的典礼停废，不少地方孔庙的地产被地方军政当局收归公有。甚至 1913 年 1 月 19 日，内务部还准教育部所请，饬令各省将各地孔庙学田充公，以补助小学办学经费。所有这些，对于“制度性儒教”构成了根本性的毁坏，对于儒学的冲击不亚于科举制度的废除。这引起尊孔人士极大的愤怒。康有为指责教育部令各直省州县将孔庙学田充公，以充小学校经费，“直欲废黜孔子”，将使学生不得为中国人，而为洪水猛兽。[①] 陈焕章指责民国初立，南京临时政府与北京临时政府，一利未兴，一弊未除，而惟以废孔教为事：小学不读四书，大学不读五经，是为废孔教之经典。春秋不释奠，朔望不释菜，文庙无奉祀之官，学校撤圣师之位，是为废孔教之祭祀。破坏文庙，烧毁神主，时有所闻，乃至内务、教育两部，亦甘为北京教育会所愚弄，而夺圣庙之学田，是废孔教之庙堂。种种

① 康有为：《覆教育部书》（1913 年 5 月），《康有为全集》第十集，中国人民大学出版社 2007 年版，第 115 页。

废孔行为，神人共愤，是欲使中国人沦为无教的禽兽。[①] 孔教会称，自教育部呈大总统称，学校非说教之地，学生非信教之人，毋庸设牌祭奠，内务部据其文，颁二百十四号训令，通行各省以来，“各地方官揣摩意旨，变本加厉，孔教几悬为厉禁。湘省则撤销各学圣牌，禁经焚经；山东行政公署令曲阜支会谓以教立名，显与部令不符，饬速将孔教会名义取消；聊城知事令孔教不能定为国教，应不许开孔教会；即墨因学校读经，逮捕教员至十余人；桂之岑溪、赣之雩都，并日拆毁圣庙，鄂之郧西知事，勒令孔教会将学宫会址迁出，改扎团练；苏之金坛知事，亦逼孔教会迁出学宫斋所；四川民政长谓孔教会煽惑小学读经，应即严禁；川东视学员洪百川所至学校，见有经书立即扯碎；川南视学员易光墉，禁人家以经教子弟，并不准书肆售经。”[②] 这类文辞在民初孔教论者的文电中几于俯拾皆是。他们的指责在相当程度上是事实。

其二，《临时约法》有关信教自由的规定，为积极在华传教的天主教会和基督教会提供了在华发展的很好契机，教会方面对此欢欣鼓舞。但孔孟之徒则惶恐不安，以为《临时约法》只规定信教自由，而未定孔教为国教，在打开防御外来宗教传播的提防的同时，没有为孔教提供保护，相反当局却推出种种废孔措施，使孔教遭遇了空前的危机。张尔田指责《临时约法》信教自由的规定简直变成了政府与暴民“毁教自由”，成了他们破坏孔教的护符。对于种种破坏孔教的行径，一般小民无力反抗，议院诸公，褎如充耳，不加质问，各级行政长官中之热心卫教者，又格于法律，莫敢谁何。“若循此不变，反激愈烈，怨毒愈深，吾恐不及数年，必酿成宗教上之大革命，十字军流血之惨祸，寻将见于我国矣。”[③] 这类指责甚多，就不一一征引了。在孔教受到冲击的同时，天主教、基督教却有迅速的发展，1911—1913 年，受餐信徒增加了 16%，教会学校的人数也迅速增加，教徒在政界的势力也有一定的发展。教会方面的材料表明，“中国各界对基督教的态度逐渐好转，到 1911 年以后则大有改变，1912 年广东省官员中基督教徒竟占

① 陈焕章：《论废弃孔教与政局之关系》，《孔教会杂志》第 1 卷第 5 号，1913 年 6 月。

② 《孔教会致倪嗣冲函》（1914 年 5 月），《中华民国史档案资料汇编》第 3 辑 · 文化卷，江苏古籍出版社 1991 年版，第 22—23 页。

③ 张东荪《余之孔教观》一文所附张尔田跋语，《孔教会杂志》第 1 卷第 8 号，1913 年 9 月。

65%，使基督教影响大为增加”[①]。这里的“广东省官员”究竟指广东省政府的官员，还是广东省的地方官员，不甚明确，但辛亥革命后，基督教徒、天主教徒在政界能够公开自己的身份，其人数有较大的增长，是可以确定的。

革命之后的废孔，以及信教自由的规定，引起不少孔孟之徒的强烈不满，他们认为，循此以往，孔教将彻底消失，中国将丧失“国魂”，其祸甚于亡国灭种。一些不知外情、不明大势的人士也因革命后共和政府一面改正朔，易服色，定官制，设礼节，一面又推出种种“废孔”措施，产生种种疑惧。“乡里愚子，草茅儒生，互为猜疑，私相告语，咸谓民国制度，多仿外国，是以六经废而不用，孔子祀典无闻。甚者，或以为尼山之道，恐将坠地。”[②] 加以共和建立后，因为条件的不成熟，以及内外环境与国内政治格局的限制，新建的共和政治出现了种种问题，比如军队的哗变与难以控制，盗匪横行，地方不服从中央，党争剧烈而常逸出轨道，等等，都让对共和政治本就怀疑的人士忧心忡忡。同时，社会上的一些时髦青年又误解自由平等，借着自由平等的名义做出些违背传统伦常秩序的事来，这就被守旧的人士看作道德沦丧、道德危机的典型症状。尊孔人士对民初政治与社会现象不满，认为革命之后已出现人心大坏、道德全隳、政治日趋腐败的局面，离亡国不远了。他们把这一切的原因都归结为废除孔教，又将解决这种种问题的方法都归结为恢复孔教和定孔教为国教。陈焕章即说：“人之为物，莫不有争竞之心，爱恶相攻，利害相夺，若水之趋下，火之燎原，未尝暂静也。”有圣教约束人们的争竞之心，则人们争其大者远者，而不争其小者近者，使其所以争之故，出于公而不出于私，所为争之道，由乎正而不由乎邪。政府既废孔教，人们乃以争竞相尚，以权利为贵，肆意争权夺利，似脱羁绊而狂奔食人的猛虎，政府中人更敢于为非，敢于为恶，且敢于以非为是，以恶为善矣，更敢于以是为非，以善为恶矣。于是，用人、选举就不是选贤举能，而是为培植势力或是以利相市；不将政治权利看作义务所寄，而看作谋求一

① 乐灵生（Frank Rawlison）：《近二十年来中国基督教运动的改革与进步（1900—1920）》，《1901—1920年中国基督教调查资料》上卷，中国社会科学出版社2007年版，第125页。

② 《王锡蕃、刘宗国致大总统呈》（1912年7月），《中华民国史档案资料汇编》第3辑·文化卷，第59页。

己私利的工具，所知所见唯一己之私利，而且是一己目前最短促时间之私利，其他一切不顾。由此，中国的政局，对内外而言，就造谣之局，诟詈之局，斗殴之局，棍骗之局，贿赂之局，暴乱之局，暗杀之局，分裂之局；就国际上而言，就是保护国之局，瓜分之局。政治上出现的这些问题，不是政治可以解决的，必须从道德上去解决，必须恢复孔教，确立孔教的国教地位。只要昌明孔教，则人人以诚信相与，耻于造谣，则谣言之局可破；人人知所以自尊自重，不屑出谩骂之言，则诟詈之局可破；人人明礼知让，敬慎威仪，则斗殴之局可破；人人以忠信相尚，耻为棍骗，则棍骗之局可破；人人贱货而贵德，耻于用贿、纳贿，则贿赂之局可破；人人知孝悌，则暴乱之心可已，暴乱之局可破；人人能充无欲害人之心，人人能充无穿窬之心，则奸盗之行尽去，暗杀之局可破；人人知正名之义与大一统之义，则分裂之局可破，统一之局可成。内政既定，及是时明其政刑，虽大国必畏之矣，则国家可摆脱保护国的地位，可免除瓜分之局。[①] 总之，在他看来，要恢复秩序，改良政治，挽救道德危机，必须昌明孔教，而且只要昌明孔教，则民国政治上的种种问题，均可迎刃而解。这其实也是诸多孔教论者共同的见解。

三　民初孔教运动的兴起及其基本脉络

辛亥革命以及革命之后的“废孔”是民初孔教运动兴起的直接原因。民初曾任尚贤堂协理的王振民曾指出，“中国不革命，国教之问题不起。中国即革命，而一部分之偏激分子，对于孔教，不至演出倒行逆施之举，则国教之问题，亦可以不起。国教问题之所以起，起于革命后学校之废止读经，而各省且间有毁弃圣庙之事，有以大拂乎人心而使之不安也。”“是故以国教问题论，以主张废孔者为原动力，以主张尊孔者为被动力，以反对尊孔之出于他教者为被动力之被动力。”[②] 在华外人丁义华则称，孔教论者所以要求定孔教为国教，是要报废孔之仇，堵废孔者之口，一吐胸中恶气。[③] 可以

① 陈焕章：《论废弃孔教与政局之关系》，《孔教会杂志》第1卷第5号，1913年6月。
② 《纪本堂教务联合会开国教讨论会事·王振民君演说词》，《尚贤堂纪事》第7期第11册，1916年。
③ 丁义华：《教祸其将发现于中国乎?》，《大公报》1913年12月1日，12月2日，12月3日。

设想，假若没有清末民初的政权鼎革，作为官方意识形态的儒学虽不免遭新派人物的批评，但官方不会主动废除儒学的官方意识形态地位，相反官方会反复从儒家经典中寻求统治的合法性，寻求改革的合法性，祭天祀孔大典不会废除，中小学读经会延续，孔庙以及学官体制也会继续维持，康有为的孔教论也就不会有那么大的市场，就不会掀起那么大的波澜。

民初的“废孔”，引起以康有为为代表的尊孔势力的强烈反弹。他们猛烈抨击议会、政府以及地方社会的“废孔”动作，强烈要求罢黜一切“废孔”措施，恢复祭孔，恢复祭天并以孔子配之，恢复小学读经，保护各地孔庙，停止侵夺孔庙学田，而他们的核心要求则是要求定孔教为国教。为此，他们著书立说，出版报刊，组织各种尊孔组织，积极活动，联络各方力量，努力推动孔教运动。民初孔教运动的灵魂人物是康有为，而在前台奔走呼号、策动联络的则是陈焕章。陈焕章可以说是民初孔教运动中最重要的理论家与实干家。1912 年 7 月，应李佳白之邀，陈焕章在尚贤堂发表了两次讲演，对于何为宗教，孔教为何是宗教，孔子为何是教主，孔教历史上对于中国文化的贡献，孔教之适应于今日与将来，以及昌明孔教之必要与昌明孔教之方法等，进行了系统的阐发。随后，他又将这两次讲演汇成《孔教论》一书，由商务印书馆公开发行。陈焕章在《孔教论》中虽未明言采孔教为国教，但他强解素非“里厘近”（religion）之孔教为“里厘近”，以孔子纪年，主张学校皆祀孔子，其要求定孔教的意图已昭然若揭。[①] 陈焕章将孔教解释为宗教，要求定孔教为国教的主张出来后，立即引起思想界的争论，《独立周报》曾连续发文讨论孔教是否为宗教，以及是否可以定孔教为国教。但此时思想界关于孔教问题的争论，其焦点还在有关废孔诸措施是否适当，以及是否应当尊孔的问题，思想界对于孔教是否应当定为国教的争论，真正开始热闹起来是 1913 年 3 月廖道传上书大总统、国会、国务院，要求定孔教为国教之后，尤其是 1913 年 8 月，严复、陈焕章、梁启超等上书国会，要求宪法中明定孔教为国教之后。

1913 年 3 月，第一届国会开幕之前，曾任广西优级师范监督，后来担任广东高等师范学校校长的廖道传上书大总统等，要求定孔教为国教。他

① 知难：《论国家与宗教宜分不宜合》，《独立周报》第 5 期，1912 年 10 月 20 日。

主张，在政府层面确定以孔子为教主，祭则配天；将各地文庙改称圣庙，选有学望者主持之，“彝鼎图籍礼乐，岁时陈列，释奠仪节，采用古制”；学校教授，酌存经学，大学本科，仍设经学专科，召集通儒，厘正经义，俾适教授；设圣教会，以京师圣庙为总会，省圣庙为省会，县圣庙为县会，各学校照旧奉圣人为分会，以讲明圣学；由京师及省垣之圣教会选派儒士，往各国传教，以资普化；以旧衍圣公典曲阜圣庙，大总统待以上宾之礼；从祀诸贤，由大总统与国会及大学问家慎重厘定，并铸造铜像，建之圣庙，以志景仰。社会上，则由魁儒硕学广设学会，宏宣圣道。[①] 此后，康有为明确提出，信教自由当与立孔教为国教并行，并提出尊孔的具体办法，比如恢复祭孔，恢复各地文庙，各地文庙听立奉祀生，民无男女均可入庙礼天圣，等等。[②]

1913 年 8 月 15 日，当国会开始制宪时，陈焕章、严复、梁启超、王式通等以孔教会名义向国会请愿，要求定孔教为国教。[③] 在孔教会上书前后，孔道会代表王锡蕃、刘宗国等也向国会两院上请愿书，要求明定孔教为国教，并许信教自由。[④] 随后，黎元洪、阎锡山、朱瑞、冯国璋、夏寿康等地方军政长官，纷纷通电，附和孔教会的主张，要求定孔教为国教。各种尊孔组织如孔教会等的分会组织，以及一些民间人士也纷纷发声，要求定孔教为国教。9 月 23 日，宪法起草委员陈铭鉴提议，经起草委员汪荣宝、朱兆莘、王敬芳、王家襄、夏同龢、陈善等六人联署，正式向宪法起草委员会提出于宪法中明定孔教为国教并许信教自由案。自此以后，“国教、国教之声喧腾于士夫之口，纷呈于函电之文。宪法起草会有建议赞成者，参众两院有建议赞成者，各地军政民政各长官有建议赞成者，洋洋乎极一时之盛哉”。[⑤]

要求定孔教为国教的浪潮勃然兴起，引起天主教、基督教方面的“恐

① 《廖道传请尊孔教为国教上大总统等书》，《中华民国史档案资料汇编》第 3 辑 · 文化卷，第 47—50 页。

② 康有为：《以孔教为国教配天议》（1913 年 4 月），《康有为全集》第十集，第 94—95 页。

③ 《孔教会请愿书》，《孔教会杂志》第 1 卷第 6 号。

④ 《孔道会请定孔教为国教书》，《宗圣汇志》第 1 卷第 4 号，1913 年 8 月。

⑤ 无妄：《述严梁两先生昔日之孔教谈而系之以言》，《大公报》（天津），1913 年 10 月 1 日、2 日。

慌”，它们认定宪法确定孔教为国教，必将妨碍基督教、天主教之进行[①]。教会方面的媒体如《大公报》《真光报》《大同报》以及英文的《北华捷报》等迅速反应，明确反对定孔教为国教。各教会组织也迅速行动起来，联络各差会各教堂，要求一致进行，反对定孔教为国教。在陈焕章等向国会请愿后，信义会、伦敦会、青年会、美以美会、长老会、圣公会、公理会等差会即发起“请愿信教自由不定国教”的活动，并发布通告书，提出四个办法：（1）举定委办进行；（2）上请愿信教自由不定国教书；（3）唤起他教团体同起反对；（4）通告全国信徒，请求协助。通告书要求各地教会公开讨论，并将意见电复北京米市福音堂，发动教徒为请愿活动捐款、进行舆论鼓吹。[②] 在教会的组织下，各地教徒、教堂等积极活动，或发电报，或撰文章，或直接上书大总统与国会，反对定孔教为国教。

当时，中国基督教与天主教号称有教徒二百多万，“然其所设教堂，其倚赖外国教会者至多，经费既多自外来，尤复受外国政治上之保护”，还远没有达到脱离外国教会独立的程度，其反对定孔教为国教，引发人们的疑虑，就很正常了。庄士敦就指出：“夫以一发源于外国之宗教团体，且犹在求西人之资助，受西人一部分管理之时，而谓对于完全为中国人事之宪法及宗教问题，可加积极之参预，此则吾人所不能无疑者耳。”[③] 因此，教会方面反对定孔教为国教，就被孔教派认为是包藏祸心，图谋灭亡中国之文化。甚至与教会方面同一声音的反对定孔教为国教的人士，也被孔教会定性为“勾结外教”的“二三不肖好乱之徒”[④]。这并不奇怪。同时，受民族主义的影响，中国的爱国教徒正运动着要脱离外国教会，谋求中国教会的自立。教会方面的有识之士认识到，若专恃外人之力以战胜孔教之同胞，不但会引起一般中国人的反对，也会遭到中国爱国耶教徒的强烈反对。因此，教会方面反对定孔教为国教的人士就颇注重“自中国之道教徒、佛教徒、回教徒中，

① 庄士敦（R. Flement Johnston）：《中国宗教之前途》，《东方杂志》第10卷第9号，1914年3月1日。

② 《发起请愿信教自由不定国教通告书》《大公报》（天津）1913年9月5日。

③ 庄士敦（R. Flement Johnston）：《中国宗教之前途》，《东方杂志》第10卷第9号。

④ 《孔教会致倪嗣冲函》（1914年5月），《中华民国史档案资料汇编》第3辑·文化卷，第22页。

挑起恶感，俾得军容壮盛，与孔教相战”[①]。也正是在天主教会、基督教会的策动下，一些道教、佛教人士也上书反对定国教。回教、佛教、道教、基督教、天主教五大宗教还曾开联合会反对定国教，并组织“各教联合请愿团”。该团体以请愿信教自由，不定国教，并防杜一切妨碍各教平等之法律为宗旨，要求各教组织调查委员调查各教信徒的基本情况，各教各立交际委员会以联络本教及各教感情，当选举时劝令教民选举同教人为议员，或经过协调后选举各教公推的候选人为议员；围绕信教自由，反对定国教，组织讲演、分发材料，并发动请愿；若宪法定侵犯信教自由之条文，各教当由各省各县选派代表，公开国民大会，要求大总统交院复议，要求国会修正不合适之宪法条文；若上述要求不能满足，致令有一宗教在宪法上独占优势地位，其余各教当就如下事情一致行动：不选该教人为代议士，不选该教人为大总统副总统，不用该教人为学校教员，不读偏重该教之教科书。若政府偏重一教，违背信教自由原则，比如官立学校偏崇一教之教主，则各教当就以下事项一致行动：不令子弟入官立学校，要求政府津贴各教学款，要求政府给予各教学校学生以同等出身。[②] “各教联合请愿团”表面上是五教联合行动，但其中起关键作用的是天主教会与基督教会，当时在威海卫英国租借地任职的庄士敦就说，“孔教之定为国教，使非耶教徒以破坏信教自由之说，煽动群众，断不至生他教徒之恶感。中国之道士，于政治上及学术上，毫无势力，除迷信之妇女，及不识字之村农外，认道士之教权者綦少。孔教之失势，彼道教徒亦惟目笑存之而已，何至与耶教徒联合以反对孔教者？至中国之回教徒，尤无进取精神，但使能信仰本宗，不被干涉，此外即无他冀。惟佛教徒，自诩其教旨足以供给人类精神上之需要，而现在又值希望远大之时，故若有以裁抑孔教徒之要求者，当亦闻而心慰。然谓其能耶教徒联合，则决无此理。耶教徒之宗旨，惟在以该教代中国其他各教，而从前之仇视佛教，亦以耶教为最烈，固彼等所默识不忘者也。一旦耶教徒与孔教徒酿成剧战，使佛教徒非凭轼以观，必且加入于孔教徒一面。此不特因耶教战胜，则佛教即归消灭也，亦以孔、佛两教，固非居反对之地位，凡善良之佛教徒，

① 庄士敦（R. Flement Johnston）：《中国宗教之前途》，《东方杂志》第10卷第9号。

② 《各教联合请愿团简章》，《大公报》1913年12月13日。

且以同时为孔教徒自豪耳。”[1] 事实上，在反对定孔教为国教的过程中，教会方面得到中国佛教、道教、回教的支持其实相当有限。

当社会上各派势力围绕定孔教为国教问题闹得不可开交之时，在宪法会议内部，定孔教为国教问题则与地方制度问题一并成为制宪过程中争论最激烈、最难达成一致的问题，赞成与反对两派，均无法贯彻自己的主张。后因袁世凯干预宪法制定，宪草会为尽早完成宪法起草，乃将地方制度问题搁置，对于定孔教为国教问题则以“国民教育以孔子之道为修身大本”的折中条文囫囵成案。然而，此一折中条文又不为社会上坚持与反对定孔教为国教的人士所接受。反对国教的人士，尤其是天主教、基督教方面的人士，指斥为变相的国教之规定，坚决反对。天主教会向国会请愿，认为所谓“国民教育以孔子之道为修身大本”，其实就是认定只有孔教足为修身之本，而“他教之道理不足修身，欲受普通教育以尽国民之法定义务者，必须牺牲其宗教教育而受孔道教育”，是变相定孔教为国教，违背了《临时约法》关于信教自由与国民不论种族阶级宗教之区别一律平等的规定，将引发教祸，摇荡国基。[2] 孔教派则认为，宪法草案的此项，“取消孔子之教主地位，视为初等小学之修身科教习”，是“欲废中国之人伦”，他们坚持要求定孔教为国教。[3]

其后，袁世凯解散国会，制宪中断。在其专断统治时期，袁世凯曾下令规复祭孔典礼（1914 年 2 月 7 日），京师文庙的丁祭由大总统主祭，地方文庙则由地方长官主祭。丁祀的礼节服制祭品，与祭天一律。其他开学首日，孔子生日，仍听各从习惯，自由致祭。[4] 但是，尊孔并不等于主张定孔教为国教。袁世凯并没有定孔教为国教的打算。还在国民党解散之后，国会解散之前，基督教会方面就了解到袁世凯并无国教之主张，其尊孔命令只言孔学、孔道，而不言孔教，“择言详审，非出偶然”。为对政府进一步施加影响，北京基督教请愿团乃向各地教会发函，请各地教会以团体名义一致上

① 庄士敦（R. Flement Johnston）：《中国宗教之前途》，《东方杂志》第 10 卷第 9 号。

② 《天主教中华全体公民二次请愿书》，《大公报》1913 年 11 月 4 日。

③ 蒋茂森：《驳孔教会力争国教之东电》，《大同报》第 20 卷第 3 册，1914 年 1 月 17 日。

④ 《大总统发布规复祭孔令》（1914 年 2 月 7 日），《中华民国史档案资料汇编》第 3 辑·文化卷，第 6 页。

书，主张信仰自由，不定国教。并要求各地上书，只反对定孔教为国教，不要反对尊孔，不要攻击个人。[①] 由于袁世凯的这种态度，无论是政治会议中，还是约法会议中，有关定孔教为国教的问题，都受到排斥。[②] 熊希龄内阁所发布的“大政方针”“国务院呈明孔教不能定为国教及国教不能定于一尊文”“教育部为订定崇经尊孔教育方针致大总统呈”等重要文件，都明确否定孔教为宗教，反对孔教为国教。孔教会策动倪嗣冲出面联络各地军政长官，通电反对教育部所定“崇经尊孔教育方针”，也被山东按察使蔡儒楷认为是“借题发挥，以扰乱政局”，且捏造谣言，诋毁政府，蔑视袁世凯的权威。蔡儒楷还要求教育总长汤化龙请大总统下令申斥孔教会。[③] 事实上，袁世凯当局确曾对孔教会是有所限制的，收录于《中华民国史档案资料汇编》中的袁世凯与康有为的往来信函可以佐证这一点。[④]

在此情形下，孔教会等团体要求定孔教为国教的主张自不能实现。而天主教会、基督教会对于袁世凯当局的尊孔仍然不满。比如，熊希龄内阁的大政方针宣言书中称，政府一面尊重人民信教之自由，一面主张以孔教为风化之本，“各教联合请愿团”很快就上书大总统、副总统、政治会议，认为这种主张迹近主张国教，与孔教会请愿明定孔教为国教，并许人信教自由一样，都是欺人之语，应速予纠正，以安人心而维国本。[⑤] 汤化龙主持的教育部为折中废孔、尊孔两派主张，在否定孔教为国教的主张的同时，宣示尊孔要义，发布教育指针，要求嗣后各书坊各学校编纂修身教科书籍，采取经训，务以孔子之言为旨归，如或兼及他家，亦必择其与孔子同源之说，从前业经审定发行之本，如有违背斯义，或漏未列入者，需妥慎改订。对于这个指针，《大公报》认为就是将孔子之道视为修身之唯一正宗，“隐寓强迫尊

---

① 《北京基督教请愿团督请各地教会请愿反对定孔教为国教函》（原题为“来函”，兹据内容拟题），《大公报》1913 年 12 月 7 日。

② 裘陈江：《宪法、孔教与帝制——袁世凯帝制运动前后的孔教入宪法问题》，《史林》2015 年 5 期。

③ 《蔡儒楷致汤继（济）武函》（1914 年 7 月 3 日），《中华民国史档案资料汇编》第 3 辑·文化卷，第 24 页。

④ 《王人文、陈焕章等组织孔教会呈请备案的有关文件》，《中华民国史档案资料汇编》第 3 辑·文化卷，第 58—59 页。

⑤ 《各教联合请愿团上大总统副总统国务院政治会议反对“大政方针”以孔教为风化之本书》，《大公报》1914 年 1 月 19 日。

孔之意思”，是对天主教、基督教修身之道的歧视，侵犯人民之信仰自由与出版自由，将激发教争。[①] 而尊孔派则认为，教育部此举，不过“托崇经尊孔之名，行毁孔蔑经之实”，实质上否定孔子为圣人，否定六经为圣经，所谓将经训编入教科书明明割裂圣经，明明是教育部自认为其智识高于孔子，教育部所编之教科书高出于圣经，实在是居心险毒，狂悖之极。[②] 综观袁世凯专断统治时期，思想界对定孔教为国教虽有争论，但因为最高当局并无定国教之意，政治会议、约法会议也排斥关于国教的议题，且因为袁世凯的专断统治，思想界的主要议题转向帝制与共和的争论，所以袁世凯称帝前后，国教问题的热度已大大降低。

袁世凯倒台后，1916年8月1日，国会在北京重开。9月5日，宪法会议重开，复活“天坛宪草”。9月15日，宪法会议开始审议宪法草案。宪法会议重开之后，孔教会代表陈焕章、张尔田等迅即上书国会，认为宪法草案“国民教育以孔子之道为修身大本”一项，是将孔子等同于初等小学修身科教习，应当改为“国民教育以孔子之教为大本”。请愿书指责国会议员取消国教“卖己以媚人”，称若不定孔教为国教，将毁弃中国数千年立国之根本，国会议员将成民族之罪人，“岂惟人诛，且遭天谴”。[③] 第二次孔教运动由此开启。为配合孔教会的请愿，1916年9月，康有为先后致函大总统黎元洪与内阁总理段祺瑞，以及国会与教育总长范源廉。其致大总统、总理书要求“以孔子为大教，编入宪法，复祀孔子之拜跪明令，保守府县学宫及祭田，皆置奉祀官，勿得荒废污莱，勿得以他职事假赁侵占。且令议员有司，永不提议。”[④] 其致国会书，指责国会重开，首议废弃袁世凯恢复的祭天祀孔典礼，“既愚且妄”，称国会无权议论国教与礼俗，“若必欲议行，则惟有开四万万人大会议而后可”。[⑤] 其致范源廉函，则以师长的口气对教育部禁止小学读经大加申斥，要求恢复读经。随后，孔教问题再度成为舆论热点。

① 竹轩：《读教育部教育指针之疑议》，《大公报》1914年7月10日。

② 《孔教会致倪嗣冲函》，《中华民国史档案资料汇编》第3辑·文化卷，第23页。

③ 《孔教会陈焕章等上参众两院请定国教书》（1916年9月11日），《宗圣学报》第17号附册“孔教问题”上卷，1916年11月。

④ 康有为：《致黎元洪、段祺瑞书》（1916年9月），《康有为全集》第十集，第316—317页。

⑤ 康有为：《致国会议员书》（1916年9月），《康有为全集》第十集，第318—320页。

一时间，各尊孔团体，一些尊孔公民，一些地方军政长官，纷纷上书或通电，要求定孔教为国教。比如张勋、倪嗣冲、姜桂题、王占元、李纯、曹锐、朱家宝、张作霖等地方军政长官就联名通电大总统黎元洪、内阁总理段祺瑞，要求大总统提议于国会，“照旧定孔教为国教，保存郡县学宫，及其学田祭田，设奉祭生，行拜跪礼，编入宪法，永不得再议”。[①] 为推动孔教入宪，协调赞同孔教入宪议员的行动，并向各省疏通意见，陈焕章等人还在北京运动一百多名国会议员成立了“国教维持会”。[②] 这个“国教维持会”不但是此期推动孔教运动的一个重要组织，而且也一度成为国会内部的一个政团。与此同时，天主教、基督教方面则组织了以“永久保持中华民国人民在宪法上有完全信教自由为宗旨”的“信教自由会”，以对抗“国教维持会”。[③] 该组织曾发表约言、宣言书，又派黄瑞祥、诚静怡等四人谒见大总统黎元洪，申述反对定孔教为国教，要求信教自由的主张。天主教、基督教各团体也纷纷上书、通电、著文反对宪法草案关于“国民教育以孔子之道为修身大本”，认为此种规定是变相的国教规定，侵犯了信仰自由，违背了国民平等的原则。主张国教与反对国教两派的焦点在“国民教育以孔子之道为修身大本”，孔教派不满足于此，要求明定孔教为国教，而反对国教的一派则认为，宪草的此项规定，是事实上的国教规定，要求废除此项规定，并废除袁世凯规复的祭天祀孔典礼。[④]

由于分歧严重，宪法会议围绕“国民教育以孔子之道为修身大本”的条文反复争论，都不能照原案通过。宪法起草委员如魏肇文、李文治、李景濂、翟富文、易宗夔等曾提出过多个修正案，经过反复争论，皆未能通过。1917 年 5 月 14 日，宪法会议最终通过刘恩格提出的“中华民国人民有尊崇孔子及信仰宗教之自由，非依法律不受制限”的修正案。[⑤] 当日旁听会议的陈焕章“目击其事，义愤填胸，怒不可遏”，回寓所后即起草“国会宪法会

① 《各省督军省长电请以孔教为国教》，《宗圣学报》第 17 号附册“孔教问题”上卷，1916 年 11 月。

② 《国教维持会成立矣》，《大公报》1916 年 11 月 14 日。

③ 《信教自由会约言》，《大公报》1916 年 12 月 2 日。

④ 基督教政教分离请愿团：《政教分离请愿书》，《大公报》1916 年 10 月 25 日、27 日。

⑤ 1923 年公布的宪法，关于孔教问题（该宪法第十二条）用的就是 1917 年 5 月通过的刘恩格的修正案。

议对于孔教之大革命”一文通告全国。他称，宪法草案的这一条文，不称孔教，而但称孔子，否定了孔教的宗教资格，否定了孔子的教主资格，也就剥夺了孔教徒信仰孔教之自由，将驱迫人民舍弃孔教而信仰外教。此条文仅许人民有尊崇孔子之自由，而不言国家之尊孔典礼须别以法律定之，是欲取消国家之尊孔成法，将使国教之祀孔典礼不能保存，将使致各省孔庙尽废，孔庙之产业将被土棍盗卖占夺，并无人过问，而孔子亦将不血食矣。宪法既不认孔教为国教，则全国人民将无学校读经之自由，全国之孔教徒将不能得组织教会之自由，而孔教团体将不得与各宗教团体同受宪法上同等之保障。总之，他认为，宪法会议的这一规定是对孔教之大革命，此宪法实为“亡国绝种之宪法”，号召国民起而救正之。[①] 此后，因为对德宣战问而发生府院之争，国会再度被解散。此后，西南护法国会的议宪，讨论最多的是地方制度问题，几乎不曾议及孔教问题。1922 年，国会二度恢复，再开宪法会议，讨论的主要问题是省制问题以及增设国权、生计、教育等三章的内容，不曾议及孔教问题。1917 年国会二度被解散后，孔教问题在宪法会议内已不再是热点问题，一般社会人士对此问题的关注度也大为降低，孔教运动也因失去孔教入宪这一直接的目标而趋于衰落。

张勋复辟失败后，随着新文化运动的开展，孔教会虽还有不少活动，但新思想界对于其一系列活动基本持否定态度，孔教的主张在思想主流中已经失去了位置，对于青年一代的知识青年失去了吸引力。国民政府建立后，孔教运动因为与国民党的官方意识形态相冲突，活动空间已经十分有限。

四 孔教运动的衰落及其因由

当康有为在民国初年倡导孔教，鼓吹定孔教为国教之初，他还比较乐观，认为革命之后，激进派的废孔措施虽来势凶猛，但必定会引起孔孟之徒的强烈反弹。“方今旧学士夫诸生遍于全国”，人心愤激于孔教之堕废，乘此时机立孔教会，“以勇猛之力，精切之辨，忧大教之废，伦纪之坠，家人

---

① 陈焕章：《国会宪法会议对于孔教之大革命》，《宗圣学报》第 2 卷第 8 册（第 20 号），1917 年 12 月。

之失，启诱大众”，逐步推广，不及半年，就可在各郡县遍建孔会。路德和加尔文利用宗教改革的名义，获得大量群众的拥护的历史，也启发了康有为。他设想可以在组织、发展孔教会的过程中，“因议废孔之事，激导人心”，在不引起其他政治力量猜忌的情形下，获得广泛的群众支持。在孔教会势力已成后，再将孔教会改组为政党，进而获得国会之多数席位，组织政党内阁，掌握国家政权。那时，孔教会既成为第一大政党，有广泛的群众基础，又掌握政权，可以做到教权与政权合一，“以之救国，庶几全权，又谁与我争乎？”① 他的乐观有他的根据。

自汉武帝以后，儒学长期居于官方意识形态的地位，官学、私塾无不读经，儒家学说长期主导着中国世俗社会政治秩序、伦常秩序，在中国社会有广泛而深远的影响。民国建立后的一系列“废孔”措施，也确实引发民间社会强烈的不满。遗老遗少痛彻心扉，愤怒抨击“废孔”，期望振兴孔教，自不待言，一些地方乡民也多有不满。1916 年湖南安化教育界的请愿书就说：“自学校停止读经之令下，人民惶惑，以为既废经书，必废孔教，既废孔教，必废伦理，而引为切肤之恫。每员绅视学，匪独诗礼之门，即野老田夫村妇亦往往环而诘问，忧慼形于辞色，多不肯遣子弟入校，教育之不能发达，亦职此之由。”② 这在乡村社会不能说是个别现象。民初出现的多个尊孔组织，也表明社会上存在相当的反对“废孔”的力量。陈焕章说，“孔教之在中国也，根深蒂固二千余年，虽彼狂悖之徒妄以蚍蜉撼树之功夫攻击孔教，然而遗老尚存，耆英可会，卫道之热，人有同情，特莫为之招，则隐而未发耳。乘老成尚在之时，谋孔教中兴之事，此千载一时之机会也。”③ 他的判断也有一定的事实基础。可以说，康有为等起而组织孔教会，甚至发起请愿，要求孔教入宪，有一定的社会基础。因此，当孔教会发起定孔教为国教的请愿后，就获得了积极的响应，一时间孔教入宪的声浪颇为高涨，一些

① 康有为：《与陈焕章书》（1912 年 7 月 30 日），《康有为全集》第 9 集，第 337—338 页。这里可以看出，陈宝箴认为，康有为所以持孔教论，是欲借教权以行改革，判断精准。康有为在此处表达的意见，就是以教权掌握政权，进而救国。

② 《湖南安化教育界全体请定孔教为国教书》，《宗圣学报》第 17 号附册“孔教问题”上卷，1916 年 11 月。

③ 陈焕章：《孔教论》，上海书店出版社 1992 年影印本（民国丛书本），第 54 页。

尊孔人士深受鼓舞，“风声所逮，民情忭舞……莫不举手加额，以为中国之人心终不至于亡，国性终不至于灭，政治风俗终不至于污且坏者，实赖有此一举。”[①] 在尊孔派看来，孔教入宪似乎有成功的希望。

但实际上，定孔教为国教面临着非常现实的困境。

其一，中国的天主教徒、基督教徒因为担心定孔教为国教，他们的公权与信仰自由会受到限制，成为二等公民，开展了有组织的反对活动。中国当时的天主徒、基督教徒，人数虽只有200多万，但他们有相当的组织性，其领袖人物对西方学说有较多的接触，其以信教自由、国民平等的原则反对定国教，其说颇能动人。他们以教祸与外国干涉为词，反对定国教，其与外国教会的联系，又使得恐惧列强的行政当局以及一些对定孔教犹疑表决的国会议员，心生疑惧，担心定国教将引发西方势力的干涉，故“稍遇危疑，心胆便碎”，“恐怖而唯诺，而迎合，而媚人”[②]，根本没有定国教的勇气。国务院给袁世凯的呈文就说，“若一旦定孔教为国教，则他教必有藉外力以为护符者，其能免于土耳其之受干涉、巴尔干之之酿战争者几希。以身殉教，固教徒所当为，而若以国殉教，则列邦成宪未之见也。”[③] 陈焕章等以孔教敷教在宽，定国教并不妨碍信教自由，不会引发教争的说辞；“若不幸而或有之（教争），则焕章等自足以了之，而无庸国会之故作危辞以藉口”的拍胸脯式的保证；以及民族主义的高调——定孔教为国教是中国主权内的事务，外国无权干涉，若恐惧外国干涉，而不敢定国教，忍心抛弃中华数千年立国之本，使“吾民不得复为华民，吾国不得复为中国”，那面对当今最剧烈而又无可逃避的“国争”，宪法就不规定“中华民国国土依其固有之疆域”，以免引起国争？[④] ——在现实的国际环境之下，在庚子事变所引发的惨祸还历历在目的时代，显得苍白无力，甚至有些可笑。信奉天主教的马相伯就嘲弄陈焕章，称若教祸发生，引发外国干涉，“恐其时陈君虽谙英文，未必敢

① 《湖南安化教育界全体请定孔教为国教书》，《宗圣学报》第17号附册“孔教问题”上卷，1916年11月。

② 台州定伯：《关于国教之批评——我平心为我中国人之自废孔教之心理解剖之》，《宗圣学报》第17号附册“孔教问题”上卷，1916年11月。

③ 《国务院呈明孔教不能定为国教及国教不能定于一尊文》，《大公报》1914年3月10日。

④ 《孔教会陈焕章等上参众两院请定国教书》（1916年9月11日），《宗圣学报》第17号附册“孔教问题”上卷，1916年11月。

为大言曰‘则焕章等足以了之’也!”[①] 面对这种嘲弄，孔教派嗫嚅不语，无法应答。

其二，儒学本身与典型的宗教有相当的区别，康有为、陈焕章等模仿基督教的宗教组织、宗教仪式建立孔教会，并试图将孔子神秘化的做法，不为多数儒家学者接受，认为违背了儒学的本质与孔子的本意。梁启超认为，西人所谓的宗教，“专指迷信宗仰而言，其权力范围，乃在躯壳界之外，以灵魂为根据，以礼拜为仪式，以脱离尘世为目的，以涅盘天国为究竟，以来世祸福为法门。”而孔子是哲学家、经世家、教育家，而非宗教家，孔子之教，“专在世界国家之事、伦理道德之原，无迷信，无礼拜，不禁怀疑，不仇外道”，显与宗教有重大的区别。[②] 章太炎就称，康有为等欲模仿基督教、天主教，建立孔教以相抗衡，“是犹素无疮痍，无故灼以成瘢”。[③] 这使孔教论在知识层所获支持有限。

其三，正因为儒学并非宗教，“不设鬼神，不谈格致，专明人事”，故其能规范人伦日常，却不能慰藉人的心魂，中国人并不以儒学为宗教信仰，一般百姓日常信仰为佛教、道教以及民间的多神教。[④] 宗教“以起信为本，以伏魔为用”，是禁人怀疑的，是强调排斥外教的，而“孔子则不然，鄙夫可以竭两端，三人可以得我师。盖孔教之精神，非专制的而自由的”。[⑤] 得益于孔子不谈鬼神与儒学相对开放的精神，儒学宰制人心之力虽不如制度性的宗教，但也使深受儒学影响的中国人宗教观念比较淡薄，非常务实。一般中国人，其关注重心在此生此世，而非彼岸与来世，少有狂热而坚定不移的宗教信仰。章太炎指出，中国“国民常性，所察在政事日用，所务在工商耕稼，志尽于有生，语绝于无验，人思自尊，而不欲守死事神，以为真宰。此华夏之民，所以为达，视彼佞谀上帝，拜谒法皇，举全国而宗事一尊，且著之典常者，其智愚相去远矣！即有疾疢死亡，祈呼灵保者，祈而不应，则信

① 马相伯:《约法上信教自由解》(1916 年)，载朱维铮主编《马相伯集》，复旦大学出版社 1996 年版，第 281 页。

② 梁启超:《保教非所以尊孔论》,《新民丛报》第 2 号，1902 年 2 月 23 日。

③ 章太炎:《驳建立孔教议》,《雅言》第 1 期，1913 年 12 月 25 日。

④ 严复:《保教余义》,《严复集》第 1 册，中华书局 1986 年版，第 83—85 页。

⑤ 梁启超:《保教非所以尊孔论》,《新民丛报》第 2 号，1902 年 2 月 23 日。

宿背之，屡转更易，至于十神，譬多张罝罗以待雉兔，尝试为之，无所坚信也。是故智者以达理而洒落，愚者以怀疑而依违，总举夏民，不崇一教。"[①]中国儒生礼敬孔子，并非视其为教主，而只是视之为祖师，"犹匠师之奉鲁班，缝人之奉轩辕，胥吏之奉萧何，各尊其师，思慕反本，本不以神祇灵鬼事之，其魂魄存亡亦不问，又非能遍于兆庶也。"[②]《大公报》称：中国"国境以内，城有城隍，乡有土地，四民之室，财神菩萨，灶君西佛，求一悬拜孔子之家而不得。虽塾有孔位，城有孔庙，设官兴学，按时致祭，然在科举时代，士林以读书为进身阶级，设官兴学，亦无非一官吏制造局之性质。而学界之祀孔者，亦犹之商贾祭财神耳，非随班唱喏，则有所干冀。至于真怀宗教观念者，纵非绝无，亦属仅有。乡农之间，虽以送子就学为志，大都歆羡利禄，一种功名心之作用，非有修道尊孔之意于其间。"[③] 因此，多数遗老遗少以及多数的传统读书人，虽对"废孔"颇多愤恨，但能以宗教热忱起而为有组织的、长久的奋斗者却寥寥可数，陈焕章等只能算是少数的例外了。当孔教运动兴起时，社会上与政府内就存在担心孔教入宪会牵动政局，引发宗教冲突，造成外交困局，动摇新造之国基的所谓"稳健战兢派"。此一派就判断，孔教运动虽有一定声势，但不足为虑。他们认为，孔教派所寄望的鸿儒硕彦，虽痛道统沦亡，但对孔教运动"亦只闭门太息，袖手其旁"，后生学子对于孔教与中国文化、民族存亡之关系缺乏深切的理解，对孔教运动的支持有限，而那些卫道保教之徒，也大都是一时热诚，难以持久。因此，对孔教运动，可听其自生自灭。[④] 事实也是如此。孔教运动的干将陈焕章原本希望以清朝的遗老遗少作为推动孔教运动的主要力量，然而遗他们却缺乏热情，"饱食终日，无所事事"，"仅以不作民国官吏，遂足尽遗老之能事"；他也曾希望一般传统读书人能够支持孔教运动，但他们却大都以儒学为利禄之途，缺乏传教观念与热情，对于孔教运动多袖手旁观。这让

---

① 章太炎：《驳建立孔教议》，《雅言》第1期，1913年12月25日。

② 同上。

③ 竹轩：《斥孔教会请愿之非当》，《大公报》（天津），1913年8月31日、9月1日。

④ 台州定伯：《关于国教之批评——我平心为我中国人之自废孔教之心理解剖之》，《宗圣学报》第17号附册"孔教问题"上卷，1916年11月。

他十分失望。[1] 1914 年 4 月，英敛之在一次演讲中说，“近日孔教会诸公，请立国教的声势，是何等的热火，是何等的勇猛，大有身可杀志不可夺的样子，没想到不转眼间，看见大总统不十分赞成了，陡然间灭迹销声。”这是因为他们缺乏对于孔子之道的“迷信”，缺乏不从道救人，就如背负芒的救世情怀；且孔孟之道一面讲明哲保身，一面讲舍生取义，宗旨两歧，遂使一般人在行为取向上往往避难就易，舍弃取义，而专取保身。[2] 民初的孔教运动虽有一定的社会基础，但支持者缺乏宗教热情，当孔教运动遇到挫折后，就难以持续。

其四，共和建立后，君主专制乃至君主制丧失了合法性，这给长期以来与君主专制政治联系紧密的儒学造成了巨大的危机。为防止孔子之道随帝制倾覆而沦丧，孔教派曾就儒学与君主专制的关系，以及儒学能否与共和政治相容，做过不少的阐释，以批驳废孔派将儒学与帝制联系起来，中国要巩固共和，必须“废孔”的论述。应该说，两派的论述，各有所见，各有偏颇。思想争论中，社会与政治的现实情形，往往能为其中一派献出“神助攻”。孔教派试图撇清儒学与君主专制的关系，撇清尊孔与帝制复辟的关系，但事实的进程却使孔教派的这种努力变成笑谈。

第一次孔教运动时，反对定国教的人士只是说孔子学说与共和政治之精神多有不合，较少将预防帝制复辟作为反对定国教的理由。袁世凯帝制复辟失败后，教会方面刻意将尊孔与复辟联系在一起，称“当袁世凯执政时，本欲以孔教为国教，即以尊孔为称帝之阶，后因各教会力争，遂一变其途径而改为教育上修身之制限”，并以防范帝制复活作为反对宪法规定“国民教育以孔子之道为修身之本”的重要理由。[3] 国会内一些反对“国民教育以孔子之道为修身之本”的人士也持同样的看法。尊孔人士则极力撇清孔教会与袁世凯复辟的关系，称孔教会反对袁世凯称帝，并曾因此遭到袁世凯的打压、中伤[4]；又称，所谓尊孔易为奸雄利用的说法也靠不住，袁世凯复辟帝制及

---

① 陈焕章：《行教方针》，《经世报》第 1 卷第 1 号，1922 年 1 月。

② 英敛之：《公教救国演说会之演说》，《大公报》1914 年 4 月 22 日、23 日。

③ 《公民宪法请愿团请愿书》，《大公报》1916 年 10 月 21 日。

④ 台州定伯：《关于国教之批评——我平心为我中国人之自废孔教之心理解剖之》，《宗圣学报》第 17 号附册“孔教问题”上卷，1916 年 11 月。

其失败，“始终皆政治关系，与孔教有何关系？以此为反对国教之资料，可谓深文周纳之至矣”[①]。汪荣宝甚至称，“孔子之大原贞节固在平等共和”，要巩固共和，防止帝制复辟，非定孔教为国教不可。[②] 可见，即便在袁世凯复辟失败之后，关于尊孔与帝制的关系，还有争论。

其实，袁世凯本人并不赞成定孔教为国教。主张定孔教为国教的议员也并非都主张恢复帝制，他们中的一些人深受儒学影响，认为孔子之道为中国文化的灵魂，值得珍视，可以在中国走向现代的过程中发挥作用，不希望孔子之道“与帝制以俱沦”[③]，担心中国在寻求富强的过程中丧失文化上的自我。说他们主张尊孔、主张定国教，都是欲为复辟帝制制造思想氛围，未免过甚其词。第一次孔教运动时，丁义华就说，那种认为孔教会请定孔教为国教，是受欲借孔教复活帝制的野心家指使的说法，是无稽之谈。[④] 第二次孔教运动时，一篇反对孔教入宪的文章也说，“国民教育以孔子之道为修身大本”不啻变相的定孔教为国教，“然平心论之，彼力主此项之议员政客言论家，绝非人人怀挟阴谋，预伏专制之导线，亦绝非人人颠倒黑白，误认孔子为中华之教主，与耶、释、穆罕同其分量。盖入主出奴，醉心者既推崇过甚，不知教为何事，盲从者复依附鸣高，更不识道为何物，要之伸己屈人，耻与哙伍之一，遂不惜群起附和，力争长雄，侈然自仔肩道统之概，客气既深，利害斯昧。”然而这种复古的主张，也确实为“阳揭尊孔，阴图专制之真阴谋家”利用。[⑤] 这大体是持平之论。

民初帝制复辟发生的原因比较复杂，尊孔与帝制复辟的关系也很值得探讨，但当共和政治确立其正当性后，孔教运动与帝制复辟相继发生，孔教派的灵魂人物康有为又直接参与张勋复辟，就使孔教派关于儒学可以与共和政治相适应的种种说法，变得不值一驳；而陈独秀的断言——“孔教与共和乃绝对两不相容之物，存其一必废其一……盖以孔子之道治国家，非立君不足

① 此为王敬芳在宪法会议的发言内容，见吴宗慈《中华民国宪法史》，法律出版社 2013 年版，第 448 页。

② 见吴宗慈《中华民国宪法史》，第 457 页。

③ 《参政院代行立法院咨大总统请导扬中华民国立国精神请查照施行文》，《政府公报》第 899 号，1914 年 11 月 5 日。

④ 丁义华：《教祸其将发现于中国乎?》，《大公报》1913 年 12 月 1 日、2 日、3 日。

⑤ 任虬：《论孔教不应加入宪法》，《宗圣学报》第 17 号附册“孔教问题”上卷，1916 年 11 月。

以言治……主张尊孔，势必立君；主张立君，势必复辟，理之自然，无足怪者”[①] ——就似乎变得不言自明了。这对于孔教运动的打击是致命的。

其五，本来，一般宗教都起自民间，“创教者都是活动于下层社会，深懔于人民的苦难，社会的危机，了解群众的精神需求，而直接叩击人群的心灵”[②]。国教的发生，往往是某一宗教在民间有相当势力之后，世俗当局为巩固统治，需要利用它，才有可能。循此，孔教运动的着力点应在下层，但孔教会诸公多无为宗教献身的精神，不是深潜民间，广传教义，扩大教徒，而是受传统专制皇权思维的影响，以为一旦由国家权力定孔教为国教，则万事大吉，国魂可以保存，孔教可以昌明。于是，其工作重心就在运动地方军政长官、上层有影响的官僚士绅、国会议员、地方议会议员等等，结果声势虽大，而成效不著。

孔教要定为国教，除需孔教在民间社会的势力以及孔教运动的组织性与持续性外，政府当局与国会的态度十分关键。袁世凯虽赞同尊孔，却明确反对定孔教为国教，也不赞成“孔教”之名，而用孔子之道、孔学等名义。其原因，一是袁世凯当局担心定国教牵动政局。反对定孔教为国教的人士所提出的理由，如定孔教为国教将引发教祸，引发列强干涉，将难以统合国内不同宗教信仰的国民而成为一个统一的国家等，对于希望政局平稳的袁世凯来说，是必须认真考量的。二是袁世凯对于孔教会的发展颇为忌惮。自戊戌变法失败后，康有为一派的政治力量与袁世凯之间就结有深仇。丁未政潮以及宣统年间袁世凯归隐后康有为一派的态度，更加深了双方的心结。康有为欲借抨击“废孔”，鼓动孔教入宪，来壮大孔教会的势力，形成一个强大的政治力量。他甚至希望将来能实现以教权支配政权。康有为自谓借孔教运动发展其政治势力的计划，能免其他政治力量的猜忌，但实际上，当时明锐者对此早已洞若观火。奉天民政长许世英提示袁世凯，若定孔教为国教，可能引发教权与政权的冲突：“昔罗马教皇，其势力至于夺政权，摩西教徒，其团体亦自成阶级。有阶级而宪法之运用不灵，侵政权则政府之威信不立，政

① 陈独秀：《复辟与尊孔》，《新青年》第3卷第6号，1917年8月1日。

② 耿云志：《康有为的圣人情结及其以孔教为国教说》，《现代中国》第四辑，湖北教育出版社2004年版。

治学问俱受束缚，收赋免税，要求特甚，人民失自由之精神，国家无统一之能力，政教合一，祸不胜言。即令有预防之法，不使如教皇专横，然有国教则必有教规，有教堂，亦遂不能无教主。信徒之归化既众，教会之势力必伸，妨害安宁，干预政治，患始于社会，终及于国家。履霜坚冰，由来者渐，罗马覆辙，尚忍蹈乎?”他明确表示，创教之论，保教之会，纯粹是多事。[①] 这种说法必能使袁世凯悚然而动。由此，我们也就可以理解袁世凯对于孔教会的态度了。黎元洪在第一次孔教运动兴起时，曾积极表态，要求定孔教为国教，[②] 但到他担任大总统时，作为一个弱势总统，没有权威，也没有实力，瞻顾时局，他绝无胆量去支持定孔教为国教。故当信教自由会的代表到府谒见，条陈定国教之利弊时，他就表示“予决不主张国教，予亦知此事为无故自生扰乱”。[③]

国会的构成也不利于定孔教为国教。政治鼎革之后，传统政治精英因不了解或者鄙视政党运作，当选的国会议员多为新式政治精英。他们多少接触过近代思想，其信奉儒家学说之程度逊于传统政治精英，又对信教自由、国民平等之类的近代政治原则有些认识，其中不少人认为孔子之道与共和政治有冲突，定国教不利于巩固共和，有违《临时约法》关于信教自由与国民不分种族宗教阶级一律平等的规定。再者，国会内赞成或者反对定孔教为国教者，虽不全以政党分野，将康有为一派视为孔教派，将孙中山一派视反对孔教派，不完全符合事实，但对于孔教问题，也确实存在所谓的“误会政党派”。国民党一派的国会议员中因政见与康有为一派不同，而反对定国教者也不在少数。也因为这样，孔教派曾劝解国民党一派的议员，不要因政见不同而否定国教，康氏可以扶植孔教，发表其政见，孙氏亦可以昌明孔教，以收人心。[④] 但效果不著。在此情形下，国教问题在国会不能通过，就很正常了。

---

① 许世英：《反对孔教为国教呈》，载《民国经世文编》第39册，上海经世文编社，1914年，第58页b—59页a。又题名《奉天民政长许世英驳论国教之通电》，见《大公报》1913年12月12日。

② 《黎元洪请颁定孔教为国教电》(1913年9月9日)，《中华民国史档案资料汇编》第3辑“文化卷”，第50页。

③ 《信教自由会代表晋谒大总统》，《大公报》1916年12月5日。

④ 台州定伯：《关于国教之批评——我平心为我中国人之自废孔教之心理解剖之》，《宗圣学报》第17号附册“孔教问题”上卷，1916年11月。

在经历经近十年后，陈焕章对于依靠政权的力量维持孔教，彻底失去信心，试图转而依靠民间力量来维持孔教。他 1922 年发表的《行教方针》一文就表示，孔教会今后应改变依靠遗老遗少，游说军政长官、国会议员等，通过定孔教为国教来维持孔教的行教路线，将传教的重点转向一般社会大众："以年龄言之，当特别加意于少年"；"以职业言之，当特别加意于农工商兵"；"以男女言之，当特别加意于妇女"；"以地方言之，当特别加意于乡村"。他认为，少年思想单纯，易于塑造，且"废经之日尚浅，孔教之威灵犹在"，社会久受儒教熏染，"故家遗俗，流风善教，多有存者"，若注意培育少年，可培育一代人才作为孔教运动的中坚。一般农工商兵虽因无缘入孔庙宫墙礼拜圣人，对圣人敬而不亲，但其人"质直好义"，只要积极向他们传教，他们就可能实心实力崇奉孔教，成为真正的孔教徒。因此，今后要改变儒家"自隘其途于士人"的弊病，扫除一切流品之说，"务使农之田家，工之工厂，商之商店，兵之兵营，随所在皆成一现成之孔教堂"，使孔教在一般社会大众中深深扎根。又说，"妇女之宗教思想，本远强于男子，其地位亦较宜于宗教，且有妇权以牵制其夫，母权以模范其子，实非男子所能及。若使男妇分功，分任政教，则男子性质宜于任政，女子性质宜于任教也，此孔教根本之所寄也。"陈焕章强调，中国的都市"为欧风所鼓荡"，已经败坏，不能作为孔教运动的希望所在，而乡村"尚有古朴之意"，"乡人厚重少文"，各地的祀庙公所又可以作为现成之孔教会堂，因此乡村可以作为孔教复兴的根本所在。[①] 他设立孔教教职的规划，也不再将希望寄托在政府身上，而是希望通过孔教会的会费以及愿意出资出力的孔教徒的资助来维持孔教会的活动，维持各层级的教职的日常讲经、读经活动，以及孔庙的祭祀活动。对于各层级的教职的讲经、读经，他特别强调要根据实际情况开展，不必求高深，求新颖，只要能带领信众拜天拜圣，歌咏诗经，诵读经文，粗解经义，而佐以孔教会之书报，为讲演之资料即可。[②] 相较于此前，他的策略已有明显变化。

实行此种策略，需要孔教徒有宗教热情，愿意出钱出力支持孔教事业，

---

① 陈焕章：《行教方针》，《经世报》第 1 卷第 1 号，1922 年 1 月。

② 陈焕章：《设教职论》，《经世报》第 1 卷第 3 号，1922 年 3 月。

也需要愿意放弃世俗名利，诚心为孔教事业服务的专职教职人员。为此，陈焕章为孔教会定下了五条教规：祀天祀圣祀祖以崇三本；念圣念经以敛五福；致中致和以立一贯；出货出力以行大同；养名养魂以至极寿。他对这五条教规进行了系统的阐释。综其要义，他希望将孔教宗教化，并为信徒提供简单易行的法门，希望通过将“名教”的“名”解释为名声，将人对于永恒与未来的追求放在对于名声的追求上，以安顿人心，解决儒学的超越性问题，并能借此鼓动一般孔教信徒信从孔教，出钱出力，为孔教服务。比如他说，孔教徒常诚心念“大成至圣先师”六字，常诚心念诵孔教经书，就可除奸邪之念，去惰慢邪辟之气，正心修身，增益智能，集福免祸。又称，信奉孔教，为孔教出钱出力，可以养名养魂，“既可以升天堂，又可以享受国家社会及家庭之祭祀，上通于天帝，下依于人群，近归于子孙，魂灵如如，游于太虚，进退绰绰有余裕”。又说，“传布孔教，所以保存中国古往今来之灵魂，其功德实为无量。若捐资以传布孔教，其功德亦为无量，且本身之灵魂，及本宗祖先之灵魂，皆以是而得救，是所谓利人即自利者也。”① 这些说辞，对宗教观念本不浓厚的一般国民，对于新式教育日渐普及，科学的影响日渐扩大的时代里接受教育的知识青年，难有陈焕章所期待的效果，所谓依靠社会力量维持孔教也希望渺茫。

其六，孔教运动衰落与新文化运动评议孔子、批判儒学也有密不可分的关系。本来，民初的孔教运动系由“废孔”而起，希望儒学不因政治转型而被抛弃。第一次孔教运动时，一般反对定孔教为国教的人士，大都肯定孔子及其学说，也大都自承为尊孔之一分子，少有公开直接批评孔子。他们主要从以下几个方面反对定孔教为国教：儒学本非宗教，以儒学为宗教违背儒学的本来属性；中国当共和初建，内外情形复杂，要统合多民族、多信仰的民众而为近代国家，重点当在政治建设与法律建设，不能将统合国家的重任寄托于儒学之上；由于中国是多民族、多信仰的国家，定国教不但不利于国家建构，且易造成内部分裂；信仰自由、学术自由为现代的基本价值，为国家社会发展的必要条件，定孔教为国教，束缚人们的思想，不利于国家社会的现代化。他们当中一些共和主义者认为儒学尊君权、重阶级的等级思想等

---

① 陈焕章：《孔教会教规》，《经世报》第1卷2号，1922年2月。

等，与共和政治不相适应，但他们对于孔子之道所倡导的道德秩序，及其对于个人修养之作用，大都持基本肯定的态度。但孔教会的系列活动，其对反对定孔教为国教人士的种种肆无忌惮、言语过火的攻击，深深激怒了反对定国教的人士。为着论战的需要，一些反对国教人士的论辩文字就不能不涉及孔子。丁义华说，孔子巍巍荡荡，向来无人不尊，无人不敬，无人说过孔子之短处，然自孔教运动兴起，孔子在天之灵，遂无宁日，天主教、耶稣教、回教、佛教、道教等各种宗教人士因为反对孔教运动的需要，不断搜寻孔子之短处，附会其说以为反对之资料。无形中，人人尊敬之孔子，“转以供各教人之寻疵索瘢”，孔教运动诸人本为尊孔，结果带来渎孔的结果。[①] 胡适也指出，“孔教的问题，向来不成什么问题；后来东方文化与西方文化接近，孔教的势力渐渐衰微，于是有一班信仰孔教的人妄想要用政府法令的势力来恢复孔教的尊严；却不知道这种高压的手段恰好挑起一种怀疑的反动。因此，民国四五年的时候，孔教会的活动最大，反对孔教的人也最多。”[②] 可以说，正是定孔教为国教的孔教运动，使孔子从一般不加议论的神圣地位变成了广被议论的地位。

两次帝制复辟，给予新派人士强烈的刺激，他们乃直接要求重新评价孔子。新文化运动初起，主要讨论两个问题，一个是国家观念问题，一个是孔教问题。前者因民初的国权主义思潮而起，后者因孔教运动而起。新文化运动对于孔子的评议与对儒学的评议深刻而猛烈。陈独秀宣布，孔子之道不适应现代生活，“吾人倘以为中国之法，孔子之道，足以组织吾之国家，支配吾之社会，使适于今日竞争世界之生存，则不徒共和宪法为可废，凡十余年来之变法维新，流血革命，设国会，改法律，民国以前所行之大清律，无一条非孔子之道。及一切新政治，新教育，无一非多事，且无一非谬误，应悉废罢，仍守旧法，以免滥费吾人之财力。万一不安本分，妄欲建设西洋式之新国家，组织西洋式之新社会，以求适今世之生存，则根本问题，不可不首先输入西洋式社会国家之基础，所谓平等人权之新信仰，对于与此新社会、新国家、新信仰不可相容之孔教，不可不有彻底之觉悟，猛勇之决心。否

① 丁义华：《教祸其将发现于中国乎?》，《大公报》1913 年 12 月 1 日、2 日、3 日。
② 胡适：《新思潮的意义》，《新青年》7 卷 1 号，1919 年 12 月 1 日。

则，不塞不流，不止不行！”① 李大钊持自然的伦理观，认为宇宙乃无始无终自然的存在，由宇宙自然之真实本体所生之一切现象，都遵循自然的、因果的、机械的以渐次发生渐次进化。道德者，宇宙现象之一，其发生进化亦必自然变迁，断非神秘主宰之惠与物，不存在永恒不变的道。孔子之道亦然。“孔子者，数千年前之残骸枯骨也”，孔子之道是封建时代的产物，已经不适应现代生活，尤与现代法律不相容。② 又说，“盖尝秘窥吾国思想界之销沉，非大声疾呼以扬布自我解放之说，不足以挽积重难返之势。而在欧洲，自我之解放，乃在脱耶教之桎梏；其在吾国，自我之解放，乃在破孔子之束制，故言之不觉其沉痛也。”③ 易白沙称，“孔子尊君权，漫无限制，易演成独夫专制之弊”；“孔子讲学不许问难，易演成思想专制之弊”；“孔子少绝对之主张，易为人所借口”；“孔子但重作官，不重谋食，易入民贼牢笼”。④ 这些言论，都因孔教派的国教论而起。此后，随着新文化运动的深入，非儒评孔渐次展开。新文化人深挖孔子之道与专制主义的关系，猛烈批评儒家伦理，又高扬思想言论自由的旗帜，强调思想言论良心自由对于文化发展与国家现代化的意义。新文化人认为，欲建立中国的新文化，必须广泛地吸纳古今中西一切有益的思想文化成果，不能独尊孔子；相反，孔子学说中不利于国家社会与文化现代化的内容必须改造或者清算。受新文化运动影响的一代青年，对于孔子与儒学的观念与他们的前辈已经大大不同，孔教运动由此丧失了其社会基础，不可避免地走向了没落。

结 语

儒学是中国传统文化的灵魂，于中国社会影响极大。晚清以来，儒学面临着整体性的危机。科举制度的废除，近代教育的铺展，已经严重威胁到儒学在教育中的地位。民国成立后，儒学丧失了官方意识形态的地位，一系列

① 陈独秀：《宪法与孔教》，《陈独秀文集》第1卷，人民出版社2013年版，第183页。

② 李大钊：《孔子与宪法》(1917年1月30日)，《李大钊全集》第1卷，人民出版社2013年版，第423—424页；李大钊：《自然的伦理观与孔子》，《李大钊全集》第1卷，第428—429页。

③ 李大钊：《宪法与思想自由》，《李大钊全集》第1卷，第404页。

④ 易白沙：《孔子平议》(上)，《青年杂志》1卷6号，1916年2月15日。

的废孔措施，如废除尊孔的教育宗旨，停止小学读经，废除祭天祀孔典礼，没收孔庙学田以充小学教育经费，废止跪拜孔子等，更从制度上抽去了儒学的制度性保障，儒学的危机越发深沉。而西方宗教以其组织性、传教热情、国家社会之支持，在中国的扩张，使尊孔人士感到孔教有被西洋宗教取代的可能。自由、平等学说的传播，政权的更迭所造成的意识形态的变化，以及革命之后政治秩序、社会秩序、道德秩序出现的种种问题，使得尊孔人士愤激之极，遂发起要求定孔教为国教的运动。

然而，儒学本身的非宗教性质，国人宗教观念的淡薄，儒生多将儒学作为利禄之途而非视为宗教信仰，孔教运动的上层路线，动荡的政局，错综复杂的政治角力，教祸发生的可能，儒学与共和政治之间的紧张关系，以及孔教运动的灵魂人物康有为参与张勋复辟等，都使孔教运动困难重重。而张勋复辟的闹剧，新文化运动的评孔非儒，则使孔教运动丧失了追随者与社会基础，从而不可避免地走向了衰落。不但如此，孔教运动本在尊孔，却造成原本神圣，不怎么能评议的孔子变成了舆论的话题，成为被评议的人物。孔教运动中存在的极端化倾向，刺激了新派人物，使孔教问题成为新文化运动的重要论题，激发了此后的非儒评孔潮流。这大概是孔教运动者始料未及的。

托派的中国社会性质论

李红岩

（中国社会科学杂志社）

摘要：半殖民地半封建理论是中国共产党原创性的伟大理论创造，它既突破了布哈林主张的封建残余优势说，也突破了托派的资本主义“主导”或“就是”说，对于深刻认识马克思主义中国化的艰辛历程具有重要意义。托洛茨基没有直接说中国是资本主义社会，但认为资本主义关系在中国起支配与主导作用。中国托派分子则一致认为中国已然是资本主义社会，但不否认中国社会的封建性，也使用“半殖民地”与“半封建”概念。托洛茨基及其中国信徒的观点是错误的。毛泽东是半殖民地半封建理论的伟大代表和集大成者。历史表明，中国的理论创新工作只能由中国共产党人自己来完成。

关键词：半殖民地半封建　托洛茨基　布哈林　中国托派　马克思主义中国化

托洛茨基本人及其中国信徒究竟怎样看近代中国社会性质，这是一个很重要的历史问题与理论问题，对于人们认识马克思主义中国化的艰辛历程、认识毛泽东思想的形成过程，都具有重要意义。中国共产党人关于近代中国是半殖民地半封建社会的总观点，正是在与托派的斗争中形成的。因此，考察一下托派在历史上究竟说了些什么，是很必要的。不过，目前为止，对于这个问题的考察，还比较笼统。通行的观点认为，托派把近代中国看作是完全的资本主义社会，以此与我们党所认定的半殖民地半封建理论相对立。[①] 这种观点是正确的，但要深刻地认识它，则尚需仔细梳理托洛茨基与中国托派分子的理路及他们在观点上的细微差别，从中揭示更加丰富复杂的内容。

一 托洛茨基本人的看法

众所周知，“托派”是“托洛茨基派”的简称，是以苏联（俄）共产党早期主要领导人托洛茨基（1879—1940 年）为实际领导与精神领袖的一个政治与理论派别，是共产国际与苏联共产党政治斗争与组织分裂的产物，在 20 世纪 20 年代形成，至今依然以松散的形式活跃在国际思想理论界，具有一批顽强的信徒与一定的思想影响力。无论从历史看，还是从现实看，托派问题都无法回避。

中国问题是托洛茨基本人一直关注的重要领域，撰写的文稿数量虽然不多，却是中国托派的政治与思想纲领，影响甚深。总起来看，他以不断革命论为最基本的理论武器，以之反对斯大林、布哈林所主张的革命阶段论，并将其应用于对中国社会性质、阶级关系、革命性质等的分析。在这样的理论框架内，托洛茨基针对斯大林、布哈林所主张的“封建残余主导中国社会”的观点，发动了全面进攻；从理论问题一直到具体政策的制定，乃至对蒋介石、汪精卫等人阶级属性的认定等，呈现出处处对抗的态势。在 1924 年 1 月至 1927 年 7 月的整个国民革命运动当中，双方的斗争非但没有终止，而且愈来愈激烈。大革命失败后，斗争更是步入高潮。

1927 年 5 月，在前期撰写的各种文稿的基础上，托洛茨基完成《中国革命和斯大林同志的提纲》一文，比较系统地提出了他关于中国问题的看法。尔后，又撰写了若干文稿，其中尤以 1928 年 6 月与 10 月完成的《中国革命的总结与前瞻》《第六次代表大会之后的中国问题》两本小册子最

---

① 较早做此判定的是何干之。他在《中国社会性质问题论战》（生活书店 1937 年版）一书中不仅将托洛茨基、季诺维也夫、拉狄克的总观点概括为“中国是一个资本主义国家”（第 37 页），而且指出中国托派分子也是这样认为的：“半殖民地半封建社会和资本主义社会的对立，是‘新思潮派’和严、任等的基本对立。”（第 75 页）

为出名。[1] 这些文稿并没有专门论述中国社会性质，而是着重于论述政治与政策问题，但其理论基础无疑是对中国社会性质的判定。其中有一段话，是具有纲领性的。他说："在商业和银行无孔不入的作用的基础上，国内工业的十分迅速的增长；最重要的农业地区对市场的彻底依赖；对外贸易的巨大的和仍在增长的作用；中国农村对城市的全面服从，所有这一切都说明，资本主义关系在中国的绝对优势，它的直接的统治。无可否认，农奴和半农奴的社会关系是十分强大的。它们部分起源于封建时代，部分地构成了一种新的结构，即旧的关系在生产力发展滞后、剩余农业人口、商业和高利贷资本的活跃等基础上的复苏。不过，占统治地位的是资本主义关系，而不是'封建'关系（更确切地说是农奴制的关系，一般来说，即资本主义前的关系）。只是由于资本主义关系的支配作用，我们才能严肃地说无产阶级在民族革命中的领导权的前景。"[2]

这段话所表明的基本思想与主张，在托洛茨基那里是一贯的。向前追溯，会发现他在1927年七一五事变前夕，已经集中性地做过相关表述。他说："在军事力量的庇护下，帝国主义以现成的商品、对铁路和工业投资的形式，以为国内高利贷加冕的银行的形式，以保证夺取国民收入中相当大的一部分以国家借贷的形式植入中国。中国的半殖民地状态的基础，是它的经济落后。……从整体来说，帝国主义现在阻止和瓦解了中国生产力的发展，为此它把经济、政治和军事措施结合起来。在这方面，它手中最重要的工具是关税机关。中国的半殖民地性质，归根到底正是表现在中国人民或他的有产阶级失去了通过相应的关税保护自己国家工业发展的机会，而没有关税自主，落后国家是不能摆脱落后的。这是事关中国经济主权的问题。通过外部强加的低关税，世界资本强行为自己的商品打开了中国的大门。国家工业的独立发展受到阻碍，手工业破产。这又导致农业后方的衰朽，居民人口过剩的增长和赤贫化的加剧。衰朽的最不幸的表现是高利贷的无所不能。农奴奴役的关系正是在这种土壤上维持，重新产生和增强。对国家的大部分来说，

① 杨笑湛译《中国革命问题》第2集即此两部小册子的合集，该书由世界文化研究出版部于1930年出版。

② 施用勤译《托洛茨基论中国革命（1925—1927）》，陕西人民出版社2011年版，第288页。

它们的源头不是本来意义上的封建主义残余，而是被强行阻止的资本主义发展产生的经济关系。在与帝国主义斗争的路线上，关税问题是基础。

在中国农村、在农村与城市之间，在某种程度上甚至在城市中，高利贷—奴役、农奴制和半农奴制的关系占有重要地位，这是完全无可争议的。但资本主义的商品关系，在中国无可争议地起着主导作用。”①

上述重要引文，集中反映了托洛茨基对中国社会性质的看法。以往所集中批判的，即上述引文所表达的思想。从中可以看出这样几个要点。第一，托洛茨基并没有直接说中国就是资本主义社会，而是认为资本主义关系在中国具有“绝对优势”“占统治地位”、起“支配作用”，“无可争议地起着主导作用”。托洛茨基的这种观点，是否可以理解为中国就是资本主义社会，是可以讨论的，但是，他确实没有把“就是”说出口。事实上，直接将中国说成是资本主义社会的，是中国的托派分子，并非托洛茨基本人。第二，托洛茨基显然并不否认中国社会具有严重的封建性。就此而言，他与斯大林、布哈林对封建性因素的强调之间，是具有契合点的。正是由于这种严重的封建性，他说中国的资本主义比俄国的还落后，而“外国帝国主义分子与中国资产阶级一起”还进一步“把资本主义剥削方法与农奴强制和高利贷奴役方法结合起来”，从而使得农民起义所直接反对的土豪劣绅既是资产阶级的底层环节，还是帝国主义剥削的底层环节。比如军阀，代表的就是“与农奴主的利益和关系不可分割的中国资产阶级的利益”②。可见，他并不否认中国社会存在着非常严重的封建关系（即所谓农奴制与半农奴制关系），但他将这种关系置于资本主义关系之下来予以揭示。同时，他还认为这些封建关系决不仅仅是“残余”下来的——即所谓“它们的源头不是本来意义上的封建主义残余”，而且还是在现实的资本主义条件下发生和生成的，是一种具有复苏意涵的新的结构——所谓“是被强行阻止的资本主义发展产生的经济关系”。因此，所谓军阀，本质上非但不是封建势力的代表，反而是资产阶级的代表（尽管它与农奴主的利益和关系不可分割）。这是他与斯大林、布哈林的区别所在。第三，托洛茨基同样承认中国是半殖民地。除上述

① 《托洛茨基论中国革命（1925—1927）》，第 121—122 页。

② 同上书，第 362 页、第 365—367 页。

引文外，他还几次讲过“中国是受压迫的半殖民地国家”[①] 一类的话。他说，与俄国 1905 年相比，中国革命的第一特点就是其半殖民地地位。[②] 又说：“中国半殖民地的情形，就是它的经济落后。”“中国半殖民地性质之表现，不是别的，而是中国民众或是有产阶级失了发展工业的保障，因为失了它，落后的国家便始终不能前进”[③] 等等。在他看来，既然中国已然处于世界资本主义体系之中，那就必然会围绕资本主义的主轴来转动，半殖民地强化了这一点。但是，中国的半殖民地地位非但没有弱化国内的阶级斗争，反而还强化了阶级斗争，原因就在于中国的资产阶级（包括地主、军阀）紧紧地与帝国主义结合在一起。[④] 对于外国资本而言，它在一定的时刻推动某些部门向前发展时，又“蓄意地阻止另一些部门的发展”，“以榨取丰厚利润，停滞中国内部的积累”[⑤]。所以，在中国，民族矛盾非但不掩盖、减弱阶级矛盾，还激化阶级矛盾。由此出发，托洛茨基坚定地主张，在民主革命时期同样要开展阶级斗争。

中国托派正是在托洛茨基上述论述的基础上，大大拓展和细化了托洛茨基的中国问题主张。当然，托洛茨基关于中国问题的看法是多方面的。但恰恰是在社会性质问题上，他的论述并不充分。这就为中国托派提供了发挥的空间。

二　中国托派分子的看法

1925 年 1 月，中共四大作出《对于托洛茨基同志态度之决议案》，“希望托洛茨基同志改正自己的错误而完全承受列宁主义，以后不再继续其 1917 年以前与布尔塞维克主义相异之理论的宣传，对于列宁主义为修正之尝试。”[⑥]

---

① 《托洛茨基论中国革命（1925—1927）》，第 49 页。

② 中共中央党史研究室第一研究部编：《共产国际、联共（布）与中国革命文献资料选辑（1926—1927）》（下），北京图书馆出版社 1998 年版，第 85—86 页。

③ 托洛茨基：《中国革命问题》，陈独秀研究会 2001 年翻印本，第 71 页。

④ 参见托洛茨基《中国革命问题》第 1 集，杨笑湛译，上海书局 1930 年版。节本见高军编《中国社会性质问题论战（资料选辑）》（下），人民出版社 1984 年版，第 867—871 页。

⑤ 参见高军编《中国社会性质问题论战（资料选辑）》（下），人民出版社 1984 年版，第 874—875 页。

⑥ 中共中央党史研究室第一研究部编：《共产国际、联共（布）与中国革命文献资料选辑（1917—1925）》，北京图书馆出版社 1997 年版，第 609 页。

这个决议是出于共产国际代表伍廷康的临时动议，而且是由后来成为托派分子的彭述之极力促成的。[①] 可见，包括陈独秀在内，那时的中共中央一致反对托洛茨基。但是，大革命失败后，中国党内出现托派分子，他们全盘接受了托洛茨基的主张。

1929 年 5 月至 8 月，陈独秀研读了托洛茨基有关中国问题的文件，开始成为托派分子。[②] 作为中国托派的最高领袖，陈独秀原本不擅长独立的理论分析，[③] 所以他比较完整地接纳了托洛茨基的见解。1929 年 11 月 14 日，有人在共产国际执行委员会东方书记处会议上作报告说，陈独秀"实际上是根据托洛茨基的分析对中国形势作出了托洛茨基主义的评价"[④]。这是符合事实的。1931 年 5 月，中国托派组织"中国共产党左派反对派"正式成立，会议通过《中国共产党左派反对派纲领》以及其他文件，将托洛茨基的所谓理论纲领化，其中最核心的一点，就是确定了近代中国是资本主义社会的近代中国社会性质论。这既是中国托派的共同观点，也是陈独秀本人的个人观点。直到 1938 年 7 月，陈独秀在重庆讲演《资本主义在中国》，还在反驳中国社会"是封建或半封建"的观点，还在强调中国"当然是资本主义经济属领导地位，但还是一个初期资本主义的国家，资本主义在中国还有发展之余地。"针对陈独秀的观点，陈伯达曾经专门作过批判。[⑤]

1929 年 12 月 15 日，陈独秀等人在《我们的政治意见书》中写下一段提纲挈领的话："我们以为：说中国现在还是封建社会和封建势力的统治，把资产阶级的反动性及一切反动行为都归到封建，这不但是说梦话，不但是对于资产阶级的幻想，简直是有意的为资产阶级当辩护士！其实，在经济上，中国封建制度之崩坏，土地权归了自由地主与自由农民，政权归了国家，比欧洲任何国家都早。自国际资本主义打破了中国的万里长城，银行工厂铁路电线轮船电灯电话等所有资本主义社会的形式，都应有尽有，已经形成了官僚

① 《郑超麟回忆录》，东方出版社 1996 年版，第 93—94 页。又见郑超麟《怀旧集》，东方出版社 1995 年版，第 95 页。

② 唐宝林、林茂生：《陈独秀年谱》，上海人民出版社 1988 年版，第 352—353 页。

③ 《郑超麟回忆录》，第 125 页，参看第 325、327 页的解释。

④ 《联共（布）、共产国际与中国苏维埃运动（1927—1931）》第 8 册，中央文献出版社 2000 年 5 月版，第 228—229 页。

⑤ 陈伯达：《评陈独秀的亡国论》，《解放》第 60 期，1939 年 1 月 15 日。

买办的资本主义。到了欧战前后，更进入了民族的大工业资本时代，商品的生产与消费及货币经济，连穷乡僻壤都达到了，自然经济已扫荡殆尽。”①

这正是中国托派的核心论点，套用托洛茨基语录的痕迹非常明显。接着这段话，又说：若“认为资本主义的经济关系在中国不占绝对优势地位，则只是常识的判断，而不是科学的观察”。依然采用的是“占绝对优势地位”的讲法，意思是说，不论封建势力多么强大，都是受资本主义势力主导的。

总体看，中国托派分子到死都坚持了上述基本观点。比如郑超麟到1980年还在说：“中国社会并非封建残余占统治地位，是早已资本主义化了，乡村落后的经济关系是受城市资本主义关系所支配的，中国社会已经是资本主义的社会；因此，中国革命的任务是剥夺资产阶级的财产，建立无产阶级专政，配合世界各国革命，建成社会主义国家，总之中国革命或中国第三次革命属于无产阶级社会主义革命的性质。”② 完全是在运用托洛茨基的不断革命论。

过去的观点认为，中国托派的社会性质观点主要是由被称作“动力派”的托派分子进行论述的。其实，这种观点并不确切。1930年7月，托派小组织“无产者社”创办《动力》杂志，被称为“动力派”。但是，《动力》杂志主要反映主编严灵峰一人的观点，其他代表性的托派分子均未曾在《动力》发表文章，李季则只发表了《马克思及其夫人的疾病与死亡》《论资本论》两篇与社会性质没有直接关系的文章，杜畏之发表了恩格斯《辩证唯物论的宇宙观与近代自然科学之发展》的译文（署名畏之）。此外的文章还有吴西岑《机械的唯物论与布哈林》，刘光宇《评陶希圣所谓“流寇之发展及其前途”》，彭苇秋《苏联五年来之哲学论战》《苏联关于价值学说的争论》，均与社会性质论述关系不大。

不过，中国托派分子论述中国社会性质的第一干将，确实是严灵峰（1904—1999年）。1931年5月中国托派各小组织统一后，他任托派中央宣传干事。严灵峰在《动力》创刊号和第2期先后发表《“中国是资本主义的经济，

① 《共产国际、联共（布）与中国革命档案资料丛书》第6册，北京图书馆出版社1998年版，第375—376页。

② 《郑超麟回忆录》，第327—328页。

还是封建制度的经济”?》《再论中国经济问题》两篇文章，尔后又加上《我们的反批评》及《序言》，编成著作《中国经济问题研究》，由上海新生命书局于1931年6月30日出版。1932年11月，上海神州国光社又将他的《追击与反攻》一书作为中国社会史论战丛著第三种出版。他还发表过《在“战场”上所发见的“行尸走肉”》(完成于1931年6月13日，上海)[①]、《关于任曙、朱新繁及其他》[②]，翻译出版了鲁滨的《近代西方经济学家及其理论》。[③]

严灵峰说：“资本主义先进国的商品输入野蛮民族的国家，将封建的城壁打破，并征服了封建势力。”被征服的封建势力，不仅包括“旧时独立和闭塞的经济制度”，而且还包括了“这种经济制度基础上的人的精神生活和政治生活”，即“旧时的社会制度”。在全面打碎封建主义的同时，帝国主义便修建铁路，把资本主义生产技术搬到中国，直至进行资本输入，从而将中国经济有机地融入国际经济，使之成为国际经济的有机组成部分，促进中国资本主义经济的发展。严灵峰严重地夸大了外来势力对中国资本主义的催生与促进作用，不懂得外来势力到了中国还会与封建势力结合，反过来压制和摧残中国资本主义的发展。这是从托洛茨基观点的倒退，表明他根本不认识半殖民地的本质。

严灵峰将外来资本主义势力的入侵看作中国社会转型的核心原因，这与任曙是一致的。任曙（原名任旭，又名任昭明）曾被严灵峰误以为是任卓宣(同是四川人)[④]，可见他们当时并不熟悉。任的主要著作有《中国经济研究绪论》《中国的工业》,[⑤] 发表的论文有《关于“中国经济的研究和批判”》[⑥]《怎样切实开始研究中国经济问题的商榷》[⑦]。在《关于“中国经济的研究和

① 《中国社会史的论战》第1辑(《读书杂志》第1卷第4—5期合刊)，神州国光社1931年11月再版。

② 《中国社会史论战专号》第3辑(《读书杂志》第2卷第7—8期)，神州国光社1932年8月版。

③ 上海新生命书局，1933年。

④ 任卓宣(1896—1990年)也曾被认为是托派分子，实际上他并未加入托派。

⑤ 前书作于1930年12月。中国经济研究会1931年1月15日出版，1932年2月1日出版修订本。此书因“宣传共产主义，提倡无产阶级经济学说”而被国民党列入查禁名单。参见张静庐辑注《中国现代出版史料》乙编，中华书局1955年版，第182页。后书为上海生活书店1934年版。

⑥ 《中国社会史的论战》第2辑(《读书杂志》第2卷第2—3期合刊)，神州国光社，1932年3月再版。

⑦ 《中国社会史论战专号》第3辑。

批判”》中，任曙提出八十年来中国急剧变动的原动力，“便是帝国主义经济的入侵”，“由此才有新的都市以及外与世界市场、内与穷乡僻野相联系的新式商业、新式农业、新式工业，以及金融经济”。由此出发，他判断说，“中国资本主义发展到了代替封建经济而支配中国经济生活的地步”，“中国在世界范围内已经发展到资本主义国家了！”他同样不懂，既然是半殖民地，资本主义的发展就必然是畸形的、不正常的。

与严灵峰的侧重点不同的是，任曙格外强调对外贸易的作用，这显然也是受了托洛茨基的启发。他说：“帝国主义是中国经济问题的中心，对外贸易又是中心的中心。对外贸易是中国整个经济变动的动力，是过去和现在一切问题之症结之所在。”从对外贸易观察，他得出结论，“中国经济已经发达到俄国战前的状态，亦即有了‘十月革命’的经济基础。由进出口对外贸易的发展，以及进出口商品是否深入并支配全国穷乡僻壤的经济生活，可断定中国整个经济的发展阶段为：封建的自然经济崩溃，资本主义的商品经济占了优势”。“资本主义在中国现在发展到了摧毁封建经济、支配全国生活、可以实行非资本主义运动的程度。”① 这个结论，忘记了托洛茨基所谓外来资本主义在中国还会造成新的农奴制与半农奴制关系的训导。

显然，关于外国资本进入中国后与封建势力相互勾结、相互利用与结合的一面，没有得到他们应有的重视。严灵峰说：“帝国主义本身是代表高度的资本主义势力，它对封建经济制度完全处于不可调和的矛盾的地位。”“帝国主义在中国是要绝对地破坏封建制度的经济基础。”“认为帝国主义在殖民地扶植封建势力乃是无稽之谈和对马克思主义的荒谬修正！”他还进一步说：“否认中国资本主义发展或发展可能性并且以为帝国主义维持中国封建势力，这是一种马克思主义新修正派的最反动思想的论据，这样必然推论到中国无产阶级力量不能发展。”“必然会把农民的革命作用看做高过于无产阶级的水平线”，必然会“反对无产阶级专政而幻想代以其他政权来履行中国革命的历史使命”，必然会“忽略国际的阶级关系”。因此，必须承认“封建势力只是成为过去历史的残骸，决不能在中国重新恢复旧观的；即目前中国封建残余势力的抵抗，正是表现一种回光返照的作用。”“中国毫无

① 《中国经济研究绪论》，中国问题研究会，1931 年 1 月 15 日出版。

疑议的是资本主义关系占领导的地位。”[①] 很明显，严灵峰虽然在社会性质总观点上与托洛茨基保持了一致，却没有像托洛茨基那样看到外来资本主义势力与中国封建势力的结合，而是将它们看作了完全对立的东西。即使在托派内部，他对中国资本主义发展程度的估计也过高，对封建势力作用的估计也过低。

这一点，当时人已经予以指出。比如余沈就说，严灵峰、任曙从观念主义或主观主义出发，“想以观念来支配事实。他们的观念不是从实际生活的事实中归纳出来的，而是从书本上抄袭来的，想以经济的事实嵌合其间。严灵峰认帝国主义整个说来是帮助中国资本主义蒸蒸日上的发展的，但是世界资本主义在异常普遍和深刻的经济危机中已度过了四年，闲空的资本已积聚有不少在银行中，何以没有拿来帮助中国资本主义之发展，使其蒸蒸日上并解除自己的困厄呢？严君并不企图解释这些事实，但是他有他自己的观念，虽然违背事实，他也是要坚持和发挥的”[②]。这就是说，严灵峰只懂得资本主义发展的一般道理，只会教条式地搬用马克思关于英国在印度统治的一般论断，却完全不懂中国的实际，不懂帝国主义在中国的特殊玩法。

由于严灵峰的观点并没有与托洛茨基严密对缝，所以同样受到其他托派成员的严厉批评。王宜昌即指出，严灵峰“先天式的唯物史观，不问中国的实际的地理条件，和其他实际历史情形，而只依‘先天’便承认中国资本主义为自发，这只是回想时期的死理论遗传下来的恶影响”。他感慨严灵峰对资本主义社会的论证太肤浅，然而他的所谓“科学周密”最终也不过是归于与严灵峰一致，即“反驳‘新思潮派’的封建或半封建论”以及“‘新生命派’的过渡社会”论、主张“资本主义发展，资本主义优势”上，因为这是严灵峰的“功绩”。[③]

刘镜园（仁静，1902 年 3 月 4 日—1987 年 8 月 5 日）也对严灵峰进行了批评。由于他是唯一一位与托洛茨基本人有过单独交谈的中国托派分子，

① 严灵峰：《中国是资本主义的经济，还是封建制度的经济?》，《动力》创刊号，1930 年 7 月 15 日出版。《再论中国经济问题》，《动力》第 1 卷第 2 期，1930 年 9 月 30 日。

② 《经验主义的、观念主义的和马克思主义的中国经济论》，《中国社会史的论战》第 4 辑（《读书杂志》第 3 卷第 3—4 期合刊），神州国光社 1935 年 12 月再版，第 4 页。

③ 王宜昌：《中国社会史论史》，《中国社会史的论战》第 2 辑，第 57 页。

所以表现出来的理论权威架势比谁都足。在代表作《评两本论中国经济的著作》[①]《中国经济的分析及其前途之预测》[②] 当中，他批评说，“中国经济的特质是半殖民地经济”，严灵峰对此“全然不了解”，从而“走到与斯大林派相反的另一极端”。他提出：“资本主义正在走向死亡，而不是向上发展。”“帝国主义在中国是摧残而不是帮助资本主义之发展。”“革命的爆发是生产力与生产关系的冲突。”刘镜园表示，中国所需要的不是资本主义不发展，而是资本主义大发展，但不是畸形的发展。他看到，帝国主义不会允许资本主义在中国健康发展，但中国的资本主义又“是资本主义的国家用长枪大炮打破了中国的闭关状态以后移植进来的”。显然，他忽视了中国社会原生的资本主义因素。他认为，资本主义国家既在中国“移植”了资本主义，又阻碍了中国资本主义的发展，结果造成“在中国经济中，是资本主义关系而不是封建制度占统治地位”。他说：“中国现在不是一封建社会，而是一资本主义社会——落后的资本主义社会。正因其落后关系，所以‘封建与半封建关系无疑的是强有力的’。”“中国今日的社会是资本主义关系占统治地位，它是买办资本主义。继之而起的应当是民族资本主义，可是中国的民族资产阶级不能领导打倒帝国主义的革命，所以中国无须经过民族资本主义，可以由买办资本主义走到社会主义。换言之，中国可以无须经过如欧洲各国那样在经济上资本主义独立发展、在政治上资产阶级的民主议会制度与之相适应之时期。”[③] 很明显，上述观点是最为原汁原味的托洛茨基的观点。但是，他并没有详细论述“封建与半封建关系”与所谓“买办的资本主义”到底是如何相处的。由于刘镜园的论述比严灵峰、任曙都来得严密，考虑到了更多的复杂因素，因此连胡秋原都说，刘镜园的论述“含有许多有价值的暗示”，有“共感”。[④] 其实，刘不过是在搬用引申托洛茨基。

与刘镜园观点比较接近的是李季。李季是论著最多的中国托派分子。他仗着精通英文与德文，几乎不把任何人放眼里。他说：“自鸦片战争至现在为资本主义的生产方法时代……自五口通商，西洋的新技术输入以后，我们

① 《中国社会史的论战》第1辑。

② 《中国社会史的论战》第2辑。

③ 《中国经济的分析及其前途之预测》，《中国社会史的论战》第2辑。

④ 《胡秋原致王礼锡陆晶清》，《中国社会史的论战》第1辑。

的产业资本主义便马上可以发轫了……中国现在是在资本主义的初期，国中虽尚有前资本主义的生产方法或其他生产方法的残余的存在，但资本主义的生产方法却确确切切站在领导的地位上。”① 这段话可视为刘镜园观点的提要。

王宜昌则从农村经济的角度论述中国的资本主义性质。他说：“今日中国农村经济，已是商品经济，而且资本主义已占优势，土地所有形态已经被资本制生产屈服了。所以‘问题的中心’并不再是土地所有形态，地权、租佃关系等等，而是资本制的农业生产过程的分析。”“中国现阶段的农村经济研究，应该以研究农业资本主义为‘问题的中心’。对于落后的分子，如土地所有，商业高利贷等只是为充分说明农业资本主义的各种变异形态与其或迟或速的进化过程时才加以注意。”“中国农村经济问题，现在已不是土地分配为其中心，而是资本分配为其中心了；在此种形式之下，要以资本的大小来划分社会阶级，从而说明其中残存的封建等级。”② 为此，他特别重视对生产力要素生产工具的分析，反对以对生产关系的分析为核心。他对中国托派的贡献在于将视角聚焦到了乡村，将托洛茨基的观点更加具体化了。

总之，中国托派分子一致认为，中国已然是资本主义社会。但是，在结论和目标基本一致的前提下，他们的论述角度、对中国资本主义发展程度的估价、对封建要素内涵及作用大小的估价、对相关问题复杂性的判断等，多有不同。同时，他们全都是托洛茨基理论的信仰者和传播者，因此一致反对斯大林、布哈林关于中国是封建关系占统治地位的论断，也反对半殖民地半封建的论断。严灵峰曾批评说：“中国的民粹派为的要否认中国资本主义的发展，掩蔽自己的错误……现在已绝口不说‘封建制度’的中国了，现在是所谓‘半封建和半殖民地’的中国了……”③ 意思是，半殖民地半封建理论是由封建残余主导说演变而来的。他的这一批评虽属别有用心，但也从敌对的方面映现出，半殖民地半封建理论确实是中国共产党独立的理论创造。

① 李季：《中国社会史论战批判》，神州国光社 1934 年 7 月版，第 94、96、99 页。

② 王宜昌：《论现阶段的中国农村经济研究》，载中国农村经济研究会编《中国农村社会性质论战》，新知书店 1935 年版，第 105、108、110 页。

③ 严灵峰：《追击与反攻》，中国社会史论战丛著第三种，神州国光社 1932 年 11 月初版，第 5 页。

三 我们的看法

中国托派关于中国社会性质的核心观点，在于认为中国已经是资本主义社会。这一点是对托洛茨基观点的扩展。托洛茨基讲“主导”“优势”，他们将其扩展为“就是”。

第一，所谓中国已经是资本主义社会，从上面的引述看，确实是中国托派分子写下的白纸黑字，不容否认。但也应看到，这种表述即使在中国托派成员之间，也并不平衡。在一些人那里，采用的还是资本主义关系主导、占统治地位一类讲法。“主导”、“统治”与“就是”是有差异的。即使中国已经是资本主义社会，他们中的大部分人也不得不承认，那绝不是发达的资本主义，而是不发达的还掺杂着严重的封建要素的资本主义。应该承认，他们的论述与列宁是有关联的。比如1920年7月19日，列宁在共产国际二大上作报告，讲到“资本主义的这个新的、最高的和最后的阶段在20世纪已经完全确定了”，中国“被最富有、最文明和最自由的国家置于殖民地附属地位”[①]。意思是说中国已被纳入世界资本主义体系。共产国际二大通过的经列宁同意的《关于民族和殖民地问题的补充提纲》，第一条就包含着“资本主义制度占统治地位的国家（例如中国与印度）”的词句。[②] 1923年3月，列宁又说，印度、中国等国家的发展，“已完全按照整个欧洲的资本主义的方向进行。在这些国家里开始出现整个欧洲的那种动荡。现在全世界都已清楚，这些国家已经卷入不能不引起整个世界资本主义危机的发展进程”[③]。这样的言论，显然就含有资本主义关系占主导地位的含义在内。因此，托洛茨基常常引用列宁的语录说事，很是振振有词。1921年6月24日，在共产国际三大的一次会议上，托洛茨基发言说：“印度、中国和日本的资本主义，在国际市场上并不起明显的决定性作用。但是，资本主义的发展以及这一发展已达到的程度，对于日本、中国和印度的革命发展，却起着

① 中国社会科学院近代史所翻译室编译：《共产国际有关中国革命的文献资料（1919—1928）》第1辑，中国社会科学出版社1981年版，第15—16页。

② 同上书，第29页。

③ 列宁：《宁肯少些，但要好些》，《列宁选集》第4卷，人民出版社2012年版，第795页。

决定性的作用。"[①] 这样的意思，在列宁还健在的当时，并没有受到批评。因此，对托洛茨基的观点，对其观点与列宁有关论述的关联性，我们认为还需要进行细致的研究。

另外，从问题的另一面也就是布哈林所特别强调的"封建性"的一面来看，众所周知，列宁围绕"资本主义前的关系还占统治地位"的意思，同样讲过一些话。这里所谓"占统治地位"，具体到中国，托洛茨基及其信徒显然不喜欢听，而斯大林、布哈林却会将其视为理论依据。可见，斯大林、布哈林与列宁同样具有理论上的渊源性。对此，当然同样需要进行细致的理论考察。

需要强调的是，当托派说中国已经是资本主义社会或资本主义主导社会的时候，半殖民地半封建理论还没有形成。因此，托派的观点最初并不是针对着"两半"理论而来的。他们最初针对的是主要来自布哈林的"封建残余"关系占优势的观点。这种"封建残余优势说"，发明者是布哈林，后被斯大林接受并反复阐述。托洛茨基追问道，何以"残余"会占"优势"?[②] 他说，中国的工业已经建立在商业与银行资本的基础之上、农民依赖市场生产、农村隶属于城市，这些都说明"资本主义关系在中国无条件的占优势和占直接的统治地位"[③]。他对中国的看法，基点是立足于全球资本主义的发展，认为中国已经被纳入全球资本主义体系，因此它是中国社会的主轴。托洛茨基的结论是错误的，但对他的一些具体观察与视角，同样需要作具体的理论分析。总体看，他在与布哈林、斯大林进行理论争执时，给人的印象是后两者，处于守势与劣势。

第二，在论述中国社会性质的过程中，从托洛茨基到中国托派，始终没有否认"半殖民地"概念。托洛茨基本人的讲法，我们前面已经作过介绍。严灵峰则说："中国是个半殖民地国家"，"半殖民地的中国，一切经济的政

---

① 中国社会科学院近代史所翻译室编译：《共产国际有关中国革命的文献资料（1919—1928）》第1辑，第55页。

② 托洛茨基说："幸而就一般言，残余是不能占统治的地位。"见中共中央党史研究室第一研究部编：《共产国际、联共（布）与中国革命文献资料选辑（1926—1927）》（下），第335页。

③ 中共中央党史研究室第一研究部编：《共产国际、联共（布）与中国革命文献资料选辑（1926—1927）》（下），第335页。

治的实权大部操诸外国帝国主义的资产阶级之手。”① 任曙说：“因为中国是半殖民的国家，其前途将愈益殖民地化。”② 正因为托派也认可这个原本来自列宁的概念，所以托派的死敌王明在1932年说，在分析中国经济时，除了胡适等少数人外，对于“中国经济陷入半殖民地地位的问题，差不多是没有——至少是非常少有严重的争论。”③ 这就是说，中国的半殖民地地位，基本上是当时各界的共识。在社会性质论争中，“半殖民地”问题不处在核心位置。当然，怎样认识半殖民地的本质，区别还是存在的。

第三，关于“半封建”问题，我们在托洛茨基本人的作品中还没有发现使用这个概念的情况（这可能与中文翻译有关），但没有疑问的是，托洛茨基并不否认现实中国存在着所谓的前资本主义关系或封建残余关系。正是基于这个原因，他的中国信徒同样不排斥半封建概念。比如严灵峰说：“中国社会长时期是沉淀在半封建制度和商业资本长期侵蚀的进化过程之中。”中国农村“可以发现许多封建和半封建制度遗留下来的陈迹”，“我们不怕承认中国有封建和半封建的残余存在。”④ 刘仁静则在力主“中国经济的特质是半殖民地经济”的同时，从中国是一个“落后的资本主义社会”的前提出发，论述了中国的半封建关系。⑤ 这就是说，问题的实质不在于是否承认“封建”或“半封建”，而是它是否起“统治作用”。

第四，尽管托洛茨基本人及其中国信徒讲得头头是道，但从根本上说，他们对于中国社会性质的判定，是错误的。他们的错误，既表现为实践上有害，也表现为理论上的空想性。从实践看，中国是资本主义社会的观点一旦成立，那么幼小的中国共产党就不仅面临反帝反封建的任务，还要去彻底地反对国民党、反对孙中山的三民主义，亦即反对托派所说的中国资产阶级政

① “半殖民地”是严灵峰使用的固定概念之一，笔下常见。载高军编《中国社会性质问题论战（资料选辑）》，上册，第346、369、373—375、381、385—387页。

② 任曙：《中国经济研究绪论》，见高军编《中国社会性质问题论战（资料选辑）》（下），第469页。参看第426、429、477页。

③ 《王明言论选辑》，人民出版社1982年版，第196页。

④ 严灵峰：《“中国是资本主义的经济，还是封建制度的经济?”》、《再论中国经济问题》，见高军编《中国社会性质问题论战（资料选辑）》（上），第346、399—400页。参看第393、403—405页。

⑤ 刘镜园：《中国经济的分析及其前途之预测》，第17、27页，《中国社会史的论战》第2辑（按该书无统一页码，每篇文章均单列页码）。

党及其纲领。那样的话，中国共产党很可能不会等到1927年就遭受重大失败。国民革命运动虽然失败了，但中国共产党毕竟壮大了，毕竟在中国政治舞台上取得了伟大成绩。当然，大革命失败的教训，值得认真总结反省。这一点，倒是后来的某些国外学者看得比较清楚。他们说，如果共产党“在1922年和1923年选择单独作战而不与国民党联合，它可能干得更糟；如果它较早地为最后的决裂做好准备，也许情况会好一些”[①]。前一个“如果”，是说照托洛茨基的办法去做；后一个“如果”，是说应该听从托洛茨基的告诫。我们认为这是恰当的评价。中共中央党史研究室所著《中国共产党历史》同样认为：“托洛茨基对大革命后期蒋介石、汪精卫两个集团的阶级实质的认识，对他们将要叛变革命的判断，对斯大林在指导中国革命中的错误的批评，有些是正确的或基本正确，但托洛茨基对大革命失败后的中国社会性质、革命性质、阶级关系和战略策略的认识，则是错误的。”[②] 这个评价，是实事求是的。王明在其名著《为中共更加布尔塞维克化而斗争》中讲到这段历史时，也说了一句公道话。他说，资本主义生产关系确实已经侵入中国的经济生活，帝国主义在全国经济生活中确实占据统治和支配地位，商业资本与高利贷资本确实存在，但资本主义在中国毕竟是“畸形”的，亦即与封建剥削关系密切关联着的。至少在农村，“封建余孽仍然占剥削关系中的统治地位”[③]。这段话除结论外，托洛茨基本人应该是可以接受的。

第五，从托洛茨基本人到中国托派分子的中国社会性质论，再到斯大林、布哈林的中国社会性质论，都凸显出半殖民地半封建理论是中国共产党的伟大理论创造，值得中国共产党人骄傲。半殖民地半封建的伟大理论既是在与托派的理论斗争中形成的，也是在突破布哈林、斯大林所主张的封建残余优势说之后形成的。毛泽东是这一理论的伟大代表和集大成者。周恩来曾说，到六大时，社会性质还“是个很严重的问题。什么叫革命性质？革命性质是以什么来决定的？这些在当时都是问题”。[④] 而六大时，托洛茨基的观

---

① 《剑桥中华民国史》上卷，中国社会科学出版社1994年版，第518页。

② 中共中央党史研究室：《中国共产党历史》第1卷，中共党史出版社2002年版，第343页。

③ 《王明言论选辑》，第128、196—197页。

④ 周恩来：《关于党的“六大”的研究》（1944年3月3日、4日），载中共中央党史研究室第一研究部译《共产国际、联共（布）与中国革命文献资料选辑（1927—1931）》（上），第222—223页。

点及其论述理路已经表现得非常充分、清晰，布哈林、斯大林的主张却还没有完全“说服群众”。因此，理论创新的工作只能由中国共产党人自己来完成。1928 年 6 月 18 日至 7 月 11 日，中共六大在莫斯科举行。六大决议并没有采用斯大林与布哈林的现成观点，而是在肯定中国是半殖民地的同时，指出“现在的中国经济政治制度，的确应当规定为半封建制度”，[①] 这就点明了半殖民地半封建的基本观点，标志着中共在社会性质问题上有了鲜明的理论自主性。到延安时期，中国共产党吸取以往的理论成果，在创立毛泽东思想的过程中，将半殖民地半封建的社会性质理论视为“规律”、“总的最本质的规律”，“要用这个规律去观察一切事物”，[②] 从而实现了马克思主义中国化的第一次伟大飞跃，最终取得了中国民主革命的胜利。实践证明了毛泽东论断的科学性：“马克思主义必须和我国的具体特点相结合并通过一定的民族形式才能实现。”[③] 对中国共产党的伟大理论创造，无论就思想史的角度说，还是就马克思主义中国化的角度说，都应该给予认真研究和总结。

① 《中国共产党第六次代表大会底决议案》，载《六大以来》上册，人民出版社 1981 年版，第 31 页。

② 毛泽东：《认识中国社会性质是重要的中心的一点》，《党的文献》2002 年第 3 期。

③ 毛泽东：《中国共产党在民族战争中的地位》，《毛泽东选集》第 2 卷，人民出版社 1991 年版，第 534 页。

平分土地与破坏工商业：土改运动中的民粹主义倾向

左玉河

（中国历史研究院历史理论研究所）

摘要：在解放战争时期的土改运动中，中共党内存在着严重的农业社会主义和绝对平均主义偏向。这种农业社会主义，体现了农民身上自发的民粹主义倾向，也反映出党内在对待民族资本主义工商业问题上的民粹主义倾向。这种民粹主义思想，既表现为农民对资本主义的恐惧、痛恨及对资本主义工商业的破坏方面，更体现在土地分配问题上的绝对平均主义诉求。以毛泽东为代表的中共中央对这种民粹主义倾向进行了严厉批判，初步阐述了绝对平均主义、农业社会主义与马克思主义的根本区别，对遏制一度在土改运动中泛滥的农业社会主义思想起了积极作用。

关键词：土改运动　民粹主义倾向　绝对平均主义　农业社会主义

以广大农村为中国革命的根据地，以农民小生产者为中国共产党的主要成分，使中共不可避免地受到小资产阶级思想观念的侵袭。中共党内存在的这种小生产思想倾向，就是农民自发产生的所谓民粹主义思想。这种民粹主义思想，在中共领导的各解放区土地改革运动中表现得格外突出，堪称中国近代民粹主义的主要特色。它既表现为农民对资本主义的恐惧、痛恨及对资本主义工商业的破坏方面，更体现在土地分配问题上的绝对平均主义诉求。绝对平均主义是一种要求平均分配和享用一切社会财富的思想。有人分析说："这种思想在民主革命时期具有两面性：一方面，它要求平分封建地主阶级的土地主财产，这是革命的、正确的；另一方面，它又企图超越这个反封建的界限，不愿限制在平分封建、半封建的土地财产的范围内，还要平分社会上其他一切阶段（包括中农和新式富农及工商业者）和其他一切人的土地财产，因而它又是落后的、倒退的、错误的。贫苦农民关于平分土地的要求，正是平均主义思想这种二重性的反映。"① 以毛泽东为代表的中共中央对这种民粹主义倾向进行了严厉批判，初步阐述了绝对平均主义、农业社会主义与马克思主义的根本区别，对遏制一度在土改运动中泛滥的农业社会主义思想起了积极作用。

一　土改运动中农民的"平分土地"诉求

中国农民在土地问题上的绝对平均主义观念是浓厚而深刻的。中共的平分土地政策符合农民的利益，因而会得到农民的支持和拥护。毛泽东在《寻乌调查》中描述农民对土地平分的态度时说："很明显的，以人口总数除土地总数的平田主义是最直捷了当，最得多数群众拥护的，少数不愿意的（地主与富农）在群众威胁之下，简直不敢放半句屁。所以一个'平'字就包括了没收、分配两个意义。"② 以人口总数除土地总数进行分配的平均主义做法，因得到苏区多数农民群众的拥护而能畅通无阻地实行，但往往会侵犯中农利益，实际上包含着民粹主义倾向，故中共应该对其保持适当的警惕。

抗战时期，中共将抗日放在首位，改变了土地革命战争时期实行的没收地主土地政策，实行减租减息政策。抗战胜利后，随着阶级矛盾的尖锐及国共内战威胁的日趋严重，解放区农民要求根本解决土地问题的愿望日益迫切，没收地主土地以根本解决农民土地问题的时机日渐成熟。尽管在解放区实行土地改革运动以满足农民土地要求的政策是正确的，但因过分强调满足贫雇农的绝对平分土地的要求，因而在分配土地问题上出现了严重的绝对平均主义偏向，遂使农民的民粹主义情绪急剧膨胀，以"绝对平均主义"为

① 郭德宏：《"平分土地"论析》，《中国经济史研究》1989 年第 3 期。
② 毛泽东：《寻乌调查》，《毛泽东文集》第 1 卷，人民出版社 1993 年版，第 235—236 页。

主要特征的农业社会主义在解放区土改运动中一度泛滥，造成了相当严重的消极影响。毛泽东《在晋绥干部会议上的讲话》中严厉批评了土改运动中的绝对平均主义，认为绝对平均主义是一种农业社会主义思想，“它的性质是反动的、落后的、倒退的。我们必须批判这种思想”[①]。

1946年5月4日，刘少奇代中共中央起草了《关于土地问题的指示》（简称《五四指示》），决定把减租减息政策改为通过反奸清算、减租减息等手段从地主手中获得土地的政策，明确提出：“解决解放区的土地问题是我党目前最基本的历史任务，是目前一切工作的最基本的环节。必须以最大的决心和努力，放手发动与领导群众来完成这一历史任务。”[②]《指示》根据当时的情况和条件，规定不要侵犯中农土地，一般不要变动富农的土地，对于抗日军人及抗日干部的家属之属于豪绅地主成分者，对于中小地主等应给以适当照顾，除罪大恶极的汉奸分子及人民公敌外一般应施行宽大政策，不要杀人或打死人，也不要多捉人等。随后，各解放区反奸清算、减租减息等迅速开展起来。

1947年2月1日，毛泽东在为中共中央起草的《迎接中国革命的新高潮》的党内指示中，充分肯定了实施新土地政策所取得的成就，同时指出：“还有约三分之一的地方，必须于今后继续努力，放手发动群众，实现耕者有其田。在已实现耕者有其田的地方，还有解决不彻底的地方存在，主要是因为没有放手发动群众，以致没收和分配土地都不彻底，引起群众不满意。在这种地方，必须认真检查，实行填平补齐，务使无地和少地的农民都能得到土地，而豪绅恶霸分子则必须受到惩罚。在这种耕者有其田的全部过程中，必须坚决联合中农，绝对不许侵犯中农利益（包括富裕中农在内），如有侵犯中农利益的事，必须赔偿道歉。此外，对于一般的富农和中小地主，在土地改革中和土地改革后，应有适当的出于群众意愿的照顾之处，都照《五四指示》办理。总之，在农村土地改革运动中，务须团结赞成土地改革的百分之九十以上的群众，孤立反对土地改革的少数封建反动分子，以期迅

① 《关于农业社会主义的问答》，《人民日报》1948年8月7日。

② 《中共中央关于土地问题的指示》，载中国社会科学院经济研究所现代经济史组编《中国土地改革史料选编》，国防大学出版社1988年版，第248—249页。

速完成耕者有其田的任务。”① 中共中央的这些指示是正确的，但也存在着比较大政策偏向：由于强调“填平补齐”，赞同了农民在土地问题上的绝对平均主义诉求，穷怕了的农民为了获得梦寐以求的土地，强烈主张没收一切土地进行平分，结果各地普遍实行土地“大推平”，严重侵犯了中农利益，过重打击了富农阶层。如山东解放区部分地方将部分中农错划为地主或富农，列为斗争对象，被斗中农一般占被斗户总数的10%以上，沾化县有1684户中农被斗，占被斗户总数的37%，部分中农的土地被没收，甚至有的中农被扫地出门。②

为了发动农民参加土改运动，各解放区在某种程度上赞同农民的绝对平均主义诉求，并过分强调了“贫雇农路线”，反对所谓“中农路线”，强调让贫雇农分到足够的土地，甚至提出了“群众要怎么办就怎么办”的口号，造成划分阶级标准的紊乱。这种对农民要求不加分析的一味赞同，公开提出“群众要怎么办就怎么办”口号，显然是犯了“尾巴主义”的严重偏差，带有明显的民粹主义色彩。土改运动中的尾巴主义偏向，强调党和政府一切要听从 农民群众的意见，实际上是放弃了无产阶级政党对于农民群众必需的领导和必要的教育，完全认同了农民绝对平均主义的要求。绝对平均主义在土改运动初期具有动员农民起来斗争的积极意义，但如果听任这种要求而犯有尾巴主义错误，不仅严重歪曲了中共一贯强调的群众路线，而且集中反映了农民群众所具有的农业社会主义思想。对此，艾思奇深刻分析道：“农民要求平分土地及封建财产，推翻封建地主阶级，这种要求是有革命的进步作用的，是我们应该赞成的。但农民中间，又有一种绝对平均主义的分配思想，这种绝对平均主义，不但要破坏封建的土地和财产关系，而且要用平均主义的方法破坏中农、新式富农的土地和财产关系，并要用平均主义的方法破坏城乡资本主义的工商业。这就是一种农业社会主义的思想，是一种落后的反动的思想，是我们所必须反对的。”③

1947年8月29日，新华社在陕北发表的《学习晋绥日报的自我批评》

① 毛泽东：《迎接中国革命的新高潮》，《毛泽东选集》第4卷，人民出版社1991年版，第1215—1216页。

② 《解放战争时期渤海区的土地改革运动》（中共惠民地委党史委），《山东党史资料》1985年第2期。

③ 艾思奇：《反对经验主义》，《艾思奇文集》第1卷，人民出版社1981年版，第712—713页。

社论提出："我党的土地政策改变到彻底平分土地，使无地少地的农民得到土地、农具、牲畜、种子、粮食、衣服和住所，同时又照顾地主的生活，让地主和农民同样分得一部土地乃是绝对必要的。"① 这是中共中央第一次公开宣布要将《五四指示》规定的土地政策转变为"彻底平分土地"政策。正在晋察冀解放区主持全国土地会议的刘少奇代中央工委起草电文请示：经会议讨论，"多数意见赞成彻底平分，认为办法简单，进行迅速，地主从党内、党外进行抵抗可能减少，坏干部钻空子。"9月6日，毛泽东代中共中央给中央工委起草复电："平分土地，利益极多，办法简单，群众拥护，外界亦很难找出理由反对此种公平办法，中农大多数获得利益，少数分出部分土地，但同时得了其他利益（政治及一般经济利益）可以补偿。因此，土地会议应该采取彻底平分土地的方针，将农村中全部土地、山林、水利，平地以乡为单位，山地以村为单位，除少数重要反动分子本身外，不分男女老少，在数量上（抽多补少）质量上（抽肥补瘦）平均分配。"② 中共中央批准了中央工委提出的"彻底平分土地"方针。刘少奇主持制定了《中国土地法大纲》并对"彻底平分土地"的办法作出明确规定："乡村中一切地主的土地及公地，由乡村农会收受，连同乡村中其它一切土地，按乡村全部人口，不分男女老幼，统一平均分配，在土地数量上抽多补少，质量上抽肥补瘦，使全乡村人民均获得同等的土地，并归各人所有。"③

尽管中央工委规定的土地平分的对象首先是地主、富农，但在具体实施时为了迁就贫雇农的绝对平均主义要求，不可避免地要损害中农的利益。如陕北佳县"平分土地，主要的不是平分地主的地，而是平分了中农的土地"④。陕北土改运动中片面地强调"依靠贫农"和"平分土地"，在反对右倾时对防止"左"倾注意不够，因此，造成了边区一度出现"村村点火，户户冒烟"，翻底财，"搬石头"，侵犯中农利益，破坏工商业，对地主富农

---

① 《学习晋绥日报的自我批评》，《人民日报》1947年9月1日。

② 毛泽东：《土地会议应该采取彻底平分土地的方针》，《毛泽东文集》第4卷，人民出版社1996年版，第300页。

③ 《中国土地法大纲》，中国社会科学院经济研究所现代经济史组编：《中国土地改革史料选编》，国防大学出版社1988年版，第422页。

④ 《佳县两个月土改工作报告》，《解放战争时期陕甘宁边区财政经济史资料选辑》上册，三秦出版社1989年版，第143页。

和基层干部乱斗乱杀等过左的做法。“大推平”政策以《中国土地法大纲》的形式在各解放区推行后，很多民众产生了一种错觉，认为“共产党喜欢贫困”，“穷有理”，劳动致富危险，严重挫伤了中农群众的积极性，带来了很大的负面影响。如在山东解放区，“渤海阳信九个村大推平之下，拿出地者八十四户，得地者九十五户，哪个庄大推平哪个庄，群众情绪不安，大卖牲口，大吃大喝，某庄原有牲口四十三头，推平后只剩四头了。”[①] 由此可见，土改运动中的绝对平均主义，主要表现为贫雇农对中农利益的严重侵犯。

对农村中农的过分打击，自然引起了部分贫雇农的不安：“运动的结果，平均二户贫雇分了一户中农的房子、浮财和内货，自然他们应该是满足了。但是只要仔细考察一下，贫雇本身也不是那样团结的。因为他们之中，有很多与被斗中农有亲族连系，或者因追三代，其家庭的历史情况，也有和被斗中农相似之处，因而他们也有一部分人经常提心吊胆，害怕有一天大祸要临到自己头上。”所以，有些贫雇后来回顾说：“当时很多事情确实不讲道理，但是谁也不敢说，一说就怕人家（指领导上）批评和地富不分家。”[②] 太岳区委明确指出：“左偏动摇了两个东西：一个是动摇了私有财产，再一个动摇了劳动致富……侵犯中农的地方，不仅使中农不敢放手生产，而且使贫雇农也不敢放手生产。今年春天，社会的极度不安和生产的停滞，就是证明。”[③]

二　对绝对平均主义的严厉批判

当土改运动中的绝对平均主义和“左”的偏激做法在各解放区泛滥之后，毛泽东和中共中央逐步发现了问题并开始采取一系列纠偏措施，对这种带有农业社会主义色彩的民粹主义倾向进行严厉批判。

---

① 《华东局关于山东减租减息土地改革运动的总结》，山东省档案馆、山东社会科学历史研究所编：《山东革命历史档案资料选编》第19辑，山东人民出版社1984版，第267页。

② 《四八年冶陶会议前后的更乐》，中共山西省委党史研究室、山西省档案馆编：《太行革命根据地土地问题资料选编》，1983年，第350页。

③ 顾大川：《关于土改及今后工作的报告》，中共河南省委党史工作委员会编：《河南解放区的土地改革》，河南人民出版社1991版，第353—354页。

1947年12月25日，毛泽东在十二月会议上所作的《目前形势和我们的任务》强调土改运动不要损害中农利益。他说："我们的方针是依靠贫农，巩固地联合中农，消灭地主阶级和旧式富农的封建的和半封建的剥削制度"，在土改中"必须注意两条基本原则"，其中第二条就是"必须坚决地团结中农，不要损害中农的利益"。如何团结中农呢？各地在平分土地时，"须注意中农的意见，如果中农不同意，则应向中农让步。在没收分配封建阶级的土地财产时应当注意某些中农的需要。在划分阶级成分时，必须注意不要把本来是中农成分的人，错误地划到富农圈子里去。在农会委员会中，在政府中，必须吸收中农积极分子参加工作。在土地税和支援战争的负担上，必须采取公平合理的原则。这些，就是我党在执行巩固地联合中农这一战略任务时所必须采取的具体政策。"[①] 毛泽东在报告中强调了平分旧式富农多余的土地及一部分财产的必要性，指出对富农和地主一般地应当有所区别。所有这些都是正确的，对于纠正当时的"左"倾错误起了重要的作用。

1948年1月，任弼时在西北野战军前线委员会扩大会议上所作的《土地改革中的几个问题》中，发现了土改中绝对平均主义的危害。他严厉地指出，如果侵犯了中农的利益，甚至与他们对立起来，那就要使我们在战争中失败。对一般工商业是应当保护的，就是对地主富农所经营的工商业，同样应当受到民主政府的保护。毛泽东收到对该报告后批示道：由新华社转播全国各地，立即在一切报纸上公布发表，并印成小册子，争取两天或三天发完。1948年2月8日，西北局书记习仲勋致电毛泽东，就分三类地区进行土改问题向中共中央提出了自己的意见。他建议：由于陕甘宁边区中农占有土地多，如果平分，必然会动摇农民对土地所有权的信心，挫伤他们的生产积极性，故不宜平分土地；老解放区不能搞贫农团领导一切，因为贫农团内有由于地坏、地远、人口多而致贫的，有因灾祸生活下降的，也有不务正业（吃喝嫖赌）而变坏变穷的。这种贫农团一经组织起来，就必然向中农身上打主意，"左"的偏向也就由此而来；要把发扬民主与土改生产相结合，反

---

① 毛泽东：《目前形势和我们的任务》，《毛泽东选集》第4卷，人民出版社1991年版，第1251—1252页。

对干部强迫命令作风；解决中农负担过重的问题，“这一倾向，十分危险，有压倒中农、破坏农村经济繁荣之势。”习仲勋的意见受到毛泽东和中共中央的高度重视。毛泽东亲笔修改校订了习仲勋发来的电报稿并转发各地，对土改中的“左”倾做法加以纠正。2 月 11 日，毛泽东为中共中央起草了《纠正土地改革宣传中的“左”倾错误》的党内指示，指出孤立地宣传贫雇农路线、在整党问题上宣传唯成分论、在土改问题上赞扬急性病的问题，强调所谓“群众要怎样办就怎样办”，助长尾巴主义；在工商业和工人运动的方针上，对“左”的倾向或加以赞扬，或熟视无睹，都是错误的，应该对过去几个月的宣传工作加以检查，发扬成绩，纠正错误。

1948 年 4 月 1 日，毛泽东在晋绥干部会议上的讲话中，系统地论述了土地改革的问题，并提出了土地改革的总路线。他指出：土地制度的改革，是中国新民主主义革命的主要内容。土地改革的总路线，是依靠贫农，团结中农，有步骤地、有分别地消灭封建剥削制度，发展农业生产。土地改革所依靠的基本力量，只能和必须是贫农。这个贫农阶层，和雇农在一起，占了中国农村人口的 70% 左右。土地改革必须团结中农，贫雇农必须和占农村人口 20% 左右的中农结成巩固的统一战线。不这样做，贫雇农就会陷于孤立，土地改革就会失败。土地改革的一个任务，是满足某些中农的要求。必须允许一部分中农保有比较一般贫农所得土地的平均水平为高的土地量。毛泽东再次提出划清马克思主义与民粹主义、科学社会主义与农业社会主义的界限问题，对土改运动中的绝对平均主义给予严厉批判。他指出：“我们赞助农民平分土地的要求，是为了便于发动广大的农民群众迅速地消灭封建地主阶级的土地所有制度，并非提倡绝对的平均主义。谁要是提倡绝对的平均主义，那就是错误的。现在农村中流行的一种破坏工商业、在分配土地问题上主张绝对平均主义的思想，它的性质是反动的、落后的、倒退的。我们必须批判这种思想。土地改革的对象，只是和必须是地主阶级和旧式富农的封建剥削制度，不能侵犯民族资产阶级，也不要侵犯地主富农所经营的工商业，特别注意不要侵犯没有剥削或者只有轻微剥削的中农、独立劳动者、自由职业者和新式富农。土地改革的目的是消灭封建剥削制度，即消灭封建地主之为阶级，而不是消灭地主个人。因此，对地主必须分给和农民同样的土地财产，并使他们学会劳动生产，参加国民经济生活的行列。除了可以和应当惩办那些为广大人民群众所痛恨的查有实据的罪大恶极的反革命分子和恶霸分子以外，必须实行对一切人的宽大政策，禁止任何的乱打乱杀。”①

1948 年 5 月 25 日，毛泽东代中共中央起草了《一九四八年的土地改革和整党工作》的党内指示，明确提出：“凡属封建制度已经根本消灭，贫雇农已经得到大体上相当于平均数的土地，他们同中农所有的土地虽有差别（这种差别是许可的），但是相差不多者，即应认为土地问题已经解决，不要再提土地改革问题。在这类地区的中心任务，是恢复和发展生产，完成整党建政工作和支援前线的工作。”② 这实质上是对《中国土地法大纲》关于平分一切土地原则的修改，即不再要求绝对平均土地，而允许中农所有的土地同贫雇农的土地有所差别。毛泽东指出：“凡属已经平分土地，地主富农的封建经济基础已经消灭，只是尚不十分彻底，尚须酌量调剂土地的地区，例如绥德黄家川那样的地区，即不应再去平分土地，只应采取合理的抽补办法，满足一部分农民土地尚感不足的要求。在这样的地区再去平分土地是错误的……在这种贫农占少数，新老中农占多数的地区去组织贫农团，硬要指挥一切，这就是冒险的命令主义。”③ 这个指示，对于纠正各地土地分配上侵犯中农利益的“左”的错误是非常有利的。

1948 年 7 月 10 日，彭真在华北局扩大会议上的报告中，严厉批评了土改运动中满足农民绝对平均主义要求的错误做法：“所谓满足贫雇农要求，只能用所没收的封建土地财产来满足，所谓认真的满足，也只能是在这种客观条件限度内的满足。离开这种条件，抽象这种条件，抽象的谈满足贫雇农的要求，或者把它绝对化，是错误的。其结果势必引导到侵犯中农利益，或者走向绝对平均主义，陷入落后的反动的倒退的‘农业社会主义’的泥坑。”中共中央逐步改变了“平分一切土地”的做法，在理论上明确提出要

① 毛泽东：《在晋绥干部会议上的讲话》，《毛泽东选集》第 4 卷，人民出版社 1991 年版，第 1314 页。

② 毛泽东：《一九四八年的土地改革工作和整党工作》，《毛泽东选集》第 4 卷，人民出版社 1991 年版，第 1331 页。

③ 《毛泽东同志对李井泉同志关于老区贫农中农领导地位问题的报告的批示》，晋绥边区财政经济史编写组、山西省档案馆编：《晋绥边区财政经济史资料选编 · 农业编》，山西人民出版社 1986 年版，第 468 页。

批判绝对平均主义思想。

1949 年 8 月，中共中央给河南省委的指示中明确提出以“中间不动两头平”的做法来取代“平分土地”政策。“到这时，中国共产党才通过反复的实践，达到认识上的飞跃，做到了对平均主义的革命性、反封建性和落后性及其错误严格而明确的区分，从土地改革的政策和做法中最终消除和克服了农民平均主义思想的影响。”[①] 克服农民根深蒂固的平均主义观念，是纠正和警惕民粹主义的重要途径。

三 纠正破坏民族工商业的“左”倾错误

民粹主义是从小农经济中自发产生的，在绝对平均主义情绪支配下，农民在革命运动高潮中容易出现破坏资本主义工商业的过激举动。中国近代私营工商业多与土地剥削有密切联系，很多地主富农除了在农村靠土地进行剥削之外，还在城市经营民族工商业。故他们兼具地主和资本家两种身份，必须慎重地对待。随着中国革命从乡村向城市的发展，中共党内在如何接管城市、如何利用资本主义工商业的积极作用等方面，也流行起一种破坏民族工商业的农业社会主义思想。在接管城市过程中。一些地方乱抢物资和机器的现象较为严重，并在城市管理上搬用农村工作的经验，混淆封建主义和资本主义的界限，严重损害了民族资本主义工商业的发展。

1947 年 2 月的莱芜战役中，解放军部分士兵把城里电灯、洗澡盆砸坏，“马夫将马拴在洋房里，均在沙发上拉屎拉尿”。德州和五台地区也有类似情况。德州的“福音堂都给弄坏了”，五台山的石刻像都被挖心了，“据说里面有金子的缘故”。1947 年秋，西北野战军进攻榆林时，在高家堡再次发生破坏纪律问题：没收商店，向商人派款，查抄敌军军官家属的财产。毛泽东对此严厉批示：“应追究责任，并向全军施行政策教育与纪律教育。”1947 年收复井径、阳泉等地后，“部队民兵民夫与后方机关乱抓物资，乱搬机器，因而使这些工业受到致命破坏。”1947 年 11 月，解放军收复石家庄，虽然进行了事前教育，但仍然出现了较为严重的问题：（一）士兵的流寇行

① 郭德宏：《“平分土地”论析》，《中国经济史研究》1989 年第 3 期。

为。不少士兵照过去的经验拿取东西，并鼓动城市贫民去夺取物资，先是搬取公用物资，后来抢劫私人财物。“大批煤粮及其他公物被抢，许多公共建筑的门窗杂物亦被破坏或取去；（二）根据地各党政机关蜂拥入城抢购，“他们不顾一切，破坏各种财产，例如运输队人员就拆走好汽车的轮子，工厂人员就搬走某些机器或零件，机关商店人员就抢购大批货物。”[①] 占领城市后出现的这些问题，显然是民粹主义意识的集中表现。

为保护城市秩序及城市工商业发展，中共中央制定了接管城市和管理城市相关政策。1948 年 2 月 19 日，刘少奇代表中央工委将收复石家庄过程中出现的问题和处理经验通报各地及中共中央，引起高度重视。2 月 25 日，毛泽东代中共中央起草《中共中央关于注意总结城市工作经验的指示》，指示各地应当认真讨论中央工委的通报，今后收复城市应以石家庄的“方针及方法为基本的方针及方法”，责成各地尽快将所占领城市之“凡有人口五万以上者，逐一作出简明扼要的工作总结。”[②] 6 月 10 日，中共中央东北局制定的《关于保护新收复城市的指示》，分析了违反城市工商业政策的各种情形及其严重危害，规定了接收城市和保护新收复城市的基本政策。

1948 年 8 月，中共中央东北局召开东北城市工作会议。张闻天代表东北局所做的总结报告，实际上已经提出了党的城市工作方针。张闻天认为，在胜利了的条件下，城乡关系的性质已经改变，由城市剥削乡村和城乡对立变为城乡互助。要正确认识城市地位，应强调城市对乡村的领导作用。城市领导乡村的实质，就是工业与农业并重，工业领导农业；工农联盟，工人阶级领导农民。因为“城市代表更高的生产力，代表工业、技术、科学与文化。城市代表最先进的工人阶级。”东北地区在新解放城市实行军事管制的方法，成为中共接管城市的统一方法。毛泽东在 1949 年初的七届二中全会报告上明确指出，1927 年以来一直贯彻的以乡村包围城市的工作方式已经变化，党的工作重心应当转移，必须用极大的努力去学会管理城市和建设城市，既要防止资产阶级糖衣炮弹的袭击，也要防止对城市民族资产阶级的

① 参见李良玉《建国前后接管城市的政策》，《江苏大学学报》（社会科学版）2002 年第 3 期。

② 中共中央文献研究室编：《建党以来重要文献选编》第 25 册，中央文献出版社 2011 年版，第 184 页。

“左”倾冒险。

在解放战争时期的土改中，农民将地主富农在乡村的土地财产分配之后，往往产生进城没收和分配地主富农财产的激进行动，从而破坏城市资本主义工商业和城市经济的发展。地主富农兼营的工商业普遍被没收分配，许多民族资本主义工商业者被斗，甚至被打死或扫地出门。各地除了村干部办的合作社以外，私营工商业几乎全部倒闭。薄一波在给中央的报告中说：“有些人认为工商业均带有封建性。不斗工商业，不能肃清封建，满足群众要求。”侵犯和破坏民族工商业，这是中国革命进程中出现的新问题，是如何处理资本主义与社会主义关系问题在新的历史条件下的体现。

在解放区进行“平分一切土地”的土地改革浪潮中，许多农村集镇与一些县城的工商业者被斗争，其财产被没收分配。当时之所以会出现将反对封建土地的斗争触动到城镇工商业者，主要出于两种错误认识：一是用绝对平均主义的观点看待这场斗争，对农村和城镇不加区分。认为地主是财主，工商业者也是财主，地主该斗，工商业者也该斗；贫苦农民是穷人，城市贫民、店员、工人也是穷人，农民该翻身，贫民、店员、工人也该翻身，所以工商业者非斗不可。在斗工商业者的过程中，群众虽然分到一些果实，但却引起了资金外流，造成工商业的萧条。二是在土改运动中提出了反对“化形地主”口号，即将减租减息期间按照党的政策转营工商业的地主说成是“化形地主”，反对地主富农向民族工商业转化，没收他们在集镇上开办的工商业。在抗日战争和解放战争初期，根据地、解放区的政策均鼓励地主、富农投资工商业，转化为工商业者，这样做既有利于农民获得土地，又能够繁荣经济。但在“平分土地”热潮中，部分地区否认这种转化是正当的，认为地主兼营工商业者转化为工商业者，必须对他的工商业财产加以没收清算，否则难以彻底消灭地主在农村的封建剥削经济基础。

农民进城破坏资本主义工商业的激进举动，是民粹主义的集中表现，是农民绝对平均主义的集中体现，必须予以坚决抵制和严厉批判。对此，毛泽东和中共中央对土改运动中的民粹主义抱有清醒的认识。毛泽东在修改《1947 年 12 月中央扩大会议简报》中明确指出：必须避免对中小工商业采取任何冒险政策。“地主富农的工商业一般应保护，仅官僚资本与真正的反革命恶霸分子的工商业，可以收归国家或人民所有，但在国家或人民接受过来后必须使其继续营业，不得分散或停开。对一切有益于国民经济的工商业征收营业税必须以不妨碍工商业的发展为限度。”①

1948 年 1 月，毛泽东在前委扩大会议上发表讲话时强调，要保护民族工商业，要与民族资产阶级合作，不能侵犯中等资产阶级的利益，并再次重申：“必须避免对中小工商业采取任何冒险政策。各解放区过去保护并奖励一切于国民经济有益的私人工商业发展的政策是正确的，今后仍应继续。地主富农的工商业一般应当保护，只有官僚资本和真正的恶霸反革命分子的工商业，才可以没收。工人生活必须酌量改善，但是必须避免过高的待遇。”②

1948 年 2 月 27 日和 3 月 1 日，毛泽东分别写了《关于工商业政策》《关于民族资产阶级和开明绅士问题》的党内指示，强调保护工商业，团结开明绅士。4 月，他在薄一波报告的批示中指出：在城市或乡镇破坏工商业，“是一种农业社会主义思想，其性质是反动的，落后的，倒退的，必须坚决反对”。③

毛泽东在薄一波关于平、津两市的接管请示中特别叮嘱：对民族工商业要好好保护，接收工作要“原封原样、原封不动”，让他们开工，恢复生产，以后再慢慢来。他在晋绥干部会议上，明确反对土改中的绝对平均主义，并将这种军队平均主义视为民粹主义加以批判。他指出：“我们赞助农民平分土地的要求，是为了便于发动广大的农民群众迅速地消灭封建地主阶级的土地所有制度，并非提倡绝对的平均主义。谁要是提倡绝对的平均主义，那就是错误的。现在农村中流行的一种破坏工商业、在分配土地问题上主张绝对平均主义的思想，它的性质是反动的、落后的、倒退的。我们必须批判这种思想。土地改革的对象，只是和必须是地主阶级和旧式富农的封建剥削制度，不能侵犯自由资产阶级，也不要侵犯地主富农所经营的工商业，特别注意不要侵犯没有剥削或者只有轻微剥削的中农、独立劳动者、自由职

① 顾龙生：《毛泽东经济年谱》，中共中央党校出版社 1993 年版，第 223—224 页。

② 同上书，第 229 页。

③ 同上书，第 241 页。

业者和新式富农。”[①]

1948 年 7 月，经中共中央审定新华社发表的《关于农业社会主义问答》中，引用了毛泽东讲话，并把帝俄时代的民粹派和中国的太平天国农民革命都称为农业社会主义思想的代表，对这种农业社会主义产生的根源及危害作了进一步阐述："毛主席在这里所说的农业社会主义思想，是指在小农经济的基础上产生出来的一种平均主义思想。抱有这种思想的人民，企图用小农经济的标准，来认识和改造全世界，认为把整个社会经济都改造为划一的'平均的'小农经济，就是实行社会主义，而可以避免资本主义的发展。过去历史上代表小生产者的原始社会主义的空想家和实行家，例如帝俄时代的民粹派和中国的太平天国的人们，大都抱有这一类思想的。"农民通过土改分得土地是作为小私有主而存在的，有些生产条件比较有利、努力生产而又善于经营者将富裕起来，还可能进行剥削而成为新富农；相反，有些则会贫困下来甚至变为新的贫农或雇农。"这种竞争与新的阶级分化，即在新民主主义社会里，也是不可避免的，而且是被允许的，不是可怕的。因为在一定历史的条件之下，只有允许这种竞争，才能发动广大农民的生产积极性，把农业经济广大地发展起来；所以这种私有经济基础上的竞争，有其一定的进步性。抱有农业社会主义思想的人们，……否认或者反对这种竞争和分化，结果就是阻碍生产力的发展，而成为一种反动的空想。"[②]

中国工人阶级领导农民进行土地改革，发展新民主主义经济，是农民解放的第一步；经过另一个阶段的历史斗争，实现社会主义，这是农民解放的第二步。只有社会主义才能消灭贫困和阶级。故新华社解释道："社会主义不是依靠小生产可以建设起来的，而是必须依靠社会化的大生产，首先是工业的大生产来从事建设。"它再次重申："要达到社会主义，实现社会主义的工业和农业，必须经过新民主主义经济一个时期的发展，在新民主主义社会中大量地发展公私近代化工业，制造大批供给农民使用的农业机器，并因此将农民的个体经济逐步地转变为集体农场经济之后，才有可

① 毛泽东：《在晋绥干部会议上的讲话》，《毛泽东选集》第 4 卷，人民出版社 1991 年版，第 1314 页。

② 《关于农业社会主义的问答》，《人民日报》1948 年 8 月 7 日。

能。没有工业的大量发展，没有大量的成千成万的农业机器供给农民使用，并使农民有可能团结于集体农场之中，而要实行社会主义的农业，那只能是反动的思想。带有农业社会主义思想的人们，想在孤立的单个小生产经济的基础上，采取绝对平均主义的办法，来企图实现社会主义，就正是这样一种反动的思想。其结果，决不是什么社会主义的农业，而将是社会生产力的破坏与倒退。”①

新华社发表的《关于农业社会主义问答》先后经过刘少奇、毛泽东、周恩来等人阅改，由刘少奇签发，代表了中共中央领导集体批判农业社会主义的思想。毛泽东在1948年9月召开的中央政治局会议上强调说：“我们反对农业社会主义，所指的是脱离工业、只要农业来搞什么社会主义，这是破坏生产、阻碍生产发展的，是反动的。但不能由此产生误解，将来在社会主义体系中农业也要社会化。”

中国革命实质上是一场农民革命，农民是中国革命的主力军，而革命的领导者必须是无产阶级及其政党。是否坚持无产阶级对农民革命的领导，是马克思主义的农民观区别于民粹主义农民观的根本所在。斯图尔特·R.施拉姆指出：“尽管农民是一种重要的革命力量，但必须由无产阶级或资产阶级来领导，他们本身不能单独发挥政治作用，这是马克思主义最基本的政治原则之一，可以追溯到马克思本人那里。在这以后的半个世纪中，毛的理论贡献不在于用与它相对立的东西来取替这个基本原则，而在于把无产阶级领导的原则和他所坚持的中国革命的胜利最终要依靠乡村的坚定信念有机地结合起来。”② 中共在重视农民和肯定农民革命性的同时，必须警惕过分重视农民的倾向，批评其绝对平均主义诉求，加强对农民的领导和教育。1949年6月，毛泽东在《论人民民主专政》中明确提出了“教育农民”的问题，将马克思主义的农民观与民粹主义的农民观作了更清晰的界定。他指出：“严重的问题是教育农民。农民的经济是分散的，根据苏联的经验，需要很长的时间和细心的工作才能做到农业的社会化。没有农业的

① 《关于农业社会主义的问答》，《人民日报》1948年8月7日。

② ［美］斯图尔特·R.施拉姆：《毛泽东的思想》，田松年等译，中国人民大学出版社2005年版，第36页。

社会化，就没有全部的巩固的社会主义。农业社会化的步骤，必须和以国有企业为主体的强大的工业的发展相适应。人民民主专政的国家，必须有步骤地解决国家工业化的问题。”①

由此可见，在解放战争时期的土改运动中，中共党内存在着严重的农业社会主义和绝对平均主义偏向。这种农业社会主义，体现了农民身上自发的民粹主义倾向，也反映出党内在对待民族资本主义工商业问题上的民粹主义倾向。所以，毛泽东和中共中央对这种农业社会主义进行了严厉的批判，初步阐述了绝对平均主义、农业社会主义与马克思主义的根本区别，对遏制一度在土改运动中泛滥的农业社会主义思想起了积极作用。

① 毛泽东：《论人民民主专政》，《毛泽东选集》第 4 卷，人民出版社 1991 年版，第 1477 页。

中国共产党对“中华民族”“民族复兴”话语的建构
——以党代会与中央全会文献为重点

俞祖华

（鲁东大学历史文化学院）

摘要： 中国共产党人对民族复兴话语的建构可以追溯到五四运动与中国共产党创立时期，尤其是李大钊阐发的“中华民族之复活”思想，成为“中华民族复兴论”正式定型的重要基石；土地革命时期，执政的国民党将民族复兴话语塑造成带有国家意识形态性质的、含有浓厚反共色彩的霸权话语，中国共产党遂对国民党主导的“中华民族复兴论”进行了针锋相对的批判；抗日民族统一战线形成过程中尤其是抗日战争全面爆发后，中国共产党开始在某些特定语境中正面谈论“民族复兴”。进入改革开放新时期，“中华民族”“民族复兴”逐渐流行起来。20世纪90年代后，“中华民族”一词更见流行，“中华民族伟大复兴”趋于定型，此后党代会报告中的“中华民族”“民族复兴”话语日渐增多，并对其进行了充分阐释。

关键词： 中国共产党　中华民族　民族复兴　话语

20世纪初出现的“中华民族”一词逐渐成为现代中国人“族群认同的标举符号或核心称谓”，同时“民族复兴”或者是由“中华民族”与“复兴”组合而成的“中华民族复兴”也在1931年九一八事变后成为风行全中国、弥漫全社会的流行话语与社会思潮。中国共产党人在“中华民族”观念与“民族复兴”思想形成、发展的过程中，发挥了重要作用。改革开放时期中国共产党人对“实现中华民族伟大复兴”的话语建构，尤其是党的十八大以来习近平关于实现中华民族伟大复兴中国梦的论述，使近代以来的“中华民族”“中华民族复兴”话语实现了丰富、发展与升华，激发了中华儿女奋力实现中华民族伟大复兴的使命与热情。近代以来各界人士对“中华民族”“民族复兴”的话语表达呈现为政治话语、学术话语、公共话语与艺术话语等不同形式[①]，其中政治话语具有关键性的影响，而党代会宣言或政治报告又是政治话语中最重要的文本。兹以中共历届党代会宣言、政治报告等权威文本为基本依据，梳理中国共产党对“中华民族”“民族复兴”话语的建构。

一

1902 年，梁启超在《中国学术思想变迁之大势》一文中率先使用了“中华民族”一词，此后日渐流行，但人们对其内涵的理解不尽一致，有“今之中华民族即普通俗称汉族者”[②]“融化我们中国所有各族成个中华民族”[③]“凡是中国人都是中华民族——在中华民族之内我们绝不该再析出甚么民族”[④]等不同说法。抗日战争时期中共确立了中华民族“是代表中国境内各民族的总称”的中华民族观，并在 1949 年中华人民共和国成立后成为主流、主导的话语。

中共对中华民族话语的建构经历了一个过程，前期用语并不固定，同时使用了“中华民族”“中国民族”等用语，即使是用了“中华民族”一词，其所传达的含义也存在模糊性、不确定性、不一致性。

① 参见俞祖华、赵慧峰《民国时期民族复兴话语的三种形态》，《中国文化研究》2015 年第 1 期。

② 梁启超：《历史上中国民族之观察》，《饮冰室合集》第 8 册，中华书局 1989 年版，专集之 41 第 2 页。

③ 《在上海中国国民党本部会议的演说》，《孙中山全集》第 5 卷，中华书局 1985 年版，第 392—393 页。

④ 顾颉刚：《中华民族是一个》，《益世报·边疆周刊》第 9 期，1939 年 2 月 13 日。

中国共产党人对“中华民族”一词的使用，可以追溯到中国共产党创立时期。[①] 当时，李大钊、陈独秀、毛泽东、蔡和森等早期马克思主义者在各自的文章中使用过“中华民族”一词，[②] 1922 年创刊的中共中央机关报《向导》周刊“本刊发刊词”也用过该概念。[③] 在更为权威的党代会文献中首次明确使用该词，是 1922 年 7 月通过的中共二大宣言提出的奋斗目标之第二项：“推翻国际帝国主义的压迫，达到中华民族完全独立。”[④] 中共二大通过的《关于“国际帝国主义与中国和中国共产党”的决议案》也把“推翻国际帝国主义的压迫，达到中华民族的完全独立”等 7 项列为中共二大“极力要求”做的事情。[⑤] 宣言将少数民族称为“异种民族”，反映出宣言所指称的“中华民族”实际上是模糊的。此后，在党的文献、党的领导人的

① 关于民主革命时期中共中华民族观的研究成果有：郑大华：《民主革命时期中共的“中华民族”观念》，《史学月刊》2014 年第 2 期；张太原：《抗日战争与中共的中华民族观的形成》，《中共党史研究》2016 年第 3 期；李臻、金浩：《抗日战争时期中国共产党的中华民族观》，《黑龙江民族丛刊》2015 年第 5 期；李臻：《抗战时期中国共产党中华民族观的转型与发展》，《民族论坛》2013 年第 5 期；张健：《抗日战争时期党推动中华民族共同体构建的理论突破与实践探索》，《中南民族大学学报》2017 年第 1 期；李贽：《延安时期党对中华民族概念的探索和认识》，《延安大学学报》（社会科学版）2016 年第 6 期；陈韵：《民国时期中共“中华民族”观念的嬗变》，《党史研究与教学》2013 年第 4 期；张勇：《中国共产党中华民族观的历史演进》，《中国民族报》2016 年 4 月 29 日；杜玉芳：《中国共产党中华民族的调整与抗日民族统一战线的形成》，《中央社会主义学院学报》2015 年第 4 期等。

② 如李大钊 1917 年 2 月 19 日在《甲寅》日刊发表了《新中华民族主义》一文，指出：“吾国历史相沿最久，积亚洲由来之数多民族冶融而成此中华民族，畛域不分、血统全泯也久矣，此实吾民族高远博大之精神有以铸成之也。今犹有所遗憾者，共和建立之初，尚有五族之称耳。以余观之，五族之文化已渐趋于一致，而又隶于一自由平等共和国体之下，则前之满云、汉云、蒙云、回云、藏云，乃至苗云、瑶云，举为历史上残留之名辞，今已早无是界，凡籍隶于中华民国之人，皆为新中华民族矣。然则今后民国之政教典刑，当悉本此旨以建立民族之精神，统一民族之思想。此之主义，即新中华民族主义也。”（《李大钊文集》上册，人民出版社 1984 年版，第 302—303 页）毛泽东 1919 年 8 月在《民众的大联合》一文中提到：“原来中华民族，几万万人从几千年来，都是干着奴隶的生活”，“我们中华民族原有伟大的能力！压迫愈深，反动愈大，蓄之既久，其发必速，我敢说一句话，他日中华民族的改革，将较任何民族为彻底，中华民族的社会，将较任何民族为光明。中华民族的大联合，将较任何地域任何民族而先告成功。”（《毛泽东早期文稿》，湖南出版社 1990 年版，第 369 页）

③ 1922 年 9 月的《向导》发刊词中称“帝国主义是钳制我们中华民族不能自由发展的恶魔”，“我中华民族为被压迫的民族自卫计，势不得不起来反抗国际帝国主义的侵略，努力把中国造成一个完全的真正独立的国家”（《中共中央文件选集》第 1 册，中共中央党校出版社 1989 年版，第 569—570 页）。

④ 《中国共产党第二次全国大会宣言》，《中共中央文件选集》第 1 册，中共中央党校出版社 1989 年版，第 115 页。

⑤ 《关于“国际帝国主义与中国和中国共产党”的决议案》，《中共中央文件选集》第 1 册，中共中央党校出版社 1989 年版，第 62 页。

论著、党群组织文献中“中华民族”一词时而出现，如1925年1月中共四大通过的《对于民族革命运动之议决案》批评封建阶级及资产阶级的民族运动“以大中华民族口号同化蒙藏等藩属”；[①] 1926年8月8日的《中国共产党致粤港罢工工人书》提到“香港帝国主义不但是工人阶级的对头，而且是广东全省人民以至全中华民族的仇敌”；[②] 1926年12月《湖南省第一次农民代表大会宣言》发出“中华民族解放万岁”口号。[③]

一直到九一八事变前，在“中华民族”、“中国民族”两词中，党的文献中多数情况下使用的是“中国民族”一词，如在1924年9月发表的《中国共产党第三次对于时局宣言》提出“以打倒国外帝国主义及国内一切军阀为中国民族解放之唯一的道路”；[④] 在1926年4月中共中央发出的《我们今后怎样工作》小册子提到“落后的中国民族，当然还未能懂得民族运动中反帝国主义的联合战线之重要”；[⑤] 在1929年3月18日发布的《中共中央、共青团中央为反对军阀战争宣言》中谴责国民党是“葬送中国民族，造成新军阀战争的罪魁祸首”，军阀是“出卖中国民族利益给帝国主义的工具”；[⑥] 在1929年7月5日发表的《中国共产党第六届中央执行委员会第二次全体会议宣言》号召工农群众“为中国民族的自由解放而斗争”，号召打倒“出卖中国民族利益的国民党”；[⑦] 在1930年8月14日发布的《中国共产党对于时局宣言》中，同时使用了“少数民族”与“中国民族”的提法。这在党代会文献中也有所反映，如1923年6月中共三大通过的《宣言》中指出“我们的使命是以国民革命来解放被压迫的中国民族”；[⑧] 1925年1月

---

① 《对于民族革命运动之议决案》，《中共中央文件选集》第1册，中共中央党校出版社1989年版，第330页。

② 《中国共产党致粤港罢工工人书》，《中共中央文件选集》第2册，中共中央党校出版社1989年版，第287页。

③ 《湖南省第一次农民代表大会宣言》，《中共中央文件选集》第2册，第687页。

④ 《中国共产党第三次对于时局宣言》，《中共中央文件选集》第1册，第288页。

⑤ 《我们今后怎样工作》，《中共中央文件选集》第2册，第109页。

⑥ 《中共中央共青团中央为反对军阀战争宣言》，《中共中央文件选集》第5册，中共中央党校出版社1990年版，第97、100页。

⑦ 《中国共产党第六届中央执行委员会第二次全体会议宣言》，《中共中央文件选集》第5册，第328页。

⑧ 《中国共产党第三次全国代表大会宣言》，《中共中央文件选集》第1册，第166页。

中共四大通过的《对于民族革命运动之议决案》，提到“中国民族德谟克拉西运动之发展，当与工人农民及城市中小资产阶级普遍的参加为正比例”；[①]等。至于“中国民族运动”“中国民族解放运动”“中国民族解放斗争”“中国民族革命”之类的复合词则更常见，另外还出现过“中国整个民族”[②]等说法。1928 年 6 月 18 日至 7 月 11 日召开的中共六大通过的《关于民族问题的决议》没有使用“中华民族”一词，但使用了与其相对应的“少数民族”一词：“中国共产党第六次大会，认为中国境内少数民族的问题（北部之蒙古，回族，满洲，高丽人，福建之台湾人，以及南部苗黎等原始民族，新疆和西藏）对于革命有重大意义，特委托中央委员会于第七次大会之前，准备中国少数民族问题的材料，以便第七次大会列入议事日程并加入党纲。”[③] 六大提出的“我党基本政治口号”还包括了“统一中国”的内容，这种同时关注国家统一与少数民族思想的提出为“统一的多民族国家”的中华民族观的确立奠定了基础。

九一八事变发生后，中共文献尤其是在反对日本侵略的宣言、声明等文件中使用“中国民族”“中华民族”的次数、频率明显增加。[④] 相对来说，在全面抗战爆发前使用“中国民族”说法仍然居多，如 1931 年 9 月 30 日发表的《中国共产党为日本帝国主义强占东三省第二次宣言》中批评国民党“同各帝国主义者密商如何出卖中国民族的利益”；[⑤] 同年 11 月 5 日发布的《中央给苏区中央局第七号电》提出的“宪法原则要点”包括“宣布中国民族的完全自主与独立”[⑥]；等等。有的文献使用了“中华民族”称谓，如 1934 年 4 月中共发布的《中国人民对日作战的基本纲领》提出“中国人民唯一自救与救国的方法，就是大家团结起来武装驱逐日本帝国主义，就是中

① 《对于民族革命运动之议决案》，《中共中央文件选集》第 1 册，第 334、330 页。

② 如 1928 年 8 月 1 日发布的《中国共产党中央执行委员会告小商人学生自由职业者及国民党中的革命分子》抨击帝国主义“束缚中国整个民族至不能呼吸的惨境”（《中共中央文件选集》第 4 册，中共中央党校出版社 1989 年版，第 561—562 页）。

③ 《关于民族问题的决议》，《中共中央文件选集》第 4 册，第 388 页。

④ 参见俞祖华《单一国族·一元一体·多元一体：民国时期中华民族整体观念的三种类型》，《东岳论丛》2018 年第 1 期。

⑤ 《中国共产党为日本帝国主义强占东三省第二次宣言》，《中共中央文件选集》第 7 册，中共中央党史出版社 1991 年版，第 427 页。

⑥ 《中央给苏区中央局七号电》，《中共中央文件选集》第 7 册，第 493 页。

华民族自卫”①；1937年2月10日发出的《中共中央给中国国民党三中全会电》提到“当此日寇猖狂，中华民族之存亡，千钧一发之际”，深望“全民族御侮救亡之统一战线从此实现也”，“我辈同为黄帝子孙，同为中华民族儿女，国难当前，惟有抛弃一切成见，亲密合作，共同奔赴中华民族最后解放之伟大前程”②。在1932年4月15日中华苏维埃政府宣布的《对日战争宣言》、1934年7月15日中共发布的《为中国工农红军北上抗日宣言》、1935年中共发表的“八一宣言”、1936年7月15日发布的《中华苏维埃中央政府对哥老会宣言》、1937年4月15日发布的《中国共产党中央执行委员会告全党同志书》等文件中，则在同一文献中同时使用了“中国民族”“中华民族”两词，如《为中国工农红军北上抗日宣言》提出“苏维埃政府与工农红军不能坐视中华民族的沦亡于日本帝国主义”，要通过“武装的民族革命战争”“取得中国民族的独立解放与保持中国领土的完整”③；《中国共产党中央执行委员会告全党同志书》提及“中华民族”一词7次、提及“中国民族”一词2次，强调“中华民族的最大敌人是日本帝国主义”，争取“中国民族的彻底解放”“中华民族的彻底解放是每一个中国人的责任”④。

全面抗战爆发前，中共对“中国民族”“中华民族”两词内涵的理解并未定型，“在多数情况下指的是‘汉族’”⑤，如李大钊在1925年的《蒙古民族的解放运动》一文中将“中国民族”与“蒙古民族”并列，1936年5月25日发布的《中华苏维埃中央政府对回族人民的宣言》提出以“彻底解放中华民族及其他弱小民族为其基本任务”；⑥ 但有时也作为中国境内各族的统称，如《为中国工农红军北上抗日宣言》所提到的“中国民族”“中华民族”是指全体中国人。

---

① 《中国人民对日作战的基本纲领》，《中共中央文件选集》第10册，中共中央党史出版社1991年版，第682页。

② 《中共中央给中国国民党三中全会电》，《中共中央文件选集》第11册，中共中央党史出版社1991年版，第157—158页。

③ 《中华苏维埃共和国中央政府、中国工农红军革命军事委员会为中国工农红军北上抗日宣言》，《中共中央文件选集》第10册，第347—348页。

④ 《中国共产党中央执行委员会告全党同志书》，《中共中央文件选集》第11册，第193—204页。

⑤ 郑大华：《民主革命时期中共的“中华民族”观念》，《史学月刊》2014年第2期。

⑥ 《中华苏维埃中央政府对回族人民的宣言》，《中共中央文件选集》第11册，第796页。

到了抗日战争时期特别是进入相持阶段以后，在中共话语体系中，“‘中华民族’一词的运用取得了压倒性优势”，[①] 且其含义定型为“中国境内各民族的统称”。党的文献中提及“中华民族”一词如：1937 年 7 月 8 日发表通电，指出“中华民族危急”，号召实行全民族抗战；[②] 7 月 23 日，再次发表宣言，强调“只有坚决抗战，才是中华民族的生路”，号召“所有中华民族的儿女们”团结起来，以“中华民族的伟大的坚强的力量”粉碎日本帝国主义进攻；[③] 9 月 25 日发布的《中国共产党告日本陆海空军士兵宣言》中有“中华民族解放万岁”的口号。[④] 1938 年 6 月 24 日发表的《中央关于中共十七周年纪念宣传纲要》提出“解放中华民族与中国人民”是中共的“历史使命”“首先任务”，其奋斗历程“已经表现出了他们是中华民族与中国人民的先锋队”。[⑤] 1939 年 4 月 26 日发布的《中国共产党中央委员会为开展国民精神总动员运动告全党同志书》中强调“中华民族是我们全体中国人的民族”。[⑥]

1938 年 9 月 29 日至 11 月 6 日在延安的六届六中全会，在中共多元一体中华民族观的定型上，发挥了重要作用。毛泽东在《论新阶段》的报告中，9 次使用了“中华民族”概念，称共产国际“为了中华民族的胜利，号召全世界各国共产党与无产阶级援助中国的抗日战争”，“现在全中国全世界的人都明白：中华民族是站起来了”，“中华民族自由解放的曙光，已经发现了”；指出抗日战争“是为了把中华民族从半殖民地状态从亡国灭种危险中解放出来的战争，而且这个战争是在中华民族历史上最进步的时期进行的”；指出全会需要探讨“今后全国努力的方向，即全中华民族的当前紧急任务”；指出日本帝国主义采取异常野蛮的掠夺政策，使其侵略战争“变为同整个中华民族绝对对立的战争，迫着中国除极少数当汉奸者外无论什么阶

① 张太原：《抗日战争与中共的中华民族观的形成》，《中共党史研究》2016 年第 3 期。

② 《中国共产党为日军进攻卢沟桥通电》，《中共中央文件选集》第 11 册，第 275 页。

③ 《中国共产党为日本帝国主义进攻华北第二次宣言》，《中共中央文件选集》第 11 册，第 297—298 页。

④ 《中国共产党告日本陆海空军士兵宣言》，《中共中央文件选集》第 11 册，第 344 页。

⑤ 《中央关于中共十七周年纪念宣传纲要》，《中共中央文件选集》第 11 册，第 524—526 页。

⑥ 《中国共产党中央委员会为开展国民精神总动员运动告全党同志书》，《中共中央文件选集》第 12 册，中共中央党史出版社 1991 年版，第 56 页。

级，无论什么党派，都不能不团结起来坚决抗战”，“日本帝国主义的侵略战争，不但是危害中华民族的，同时也是危害日本全体兵民与朝鲜、台湾等被压迫民族的”[①]。报告中还使用了“中华各族”一词，强调“团结中华各族，一致对日”，提出“允许蒙、回、藏、苗、瑶、夷、番各民族与汉族有平等权利，在共同对日原则下，有自己管理自己事务之权，同时与汉族联合建立统一的国家”[②]。洛甫在《关于抗日民族统一战线的与党的组织问题》提出“同少数民族联合共同抗日”，提出“利用中华民族过去历史上一切伟大的事迹与人物，宣传中华民族的伟大，以造成民族自尊心，以击破投降妥协的心理”[③]。《中共扩大的六中全会政治决议案》使用“中华民族”一词多达22次（其中“全中华民族”4次），另提及“中华各民族”1次，要求“团结中华各民族（汉、满、蒙、回、藏、苗、瑶、夷、番等）为统一的力量，共同抗日图存”，相信“具有五千年文化历史，拥有四万万五千万人口的我伟大中华民族”一定能克服困难，“最后胜利是一定属于我中华民族的”[④]。《中共扩大的六中全会告全国同胞全体将士和国共两党同志书》6次使用“中华民族”一词，强调“每一个黄帝子孙”“我拥有五千年文化四万万五千万人口之伟大中华民族的每一分子”要团结抗日，达到“取得中华民族独立与解放之目的”[⑤]。《中共扩大的六届六中全会关于召集第七次全国代表大会的决议》等文献也都使用了“中华民族”称谓。不难看出，这些文献中所说的“中华民族”、“中华各族”是与“我整个国家”、全国各族人民对等的，是指“除极少数当汉奸者外”的“蒙、回、藏、苗、瑶、夷、番各民族”，这些少数民族将“与汉族联合建立统一的国家”，这标志着作为“中国境内各民族的统称”之中华民族观的基本定型。1939年，毛泽东

---

① 毛泽东：《论新阶段（抗日民族战争与抗日民族统一战线发展的新阶段）》，《中共中央文件选集》第11册，第561、563、570、618页。

② 同上书，第619页。

③ 洛甫：《关于抗日民族统一战线的与党的组织问题》，《中共中央文件选集》第11册，第698、708页。

④ 《中共扩大的六中全会政治决议案（抗日民族自卫战争与抗日民族统一战线发展的新阶段）》，《中共中央文件选集》第11册，中共中央党史出版社1991年版，第752、759页。

⑤ 《中共扩大的六中全会告全国同胞全体将士和国共两党同志书》，《中共中央文件选集》第11册，第779、781—782页。

在《中国革命和中国共产党》一文中对“中华民族”作了系统阐述，鲜明表达了“中华民族”由国内各民族共同构成的观点，成为中共中华民族观定型的经典文本。此后，这种多元一体的中华民族观在党的文献中不断有所体现。如周恩来1944年3月在纪念孙中山19周年大会的演说中指出需要承认“在中国人或中华民族的范围内，是存在着汉蒙回藏等民族的事实”，强调“要在承认民族自决权的原则下平等的联合起来”[①]。

中共二大宣言首次提及“中华民族”一词、中共三大与中共四大文献使用“中华民族”“中国民族”两词，九一八事变尤其是七七事变后中共多元一体“中华民族”观的定型，与日本侵华、中华民族外部危机加剧密切相关，也与第一、第二次国共合作形成的背景有关。当时中共文献中“中华民族”一词的使用主要是在以下四个语境中。一是九一八事变后中共号召反日的宣言、通电或抗战周年纪念的宣言等文献。在全面抗战爆发后一直到解放战争时期的“抗战周年纪念宣言”几乎都使用了“中华民族”。[②] 1945年9月5日，《解放日报》发表《庆祝抗战最后胜利》的社论8次使用了“中华民族”一词，如指出1915年5月9日北洋政府接受日本提出“使中华民族遭受奇耻大辱的二十一条”，“是我中华民族的国耻日”。[③] 二是抗日民族统一战线形成、发展过程中向国民党喊话“停止内战、一致抗日”的文献中，如“双十”节纪念文献[④]、针对国民党进行呼吁的文件中均有涉及。即使在国民党发动反共高潮的背景下，《解放日报》还于1943年7月1日发表了题为《中国共产党与中华民族》的社论，呼吁国共两党加强团结，认为两党关系

---

① 周恩来：《关于宪政与团结问题——在延安各界纪念孙中山先生逝世十九周年大会演说词》，《中共中央文件选集》第14册，中共中央党校出版社1992年版，第184页。

② 1939年7月7日《中国共产党中央委员会为抗战两周年纪念对时局宣言》使用“中华民族”一词6次；1940年7月7日的《中国共产党中央委员会为抗战三周年纪念对时局宣言》使用“中华民族”一词3次；1941年6月的《中央关于中国共产党诞生二十周年、抗战四周年纪念指示》使用“中华民族”一词1次；同年7月7日《中国共产党中央委员会为抗战四周年纪念宣言》使用“中华民族”一词2次；1943年7月2日的《中国共产党中央委员会为抗战六周年纪念宣言》使用“中华民族”一词3次；1944年7月6日的《中国共产党中央委员会为抗战七周年纪念宣言》使用“中华民族”一词1次；1945年7月7日的《中共中央纪念抗战八周年口号》使用“中华民族”一词2次；1947年7月7日的《中共中央为纪念“七七”抗战发布对时局口号》使用“中华民族”一词2次，包括以“中华民族解放万岁”作为结尾。

③ 《庆祝抗战最后胜利》，《中共中央文件选集》第15册，中共中央党校出版社1991年版，第581页。

④ 1941年10月6日的《中央关于纪念今年双十节的决定》使用“中华民族”一词4次。

与中华民族的强盛与衰落密切相关。在1945年3月2日的《新华社记者评蒋介石在宪政实施协进会上的演讲》要求以“中华民族的赏功罚罪的纪律”查办指挥无能的蒋介石、褒奖抗战有功的八路军、新四军将士。三是“三八”、“五一”等国际性节日纪念[①]或中共面向国际场合发声的文献[②]。1943年2月4日，《解放日报》发表的社论《中国共产党与废除不平等条约》中9次提及了“中华民族”，指出废约和平等新约的订立“是中华民族独立解放斗争中的一个重大成功”，这“首先是中华民族广大人民的成功”，而“中国共产党是中华民族解放的急先锋”；[③] 同年5月，在共产国际宣布解散后，中共在相关决定中强调“中国共产党是中华民族最优秀的子孙”，[④] 将继续致力于中华民族解放事业。四是《关于回回民族问题的提纲》《关于抗战中蒙古民族问题提纲》等民族问题文件等党内指示，文件提到“今天回族的命运，也和整个中华民族的命运一样”，“今天回族的首要任务，也和整个中华民族一样，是抗日”，“蒙古民族是中华民族的一部分”。[⑤]

在1945年4月23日至6月11日召开的中共七大上，毛泽东在《论联合政府》的政治报告中提到了1935年一二·九运动中“在我党领导之下，发动了英勇的爱国运动，成立了中华民族解放先锋队”。另外《中共“七大”代表暨延安人民代表对中国革命死难烈士的祭文》称死难先烈“是中华民族优秀的子孙”。[⑥] 七大通过的党章则写入了“中国民族”一词，要求党员积极工作，争取“达到中国民族与中国人民的彻底解放”。[⑦]

“中华民族”是相对于外国民族、外部的“他族”而言的。在日本全面侵华的背景下，中共阐发“多元一体”的中华民族观，可以说是顺乎时代

---

① 1942年2月3日的《中央关于纪念“三八”节给各级党委的指示》使用“中华民族”一词1次。

② 如1941年1月18日的《中共中央发言人对皖南事变发表谈话》中两次提及“中华民族”一词。

③ 《中国共产党与废除不平等条约》，《中共中央文件选集》第14册，第439—443页。

④ 《中国共产党中央委员会关于共产国际执委主席团提议解散共产国际的决定》，《中共中央文件选集》第12册，第41页。

⑤ 《关于回回民族问题的提纲》《关于抗战中蒙古民族问题提纲》，《中共中央文件选集》第12册，中共中央党校出版社1991年版，第376、436页。

⑥ 《中共“七大”代表暨延安人民代表对中国革命死难烈士的祭文》，《中共中央文件选集》第15册，第138页。

⑦ 《中国共产党章程》，《中共中央文件选集》第15册，第118页。

之举。在民族战争向国内战争转变的背景下，与“中华民族”一词同义又更有革命色彩、区分敌友色彩的“中国人民”“人民”等词，在中共文献中的使用频率明显上升，“中华民族”一词有所减少。毛泽东在中共七大上所作《论联合政府》的政治报告提及“中华民族”仅有1次，但使用“中国人民”101次，此外还有“全国人民”等说法。1946年7月1日，《解放日报》发表的题为《中国共产党与中国》的社论提到“中国人民”一词42次、提到“人民”一词47次、提到“中国民族”一词3次，没有使用“中华民族”一词；1948年3月6日的《中共中央发言人评民盟三中全会及国民党革命委员会宣言》、6月28日发布的《中国共产党中央宣传部关于纪念“七一”和“七七”的通知》等文献也没有使用“中华民族”而使用了“中国民族”一词。《中共中央文献选集》所收录的1946年的文献中，在《解放日报》8月29日发表的题为《一年的教训》的社论结尾批评美国政府帮助蒋介石“消灭中华民族的独立和中国人民的民主”[①]；选集所收录的1947年的文献中，在7月7日的《中共中央为纪念“七七”抗战发布对时局口号》、9月12日新华社社论《人民解放军大举反攻》、10月10日的《中国人民解放军口号》分别使用该词2次、1次和1次（结尾均有“中华民族解放万岁”或“中华民族万岁”口号）；选集所收录的1948年的文献中，4月30日的《中共中央纪念“五一”节口号》第23条是“中华民族解放万岁”[②]；选集所收录的1949年的文献中，1月27日的《中共中央庆祝平津解放的口号》第40条口号是“中华民族解放万岁”[③]。

二

中国共产党人对民族复兴话语的使用也可以追溯到五四运动与建党时期。早期马克思主义者对中华民族复兴观念的形成，做出了开拓性的重要贡

① 《一年的教训》，《中共中央文件选集》第16册，中共中央党校出版社1992年版，第686页。

② 《中共中央纪念“五一”节口号》，《中共中央文件选集》第17册，中共中央党校出版社1992年版，第100页。

③ 《中共中央庆祝平津解放的口号》，《中共中央文件选集》第18册，中共中央党校出版社1992年版，第148页。

献，尤其是李大钊阐发的“青春中华”“中华民族之复活”思想成为“中华民族复兴论”正式定型的重要基石[①]，他在1917年4月发表的《大亚细亚主义》提出“言大亚细亚主义者，当以中华国家之再造，中华民族之复活为绝大之关键”[②]；在次年7月发表的《东西文明根本之异点》中称“顾吾人深信吾民族可以复活，可以于世界文明为第二次之大贡献”[③]。恽代英1920年在《少年中国》月刊发表了《怎样创造少年中国》的长文，提出“以求中国的返老还童为手段”达到创造少年中国的目的。

1927—1937年，国民党将民族复兴话语塑造成含有浓厚反共色彩的霸权话语，中共遂对国民党所主导的“中华民族复兴论”进行了针锋相对的批判。[④] 如在1934年4月10日的“告民众书”中谴责：“在溥仪称帝与日本大举进攻的现在，国民党法西斯蒂集中一切力量去进攻红军与苏区，实行大借款，进行奴隶式的‘新生活运动’，取缔一切罢工、怠工，屠杀一切革命分子，禁止任何进步思想与言论，以此替帝国主义最后瓜分中国作清道夫。这就是国民党所谓‘复兴民族’!”[⑤] 在5月5日的“告全国劳动群众”中揭露：“不派一个士兵，一架飞机，不用一个铜板去反对帝国主义的侵略！出卖中国，在日本及一切帝国主义之前匍匐投降，背叛民族，屠杀民众，血腥的镇压一切反帝斗争，无限制的剥削工农，毁灭中国——这就是国民党法西斯蒂的‘民族复兴’政策的实质。”[⑥] 在12月15日的一份“提纲”中，痛斥国民党“剿匪胜利，是中国民族复兴的起点”的说法是掩盖其卖国叛国罪行的“无耻的谰言”[⑦]。1931年九一八事变发生后，中共方面更多地以“反帝”“民族解放”“反对日本帝国主义”“民族的革命战争”“中国民族

① 详见俞祖华、耿茂华《从李大钊到毛泽东：民主革命时期中国共产党民族复兴思想的演变轨迹》，《人文杂志》2015年第12期。

② 李大钊：《大亚细亚主义》，《李大钊全集》第2卷，河北教育出版社1999年版，第663页。

③ 李大钊：《东西文明根本之异点》，《李大钊全集》第3卷，河北教育出版社1999年版，第44页。

④ 黄兴涛：《民国各政党与中华民族复兴论》，《近代史研究》2014年第4期。

⑤ 《中国共产党中央委员会为日本帝国主义对华北新进攻告民众书》，《中共中央文件选集》第10册，第196页。

⑥ 《党、团中央为声讨国民党南京政府告全国劳动群众书》，《中共中央文件选集》第10册，第275页。

⑦ 《中央局关于目前形势与我们的任务的提纲》，《中共中央文件选集》第10册，第427页。

的独立解放”等口号表达自身的民族主义诉求。

抗日民族统一战线形成过程中尤其是抗日战争全面爆发后，中共依然以使用“民族革命战争”“中华民族的独立解放”等话语为主，但也在某些特定语境中正面谈论“民族复兴”。1935 年秋，陈云在《随军西行见闻录》中主张国共合作抗日，指出“以中国地大物博、人口亦多，如果停止自杀，而共同杀敌，则不仅日本不足惧，我中华民族亦将从此复兴矣”①。1937 年 2 月 16 日，《新中华报》发表社论指出：“为着中华民族的解放与复兴，为着举国一致同抗暴日，一切为着实现民族统一战线，我们必须有如此的让步和妥协。这一让步和妥协，对中华民族和人民大众是只有益处，而没有害处。”② 该社论将民族解放与民族复兴并提，这是中共在国民党发起“民族复兴运动”后直接使用“复兴”话语的开始，此后在其有关文献中陆续出现。如 1937 年 9 月 25 日，洛甫、毛泽东致周恩来等的指示中提到：“中华民族之复兴，日本帝国主义之打倒，将于今后的两党团结与全国团结得到基础。”③ 1938 年初，《新华日报》在发刊词中称：“我们深信，当前挽救国家危亡的民族自卫抗战实为我中华民族复兴之必经途径及其起点……欲求抗战的最后胜利，欲求独立自由幸福的新中国之实现，其在今天和将来，除应加强我们内部的团结，巩固抗日民族统一战线外，别无方法与途径。这是挽救时局和复兴中华的关键。”④ 3 月 1 日，中共中央在致国民党临时全国代表大会的建议中称，在大敌当前之时，炎黄子孙首先是国共两党能毅然亲密携手共御外侮，“这不仅证实我中华民族的伟大，而且预示着我中华民族的复兴”⑤。同年 7 月，延安各界集会并发表纪念全面抗战爆发一周年宣言称，从七七事变起，“中华民族已经团结得像一个巨人一样”，这对中华民族来说，“是一个复兴的关键”⑥。1939 年 9 月 1 日，毛泽东与《新华日报》记者谈到，中国有“坚持抗战、坚持团结、坚持进步”的“复兴的前途”，也有

---

① 陈云：《随军西行见闻录》，《陈云文选》第 1 卷，人民出版社 1995 年版，第 91 页。

② 《实现二月十日通电的主张》，《新中华报》1937 年 2 月 16 日。

③ 《关于国共两党抗日民族统一战线建成后宣传内容的指示》，《中共中央文件选集》第 11 册，第 348 页。

④ 《发刊词》，《新华日报》创刊号，1938 年 1 月 11 日。

⑤ 《中共中央对国民党临时全国代表大会的提议》，《中共中央文件选集》第 11 册，第 485 页。

⑥ 《延安市各界民众抗战周年纪念大会宣言》，《新中华报》，1938 年 7 月 10 日。

"实行妥协、实行分裂、实行倒退"的"亡国的前途"[①]。1941年1月24日，《新四军声讨亲日派通电》中指出："今日何日？乃民族必然复兴，汉奸必然歼灭，日寇必然打倒……之日"[②]。1941年7月7日，《中国共产党中央委员会为抗战四周年纪念宣言》中称，四年来全国军民的抗战"奠定了民族复兴的基础，产生了新生中国的雏形"[③]。有的文献虽没有直接使用"民族复兴"一词，但也包含了重振或复兴中华民族之意，尤其是阐释了抗日战争奠定了民族复兴的基础，如在《为抗战六周年纪念宣言》中指出，党成立后"在中国历史上破天荒第一次向中国人民提出了反帝反封建的纲领"，"为着民族解放与社会解放流血牺牲"，找到了"使中华民族起死回生的完全正确的方向"[④]；在《中国共产党与废除不平等条约》的社论中把近百年史划分为"帝国主义者残暴侵略，中国腐朽统治者卖国求荣，中国国际地位日益下降的阶段"和"中国人民民族觉悟生长、民族团结增强、民族解放斗争如火如荼发展的阶段"，目前"是中华民族近百年史上最光明最充满希望的时代"[⑤]；在《抗战与民主不可分离》的社论中指出抗日战争"一改我国在国际间的地位"，"我中华民族曾被人看作卑怯无能的劣等民族，但是经过了六年的团结抗战，我国却已被列入世界四大强国之林了"。[⑥] 这些都揭示了全面抗战走向胜利，标志着近代历史从民族沉沦到民族复兴的转折。

新中国成立前夕，中共继续关注中华民族复兴、振兴。如毛泽东在1949年9月发表的《唯心历史观的破产》一文提出了"文化复兴"，认为"伟大的胜利的中国人民解放战争和人民大革命，已经复兴了并正在复兴着伟大的中国人民的文化"。[⑦] 中共七届二中全会上则提出了"中国经济复兴"，指出："中国的经济遗产虽然是落后的，但是中国人民是勇敢而勤劳

---

① 《关于国际形势对新华日报记者的谈话》，《毛泽东选集》第2卷，人民出版社1991年版，第585页。

② 《新四军声讨亲日派通电》，《中共中央文件选集》第13册，第22页。

③ 《中国共产党中央委员会为抗战四周年纪念宣言》，《中共中央文件选集》第13册，《中国共产党中央委员会为抗战四周年纪念宣言》，第155页。

④ 《中国共产党中央委员会为抗战六周年纪念宣言》，《中共中央文件选集》第14册，第60页。

⑤ 《中国共产党与废除不平等条约》，《中共中央文件选集》第14册，第439、442页。

⑥ 《抗战与民主不可分离》，《中共中央文件选集》第14册，第453页。

⑦ 《唯心历史观的破产》，《毛泽东选集》第4卷，人民出版社1991年版，第1516页。

的，中国人民民主革命的胜利和人民民主共和国的建立，中国共产党的领导权，加上以苏联为首的强大的全世界反帝国主义阵线的援助，中国经济建设的速度，将不是很慢而可能是相当地快的，中国的兴盛是可以计日成功的。对于中国经济复兴的悲观论点，没有任何的根据”。[①] 新中国成立，为实现中华民族伟大复兴奠定了坚实的基础。

三

1935年华北危机中诞生的、包括了“中华民族到了最危险的时候”这句歌词的《义勇军进行曲》，对中华民族话语的广泛传播起到了重要作用。该歌曲经1949年9月27日召开的中国人民政治协商会议第一届全体会议通过，被确定为即将成立的新中国的代国歌，中华民族观念更为深入人心。不过，由于历史的惯性，在改革开放前三十年的中共党代会、中央全会文献及其他文献中，被广为使用的是“中国人民”“全国各族人民”等概念，在这一时期历次党代会政治报告等文献中均未使用“中华民族”一词。

进入改革开放新时期，“中华民族”“民族复兴”逐渐流行起来。“中华民族”在1980年代已较为常见，“中华民族伟大复兴”的提法也开始出现在党代会报告中。这与十一届三中全会确定的全党工作重点转移的时代背景有关，还有以下事件值得一提：一是恢复包括“中华民族”一词的国歌歌词。1978年3月，第五届全国人民代表大会第一次会议通过《义勇军进行曲》为国歌，但修改了歌词；1982年在同届人大第五次会议决定恢复由田汉创作的、包括“中华民族到了最危险的时候”一句的原版本歌词。二是1981年北京大学学生在中国女排获得世界冠军后喊出“团结起来，振兴中华”口号，在全国引起强烈反响。三是1988年秋费孝通先生在香港中文大学的“泰纳讲演”（Tanner Lecture）会上发表题为《中华民族的多元一体格局》的讲演，提出“中华民族多元一体”理论，推动学术界开展了

① 《中国共产党第七届中央委员会第二次全体会议》，《中共中央文件选集》第18册，中共中央党校出版社1992年版，第197页。

中华民族整体的综合研究。在上述背景下，“中华民族”“民族复兴”在党的中央全会文件、党代会文献开始被使用。1986 年 9 月，中共十二届六中全会通过的决议指出：“中华民族是有悠久历史和文化的伟大民族，在古代文明史上长期处于世界的前列。在近代，由于封建制度的腐朽和帝国主义的侵略而落后了。”“新中国的成立，在社会主义基础上开始了伟大的中国文明的复兴。自从我们国家以党的十一届三中全会为标志进入了新的历史发展时期，更赋予这个复兴以新的强大生机和活力。”[①] 以上实则表达了中华民族复兴的内涵。1987 年 10 月 25 日发表的十三大政治报告《沿着有中国特色的社会主义道路前进》三次使用了“中华民族”一词，其中包括在党代会政治报告中首次使用了“中华民族伟大复兴”这一提法，报告提出了社会主义初级阶段理论，并把社会主义初级阶段称为“全民奋起，艰苦创业，实现中华民族伟大复兴的阶段”[②]。提到“中华民族”一词的另外两处：一是称“一国两制”构想和实践是“中华民族政治智慧的伟大创造”；一是提到“中华民族的振兴，美好未来的创造”要靠全体人民的努力。11 月 12 日，《人民日报》发表社论提到：“从上个世纪中叶到本世纪中叶的一百多年，我国人民沦入半殖民地半封建社会的水深火热之中，经济文化的发展水平落到世界的后列。从本世纪中叶到下个世纪中叶的又一个一百多年，则是我国人民沿着社会主义道路奋勇前进的伟大进军，中华民族的伟大复兴将会实现。”[③] 这里则描绘了从近代民族沉沦到为实现伟大复兴而奋斗的历史发展进程。

1990 年代后，“中华民族”一词更见流行，“中华民族伟大复兴”趋于定型。1990 年 4 月 7 日，邓小平在会见外宾时发表了《振兴中华民族》的谈话。1992 年 10 月 12 日，江泽民在十四大政治报告两次使用了“中华民族”一词：一是指出 1992 年初邓小平视察南方重要谈话鼓舞了全党同志和全国各族人民，使全国上下呈现全新景象，“进一步展现出中华民族实现伟大理想的壮丽前景”；二是强调“完成祖国统一大业，是中华民族的根本利

---

① 《中共中央关于社会主义精神文明建设指导方针的决议》，载中共中央文献研究室编《十二大以来重要文献选编》，人民出版社 1988 年版，第 1178 页。

② 《沿着有中国特色的社会主义道路前进》，人民出版社 1987 年版，第 11 页。

③ 《在十三大的旗帜下团结起来开拓前进》，《人民日报》1987 年 11 月 12 日。

益所在”。[1] 1997年9月12日，江泽民在十五大政治报告11次使用了“中华民族”一词，其中，提到社会主义初级阶段“是逐步缩小同世界先进水平的差距，在社会主义基础上实现中华民族伟大复兴的历史阶段”，为此需要巩固和发展全国人民的大团结，“这个团结，是建立在中华民族实现全面振兴的共同利益基础之上的，是建立在建设有中国特色社会主义的共同理想基础之上的”。[2] 该报告还7次提到了“民族振兴”一词。2002年11月8日，江泽民在十六大政治报告17次使用了“中华民族”一词，其中包括“中华民族的伟大复兴”“中华民族伟大复兴”的提法9次，还有“民族复兴”“民族要复兴”等提法，较为集中一段为：“中国共产党深深扎根于中华民族之中。党从成立那一天起，就是中国工人阶级的先锋队，同时是中国人民和中华民族的先锋队，肩负着实现中华民族伟大复兴的庄严使命。在新民主主义革命时期，我们党团结和带领全国各族人民完成民族独立和人民解放的历史任务，为实现中华民族伟大复兴创造了前提。新中国成立后，我们党创造性地完成由新民主主义到社会主义的过渡，实现中国历史上最伟大最深刻的社会变革，开始了在社会主义道路上实现中华民族伟大复兴的历史征程。十一届三中全会以来，我们党找到建设中国特色社会主义的正确道路，赋予民族复兴新的强大生机。中华民族的伟大复兴展现出灿烂的前景。”在十六大政治报告中，在党代会报告中还首次出现了党“同时是中国人民和中华民族的先锋队”“不断增强中华民族的凝聚力”“中华民族形成了以爱国主义为核心的团结统一、爱好和平、勤劳勇敢、自强不息的伟大民族精神”[3] 等影响较大的新提法。

党的十六大以来以胡锦涛为总书记的党中央进一步发展、丰富了“中华民族伟大复兴”话语体系。他在2007年10月15日发表的十七大政治报告中15次使用了“中华民族”一词，其中7次提及“中华民族伟大复兴”这

① 《加快改革开放和现代化建设步伐，夺取有中国特色社会主义事业的更大胜利》，《江泽民文选》第1卷，人民出版社2006年版，第211、251页。

② 《高举邓小平理论伟大旗帜，把建设有中国特色社会主义事业全面推向二十一世纪》，《江泽民文选》第2卷，人民出版社2006年版，第15、48页。

③ 《全面建设小康社会，开创中国特色社会主义事业新局面》，《江泽民文选》第3卷，人民出版社2006年版，第529—574页。

一提法。报告指出，“党自诞生之日起就勇敢担当起带领中国人民创造幸福生活、实现中华民族伟大复兴的历史使命”，经过长期的艰辛探索尤其是经历改革开放的伟大历史进程，“谱写了中华民族自强不息、顽强奋进新的壮丽史诗”，“使中华民族大踏步赶上时代前进潮流、迎来伟大复兴的光明前景”，要始终保持“对实现中华民族伟大复兴的坚定信念”；指出改革开放“目的就是要解放和发展社会生产力，实现国家现代化，让中国人民富裕起来，振兴伟大的中华民族”，事实雄辩地证明改革开放是“实现中华民族伟大复兴的必由之路”；指出“坚持节约资源和保护环境的基本国策，关系人民群众切身利益和中华民族生存发展”；指出“中华文化是中华民族生生不息、团结奋进的不竭动力”，“中华民族伟大复兴必然伴随着中华文化繁荣兴盛”，为此提出要“弘扬中华文化，建设中华民族共有精神家园”；指出解决台湾问题、实现祖国统一“符合中华民族根本利益”，“两岸统一是中华民族走向伟大复兴的历史必然”，两岸同胞要共同“维护国家主权和领土完整，维护中华民族根本利益”，“为实现中华民族伟大复兴而共同努力”；指出“中华民族是热爱和平的民族”，要始终不渝走和平发展道路。[①] 他在2012 年 11 月 8 日发表的十八大政治报告中 17 次使用了“中华民族”一词，其中 7 次提及“中华民族伟大复兴”这一提法。报告指出，经过艰苦奋斗，“取得革命建设改革伟大胜利，开创和发展了中国特色社会主义，从根本上改变了中国人民和中华民族的前途命运”，“中华民族伟大复兴展现出光明的前景”，“增强了中国人民和中华民族的自豪感和凝聚力”；指出“建设中国特色社会主义，总依据是社会主义初级阶段，总布局是五位一体，总任务是实现社会主义现代化和中华民族伟大复兴”；指出“全面建成小康社会，实现中华民族伟大复兴，必须推动社会主义文化大发展大繁荣”；强调“教育是中华民族振兴和社会进步的基石”；提出“努力建设美丽中国，实现中华民族永续发展”；提出“两岸同胞同属中华民族”，要“团结台湾同胞维护好、建设好中华民族共同家园”，“和平统一最符合包括台湾同胞在内的中华民族的根本利益”，“全体中华儿女携手努力，就一定能在同心实现中

① 胡锦涛：《高举中国特色社会主义伟大旗帜 为夺取全面建设小康社会新胜利而奋斗》，《人民日报》2007 年 10 月 25 日。

华民族伟大复兴进程中完成祖国统一大业”；指出党紧紧依靠人民“不可逆转地开启了中华民族不断发展壮大、走向伟大复兴的历史进军，使具有五千多年文明历史的中华民族以崭新的姿态屹立于世界民族之林”，“在中国特色社会主义道路上实现中华民族伟大复兴，寄托着无数仁人志士、革命先烈的理想和夙愿”，“党担负着团结带领人民全面建成小康社会、推进社会主义现代化、实现中华民族伟大复兴的重任”；要求青年要“永远热爱我们伟大的中华民族”，号召全体人民紧密团结在党中央周围，“共同创造中国人民和中华民族更加幸福美好的未来”。[①] 胡锦涛在其他场合也经常提到“中华民族伟大复兴”，如他在2011年11月9日纪念辛亥革命100周年大会上的讲话中23次提到中华民族复兴，其中就包括“三个必须”：“实现中华民族伟大复兴任重道远”，“实现中华民族伟大复兴，必须坚定不移高举中国特色社会主义伟大旗帜”；“实现中华民族伟大复兴，必须坚定不移高举爱国主义伟大旗帜”；“实现中华民族伟大复兴，必须坚定不移高举和平、发展、合作旗帜”。[②]

可以看出，进入改革开放新时期尤其是新世纪新阶段以后，中共党代会文献中的“中华民族”“中华民族伟大复兴”话语日渐增多，在政治报告中主要出现于历史进程回顾、历史方位描述、党的任务使命、中华文化、两岸问题与展望前程等部分或段落。

四

在十八大结束后不久的2012年12月29日，新任中共中央总书记、中央军委主席习近平带领中共中央政治局常委来到国家博物馆参观《复兴之路》展览并发表了重要讲话。这个短短876字的讲话中16次出现了“中华民族”一词，其中7次使用了“中华民族伟大复兴”的提法。他在讲话中指出：“实现中华民族伟大复兴，就是中华民族近代以来最伟大的梦想”，

① 胡锦涛：《坚定不移沿着中国特色社会主义道路前进，为全面建成小康社会而奋斗》，《人民日报》2012年11月9日。

② 胡锦涛：《在纪念辛亥革命100周年大会上的讲话》，《人民日报》2011年10月9日。

“我坚信，到中国共产党成立100年时全面建成小康社会的目标一定能实现；我坚信，到新中国成立100年时建成富强民主文明和谐的社会主义现代化国家的目标一定能实现，中华民族伟大复兴的梦想一定能实现”[①]。这是中共中央领导人将“中华民族伟大复兴”与“两个百年”奋斗目标、与“中国梦”联系在一起的开始，拓展和丰富了“民族复兴”话语与“中国梦”话语[②]，促成了两者的汇合，在全国引发了强烈共鸣和巨大反响。在此后的讲话中，习近平反复使用“中华民族伟大复兴”“中国梦”“中华民族伟大复兴的中国梦”等话语，在《习近平谈治国理政》一书所收录讲话中出现“中国梦”（不含与“中华民族伟大复兴”连用）一词52次，出现“中华民族伟大复兴”提法45次（不含与“中国梦”连用），出现“中华民族伟大复兴中国梦”或“中华民族伟大复兴的中国梦”提法41次；在《习近平谈治国理政》所收录讲话中出现中出现“中国梦”（不含与“中华民族伟大复兴”连用）一词8次，出现“中华民族伟大复兴”提法19次（不含与“中国梦”连用），出现“中华民族伟大复兴中国梦”或“中华民族伟大复兴的中国梦”提法30次。

与以往的中共党代会政治报告相比，习近平在2017年10月18日所作的十九大政治报告中，对“中华民族”一词的使用明显增加，共有41处之多，包括“实现中华民族伟大复兴”的提法15次、“中华民族伟大复兴的中国梦”或“中华民族伟大复兴中国梦”提法5次、“中华民族伟大复兴的光明前景”提法2次、“中华民族伟大复兴的历史使命”提法2次、“实现中华民族伟大复兴的目标（宏伟目标）”2次、“共创中华民族复兴的美好未来”1次。另外，提及“中国梦”5次、“伟大梦想”7次、“民族复兴”4

---

① 习近平：《实现中华民族伟大复兴是中华民族近代以来最伟大的梦想》，《习近平谈治国理政》，外文出版社2014年版，第36页。

② 关于近代以来中华民族复兴思想研究现状，可参考杨智勇《近年来民族复兴思潮研究述评》，《教学与研究》2015年12期；俞祖华《近代中华民族复兴思想研究综述》，《晋阳学刊》2018年第2期。关于中国梦研究现状，可参考郭继文《中国梦研究综述》，《山东青年政治学院学报》2014年第1期；史为磊《当前“中国梦”的研究综述》，《社会主义研究》2013年第4期；张尚兵、余达淮《党的十八大以来中国梦研究综述》，《毛泽东思想研究》2014年第5期；郑铮彬、陈少平《当前中国梦的研究综述》，《南昌教育学院学报》2014年第5期；阚明刚《“中国梦”研究综述》，《河北联合大学学报》（社会科学版）2015年第3期；张龙杰《“中国梦”研究综述》，《齐齐哈尔工程学院学报》2016年第2期等。

次，还有"民族振兴"等说法。这些提法，相比与以往的党代会报告，既有传承延续，更有发展创新。

传承延续之处如：一直使用从十三大报告就出现的"中华民族伟大复兴"提法；一直强调中共从成立那天起就肩负着实现中华民族伟大复兴的庄严使命并为此作出了不懈努力；一直认定到21世纪中叶我国将长期处于社会主义初级阶段，并将社会主义初级定位为"在社会主义基础上实现中华民族伟大复兴的历史阶段"；一直将实现社会主义现代化与实现祖国完全统一作为实现"中华民族伟大复兴"的主要目标；一直强调在中国特色社会主义道路上实现"中华民族伟大复兴"，又将改革开放视为实现"中华民族伟大复兴"的必由之路，等等。

如同以往，十九大报告中的"中华民族""民族复兴"话语仍然相对集中在中共历史使命、奋斗历程、统一战线、国家统一、文化建设、国际关系、发展前景等段落。关于中国共产党的历史使命，报告指出，"中国共产党人的初心和使命，就是为中国人民谋幸福，为中华民族谋复兴"[①]，这个初心和使命激励中国共产党人"继续朝着实现中华民族伟大复兴的宏伟目标奋勇前进"，"九十六年来，为了实现中华民族伟大复兴的历史使命，无论是弱小还是强大，无论是顺境还是逆境，我们党都初心不改、矢志不渝"。关于奋斗历程，指出"中华民族有五千多年的文明历史，创造了灿烂的中华文明，为人类作出了卓越贡献，成为世界上伟大的民族"，近代陷入内忧外患的黑暗境地，"实现中华民族伟大复兴是近代以来中华民族最伟大的梦想"，"为了民族复兴，无数仁人志士不屈不挠、前仆后继，进行了可歌可泣的斗争"，"中国共产党一经成立，就把实现共产主义作为党的最高理想和最终目标，义无反顾肩负起实现中华民族伟大复兴的历史使命"，党深刻认识到"实现中华民族伟大复兴，必须推翻压在中国人民头上的帝国主义、封建主义、官僚资本主义三座大山，实现民族独立、人民解放、国家统一、社会稳定"；"实现中华民族伟大复兴，必须建立符合我国实际的先进社会

① 习近平：《决胜全面建成小康社会　夺取新时代中国特色社会主义伟大胜利——在中国共产党第十九次全国代表大会上的报告》，《人民日报》2017年10月18日。以下引自十九大报告，不再一一注明。

制度”，社会主义制度建立“完成了中华民族有史以来最为广泛而深刻的社会变革，为当代中国一切发展进步奠定了根本政治前提和制度基础，实现了中华民族由近代不断衰落到根本扭转命运、持续走向繁荣富强的伟大飞跃”；“实现中华民族伟大复兴，必须合乎时代潮流、顺应人民意愿，勇于改革开放”，改革开放“使中华民族的面貌发生了前所未有的变化，中华民族正以崭新姿态屹立于世界的东方”，“今天，我们比历史上任何时期都更接近、更有信心和能力实现中华民族伟大复兴的目标”。“历史已经并将继续证明，没有中国共产党的领导，民族复兴必然是空想”。关于统一战线，号召“激励全体中华儿女不断奋进，凝聚起同心共筑中国梦的磅礴力量”；要求“深化民族团结进步教育，铸牢中华民族共同体意识，加强各民族交往交流交融”。关于国家统一，提出“保持香港、澳门长期繁荣稳定，实现祖国完全统一，是实现中华民族伟大复兴的必然要求”，“解决台湾问题、实现祖国完全统一，是全体中华儿女共同愿望，是中华民族根本利益所在”，提出“让香港、澳门同胞同祖国人民共担民族复兴的历史责任、共享祖国繁荣富强的伟大荣光”，要求“推动两岸同胞共同反对一切分裂国家的活动，共同为实现中华民族伟大复兴而奋斗”；深刻指出“实现中华民族伟大复兴，是全体中国人共同的梦想”，号召包括港澳台同胞在内的全体中华儿女“共创中华民族伟大复兴的美好未来”。关于文化建设，提出“以培养担当民族复兴大任的时代新人为着眼点”，培育和践行社会主义核心价值观。关于国际关系，报告指出“实现中国梦离不开和平的国际环境和稳定的国际秩序”，“中华民族将以更加昂扬的姿态屹立于世界民族之林”。关于发展前景，指出“中华民族是历经磨难、不屈不挠的伟大民族”，号召海内外中华儿女大团结“齐心协力走向中华民族伟大复兴的光明前景”，同时号召全党全国各族人民为“实现中华民族伟大复兴的中国梦”继续奋斗；指出“中国梦是历史的、现实的，也是未来的”，号召青年“在实现中国梦的生动实践中放飞青春梦想”，“中华民族伟大复兴的中国梦终将在一代代青年的接力奋斗中变为现实”。此外，还提到“实现中华民族伟大复兴的中国梦，不断提高人民生活水平，必须坚定不移把发展作为党执政兴国的第一要务”“建设生态文明是中华民族永续发展的千年大计”“建设教育强国是中华民族伟大复兴的基础工程”“为实现中国梦强军梦凝聚强大力量”，等等。

发展创新之处如：首次将“中华民族伟大复兴”提法纳入党代会主题，指出大会主题是“不忘初心，牢记使命，高举中国特色社会主义伟大旗帜，决胜全面建成小康社会，夺取新时代中国特色社会主义伟大胜利，为实现中华民族伟大复兴的中国梦不懈奋斗”；首次将“中国梦”写入党代会报告；将“中华民族伟大复兴”与“中国特色社会主义进入新时代”的历史定位联系起来，指出进入新时代“在中华民族发展史上具有重大意义”，新时代“意味着近代以来久经磨难的中华民族迎来了从站起来、富起来到强起来的伟大飞跃，迎来了实现中华民族伟大复兴的光明前景”，新时代“是全体中华儿女勠力同心、奋力实现中华民族伟大复兴中国梦的时代”；把“中华民族伟大复兴”纳入习近平新时代中国特色社会主义思想，指出新时代中国特色社会主义思想“总任务是实现社会主义现代化和中华民族伟大复兴”，“中国特色社会主义理论体系是指导党和人民实现中华民族伟大复兴的正确理论”，作为中国特色社会主义理论体系组成部分的新时代中国特色社会主义思想是“全党全国人民为实现中华民族伟大复兴而奋斗的行动指南”；强调“实现中华民族伟大复兴，绝不是轻轻松松、敲锣打鼓就能实现的”，实现伟大梦想，必须进行伟大斗争，必须建设伟大工程，必须推进伟大事业，如此等等。

值得一提的是，2018 年 3 月召开的十三届全国人大一次会议表决通过的宪法修正案两处写入了“中华民族伟大复兴”，该修正案第三十二条将“推动物质文明、政治文明和精神文明协调发展，把我国建设成为富强、民主、文明的社会主义国家”修改为“推动物质文明、政治文明、精神文明、社会文明、生态文明协调发展，把我国建设成为富强民主文明和谐美丽的社会主义现代化强国，实现中华民族伟大复兴”；第三十三条将“致力于中华民族伟大复兴的爱国者”纳入爱国统一战线的范围。

综上所述，从中国共产党成立初期的中共二大开始使用“中华民族”一词，到党的十九大报告对“中华民族伟大复兴中国梦”话语进行充分阐释，中国共产党对“中华民族”“民族复兴”话语进行了独特的、持续的、创造性的建构，引领了全体中国人民为实现中华民族伟大复兴的中国梦不懈奋斗的历史进程。

思想与评论

论源远流长的“大一统”思想观念*

王震中

（中国历史研究院古代史研究所）

摘要：“大一统”思想的源头可追溯至秦汉大一统国家出现以前。从尧舜禹经三代再到秦汉的三个历史发展阶段中，先后产生了三种背景指向、三个层次的“大一统”观念，即与尧舜禹时代族邦联盟机制相适应的带有联盟一体色彩的“天下一统”观念；与夏商西周“多元一体的复合制国家形态结构”相适应的大一统观念；与秦汉以后郡县制机制下的中央集权的帝制国家形态相适应的大一统思想观念。在中国历史上，“大一统”思想观念对于国家的统一和稳定一直发挥着深远而积极的影响。

关键词：大一统　族邦联盟　复合制王朝国家　尧舜禹　三代　秦汉

“大一统”是中国传统的政治思想，它与统一的多民族国家的认同密不可分。历史地看，中国的大一统思想观念源远流长，经历了不同的发展阶段：它有三种背景指向、三个层次的发展轨迹。中国历史上真正“大一统”国家始于秦朝，这是史学界的共识。司马迁《史记》中的大一统史学观、董仲舒所阐述的春秋大一统思想，都有当时现实社会的基础。学者们在说中国的大一统始于秦时，也会指出中国人希望统一的观念始于战国。的确，《孟子·梁惠王上》记载梁惠王问孟子：“天下恶乎定？”孟子回答说：“定于一。”王又问：“孰能一之？”孟子回答说：“不嗜杀者能一之。”这里的

---

* 本文原刊载于《光明日报》2019 年 6 月 10 日“史学版”，此次收入略有修改。

“一”就是“统一”。冯友兰在其《中国哲学简史》中说这段话清楚地表现了时代的愿望。除战国诸子所反映出统一的愿望之外，成书于战国时期的《尚书》的《尧典》《皋陶谟》《禹贡》等篇，也都可以看到其大一统的思想体系。例如，《尧典》把原本属于“族邦联盟”内的尧、舜、禹、共工、四岳、皋陶、伯益、夔、后稷、商契等不同族属的邦君，按照在一个朝廷里担任各种官职来描述的做法，就体现了作者的大一统思想观念。一般认为成书于战国时期的《周礼》，其编纂的内容、结构和体例也透露出大一统的思想体系。就连邹衍的大九州论也包含着大一统思想要素。

对于战国时期大一统观念形成的原因，一般的解释是人民苦于战争和各国以邻为壑等灾难而迫切希望统一。笔者认为这只说对了一个方面，但并未触及问题的本质。问题的实质在于夏商西周时期的“多元一体的复合制国家形态结构”及其传统理念已经为战国时大一统思想的发展作了较为充分的准备，成为其思想基础。如果从三代往前追溯，我们就会发现颛顼、尧、舜、禹时期族邦联盟结构及其相关思想的萌发，成为大一统思想的最早渊源。否则的话，根据社会存在决定社会意识的唯物史观，我们总不能说是从战国时各个独立国家的现实直接产生出大一统的思想，然后再由大一统思想产生出秦汉大一统的国家。

关于夏、商、西周三代的国家形态和结构问题，以往传统的观点有两种：一种认为夏、商、周是“统一的中央集权制国家”；另一种则把三代的各个王朝看作是由许多“平等的”邦国组成的联盟。第一种观点虽然可以解释战国时大一统思想的历史渊源，但其“统一的中央集权制国家说”本身却脱离了历史的真实。三代“统一的中央集权制国家”说，忽视了夏商西周时期虽说主权不完整但又世袭的诸侯邦国与秦汉以来被任免的地方郡县行政并不相同的问题。第二种观点，即“邦国联盟”说，不但无法解释战国时大一统思想的历史渊源，更主要的是它不能合理地解释三代王朝国家的结构，它忽视了夏王、商王和周王对于地方诸侯邦国的支配作用。在国土结构上，它无法解释《诗经·小雅·北山》所说“普天之下莫非王土，率土之滨莫非王臣”；无法解释《左传》昭公九年周天子的大臣詹桓伯所说西部岐山和山西一带的“魏、骀、芮、岐、毕，吾西土也”，东部齐鲁之地的“蒲姑、商奄，吾东土也”，南方的“巴、濮、楚、邓，吾南土也”，北部的

“肃慎、燕、亳，吾北土也”等事实。

针对上述两种观点的局限，笔者提出了“夏商西周三代是多元一体的复合制国家结构”。所谓“复合制国家结构”，就像复合函数的函数套函数那样，处于“外服”的各个诸侯邦国是王朝内的“国中之国”；处于“内服”的王邦即王国，属于王朝内的“国上之国”，是王权的依靠和基础。具体来说，复合制国家结构与统一的中央集权国家的区别在于：作为复合制国家结构内处于属邦地位的侯伯等国，与后世郡县制下的行政机构或行政级别不同，不是一类。有一些商王朝的属邦是夏朝时即已存在的邦国，在商时这些属邦与商王有隶属或从属关系，可以受商王的调遣和支配，但并没有转换为商王朝的地方一级权力机构，它们臣服或服属于商王朝，只是使得该邦国的主权变得不完整，主权不能完全独立，但它们作为邦国的其他性能都是存在的，所以，形成了王朝内的“国中之国”。因此，如果把夏商西周王朝定性为与秦汉王朝差不多一样的统一的中央集权国家，显然不符合历史实际。而第二种观点则走到了另一极端，说夏商周王朝是“城邦联盟”或“方国联盟”。这种说法忽视了夏商周王权具有支配“天下”的正统理念，忽视了诸侯邦国在政治上不具有独立主权；在经济上要向朝廷贡纳，经济资源尤其是战略资源要输送到中央王国；在军事上，诸侯邦国的军队要随王出征或接受王的命令出征。也就是说，从属于王朝的诸侯邦国，虽然具有某种程度的相对独立性，但它们无论是与商王还是周王之间绝非联盟关系；这些诸侯国君都以王为“天下共主”，受王的调遣和支配，是王朝的一个组成部分，只是这种结构关系呈动态发展而已。对此，我们若用复合制国家结构和形态来解释这一切，问题即可迎刃而解。“复合制王朝国家”说这一理论观点，解释了夏商周王朝国家结构中的二元性问题（王邦为一元，众多的诸侯邦国为另一元），揭示了夏商西周三代国家形态和结构的历史特点，这一特点既不同于三代之前和三代之后，也不同于西欧希腊罗马时的古典社会和西欧的封建社会。[①]

生活在复合制王朝中的周人，自认为自己的王朝是“统一”的，这就

---

① 参见王震中《中国古代国家的起源与王权的形成》，中国社会科学出版社2013年版，第436—438、471—485页。

是前引《诗经》所谓“普天之下莫非王土”云云的社会基础。生活在春秋末期的孔子曾有“天下有道，则礼乐征伐自天子出；天下无道，则礼乐征伐自诸侯出”（《论语·季氏》）的感叹，也是鉴于他所向往的西周是“统一”的。与秦汉以来郡县制机制下一元化的大一统思想观念相对而言，从“多元一体的复合制王朝国家结构”产生出来的大一统观念，则属于相对早期的大一统观念。这样的一统观念在三代王朝代代相传，构成了一种正统观念。到了战国时期，当人们苦于列国纷争时，盼望统一，既是现实愿望，也有历史渊源。

从三代再往前追溯，《史记·五帝本纪》以及《尧典》《禹贡》所说的颛顼尧舜禹时期政治实体的形态结构又是什么样子呢？以往的观点大多认为，尧舜禹是部落联盟。笔者近十多年的研究认为，当时固然是一种联盟，但它不是部落联盟，而是族邦联盟，或可称邦国联盟。尧舜禹都具有双重身份——既是本邦国的国君（即邦君），又是联盟的盟主。尧舜禹所禅让的是联盟的盟主之位，并非本国国君之权位。尧舜禹时期也被称为“万邦”时代，小国寡民的邦国林立。当时被称为“万邦”的众多政治实体之中，既有由尧舜禹所代表的、发展为早期国家的政治实体，也有许多还处于部落的政治实体。我们说矛盾的性质总是由主要矛盾的主要方面规定的，既然在尧舜禹时期各类不同的政治实体中那些已进入早期国家的邦国代表了当时社会发展的最高阶段，那么当时的联盟就应该称为“族邦联盟”或“邦国联盟”，而不应称为“部落联盟”。①

族邦联盟既不是一个王朝，也不同于后世的国家。但是，族邦联盟在走向“多元一体王朝国家”过程中也会产生与之相适应的“联盟一体”的思想观念，而春秋战国和秦汉时的人们由于不具有近代人类学所谓的“部落联盟”或“族邦联盟”之类社会科学的概念，因而只能比照夏、商、西周三代和秦汉时的国家形态的样子来描述和表达五帝时代的社会，只是有时用“禅让”与“家天下”对五帝时代与三代略作区别而已。其结果是把“联盟一体”的思想观念拟化为另一层次的大一统观念，这就是《史记·五帝本纪》所说的轩辕黄帝在征战了炎帝和蚩尤之后，“诸侯咸尊轩辕为天子”，

① 王震中：《中国古代国家的起源与王权的形成》，第381页。

“合符釜山”的情景；这也是《五帝本纪》和《尚书》中的《尧典》《皋陶谟》《禹贡》等篇所描述的五帝时代“天下”一统的缘由。

总之，从尧舜禹经三代再到秦汉，伴随着国家形态和结构的变化，先后产生了三种背景指向的“大一统”观念，即与尧舜禹时代族邦联盟机制相适应的带有联盟一体色彩的“天下一统”观念；与夏商西周“复合制王朝国家”相适应的大一统观念；与秦汉以后郡县制机制下的中央集权的帝制国家形态相适应的大一统思想观念。这三种背景指向、三个层次的“大一统”思想观念，是历史发展的三个阶段的标识。在我国历史上，大一统的思想观念对于国家的统一和稳定一直发挥着深远而积极的影响。这种影响主要表现为：国家的统一、对国家统一的认同与中华民族的凝聚乃三位一体的关系。大一统的思想观念已构成中华传统文化中基因性的要素之一。

论历史评价与道德评价

周溯源

（中国历史研究院近代史研究所）

人们认识社会发展的历史进程，对重大历史事件和历史人物品评成败得失、汲取历史的经验教训，往往通过历史评价与道德评价来实现。什么是历史评价？什么是道德评价？在史学研究中如何运用和处理好它们之间的相互关系？马克思主义史学理论对此是如何阐述的呢？本文拟就此并结合史学研究中的一些问题略陈管见，欢迎争鸣。

一

对人类历史发展过程及其人和事进行历史评价，并不是马克思主义的发明。早在人类进入阶级和国家社会之初，人们就已经开始进行历史评价。在奴隶社会，统治阶级称劳动阶级为“小人”“畜民”；封建史学家称农民起义英雄为“盗贼”“流寇”；在近代，资产阶级史学家为了论证资本主义制度的历史合理性，认为中世纪是历史进程的中断，是“黑暗的中世纪”，而资本主义则是人类历史发展的“绝对的最后的形式”①。随着历史的发展、文明的进化，人类不断加强对自己的反思，因而对历史评价的认识愈益深化。历史上的历史评价，虽然不乏一些合理的、可供批判继承的思想内核，但错误居多，充斥着大量非科学甚至是反动的评价。马克思主义历史评价理

① 《马克思恩格斯选集》第2卷，人民出版社1972年版，第212页。

论的伟大功绩正在于，批判地继承了旧历史评价中重要的合理的思想材料，汲取了人类认识史上关于历史评价的智慧，改造了在唯心史观支配下的历史评价理论、方法及其价值体系，建立了唯物辩证法的历史评价理论体系与科学方法。概言之，这一理论体系和科学方法有如下几方面内容。

第一，历史活动中的主体，是受历史条件制约的主体，他们只能从当时当地的条件出发，进行历史活动；历史过程中的事物，是具体的历史因素造成的。因此，评价历史发展的来龙去脉，评价历史发展过程中的主体活动，评价历史过程中的每一事物或事件，都应该"用历史的态度"，"历史地"对待它们，具体问题具体分析。

马克思主义一个基本的历史观点是，人们不能随心所欲地创造历史，总是从既定的生产方式出发，"在十分确定的前提和条件下"[①] 进行历史活动。因此，马克思主义的历史评价总"是以一定历史时期的物质经济生活条件来说明一切历史事变和观念，一切政治、哲学和宗教的"[②]。在历史研究中，马克思以资本主义生产方式与中世纪生产方式的比较为例，反对把它"当作一般范畴来考察"，而主张"从一定的历史形式"和"特殊的历史形式"来考察，即从历史条件出发，进行具体的历史研究；否则，"就不能超出庸俗的见解"[③]。既然历史的发展与主体活动是有条件的，是具体的，因此，马克思主义的历史评价，就是严格地从历史条件出发，具体问题具体分析。恩格斯曾经批评过旧唯物主义的缺陷是，在认识历史问题时，如同采用对自然界的"非历史的观点"一样，"缺乏对事物的历史观点"[④]。因此，马克思主义创始人主张，研究任何历史问题，都应该如同研究统治阶级及其思想那样，把个人和历史环境紧密地结合起来，进行具体分析。列宁指出，"马克思主义要求我们一定要用历史的态度来考察斗争形式问题，脱离具体的历史环境来提这个问题，就等于不懂辩证唯物主义的起码要求"[⑤]；还说，"马克思辩证法要求对每一特殊的历史情况进行具体的分析"，"在分析任何一个社会问题时，

① 《马克思恩格斯选集》第 4 卷，人民出版社 1972 年版，第 477 页。
② 《马克思恩格斯选集》第 2 卷，人民出版社 1972 年版，第 537 页。
③ 《马克思恩格斯全集》第 26 卷，人民出版社 1972 年版，第 296 页。
④ 《马克思恩格斯选集》第 4 卷，人民出版社 1972 年版，第 225 页。
⑤ 《列宁选集》第 2 卷，人民出版社 1972 年版，第 857 页。

马克思主义理论的绝对要求，就是要把问题提到一定的历史范围之内”①。

第二，历史的发展变化，历史事件的形成与消失，历史主体的创造，都受制于历史本身的普遍联系。这种联系表现为，从纵向上说，有前后发展关系，先后继承关系；就横向说，有事物之间、历史主体之间的相互影响，互渗关系；就历史发展的环境来说，有内因与外因之间的联系。总之，历史发展中的普遍联系，是主体活动、历史演进的客观基础。因此，科学地进行历史评价，必须全面把握历史发展的普遍联系。

马克思主义经典作家进行历史评价时，总是严格地从历史联系出发，并以此作为建立唯物主义历史观的重要方法。在评价历史主体时，马克思主义经典作家总是提示人们重视主体在社会物质生产中的相互关系，“人在积极实现自己本质的过程中创造、生产人的社会联系”②，生产者借“这些社会关系”，“以互相交换其活动和参与共同生产的条件”③；在评价和判定每一社会结构的性质上，马克思主义经典作家总是从构成社会结构的历史联系出发，“每一个时代主要的经济生产方式与交换方式以及必然由此产生的社会结构，是该时代政治的和精神的历史所赖以确立的基础，并且只有从这一基础出发，这一历史才能得到说明”④；在评价历史过程的演进时，马克思主义经典作家总是牢牢地把握它前后之间的发展联系。马克思指出：“历史不外是各个世代的依次交替。每一代都利用以前各代遗留下来的材料、资金和生产力；由于这个缘故，每一代一方面在完全改变了的条件下继续从事先辈的活动，另一方面又通过完全改变了的活动来改变旧的条件”⑤；“单是由于后来的每一代人所得到的生产力都是前一代人已经取得而被他们当做原料来为新生产服务这一事实，就形成人们的历史中的联系，就形成人类的历史，这个历史随着人们的生产力以及人们的社会关系的愈益发展而愈益成为人类的历史”⑥。在评价杰出历史人物时，马克思主义经典作家总是把他放到当

① 《列宁选集》第2卷，人民出版社1972年版，第512页。

② 《马克思恩格斯全集》第42卷，人民出版社1979年版，第24页。

③ 《马克思恩格斯选集》第1卷，人民出版社1972年版，第362页。

④ 同上书，第237页。

⑤ 《马克思恩格斯全集》第3卷，人民出版社1960年版，第51页。

⑥ 《马克思恩格斯选集》第4卷，人民出版社1972年版，第321页。

时人们的相互关系中、当时历史发展的前后联系中考察。他们指出："一个人的发展取决于和他直接进行交往的其他一切人的发展；彼此发生关系的个人的世世代代是相互联系的，后代的肉体的存在是由他们的前代决定的，后代继承着前代积累起来的生产力和交往形式，这就决定了他们这一代的相互关系。总之，我们可以看到，发展不断地进行着，单个人的历史决不能脱离他以前的或者同时代的个人的历史，而是由这种历史决定的。"[①] 恩格斯在评价 18 世纪法国启蒙思想家伏尔泰、卢梭、狄德罗、达兰贝尔达的思想时，认为不能忘记前一时代英国的思想家密尔顿、艾尔杰楠·悉尼、博林布罗多和舍夫茨别，就典范地运用了这一方法。因此，马克思主义认为，在进行历史评价时，"最可靠、最必需、最重要的就是不要忘记基本的历史联系"[②]。因此，进行历史评价，具体地分析、评论历史中的人和事，绝不能离开历史发展中的普遍联系。

第三，历史的发展变化，历史主体的活动，历史中的普遍联系，绝不是忽有忽无的，而表现为一个完整的过程，即有其发生、发展、消亡的相互联系。因此，科学地进行历史评价，必然要把历史发展变化、历史中主体活动和历史事件作为一个过程来考察，总结出带有规律性的认识。而研究者在评价这种发展过程时，马克思主义要求用发展的观点，站在新生事物方面和进步的方面进行评论。

恩格斯在批判旧唯物主义的缺陷时，认为根本地在于它"不能把世界理解为一个过程，理解为一种处在不断的历史发展中的物质"，譬如，在对待中世纪历史时，由于它不能把这种历史作为一个发展过程来考察，"就不可能有对于伟大历史联系的正确看法"。[③] 因此，与旧唯物主义相对立，马克思主义从唯物辩证法出发，把人类社会的发展理解为一个自然历史过程。马克思说，"整个所谓世界历史不外是人通过人的劳动而诞生的过程，是自然界对人来说的生成过程"[④]，"我的观点是：经济社会形态的发展是一种自然历

① 《马克思恩格斯全集》第 3 卷，人民出版社 1960 年版，第 515 页。
② 《列宁选集》第 4 卷，人民出版社 1972 年版，第 43 页。
③ 《马克思恩格斯选集》第 4 卷，人民出版社 1972 年版，第 224—225 页。
④ 《马克思恩格斯全集》第 42 卷，人民出版社 1979 年版，第 131 页。

史过程”[①]。由于把历史的发展变化作为一个过程来研究，因此“要看某种现象在历史上怎样产生，在发展中经过了哪些主要阶段，并根据它的这种发展去考察这一事物现在是怎样的”[②]。正由于历史的发展，历史中人的作为和事件的演变体现为一个完整的过程性联系，因此，必须详细地占有历史材料，对历史过程中的历史联系进行具体分析，并得出带有规律性的认识。综上所述，马克思主义历史评价的主要内容是：从历史发展的普遍联系出发，具体问题具体分析；把历史的发展作为一个发展渐进、上升递进的过程来考察，揭示出寓于其中的规律性认识。马克思主义历史评价的要求是，站在历史发展的上升方面，站在历史发展的进步性方面，进行严肃的历史评价。

马克思主义唯物辩证法的历史评价，有其客观依据和客观标准，是从历史发展本身中产生的。因此，历史评价的标准，只能是历史的标准。它反对评论者仅从主观愿望出发，脱离历史地品评人物或事件的正误曲直，而是要求评论者站在历史发展的立场上，运用马克思主义的唯物辩证法去衡量评论的对象是否顺乎或代表历史发展的前进方向，是有利或有碍于历史的进步。当然，历史评价是研究主体的一种认识活动，难免根据评价对象的特殊性而运用一系列具体的标准，如阶级标准、道德标准等。但是，一切历史评价的具体标准、特殊标准，都应该与这一总的、根本的标准相统一、相一致。譬如，从每一个阶段的具体历史出发，对人类历史上的若干剥削制度，马克思主义是谴责和鞭挞的。但是，站在历史发展的总方向上，马克思主义又承认剥削阶级产生的历史必然性，并在一定限度内肯定其正当性和合理性，承认处于上升时期的剥削阶级的历史作用，并给予剥削制度以应有的历史地位。在历史评价中，马克思主义总是把历史标准同道德标准及其他具体标准完美地统一起来，因此，得出的结论才是科学的、彻底的和有说服力的。

二

在历史评价的结论中，常常离不开道德评价的判断。在史学研究中，历

① 《马克思恩格斯全集》第23卷，人民出版社1972年版，第12页。

② 《列宁选集》第4卷，人民出版社1972年版，第43页。

史评价与道德评价总是历史地、内在地关联着。什么是道德评价呢？作为史学范畴的道德评价，又该如何把握呢？

道德，是人类独有的一种社会现象，是社会经济关系的产物。自从道德观产生以来，人们便自觉或不自觉地依据善与恶、荣与辱、正义与非正义等道德标准对社会生活中的人和事进行评价。对每个人来说，道德评价同样适用，他总是经常地运用他所持的道德标准评判自己的作为，只不过仅仅局限于内心反省罢了。虽然马克思主义也用“善”与“恶”这对基本范畴来进行道德评价，但是，马克思主义毕竟不同于资产阶级以及历史上其他一切剥削阶级的善恶标准，它从唯物辩证法出发，科学地考察了道德的起源，并用唯物辩证法的阳光照亮了衡量善恶标准的殿堂，从而使人们有了进行科学道德评价的依据。概括起来说，马克思主义的道德评价有以下内容。

第一，马克思主义认为，符合一定道德原则和行为规范的“善”与违背一定道德原则和行为规范的“恶”，衡量它们的标准，是在具体的历史条件下产生的。在马克思主义看来，善恶标准是历史的产物，在原始社会，“狩猎生活条件不但决定了这些部落的世界观，也决定了他们的道德观念”①。所以，在道德评价中判断善恶的标准，总是基于一定时代的经济状况，即受经济生活条件的制约。在资本主义殖民时代，他们总把开拓生产的原料供应地和产品倾销地的武装侵略说成是道德的；在早期资本主义时代，他们同样如此地把充满血和泪的资本主义原始积累说成是道德的。因此，在马克思主义看来，进行道德评价的标准，总是与该时代的生产方式密切相关的。恩格斯指出：“我们断定，一切已往的道德归根到底都是当时的社会经济状况的产物。”②

第二，在阶级社会里，道德与社会阶级的关系十分直接。在进行道德评价时，人们总是从自己的阶级利益出发确立道德评价的善恶标准，即把对于自己及本阶级利益有利的事和行为说成善的；反之，则看成是恶的。因此，在阶级社会里，人们进行道德评价的善恶标准，总是有阶级立场局限的善恶标准。恩格斯指出：“如果我们看到，现代社会的三个阶级即封建贵族、资

① 《普列汉诺夫哲学著作选集》第3卷，生活·读书·新知三联书店1962年版，第173页。

② 《马克思恩格斯选集》第3卷，人民出版社1972年版，第134页。

产阶级和无产阶级都各有自己的特殊的道德，那末我们由此只能得出这样的结论：人们自觉或不自觉地，归根到底总是从他们阶级地位所依据的实际关系中——从他们进行生产和交换的经济关系中，吸取自己的道德观念。……社会直到现在还是在阶级对立中运动的，所以道德始终是阶级的道德；它或者为统治阶级的统治和利益辩护，或者当被压迫阶级变得足够强大时，代表被压迫者对这个统治的反抗和他们未来的利益。”① 古今中外，历史地看，奴隶主和奴隶的善恶标准，地主和农民的善恶标准，资产者和无产者的善恶标准，在主要方面往往是对立的。

第三，马克思主义运用唯物辩证法的科学功能，解决了使善恶标准的依据在辩证法上的一致，即主观动机与客观效果的对立统一。在马克思主义看来，造成道德评价的善与恶标准，是因造成者的主观动机与被造成者的客观效果为依据的。一般说来，动机与效果的关系有两种情况：一是主观动机与客观效果的一致性——好的动机引出好的效果，坏的动机引出坏的效果；二是动机与效果的不一致——好的动机引出坏的效果，坏的动机造成好的效果。既然在历史活动中历史主体的动机与行为效果是密切联系的，因此，进行道德评价，必须把主观动机与客观效果同样重视起来。如果片面强调动机，就会把主观的东西当作客观评判的准绳，从而导致主观唯心主义的错误；如果离开客观实践，同时也很难准确判断历史活动者动机的善与恶；反之，如果片面强调客观效果，也会把出发于坏的动机而引出好的结果的行为误认为是“善”，因而造成历史认识的错误。因此，必须把动机与效果辩证统一起来进行评论。科学地评价历史主体活动中的动机与效果的依据，靠历史实践检验，而不是别的什么。历史主体任何道德与非道德的行为，都是基于对客观事物认识的实践，因此，主观动机，来源于历史活动，反过来必须接受历史活动的检验。好的动机与坏的动机，在历史实践中或者得到直接反映，或者得到曲折反映。从主观设想到客观效果的出现，是历史主体的一个活动过程，是两者的辩证统一。

第四，进行道德评价最根本的要看该事件的发展及其后果、该历史主体由动机到效果的发展，是否与历史发展的进步方向（总趋势）相一致，是

---

① 《马克思恩格斯全集》第 20 卷，人民出版社 1971 年版，第 102—103 页。

否有利于历史的进步，简单地说，看该评价对象对历史进程起了促进作用，还是促退作用。这也就是历史的标准。道德评价中一切具体的标准，都是在研究中对这一总标准的运用和体现，离开这个总标准，一切具体的标准都失去了意义和作用。善与恶，这对道德评价的基本范畴和标准，也要在这个总标准面前接受检验。一般说来，符合社会历史发展要求的作为，是与历史发展的进步性相统一的，这种历史活动是“善”的，反之，便是“恶”的。在这里，我们不能把这种善恶判断与一切剥削阶级的善恶标准相混淆。因为，历史常常是如此，——统治阶级所认为的“恶”，如封建社会的农民起义，资本主义生产条件下的工人罢工等，都是推动历史进步的“善”；而一切剥削阶级所标榜的“善”，常常是阻滞历史进步的“恶”。在剥削阶级那里，用于道德评价的善与恶，被粗暴地颠倒了；而马克思主义的道德评价，虽然也用善与恶、正义与邪恶、公正与偏私、诚实与虚伪等道德范畴和标准评价历史发展过程及其人和事，但它还从每一社会经济状况及每一时代的阶级关系出发考察道德评价的这些范畴和根据；最后从总的标准——历史的标准出发，衡量历史主体活动与历史事件是否符合道德。换言之，马克思主义的道德评价则是高唱真善美的正气歌，是以进步的道德为出发点，以社会进步、人类幸福为目的。因此它与剥削阶级的道德评价有本质的区别。当然，旧时代剥削阶级在它们处于上升阶段时，也可能以道德评价作为推动社会进步的力量和手段之一。马克思指出，在资产阶级革命时代，他们可以运用当时进步的道德标准去批判中世纪的道德，但一旦资本主义制度确立后，便千方百计地抵制和限制较之更为先进的无产阶级的道德。因此，剥削阶级总的道德评价是局限在本阶级的狭隘利益之中的。

三

由上述分析可知，在历史认识领域，历史评价与道德评价既各有侧重点和基本点，又有内在联系，是历史地、必然地关联在史学认识中的。譬如，在历史评价的结论中，往往融合道德评价的判断，而在道德评价的认识中，常常离不开历史评价的方法。所以，历史认识中的历史评价与道德评价是从不同角度认识客观历史发展过程的两个重要原则和方法，历史认识的内在规定性使它们在具体的历史研究中互相关联、互相渗透、互相补充，从而使历史认识得以完满。如果片面地运用其中一种方法，都不可能使历史认识臻于完善，甚至会出现失误或错误。在历史认识中，历史评价与道德评价的关联性，根本地表现在它们所据以进行认识的价值尺度的一致，即都立足于是否有利于历史发展进程。从这一总标准出发，研究主体必然要对历史过程中人的作为和历史事件的来龙去脉详加研究，并得出肯定与否定的回答。这样，在历史认识中，马克思主义史学理论本质地要求把历史评价与道德评价有机地统一起来，内在地联系起来，而不把它看作彼此存在于外部的东西。只注重运用历史评价而排斥道德评价，不是马克思主义的历史评价；反之亦然。用没有道德判断在内的历史评价去认识历史过程及其人和事，历史认识不可能完整周密，不可能得出历史的启示和借鉴；用非历史的道德评价去认识历史过程及其人和事，只能得出抽象的没有意义的道德判断，同样也不能真实地认识历史。例如，如果用非道德的眼光去评价进入先进生产方式的国家向处于落后生产方式的国家侵略、殖民，必然会得出“侵略进步论”“殖民有功论”的观点；如果用非历史的眼光去评价历史上被剥削阶级对剥削阶级的反抗斗争这种道德行为，必然会站到反对历史进步的抽象的道德论上去，把推动历史进步的力量指斥为“恶”，从而与历史上一切剥削阶级的道德评价同一腔调。总之，马克思主义史学理论从历史认识的内在联系和规定性出发，要求在史学研究中把历史评价与道德评价辩证地结合起来，进行科学的历史认识。

马克思主义经典作家不仅倡导在历史认识中处理好历史评价与道德评价的辩证关系，而且是运用这种科学的认识方法评价历史的光辉典范。例如恩格斯，他是这样评价奴隶制的：从历史评价角度看，他研究奴隶制度“是怎样产生的，它为什么存在，它在历史上起了什么作用”，而反对从抽象的道德出发，“用一般性的词句痛骂奴隶制”“对这些可耻的现象发泄高尚的义愤”。他认为，“在当时的条件下，采用奴隶制度是一个巨大的进步。……甚至对奴隶来说，这也是一种进步”，因为奴隶制所产生的社会大分工是以后社会进步的历史性基础，而奴隶虽被残酷地奴役，但避免了被“吃掉”的厄运[①]；从道德

① 《马克思恩格斯选集》第 3 卷，人民出版社 1972 年版，第 220 页。

评价出发，从具体的历史条件和内容出发，恩格斯也认为奴隶制是一种可耻的现象，是一根“有毒的刺”[①]。在奴隶制的评价中，恩格斯既同情被剥削阶级的艰难处境，认为奴隶制对奴隶来说是恶的；但又从历史的发展出发，认为这种恶是必不可少的，是一种历史进步，因而对历史发展来说，它又是一种善。这便是历史评价与道德评价的完善结合和辩证统一。正是这样，马克思主义才科学地解说了奴隶制以及其他一切剥削制度在历史上是怎么回事，又恰当地说明了它们的历史地位和作用，进行了善恶判断。马克思主义经典作家进行历史研究的典范意义表明，历史评价与道德评价在历史认识过程中不容割裂的辩证统一，从不同角度出发把它们同时运用于历史认识中，是马克思主义史学认识的本质要求。只有这样，才能达到准确地、科学地、完整地认识历史的目的。

但是，在前几年史学界有些人受了错误思潮的影响，出现了割裂历史评价与道德评价的错误。例如，有人以历史评价相标榜，说什么“西方近代对落后民族的殖民化是一种进步”。历史表明，帝国主义、殖民主义对落后国家的入侵、殖民，不能带来该地区的发展。针对近代英国在印度的殖民统治，马克思指出，“印度失掉了它的旧世界而没有获得一个新世界，这就是使它的居民现在所遭受的灾难有了一种特殊的悲惨的色彩，并且使不列颠统治下的印度斯坦同自己的全部古代传统，同自己的全部历史，断绝了联系”[②]，“英国人在印度进行统治的历史，除破坏以外恐怕就没有别的什么内容了”[③]，“英国资产阶级看来将被迫在印度实行的一切，既不会给人民群众带来自由，也不会根本上改善他们的社会状况”[④]。帝国主义对落后国家的侵略殖民，不仅不会导致社会的进步，而且还会导致社会的停滞。这可以用中国近代史中大量的事实予以说明。第一次鸦片战争时期，中国向英赔款2800万两白银，而1840年前后，清中央政府的年均财政收入只有4000万两，用于赔款的资金达70%；第二次鸦片战争中，中国赔款总额为1670万两；甲午中日战争后，中国对日赔款、赎款2.3亿两；八国联军侵华后，中

① 《马克思恩格斯选集》第4卷，人民出版社1972年版，第146页。
② 《马克思恩格斯全集》第9卷，人民出版社1961年版，第145页。
③ 《马克思恩格斯选集》第2卷，人民出版社1972年版，第70页。
④ 同上书，第73页。

国对外赔款本利共计 9.8 亿两，而其时清政府年均财政收入只有 1 亿两。在近代，总计对外赔赎款项达 13 亿两之巨！如此贪婪的勒索，造成了清政府财政枯竭，而清政府为了应付巨额赔款和维持国家机器的运转，便向老百姓残酷搜刮，使社会失去了再生产的能力，造成了经济的全面衰败。帝国主义、殖民主义正是通过对落后国家的勒索，削弱了别人，吃肥了自己。中日甲午战争后，日本勒索的中国赔款促进了日本的经济发展：1893—1904 年即战后十年间，日本的铁路由 2039 千米增至 4000 多千米，轮船吨位由 11 万吨猛增至 66 万吨。日本通过对华战争的勒索，加强了本国的经济实力。这一点，连侵略国里的正直学者都坦率承认："这笔赔款是以黄金作保证的英镑来提取，它为日本建立金本位制打了基础，成为日本发展经济和国际地位提高的一个开端。但对中国来说，赔款全部要向欧美各国借贷，成为加速经济衰退和从属于外国的原因。"① 中国近代史表明，倒是帝国主义放松对华侵略，社会经济才获得较快发展。从 19 世纪六七十年代中国出现第一批民族工业算起，到 20 世纪 20 年代止，中国民族企业积累的生产总额才 2.6 亿元，仅为 13 亿赔款的 1/5。外国帝国主义对中国的侵略起了什么历史作用，就显而易见了。而在第一次世界大战期间（1914—1918），由于帝国主义忙于战争而暂时放松了对华侵略，中国民族资本主义企业得到较快发展。以面粉业为例，1914 年以前，中国的面粉业一直处于入超状况，而 1915—1921 年间，却一直处于出超状况（《中国经济年鉴》第 11 章Ⅰ）。历史雄辩地说明，帝国主义对落后国家的侵略、殖民，绝不能带来历史的进步。从道德评价方面说，侵略、殖民也绝不是什么历史的善行。在侵略任何一个国家和民族时，帝国主义和殖民主义有相同的野蛮本性和丑陋的历史表演。中日甲午战争期间，经过 4 天屠杀，中国的旅顺城仅有 100 多人幸免于日军屠刀之下；在抗日战争期间，至少有 2000 万中国人死于日军炮火之中。这种罪恶行径难道是一种历史的善行吗？这种罪恶勾当难道是推进被侵略国家社会发展的动力吗？绝对不是！至于在帝国主义入侵和殖民统治的刺激下，落后国家出现了近代民族工业和近代化的努力，从马克思主义历史评价出发，绝不应把它归功于帝国主义的入侵、殖民方面，而是被侵略被压迫国家人民自

---

① 参见［日］依田善家《日本帝国主义与中国》，北京大学出版社 1989 年中译本。

救自强、报国雪耻的结果，正是在这个意义上说，入侵与殖民“充当了历史不自觉的工具”[①]。因此，从马克思主义的历史评价与道德评价相联系、辩证统一的观点出发，是得不出“侵略进步”“殖民有功”的结论的。恰恰是违背马克思主义历史评价与道德评价的原则，才会得出违背历史发展的错误结论。

总之，如果放弃马克思主义的历史评价与道德评价的辩证法则，很容易颠倒历史是非，把正义的说成丑恶的，把卑下的说成高尚的，把光荣的说成耻辱的，把反动的说成进步的，等等。因此，在历史认识中坚持历史评价与道德评价的辩证统一，有着十分重要的意义。

只有科学地进行历史评价和道德评价，才能为社会提供科学的历史知识和历史规律性认识，有助于提高全社会的文化素质，才能推进社会主义现代化建设。坚持历史评价与道德评价的辩证统一，以史为鉴，通过对历史上真善美的肯定与颂扬，对假丑恶的谴责与鞭挞，对于巩固社会主义的道德，提高全民族的道德水平，有重要作用。因此，应该提倡把马克思主义历史评价和道德评价观点辩证地运用于历史研究中，抵制和批判片面的历史评价与片面的道德评价及其史学观点，尽可能减少史学认识中的失误，不断提高研究水平，为学术事业的发展和社会主义精神文明建设做出贡献。

（注：原作写于 1992 年，与张艳国合写。
2018 年提交中华思想史高峰论坛，周溯源作了若干修改）

① 《马克思恩格斯选集》第 2 卷，人民出版社 1972 年版，第 68 页。

牢牢把握清史研究话语权*

周　群

（中国历史研究院）

摘要： 无论是从中华民族的历史记忆建构看，还是从清史研究的当代价值看，我们都必须高度重视清代历史、加强清史研究。当前，要科学研判清史研究状况，强化对清史研究的领导，牢牢把握清史研究话语权，让清史研究切实发挥以史鉴今、资政育人的功能，为中国特色社会主义事业发展提供历史经验和智慧。

关键词： 清史研究　治国理政　意识形态　话语权

历史研究是一切社会科学的基础。坚持和发展中国特色社会主义、实现中华民族伟大复兴的中国梦，历史研究有着不可替代的重要作用。重视历史、研究历史、借鉴历史，是中华民族5000多年来生生不息、绵延不绝的一条宝贵经验，也是中国共产党领导中国人民取得一个又一个胜利的重要法宝。当前，加强历史研究特别是中国历史研究，必须高度重视清代历史，牢牢把握清史研究话语权，让清史研究切实发挥以史鉴今、资政育人的功能，为中国特色社会主义事业发展提供历史经验和智慧。

一　必须高度重视清代历史

清朝是中国封建君主专制统治的最后一个王朝。如果没有建构起对清代

* 本文原刊载于《人民日报》2019年1月14日第9版，此次收入略有修改。

历史的正确认识，我们对中国历史的认识必然是不完整、不全面的。无论是从中华民族的历史记忆建构看，还是从清史研究的当代价值看，我们都必须高度重视清代历史、加强清史研究。

清代是构成中华民族历史记忆的重要一环。清代历史，以1644年清军入关开始计，至1912年中华民国成立，时间长达268年。在268年的时间里，中国封建专制主义中央集权制发展到最高峰，统一多民族国家不断得到巩固；中国封建社会的经济得到长足发展，资本主义因素进一步增长；中国传统文化进入了系统总结的新阶段，《四库全书》的编纂客观上为中华民族保存了丰富的传统文化资源等。但也正是在清代，中国经历了从一个独立的封建国家到半殖民地半封建社会的历史巨变。清代历史早已通过各种物质的、精神的形式被中国人民所记取，有些则融入了中华民族的血脉里，影响了近代以来中国历史的走向。

清代在治国理政方面既积累了丰富的经验，也有许多深刻的教训，值得我们今天深入研究。明、清易代后，清朝最高统治者在吸收和借鉴明朝制度的基础上，迅速重新确立了以正统儒学为核心的政治学说在意识形态领域的独尊地位，进而用以指导政权建设，不但在较短时间内实现了国家统一、重建了社会秩序，而且在此后很长的时间里一直比较有效地维护了大一统的良好局面。这个良好局面的形成，离不开清朝统治者建立的以内阁、南书房、军机处为核心的最高决策和执行机构，离不开其采取的以科举取士、严惩贪渎、养廉等为重要内容的选官治官体系，离不开其实施的以摊丁入亩为重点的税赋改革，更离不开其审时度势所实施的以改土归流、“因其教不易其俗”为方向的边疆、民族和宗教政策。与中国古代的其他封建王朝相比，清朝统治者的治国理政能力算是比较突出的。当然，在实施统治的过程中，特别是雍乾以后，清朝统治者出现诸多失误和错误，如政治上的僵化、文化上的专制、外交上的闭关锁国、重大决策上的失误等，这些都为近代中国的落后挨打埋下了深深的伏笔、带来了直接的恶果。清朝统治者治国理政的经验和教训，可为我们今天的国家治理提供有益的历史镜鉴。

当代中国是由历史上的中国发展而来的。作为距离现今最近的中国封建王朝，清朝奠定了今日中国的版图疆域。当今中国面临的一些问题，有的是从清代发展、演化而来的，有的或多或少可以找到清代的影响因子。尤其是一些涉及边疆、民族和宗教的重大现实问题，甚至与清代有着直接联系。这也使得清史研究与维护国家领土主权完整有着密切关系。还要看到，近些年来，一些意识形态领域的重大舆情，也往往与清代历史直接相关，清史研究事关意识形态安全。因此，如何看待清代历史特别是清代的边疆政策、民族政策、宗教政策，就不仅仅是历史认识问题，而且是具有重大现实意义的时代课题。

二 科学研判清史研究状况

牢牢把握清史研究的话语权，首先必须科学研判清史研究状况。翻检改革开放40余年来的清史研究特别是近些年来的清史研究，其状况可以概括为以下两个方面。

首先，清史研究日益繁荣并不断发展。这主要表现在：相关理论不断丰富和发展，如以“过密化”“江南道路”“江南早期工业化”为代表的诸多经济史研究范式，进一步深化了对清代历史的认识；研究领域、研究方向不断拓宽，社会史、经济史、文化史、边疆史全面复兴并深入发展；专业学术机构不断建立，中国社会科学院、中国人民大学、中央民族大学等单位专门从事清史研究的学术队伍不断壮大；清史研究成果多种多样，专业性学术论文、通论性清史著作、专题性学术专著、大型档案历史文献以及电子数据库等不一而足。以2016年为例，有学者粗略统计，在汉语出版物范围内，不计博硕士学位论文，公开发表的清史研究相关论文也在3000篇以上，出版研究著作60余部。在众多研究成果中必须一提的是，2002年启动的国家清史纂修工程进展顺利，取得不少高质量研究成果，目前已进入收尾阶段。

其次，毋庸讳言的是，清史研究初步繁荣的背后也隐藏着诸多问题，突出体现在：唯物史观虽然处于指导地位，但重实证、轻理论，重微观、轻宏观，重研究、轻应用的倾向比较明显。一些研究满足于对具体事件、人物和材料的考证，使清史研究陷入微观研究之中。一些学者缺乏理论兴趣和经世情怀，对强调宏观历史规律探讨的传统政治史、经济史的研究内容关注不够，对涉及国家领土主权完整、意识形态安全的重大选题着力甚少，使清史研究未能很好发挥资政育人作用。极少数学者对西方学术思潮缺乏应有的警惕，将国外历史虚无主义在清史研究领域的理论变种引入国内，有意无意地与以“超越中国的帝国模式”“内陆亚洲”等为核心概念的所谓西方清史学派进行“对话交流”，影响清史研究走向。正是因为存在诸如此类的问题，近年来尽管有关清史的研究成果层出不穷，但真正有利于正确认识清代历史的有分量的研究成果远远满足不了党和人民的需要，构建真正具有中国特色、中国风格、中国气派的清史研究体系仍然任重而道远。

三　强化对清史研究的领导

党的十八大以来，我们党进一步加强了对意识形态工作的领导，有关部门采取有力措施加强对历史研究特别是清史研究的引导，取得了显著成效。今后，清史学界要始终坚持党对意识形态工作的领导，深入学习贯彻习近平同志在哲学社会科学工作座谈会上的重要讲话精神，进一步强化领导、加强规划、明确责任，牢牢把握清史研究和宣传工作的主导权和话语权，努力为我们党治国理政提供更多智慧，努力为实现“两个一百年”奋斗目标和中华民族伟大复兴的中国梦提供历史借鉴和精神动力。

一要提高政治站位，始终把坚持正确政治方向和学术导向摆在清史研究的首位。清史学界要对披着学术外衣的政治思潮保持高度警惕，坚决贯彻以人民为中心的研究导向，树立为人民做学问的理想，自觉把个人学术追求同国家和民族的发展紧紧联系在一起，服从服务于党和国家工作大局和根本利益，努力多出经得起实践、人民、历史检验的研究成果。

二要加强理论创新，始终把构建具有中国特色、中国风格、中国气派的清史研究体系作为不懈的学术追求。清史学界要在系统总结长期以来清史研究成果的基础上，始终坚持以马克思主义为指导，提炼、创造出符合清史研究长远发展需要和国家现实需要的原创性理论，为进一步深化清史研究提供理论支撑。

三要注意统筹规划，始终把全国清史研究的课题编制以及成果宣传转化作为重要的意识形态工作来抓。要克服当前清史研究中一定程度存在的闭门造车、自娱自乐问题，克服清史研究成果宣传的个体化、碎片化状态，让真正有高度、有水平、有情怀的优秀清史研究专家走出书斋、走向大众，加大清史研究成果的普及和转化力度，让人们正确认识清代历史，防止历史虚无主义在大众传播领域泛滥。

历史唯物主义视域下“道心”和“人心”概念解析

曹颐晨

（中国社会科学院大学）

摘要：用历史唯物主义的立场、观点、方法研究中国古代哲学思想是推进马克思主义哲学中国化的重要途径。在理学时代，经由二程、朱子的推崇和宣传，“道心”和“人心”思想成为影响后世封建王朝治国的重要思想。“道心”概念蕴含着重视自然规律的思想，“人心”概念蕴含着重视人民利益的思想。“道心”和“人心”思想一定程度体现了马克思主义追求的真理原则与价值原则，是推进国家治理能力与治理体系现代化极为重要的思想资源。

关键词：历史唯物主义　道心　人心　二程　朱子

党的十八大以来，以习近平同志为核心的党中央在治国理政中，愈加重视研究在中国传统文化当中的思想精华，愈加重视优秀传统文化在凝聚人心、振奋民族精神、以文化人所起到的积极引导作用。习近平同志曾明确指出：“用中华优秀传统文化为人民提供丰润的道德滋养。”[①] 用优秀的中国传统文化来建设中国特色社会主义文化，并不排斥马克思主义理论在建设中国

① 中共中央文献研究室：《习近平总书记重要讲话文章选编》，中央文献出版社、党建读物出版社2016年版，第394页。

特色社会主义文化的指导作用。必须承认的是，依据唯物辩证法的观点，任何事物都有积极的一面和消极的一面。中国传统文化显然也具有这样的性质。但是，那种一味地否认传统文化有自身的价值的观点，是要批判的。正如古斯塔夫·勒庞所指出："没有传统，文明是不可能的；没有对这些传统的破坏，进步也是不可能的。困难——这是个极严重的困难——在于如何在稳定与求变之间取得平衡。"①

真正的马克思主义者会"通过批判旧世界发现新世界"。② 我们所学习、研究、宣传的中国传统文化是经过马克思主义的批判而继承下来的。马克思主义理论必须中国化，这其中最为重要的，就是在这种批判、继承的过程中，与优秀的中国传统文化融合，进而形成一种互补的且相互促进的关系。习近平同志多次强调："中华文化源远流长，积淀着中华民族最深层的精神追求，代表着中华民族的精神标识，为中华民族生生不息、发展壮大提供了丰厚滋养。"③

《尚书》是儒家的经典文献，运用历史唯物主义的立场、观点和方法研究《尚书》，更能从本质上把握中国传统文化的精髓。本文对《尚书》的考察，集中于对《尚书·大禹谟》一文中的"道心"和"人心"概念的探讨，分析这两个概念的思想实质与实践价值，从而加深对两个概念所蕴含思想的理解和把握。

一 "道心"和"人心"概念的历史渊源及其经典阐释

《尚书》目前是中国保存下来的最古老的典籍之一，有着丰富的哲学思想。《尚书·大禹谟》所讲"十六字心传"，即"人心惟危，道心惟微，惟精惟一，允执厥中"。对"十六字心传"的讨论，自唐代始，而盛于北宋、南宋两朝。

---

① ［法］古斯塔夫·勒庞：《乌合之众——大众心理研究》，冯克利译，中央编译出版社 2005 年版，第 65 页。

② 《马克思恩格斯文集》第 10 卷，人民出版社 2009 年版，第 7 页。

③ 《习近平谈治国理政》，外文出版社 2014 年版，第 164 页。

唐代的孔颖达首先对“十六字心传”进行阐释。他的注疏尤其偏重于对“道心”概念和“人心”概念的解释。孔颖达疏云：“（帝）因戒以为君之法：民心惟甚危险，道心惟甚幽微。危则难安，惟则难明，汝当精心，惟当一意，信执其中正之道，乃得人安而道明耳。”又云：“道者，径也。物所从之路也。因言‘人心’，遂云‘道心’，人心为万虑之主，道心为众道之本，立君所以安人，人心危则难安，安民必须明道，道心危则难明。欲将明道，必须精心，将欲安民，必须一意。故以戒精心一意，又当信执其中，然后可得明道而安民也。”[①] 在这段论述中，孔颖达认为，对君王而言，懂得“道心”和“人心”，是其获得统治权力的必备条件，亦是稳固其统治权力的必备条件。这样就自然产生何为“道心”和何为“人心”的问题。孔颖达接着指明，“道心”就是世间万物的规律，“人心”就是人进行思考和认识的主体。正因为有“人心”的存在，人才可以认识“道心”。由此可见，在孔颖达对“道心”概念和“人心”概念阐述的过程中，走向了唯物主义的道路。

在两宋时期，对“十六字心传”的讨论，是极其详细而又全面的，这其中以二程、朱熹为代表。二程说：“人心，人欲。道心，天理。”[②] 又说：“‘人心’，私欲也；‘道心’，正心也。”[③] 二程兄弟首次把“道心”概念解释为天理，把“人心”概念解释为人的私欲。将这两个概念转化为理学的哲学基础和逻辑起点，这在理学史上具有革命性的意义。遗憾的是，二程没有对“道心”“人心”之间的相互关系做全面的详细讨论。这个问题最后是在朱熹手上得到解决。

朱熹吸纳了二程兄弟对“道心”和“人心”概念的解释，也认为“道心者，天理也；微者精微。”[④] 又说：“人心是知觉，口之于味、目之于色、耳之于声底，未是不好，只是危。”[⑤] 因此，朱熹才谈道：“盖天理者，此心之本然，循之则其心公而且正；人欲者，此心之疾疢，循之则其心私而且

① 《尚书注疏》，中华书局 1998 年版，第 178—179 页。

② （宋）程颢、程颐：《二程集》，中华书局 1981 年版，第 364 页。

③ 同上书，第 256 页。

④ （宋）黎靖德编：《朱子语类》卷七十八，中华书局 2007 年版，第 2017 页。

⑤ （宋）朱熹：《晦庵先生朱文公集》，上海古籍出版社 2002 年版，第 2668 页。

邪……舜、禹相传，所谓‘人心惟危，道心惟微，惟精惟一，允执厥中’者，正谓此也。”[①] 也就是说，道心是人的天然的善，人心是人的各种生理欲望。这些生理欲望又可能会导致好的或者不好的行为后果。于此，朱熹在《答陈同甫》中，又谈道：“所谓人心惟危，道心惟微，惟精惟一，允执厥中’者，尧舜禹相传之密旨也。夫人自有生而梏于形体之私，则固不能无人心矣。然而必有得于天地之正则又不能无道心矣。日用之间二者并行迭为胜负而一身之是非得失，天下之治乱安危莫不系焉。”[②] 朱熹认为，每个人都有道心和人心。人由于各种私欲的蒙蔽而不明自己的道心。因此，每个人都应该经常修炼自己人心，以此恢复自己的道心。朱熹认为，通过个体自修的途径，来完善个体自身的善良的心性，如此，就让整个社会的道德秩序得到保障，进而又为稳定政治秩序、社会秩序提供必要的思想条件。

朱熹将“道心”和“人心”概念转化为理学的核心概念。他指出“所谓人心惟危，道心惟微，惟精惟一，允执厥中”，是“尧舜禹相传之密旨也”。对朱熹而言，尧舜禹就是儒家学派的“先祖”，三位古皇的言行和思想，自然成为儒家的正统思想。同时，朱熹又将“十六字心传”吸纳为自己的心性观的指导思想，并借用人心思想和道心思想，来为自己的心性观进行深入而翔实的论证和阐述，成功地将这两个概念转化为自己的心性观的逻辑前提。

可以看出，二程和朱熹对“道心”和“人心”概念的解释，已经走向了客观唯心主义的道路。他们都赞同个体的道心，因为道心具有天然的善。他们又都批判个体的人心，因为人心是无数的生理欲望。朱熹认为，这些生理欲望是道德失序、国家动乱的根源。

二 对二程、朱熹“道心”和“人心”思想的历史解析

二程的“道心”和“人心”思想与朱熹的“道心”和“人心”思想有

① （宋）朱熹：《晦庵先生朱文公集》，上海古籍出版社 2002 年版，第 639 页。

② 同上书，第 1586 页。

着承前启后的历史继承关系。这些思想在后来的封建社会产生了久远的影响。一方面，从历史发展的角度来看，二程的“道心”和“人心”思想与朱熹的“道心”和“人心”思想为当时宋王朝政权的合法性进行了充分的论证。这是值得肯定的。另一方面，二程的“道心”和“人心”思想与朱熹的“道心”和“人心”思想却成为宋朝以后的历代封建王朝对人民群众进行政治控制、思想控制和舆论控制的重要理论前提。本文对二程的“道心”和“人心”思想与朱熹的“道心”思想和“人心”思想的批判，是从后一点展开。

二程的“道心”和“人心”思想实质上是围绕着天理思想展开讨论的。在二程的理论架构里，“道心”与天理是同一的。二程强调道心的先在性，即世间万物都由道心（天理）所创造所控制；强调“道心”的首要性，即“道心”决定着人心，人心服从于“道心”。他们指出，每一个人都可以认识和把握道心（天理）。但是，认识和把握道心（天理）是有前提的，即必须放弃或者是消灭个人的私欲。因此，二程才说：“人心私欲，故危殆。道心天理，故精微。灭私欲则天理明矣。”[①] 二程已经把百姓的私欲视为危险的根源，甚至将百姓的私欲视为政治失序、社会失序、道德失序的根源。这种把百姓的物质需要和精神需要视为影响国家统治的洪水猛兽，恰恰是需要被历史批判的。

朱熹的“道心”和“人心”思想是在吸收二程的基础上，才得到全面的发展。朱熹认同二程把“道心”等同于天理，把“人心”等同于人欲。朱熹进一步指出，每一个个体都同时具有“道心”和“人心”，不同的是，“道心”具有天然的善的倾向，“人心”具有天然的恶的倾向。那么，又如何在控制住每一个个体的天然的恶的同时，又发扬每一个个体的天然的善？朱熹指出，必须对此进行长久的道德训练，用“精一”的功夫，守中庸之道，方可达成。朱熹还特别强调，“人心”在合乎天理的时候，“人心”和“道心”就同一了。朱熹做出这样的论述，其目的是为论证“存天理，灭人欲”找到逻辑前提。“存天理，灭人欲”这一思想的实质，就是为了巩固、维护统治者与统治集团的政治利益、经济利益，来否定广大人民群众物质需

① （宋）程颢、程颐：《二程集》，中华书局 1981 年版，第 312 页。

要的正当性、合理性。

为了更好地理解二程、朱熹的“道心”和“人心”思想，我们必须讨论一下他们所处的历史时代。到宋神宗执政的时候，北宋王朝已经“重病缠身”，最突出的问题便是“三冗”，即冗官、冗兵、冗费。冗官、冗兵、冗费给百姓带来了严重的赋税负担和经济压迫。这三个问题即使到南宋灭亡之时，也没有得到根本解决。由于过重的赋税负担和经济压迫，百姓经济生活条件大大下降。与之相反的是，宋朝高官和贵族却过着奢靡腐败的生活。喊出“存天理，灭人欲”口号的那些人，实际上是在对宋王朝的政治生命实施莫大的侮辱。任何王朝生存与发展的前提，不是什么君权神授，而是在满足、发展、维护人民群众的物质利益和精神利益中得到实现。中国封建社会的历史已经证明，哪个王朝认识到并且重视这一点，其国祚就会绵长；哪个王朝无视甚至压抑、束缚人的正常的物质需要和精神需要，就会被百姓早早抛弃。

三 对“道心”“人心”概念的历史唯物主义建构

从上文的讨论可知，“道心”“人心”概念的思想蕴含了丰富的政治思想、伦理思想、天道思想。这两个概念深刻地总结了儒家学派对治国问题、伦理问题和天道问题的思考。

孔颖达指明，“道心”就是世间万物的规律，“人心”就是人进行思考和认识的主体。正因为有“人心”的存在，人才可以认识“道心”。二程兄弟首次把“道心”概念解释为天理，把“人心”概念解释为人的私欲。朱熹吸纳了二程兄弟对“道心”概念和“人心”概念的阐释；并在此基础上提出，人心的本质是人欲，是源自人的自然属性的各种生理欲望，且认为人欲是恶的；道心的本质是天理，是人心之本然善性。根据这样的理解，朱熹把“人心”概念、“道心”概念作为自己心性论的基础，由此提出了围绕着“存天理，灭人欲”的思想体系。很明显，朱熹对人心概念和道心概念的解释，从始至终，采用了伦理角度的解释范式。朱熹采用这样的解释范式，一方面巩固了其复杂的伦理思想及心性思想的逻辑基础；另一方面，也放弃了“人心”概念和“道心”概念中本身含有的自然规律和社会规律的内容。当然，朱熹对"人心"概念、"道心"概念的解释，出发点是从理论层面来论证宋王朝的政权合法性，进而巩固宋王朝的统治。

必须指出的是，孔颖达、二程、朱熹对"道心"概念、"人心"概念的解析已经出现朴素唯物主义和客观唯心主义的倾向。笔者认为，"道心"概念的实质内容，指的就是自然界的规律；"人心"概念的实质内容，指的是人的欲望和人的需要。

对于个体而言，最重要的生理欲望就是物质需要。恩格斯说："人们首先必须吃、喝、住、穿，然后才能从事政治、科学、艺术、宗教等等。"① 这其实就是承认人的生理欲望的正当性与合理性。在社会主义制度产生之前的那些社会制度，要么压抑、否定人的物质需要，比如南宋时代的朱熹提出的要"存天理，灭人欲"，或者奴役人的需要，比如说资本主义社会的商品生产。而在社会主义社会，通过解放生产力和发展生产力，来满足人民群众的物质需要。这是社会主义制度生存与发展的合法性基础。个人只有享有充分的物质资料的保障，才能根据自身的兴趣、爱好，来安排自己的生活。个体也只有在享有充分的物质条件之后，才可能有更多的时间和精力，来探索、认识自然界的规律，即所谓"道心"。从历史唯物主义的角度来看，认识自然界的规律，并不是我们人生活动的终点。马克思说："哲学家们只是用不同的方式解释世界，而问题在于改变世界。"② 创造一个每个人都得到自由而全面发展的新世界，才是我们人生的价值、意义所在。

对各国的执政党而言，制定、执行符合人民的利益和愿望的政策是其政党的存在价值以及继续赢得人民支持的关键条件。时下，在一些传统的西方大国内部民粹主义盛行，根本原因就在于执政党的政策已经不再代表绝大多数的人民群众的利益和愿望，而成为某一些集团和某一些阶级的获取特殊利益的工具。那么，执政党的政策又如何符合人民的利益和人民的愿望？对执政党的权力掌控者而言，在充分认识自然界的规律以及充分认识人民的利益和愿望之后，始终将其成为制定、执行政策的指导原则。这才是维护、巩固执政党合法性的思想基础。

① 《马克思恩格斯选集》第 3 卷，人民出版社 1995 年版，第 776 页。

② 《马克思恩格斯全集》第 3 卷，人民出版社 1960 年版，第 6 页。

四　对国家政治权力稳定的利益分析和阶级分析

国家的政治权力如何保持稳定，是世界各国执政党都必须面对且要加以解决的重大的现实问题。如果这一问题得不到有效解决，政权更替就成为必然性的出路，甚至有可能走向更极端的方向。按照历史唯物主义的分析思路，在一定的历史时期内，国家政治权力稳固的根本前提，取决于这个国家的生产力状况与这个国家的生产关系的适应程度，取决于这个国家的经济基础与这个国家的上层建筑的适应程度。这个分析思路，适合用来分析几百年甚至上千年的历史大周期，也适合来指导执政党制定理论、路线、方针和政策。

如果从这样的思路出发，我们就可以把上面讨论的问题转化成，国家制定、实施的政策，如何得到人民认可、理解和支持的问题。也就是说，人民是因为什么样的原因，而决定去认可、接受、支持执政党的权力活动。任何类型的执政党在行使权力的时候，都必须要有合法性来支撑执政党的权力活动。哈贝马斯认为："在不求助于合法化的情况下，没有一个政治体系能成功地保证大众的持久性忠诚。"[①] 对于那些处于执政地位的政党而言，让人们获得利益，就是获得合法性的根本方式。"利益是每个人、每个社会群体追求的目标，它是人们行为活动的动力。由于社会经济地位、政治地位以及文化修养等因素的不同，人民的利益千差万别，形成错综复杂的利益体系。"[②] 这是执政党必须面对且要加以解决的客观现实的问题。国家的政策恰恰可以成为执政党凝聚人心、凝聚共识的最重要也是最有效的政治手段和政治工具。当然，执政党在制定和执行政策之时，也要统筹兼顾地包容各个地区、各个民族不同的利益诉求。

对政策制定者而言，在制定和执行政策之时，往往会采用边沁的观点，既是"倾向于给利益相关者带来实惠、好处、快乐、利益或幸福（所有这些词汇在此含义相同），或者倾向于防止利益相关者遭受损害、痛苦、祸患

① ［联邦德国］哈贝马斯：《交往与社会进化》，张博树译，重庆出版社1989年版，第186页。

② 王伟光：《利益论》，中国社会科学出版社2010年版，第243页。

或不幸（这些词汇也含义相同）”[①]。这种近乎功利主义的观点，对我们的政策制定者来讲，恰恰可以有效地及时地来指导我们的政策制定者解决实际问题。政党、政府、国家的存在的最大前提，就是能给人民群众来带实实在在的利益。因此，我们必须承认，国家的每一项政策的出发点和最终目的，都是为了给人民带来某一项利益。如果违反这一点，就会失去人民政治信任与政治支持。政党、政府、国家的“生命”也会走向衰竭。

需要特别强调的是，今日之世界，仍是社会主义道路与资本主义道路斗争的世界。这种斗争会在相当长的历史时期成为人类历史发展过程中的主题。国家的政策仍然具有阶级的属性。列宁就指出：“我国的对内和对外政策归根结底是由我国统治阶级的经济利益和经济地位决定的。”[②] 这就是说，在社会主义国家，国家的政策代表着绝大多数人的利益，亦就是无产阶级的利益。为此，毛泽东同志曾经专门强调：“共产党人的一切言论行动，必须以合乎最广大人民群众的最大利益，为最广大人民群众所拥护为最高标准。”[③] 在资本主义国家，“在这个社会中，人作为私人进行活动，把他人看作工具，把自己也降为工具，并成为异己力量的玩物”[④] 的社会，每一个人都受到资本主义私有制的奴役，这当然也包括资产阶级本身。资本主义私有制让资本主义国家的政策失去人民性，成了一部分阶级、一部分集团谋取私利的工具。也正因为如此，资本主义国家的统治阶级每天都处于惶恐不安之中，认为到处都有他的敌人，到处都是他的敌人。这种对无产阶级的焦虑和惧怕，不会因为资产阶级的财富的增加而减少，更不会因为资本主义国家暂时对上层建筑的调整而减少。

在资本主义国家中，由于本身受到资本主义私有制的束缚，用“道心”思想和“人心”思想来影响甚至指导国家的政策制定和政策实施，这是不可能的。要克服资本主义制度本身矛盾，唯一的选择就是走向社会主义道路。在社会主义的制度条件下，国家的政策恢复了人民性，用道心思想和人心思想来影响、指导国家的政策制定和政策实施，才是可能的。也只有在这

① ［英］边沁：《道德与立法原理导论》，时殷弘译，商务印书馆2011年版，第58页。

② 《列宁全集》第34卷，人民出版社2017年版，第306页。

③ 《毛泽东选集》第3卷，人民出版社1991年版，第1096页。

④ 《马克思恩格斯全集》第3卷，人民出版社2002年版，第173页。

个时候，国家的每一项政策才能代表、维护、促进人民群众的利益。

五 “道心”“人心”思想的当下启示

人有没有足够的生存能力和发展能力，进而创造一个自由而全面发展的社会制度和社会环境，其根本取决于在认识、利用自然界规律的前提下，来进行物质生产和社会活动。历史唯物主义强调：“人类丰富多样的历史活动，总的说来是以追求真理和创造价值为主题的……所谓真理原则，就是人类必须按照世界的本来面目去认识和改造世界，追求和服从真理。所谓价值原则，就是人类必须按照自己的尺度和需要去认识和改造世界，使世界适合人的生存和发展。”① 无论是对人民群众而言，还是对于党和政府而言，坚持真理原则和价值原则，是我们顺利地有效地进行生产活动、科研活动、社会活动的根本前提。在实际的社会生活中，代表国家行使权力的执政党能不能在政策制定、政策执行过程中，贯彻真理原则和价值原则，则是影响人民群众是否能够顺利地有效地进行生产活动、科研活动、社会活动的关键。甚至可以这样讲，执政党能不能在政策制定、政策执行过程中，贯彻真理原则和价值原则，决定着这个国家的稳定、团结、繁荣。

马克思、恩格斯在合著的《神圣家族》中说：“历史活动是群众的活动，随着历史活动的深入，必将是群众队伍的扩大。”② 人民群众是历史的创造者，人民群众创造了一切的物质财富和精神财富。党的一切的路线、方针、政策不仅应当保护人民群众所创造的物质财富和精神财富，从根本上来讲，是要保护人民群众对其所创造的物质财富和精神财富的所有权、支配权。必须尊重、保护人民群众的合法权益，要让人民群众清楚，党始终是代表最广大的人民群众的根本利益。

经过革命年代、社会主义建设、改革开放时期千锤百炼的中国共产党，深知党的一切的理论、路线、方针、政策，只有自始至终代表人民群众的根本利益、长远利益，党的事业才会兴旺发达，党的事业才会立于不败之地。

---

① 李秀林主编：《辩证唯物主义和历史唯物主义原理》，中国人民大学出版社 2004 年版，第 314 页。

② 《马克思恩格斯文集》第 1 卷，人民出版社 2009 年版，第 287 页。

毛泽东同志说，检验中国一切政党的政策及其政策主张的客观标准是“看它对于中国人民的生产力的发展是否有帮助及其帮助之大小，看它是束缚生产力的，还是解放生产力的”[①]。党的一切政策，就是要解放生产力，发展生产力，切实满足人民群众的物质需要。这是党的立党之本、立党之基，是社会主义事业的力量之源，也是社会主义制度优越性的体现。邓小平同志说：“社会主义制度优越性的根本表现，就是能够允许社会生产力以旧社会所没有的速度迅速发展，使人民不断增长的物质文化需要能够逐步得到满足……如果在一个很长的历史时期内，社会主义国家生产力发展的速度比资本主义国家慢，还谈什么优越性？”[②] 一个党一个国家的命运，不在于军队和警察的支持，而在于人民群众的信任与支持。习近平同志强调：“人心是最大的政治。”[③] 可以这样说，党的一切政策有效与否、科学与否，就在于能不能推进国家各方面事业的发展。只有“发展为了人民，发展依靠人民，发展成果由人民共享，促进人的全面发展”，[④] 党才能得到人心，得到人民的爱戴与支持。

需要指出的是，对《尚书·大禹谟》的真伪之辩自古至今也没有停过。近年来，这种辩论愈加激烈。面对这种辩论，笔者认为，学习、研究、传播《尚书·大禹谟》的“道心”和“人心”概念里面所蕴含的重视自然规律的思想，重视人民利益的思想，才是面对这种争执的更为合理的选择。学习和借鉴“人心”和“道心”思想，就是为了尊重自然规律，就是为了尊重人民利益，将这样的思想融入党和政府的施政理念中，进一步化作具体的战略、制度和政策，亦是推进国家治理能力与治理体系现代化极为重要的思想资源。

（本文发表于《马克思主义哲学论丛》2020 年第 2 辑，本次收入略有修订）

① 中共中央文献研究室：《建国以来毛泽东文稿》第 6 册，中央文献出版社 1992 年版，第 549—550 页。

② 《邓小平文选》第 2 卷，人民出版社 1994 年版，第 128 页。

③ 《问题是时代的声音 人心是最大的政治》，2015 年 1 月 1 日，人民网，http：//politics. people. com. cn/n/2015/0101/c70731 –26309780. html。

④ 《中共中央关于构建社会主义和谐社会若干重大问题的决定》，人民出版社 2006 年版，第 6 页。

编 后 记

“中华思想史高峰论坛”是中国社会科学院《中华思想通史》项目着力打造的高端前沿性品牌学术论坛，旨在为推动中华思想史研究的繁荣与发展、推动创建中华思想史当代中国马克思主义学派提供平台。以历届高峰论坛论文为基础，精选编成的《中华思想史研究集刊》已连续推出 3 集。

2018 年 12 月，第四届中华思想史高峰论坛在海南海口成功召开。与会专家学者围绕“中华思想发展的阶段与规律”的主题进行了深入研讨，产生诸多新的交流成果。会后，《中华思想通史》编委会办公室组织遴选出 24 篇论文，分为“学派专论”“专题研究”“思想与评论”3 个栏目，结集出版，以全国政协民族和宗教委员会主任、《中华思想通史》编委会主任王伟光教授在论坛开幕式上的学术报告为“序”。

感谢海南师范大学及该校马克思主义学院对本届论坛的大力支持；感谢《集刊》编委和各位作者在文稿选编过程中的辛勤付出；感谢中国社会科学出版社社长赵剑英先生对《集刊》出版工作的大力支持，感谢出版社副总编辑兼重大项目出版中心主任王茵女士的细致组织，感谢重大项目出版中心副主任、责编孙萍女士的精心编辑；感谢《中华思想通史》编委会办公室周群、窦兆锐、刘宇、孙舒苇、王毓伟等同志在《集刊》出版过程中的辛勤工作。

编　者

2020 年 12 月